DIARIOS, 1932-1933

SERIE MAYOR
Directores:
JOSEP FONTANA y GONZALO PONTÓN

MANUEL AZAÑA

DIARIOS, 1932-1933

«LOS CUADERNOS ROBADOS»

Introducción de
SANTOS JULIÁ

CRÍTICA
GRIJALBO MONDADORI
BARCELONA

Transcripción de:
CARLOS ÁLVAREZ, licenciado en filología hispánica
EMILI BAYÓN, profesor de historia, Universitat Pompeu Fabra
LORENZO CORTINA, licenciado en derecho

Cubierta: Jordi Solé
Ilustración de la cubierta: *Retrato de Manuel Azaña*, por Enrique Segura (Fototeca Index)

ISBN: 84-7423-868-4
Depósito legal: B. 42.457-1997
Impreso en España
1997. — HUROPE, S.L., Lima, 3 bis, 08030 Barcelona

INTRODUCCIÓN

Cuenta Cipriano de Rivas Cherif que el día antes de su marcha a Ginebra para hacerse cargo del consulado general de España en aquella ciudad, su cuñado e íntimo amigo, Manuel Azaña, a la sazón presidente de la República española, le llevó «al gabinete contiguo a su despacho y sacando del cajón de una cómoda isabelina un paquete bien envuelto», le entregó el original de varios cuadernos «de lo que tenía hecho de sus Memorias desde el año 31».[1] En realidad, no eran unas memorias sino unos diarios lo que Azaña confiaba aquel día al cuidado de su amigo. Si esos diarios estaban destinados a ser la materia con la que Azaña pensaba reconstruir algún día sus memorias es cosa que nunca podremos saber. Lo cierto es que, reanudando la vieja costumbre de trasladar al papel sus vivencias y estados de ánimo, iniciada en París en noviembre de 1911 aunque nunca cultivada de manera sistemática,[2] Azaña había sacado tiempo para anotar cuidadosamente hechos, conversaciones y sentimientos de su paso por el gobierno de la República. Era la totalidad de esa experiencia lo que confiaba al cuidado de Rivas un día de septiembre de 1936.

Cipriano había regresado a Madrid el 7 de agosto después de una larga estancia en Cuba y un salto a México como director de la compañía teatral de Margarita Xirgu, con la que había zarpado de Santander el 31 de enero,[3] dos semanas antes de las elecciones que llevarían de nuevo a Manuel Azaña a la presidencia del gobierno. Al encontrarse con Azaña, comprobó los estragos que las primeras semanas de matanzas más que de guerra habían causado en el rostro y el ánimo de su cuñado y amigo. Azaña le parecía repentinamente envejecido, más pálido de lo habitual, hundido en «una especie de desesperanza irremediable», desolado por la tragedia de que era invo-

1. Cipriano de Rivas Cherif, *Retrato de un desconocido*, Grijalbo, Barcelona, 1981, pp. 351-352.

2. Los diarios y cuadernillos de apuntes escritos por Manuel Azaña entre 1911 y 1928 fueron publicados por Juan Marichal en el volumen III de las *Obras completas*, Oasis, México, 1967.

3. Antonina Rodrigo, «Margarita Xirgu en el exilio», *Cuadernos Hispanoamericanos*, 473-474 (noviembre-diciembre de 1989), p. 143.

luntario protagonista y amargado por el sentimiento de culpabilidad al no haber sido capaz de atajarla a tiempo.[4] Elegido presidente de la República el día 10 de mayo de ese año, Azaña defraudó la esperanza que tantos españoles habían depositado en su capacidad política tomándose un largo respiro de las tensiones y el cansancio acumulados durante los meses anteriores. «Sumido en un augusto apartamiento» en la Quinta del Pardo, que había remozado y acondicionado durante su primer mandato como presidente de gobierno, inquieto por la salud de unos rosales maltratados por las copiosas lluvias de aquella primavera, le sorprendió la rebelión militar y de allí hubo de salir a toda prisa para refugiarse en el Palacio Nacional. La estancia en Palacio, desde donde podía escuchar las descargas de los «paseos» ejecutados en las cercanas tapias del Campo del Moro, había ensombrecido su ánimo, que llegó a un punto cercano a la desesperación y al abandono cuando el 23 de agosto tuvo noticia de la masacre perpetrada en la Cárcel Modelo, con el asesinato, entre otros, de su antiguo jefe político, el líder del partido reformista Melquíades Álvarez.[5]

En tales circunstancias, Rivas procuró a su vuelta a Madrid sostener con su presencia el ánimo de su amigo y ayudar a algunos escritores y artistas a salir de una ciudad que se había vuelto repentinamente peligrosa. Lo primero lo hacía todos los días y especialmente la tarde en que Azaña pensó abandonar la presidencia. Rivas llamó entonces a Ángel Ossorio, que escuchó los alaridos del presidente y se dio buena maña para aliviar su dolor aun arriesgando el argumento de la «lógica de la historia» que en otras circunstancias le habría valido algún cáustico sarcasmo. De lo segundo ha dejado testimonio Juan Ramón Jiménez, perdido por el laberinto de Madrid del que pudo salir en un día gracias a las gestiones de Cipriano, a quien el ministro de Estado, Augusto Barcia, tal vez por indicación de Azaña, ofreció a finales de agosto la embajada en Bruselas. Rivas declinó, con buen criterio, la oferta optando en su lugar por el consulado general en Ginebra, vacante desde el día 4 del mismo mes por dimisión y huida de su anterior titular, Juan Teixidor. La secretaría permanente de la delegación de España ante la Sociedad de Naciones, aneja al consulado, le permitiría recibir una información que podía ser de utilidad al presidente Azaña, convencido desde muy pronto de que la República no ganaría la guerra y que sería precisa la mediación internacional para alcanzar una paz negociada entre los dos bandos en lucha.[6]

4. Rivas, *Retrato*, pp. 331-335, y fragmentos de carta a Amós Salvador en los comentarios y notas de Enrique de Rivas, ed., Manuel Azaña, *Apuntes de memoria y cartas*, Pre-Textos, Valencia, 1990, pp. 70-71.

5. Interés de Azaña por La Quinta, anotación de 11 de enero de 1933 en estos cuadernos, p. 132. De su apartamiento escribe a Cipriano en carta de 18 de mayo, *Retrato*, p. 685. Vida en Palacio, horror por la noticia del incendio y «veleidades de dimisión», *Apuntes de memoria y cartas*, ed. de Enrique de Rivas, pp. 17-19.

6. De fusilados en una noche de agosto habla el doctor Lluch y de la lógica de la historia Claudio Marón, personajes de *La velada en Benicarló*, *Obras completas*, vol. III, pp. 429-430. Azaña recuerda la visita de Ossorio en su anotación de 17 de junio de 1937, *Obras com-*

Aunque su «mayor gusto» habría sido permanecer al lado de Azaña, Rivas se dispuso a salir para Ginebra en los primeros días de septiembre de 1936, en vísperas del cambio de gobierno que llevaría a Francisco Largo Caballero a la presidencia, y se llevó los cuadernos sin tomar la precaución de contar su número.[7] Un buen día, como se le ocurriera «leer de corrido las Memorias que el Presidente (le) había confiado», observó que ni la datación ni el relato del cuaderno que estaba leyendo se correspondían con los siguientes. Buscó por el despacho y, al no encontrar el eslabón perdido, preguntó a su cuñado, con quien mantenía casi a diario largas conversaciones telefónicas desde que el 2 de noviembre hubo establecido su residencia en el monasterio de Montserrat, si se había quedado con alguno de los cuadernos. Recibida la respuesta negativa llegó a la desoladora conclusión de que faltaban del cajón de su mesa no uno sino dos de los cuadernos de que había sido depositario. Así lo creyó hasta el final de sus días: dos cuadernos de la serie que Azaña había escrito entre junio de 1931 y agosto de 1933 faltarían de aquel paquete que en mala hora su cuñado le había entregado para su custodia.[8]

Azaña, escritor de diarios

En realidad, no faltaban dos, sino tres, de un total de nueve que por entonces había utilizado Manuel Azaña. Eran «cuadernos comerciales de los llamados diarios, de cuatrocientas páginas foliadas, con divisorias y casilleros para los arqueos». Los cuadernos tenían —y tienen— «la cubierta negra, imitando a piel, conteras y lomo amarillo claro» y, sobre la etiqueta que decía *Diarios*, Azaña había pegado un papel blanco con dos fechas, la del comienzo y fin de los hechos que en ellos se narraban.[9] Los ocho primeros cubrían casi todo el período de su permanencia en el gobierno: Azaña fue ministro

---

pletas, vol. IV, pp. 621-627. Ayuda de Rivas, Juan Ramón Jiménez, *Guerra en España*, Seix Barral, Barcelona, 1985, p. 321.

7. Esta no es la única versión de la salida de España de los diarios. Juan Marichal asegura que Azaña se llevó los papeles a Barcelona y que luego pidió a su esposa que los llevara a Ginebra: «El secuestro de Manuel Azaña», *Diario 16*, 27 de octubre de 1990. La viuda de Azaña contó a Gonzalo Pontón que al viajar a Ginebra había sacado los cuadernos ocultos en su ropa por miedo a que los descubrieran las milicias de la FAI a su paso por la frontera. Lo más probable, por tanto, es que los cuadernos hayan salido en dos tandas. Rivas confiesa a Azaña que su mayor gusto hubiera sido «estar a tu lado» en carta desde Ginebra, 10 de febrero de 1937, Archivo del Ministerio de Asuntos Exteriores (AMAE), RE 137 - 16.

8. Rivas, *Retrato*, p. 364, para la noticia a su cuñado, y p. 382 para su creencia de que eran dos los cuadernos desaparecidos. Estancia de Azaña en Montserrat, Carles Gerhard, *Comissari de la Generalitat a Montserrat (1936-1939)*, Publicacions de l'Abadia de Montserrat, 1982, pp. 415 ss. De las largas conversaciones telefónicas entre Azaña y Rivas hay constancia en las notas tomadas por Sebastián Pujol, portero de Montserrat, conservadas en el archivo del monasterio y de las que he tenido noticia gracias a la generosa información del padre Hilari Raguer.

9. Esta es la exacta descripción que hizo de los cuadernos el espúreo editor de algunos trozos Joaquín Arrarás, *Memorias íntimas de Azaña*, Ediciones Españolas, Madrid, 1939, p. 30.

de la Guerra desde el mismo día de la proclamación de la República y pasó a ser de forma un tanto inopinada presidente del gobierno tras la renuncia de Alcalá Zamora, exactamente seis meses después de aquella tarde de abril en la que comenzó a poner en marcha sus planes de reforma militar. Este doble encumbramiento disipó todas las dudas que le habían impedido definir claramente y de una vez por todas su vocación, si literaria o política: haría literatura a la vez que hacía política. Y como siempre que había intentado hacer lo primero su personaje resultaba ser él mismo o sus antepasados, como en *El jardín de los frailes*, como en *Fresdeval*, ahora no tendría más que escribir de sí mismo como actor de la política republicana para realizar una obra literaria con un dramático argumento político. Confiando a sus cuadernos cada día lo que le pasaba, Azaña resolvía el arduo problema de su vacilante vocación: era por fin escritor sin necesidad de renunciar a su vocación política; más exactamente, era el político que siempre había querido ser sin que por eso menguara su vocación de escritor. La manera de resolverlo consistió en trasladar a los cuadernos, de corrido, sin apenas tachaduras, las reflexiones y los sentimientos que le suscitaba su acción política y en trasladar a los diputados en el salón de sesiones del Congreso y al público en el mitin al aire libre los propósitos que guiaban su actuación desde el gobierno. La temprana dedicación a la construcción de su propio yo encontraba ahora en sus diarios y en sus discursos políticos ancho campo donde expresarse.

Comenzó, pues, a escribir su diario poco después de las elecciones a Cortes Constituyentes, cuando la República parecía haberse asentado, y puso fin a sus anotaciones unos días antes de su caída al frente del segundo gobierno constitucional. El primer cuaderno empieza el 2 de julio y termina el 30 de agosto de 1931; el segundo cubre desde el 1 de septiembre al 6 de noviembre del mismo año; el tercero va del 6 de noviembre de 1931 al 12 de febrero de 1932, y el cuarto del 14 de febrero al 22 de julio de 1932.[10] El quinto cuaderno (que es el primero de los robados) continúa el relato del 22 de julio —completando la palabra «agrade/cidos» que había quedado colgando del anterior— y se interrumpe, dejando más de la mitad de sus páginas en blanco, el 10 de septiembre de 1932; el sexto (segundo de los robados) reinicia el relato el 28 de noviembre de 1932 y termina el 28 de febrero de 1933; el séptimo comprende, íntegros, los meses de marzo, abril y mayo de 1933; el octavo y último de esta serie (tercero de los cuadernos robados) sigue con los hechos del 1 de junio de 1933 y termina, ya sin continuación, el 26 de agosto de 1933.[11] Tanta voluntad de escritura demostró Azaña durante todo el período que sólo hay en estos dos años largos una interrupción digna de notarse, la que va del 10 de septiembre al 28 de noviembre de 1932. Fresco o

10. «Justificación editorial», *Obras completas*, Oasis, México, 1968, vol. IV, pp. XIII-XIV.

11. Excepto los robados, estos cuadernos y los escritos desde 1936 a 1939 fueron publicados por Juan Marichal como volumen IV de las *Obras completas*, cit., con el título *Memorias políticas y de guerra*. Con este mismo título aparecieron también, en dos volúmenes, en Crítica, Barcelona, 1978, con varias ediciones posteriores.

cansado, después del paseo en coche o de la sesión de Cortes, en días tranquilos o turbulentos, con montones de visitas o sin ver a nadie, cuando no pasaba nada o cuando sucedían hechos dramáticos, Azaña sacaba tiempo para dejar fiel y pormenorizado relato de lo sucedido en el día o en los días inmediatos.

Relato fiel, ante todo: la confrontación de lo que Azaña escribe con lo que dice la prensa o lo que otros testigos han dejado también escrito en sus respectivas memorias es elocuente. Nunca se confunde en el minuto en que ocurren los hechos ni en las palabras pronunciadas por sus diferentes actores. Por eso, su insustituible importancia como fuente de primera mano sobre ese período crucial de nuestra historia. Gracias a los diarios de Azaña sabemos como se desarrollaban los consejos de ministros, las discusiones políticas que aquel reducido grupo de hombres mantenía casi diariamente, el estilo de vida que llevaban, sus horarios, sus gustos por la tertulia y la vida noctámbula. Conocemos también sus discrepancias y sus enojos, lo que pensaban unos de otros, la impresión que les causaban los acontecimientos de los que ellos mismos eran principales responsables políticos. Podemos seguir la historia de sus ministerios, el aturdimiento o la energía con la que se enfrentaban a problemas como la reforma agraria o las transferencias a la Generalitat, el precio de los periódicos o los indultos a los militares sublevados; los vemos en sus dudas y vacilaciones, en su afán por hacer cosas, por hacer algo grande de la República. Y asistimos a la relación tan especial que se estableció entre los dos presidentes, el de la República y el del gobierno, a la que estos tres cuadernos conceden tan reiterada atención desde los días en que Azaña podía sentirse divertido anotando en su diario: «Don Niceto es parlanchín y anecdótico, pero no es hombre de conversación. No se puede hablar con él de nada interesante» hasta los días en que como único comentario a una tensa conversación anota que «acaba desabridamente».[12]

Relato, además de fiel, pormenorizado: como autor de una crónica escrita por un literato, Azaña tenía interés en que su futuro lector supiera de qué color era la luz del día, cuáles los ruidos que llegaban de la calle, cómo se distribuían los actores en el escenario, qué tal estaban de voz, cómo sonaba su acento. Sus anotaciones sobre las sesiones parlamentarias, con los apuntes irónicos o irritados sobre lo que unos y otros van diciendo y sobre el tono con que lo dicen son tan vivaces como la construcción de esa pieza de teatro en que supo convertir la rebelión de agosto de 1932. Detallado también al dejar testimonio de su propio estado de ánimo, si decidido o fatigado, si triste o alegre, de las emociones que le despertaba el paisaje, las nostalgias que le traían unos olores, la impresión que le producía un encuentro inesperado, como el de ese mendigo fabuloso que recibe indiferente su limosna o el del padre Serra que en su delirio le transporta de golpe al calor de la adolescencia: «Manolito, Manolito ...(!)... ¿Cuándo vienes a verme?», o la tris-

12. Anotaciones de 6 de agosto de 1932 y 2 de junio de 1933, pp. 12 y 326.

teza que le embarga al ver a antiguos amigos políticos lanzarse sobre la carnaza de Casas Viejas con el único propósito de presentarlo ante la opinión como un déspota sanguinario.

A pesar de su «implacable e insoportable» memoria, Azaña no abandonó durante sus años de gobierno la costumbre de «tomar nota de todo» y escribirlo en sus cuadernos.[13] Pero no hay que confundirse: aunque su yo ande siempre por medio, estos son diarios políticos, no íntimos, pues no revelan nada de su vida familiar, de sus sentimientos respecto a las personas que le acompañan, que acuden a darle conversación por la noche, ese pequeño círculo de amigos con fácil acceso a su intimidad y que son, como siempre, Lola, su mujer, mentada siempre por la inicial, L. en el manuscrito (aunque en esta edición aparece el nombre completo), y Cipriano, su cuñado, su verdadero hermano, como diría Lola, y en estos años, Guzmán, Saravia, Ramos. De ninguno de ellos o de la relación que establece con ellos dirá nada. Azaña sólo bucea en su propia intimidad cuando le interesa para construir su papel en el drama político del que le ha tocado casi por carambola —y pondrá mucho empeño en resaltarlo una y otra vez— ser principal protagonista. A ese propósito se deben las reiteradas evocaciones de sus estados de ánimo y sus confesados intentos de alcanzar el cuarto de hora de lucidez, esa vivisección de lo que él es, lo que cree ser, lo que en él ven los demás. Rara es en la literatura política una introspección similar a la que Azaña emprende en fecha tan propicia a los abandonos melancólicos como las navidades cuando confronta, en las de 1932, la irrenunciable decisión de permanecer en su ser recio y entero con los manejos de cada día y con su propósito de ayudar a instaurar una democracia en España.

La intrusión del yo en sus diarios políticos va siempre acompañada de su salida de la ciudad en la que acontecen los hechos narrados. El viaje al interior se completa con el hábito, inconcebible en un político de hoy, de salir tan a menudo a la Sierra o con el paseo por El Escorial, que es tanto un retorno a lo que fue, a las raíces de su ser, como una toma de distancia respecto a lo que hoy es y hace. A ese propósito obedece la interrupción de la crónica de visitas o quehaceres políticos con las hermosas descripciones de un paisaje, de un atardecer o con el apunte de una sensación al reencontrar entero un lugar de su juventud. Más que en ningún otro de sus escritos, las páginas de estos cuadernos robados, al cubrir el período extendido entre la sensación de plenitud que emana al contemplar la obra realizada y la de profunda tristeza por los trabajos de demolición emprendidos por sus adversarios, muestran a un Azaña ocupado en la construcción político-literaria de su yo, un Azaña que se sumerge en una larga reflexión sobre el significado del presidencialismo y que no desdeña demorarse en el relato de sus sentimientos al asomarse a la ventana del ministerio en un domingo de sol. Azaña da profundidad y altura a la crónica rutinaria de la acción política hurgando en su

13. Así le escribe a Gonzalo Rodríguez Lafora en carta de 12 de julio de 1938, *Apuntes de memoria y cartas*, *cit.* p. 298.

personaje y saliendo al encuentro de la naturaleza. Nunca menudean tanto esa indagación en lo que es él en política y en lo que siente al contacto con el paisaje como en este período de transición de la plenitud por lo conseguido a la tristeza por el derrumbe que vislumbra en un próximo futuro.

Acción, sujeto y paisaje se encuentran así inextricablemente unidos por la pluma y la palabra que los llena de sentido: ese Azaña que describe una nevada y que siente el rumor del aire, que esponja su espíritu saliendo de paseo a La Morcuera o que se queja de una fuerte neuralgia y que se mete en sí mismo hasta encontrar los motivos de su actitud, es el mismo que recibe visitas sin cuento y sin interés, que charla con un grupo de políticos en los despachos del Congreso o se irrita por la estupidez o las cortas luces de algunos de sus más cercanos colaboradores en los consejos de ministros. Con sus diarios, además de producir una obra literaria construyendo su propio personaje, Azaña trataba de ponerse ante los ojos su proyecto político, de indagar en su yo confrontado a cambiantes situaciones de poder y explicarse ante los que habrían de pedirle cuentas de sus iniciativas. Se creerá o no su explicación —y más vale mantener siempre todas las alertas encendidas para no dejarse atrapar por su propia lógica y por la calidad de su discurso—, pero sea cual fuere la discrepancia que con ella se pueda mantener es de todo punto imposible negarle grandeza, la misma que conserva aún el propósito de la República de establecer un marco de convivencia democrática para una sociedad escindida.

Ese propósito y, si así puede decirse, esa técnica de composición de los diarios, con idéntica intrusión en su yo y la misma salida al paisaje, guían también su otra gran obra político-literaria, los discursos políticos, que abundan como nunca durante estos años y que deberían leerse con los diarios abiertos encima de la mesa, pues son como su emanación pública. A falta de un poder propio, de un gran partido o de una disciplinada organización paramilitar como era moda en los años treinta, los discursos constituyeron su principal instrumento de acción, más exactamente, fueron su principal acción. «Felizmente, en política, palabra y acción son la misma cosa», dijo Azaña en uno de sus más emocionados discursos, pronunciado en Valladolid poco después de haber culminado los trabajos de elaboración de la ley de Reforma Agraria y del Estatuto de Autonomía de Cataluña. Puesto que la República ha establecido un régimen legal, «la primera acción política está concentrada en la palabra en todas sus manifestaciones, y la palabra crea, dirige, gobierna».[14] Y así fue en su caso: no se repetirá nunca demasiado que el encumbramiento de Azaña no se debió a que fuera el líder de una imponente fuerza política, ni a que se impusiera a los demás por su astucia o sus malas artes, ni desde luego a cuestiones de carácter, a que bajo una apariencia oscura se ocultaba un déspota, un resentido o un frustrado capaz de arruinar a la misma República en aras de una política de cerril exclusión. El salto de Azaña desde una

14. Discurso en Valladolid, 14 de noviembre de 1932, *Obras completas*, vol. II, p. 459.

relativamente secundaria posición en el rutilante Madrid de 1930 al primer lugar de la escena en 1931 se debió al poder de su palabra, a su capacidad para encontrar en la conversación o en el discurso soluciones de compromiso entre las diferentes y a veces contradictorias fuerzas políticas que formaban la coalición republicano-socialista. Su aguante en la negociación de grandes y pequeñas cuestiones políticas o sociales, que en estos diarios vuelve a sorprendernos con el detalle de la discusión para encontrar una salida al conflicto hullero, fue esencial para mantener en pie la conjunción republicano-socialista. Cuando las situaciones se complicaban hasta el punto de hacer temer la ruptura de los partidos coligados, una intervención de Azaña era suficiente para encontrar el camino de salida.[15]

Dispuesto a llevar a cabo una obra que «en la concepción es gigantesca y en la ejecución dificilísima» presumía sin embargo de no contar con más medio que «la efusión mía en lo que tenga de comunicativa». Por una exigencia interior cuyo origen cada cual juzgará como le dicte su razón o sus manías, Azaña necesitaba comunicar su obra no como si se tratara de un programa abstracto, o de unas simples medidas de gobierno, sino como una efusión de su espíritu, de sentirse vivo en la fascinación de hacer cosas. A esa compulsión interior de encontrarse a sí mismo para mostrarse en su obra política se deben sus diarios y a esa misma exigencia obedece que su yo anduviera siempre entrometido en sus discursos.[16] La necesidad de efusión servida por una calidad comunicativa insólita en un político profesional, y de la que él mismo era el primer convencido cuando percibía el revuelo y la emoción que despertaba su palabra, constituía su máxima fuerza pero fue causa también de su más peligroso espejismo. La facilidad de su encumbramiento le llevó al convencimiento práctico de que el poder político consiste ante todo en el ejercicio de la razón. A ese espejismo se debe que sean sus discursos los únicos pronunciados en su tiempo —un tiempo de política en la calle y, por tanto, de mítines, discursos, arengas y movilizaciones— que han llegado indemnes hasta nosotros, los únicos que todavía se pueden leer hoy, que todavía nos llegan como si dichos directamente a nosotros; pero ahí radica también su congénita debilidad, pues la palabra que ilumina como un fogonazo una intrincada situación nunca cambia, como Azaña era propenso a dar por seguro, la situación misma. Capaz de rendir voluntades, la palabra

15. Azaña publicó sus principales discursos en dos libros: *Una política (1930-1932)*, Sáez Hermanos, Madrid, 1932, y *En el poder y en la oposición (1932-1934)*, Espasa-Calpe, Madrid, 1934, recogidos ambos en el vol. II de las *Obras completas* editadas por Juan Marichal. Hay también una edición exhaustiva de sus *Discursos Parlamentarios*, a cargo de Javier Paniagua, Publicaciones del Congreso de los Diputados, Madrid, 1992. Pero muchos de los discursos pronunciados por Azaña durante los años 1931-1936 están todavía por publicar.

16. Los diarios como «reflejo exterior de su propio yo», Jesús Ferrer Solà, *Manuel Azaña: una pasión intelectual*, Anthropos, Barcelona, 1991, p. 237. La intrusión del yo en sus discursos fue señalada por Aldo Garosci, *Los intelectuales y la guerra de España*, Júcar, Madrid, 1981, pp. 82-99.

nunca basta para destruir obstáculos, es preciso también el poder, y hasta la fuerza, y Azaña nunca anduvo sobrado de ninguno de ellos.[17]

En todo caso, sin esa palabra, lo que es decir, sin sus diarios, como sin sus discursos, y a pesar de sus muy estimables ensayos sobre política francesa, sus estupendos artículos sobre política española, sus trabajos de crítica literaria, sus relatos de cuidada prosa arcaizante, la obra de Azaña ocuparía un lugar secundario en esa edad de oro de nuestras letras que fue el primer tercio del siglo XX. Son sus diarios y sus discursos de los años treinta, cuando andaba él entre los 50 y los 60 años de su edad, tomados como un conjunto unitario, su gran obra político-literaria porque es en ellos donde se manifiesta todo el poder y la debilidad de la palabra como guía de la acción, un singular experimento pocas veces dado contemplar en la política. Lo que se dice a sí mismo en la intimidad del cuaderno y lo que dirá luego en el salón de sesiones del Congreso o en el mitin multitudinario mantienen hoy esa profunda unidad que deriva de la coherencia entre lo pensado y escrito para sí y para su auditorio y lo que va realizando en la acción política de cada día. A esa profunda unidad, y no a cualquier ensoñación totalitaria ni a una pretensión de legitimidad excluyente, obedece que el primer bienio de la República se confunda para bien y para mal con la persona de Azaña.

Quizá por eso dejó de sentir la necesidad de acudir como cada dos o tres noches a su diario cuando vio que su fin como gobernante se acercaba: sabemos hoy que el tercero de los cuadernos robados termina en la página 324, de las 400 útiles, con la anotación de 26 de agosto de 1933, dos semanas antes de que el presidente Alcalá Zamora le retirase por segunda y última vez su confianza. Sólo volverá a sus cuartillas tres días después de las elecciones que le llevarían de nuevo a la presidencia: el noveno cuaderno comienza el 19 de febrero de 1936 pero se detiene el día siguiente. Las veces de diario de esa primavera la cumplirán varias cartas a su cuñado, de escritura interrumpida y reanudada en días sucesivos, en las que le va dando cuenta de todo lo ocurrido desde el triunfo de la coalición de izquierda hasta la destitución de Alcalá Zamora, su elección como presidente de la República y su posterior traslado a la Quinta del Pardo.[18] Azaña no volvería a reanudar el hilo roto de su escritura diaria hasta el 20 de mayo de 1937, cuando ha resuelto ya en plena guerra la crisis del gobierno Largo Caballero con el nombramiento de Juan Negrín y se siente capaz de influir de nuevo en la marcha de los acontecimientos. Lo hará en el llamado cuaderno de La Pobleta, en realidad, cuartillas con el membrete oficial de la presidencia, cuyo último apunte es de 5 de diciembre del mismo año y que contiene, esta vez sí, decenas de páginas de memorias o de recuerdos de lo ocurrido en los años anteriores, los años de poder y de oposición. El cuaderno de Pedralbes, que reanuda otra vez su diario el 22 de abril de 1938, con anotaciones progresi-

17. Sobre este tema traté en «Manuel Azaña: la razón, la palabra y el poder», en V.-A. Serrano y J. M. San Luciano, *Azaña*, Edascal, Madrid, 1980, pp. 297-310.

18. Publicadas por Enrique de Rivas en *Retrato*, pp. 661-692.

vamente breves, sincopadas, finalizará el 19 de enero de 1939, muy pocos días antes de cruzar la frontera hispano-francesa.

Esta inmensa obra memorialista no se agota en los cuadernos: *Mi rebelión en Barcelona* es, como los diarios, un relato autobiográfico a la par que una explicación política de lo ocurrido en 1934. Lo será también del primer año de la guerra civil ese sustituto de escritura memorialística que es *La velada en Benicarló*, un diálogo de la guerra de España que es en realidad el monólogo de un Azaña desdoblado en varios personajes hasta agotar todos los argumentos, hasta llegar, como dice, a tocar el fondo de la nada. En conjunto, y como ha escrito Juan Marichal, a quien tanto debemos todos los que hemos sentido los ecos de la palabra de Azaña resonar alguna vez en la cabeza, los diarios de quien fuera ministro de la Guerra, presidente del gobierno y presidente de la República constituyen «el texto memorial más importante de la historia española moderna».[19]

Robo y manipulación de tres cuadernos

Azaña habría compartido seguramente la opinión de Marichal acerca del insustituible valor de sus cuadernos y por eso, cuando estalló la guerra y decidió permanecer en la presidencia de la República, encomendó a Rivas su custodia en lugar seguro. El azar quiso que en el consulado general de España en Suiza permaneciera el vicecónsul Antonio Espinosa San Martín, un joven licenciado en derecho que había ingresado en la carrera diplomática en 1933 y que, aun habiendo sido nombrado para el consulado en Jerusalén, fue enviado en comisión a Ginebra a finales de febrero de 1936 y definitivamente designado para este consulado el 13 de julio del mismo año. Espinosa estaba en Madrid el día de la sublevación militar y no se reincorporó al consulado hasta principios de agosto, pocos días antes de que el cónsul y «todos menos él» dimitieran y abandonaran sus puestos. Temeroso de las represalias que pudieran sufrir sus familiares en Madrid y de las privaciones que podían esperarle si renunciaba a la carrera diplomática, única fuente de ingresos de que disponía, Espinosa cometió la debilidad de permanecer en su puesto, aceptar de la República el nombramiento de encargado de negocios *ad interim* en la legación de España en Berna y comunicar oficialmente a su antiguo superior el cese en la carrera, lo que evidentemente dio mucho que hablar a sus compañeros. Muy pronto, sin embargo, unos colegas de la carrera diplomática que fueron a Ginebra con la legación española ante la Conferencia de la Sociedad de Naciones le convencieron de su error y le animaron a abandonar el cargo. Antes de hacer las maletas, tuvo Espinosa buen cuidado de dejar algún testimonio escrito de su incondicional adhesión al Movi-

19. Juan Marichal, «Las jornadas de un estadista (1931-1939)», Manuel Azaña, *Obras completas*, vol. IV, p. VII; el carácter substitutivo de *La velada* fue señalado por Enrique de Rivas, ed., Manuel Azaña, *Apuntes de memoria y cartas*, p. 14.

miento Nacional y de mostrarse ofendido por las sospechas sobre su conducta. Por si eso no bastaba, y para despejar el camino de retorno, decidió acumular algunos méritos que compensaran lo que se podía juzgar como una culposa vacilación en el decisivo momento de la dimisión de su superior. Intentó, pues, montar una historia que le permitiera presentarse luego como espía emboscado en campo enemigo para servir desde allí a la causa nacionalista.[20]

El nuevo cónsul, sin embargo, a pesar de su natural abierto y extrovertido, pues no en vano era hombre de teatro y aficionado a las lecturas públicas de manuscritos tan habituales en las tertulias madrileñas, no se mostró particularmente confiado con aquel «joven pedante» y no le permitió acceder al código cifrado. El botín que Espinosa afanó, fruto de algún descuido del cónsul y quizá de la complicidad de alguna mecanógrafa, no era gran cosa: una carta de Fernando de los Ríos a Giral sobre la actitud del gobierno francés en los primeros días de la guerra civil; unas notas de los depósitos de dinero realizados por Rivas Cherif en bancos suizos; un recibo de 10.000 francos a favor de un periodista del *Journal de Genève* favorable a la República y unas informaciones sobre cierta operación de compra de armas en la que habían intervenido elementos anarquistas. Eso fue todo lo que consiguió antes de ser descubierto y denunciado a la policía suiza; todo, excepto que «tuvo la satisfacción de ofrecer al nuevo Estado español una documentación de interés histórico y político: las memorias manuscritas de Manuel Azaña».[21]

Por memorias manuscritas entendía Espinosa los tres cuadernos de diarios que sustrajo, con aquellos otros documentos, del cajón en que el cónsul no demasiado celosamente los guardaba. El robo debió de ocurrir en los primeros días de diciembre de 1936 porque fue denunciado a la policía de Ginebra el día 13 de ese mes y formalizada la acusación contra Espinosa el día 24. Con ellos en el equipaje, Espinosa huyó precipitadamente a Génova, con la connivencia de la policía suiza, y fue recibido calurosamente por el cónsul en aquella ciudad, valedor suyo ante las autoridades nacionalistas. Los cuadernos fueron entregados a Nicolás Franco, quien le indicó que no diera muchos detalles del caso en la primera declaración verbal efectuada a su regreso a España, en marzo de 1937, en Salamanca ante una Comisión Depuradora poco dispuesta a creer la historia del funcionario y de la que únicamente pudo obtener un fallo declarándole disponible por tres votos contra dos, partidarios

20. Espinosa había nacido el 26 de marzo de 1908 y cursado la carrera de derecho entre 1924 y 1929: Archivo General de la Administración, Educación, leg., 7967-7; ingreso en la carrera, Ministerio de Asuntos Exteriores, *Escalafón de la Carrera Diplomática*, 1933. Para lo demás: cartas de Antonio Espinosa a Federico Montaner, Berna, 28 de septiembre de 1936; y de Juan Teixidor a Francisco Serrat, 11 de enero de 1937. AMAE, leg. 539, n.º 35957.

21. Declaración jurada de 25 de febrero de 1938 y solicitud dirigida al jefe del Estado en reclamación de haberes, de 26 de diciembre de 1939. El Servicio de Información militar llegó a creer que Espinosa se hallaba «en concomitancia con los peores elementos anarquistas de Ginebra», según nota de octubre de 1936: Archivo del Ministerio de Asuntos Exteriores (AMAE), cit.

de su inmediata jubilación. Puede sospecharse que Nicolás los pasara rápidamente a su hermano Francisco y que uno u otro encomendara al jefe de los Servicios de Propaganda e historiador oficial de los mandos rebeldes, Joaquín Arrarás, la preparación de un texto convenientemente troceado con el propósito de suscitar desavenencias o provocar agravios entre los políticos republicanos. Azaña, en efecto, que no tenía tan baja opinión de todo el mundo como se da habitualmente por sentado, no ahorraba en su diario juicios sobre la torpeza, falta de decisión o incapacidad de sus ministros, y la insidia o la bajeza de algunos de los políticos con los que tenía que habérselas. Troceado a placer el texto, suprimido el relato en que únicamente podían tener sentido aquellos juicios, Azaña aparecería como una bolsa de rencor —una de las imágenes preferidas por Arrarás— y los políticos en general como gente despreciable.[22]

Mientras, Espinosa enviaba declaraciones juradas al Tribunal de Revisión de Expedientes de Depuración de Funcionarios y se sentía lo suficientemente seguro como para hacer llegar a sus superiores solicitudes reclamando los haberes no percibidos durante los meses de su fuga y hacía méritos en el Servicio de Información Militar para acabar recibiendo como toda recompensa la Encomienda de la Orden de Isabel la Católica,[23] Arrarás puso manos a la obra y el diario *ABC* de Sevilla anunció desde el día 18 de agosto de 1937 la inminente publicación de «las memorias íntimas y secretas de Azaña». La primera entrega de la serie se limitaba a reproducir unas frases hirientes sobre Fernando de los Ríos —que había tomado por unos cromos los Tiépolo del Palacio Nacional— y unas observaciones sobre la ferocidad de Prieto. La sustancia de esta primera entrega consistía, sin embargo, en el resumen del juicio que la letra de Azaña merecía de un grafólogo a quien, aun guardando su nombre, se presentaba como «gran profesor». El tal grafólogo había sacado de su examen conclusiones ciertamente atrevidas si no fuera porque constituían la quintaesencia del mito que sobre Azaña había construido la derecha católica y la reacción militarista desde el año 32, un mito verdadero y profundo, pues que Azaña se presentaba como «castigo y providencia de Dios Nuestro Señor», como una especie de enviado del Altísimo al modo en que el demonio es despachado al mundo para templar el ánimo de los mejores. «La Providencia obra en favor de España, mediante usted», le había dicho Ossorio en la charla que mantuvieron el 24 de agosto de 1932, pocos días después del golpe de Sanjurjo. Y lo que Ossorio, un católico excéntrico, siempre fiel a la República, le decía con su habitual franqueza lo comenzaron

22. Noticia del robo de papeles, sin especificar contenido, en recortes de prensa suiza que el cónsul general de España en Italia hizo llegar al Ministerio de Asuntos Exteriores del gobierno de Franco: AMAE, R 600, n.º 2. Solicitudes y declaraciones de Espinosa, carta de Juan Teixidor y notas del cónsul en Génova, AMAE, leg. 539, n.º 35957. Joaquín Arrarás es autor de dos libros aparecidos en 1937: *Franco*, Librería Internacional, San Sebastián; y, con L. Jordán de Pozas, *El sitio del Alcázar de Toledo*, El Heraldo de Aragón, Zaragoza.

23. Que «en atención a las circunstancias que en (él) concurrían» le fue concedida el 1 de octubre de 1939 y entregado el título el 7 de febrero de 1950, cuando era Encargado de Negocios en Caracas, AMAE, leg. R 4900, n.º 33.

también a creer los políticos de la derecha católica, que sacaban de su creencia consecuencias muy dispares a las de Ossorio y muy similares a las de este grafólogo.[24]

Pues, en efecto, como opinaba este primer comentarista de los cuadernos robados, la letra temblona, vacilante y tortuosa de Azaña ponía de manifiesto a un hombre bilioso y cardíaco, con bruscas alternativas de carácter, afán de disimulo, pronto a la cólera, refractario al amor y a la ternura, propicio a los grandes desmayos, de gustos femeninos, con la voluntad entregada a sus aduladores y dotado de aficiones despóticas. En un alarde de perspicacia, el grafólogo había sido capaz de detectar en la letra de Azaña signos inequívocos de una piorrea crónica, que le había martirizado desde niño, impidiéndole reír a sus anchas, causa de su contención de emociones y de su carácter poco expansivo. Completando el cuadro, aseguraba el gran profesor que el poder le había servido para satisfacer sus instintos sádicos y que, oscuro e impotente, su disfrute le había convertido en un monstruo. Cobarde, afeminado, sádico, impotente, frustrado, rencoroso, monstruo de maldad, frío déspota: quien haya tenido la paciencia de poner, uno detrás de otro, los epítetos con que la prensa católica y militar regalaba los oídos de Azaña en el período que cubren estos cuadernos, y aun antes, no se extrañará de verlos condensados en el diagnóstico elaborado por este singular grafólogo en 1937.[25] Lo llamativo es que todavía hoy se nos advierta contra un fantástico mito azañista, que sólo existe en la imaginación de su denunciante, atribuyendo al rencor de Azaña y a su frustración de oscuro funcionario y de escritor de pocos lectores —originales estereotipos acuñados en 1932, sintetizados en 1934 por, entre otros, el general Mola y el periodista González Ruano, y repetidos luego *ad nauseam* como ingeniosa explicación del malhadado porvenir de la República— nada menos que el origen de la guerra civil. Pero esta es otra historia.[26]

La que interesa aquí es la del efecto que la publicación de los fragmentos del diario tuvo sobre los personajes del drama. Después de las lindezas de la primera entrega del 21 de agosto, *ABC* de Sevilla continuó la serie dedicando entre una y dos páginas a presentar trozos escogidos de los cuadernos, comenzando siempre por impar excepto en una ocasión, hasta un total de 22 entregas. Maura, el incendiario; Marcelino Domingo; Busquets, Alomar y La Cerda; el loco de Mangada; el feroz Indalecio; Fernando de los Ríos, cursi, pedante, sectario y sorbe-fondos; Ossorio y Gallardo, un amigo caro; el innoble Albornoz; Gordón Ordás o el terror pecuario, y Casares Quiroga merecieron los honores de entregas, por así decir, monográficas. Otros mili-

24. Las palabras de Ossorio son de la anotación de 24 de agosto de 1932, p. 41. Lo otro es de José María Valiente, líder de los jóvenes de Acción Popular, cuando compara a Azaña con las plagas de Egipto, *El Debate*, 24 de mayo de 1933.

25. «Las memorias secretas e íntimas de Azaña», firmado por J., *ABC*, 21 de agosto de 1937.

26. Emilio Mola, *El pasado, Azaña y el porvenir*, Librería Bergua, Madrid, 1934, p. 158; César González Ruano, «El de los tristes destinos», *ABC*, 11 de octubre de 1934. La más reciente advertencia contra «el mito azañista» es de Carlos Seco Serrano, *El País*, 21 de abril de 1977.

tares y políticos republicanos y socialistas como el general Bedia, Eduardo Ortega, Largo Caballero, Moreno Galvache, Balbontín y «la Nelken» fueron objeto de *retratos al carbón*, mientras Gómez Hidalgo, Besteiro, el general Burguete, Guerra del Río, Franchy Roca, Viñuales y Barnés merecieron *retratos al pastel*. La serie incluyó también entregas sobre el bienio por dentro, los intelectuales, la preparación de la revolución en Portugal y se cerró con el apetitoso bocado de «Azaña y las mujeres».[27]

Una galería de viejas glorias, la mayoría de ellas retiradas ya, algunas huidas, sólo unas pocas todavía cerca de Azaña, como Prieto, ministro entonces de Defensa, o en puestos de responsabilidad, como de los Ríos, embajador en Washington, con quien Azaña había tenido una larga conversación pocas semanas antes de la aparición pública de sus irónicos juicios de 1932. A veces, lo que Azaña había escrito de unos regocijaba a los otros, como fue el caso de Prieto, que celebró divertido los aguijones contra de los Ríos, cuya insufrible cursilería Prieto sencillamente no podía soportar.[28] Otras veces, el que así reía se encontraba en la entrega siguiente retratado y sus más cercanos colaboradores hacían todos los esfuerzos imaginables para evitar al afectado el soponcio, como también ocurrió con Prieto. Pero, aparte de habladurías, la publicación no provocó ninguna crisis de gobierno y ni siquiera valió a su autor reproches públicos: la gente estaba en otras cosas, había una guerra, otra generación había ocupado el primer puesto de la escena y maldito el interés popular por saber lo que Azaña había escrito de unos y otros en 1932. Por lo demás, a la altura de 1937, el gobierno estaba formado, con la excepción de Prieto y Giral, por políticos a quienes en 1932 Azaña ni siquiera trataba: mal podían aparecer en sus cuadernos.

Lo sorprendente del caso, lo que prueba una vez más la amistad muy particular que le ligaba a su cuñado, es que, en el nuevo diario que escribía en los meses en que estalló el escándalo, Azaña no haya dejado ni una palabra de la preocupación que le producía su espúrea publicación. Y no porque no tuviera puntual noticia de lo que se venía publicando, sino porque era incapaz de dejar por escrito el más ligero reproche a la irreflexiva imprudencia de su cuñado, por quien tanta debilidad sentía. Es lógico que el robo y, sobre todo, la publicación de trozos de los cuadernos le produjera una profunda inquietud, pero también es cierto que siempre supo controlarla. Cuando Carles Pi i Sunyer, consejero de cultura de la Generalitat, fue a verle a La Pobleta el 18 de septiembre de 1937 lo encontró «mirando con preocupación unos papeles extendidos encima de la mesa». Al percibir que se trataba de unos recortes de *El Pueblo Vasco*, que también publicaba los fragmentos del diario,

27. *ABC*, Sevilla, 21, 22, 24, 27 y 29 de agosto; 2, 5, 8, 11, 14, 18 y 22 de septiembre; 2, 10, 16, 23, 29 y 31 de octubre; 3, 7, 10 y 14 de noviembre de 1937. En una ocasión, para mostrar la predilección por Cipriano, Arrarás invierte el orden en que Azaña nombra a sus acompañantes, pero salvo este caso —o algún otro que se me haya podido escapar— los trozos publicados son fieles transcripciones del diario.

28. Véase, por ejemplo, el comentario que Prieto hace por lo bajo a Azaña en el acto de inauguración de la Facultad de Letras, anotación de 15 de enero de 1933, p. 137.

temió que el presidente de la República no estaría de humor para mantener con él una conversación; era de creer, apunta Pi i Sunyer, «que pensaría mucho más en aquel asunto personal que en cuanto pudiese decirle». «Y cómo me equivoqué», añade, pues en efecto aquella entrevista les tuvo ocupados dos horas que Azaña transcribió fielmente, como era habitual, en su diario el día siguiente sin que trasluciera para nada su inquietud por los papeles, de la que sólo hay un escueto indicio más de un año después, el 16 de diciembre de 1938, cuando anota «la negativa de Burgos a Giral al canje del obispo por mis papeles». El obispo era el de Teruel y quizás se trataba del segundo intento de canje, pues mucho antes Azaña había insinuado a Negrín, también infructuosamente, la conveniencia de ofrecer por los cuadernos «un prisionero político, un buen escritor, falangista, Rafael Sánchez Mazas».[29] Si se cree el testimonio habitualmente fidedigno de Julián Zugazagoitia, su preocupación más acuciante, de la que sin embargo no dejó ni el más ligero rastro en su diario de 1937, se refería a las posibles consecuencias internacionales. Arrarás publicó algunos detalles de la conspiración para preparar en Portugal un movimiento similar al que había traído a España la República y se podía temer que salieran a relucir supuestas opiniones de Azaña sobre Herriot y su visita a Madrid, pues el esfuerzo republicano de guerra dependía en buena medida de la actitud francesa y suficientes nubarrones se cernían ya sobre el horizonte como para incrementarlos con la publicación de algunas frases desconsideradas. Pero es el caso que, aparte de las dudas sobre la oportunidad de la visita de Herriot y la negativa disposición de Azaña a firmar con Francia un tratado bilateral, el diario no dice nada de la visita en sí, realizada en los primeros días de noviembre de 1932, cuando Azaña aún no había reanudado sus anotaciones, interrumpidas desde el 10 de septiembre.[30]

El efecto de la aparición troceada de los diarios, si lo hubo, acabó pronto por difuminarse. Ciertamente, algunos de los así sacados a relucir protestaron por lo que consideraban un desprecio de quien había sido su presidente durante cerca de dos años: Marcelino Domingo le hizo llegar desde La Habana un telegrama el 3 de septiembre rogándole que enviara un cable al director de la revista *Bohemia* «afirmando que no existe ningún diario íntimo suyo en poder de los franquistas»; él y Fernando de los Ríos fueron los más dolidos, aunque a Álvaro de Albornoz no le faltaban tampoco motivos de queja, y el mismo Prieto tuvo una violenta reacción cuando por fin comprobó que Azaña también se había acordado de él para evocar sus «contactos provecho-

29. Carles Pi i Sunyer, *La República y la guerra. Memorias de un político catalán*, Oasis, México, 1975, pp. 458-459; Manuel Azaña, «Cuaderno de La Pobleta», anotación de 19 de septiembre de 1937, *Obras completas*, IV, pp. 790-801, para entrevista con Pi, y «Cuaderno de Pedralbes», anotación de 16 de diciembre de 1938 para iniciativa del canje. La noticia sobre Sánchez Mazas es de Julián Zugazagoitia, *Guerra y vicisitudes de los españoles*, Crítica, Barcelona, 1977, pp. 351-352.

30. La anotación sobre la visita de Herriot y la decisión de «no contraer ningún compromiso con Francia» es de 8 de septiembre de 1932, pp. 60 y 61.

sos» con el industrial bilbaíno Horacio Echevarrieta.[31] Los cuatro habían sido fijos en todas las combinaciones ministeriales presididas por Azaña. Descubrir de pronto lo que el presidente pensaba de ellos y comprobar que habían servido de ocasión para sus ironías y sarcasmos debió de ser un trance irritante y doloroso. Pero el efecto de la publicación fue, en lo político, nulo, y en lo personal no provocó la ruptura de quienes mantenían con Azaña relaciones de buena amistad, como el mismo Prieto, ahora mucho más cercano que en 1932, o como Ángel Ossorio, siempre amigo fiel. Ni siquiera Fernando de los Ríos parece haberlo tenido en cuenta más allá de la primera sorpresa, pues continuó sirviendo fielmente a la República desde Washington. Y por lo que se refiere al exterior, aunque César González Ruano se apresurara a traducir lo publicado al italiano y divulgarlo por Roma para conocimiento universal no parece haber despertado un inusitado interés del público.[32]

Terminada la guerra, la orden que pesó sobre Azaña fue la del destierro al frío y a la oscuridad del olvido. Mejor no hablar nada de él; mejor olvidarlo. En las justamente célebres conversaciones que mantuvo con su primo Pacón, Franco sólo habría evocado en una ocasión un pasaje de los diarios que debió de leer sin duda con fruición especial aunque con algo de apresuramiento. Fue a propósito de la demanda de visita que a través de Gregorio Marañón hizo llegar Luca de Tena a Azaña para sincerarse con él y presentarle en bandeja de plata la cabeza de un colaborador de *ABC*, Álvaro Alcalá Galiano, con tal de que dejara salir de nuevo el periódico a la calle tras la prohibición por las complicidades monárquicas en los sucesos de agosto de 1932. Franco, en la mejor tradición reaccionaria española, muy pesimista respecto a la dignidad del hombre tras la caída en el pecado original, debía de gozar con estas manifestaciones de la bajeza humana y, en noviembre de 1954, hablando de la actitud de violencia de Luca de Tena, recordó al conde de los Andes «lo que dicen las Memorias de Azaña sobre la visita que le hizo Juan Ignacio en la que éste manifestó al jefe del gobierno republicano que estaba dispuesto a defender la República si se le autorizaba a publicar el *ABC*». Y le añadió, malévolo: «esto prueba que no es tan elevada la lealtad de dicho señor a la monarquía». Franco, o mentía para meter cizaña entre las huestes monárquicas o había leído demasiado aprisa las Memorias, pues la visita de Luca de Tena a Azaña no tuvo lugar ni, caso de haberse celebrado, lo habría sido con ese propósito como puede percibir cualquier lector de la anotación del día 29 de noviembre de 1932: «yo soy monárquico y enemigo de la República, pero soy persona decente», dijo Luca de Tena a Marañón rechazando las imputaciones de haber participado en un complot para asesinar a Azaña.[33]

31. AMAE, Caja RE 138, carp. 2, p. 3. Reacción de Prieto: Julián Zugazagoitia, *Guerra*, pp. 350-351.

32. César González Ruano, «Azaña», *ABC*, Sevilla, 22 de septiembre de 1937. Andrés Trapiello cita una edición del libro de Arrarás del mismo título que la serie de *ABC*, aparecida en Chile en 1938: *Las armas y las letras*, Planeta, Barcelona, 1994, p. 345.

33. Francisco Franco Salgado-Araujo, *Mis conversaciones privadas con Franco*, Planeta, Barcelona, 1976, p. 53.

Aparte de este ejemplar episodio, y del regocijo que seguramente le produjera conocer la opinión de Azaña sobre algunos de sus compañeros de armas, Franco no parece haber concedido mayor atención a los diarios y seguramente paralizó su difusión una vez terminada la guerra. Joaquín Arrarás, además de utilizar algunos trozos de los cuadernos para enriquecer su posterior trabajo como historiador del régimen, quiso sacar partido de la serie de *ABC* y recopiló las 22 entregas, repitiendo lo sustancial del diagnóstico del grafólogo y añadiendo unos capítulos con las anotaciones correspondientes a la rebelión militar del 10 de agosto de 1932 y a la crisis de junio de 1933, en un libro del que retiró la voz «secretas» para dejarlo en un más escueto *Memorias íntimas de Azaña*. No se hizo rico con esta iniciativa: los ejemplares de la segunda edición de la obra, editada en 1939, se vendían hasta hace poco en las librerías de viejo por el muy asequible precio de 1.500 pesetas, una verdadera ganga para un libro de esa época.[34]

Lo que hoy se publica íntegro por vez primera son los tres cuadernos robados por el vicecónsul Antonio Espinosa San Martín en Ginebra, en poder de Franco y de su familia desde que Joaquín Arrarás culminó su trabajo de tijera, engrudo e insidia hasta que la ministra de Educación y Cultura del gobierno presidido por José María Aznar, Esperanza Aguirre, los recibió de manos de Carmen Franco, que los habría encontrado por casualidad en la librería de su padre confundidos por su apariencia externa con otros libros.[35] El primero de estos cuadernos —quinto de los escritos por Azaña desde su entrada en el gobierno—, continúa el relato de 22 de julio de 1932 con la visita de los capitostes de Telefónica agradecidos, sabemos hoy, «porque nunca les he pedido dinero ni favores de ninguna clase». Son perceptibles desde las primeras páginas las inquietudes ante un inminente golpe militar contra la República que va fraguando hasta su estallido final en la noche del 9 al 10 de agosto, ocasión que Azaña aprovecha para construir un drama del que él, Lola y el grupo de amigos son los principales personajes. Más de la mitad de este cuaderno quedó en blanco, pues la escritura se interrumpe en la página 185 con la anotación de 10 de septiembre, cuando se han aquietado ya las

34. *Memorias íntimas de Azaña*, con anotaciones de Joaquín Arrarás, ilustraciones de Kin, Ediciones Españolas, Madrid, 1939. Arrarás cita como «Papeles íntimos de Azaña» varios pasajes de los cuadernos robados en su *Historia de la Segunda República Española*, Editora Nacional, Madrid, 1965. Recuerdo bien que don Ramón Carande, invitado por Azaña en diciembre de 1931 a formar parte de su gobierno al frente del ministerio de Comunicaciones (oferta que rechazó después de consultar con su jefe político, José Ortega y Gasset), me decía: «hay que leer a Azaña, amigo Juliá; tienen ustedes que leer a Azaña», animándome así a adquirir las obras completas que una librería de Sevilla ofrecía por 6.000 pesetas. Nunca agradeceré bastante a don Ramón aquel consejo.

35. Entrega de los cuadernos y explicación de la ministra en *El País*, 26 y 27 de diciembre de 1996. Hace unos quince años, Ramón Serrano Súñer desanimó a Gonzalo Pontón a seguir buscando los cuadernos robados con el inapelable argumento de que «mi pariente» los tenía en su poder. Todos los intentos posteriores para recuperar los manuscritos, como la pregunta parlamentaria formulada por el diputado socialista Enrique Barón, tropezaron en el muro de silencio de la familia Franco.

aguas de la rebelión y Azaña se dispone a emprender varios viajes en los que recogerá el entusiasmo de catalanes en Barcelona y castellanos en Valladolid, además de reiterar en La Coruña y sobre todo en su decisivo discurso de Santander los objetivos de su política y de recibir calurosas adhesiones y protestas de fidelidad a la República de los mandos militares al presenciar las maniobras del Pisuerga. El cuaderno segundo, con sus 400 páginas escritas, es de capital importancia para medir el efecto de la insurrección de Casas Viejas y la obstrucción del Partido Radical sobre el gobierno republicano-socialista. Azaña pasa en estas páginas de las nostalgias navideñas de 1932 a una creciente irritación y tristeza, muy cercana a la angustia moral, cuando se va enterando de lo que realmente ha sucedido en Casas Viejas y cuando ha de enfrentarse al uso que de tamaña tragedia hacían sus adversarios políticos en el Congreso y en la prensa. El cuaderno tercero y último, del que hay escritas 324 páginas, abarca todo el proceso de la larga caída de Azaña, desde las vísperas de la primera retirada de confianza por el presidente Alcalá Zamora, hasta que está a punto de ser despedido por segunda y definitiva vez. Es el cuaderno del adiós y Azaña tiene especial interés en explicarse políticamente: las largas reflexiones contenidas en su anotación de 6 de junio de 1933 constituyen el más lúcido análisis de lo que podría pasar a la República si se dejaba llevar de ese «presidencialismo bastardo» que él creía ver en la conducta de Alcalá Zamora.[36]

Por una encomiable decisión editorial se incluye también, entre los cuadernos segundo y tercero de los robados, el cuaderno escrito del 1 de marzo al 31 de mayo de 1933, conocido ya por haber sido publicado en las dos ediciones antes citadas de Oasis y Crítica, pero que se reproduce aquí con objeto de no interrumpir bruscamente la continuidad del relato. El lector tiene, pues, ante la vista, el texto íntegro que Azaña dejó escrito de un año completo como presidente del gobierno: desde el 22 de julio de 1932 hasta el 26 de agosto de 1933. Fue el año del golpe de Estado del general Sanjurjo y de un grupo de conspiradores monárquicos, el año de la ley de Reforma Agraria y del Estatuto de Autonomía de Cataluña, de Casas Viejas y de la obstrucción radical, de la creciente lejanía entre los dos presidentes. Fue, en verdad, el año decisivo para la coalición republicano-socialista, el año de las máximas expectativas, del más alto vuelo de la República, seguido sin solución de continuidad por la entrada en barrena y el derrumbe de la política reformista. El interés de estos diarios radica precisamente en que ofrecen la razón de esa política tal como fue construida día a día por su primer responsable y los obstáculos en los que vino a estrellarse tal como fueron percibidos por su principal protagonista.

36. Anotación de 6 de junio de 1933, pp. 332-338 de estos diarios.

Plenitud y caída de Manuel Azaña

Con la República y con Azaña se suelen repetir dos tópicos que conviene revisar para entender lo ocurrido en los últimos doce meses de su presidencia, materia de estos cuadernos robados. No es toda la verdad, aunque sea cierto, que la República haya sido un régimen de altísima inestabilidad política con cambios de gobierno cada 101 días, como ha establecido Juan Linz como duración media para este periodo.[37] Azaña, que era ya presidente del gobierno de la República desde el 14 de octubre de 1931 tras la dimisión de Alcalá Zamora, formó su primer gobierno constitucional el 16 de diciembre de 1931 y se mantuvo en el poder sin ningún cambio de ministros hasta el 8 de junio de 1933. «¡Bueno, ya no soy Presidente!», dijo a Saravia al volver aquel día al ministerio. Pero el gozo de su liberación, si fue verdadero duró poco: con muy limitados reajustes exigidos por la enfermedad de Jaume Carner y la ampliación de la coalición al partido republicano federal, volvió a la presidencia del Consejo desde el 12 de junio hasta el 8 de septiembre de ese mismo año.[38] Fue a partir de su segunda caída cuando los gobiernos de la República, en manos del Partido Radical, que habría de quedar tras las elecciones de noviembre a merced de la CEDA, no duraron por término medio ni siquiera tres meses: desde septiembre de 1933 a diciembre de 1935 se sucedieron siete crisis totales y se turnaron cinco presidentes, algunos de los cuales hicieron varias crisis parciales. Lerroux, Martínez Barrio, Lerroux, Samper, Lerroux, Chapaprieta y Portela presidieron en poco más de dos años doce gobiernos por los que rotaron hasta 58 ministros. Azaña fue mucho más parco: al frente de gobiernos constitucionales, sin turnar con nadie, se mantuvo cerca de 21 meses y se contentó con un total de 13 ministros, y eso que hubo de prescindir de uno, el que más apreciaba y sobre quien escribirá dos años después, con ocasión de su muerte, el más sentido elogio que presidente alguno haya dejado de cualquiera de sus ministros.[39]

Todo esto remite al segundo equívoco, que tiene a Azaña como excelente intelectual pero pésimo político o, más bien, como pésimo político por ser un excelente intelectual, condenado, por esa condición, a mostrarse vacilan-

37. Juan J. Linz, *La quiebra de las democracias*, Alianza, Madrid, 1987, p. 75.

38. El primer gobierno constitucional estaba formado por Manuel Azaña, Luis de Zulueta, Álvaro de Albornoz, José Giral, Jaime Carner, Santiago Casares, Fernando de los Ríos, Francisco Largo Caballero, Indalecio Prieto y Marcelino Domingo. En el segundo entraron Lluís Companys en sustitución de Giral y Agustín Viñuales en sustitución de Carner. Nuevos ministros fueron también Francisco Barnés, en Instrucción Pública, y José Franchy Roca, en Industria y Comercio, desgajado de Agricultura. De los Ríos sustituyó a Zulueta en Estado; los demás permanecieron en sus puestos: *Gaceta de Madrid*, 17 de diciembre de 1931 y 13 de junio de 1933.

39. Jaume Carner anunció a Azaña su enfermedad el 19 de febrero de 1933, pero no murió hasta el 26 de septiembre de 1934. Hasta la crisis de junio, Azaña se hizo cargo del ministerio de Hacienda. El bello elogio de Azaña a Carner, a quien siempre tuvo en muy alta estima, puede verse en *Mi rebelión en Barcelona*, *Obras completas*, vol. III, pp. 61 y 62.

te, dubitativo, escasamente dotado para gobernar. Pero muy mal político no debía de ser cuando fue, de todos los de la República, el que más tiempo permaneció al frente del gobierno. Y por lo que respecta a sus dudas y vacilaciones, es curioso que fuese el único de los ministros del gobierno provisional con tan sobradas energías como para culminar en sólo unos meses una reforma militar en la que habían venido a estrellarse todos los ministros de la Guerra, militares o no, de la Monarquía; curioso porque frente a lo que no pocos intelectuales y algunos historiadores apresurados han dicho de él, el intelectual español por antonomasia que fue Ortega levantó a los diputados de sus asientos para ovacionar a Azaña por «la corrección», «sin rozamiento grave», con la que había llevado a cabo «una maravillosa e increíble, fabulosa, legendaria reforma radical del Ejército». Y Ortega no era hombre de elogio fácil.[40]

De manera que el tópico de la inestabilidad gubernamental valdrá para el período de la República en que Azaña no fue presidente del gobierno pero no para los años en que él ocupó ese puesto; y el tópico de que Azaña fue político mediocre por su condición de excelente intelectual no vale nada. Como los hechos se encargarían de demostrar, el susto que Carner le manifestó el 14 de diciembre de 1932 al «pensar que un día pueda yo salir de estampía» resultó premonitorio: sin Azaña en la presidencia del Consejo de Ministros iba a ser muy difícil gobernar establemente la República. En realidad, fue imposible. Es una paradoja más del peso de los estereotipos y de la repetición de lugares comunes que haya caído el sambenito de la exclusión y la intransigencia sobre el único político de la República capaz de dirigir con suficiente estabilidad un gobierno de coalición de partidos dispares y hasta enfrentados. No es una prueba de su desdén hacia el resto de los políticos republicanos ni del alto concepto en que a sí mismo se tenía su temor a «que en lo porvenir, la República no encuentre hombres con autoridad».[41] Al confiar esta y otras reflexiones similares a su cuaderno, Azaña era plenamente consciente de que la intrincada situación política de la República, con un sistema de multipartidismo extremo, haría muy difícil sin él un gobierno estable. Que no faltaba motivo a sus temores el tiempo se encargaría de demostrarlo: eliminado él, la República no encontró hombres de autoridad que la gobernaran. En la luz que proyectan sobre esta cuestión, crucial para entender la política republicana, radica precisamente el valor insustituible de los cuadernos ahora devueltos, en los que Azaña anotó, día a día, las realizaciones de su gobierno y los formidables obstáculos con los que tropezó. Una breve exploración por su contenido quizá permita encontrar alguna clave para explicar este singular fenómeno político, aunque antes sea preciso

40. José Ortega y Gasset, discurso pronunciado en las Cortes Constituyentes el día 30 de julio de 1931, recogido en *Obras completas*, Alianza, Madrid, 1983, vol. 11, pp. 354-355.

41. Anotaciones de 14 de diciembre de 1932 y de 15 de enero de 1933 para los temores de Carner y Azaña, pp. 102 y 139.

echar una ojeada a lo ocurrido en el año 1931, el año del encumbramiento de Azaña, materia de los cuatro primeros cuadernos de su diario.[42]

Azaña se había hecho cargo del gobierno de la República para llenar el vacío provocado por la dimisión de Niceto Alcalá Zamora, incapaz de aguantar en su puesto hasta que se promulgara la Constitución, como había sido el compromiso de las fuerzas políticas coligadas para instaurar la República. La salida de Miguel Maura y de Alcalá Zamora con motivo del debate sobre el lugar que la Iglesia católica habría de ocupar en la nueva Constitución republicana redujo la heterogeneidad del gobierno a costa de prescindir del sector católico y de centro-derecha que había no ya aceptado sino conspirado abiertamente para traer la República. Quedaban, pues, como fuerzas mayoritarias de la coalición gobernante el partido republicano radical, liderado por Alejandro Lerroux, y el partido socialista, liderado por Largo Caballero. En los flancos, como partidos minoritarios pero imprescindibles, el partido republicano radical-socialista, de Albornoz y Domingo; Acción Republicana, de Azaña, y varios partidos republicanos de Cataluña y Galicia. Con esos mimbres había que mantener el gobierno y culminar los trabajos constitucionales.

Al dimitir Alcalá Zamora en octubre de 1931, todo el mundo estuvo de acuerdo en que para mantener en vida el gobierno de coalición republicano y socialista sin dar entrada a nuevos ministros no había más alternativa que elevar a Manuel Azaña a la presidencia. La razón era muy simple: los socialistas no podían presidir el gobierno ni aceptaban la presidencia de un radical; los dos partidos mayoritarios quedaban, por tanto, excluidos. Había que buscar al candidato en alguno de los ministros de los partidos minoritarios y, entre estos, no había mucho dónde elegir: los radical-socialistas, Álvaro de Albornoz y Marcelino Domingo, carecían de consistencia y de autoridad sobre el resto de los partidos; el catalán, Nicolau d'Olwer, no representaba a la Esquerra, y el gallego, Casares, no había tenido ocasión de darse a conocer desde su cómodo ministerio de Marina. Quedaba Azaña, que además de haber acometido con decisión la reforma militar acababa de solventar el arduo problema planteado por el artículo 24 del proyecto constitucional con un discurso que sirvió al menos para que la coalición gobernante no saltara hecha pedazos. Todo el mundo estuvo de acuerdo en su elección aunque algunos, y Alejandro Lerroux de manera especial, entendieran que se trataba de una especie de nombramiento interino: Azaña, como líder de un partido minoritario, volvería al lugar secundario que por su fuerza le correspondía inmediatamente que se promulgara la Constitución, se eligiera presidente de la República y se procediera a investir al presidente del primer gobierno constitucional.[43]

42. En *Manuel Azaña. Una biografía política*, Alianza, Madrid, 1990, pp. 89-300, he tratado con detalle estos dos años de política republicana.

43. El primer nombramiento de Azaña como «presidente del Gobierno de la República» fue realizado por «las Cortes Constituyentes, en uso de su soberanía», *Gaceta de Madrid*, 15 de octubre de 1931.

Esas eran las cuentas que casi todos se hacían a mediados de octubre de 1931: Azaña estaría dos meses al frente del gobierno. Pero cuando la Constitución se hubo promulgado, y, en un intento de reforzar las bases del nuevo régimen incorporando otra vez a la derecha liberal católica, Alcalá Zamora fue repescado para la presidencia de la República, la estatura de Azaña había crecido lo suficiente como para que, permaneciendo la sorda hostilidad entre radicales y socialistas, fuera a los ojos del presidente de la República el mejor situado para recibir el encargo de formar gobierno. Así fue, y Azaña inició con buen ánimo las consultas con objeto de mantener con un similar peso político la participación de todos los partidos que habían integrado el gobierno provisional, muy especialmente, socialistas y radicales, hasta que se promulgaran las leyes previstas de desarrollo constitucional. A las primeras de cambio comprobó, sin embargo, que las cosas no estaban en diciembre como en octubre y que Lerroux se negaba en redondo a incorporarse a un gobierno del que formara parte el partido socialista. O yo o los socialistas, le vino a decir a Azaña, en el buen entendido de que si éste formaba un gobierno con los radicales excluyendo a los socialistas, al cabo de tres meses habría de dejarle el puesto a él, como le llegó a proponer después del golpe de Sanjurjo, según el apunte de Azaña conocido ahora por vez primera, pero fácilmente deducible por el diferente peso político y parlamentario de sus respectivos partidos. Carecía de sentido, en efecto, que Azaña, siendo líder del más pequeño de los partidos republicanos conservara la jefatura de gobierno si los socialistas se iban a la oposición. Lerroux reivindicaba, lógicamente, su mejor derecho a la presidencia en un gobierno de concentración republicana y por nada del mundo aceptaba que Azaña, un republicano nuevo, un antiguo reformista recién llegado a las filas del republicanismo y líder para colmo de un partido sin gran arraigo en la opinión, se consolidara como presidente de gobierno con la fuerza de unos votos prestados.

Azaña tomó entonces, con el apoyo del presidente de la República, que pudo haber pasado el encargo de formar gobierno al líder del partido radical y no lo hizo, una decisión cargada de consecuencias para el futuro: prescindió de Lerroux y se quedó con los socialistas. Esta decisión dio lugar a todo tipo de comentarios acerca de la pretensión de Azaña de construir un poder personal, casi dictatorial, sobre la única base de un partido con escaso número de afiliados y con un grupo parlamentario que, con las nuevas adhesiones, no pasaba de 30 diputados. Más adelante, se ha llegado a ver en la ruptura de Azaña con Lerroux nada menos que el origen de la guerra civil y, todavía hoy se repite como si fuera un axioma, que el hundimiento de la democracia republicana no fue el resultado de la sublevación militar sino de la traición de Azaña cegado por una «infalibilidad excluyente» que le habría llevado a rechazar a los radicales como socios del gobierno.[44] No ha faltado tampoco

44. El origen de la guerra civil en la ruptura de Azaña con Lerroux es tesis muy querida a Salvador de Madariaga, *España. Ensayo de historia contemporánea*, Espasa-Calpe, Madrid, 1979, p. 316. Carlos Seco Serrano repite esta visión y la consabida cita de Unamuno, y atribu-

quien haya atribuido a un choque de personalidades la aparente imposibilidad de que ambos políticos continuaran sentados en el mismo gobierno. En fin, y como era también de esperar, no pocos han acusado a Azaña de ser desde entonces prisionero de los socialistas, acusación ampliada más tarde, durante la guerra civil, presentándolo como prisionero de los comunistas. De esta manera rodando, el Azaña prisionero de alguien o de algo —de sus pasiones, por ejemplo, o de sus socios— se ha convertido en el talismán que abre todas las puertas a la comprensión de lo ocurrido con la República y en uno de los tópicos destinados a gozar de mejor salud entre nuestros ensayistas e historiadores políticos.

Sea lo que fuere de esa vana discusión sobre los efectos últimos de la ruptura con Lerroux, lo cierto es que Azaña tenía sólidas razones políticas para mantener a los socialistas en la coalición. Desde su primer discurso de cierta entidad, pronunciado en la casa del pueblo de Alcalá de Henares en 1911, había identificado el «problema español» con la democracia y la constitución de un Estado democrático, prescindiendo de si la forma de gobierno debía ser monárquica o republicana. Pero desde su *Apelación a la República*, de 1924, había argumentado que la instauración de la democracia en España no podría llevarse a cabo, a las alturas del siglo XX por las que ya andaban, como si se tratara de repetir la revolución liberal del siglo XIX: la democracia no era sólo cuestión de burguesía y clase media sino de una coalición en la que tuviera cabida lo que entonces llamaba «movimiento ascensional del proletariado». Entre su discurso de 1911 y su folleto de 1924, el golpe de Estado de Primo de Rivera de septiembre de 1923 le había empujado a abandonar el reformismo monárquico y a identificar democracia con república.[45] A partir de ese momento, consciente de la debilidad de los partidos republicanos de clase media, la incorporación de la clase obrera a la gobernación del Estado fue una de las claves del proyecto político de Azaña, que en este punto no respondía a un afán decimonónico, como a veces se le reprocha, sino a otro muy del siglo XX o, para ser más exactos, muy del período de entreguerras, cuando en Gran Bretaña, Francia, Alemania e Italia los partidos obreros se incorporaron con mejor o peor fortuna final a las instituciones democráticas. Además, los socialistas habían sido el cimiento de la coalición fundacional de la República y, celebradas las elecciones a Cortes Constituyentes, eran el partido con mayor número de diputados. Por otra parte, Azaña percibía a la sociedad española atravesada por una profundísima crisis social, con las clases en lucha abierta por sus intereses y aunque este hecho no le parecía necesariamente desastroso, entendía que para convertir esa lucha en un instrumento de «fusión nacional» necesitaba, además de crear

---

ye a Azaña nada menos que el «hundimiento de la democracia», en «El mito azañista», *El País*, 21 de abril de 1977 sin que al parecer nadie más haya tenido algo decisivo que ver en tan desventurado naufragio.

45. Manuel Azaña, *El problema español y Apelación a la República*, Aguilar, Madrid, 1990.

un campesinado próspero, contar con la colaboración socialista.[46] En fin, el programa de gobierno que Azaña presentó en su discurso de investidura, determinado en parte por mandato de la Constitución, preveía profundas reformas en asuntos tan sensibles como la propiedad de la tierra, las relaciones laborales, la Iglesia católica y el Estatuto de Autonomía de Cataluña. Con un programa de esa envergadura, era una temeridad lanzar a los socialistas a la oposición. Azaña juzgó, pues, prematura la ruptura de la coalición exigida por los radicales, aunque no descartaba desprenderse del PSOE cuando hubiera culminado toda la legislación reformista y su paso a la oposición pudiera realizarse sin traumas para ninguno de los partidos.

Decidido a mantener a los socialistas en el gobierno, Azaña hizo de la necesidad virtud y percibió una nueva razón para dejar que los radicales se fueran. Puesto que en el Parlamento debía existir una oposición, prefería que fuese republicana mucho mejor que monárquica o católica, a la que de todas forma no concedía entonces demasiada importancia por la insignificancia de su representación parlamentaria. Si los radicales aceptaban de buena gana ser una oposición en reserva de la República, el sistema de partidos se habría configurado en torno a una izquierda republicana —en sí misma un mosaico formado por el partido de Azaña, los federales, los radical-socialistas, la Esquerra, la ORGA y algunos republicanos independientes, lo que daba un total de 150 a 160 diputados— que podría coligarse alternativamente por su izquierda con los socialistas o por su derecha con los radicales y otros republicanos de centro y de derecha. Era una fórmula plausible de estabilizar la República, dotar al Parlamento de una oposición leal al régimen, asegurar así la posibilidad de formación de otros gobiernos republicanos y controlar la tendencia centrífuga del socialismo. Pero era una fórmula basada en la creencia de que las fuerzas no leales al régimen, la derecha católica y los monárquicos, nada tenían que hacer en la República y que el sistema de partidos se configuraría en torno a su propuesta de Federación parlamentaria de izquierdas republicanas, que actuaría de hecho como un eje de centro a cuya derecha quedarían los radicales, con la izquierda ocupada por los socialistas. En adelante, no todos ellos serían gobierno, pero al no serlo quedaba garantizada la existencia de una oposición leal al régimen y quedaría abierta la posibilidad de formar nuevos gobiernos sin necesidad de recurrir a las oposiciones semileales o manifiestamente desleales a la República.

Esta fórmula dio en los primeros meses unos resultados asombrosos. Ante todo, se reveló más estable de lo que sus adversarios habían esperado: gracias sin duda a la capacidad política demostrada cada día por Azaña, nada grave perturbó el acuerdo entre los partidos coligados. Además, y por su menor heterogeneidad, permitió acelerar la discusión de las leyes pendientes: mal que bien, la discusión de la ley de Reforma Agraria avanzaba como también lo hacía el Estatuto de Cataluña, objeto de apasionados debates en los que la llamada «masa encefálica» de aquellas Cortes echó todo su cuarto

46. Véase la larga anotación de 24 de diciembre de 1932, pp. 105-115.

a espadas. Las reformas educativas iban a toda prisa y la Hacienda, con Carner al frente, parecía por fin al abrigo de los sobresaltos que la intemperancia de Prieto, más que su inhabilidad, le había ocasionado en los meses anteriores. La reforma militar había sido aceptada en sus líneas fundamentales, aunque levantara ronchas la revisión de ascensos por méritos de campaña, y Largo Caballero no tuvo mayor reparo en echar el freno a sus más ambiciosos proyectos y dejar para mejor ocasión la temida ley de control obrero de las industrias. Azaña había logrado moderar la política religiosa de sus socios entregándoles, como le recordará años después un fraile agustino, la Compañía de Jesús; apenas había tocado a las jerarquías militares, y había conseguido que socialistas y republicanos catalanes entraran en vías de acuerdo para sacar adelante el Estatuto.

Pero a medida que la fórmula de gobierno encabezada por Azaña parecía asentarse, fueron surgiendo los diversos obstáculos en los que finalmente vendría a encallar y zozobrar. El primero, protagonizado por un puñado de militares azuzados por los medios monárquicos y caldeados en la permanente denuncia de católicos y radicales contra el gobierno acusándole de no representar a la opinión, significó sin embargo un triunfo aparentemente fácil y muy personal de Azaña y despejó el camino para la rápida aprobación de dos leyes fundamentales del nuevo régimen. El golpe de 10 de agosto de 1932, que ahora podemos seguir en su totalidad desde el interior del palacio de Buenavista, rodeó al gobierno del calor y hasta del entusiasmo popular, tapó por unas semanas las bocas de sus adversarios y enemigos, impulsó los debates sobre la ley de Reforma Agraria y del Estatuto de Autonomía, rindió a la prensa más reticente y acabó por elevar a Azaña a la categoría de gran estadista. Para él, fue el momento de mayor armonía, de identidad entre lo que se había propuesto y lo que se encontraba ahora realizado, de seguridad de haber «contribuido modestamente a hacer de España un pueblo mejor». Tan optimista y de buen humor llegó a sentirse que se aplicó también a la tarea de construir el Gran Madrid con el que soñaba desde sus años mozos y cuyas líneas de crecimiento, diseñadas por Secundino Zuazo, encontraron en Prieto el impulso necesario para su primera ejecución.[47]

Azaña aprovechó esa oleada de entusiasmo para reafirmar el valor de la fórmula política vigente desde diciembre de 1931 y renovar su decisión de mantener a los socialistas en el gobierno. Lo hizo en varios discursos que tuvo ocasión de pronunciar durante los viajes a La Coruña, Santander, Barcelona y Valladolid emprendidos poco después de la aprobación del Estatuto y de los que no queda rastro alguno en los diarios, interrumpidos precisamente de septiembre a noviembre de 1932, el momento más dulce de su actividad política. En Santander, Azaña advirtió a los radicales que seguiría gobernando con los socialistas y que no estaba dispuesto a iniciar el juego de la vieja política a base de acuerdos entre partidos para conseguir del jefe del Estado el decreto de disolución. Eso se acabó, vino a decir Azaña. Para

47. Anotación de 3 de diciembre de 1932, p. 86.

gobernar hay que tener mayoría en las Cortes, no el favor presidencial. En Barcelona, con un discurso que *El Sol*, ahora muy amigo, calificó de histórico, Azaña fue a decir a los catalanes que ya no había reyes que pudieran declarar la guerra a Cataluña y proclamó el triunfo de la revolución al tiempo que se atrevía —fue el último que lo hizo, escribirá dos años después— a gritar ¡viva España! en la plaza de Sant Jaume como cierre de sus vibrantes palabras. España será, España y Castilla, el motivo central de su memorable discurso de Valladolid, en el que identificó República y España y suscitó con las evocaciones de la «tierra eterna» y la «raza perdurable» la profunda emoción en su auditorio. Azaña conocía bien las resistencias con que había tropezado su política de autonomía para Cataluña y no ignoraba los ataques de que era objeto en la prensa monárquica, católica y militar como déspota decidido a romper España con tal de mantenerse en el poder. Afirmar simultáneamente la autonomía de Cataluña y la «resurrección de España» de manera que apareciera como un recio castellano capaz de construir un Estado en el que Cataluña se sintiera cómoda sólo podía conseguirse en un lenguaje de vuelos arriesgados y de cierto historicismo de raíz romántica que en ocasiones anteriores había rechazado con el gesto de impaciencia característico de su radical crítica política a la generación del 98. Ahora, sin embargo, con sus objetivos políticos alcanzados, Azaña no tuvo empacho en conmocionar a auditorios catalanes y castellanos dejándose llevar del lirismo inherente a todas las evocaciones historicistas.[48]

Es muy elocuente del valor de la palabra como guía de la acción política que inmediatamente después de que se asentara el recuerdo del golpe y se diluyera el fuerte impacto causado por esta serie de discursos, las dificultades con que tropezó la política de Azaña no sólo no disminuyeran sino que llegaran a hacerse insoportables, como puede apreciarse con la lectura del segundo de estos cuadernos. Lerroux no se resignó al papel que Azaña le había reservado; no aceptó ser leal oposición republicana a la espera de las siguientes elecciones y comenzó a conspirar abiertamente para que el presidente de la República retirara su confianza al presidente del gobierno y le entregara el decreto de disolución. En democracia, es perfectamente legítimo socavar las bases parlamentarias en que se asienta un gobierno con objeto de cambiar la mayoría y formar otro de distinto signo. Al cabo, la democracia es un sistema de competencia de partidos. En este sentido, la estrategia de Lerroux entraría dentro de lo normal en la lucha política y Azaña llega a preguntarse, en una meditación muy navideña, si al afincarse en el gobierno no estaría dejándose captar por su papel. En la pausa impuesta por la festividad y la holganza, siente o dice sentir el anhelo de «un cuarto de hora de lucidez,

48. «La segunda parte del discurso —con ser excelente la primera— es quizá la manifestación más alta de entendimiento político y de plenitud intelectual que ha dado el sr. Azaña desde que se reveló como gran gobernante de la República ... No estaba España habituada a que se le hablara este lenguaje», dice el editorial de *El Sol*, «El discurso de Valladolid», 15 de noviembre de 1932.

al fin del cual barrunto la ruptura voluntaria de estas prisiones».[49] Pero fueran cuales fuesen sus anhelos íntimos, la cuestión era que Azaña no perdía ninguna votación en las Cortes y que con aquel Parlamento Lerroux no podía formar un gobierno de mayoría. Si Azaña, a pesar del temor a perder la libertad interior manifestado en la intimidad de su cuaderno, no renunciaba voluntariamente a la presidencia del gobierno, su sustitución exigiría la intervención directa del presidente de la República que le debía retirar en tal caso su confianza aunque mantuviera la de las Cortes.

Y eso fue lo que ocurrió, pero no sin que quedaran gravemente heridas las relaciones entre los distintos partidos republicanos. Los grupos de la derecha y los radicales «vorazmente se han arrojado sobre la sangre» derramada en la insurrección anarquista de Casas Viejas a comienzos del nuevo año de 1933, «la han revuelto y nos han querido manchar», escribe Azaña en su diario. La «saña terrible» de los radicales le indigna por lo que tiene de acusación de haber engañado a sus compañeros y a los diputados y aunque le deprime el relato de los sucesos, piensa que esa depresión les perjudica. Sintiéndose fuerte con el apoyo sin fisuras de los ministros socialistas, y a pesar del movimiento de desafección iniciado entre los radical-socialistas, Azaña se presta a hacer frente a todas aquellas acusaciones. Casas Viejas tuvo, sin duda, un efecto decisivo en la política republicana, pero no porque a partir de ese momento los socialistas retiraran su apoyo a Azaña, sino porque la concordia republicana, muy deteriorada ya por lo sucedido el año anterior, se hizo de todo punto imposible. Por lo que a Azaña personalmente respecta, las injurias de que fue objeto y, sobre todo, la falta de escrúpulos políticos de sus atacantes, que no dudaban en recurrir a la calumnia con tal de obtener un triunfo a corto plazo, dejaron un profundo poso de amargura y tristeza en su ánimo pero le reforzaron en su convicción de mantener la coalición con los socialistas y no abandonar el gobierno si no era por las vías previstas en la Constitución, tal como reiteró en uno de sus discursos fundamentales, el pronunciado en el Frontón Central de Madrid el 14 de febrero de 1933. Pérdida de la mayoría parlamentaria o retirada de confianza del presidente de la República, esas eran las únicas vías constitucionales para poner fin a su gobierno. A la vista de esa determinación, y como el apoyo socialista nunca flaqueaba, los radicales arreciaron en sus ataques y comenzaron a conspirar abiertamente para derribar a Azaña presionando al presidente de la República para que le retirara su apoyo y fomentando la división dentro del partido radical-socialista.[50]

A la insurrección anarquista y a la obstrucción radical, que lograron extender el clima de una crisis siempre inminente, se añadió la pérdida del favor de la prensa y la declarada hostilidad de destacadas figuras del firmamento intelectual madrileño, que nunca habían conseguido aceptar de buen

49. Anotación de 25 de diciembre de 1932, pp. 115-117.

50. La depresión por el relato de los hechos y el asco por la reacción del «grupo extremista» y de los radicales, anotación de 23 de febrero de 1933, pp. 184-186.

grado ver a aquel tipo a quien tenían por oscuro funcionario con pretensiones de escritor convertido en presidente de gobierno. Su amigo Guzmán, que se había hecho con la gerencia de *El Sol*, no pudo evitar que, al no acceder el presidente del gobierno a la subida de cinco céntimos en el precio de venta al público, siempre rechazada por los socialistas, Luis Miquel entrara en tratos con Juan March y pusiera los tres periódicos, *El Sol*, *Luz* y *La Voz*, un poco precipitadamente adquiridos, al servicio de los enemigos de Azaña. De la gloria de los editoriales del otoño de 1932, el presidente del gobierno cayó en picado al infierno de los que le dedicaban en el verano de 1933.[51] Azaña tomó buena nota de esta creciente hostilidad de periodistas e intelectuales: Manuel Aznar, por ejemplo, que después de la rebelión de agosto lo ponía «todo a la carta Azaña» y le «llenaba de incienso», parecía haber cambiado de sentimientos cuando naufragó su candidatura para un cargo diplomático. Unamuno había vuelto a sus dolores y proclamado en el Ateneo, en una conferencia que Azaña juzgó «lastimosa, una estupidez, o una mala acción», su gran pesimismo ante la presente situación política: «me duele la República», dijo muy en serio el rector de Salamanca, que semanas después solicitaría, en un banquete de homenaje al embajador francés, la intervención de M. Herbette para poner fin a lo que denominó guerra civil entre españoles. Ortega, a quien casi siempre se refiere Azaña en estos cuadernos anteponiendo el «don» sin ironía alguna, también se sentía despegado de tiempo atrás de los republicanos y ahora ejercía todo su influjo para desacreditar la política de Azaña, a quien llegaron noticias de que algunos colaboradores se habían alejado de la tertulia de *Revista de Occidente* por lo que allí se decía de él.[52]

A todas estas «pasiones adversas» se añadió, desde la reapertura de las sesiones parlamentarias, el progresivo deterioro de las relaciones entre los dos presidentes, el de la República y el del gobierno, que hoy se pueden reconstruir paso a paso. No es que esas relaciones hayan sido nunca de calidad, pero al menos hasta diciembre de 1932 se mantuvieron dentro de lo cortés, sin que se suscitaran graves malentendidos. La presión de los radicales y el evidente malestar patronal comenzaron sin embargo a hacer mella en el espíritu de Alcalá Zamora respecto a un punto crucial de la política de Azaña: la conveniencia de mantener a los socialistas en el gobierno. El presidente comenzó a dar muestras de nerviosismo ante los ministros socialistas y a reprocharles las inconveniencias con él cometidas por su periódico o por algunos de los dirigentes del partido o de la Unión General. El creciente

51. Para cambios de propiedad y bruscos giros de orientación política de estos periódicos, María Cruz Seoane y María Dolores Saiz, *Historia del periodismo en España, 3. El siglo* XX: *1898-1936*, Alianza, Madrid, 1966, pp. 441-442.

52. Notas sobre Aznar de 29 de noviembre de 1932 y 2 de junio de 1933, pp. 74 y 327. Lo dicho por Unamuno, *El Sol*, 29 de noviembre de 1932 y 17 de enero de 1933; anotaciones de 29 de noviembre de 1932 y de 18 de enero de 1933, pp. 140-141. Sobre Ortega y la salida de Francisco Ayala de *Revista de Occidente*, anotación de 15 de julio de 1933, p. 399.

malestar del presidente llegó a su punto álgido con el debate de la ley de Confesiones y Congregaciones Religiosas, que cumpliendo el mandato constitucional prohibía a las órdenes religiosas «ejercer comercio, industria ni explotación agrícola por sí ni por persona interpuesta» y «dedicarse al ejercicio de la enseñanza» excepto de la «que organicen para la formación de sus propios miembros». La nueva presión, familiar y episcopal, a la que fue sometido Alcalá Zamora y sus propios escrúpulos de conciencia le indujeron a demorar hasta el último día el plazo permitido por la Constitución para sancionar la ley, aprobada por las Cortes el 17 de mayo con el apoyo del partido radical por 278 votos contra 50, pero no promulgada hasta el 2 de junio.[53] No fue una casualidad, aunque no siempre se repare en ello, que la primera retirada de la confianza del presidente de la República al del gobierno tuviera lugar sólo unos días después de que el episcopado español publicara una declaración conjunta denunciando el «trato durísimo» que se daba a la Iglesia y el papa Pío XI mostrara su inquietud por el rumbo que las cosas iban tomando en su dilectísima España.[54]

Y así fue como Azaña vino a caer no tanto como resultado de una ofensiva de la derecha o porque se le rompiera en las manos la coalición republicano-socialista, sino porque perdió la confianza del presidente de la República, o sea, por problemas derivados de la ruptura de la unidad de propósito de los partidos republicanos y de una Constitución que dejaba amplio margen de iniciativa al presidente de la República para intentar modificar las mayorías parlamentarias. Azaña cayó por efecto del resquicio que la nueva política parlamentaria había dejado a la vieja política monárquica cuando exigió la doble confianza, del Parlamento y del jefe del Estado, para mantenerse en el gobierno. La Constitución republicana había limitado drásticamente las posibilidades de disolución de las Cortes por el presidente de la República, pero limitarlas no fue suprimirlas: la posibilidad de que la República se encaminase hacia ese «presidencialismo bastardo» evocado por Azaña no era una especulación carente de sentido.

La impecable doctrina parlamentaria sobre la que Azaña reflexiona en su cuaderno permitía que el presidente disolviera las Cortes si estimaba «modificada la opinión pública, o adversa al Gobierno». De ninguna manera pretendió nunca Azaña coartar esa prerrogativa presidencial. Pero lo que no podía soportar, porque socavaba los fundamentos mismos del régimen parlamentario, era que el presidente «sin disolver las Cortes, pretenda poner en pie un gobierno que no corresponda a lo que representa la actual mayoría». Alcalá Zamora, en efecto, entró en conversaciones con la oposición radical para analizar la mejor manera de acabar con la presidencia Azaña aunque no

53. *Diario de Sesiones de las Cortes Constituyentes*, 17 de mayo de 1933 para la votación y 2 de junio de 1933 para la promulgación.

54. «Declaración del Episcopado sobre la Ley de Confesiones y Congregaciones Religiosas» y «Encíclica de S. S. Pío XI "Dilectissima Nobis" sobre España» de 2 y 3 de junio de 1933, en *Historia de la persecución religiosa en España*, BAC, Madrid, 1961, pp. 655-682.

hubiera perdido la confianza de las Cortes y aunque el partido radical no pudiera construir luego una mayoría parlamentaria. Eso significaba volver a las prácticas monárquicas porque implicaba nombrar jefe de gobierno con el único objeto de concederle el decreto de disolución para que organizara las siguientes elecciones. Y eso era precisamente lo que Azaña no estaba dispuesto a facilitar porque lo juzgaba «mortal para las Cortes y para la política republicana».[55] Algún autor ha señalado que la combinación de presidencialismo con un sistema multipartidista polarizado arrastra consecuencias nefastas para la estabilidad de la democracia. La República no era un régimen presidencialista ni el sistema multipartidista había alcanzado en junio de 1933 un irreparable grado de polarización, pero si de una cosa no hay duda es de que «el modelo de *doble confianza* contribuyó a la inestabilidad de la República».[56] La intromisión del presidente en la política de partidos fue mortal para las Cortes Constituyentes, como habría de serlo para las siguientes su veto a Gil Robles. De hecho, la estabilidad gubernamental de que había gozado la República desde diciembre de 1931 hasta junio de 1933 fue a partir de esa intromisión presidencialista cosa del pasado.

La lectura de estos cuadernos suscita una pregunta de todo punto pertinente: si acaso la renuncia de Azaña a formar un nuevo gobierno cuatro días después de haber sido despedido como presidente del anterior, no habría salvado de su irreparable deterioro las relaciones con el partido radical garantizando así un futuro menos inestable a cualquier futuro gobierno republicano. Azaña era el primer convencido de que para gobernar a España en aquellas circunstancias era mejor un hombre «con cualidades de zorro y que no descollase demasiado». Él no era un zorro y había descollado en exceso. Quizá mejor retirarse a su «abandonada intimidad». La crisis le había deparado la efímera oportunidad de hacerlo sin brusquedades ni rompimientos que hubieran causado mucho daño: cuando Prieto recibió del presidente el encargo de formar gobierno, porque le correspondía como representante del partido mayoritario de las Cortes, llamó a Azaña para pedirle que permaneciera como ministro de la Guerra. Azaña, mostrando por si falta hacía que su acción política estaba guiada por su razón más que por sus pasiones, decidió aceptar la propuesta de Prieto para no impedir la formación de un gobierno de presidencia socialista y pasar él a segundo plano hasta desaparecer. Pero cuando las gestiones de Prieto para formar gobierno fracasaron y la pelota volvió otra vez inevitablemente a su tejado, aceptó el encargo. Puede pensarse hoy que tal vez cometió un error al no rechazar la oferta y quizá no sea arbitrario sospechar que su amor propio se viera reconfortado con lo que

55. Para todo esto, es fundamental la larga reflexión del día 6 de junio de 1933, pp. 332-338.

56. Para lo primero, Scott Manwering, «Presidentialism, multipartism, and democracy: the difficult combination», *Comparative Political Studies*, 26 (1933), pp. 198-228. Lo citado es de Juan J. Linz, «Democracia presidencial o parlamentaria: ¿qué diferencia implica?», en Juan J. Linz y Arturo Valenzuela, eds., *La crisis del presidencialismo. 1. Perspectivas comparativas*, Alianza, Madrid, 1997, p. 115.

Largo Caballero calificó de enorme triunfo sobre el presidente, por mucho que Azaña le respondiera que no le importaba nada ese triunfo; quizá, más que un análisis político de la situación, pudo más en él esa confesada embriaguez que le producía realizar cosas, «mejorarlas, ponerlas en su ser»; quizá habría sido mejor, a la vista de lo que vino después, haber atendido el consejo de Martínez Barrio y reservarse para la gloria de «presidir a los republicanos reconciliados». Pero, todo esto tenido en cuenta, no faltaban tampoco al presidente dimisionario razones estrictamente políticas para volver a sentarse en la cabecera del banco azul.[57]

Azaña se había propuesto, al aceptar la presidencia del primer gobierno constitucional, dos objetivos fundamentales: construir un sistema democrático y parlamentario y, como ya se ha indicado, incorporar a los socialistas y a su representación sindical a la gobernación del Estado. Eran dos objetivos situados en las antípodas de lo que había sido política de la monarquía restaurada, basada en la fabricación de mayorías gracias a la concesión por la Corona del decreto de disolución alternativamente al partido liberal y al conservador y en la exclusión fraudulenta de los demás. Azaña no podía pensar en un sistema parlamentario sometido al albur del decreto de disolución y se negó a burlar al Parlamento entrando en tratos con los radicales para decidir cuándo le tocaría a Lerroux presidir las siguientes elecciones. Creía, además, que no se podía hacer política en España sin incorporar a la clase obrera, lo que exigía mantener la coalición con los socialistas al menos hasta cumplir el mandato constitucional de promulgar las leyes complementarias. Ambas opciones —negarse a turnar con los radicales y mantener a los socialistas— eran arriesgadas y Azaña mismo se las planteó en múltiples ocasiones para acabar siempre negándose a «cargar personalmente con la responsabilidad de apartar del Gobierno a los socialistas»: ya eran suficientes los anarquistas para poner en dificultades a la República. Es legítimo pensar que se equivocó, pero lo que en modo alguno resuelve la cuestión es achacar a rasgos de carácter, a rencores y a oscuras frustraciones la decisión de Azaña de mantener la coalición en los mismos términos que en 1931 y no abandonar la presidencia del gobierno mientras contara con la confianza del Congreso. Tampoco resuelve nada afirmar que «en estos diarios se aprecia, mejor aún que en cualesquiera otros de su autor, las insuficiencias de Azaña como político democrático ... grave defecto de consecuencias catastróficas para todo un régimen político».[58] Por el contrario, lo que estos cuadernos confirman es que si hubo algún error en la política de Azaña consistió en empecinarse, siendo como era líder de un pequeño partido, en mantener una política democrática, basada en la confianza parlamentaria, mientras el presidente de la República y el líder del partido radical añoraban los manejos de la vieja política monárquica en torno al decreto de disolución.

57. Todo lo entrecomillado procede de las anotaciones correspondientes a los días de la crisis de gobierno, del 8 al 12 de junio de 1933, pp. 339-363.

58. Como afirma Tusell en la línea Madariaga-Seco: «Los nuevos diarios de Azaña», *Claves de Razón Práctica*, 71 (abril de 1997), p. 57.

En todo caso, si Azaña pensó durante los días de la crisis de junio que sería posible formar un gobierno estable y alejar así la perspectiva de disolución de las Cortes Constituyentes, muy pronto hubo de convencerse de su error: la fórmula de 1931 se había agotado. Los socialistas le mantenían como siempre su apoyo y los radical-socialistas, después de la catarsis sufrida en su emotivo congreso, habían evitado la escisión. Por el lado de los apoyos parlamentarios no había, por tanto, mayor dificultad aunque no se podía decir lo mismo de las relaciones entre republicanos y socialistas por esos pueblos de Dios. La reforma agraria no salía adelante, la falta de trabajo seguía golpeando a la clase obrera, la Iglesia católica había pasado a la ofensiva, los militares se mostraban más que inquietos por la revisión de ascensos, la protesta patronal contra los socialistas arreciaba, la prensa de Madrid, que tanto le había ensalzado, estaba ocupada ahora en su destrucción y con el presidente casi no podía hablar sin que surgieran recelos y desavenencias. Así no había manera de continuar. Azaña analizó la situación y llegó a «una resolución; o, mejor dicho, se me ha cuajado lo que en estos últimos tiempos venía fraguándose en el ánimo: la resolución es de acabar». Seis semanas después de haber comenzado su segunda etapa al frente de gobiernos constitucionales, Azaña tomaba la resolución de acabar. Y como era un literato, decidió hacerlo «al vado o a la puente».[59]

No lo hizo, sin embargo, presentando la dimisión. El resultado adverso de las elecciones para vocales del Tribunal de Garantías Constitucionales le obligaba a presentar una moción de confianza ante el Congreso. La presentó y la ganó, pero con un resultado que ponía bien a las claras el estado agónico de aquel gobierno. En el debate parlamentario suscitado por los resultados de estas elecciones, el líder del partido radical, Alejandro Lerroux, se dirigió al presidente del gobierno para recordarle que había dos clases de dictadura, «la que puede conceder tácita o expresamente un Parlamento y aquella otra que el prestigio personal recaba para sí», dándole a entender que era dictador por partida doble. Le rogó, en consecuencia, que considerase si no había llegado la hora de plantear «la cuestión de confianza ante el señor Presidente de la República». «¿Dictadura? De nadie», respondió Azaña, y volvió a reiterar, entre las interrupciones de los señores diputados, la sana doctrina: «Sufragio universal, régimen de libre discusión, responsabilidad en los Poderes públicos, Cámara legislativa. Poderes constitucionales; fuera de eso nada», pues por lo que se refería a ampliar las bases de la República, bastante amplia le parecía la Constitución para que todos cupieran en ella. No se dirigió al presidente para que le ratificara la confianza, pues un gobierno siempre la conserva mientras no tenga indicación en contrario, sino al Congreso y obtuvo el voto favorable de 146 diputados contra 3. Los radicales no votaron: habían dado por muerto al gobierno. Y así era, en efecto: después de que el presidente de la República le hubiera hecho

59. Anotación de 28 de julio de 1933, pp. 406-408.

saber al del gobierno su intención de abrir consultas, las Cortes recibieron una comunicación que decía: «Hallándose en crisis el Gobierno que me honro en presidir, tengo el honor de participárselo a V. E. con el ruego de que se sirva ponerlo en conocimiento de las Cortes Constituyentes en la sesión de hoy, a los fines procedentes. Madrid, 8 de septiembre de 1933. Manuel Azaña».[60]

Atrás quedaban dos años de gobierno de los que había ido dejando puntual noticia en sus cuadernos, una obra político-literaria sin equivalente en nuestra historia, que conserva hoy, junto a sus discursos, todo su valor primero, porque Azaña, además de ese excelente intelectual al que siempre se saluda para enseguida añadir: y pésimo político, dando por sentada su responsabilidad en el fracaso de la República, fue, como le dijo en cierta ocasión Miguel Maura, el político que más había crecido de todos los que instauraron el nuevo régimen. Cuando se mira hacia la República, son los logros de sus dos años de gobierno los únicos que conservan plena vigencia: democracia parlamentaria sin decreto de disolución al arbitrio del jefe del Estado, ejército profesionalizado y alejado de veleidades políticas, incorporación de los socialistas a la gobernación del Estado, separación de la Iglesia, divorcio y secularización del matrimonio, voto de la mujer, estatutos de autonomía, proyectos de riego y electrificación, leyes sociales, expansión del sistema público de enseñanza, planes de accesos a las grandes ciudades. Todo eso fue lo que se puso en marcha en España entre 1931 y 1933, y quienes estaban detrás de esas reformas no habrían permanecido sentados ni un día en un gobierno de coalición si su presidente no hubiera sido Manuel Azaña. El problema de Azaña no fue ni su carácter supuestamente intratable, ni las ironías que sobre ministros y diputados se permitía trasladar a sus cuadernos, ni un supuesto déficit de capacidad como político democrático, ni su pretendida falta de atención a las fuertes tensiones y luchas que dividían a la sociedad española en los años treinta. Su problema, en la medida en que fuera suyo más que de sus adversarios y de los enemigos de la República, fue haber emprendido o alentado todas esas reformas y haber logrado llevarlas a la *Gaceta* sin medir la fuerza del vendaval de pasiones adversas que iba a levantar y sin disponer de los medios adecuados para abatir los obstáculos que habrían de levantarse a su paso. Y en este punto, más que a su calidad de intelectual o a sus nefandas pasiones, el error de apreciación, que no le impidió sentir la proximidad de su caída, debería atribuirse a la pasmosa facilidad con que se encumbró a la presidencia del gobierno y al éxito fulgurante de su primer año como director de la política reformadora de la República. Como escribió el mismo Azaña: «He salido bruscamente al Gobierno sin pasar por ninguna de las etapas preparatorias ni pruebas eliminatorias en que un hombre, o se adapta, o sucumbe. No puede llegarse normalmente a la

60. Último debate como presidente del gobierno y notificación de la crisis, *DSCC*, 6 y 8 de septiembre de 1933.

cumbre del poder político y conservar la integridad y entereza del propio ser, con la vitalidad de los veinte años, si ha ido uno sufriendo las mutilaciones de una larga *carrera*. Yo no he hecho carrera, y estoy interiormente tan recio y tan en mi ser como hace veinte años, cuando yo no era más que un señorito indomable. Ésta es una ventaja que raramente puede disfrutarse cuando no hay revolución».[61]

SANTOS JULIÁ

10 de noviembre de 1997

61. Anotación de 25 de diciembre de 1932, p. 116.

PRIMER CUADERNO

Del 22 de julio al 10 de septiembre de 1932

NOTA: Este es el primero de los tres cuadernos reproducidos en esta edición. Son volúmenes encuadernados de 400 páginas, rayados y numerados, que miden 15,5 x 22,5 cm. En este primer cuaderno están escritas 185 páginas, y el resto está en blanco.

22 de julio

Consejo de ministros en la presidencia. He hecho una amplia exposición del estado del material del ejército y de la necesidad de comenzar a adquirirlo. Por el pronto, aprovecharé las economías hechas en haberes y ganado para las primeras compras. A todo lo que he dicho sobre esta cuestión, Largo ha asentido expresamente.

Después de hablar de algunos asuntos sin importancia, tratamos del Estatuto. Leo el artículo sobre enseñanza, tal como lo he corregido ayer, en la penosa discusión con Hurtado, los Xirau, etcétera.

Prieto no se ha enterado aún del fondo del asunto, y con la desconfianza que tiene para esta cuestión, lo combate. Con mucha paciencia consigo demostrarle que el texto está bien, y lo convenzo. Acaba diciéndome que no tiene nada que oponer. Carner se lleva el proyecto de artículo para que lo conozca el grupo catalán.

Al salir del Consejo me tropiezo con el general Ruiz Trillo y con el presidente de la Diputación de Córdoba, que me aguardaban para hablar de la adquisición del campo de instrucción de Cerro Muriano. El asunto va bien, y podrá terminarse pronto si la burocracia no lo estorba. Lo he tomado con empeño, para empezar a dotar al ejército de lo más necesario. En toda Andalucía no hay un campo de instrucción. Esta es una de las materias en que desde tiempo inmemorial no se ha hecho nada.

Volví al ministerio cerca de las tres. A las cuatro y media estaba en las Cortes. Me asaltó una comisión de Ávila con su eterna pretensión de que *les den algo* en compensación de la suprimida Academia.

Recibí otras comisiones, y después a Bello, que me habla de la reunión que van a tener a las seis.

Casares me cuenta los resultados de la entrevista de Vicente Sol con el general Sanjurjo. El general invitó a Sol a un almuerzo, hace días, y Sol no se decidió a aceptar sin que lo supiera el ministro, el cual me habló del caso, y ambos convinimos en decirle a Sol que aceptase y oyese. De su conversación con Sanjurjo, Sol nos cuenta, en suma, lo siguiente:

Lerroux llamó a Sanjurjo para preguntarle el estado de opinión del ejército.

Sanjurjo presentó un memorial de agravios: la oficialidad está en gran desmayo; las filas están minadas por el comunismo; el último decreto de Retiros le parece mal, etcétera.

Quieren un gobierno republicano y de orden, contra los socialistas.

Opina Sol que tiene organizado algo. Contaban con el apoyo de Melquíades, y esperaban el de Lerroux. Los resultados del debate político, del que esperaban la crisis, los tiene exasperados contra Lerroux; le acusan de haberles *hecho una granujada*. Dice Sol que están un poco apabullados por eso. Parece que le han insinuado que contarían con él para formar parte del nuevo Gobierno.

Casares cree que Sol es tan vano y ambicioso que, *si le ponen un dedo, se pasará*.

El idiota de Burgos Mazo se ha vuelto a su tierra, desengañado porque no ha habido crisis, y diciendo que se hace tradicionalista. Había venido a Madrid «a ver lo que iba a pasar».

Hipólito Jiménez Coronado, que fue pasante de Melquíades, y quiso dar el golpe *clásico* cortejando, pero en vano, a una hija de su maestro, sigue siendo reformista, y en estos turbios asuntos de la conspiración, parece ser el edecán de don Melquíades. Posee el borrador del manifiesto que pensaban publicar los militares. Lo ha leído Manuel Aznar, el del *Sol*. La policía ha detenido a Hipólito *como por equivocación*, para tener ocasión de registrarlo y ver si llevaba sobre sí, como días pasados, el papel.

No le han encontrado nada. El sujeto ha dicho a los agentes: «Nos vigilan ustedes porque voy con Goded; pero *nosotros también les vigilamos a ustedes*».

Recuerdo que Goded me dijo un día que él siente *veneración* por don Melquíades y que nunca hará más que seguir sus consejos.

Cuando me disponía a marcharme de paseo con Cipriano, me avisaron de que el comandante Vidal, y el director de la Telefónica, Gumersindo Rico, querían hablarme con urgencia. (Vidal es el representante del ministerio de la Guerra en la Telefónica, y hombre de mi absoluta y personalísima confianza. Discreto, leal, bien educado, y de exquisita delicadeza en los sentimientos y en la conducta. Es sobrino del general Loriga, que está en la Escuela de Tiro, y casi toda su familia es monárquica, con la que está medio reñido, por ser él republicano.)

Rico es joven, buen mozo, recio, de una locuacidad asturiana inagotable. Procede de familia liberal, si, como creo, su padre era un registrador de Luarca amigo de los Pedregales.

Ignoro cómo y por dónde se ha encaramado Rico al puesto que ocupa. Quizá por sus relaciones políticas y crematísticas asturianas: debía de ser amigo de don Melquíades, que intervino en la constitución del monopolio, y el Banco Hispano Americano, donde predominan los asturianos, le habrá ayudado. Me ha dicho muchas veces Vidal que los capitostes de la Telefónica, y el propio Rico, a pesar de sus proclividades lerrouxistas, me están agrade-

*cidos, *porque nunca les he pedido dinero,* ni favores de ninguna clase, tales como credenciales para amigos, etcétera. (¿Tan raro es conducirse correctamente? Estaban habituados a otra cosa, y sospechan que ha de volver.)

Mi conversación con Rico y Vidal ha sido muy larga. Rico ha hecho abundantes protestas de lealtad al Gobierno y a mí y después me ha contado las conversaciones que ha oído por teléfono desde la *mesa* que tienen dispuesta. En suma: preparan un movimiento para la noche del domingo al lunes. No tienen esperanzas de triunfar en Madrid, pero creen contar con las guarniciones de Zaragoza, Sevilla y Valencia, que marcharían sobre Madrid. Aquí se apoderarían de la Telefónica, de Correos y Telégrafos y del ministerio de la Guerra. No quieren sublevarse contra la República, sino contra el Parlamento y el Gobierno. El general retirado Coronel y el comandante Jareño parecen ser de los principales directores. Comentan entre sí los conspiradores algunas supuestas afirmaciones mías acerca de los militares retirados. Me entera de otros detalles que coinciden con lo que sabemos por Vicente Sol.

Reminiscencia significativa: dicen los conspiradores que si para contener su movimiento desencadenásemos una huelga general, «con fusilar a media docena, bastaba». ¿Por qué han pensado en la eventualidad de una huelga? No hace mucho, en los días que precedieron al relevo de Goded, cuando el general hacía muchos aspavientos por el predominio socialista y se lamentaba del paro total ocurrido el 1.º de mayo, yo le dije: «Pues ya ve usted: no hacen más que abstenerse; piense usted lo que sería esa masa de hombres, si en vez de limitarse a una huelga pacífica de veinticuatro horas, la lanzásemos violentamente contra quienes pretendan agredir a la República».

Es permitido sospechar que esta observación, entendida como un propósito, haya llegado a los del complot a través de Goded.

Terminada la conversación con Rico, he venido al ministerio. Llamo al subsecretario y le doy instrucciones para el general Sánchez Ocaña, que manda en Zaragoza. No le digo al subsecretario todo lo que se avecina, pero está muy asustado. Escribo una carta reservada, con instrucciones para el general Batet, y otra para el comandante Sandino, que manda la escuadra de aviación de Barcelona. Ambas cartas las llevará el capitán Tourné, que sale ahora en un coche. He llamado también a Ruiz Trillo, para que se vaya mañana a Sevilla. Y envío a Cádiz al comandante retirado Muñoz, diputado radical-socialista, con instrucciones para el general Mena. Dice Muñoz que todo esto es un movimiento dirigido contra mí personalmente.

Llamo al director general de Seguridad, y adoptamos para Madrid las disposiciones convenientes. Mañana se distribuyen ametralladoras y fusiles-ametralladores a los guardias de asalto. Saravia cree que no pasará nada. Menéndez dice lo mismo. Quizás opinen así delante de mí, creyendo que me quitan preocupaciones. Yo creo que, un día u otro, el grano va a reventar, y

* Esta es la primera página de este primer cuaderno; las tres anteriores estaban editadas en *Memorias políticas y de guerra*, vol. I. (*N. del e.*)

cuanto más pronto mejor. La única probabilidad de vencer que tienen es tomarnos de improviso y desprevenidos, pero eso es imposible.

Después de cenar, paseo hasta la sierra.

27 de julio

En efecto, no sucedió nada «en la noche del domingo al lunes». He aprovechado los días sin sesión de Cortes para buscar algún descanso menudeando las idas a la sierra, y prolongándolas. Riofrío, Segovia, Sepúlveda, Turégano, Ávila..., por todos estos sitios he andado. Lo más impresionante, la contemplación de Segovia desde la hondonada del Parvol, al anochecer. ¡Qué poema trágico, el de aquel caserío encumbrándose en luces doradas sobre las arboledas! Sepúlveda es cosa extraordinaria, contemplada en panorama desde la carretera, con la abrupta hondonada de por medio. Todo esto me conmueve. ¡Ay! ¡Dónde está la vida y quién supiera devolvérsela a estos lugares! Ayer cenamos improvisadamente en lo alto de Navacerrada, ya muy tarde. Frío al aire libre, grato refugio en el parador, abandonado ya por la turbamulta de los madrileños.

Hoy, más descansado y rehecho, he podido afrontar una audiencia numerosísima, enorme. Para remate, se ha presentado en el ministerio una comisión de *mil* alicantinos que pretenden llevarse a su tierra las aguas del Guadiana. He recibido a unos pocos, y ha ocurrido un incidente, porque el comandante Navarro quiso echar a los otros del jardín. Venía con ellos el diputado radical Azpiazu, a quien siempre me encuentro en toda clase de manejos. Ha aprovechado la ocasión para decirme que cunde el descontento entre los radicales, y que algunos hablan de pasarse a Acción Republicana. Me callé, y me encogí de hombros.

Esta tarde, en las Cortes, discurso nulo de Ortega sobre lo de enseñanza. ¡Cuánta suficiencia y qué falta de perspicacia! Le contestó Lluhí con buenas razones. Y Barnés con baladas blandengues de la Institución.

Es notable un hecho que aparece repentinamente, pero con claridad: este asunto ya no apasiona. Lo discuten con calma, y lo oyen con indiferencia. Es, en parte, resultado de la fatiga —la perseverancia no es cualidad de los políticos españoles— pero en parte mayor, del desengaño; cunde la impresión de que no van a conseguir derribar al Gobierno.

He intervenido decisivamente con los socialistas para que no se acepte una enmienda al proyecto de ley Agraria que era un disparate. Fernando está despechado por eso.

Recibo informes reservados sobre los manejos de González Carrasco en Sevilla y Granada. También Rico y Vidal me traen noticias sobre el aplazamiento del *golpe*. «El Gobierno está enterado», dicen los conspiradores.

He vuelto al ministerio. Despacho con Masquelet; es hombre silencioso, capaz, adicto. Es el anti-Goded, en cuanto al modo de pensar sobre el ejército y sus *príncipes*. Tratamos de los asuntos de Mahón.

Prieto está estos días muy amansado y comunicativo. Ahora resulta que me creía «un poco lerrouxista».

28 de julio

Anoche, para descansar un poco, me fui a la sierra con Lola y Cipriano. Volví a las tres. Resultado: que me he levantado hoy a las once. Pero estos días que he pasado mucho tiempo en el campo, me han restituido el equilibrio y casi el buen humor.

Después de despachar con Ruiz Fornells, recibo al auditor de la división. El otro día vino a verme el coronel Vergara, juez instructor de la causa contra el teniente coronel Mangada; me dijo que podían deducirse cargos contra los tres generales que hablaron en Carabanchel, y que siendo justo castigar a Mangada, también lo era corregir a los generales. Cree que en la auditoría hay el criterio de que «ya están sancionados por el Gobierno». No estoy conforme: aquello era lo político y gubernativo, pero si además hay delito, debe sancionarse. Vergara me preguntó si podría ser el juez de los generales, siendo coronel. Y aprovechó la ocasión para decirme, entre otras cosas, que conoce su obligación de servir al régimen y la cumple. En abril del 31 votó por la monarquía, pero habiéndose proclamado la República hay que serle fiel. Por esta conversación con Vergara he llamado al auditor. En efecto, después de agradecerme la independencia con que le dejo actuar, el auditor saca la teoría de que me habló Vergara, y cita mi discurso del Congreso. No la acepto, y queda en formar causa separada. Elegirán un general para instruirla.

Me trae el escrito que ha hecho Mangada pidiendo la revocación del auto de su procesamiento. Es injurioso. Al auditor le cuesta trabajo «tragárselo». Reconoce que Mangada está loco, y mal aconsejado por un tal Cuervo. Le comunico que va a encargarse de la defensa Antonio Rodríguez Pérez. Ayer, por indicación mía, Casares se lo propuso, y aceptó. Se lo comuniqué a Besteiro para que Mangada lo sepa y se deje defender bien.

He hablado también con el auditor de la causa contra Vélez, el capitán de Intendencia a quien separé del ministerio, y que ahora trata de envolver en el proceso a Lizarza, jefe del Depósito de Remonta. Lizarza creía que el auditor era enemigo suyo y amigo de Vélez; pero el auditor me habla mal de la honradez de Vélez.

Visita de Pérez de Ayala. Opina que los últimos debates prueban la *disolución* de Lerroux, y que yo seré jefe de una derecha republicana, siendo la izquierda el socialismo.

Una comisión del Instituto Catalán de San Isidro viene a hablarme del asunto de los rabassaires, a quienes agitan mucho Aragay y Companys. La verdad es que esta cuestión ha sido innecesariamente promovida por un decreto de Fernando cuando era ministro de Justicia. Don Niceto lo aprobó, siendo Presidente del Gobierno, y ahora me toca a mí aguantar la marejada.

Después: una comisión de Siderúrgicos y Metalúrgicos, con motivo de la crisis del trabajo. Otra comisión de señoras, con Tato Amat, que pretenden celebrar un congreso de no sé qué cosa, y piden apoyo. Muchos halagos. Palabrería y cursilería. Pérdida de tiempo.

El director de Seguridad me trae la información sobre el comunismo en el ejército. Se ha montado una oficina para este servicio, que parece bien organizado y funciona con puntualidad. Solamente para fines de investigación. Comienza en las Cajas de recluta y se extiende a los Cuerpos y Unidades. Resumen el trabajo mensualmente, en unos gráficos. De los que me ha traído hoy Menéndez resulta que en algunas Cajas todos los reclutas son comunistas. A primera vista, parece alarmante, pero yo no lo creo así. La brevedad y comodidad con que ahora se hace el servicio los retrae de hacer locuras. Por otra parte, los mozos que proceden del campo, aunque aparezcan afiliados en tales o cuales sindicatos y organizaciones «extremistas», no por eso son peligrosos en filas. La situación de la gente del campo es tal, que todavía el cuartel representa para muchísimos una mejora, la seguridad de comer caliente, de dormir en cama, y de trabajar menos. Se ha dado el caso en algún regimiento de que *todos* los soldados cumplidos pretendían reengancharse. Los comunistas hacen en España una propaganda «traducida». He visto hojas, dirigidas a los campesinos, en las que se predica «contra la guerra imperialista en Oriente», y cosas por el estilo, que no les importan a los braceros españoles, ni saben lo que son. Otro tanto hacen en la propaganda «contra el cuartel», que es un remedo de lo que escribían en Francia contra los Batallones de África, inaplicable a España. También hay algunos oficiales que pasan por comunistas, poquísimos. En la guarnición de Madrid, dos o tres.

Parece que Lerroux pretende echarme un cable, para tener una entrevista. Encargado de tantear el terreno está Gumersindo Rico. Lerroux quiere verme y no se atreve a pedirlo, por si rehúso. El comandante Vidal cree saber lo mismo, porque se lo ha dicho el teniente coronel de Zapadores 1, amigo de Lerroux. Dice don Ale que no tiene nada contra mí, reconoce que siempre he sido afectuoso con él. Opina que debe formarse un ministerio, presidido por mí, entrando dos radicales. Después presidiría él, ofreciéndome el ministerio de la Defensa Nacional. Se jacta Lerroux de haber separado a Sanjurjo de la conjura de los generales.

Como Lerroux ha perdido la batalla en que quiso hacernos polvo, trata de penetrar en la plaza, para tenernos a su merced y derribarnos desde dentro. Doy una larga al asunto, por medio de Vidal.

En las Cortes ha comenzado la discusión de la ley de Reforma Militar. El comandante Peyre, el general Fanjul y otros hacen obstrucción, por defender al Cuerpo de Estado Mayor, que se suprime. Un tal Jiménez, capitán retirado, diputado por Barcelona, hombre de malos antecedentes, ha echado un discurso idiota.

Después ha continuado el debate sobre la reforma agraria. Los socialistas, desahuciados por mí en su proyectada enmienda, salvarán el voto. Esta mañana me comunicó Fernando que se conformaban. Lo que pretendían destruía totalmente el crédito territorial. Fernando, que no conoce esto, se puso muy rabiosillo cuando ayer le llamé para decirle que me oponía a sus propósitos. Lucio Martínez ha venido muy cortésmente a preguntarme qué quería yo que hiciesen. Le he dicho que procedan a su gusto (votar en contra o abstenerse), con tal que la enmienda no prospere, pues lo reclaman todos los republicanos.

Esta tarde, en el Congreso, se les ha ocurrido a unos locos (entre ellos al comandante Franco) presentar a Mangada candidato por Madrid, y el bueno de Ansó me ha traído la noticia como una gran ocurrencia. Le he dicho que es una estupidez y se ha quedado yerto.

La presión de Alba y Melquíades sobre los accionistas del *Sol* ha producido efecto. Le han quitado atribuciones a Manuel Aznar. El motivo es que le suponen «azañista». Aznar ha dimitido. Reunido el consejo de administración no han resuelto el caso, pero creo que le han privado de la gerencia.

1 de agosto

Estos tres días he viajado un poco, para distraerme. El 30 estuve en Coca. No conocía el castillo, que es muy bello. Allí nos anocheció. Las chovas ponían un festón negro en todo el coronamiento de los muros, y al llegar nosotros alzaron el vuelo.

Ayer hice una excursión más larga. Fuimos por la mañana a Medinaceli. Una vieja en la puerta del convento de monjas, unos gañanes durmiendo la siesta al pie de un árbol, en las afueras, y una niña llorando en el pórtico de la iglesia, fue toda la gente que encontramos. Al entrar en la iglesia, el visillo de un balcón en la casa frontera se levantó un poco. Eso fue todo. No queda apenas nadie en el pueblo. Una antigua casa en la plaza principal se ha vendido hace poco en trescientas pesetas. No hay ni agua.

Seguimos hasta Soria, por Almazán. En Soria, el gobernador, mestre en gay saber, se multiplica. Después de comer, visitamos todo lo visitable. El gobernador daba más importancia que a todo al campo de aviación, y se empeñó en que yo lo viese. En el campo no hay aún más que… el terreno, pero tuve que verlo y admirarlo. Subimos a Numancia, que me chasqueó un poco. Esperaba yo encontrar vestigios de una ciudad más importante. Me deleitó el paisaje, triste, frío, dorado. Evocamos a Escipión y a Yugurta… La épica Castilla está aquí muy en los huesos. Hay algún pueblo de esta provincia en el que ya no queda más que un vecino, muy viejo, que por viejo prefiere morirse solo en el pueblo donde nació. Me cuentan que hay docenas de aldeas en las que aun no se conoce la rueda. El erudito local, encargado del museo, me entretiene largamente con el resultado de sus exploraciones en el país.

En la puerta de San Juan del Duero estaba echado, dormitando al sol entre piojos, un mendigo fabuloso. Nos miró, no se movió, le alargué una limosna, no la recogió. ¿Qué tenía? ¿Vino, hambre, sueño? Allí se quedó, rascándose la pelambre rubia entrecana. Me lo habría traído a Madrid para que me contase su vida; de seguro es más interesante que la de cualquiera de nosotros.

Al caer la tarde tomamos el camino de Burgos. En Solar ya se había hecho de noche. Cenamos en Burgos. Dimos una vuelta por la población, a pie. Gran concurrencia en el Espolón. Por ahí me paseaba yo también, aburrido, en el verano del 26, cuando estuve en un tribunal de oposiciones a notarías. Algunas veces me acompañaba Pedro Salinas, que dirigía un curso para extranjeros. Entonces ocurrió el suceso de los artilleros, y como en Burgos había muchos, se temieron grandes cosas. No pasó nada, como en ninguna parte. El rey los engañó, mediante el marqués de Someruelos.

Burgos es una reliquia del siglo XVII, en su extrema decadencia; me refiero a los habitantes, no a sus bellos monumentos. Se compone de militares, canónigos y frailes, y curiales. La audiencia, la catedral y la capitanía general eran todo Burgos. No parece que ha cambiado mucho desde que yo la conocí. En las cabezas, serrín, o fatuidades tradicionales. Allí conocí a un señor viejo, gran orador local, que me decía, con grave naturalidad, muy cómica, refiriéndose a uno de sus actos literarios: «Canté nuestras glorias...». En Burgos no hay agua para beber ni para bañarse. Cuando yo estuve, cortaban el agua hasta en los retretes, a las ocho de la mañana. Y en una población así dotada, el Ayuntamiento se ha gastado unos cuantos millones de pesetas en construir ¡un cuartel de artillería! Sin embargo, esta provincia lleva fama de administrarse bien, es decir, con honradez. La situación de Burgos es ejemplar para toda Castilla y para gran parte de España; hay que empezar por cambiarles la cabeza, nutriéndola de otra savia, y mostrándole nuevos blancos para su vida. Nada menos. En general, la provincia misma de Burgos, que encierra lugares muy bellos, sobre todo en los valles altos, es una demostración de los destrozos causados por los españoles en su tierra, arruinando las riquezas naturales, sin que hayan sabido sustituirlas con otras de su industria. Montes talados por donde quiera; y el asalto continúa. Se ve a la miseria mantenerse al día royendo lo que el suelo, naturalmente, produce, y cuando eso se acaba, la desolación, la esterilidad. Y no hablo de las ruinas. ¿Qué azote ha pasado por allí? Las guerras —dirán—, las revoluciones... Pero en todas partes ha habido guerras y revoluciones, y mucho más atroces. ¿Qué pasa aquí? Están como congelados y agarrotados. La pared que se cae ya no se levanta. Todo este país vive en una especie de estupor. Y sus «clases directoras» defendiendo el ochavo; cuando quieren *elevarse* sueñan que pertenecen a una España inexistente.

Regresamos a Madrid a las tres de la madrugada. Hoy he vuelto a salir, pero solo hasta Navacerrada. Frío en el puerto; nadie. Tinte rosa en Peñalara y en el panorama de Castilla la Vieja; del lado de acá, perspectivas azules.

4 de agosto

La disposición que habían de adoptar los catalanes en el artículo de la enseñanza ha sido discutidísima en su grupo. Cuatro diputados propusieron votar contra el Gobierno; nueve que se votase en pro; once, por la abstención. En la indecisión y desbarajuste resultantes de estos debates, las oposiciones ponían sus últimas esperanzas.

Campalans ha hecho un discurso agresivo. Le contestó Pittaluga, lastimado porque Campalans le llamó «grulla triste del reformismo». Companys habló para explicar la abstención de su grupo; demasiadas menudencias. Sánchez Román nos regaló con un discurso leguleyesco y con otro muy estúpido el señor Gil Robles. La comisión, como siempre, dio una respuesta tonta. Se iba a votar, cuando Alba, que estaba al acecho, habló. Lanzó un ataque fuerte, con enojo, con furor, deseoso de producir la confusión y la crisis. Le contesté, sin ganas, y con el único propósito de reducir el debate. Le dije que no me interesaba su voto, y se armó un escándalo. Ortega hacía muchos ademanes, Maura también manoteaba. Los radicales gritaron. Expliqué el artículo, pero no lo entienden. A los catalanes les dediqué unas palabras y las aprobaron. Se ganó la votación.

Ortega ha publicado en *Luz* un nuevo artículo contra el Gobierno, el más fuerte de todos. También dice *Luz* que la culpa de la lentitud en los debates ¡la tiene el Gobierno! A Ortega le gastaría yo la broma de Segismundo: despertarlo en la Presidencia del Consejo, por unos días. Su proceder es muy cómodo: dice que no *sirve* para político, que está de paso, pero en tanto hace lo que puede por destruirnos.

Me cuentan las alarmas que ha pasado la familia de Lerroux antes del debate político. Sentían terror de Prieto, temiendo que «tirase de la manta». «Tendremos que irnos de España», parece que había dicho la mujer de Lerroux, el cual está ahora profundamente agradecido a la prudencia de Prieto.

Luz está en venta, por 1.200.000 pesetas. Me dicen que Miquel, socio de Montiel en *Ahora*, quiere comprar las acciones de *Luz*. Será un mal negocio, porque *Luz* ha *arrancado* mal, y ya no hay quien lo arregle. Están llenos de trampas. Su guerra al Gobierno proviene de que no hemos subido el precio de venta de los periódicos.

Sobre este asunto me ha visitado Busquets. Es bruto, tosco, hombre de presa. Asegura que gana mucho dinero con *El Liberal* y el *Heraldo*, y que los venderá a quien le dé cinco millones por ellos. Naturalmente, Busquets no quiere ni oír hablar de aumento en el precio de venta.

Las confidencias aseguraban que era hoy cuando estallaría el complot. Todas las precauciones están tomadas.

Mis declaraciones en la *Hoja del Lunes*, acerca de la defensa nacional, me valen la acusación de imperialista. ¡Habrá estúpidos!

A primera hora de la noche me visitan en el ministerio los diputados Peyre, Poza y Castillejo, que son militares, para quejarse de un artículo publicado en *El Socialista*, injurioso para los oficiales. El artículo dice que los asistentes se acuestan con las mujeres de los capitanes. La cosa es estúpida; quizá el autor se imagina hacer con eso «obra revolucionaria». Me contraría enormemente que se ocupen para nada de cosas militares; pero que se acuerden de ellos para escribir animaladas, y en el periódico de un partido que está en el Gobierno, me irrita. En cuanto entran en juego estas cosas, no se sabe hasta dónde se puede llegar. Y cabalmente, en estos días de complot a la vista, no puede ser más oportuno darles motivo de enojo a los oficiales. A mis visitantes les he dado buenos consejos, para que nadie responda a una brutalidad con otra. El periódico ha ido al juzgado y se le castigará.

5 de agosto

Consejo de ministros en la Presidencia. Había muchos asuntos, pero ninguno grave. Hemos hablado de las elecciones parciales, pero sin tomar acuerdo definitivo. Yo creo que convendría hacerlas ahora, el mes próximo, y serían favorables para el Gobierno y robustecerían la política de las Cortes. Los radicales ya no quieren que las haya. En Madrid hay una vacante, y la contienda sería para medir las fuerzas de uno y otro lado. Los socialistas no presentarían candidato propio para ese puesto, y apoyarían a un republicano. Necesitamos un hombre de autoridad; yo he pensado en Teófilo Hernando. Los locos hablaban de Mangada.

He leído en Consejo la carta del Nuncio relativa al extrañamiento del obispo de Vitoria. Prieto me describe con los más negros colores lo que va a ocurrir en Vizcaya en cuanto el obispo vuelva a su diócesis. La solución queda aplazada.

Al volver al ministerio, llamo al auditor y le entrego el número del *Socialista* que trae el artículo criminoso. Como el periódico rectifica y da excusas, dice el auditor que instruirá diligencias y sobreseerá.

En las Cortes ha continuado la discusión del proyecto de reclutamiento de la oficialidad. Fernández Castillejo lo combate. Hace un discurso en el que se propone decir cuanto sabe sobre estas materias, pero en realidad no habla del proyecto sino para defender la permanencia del Cuerpo de Estado Mayor, que es lo que les importa. Pérez Madrigal, que parecía estar borracho, ha interrumpido insolentemente a Castillejo, el cual ha sacado sus prejuicios de militar, y le insulta. Gran bronca, sin objeto. Después ha proseguido el debate agrario.

Horrible alud de visitas y comisiones. Desde el banco azul al despacho de ministros, los diputados van pasándoseme de mano en mano, sin dejarme andar. Después, Selvas y Chalbaud, por la Unión de Explosivos, que se cuente con ellos para lo del nitrógeno. Una delegación de las empresas ferroviarias, con un memorial de lástimas. Hablan muy bien del discurso de Prieto en la Conferencia de transportes. El alcalde de Córdoba pide dinero para caminos. Unos diputados de la comisión agraria, sobre la base 6.ª... Decido huir.

Voy al ministerio de Estado, invitado al té que el ministro ofrece a la prensa extranjera. Desde allí vengo a Guerra. Cartas, firmas... El general Cabanellas (M.) me trae noticias *urgentísimas* de un complot que está urdiéndose para tirarme bombas cuando yo vaya a Santander. Cabanellas se propone descubrirlo. Para eso, un teniente de la Guardia civil, fingiéndose armero, se ha metido en el ajo. No le he dicho nada, o casi nada, a Cabanellas. Me he limitado a mirarle mientras hablaba, y a sonreír un poco. Su verbosidad disminuía, y creo que hubiera concluido por desconcertarse. Este celo imprevisto y ardiente de Cabanellas, y la viveza casi pueril con que venía a «hacer méritos», me llaman la atención y me divierten un poco. Indudablemente, quiere *cubrirse*. Han hablado mucho de él y no puede ignorarlo. Si pretendía averiguar qué efecto me producía su celo, se ha lucido.

La inquietud de algunos de estos personajes les sale a la cara. En los últimos días de julio estuve con el Presidente en la Escuela de Equitación (Carabanchel) en la ceremonia de inaugurar un busto que los oficiales de caballería dedican a un compañero, muerto en África. Allí estaban todas las autoridades militares, entre ellas el Director General de Carabineros, es decir, Sanjurjo. Todo el tiempo anduvo Sanjurjo como retraído, huido, lejos de nosotros, y cuando yo le miraba con el rabillo del ojo, sin que él se diese cuenta, advertía en su cara una expresión preocupada, y en toda su persona un no se qué de *abrumado*. Le dije luego al Presidente: Sanjurjo debe de estar pensando alguna diablura.

Contra Sanjurjo no conviene hacer ahora nada, puesto que no tenemos ni asomo de pruebas contra él. Si mandase fuerzas del ejército le quitaría el mando, pero en la Dirección General de Carabineros no puede hacer más daño que el que haría desde su casa. No va a sublevar a los carabineros de las aduanas. La fuerza de Sanjurjo es personal, por sus amistades y por su *prestigio*; es lo que aquí se llama un «glorioso caudillo». Meterlo en prisiones, cortaría por el momento su acción. Pero ¿cómo justifico su prisión? ¿Con la *honrada convicción* del Gobierno? No basta. Armaríamos un escándalo, surgiría una protesta, incluso de los republicanos, por *los servicios que prestó el 14 de abril*, se pondría la venda de perseguido, etcétera, y tendríamos que ponerlo en libertad, como a Barrera (todavía hay menos indicios que contra Barrera), sin haber conseguido nada; como no consiguiéramos hacerle más simpático en el ejército y provocar algún incidente enojoso. No hay sino estar vigilantes y vencerlo. La policía no da más de sí, ni averigua más, ni sabe introducirse entre los conspiradores, para poder convencerlos de culpa, antes de que den el golpe.

Todo esto es peligroso, pero no nos queda otro camino. Por otra parte, conviene escarmentarlos.

6 de agosto

Consejo de ministros en La Granja, y después comida con el Presidente y su familia. La torpeza de Sánchez Guerra, y la indiscreción de su mujer, han provocado un incidente con los socios de un club de golf, aristócratas monárquicos, establecido en un terreno del patrimonio. Posición ridícula de unos y otros. El Presidente «está que echa lumbre» contra Sánchez Guerra y el general Queipo.

Después del Consejo, mientras nos avisan para la comida, estamos con el Presidente y su familia en una salita abovedada de la planta principal. Todas las mujeres hablan a un tiempo y a gritos. La voz de trompeta de don Niceto retumba en la bóveda. El estruendo y el mareo son tales que me salgo a la galería, con Casares, porque me levantaban dolor de cabeza. Don Niceto es parlanchín y anecdótico, pero no es hombre de conversación. No se puede hablar con él de nada interesante. Hemos visto correr las fuentes y luego he ido al Paular.

7 de agosto

He pasado el día en el Parador de Gredos. A la hora de siesta, tumbado en el pinar, recibiendo un calorcillo agradable, me han revivido imágenes antiguas, forestales y serranas. ¡Qué lejos de Gobierno y política! Hemos regresado por el puerto del Pico, Monbeltrán y Arenas, que es muy curioso y ameno país. Al pasar por Talavera, el calor era sofocante. Mientras tomábamos gasolina, se han acercado al coche unos chicuelos, que hablaban entre sí y no los entendía; tan cerrado era su acento. Esta es la tierra donde se dice *lo serdoà*, en vez de *los cerdos*.

8 de agosto

Hace mucho calor, y no he salido de mi despacho en todo el día, ni he recibido más que a Hernando, que no quiere ser candidato por Madrid.

He leído el trágico informe sobre la situación de la armada, redactado por una comisión de marinos. Hacen falta mil millones para poner en buen servicio lo poco que tenemos y habilitar los barcos. Leo también el proyecto de ley del Tribunal de Garantías, y los discursos pronunciados en las Cortes contra el proyecto militar, algunos de los cuales no había oído. No tienen importancia.

Ordeno papeles, escribo al Nuncio. Zulueta me habla desde San Sebastián sobre la proyectada visita de Herriot, que no me gusta.

A última hora de la tarde ha venido el director de Seguridad, con noticias de los complots. Parece que todo está ya cuajado y a punto. Examino los recursos con que cuenta la Dirección General, y le digo a Menéndez que no hay que echar mano del ejército, sino en caso muy apurado. Mejor es arreglárselas con la policía, los de Asalto y la Guardia civil. Después de cenar, salgo de paseo por el campo.

9 de agosto

El día ha comenzado sin novedad, y se acaba con preludios de drama. Todo parece dispuesto para esta misma noche. Hemos tenido Consejo de ministros por la mañana. Ningún asunto político nuevo ni de importancia. Carner llevaba unas informaciones relativas al contrabando que se hace por el puerto de Barcelona. Yo he recibido también notas confidenciales muy precisas sobre el asunto; algunas procedían del propio cuerpo de Carabineros. Se las pasé al ministro de Hacienda, y se han hecho con este motivo algunas remociones de personal. Lo que hemos visto hoy en Consejo era muy completo y suficientemente escandaloso para hacer un escarmiento. Entre los hechos denunciados figura el de hacerse algunas combinaciones maliciosas en la distribución de turnos para el servicio, de suerte que siempre están en él, a la hora que conviene, los funcionarios más aptos. Como esto de ordenar el servicio pertenece, en último término, al director general de Carabineros, y la Dirección General depende del ministro de la Guerra, convinimos en que llamase hoy mismo a Sanjurjo y le diese instrucciones sobre eso y todo lo demás que debe hacerse en Barcelona.

Cuando se acabó el consejo y volví al ministerio eran cerca de las dos. Llamé a Sanjurjo y me dijeron que cinco minutos antes se había marchado de su despacho. Pensé entonces verlo por la tarde, cuando yo regresara de las Cortes, y no me ocupé más de ello.

He ido a las Cortes como de costumbre, y apenas llegué me sumergí en una de mis eternas comisiones. Esta vez era la agraria. Andábamos en conversaciones, entraba y salía mucha gente en el antedespacho de ministros. Llegó Casares y me dijo que estaba allí el director de Seguridad y que necesitaban hablarme.

Nos reunimos los tres solos, serían las seis de la tarde. Menéndez, que es muy locuaz y acalorado, me refirió que, según las últimas confidencias, el golpe es para esta noche, en Madrid. Se proponen asaltar el ministerio de la Guerra y la Telefónica. La confidencia procede de una mujer, amante de uno de los oficiales comprometidos; no es la vez primera, a lo que entiendo, que se relaciona con la Dirección General. La mujer ha delatado para que a su amigo no se le haga ningún daño. Creo haber entendido también, a través de las profusas explicaciones de Menéndez, que el oficial amigo de la confidente está aterrado de los compromisos que ha adquirido. Que esto es verosímil lo indica el hecho mismo de que se haya franqueado con la querida.

Recibida hoy mismo la última confidencia, se han practicado algunas comprobaciones, que denotan ser ciertos los informes. Por ejemplo: dijo la mujer que esta tarde, a las cinco, tenían una reunión en un café varios conspiradores, algunos conocidos, cuyos nombres dio. La policía ha observado que, en efecto, se han reunido quiénes y dónde dijo. No es, pues, una embustera. También ha anunciado que esta noche, a las doce, se reúnen en un piso del n.º 9 de la calle de Bárbara de Braganza, cuatro o cinco personas, que vienen para este asunto. Esto es fácil de comprobar. Sabemos también la hora del golpe: las cuatro de la madrugada. Los directores son Barrera, González Carrasco, Cavalcanti, Fernández Pérez, el coronel Benito, etcétera. La fuerza principal se compone de oficiales retirados, pero creen contar con algunas unidades de la guarnición de Madrid. Tienen, respecto de mi persona, las peores intenciones. (Dios se lo pague.) No suena el nombre de Sanjurjo.

Recapitulados todos los datos, que no añaden a lo que ya sabíamos más que la precisión del día y la hora (que no es poco, ciertamente), acordamos lo necesario para dominar el golpe. Les digo a Casares y a Menéndez que nadie ha de enterarse de lo que ocurre, ni siquiera el Gobierno. No quiero decírselo a ningún ministro más; ningún auxilio pueden prestarme y en cambio, enterados, la alarma cundiría al instante, comenzarían las idas y venidas, los conciliábulos, y lo mejor que obtendríamos sería aventar a los conjurados hasta otro día, y no acabaríamos nunca. El mismo cuidado se ha de tener con las órdenes que se den por la Dirección de Seguridad; que nadie se percate de que estamos en un día extraordinario, y que todo lo que se haga se dé como las precauciones que habitualmente vienen tomándose.

Estando todavía en el Congreso, me comunicó Saravia desde el ministerio que el regimiento de Artillería a caballo, acantonado en Carabanchel, salía de prácticas al anochecer; que iban a realizar una marcha nocturna y al amanecer se reunirían con el regimiento de Getafe para un ejercicio de tiro y dar después en común a los dos regimientos el desayuno. El hecho es trivial y sin importancia alguna; pero que coincidiese con lo anunciado para esta noche me hizo pensar. El regimiento a caballo está mandado por gente adicta, quiero decir, los primeros jefes, y nunca se ha tenido sospecha de que pudiera ocurrir en él nada desagradable. Pudiera ser que, por eso mismo, alguien hubiera dispuesto esa salida precisamente para privarnos de una fuerza leal. Mi primera intención fue ordenar que no saliese el regimiento, pero antes quise enterarme mejor. De las averiguaciones hechas resulta que el regimiento de Getafe había invitado al otro, hace ya días, para esta excursión, proponiéndose la oficialidad de Getafe obsequiar a sus compañeros de Carabanchel; que la salida había estado señalada para otra fecha anterior y se suspendió; y que el regimiento, a la hora en que me daban estos informes, estaba ya en marcha, con permiso del general, y tenían ya preparado todo en Getafe para recibirlo mañana. Mandarlo volver me pareció mal, por alarmante, y como no se apartaba de los contornos de Madrid ni del alcance de una orden, pensé que tal vez me convenía tener al regimiento reunido y en disposición de marcha, que no acuartelado. Resolví mandar allí un general de confianza que se hiciera cargo de toda la fuerza y la tuviese en la mano para lo que hiciese falta.

He venido al ministerio y al llegar he dicho que no saldría esta noche. Me encuentro con que Saravia está hoy de servicio de guardia en el ministerio, y me alegro, porque así todo queda en esta casa bajo la jefatura de un hombre de mi confianza. Saravia, a quien he puesto al corriente de lo que se espera, me dice que a primera hora de la tarde le han comunicado de la Dirección de Seguridad que han perdido de vista a Sanjurjo, y preguntaban si sabíamos dónde estaba. Saravia les contestó lo que sabíamos de su presencia aquí por la mañana. Como yo había dicho al volver del Consejo que necesitaba ver a Sanjurjo, habían estado buscándolo por la tarde. Saravia envió un funcionario del gabinete militar a casa del general, y le dijeron que había almorzado fuera de casa y que estaría en el campo. También se preguntó por teléfono al Escorial, y a varios lugares próximos a Madrid, pero no sabían nada. Estando ya en el ministerio, nos comunicaron de la Dirección de Seguridad que Sanjurjo se había ido a Sevilla. Hemos preguntado a Sevilla, y desde el gabinete telegráfico nos dicen que allí no ha ido el general. Se dan órdenes para que lo busquen en Sevilla y se telefonea a varias poblaciones del camino para que si llega a alguna de ellas le den la orden de volver.

Ha venido el director general de Seguridad. Examinamos la situación y las disposiciones tomadas que el director me enumera prolijamente. Quería meter en el ministerio una compañía de guardias de asalto; pero yo me he negado. La fuerza está mejor en la calle. Hay una incógnita que puede encerrar un peligro: lo que den de sí los guardias de asalto. Es un cuerpo nuevo, todavía no probado y vamos quizá a someterlo a la durísima prueba de tener que batirse con oficiales y tropa del ejército, si los sublevados consiguen sacar alguna de los cuarteles. La dificultad no viene de que les tengan miedo, sino de que les intimide (a la tropa de asalto) la vista de otros jefes a quienes habrá que tirotear, o se desmoralicen (los oficiales) por lo que llaman compañerismo. Menéndez asegura que los de asalto responderán bien. Después de estas conversaciones, nos vamos a comer. Somos Lola y yo, Saravia y Cipriano. Ramos ha venido a tomar café.

Hemos estado, como de costumbre, en el saloncito de la esquina, después de cenar. Saravia se fue a su despacho y hablábamos de cosas indiferentes. Me avisaron que acababa de llegar el general Carnicero, a quien había yo mandado buscar. Salí a hablar con él y le dije que se fuera a Getafe y tomara el mando de los dos regimientos y no les dejara ni un momento hasta recibir instrucciones mías, y que en el teléfono del cuartel de Getafe dejase una persona de su confianza y un servicio de enlace por si yo tenía que comunicarle algo. Como no tenía coche, le he dicho: «Se lleva usted uno de aquí, y a uno de los mecánicos que me sirven». En efecto, poco después, Carnicero se ha marchado directamente a Getafe. He vuelto a nuestra tertulia, y en un momento que estábamos solos, Lola, que había advertido algún movimiento inusitado, me pregunta:

—¿Pasa algo?

—¡Psché! —contesto sonriendo—. Que esta noche vienen a asaltar el ministerio.

—Lo dices en broma.

—Ya verás como no es broma. Pero aunque oigas tiros, no te asustes; no pasará nada.

No se ha asustado, en efecto. Prefiero que lo sepa, desde ahora y no que el suceso, si llega, la sorprenda.

Ahora llega el director de Seguridad. Son las once.

Menéndez ha venido acompañado del capitán Tourné. He salido de mi despacho y hemos estado en el de Saravia, contiguo al mío, hablando. De la Dirección de Seguridad han llamado a Menéndez para decirle que los agentes puestos en la calle de Bárbara de Braganza avisan la llegada de los automóviles que esperaban. La confidencia, pues, se ha confirmado en este importante extremo. Menéndez se ha puesto al teléfono y ha dado las órdenes para que se proceda a la detención de los recién llegados y de los demás ocupantes del piso. Según dicen de la Dirección, los automóviles parecen venir de muy lejos, por lo empolvados que están. Sus ocupantes, sin titubear, han abierto la puerta de la casa y han subido se cree que al piso indicado. Hemos esperado largo rato nuevas noticias. Telefonearon desde la Dirección que ya estaban detenidos todos y que procedían a interrogarlos. Al ser sorprendidos, dijeron que estaban reunidos para jugar al póker; pero no había mesa de juego ni barajas; ¡y para empezar una partida de póker a las doce de la noche, llegan desde muchos kilómetros unos coches, señalados ya a la policía desde diez o doce horas antes!

Al conocer la detención de estas gentes, Saravia creyó que ya no ocurriría nada, porque no dejarían de enterarse algunos más y se darían cuenta de que el Gobierno está sobre aviso.

—No lo creas —dice Menéndez—. De todos modos, se lanzan esta noche. En los cafés de Recoletos hay muchos oficiales que deben de estar esperando la hora señalada.

Menéndez se ha marchado a vigilar los servicios de prevención.

Ha vuelto Ramos, que se fue a la sesión nocturna de las Cortes, para tomar parte en una votación. Me dice que en el Congreso hay un poco de alarma e intranquilidad, pero nadie sabe nada. Tampoco él, pues aún no le he dicho lo que puede ocurrir. También vuelve ahora Menéndez, con Tourné. Me refiere las disposiciones adoptadas, y que en la calle del Conde de Xiquena están los guardias de asalto. Menéndez está cierto de que darán el golpe, y que la hora es la de las cuatro. No hago nada: paseamos, hablamos, fumamos. De vez en cuando vengo al despacho y anoto lo que va sucediendo.

A las dos y media le digo a Saravia que levanten a la tropa y la preparen en el jardín del ministerio, distribuyéndola; que apaguen las luces exteriores, que hasta ahora estaban encendidas; que haya una requisa general en el ministerio y se cerciore del estado de las verjas, y que tenga mucho cuidado con las salidas a la calle del Barquillo y con las casas de esta calle que tienen balcones al jardín. Si no son tontos, pensaba yo, por ahí pretenderán entrar, mejor que asaltando las verjas. Además le dije a Saravia que se hiciera cargo personalmente del mando de toda la fuerza que hubiese y de todos los servicios, lo mismo interiores que exteriores. Poco tiempo después de marcharse Saravia viene a mi despacho un oficial de la Guardia civil, de servicio en la Dirección General, y en tono como de queja me dice que Saravia le da órdenes que él no sabe de dónde emanan, etcétera. Parece de mal humor. Le digo que las órdenes emanan del ministro y que se ponga a disposición de Saravia y le obedezca sin chistar.

Ha pasado mucho tiempo y vuelve Saravia. Ya está la tropa distribuida por los jardines del ministerio. Disponemos de unos 80 soldados y 8 o 10 guardias civiles. Saravia me informa de todo. Me asomo al balcón. El jardín principal, como todo, está en tinieblas. Veo el bulto de unos grupos de soldados que pasan. Nos llega noticia de que en la puerta de una casa de Recoletos hay oficiales vestidos de uniforme.

—¿Ve usted? —dice Menéndez—. Se acerca la hora.

Menéndez está muy animado, y se dispone a salir con Tourné.

—¿Y no estaría usted mejor en la Dirección General? —le pregunto.

—No, don Manuel. Aquello está en manos seguras, y yo necesito estar cerca de la tropa de asalto, hasta ver si responde bien, que sí responderá.

Saravia me cuenta que cuando andaba reconociendo las puertas y verjas, cuyas llaves tiene en su poder, se ha presentado un oficial de ingenieros a sintonizar la radio. ¡Cosa más rara! Le han dejado entrar pero con vigilancia.

Se marchan Menéndez y Tourné. Son cerca de las cuatro. Yo me quedo con Saravia, Ramos y Cipriano, de conversación.

He aquí el suceso, tal como lo he percibido desde mi despacho. Estaba yo hablando con Saravia, cuando oímos tiros por la parte de la calle de Prim. «¡Ya!», dije yo, tendiendo el oído. Saravia, sin decir palabra, dio media vuelta y se marchó a su puesto. El tiroteo fue intenso, y con un breve intervalo se repitió. Después, profundo silencio. Subió Saravia y me dijo que unos militares habían ordenado al centinela de la puerta de la calle de Prim más próxima a Recoletos que les abriese, y como no hizo caso, le hicieron fuego, al que contestó el centinela y los soldados apostados por allí. Han disparado mucho, quizás demasiado. Según le informaba el teniente Santiago, los asaltantes habían llegado en automóvil, y al ser rechazados, se volvieron hacia Recoletos.

Estando en esta conversación, entró Menéndez, seguido de Tourné. Venía descompuesto, desesperado.

—¡Destitúyame usted, don Manuel! ¡No sirvo para defenderle a usted! ¡No he sabido acabar con ellos!

Estaba frenético contra sí mismo. Procuré calmarlo y me hizo relación de lo que habían visto. Antes del tiroteo, dos individuos subieron de Recoletos por la calle de Prim, y pasaron despacio junto a la verja del ministerio, como reconociéndola. Al llegar cerca de la calle del Barquillo, los agentes los detuvieron, por orden de Menéndez. Seguidamente, dos automóviles vinieron por el mismo camino. Traían los faros encendidos y proyectaban la luz sobre la verja, como para deslumbrar a los que estuviesen por la parte de dentro. Se apearon unos militares y empezaron los tiros. Menéndez y Tourné hicieron fuego, y también algunos de los apostados en la calle de Xiquena; pero tuvieron que retirarse estos últimos, para esquivar los disparos de la tropa que estaba en el jardín. Los de los automóviles volvieron a montar rápidamente y retrocedieron, yéndose por Recoletos. Menéndez y los suyos consiguieron detener a tres.

Aún no había concluido Menéndez su relación cuando por teléfono nos dijeron que en la Casa de Correos se habían presentado cuarenta o cincuenta oficiales, de uniforme, con propósito de apoderarse del edificio. Un pequeño retén de Guardia civil que allí había los desarmó y detuvo a todos. Esta noticia puso muy contento a Menéndez. ¡Al fin, les habían echado mano! Supusimos que eran los mismos rechazados del ministerio, que habían querido repetir el intento en Correos. Menéndez se marchó, a Correos, para hacerse cargo de los presos.

Entretanto, hemos seguido buscando a Sanjurjo. He hablado otra vez con Sevilla. No sabían nada. Después, desde Gobernación, me dijeron que habían averiguado que Sanjurjo tenía reservadas habitaciones en un hotel de Sevilla. Vuelta a llamar al general. Esta vez ya sabía *algo*. Dijo que había ido a verle un ayudante de Sanjurjo, que acababa de presentarse en Sevilla. El ayudante había tenido una conversación poco clara con el general de la división. «Le veo en una actitud extraña —me decía el general González— y me permito decir al señor ministro que temo que el general Sanjurjo se coloque en una actitud de rebeldía contra el Gobierno.» Así me ha dicho, textualmente.

Todas estas conversaciones telefónicas las teníamos mientras ocurrían los sucesos de la calle y entre las idas y venidas de Menéndez. También llamaba yo de vez en cuando a Gobernación, y le contaba a Casares lo que pasaba en nuestros alrededores. Por la Puerta del Sol no había novedad. Casares se empeñaba en mandarme la única compañía de asalto que le quedaba para su custodia; pero yo le decía que no era necesario y que la conservase allí a sus órdenes.

Al general de la división de Sevilla se le notaba en el timbre de la voz el susto que tenía y en su manera de dar cuenta, algo así como el propósito de *inhibirse*... Ninguna protesta de celo, ninguna noticia de las medidas que hubiese adoptado o pensase adoptar. En fin, o un cobarde o un traidor. Pero como yo no tenía ningún rayo para fulminarlo desde Madrid, procuré o reanimarlo o amedrentarlo, y después de decirle que en Madrid ni en ninguna parte teníamos nada que temer, le eché *una chillería* y le di instrucciones.

No había salido yo del despacho de Saravia, desde donde hablé con el general, cuando llamaron de Sevilla. El telegrafista de la división le dijo a Saravia que Sanjurjo estaba allí con el general. Saravia le dijo que le pusiera en comunicación con él; pero rectificó, y el que estaba con el general era un ayudante de Sanjurjo. De esto deduje que mientras hablaba yo con González, el ayudante de Sanjurjo estaba todavía allí. Saravia entonces le dice:

—¡Pues que se ponga al aparato el ayudante del general Sanjurjo!

Quien se puso al aparato fue el propio general González. Le dijo a Saravia que Sanjurjo se había sublevado. (Por lo visto, a mí me lo quiso decir con más rodeos.)

—¿Y usted qué hace ahí? —le gritaba Saravia.

—Todas las fuerzas están con Sanjurjo. No podré hacer nada.

Entonces tomé yo el teléfono: «General, aquí el ministro. Cumpla usted con su deber, aunque le cueste la cabeza. Detenga a Sanjurjo y reduzca a los rebeldes. Dentro de media hora me da usted cuenta de haberlo hecho». Colgué el teléfono. «Este hombre —le dije a Saravia— no sirve para nada. O tiene miedo o está vendido. Es inútil.»

A pesar del *notición* de Sevilla yo estaba contento, porque creí que lo de Madrid había terminado. Me imaginé que habían intentado una sorpresa sobre el ministerio; que, al verse descubiertos y hallándonos prevenidos, se habían lanzado a la Casa de Correos, y que todo quedaba reducido a este pequeño lance, sin más consecuencias. Había reventado el grano, y no era muy temeroso. Lo de Sevilla era más grave, pero no me daba cuidado, si lo de aquí no pasaba a más. Esto he estado pensando un buen rato, mientras iba imaginando también lo que he de hacer en cuanto entre el día para sofocar lo de Sevilla.

Llamada telefónica: en el regimiento 31 (Cuartel de la Montaña) ocurre algo anormal, y se ha visto un regimiento formado en la Castellana. Envié dos guardias de asalto (de ocho que tenemos de servicio en el ministerio), a ver qué sucedía en la Castellana; todos querían ir. Envié al general Romerales una orden manuscrita para que se presentase en el Cuartel de la Montaña, y restableciese el orden, si es que se había alterado; el coronel del regimiento está ausente con licencia desde el mes pasado. Los guardias volvieron en seguida, diciendo que por la Castellana no se veía nada. Saravia bajó al jardín y no vio en la Cibeles más que guardias de asalto.

De pronto, se rompió el fuego en la calle, muy intenso. Se oía esta vez por la parte de la Cibeles. La tropa que teníamos en la delantera del ministerio contestó. Mi primer sentimiento ha sido de profunda tristeza. Repetían la locura. El caso es más grave. Y lo que me dominaba era una especie de sonrojo por el escándalo que se daba. Volvíamos cien años atrás. Me senté al lado del balcón. «Estamos como en 1835», le dije a Cipriano. Creo que la tristeza y el dolor se me han conocido. ¡Qué lástima me ha dado de todo!

El tiroteo era muy intenso. Resonaban los disparos en la noche, como una operación siniestra, bárbara, pero más me sonaban a mí en el alma. El ruido de la fusilería me hacía pensar en el odio, en la brutalidad que la desencadenaba. Al ministerio llegaban muchos balazos. Percibíamos muy bien el chasquido cuando daban en la piedra. ¿Quién tira? ¿Es el regimiento que han creído ver en la Castellana? No se sabe. El fuego ha durado media hora. Desde el balcón oigo al comandante Fernández Navarro gritar: ¡Alto el fuego!; pero la tropa tarda en obedecerle. Ya clareaba.

Escribo esta nota. El cielo está blanco. Veo la mole del Banco, bañada en luz fría. Hay un gran silencio. Bajo los árboles del jardín, más oscuro, soldados. En la calle de Alcalá aúlla un herido. Entra el fresco por el balcón; y no se oye nada más. Teléfono. Me interrumpen.

Avisan de Alcalá que los dos regimientos de caballería se han sublevado y vienen sobre Madrid. Lo ha comunicado el alcalde, que los ha visto salir. Trasladan el aviso desde Gobernación. Bueno —le he dicho a Cipriano—, esto se pone serio.

No nos dicen a qué hora han salido; pero como la carretera está asfaltada no podrán venir corriendo, y tendremos tiempo de hacer lo necesario. Saravia llama al cuartel de artillería de Vicálvaro.

El jefe de Vicálvaro recibe la orden de sacar dos baterías a la carretera e impedir el paso de la fuerza que venga de Alcalá.

Todavía unos tiros por la calle de Prim o la del Barquillo, no sé bien.

Casares me cuenta desde Gobernación detalles de la sublevación de Sevilla. Llamo al general González y el hombre habla por teléfono enteramente desmoralizado. No sabe nada, no puede hacer nada. Le cuento lo que sé de lo que ocurre en Sevilla, y después de oírme, exclama, no sé si con cinismo o con imbecilidad: «¡Arrea!». (Esta exclamación es de un héroe.) El general parecía resignado, o aparentaba resignarse a lo que quisieran hacer de él los sublevados. (Pasaba por ser enérgico. Le apodan «el Perro». Es viejo y recién casado.)

Dicen de Vicálvaro que los sublevados de Alcalá no eran los dos regimientos, sino una fuerza que no llegaría a un escuadrón. Y que se han vuelto al cuartel, no siendo ya necesario sacar la artillería.

Telefoneamos con Getafe y el campamento. No ha ocurrido novedad.

A las siete de la mañana del día 10

Todo sigue en calma. De provincias no hay más novedades que lo de Sevilla. De Madrid empiezo a recibir informaciones más precisas. Los que han atacado por la Cibeles y Recoletos eran, además de jefes y oficiales retirados, unos soldados y clases del Depósito de Remonta de Tetuán, con alguno de sus oficiales. Este grupo de gentes era sin duda el «regimiento» que algunos creyeron ver en la Castellana. Hasta ahora sabemos que ha habido en Madrid diez o doce muertos, y unos noventa presos, entre ellos el general Fernández Pérez, que al huir entró por el balcón de un piso bajo de Recoletos, que estaba abierto, y al encontrarse con las señoras de la casa, que asustadas por el ruido de los disparos se habían levantado, les dijo: «Soy un invicto general perseguido...». Y una porción de tonterías más. Parece que entre los atacantes del ministerio estaba Cavalcanti.

La intentona de sacar el regimiento 31 les ha fallado, en mucha parte por la serenidad y lealtad de dos sargentos.

Hemos estado asediados hora y media; pero yo no acabo de comprender su plan, a no ser que contaran con alguien dentro del ministerio para abrirles una puerta, o que creyesen que toda la guarnición de Madrid iba a venir sobre nosotros. Ya ha empezado a venir gente a ofrecerse, a protestar, a «hacerse presente».

Uno de los primeros en llegar ha sido Largo Caballero. Entre otras cosas me dice que si lo estimo conveniente declararán hoy la huelga general y echarán la gente a la calle para oponerse a cualquier tentativa. Le contesto que no es necesario, que todo está tranquilo en Madrid, y que conviene no alarmar; que vayan todos al trabajo.

Recibo a los ministros en mi despacho, y hay que rehacer la narración para cada uno. Hablo con el Presidente que está en La Granja, y le doy sucinta cuenta de lo ocurrido. Me dice que va a venir a Madrid, le digo que no es necesario, pero insiste y convenimos que se reúna el Consejo de ministros en Palacio. Él estará allí a las diez o diez y media. A las nueve se han abierto las verjas del ministerio, y ha subido mucha gente. Desde mi despacho oigo el murmullo de conversaciones en el despacho de Saravia y en las galerías y habitaciones contiguas. Saravia entra y sale. El general subsecretario ha venido a primera hora, muy asustado y un poco dolido porque no le avisé anoche. La verdad es que no me acordé de semejante señor, ni me hacía falta. Le he dado instrucciones para que ponga en ejecución mis proyectos sobre Sevilla. Voy a acometerlos por tierra, por aire y por agua. Ya he hablado con Marina para que una escuadrilla de torpederos remonte el Guadalquivir; también me suministra Marina unos hidroaviones. He dado a Sandino el mando de una escuadrilla de aviones, que saldrá hoy por la mañana de Cuatro Vientos, sobre Sevilla. Sandino, que es de toda mi confianza, entraba en Madrid esta madrugada, por el Hipódromo, y los sublevados, que estaban allí organizándose, le detuvieron, y le obligaron a ponerse con su coche en la caravana que vino sobre Recoletos. Sandino pudo escaparse por una calle lateral, y al presentarse aquí a primera hora, lo he aprovechado para darle ese mando. He enviado órdenes a Valencia, Alicante, Cádiz, Algeciras y Ceuta, para que hoy mismo se pongan en marcha, antes del mediodía, diversas fuerzas. De Madrid, saldrán otras. Mañana estarán concentrados en Córdoba 14 batallones y 48 piezas de artillería. El paso a Madrid se les cortará, por mucho empuje que tengan. Y le he dicho también a Ruiz Fornells que, sacándolos de Asturias, León, Zamora y Valladolid, concentre otros ocho o diez batallones en Extremadura, por si se les ocurre seguir otro camino, y en todo caso, para cortarles el de Portugal. Doy el mando de las fuerzas que van sobre Sevilla por Córdoba a Ruiz Trillo, que no es un Belisario, ciertamente, pero que cumplirá lo que se le ordene. Y se han tomado todas las disposiciones para aislar totalmente a Sevilla, y que se cuezan en su propia salsa.

Después de arreglar todo eso, he salido a recibir las visitas. El despacho de Saravia y las habitaciones contiguas, llenas de gente. Entre otros, estaba Ossorio, muy alarmado: «¡Pero a usted lo van a asesinar aquí! —me decía—. ¿Usted tiene confianza en los que le rodean? Aquí entra cualquiera... ¿Quién le guarda a usted?». Lo tomé a broma, y se calmó. En la conversación, después de asegurarle que voy a dominar sin trabajo la situación, Ossorio ha tratado de sondear mis intenciones con respecto a los sublevados. No le he sacado de dudas.

Hablo con mucha gente. Hasta los enemigos parlamentarios han venido. Los «orteguistas» han enviado a Justino Azcárate. Me voy al Consejo.

En el Consejo he recapitulado los sucesos, para información del Presidente, y he dado también cuenta de las disposiciones tomadas respecto de Sevilla. El Presidente está muy animoso. Ha reiterado una vez más su resolución de no transigir ni contemporizar con un movimiento de esta clase, aunque triunfara; ello es elemental. Pero como el Presidente es tan formulista, ha escrito en un papel, y me lo ha dado para que yo lo guarde, una declaración: que nunca, mientras sea Presidente, consentirá que sean reintegrados a sus puestos y mandos militares los que han promovido y lanzado la insurrección. Algunos ministros han hablado de la conveniencia de suspender por decreto las sesiones de Cortes. El Presidente estaba dispuesto a ello. Ya esta mañana, al hablarme por teléfono, me dijo que aceptaba en blanco cuantas medidas quisiera proponerle el Gobierno. Después de pensarlo, me he decidido por no suspender las sesiones. Todo debe continuar funcionando normalmente, les he dicho. El efecto político será muy saludable, si no se interrumpe nada. El Parlamento no nos estorba, al contrario; ayudará al Gobierno. La militarada no debe conseguir ni siquiera una suspensión de sesiones. Así ha quedado convenido, aunque no todos lo encontraban bueno. En otros tiempos, con lo que ocurre hoy, no sólo se habría cerrado el Parlamento, sino que se habrían suspendido las garantías constitucionales y declarado el estado de guerra.

Examinando las complicaciones patentes y latentes en el movimiento rebelde, hemos llegado a hablar del calor y auxilios que le ha prestado la nobleza. El Presidente ha dicho: «Hay que hacerles pagar la cuenta». Y ha indicado que conviene preparar una ley expropiando las tierras de los nobles. El Gobierno ha encontrado muy en su punto la indicación, y el ministro de Agricultura se queda con el encargo de articular un anteproyecto, que se estudiará en otro Consejo.

Esto es lo más importante de lo ocurrido en el de hoy.

Vuelvo del Consejo y no recibo ya a nadie. Me voy a mi habitación hasta después de comer.

He ido a las Cortes a la hora habitual. Grandísima concurrencia. Acoso, abrazos, felicitaciones. Propósitos más o menos descabellados. Ansiedad por lo de Sevilla. Abierta la sesión, he pronunciado un discurso relatando lo sucedido y he dado cuenta de las disposiciones adoptadas para acabar con lo de Sevilla. He inspirado a las Cortes calma, seguridad y serenidad. Les ha gustado y han aplaudido mucho. Besteiro ha dicho unas palabras y después se ha pasado al orden del día. Esto ha producido el efecto saludable que yo esperaba. Ahora todos están satisfechos de que no se hayan suspendido las sesiones. Desde las Cortes me he vuelto al ministerio. Atiendo al movimiento de tropas, que se realiza sin novedad. Ruiz Trillo sale esta noche en el expreso para Córdoba. Todo va bien.

El aislamiento de Sevilla es absoluto. Nosotros conservamos un hilo que los sublevados no conocen, y tenemos noticias, aunque vagas y con algunas dificultades. La inacción de Sanjurjo me llena de asombro. ¿A qué espera? Yo suponía que hoy mismo, por la mañana, se pondría en movimiento para ocupar antes que nosotros los pasos del río, y abrirse el camino de Madrid. No hace nada. Es un disparate, y eso prueba lo que valen estas gentes. Yo, en su caso, habría sacado en el acto de Sevilla a la guarnición sublevada, y me la habría llevado al campo, iniciando una operación para marchar sobre Madrid. Es absurdo tener un día entero quieta a una guarnición sublevada, dentro de la misma población. Se desmoralizará y acobardará en seguida. Poniéndola en marcha, ya sería otra cosa. Sanjurjo ha podido ocupar Córdoba antes que nosotros, y habríamos tenido que concentrar en Alcázar de San Juan. La impresión habría sido grande, y algunos *comprometidos* que no han hecho nada, quizás le habrían secundado. En fin, siempre hay que contar con los disparates del enemigo, y aprovecharlos.

Ya de noche recibo confusas noticias de Sevilla. Unos informes dicen que los sublevados inician un movimiento sobre Zafra. ¿Es que se van a Portugal? Pero otros aseguran, con más visos de certeza, que sobre la línea férrea de Córdoba se han visto algunas gentes de Sevilla, que se disponían a cortar un puente. Si es así, no tienen propósito de avanzar ellos, sino de impedir que lleguen los nuestros.

Ruiz Trillo me ha hablado por teléfono desde varias estaciones del camino. La aviación está posada en Daimiel, esperando la orden para actuar sobre Sevilla al amanecer de mañana. La fuerza de Cádiz también marcha. Toda la infantería y la artillería que sacamos de Madrid está en viaje. El público la ha despedido con entusiasmo.

Me dicen de Sevilla que lo ocurrido en las Cortes esta tarde ha producido mucha impresión y ha desconcertado a Sanjurjo. Que no se haya desmoronado nada ni caiga el Gobierno ni se cierre el Parlamento, les maravilla. Estaban habituados a otra cosa.

No espero ya nada alarmante del lado de Sevilla. Sólo falta saber cómo va a terminar aquello. Tiene que ser mañana, si nos aguardan. Me estoy en el despacho, aunque desde que me levanté el día 9 por la mañana no he vuelto a acostarme.

11 de agosto

A la una y media de la madrugada. Llaman al teléfono, desde Sevilla. Me dicen que Sanjurjo quiere hablar conmigo. La pretensión me parece desatinada. Contesto que si tiene algo que decir se lo diga al general subsecretario.

Al poco rato, desde el gabinete telegráfico, me repiten la misma petición de Sanjurjo. Doy la misma respuesta. Saravia dice que todo ello no son más que rodeos para ganar tiempo, antes de confesarse vencido.

A las tres de la mañana. Viene el general subsecretario a decirme que acaba de hablar por el telégrafo con el general González. Le comunica que se ha restablecido la normalidad en Sevilla, que ha vuelto a encargarse del mando y que el general Sanjurjo ha huido hacia Portugal.

Todo se ha acabado. Le digo al subsecretario que suspenda los envíos de tropas. Vámonos a dormir, que es hora.

Me he levantado tarde, creo que con derecho, después de estos dos días. Sanjurjo está ya preso. Instrucciones a Ruiz Trillo, que se encarga del mando en Sevilla. Disposiciones sobre la captura de Sanjurjo. En Sevilla, motines del *pueblo soberano* que se desquita en las casas de algunos monárquicos. También en Granada hay alborotos. En Madrid, tranquilidad. Anoche hubo algunas manifestaciones callejeras, pero pacíficas. Vivas y mueras. Parece que en Sevilla han surgido algunos tribunos que se disponen a ceñirse el laurel de la victoria. De Madrid salieron el día 10 por la mañana, en un avión, varios diputados radicales-socialistas, con el propósito de *sublevar al pueblo* contra Sanjurjo. Claro, no pudieron hacer nada, pero ahora resulta que se han comido a Sanjurjo. He enviado al director general de Seguridad a Andalucía para que se haga cargo del general y lo traiga a Madrid hoy mismo. Vendrán por Mérida. He destituido al general Loriga, que ayer parecía dispuesto, como jefe militar de Carabanchel, a estorbar todo lo posible la salida de la aviación. También se publican hoy varios ceses, y pases a la reserva. He empleado parte de la mañana en puntualizar bien lo ocurrido en Madrid, y en examinar la conducta de ciertas autoridades, no muy clara todavía.

Por la tarde, en las Cortes, nuevo discurso para enterarles de la conclusión del «pronunciamiento». Cuando he relatado ligeramente los desmanes cometidos por el pueblo en Sevilla, y leído la lista de las casas y círculos asaltados o incendiados, las Cortes han expresado su satisfacción con fuertes y jocundos murmullos. He presentado dos proyectos de ley, de que hablamos en el Consejo de ministros de ayer.

Sanjurjo ha llegado a Madrid mucho más tarde de lo que se pensaba. No puede estar mucho tiempo seguido en el coche, y de vez en cuando pedía que le dejasen andar un ratito. A las dos de la madrugada del ya día 12, me ha telefoneado Menéndez, diciéndome que si no me estorbaba vendría a contarme su viaje con Sanjurjo. En efecto, ha venido. Menéndez salió al encuentro de Sanjurjo, cuando ya le traían a Madrid, y desde el encuentro han viajado en el mismo coche. Ahora el general está en la Dirección de Seguridad, hasta que sea llevado a prisiones militares.

Refiere Menéndez que Sanjurjo habla del suceso como si no tuviera nada que ver con él. No parece haberse dado cuenta de la gravedad de lo que ha hecho. Menéndez ha querido llevar la conversación por derroteros que produjesen algún esclarecimiento, pero el general se reserva.

—¿Cómo ha podido usted, don José, lanzarse a eso, solo?

—Cuando uno es vencido, siempre se queda solo.

Aludió Menéndez al general Goded, y Sanjurjo se calló (Menéndez es un ingenuo).

Niega que él pretendiese hablarme desde Sevilla, poco antes de su fuga. Ha pedido que le traiga aquí a su hijo.

El juzgado especial ha ido a la Dirección de Seguridad a tomarle declaración, y cuando pasaba al despacho del juez, el general ha dicho:

—¡Qué sueño tengo!

Me figuro cómo estará, él, tan torpón de ordinario.

Viernes, 12 de agosto

Anoche, o mejor, esta madrugada, entretenido con la conversación de Menéndez y otras cosas, me acosté a las cuatro. ¡Qué vida!

He llamado al coronel Vergara, que instruye la causa por los sucesos de Carabanchel, y le he dicho que apresure cuanto pueda la libertad provisional de Mangada. Naturalmente, después de lo sucedido estos días, la opinión pública está muy favorable a Mangada, de quien se dice que estropeó la combinación que habían urdido los generales.

El fiscal de la República ha visitado a Ramos para pedir instrucciones del Gobierno sobre la tramitación de la causa por lo de Sevilla. Puede seguirse un juicio sumarísimo contra Sanjurjo solo, o englobarlo en el proceso general. Le hago decir que el Gobierno se reúne esta tarde, y acordará.

He ido a las Cortes a las cuatro. La sesión acababa de empezar. Reúno a todos los ministros en el despacho, menos Albornoz que sigue enfermo, y Giral, que asiste a la sesión. He dado cuenta de la consulta del fiscal. Prieto, y casi todos los ministros, opinan que debe optarse por el procedimiento más rápido.

Se ha atravesado Zulueta, opinando que no puede perderse de vista que esta solución nos aboca, para dentro de pocos días, a la cuestión de resolver sobre la ejecución o el indulto de Sanjurjo.

Fernando, con señales de enojo, se niega a examinar ahora ese punto. Largo añade que si se deliberase sobre ello resultaría que juzgábamos el final, y que no dejaría de saberse el criterio del Gobierno.

Zulueta se ha picado. Pregunta si los dos caminos son legales, y añade que si se teme una indiscreción sobre el fondo, también es de temer sobre el punto que examinamos.

Le he replicado a Zulueta que el silencio depende de los ministros mismos. No parece haberse dado cuenta de que, tratándose de una cuestión de Gobierno, la consulta del fiscal está muy en su punto. Si ahora pareciese que dábamos largas al asunto, la opinión se escandalizaría. Acordamos contestar al fiscal que lleve el asunto velozmente, y aplazar toda deliberación sobre lo demás.

Entretanto, surgió un vivo incidente entre Casares y Fernando, que hablaban aparte sobre la situación de Granada. Ríos se quejaba de que habiéndose pedido auxilio a las sociedades obreras para defender a la República, el nuevo gobernador las sujete por la violencia y encarcele a los obreros.

Santiago replicó, airado:

—Señor ministro de Instrucción Pública: ¡yo no he pedido el auxilio de nadie!

Adiviné que Fernando se estaba poniendo pesado, movido de su pasión partidista y de su falta de tacto político.

Después Casares se quejó del general Cabanellas, director de la Guardia civil, que ha ido al ministerio de la Gobernación a pedirle al subsecretario, «como un favor personal», que se suspenda la orden de desarmar a la Guardia civil de Sevilla. El subsecretario se negó a transmitir el ruego al ministro. Casares no ve clara la conducta de Cabanellas estos días, y se niega a recibirlo. Más o menos claramente, me ha pedido su destitución. Me han dicho después que se ha ido un poco triste del Consejo.

Se ha hablado un poco de la solemnidad de mañana en el Retiro. (Distribución de cruces por lo del día 10.) Prieto está en sus glorias, como organizador de estas comparserías.

Casares le ha enviado a Besteiro un recado para que invite a los diputados, desde la Presidencia, a la fiesta de mañana, y Besteiro ha contestado «que no es vocero de recados verbales».

Prieto me ha puesto a la firma una comunicación al Presidente de las Cortes, invitándole para mañana, y me lee unas cuartillas que contienen una alocución, también obra suya, al pueblo de Madrid, para que concurra al Retiro. He de firmar yo la alocución.

—Nunca he escrito mejor —le digo a Prieto, que se echa a reír y se va muy contento.

También hemos hablado en Consejo de la necesidad de acelerar la discusión de la ley Agraria. Con la indecisión de Domingo y el desbarajuste de la comisión, no se acaba nunca.

He entregado a Bello el artículo de *justicia*, del Estatuto, ya aprobado por el Gobierno.

En el salón, pocos diputados; discutían otro artículo, que se ha votado. El loco de Royo seguía barbarizando.

He vuelto al ministerio.

Al subsecretario, que está todavía con el susto en el cuerpo, aumentado por algunas disposiciones que he adoptado, le encargo que me redacte los decretos suprimiendo la Dirección General de Carabineros y disolviendo el 4.º Tercio de la Guardia civil.

Ha venido a despachar el general Masquelet, jefe interino del Estado Mayor Central.

—Por deber, por afecto hacia usted y por sentimiento republicano, le doy la enhorabuena —me dice al entrar.

Masquelet es una excepción en el ejército, y estoy muy contento de haberlo descubierto y puesto en candelero. Me propongo mantenerlo donde está, definitivamente. Hemos comentado los sucesos. Me dice que cuando va al café y oye censurar a los generales, contesta: «tienen ustedes razón».

Me hace una semblanza de Sanjurjo muy exacta, y del tipo de general prestigioso.

Hoy me ha traído el programa de adquisiciones de material para las divisiones, que yo tenía pedido y que Goded no acababa de hacer. Él lo ha hecho en pocos días.

Firmamos y se fue.

Después de cenar, estábamos de tertulia Cipriano, Saravia, Lola y yo, cuando se presentó Fernando de los Ríos. Me traía un pleito granadino. Está muy confuso porque ha irritado a Casares. No sabe por qué motivos muchos se irritan con él: si será que carece del don de gentes, o será que abusan de su cortesía, que procura extremar. (Me abstengo de decirle que su tono *profesoral*, su expresión pedante y rebuscada y su terquedad fanática le hacen a veces muy cargante.) Me ruega que intervenga con Casares, para ver de impedir la huelga general en Granada. Está un rato largo de conversación, durante el cual le he dicho algunas gansadas «que le asustan». Yo me río.

Más tarde, ha llegado Novais Teixeira, pidiendo noticias de lo que ocurre en la embajada de España en Lisboa. «¿Qué pasa? ¡Yo no sé nada!»

—Dicen que se ha descubierto una caja de armas y municiones consignada al embajador.

Esto me alarmó, pensando en una imprudencia o en una equivocación de los portugueses revolucionarios.

Llamé a la embajada de España en Lisboa y Prieto Villabrille, antiguo conocido mío, encargado de negocios, se puso al teléfono. Estaba furioso. La policía portuguesa le ha cercado la embajada. La «caja de armas y municiones» es un muestrario enviado por la comisión de venta de armas, de acuerdo con centros oficiales portugueses. Prieto Villabrille me pronuncia por teléfono un discurso calurosísimo, larguísimo, atropellado, atroz. En suma, me pide autorización para entablar una reclamación ante el Gobierno portugués. Ha hablado por teléfono con Gómez Ocerín y con Bulnes y no le han hecho caso.

—Bueno, bueno: ahora se lo harán a usted. Es indispensable hablar con el ministro de Estado, que le dará instrucciones.

He llamado después a Zulueta y le cuento el caso. Zulueta, para ilustrarme, me hace un relato larguísimo, de cosas que ya conozco, y me impacienta. Creo que ha oído por el teléfono alguna señal de mi impaciencia. En fin, Zulueta se va a poner al habla con Prieto inmediatamente.

Luz comenta los sucesos de estos días en forma tal, que al parecer no ha existido Gobierno ni hombres con mando para reprimir la sublevación. Todo lo ha hecho el *pueblo*. ¿Cuál?

El *Heraldo* publica una información y comentario (sin duda del necio de Armiñán), en que tiene el descaro de decir (resentido porque no le admito a libre plática) que al salir del Consejo un ministro me decía:

—¡Ah! ¡Si hubiésemos hecho caso del *Heraldo*!

Es el colmo de la impudicia reporteril.

El Sol se abstiene prudentísimamente de comentar el suceso. Parece que en aquella casa creían en el triunfo de Sanjurjo.

13 de agosto

He salido al despacho a las once. Ha sido la noche pasada la primera que me han dejado dormir, desde el 9. Despacho con el subsecretario. Han quedado renovados todos los cuadros de la guarnición de Sevilla.

El comandante Sandino me trae una información sobre lo ocurrido en la base de Tablada el día 10. Resumen: los oficiales se declararon *neutrales*, que ya es una situación culpable.

Una comisión de diputados canarios viene a hablarme de la ley Agraria, en lo que afecta a las islas.

Ramón Franco, que anda ahora haciendo el buen chico, viene a felicitarme. La verdad: prefiero que esté enojado y haciendo el terrible revolucionario. Pérez de Ayala se despide para Riaza. Me deja unos papeles sobre la organización interior del gabinete inglés y una traducción de la ley de libelo. Se presenta también Mangada, ya en libertad. Ha venido el general Loriga, destituido. Le han recibido en el gabinete militar. Saravia le ha dicho de mi parte que pida el pase a la reserva, y el general se ha negado. El mismo encargo le he dado para el general Caballero.

Cosas de Sanjurjo. Hace pocas noches, Marcelino Domingo se encontró con Sanjurjo en el restaurante Achurri. El general estaba cenando en mangas de camisa. Saludó al ministro y le pidió permiso para continuar como estaba. Luego dijo Sanjurjo a sus íntimos: «Yo no puedo meterme con estos hombres, a los que no debo más que atenciones».

Los periódicos siguen tirándose estocadas sobre si se mata o no se mata a Sanjurjo. La gente está empeñada en que se le mate. A la Presidencia del Consejo han llegado más de tres mil telegramas, casi todos pidiendo la ejecución del general.

Por la tarde, a las cinco, he ido a Palacio, con mucha firma. Desde allí, con el Presidente de la República, al Retiro. (Antes, el Presidente me ha enseñado un telegrama del argentino Alvear, rogando que no se derrame sangre.) Hemos hecho el recorrido en coche abierto, rodeados y seguidos del escuadrón de escolta, para esplendor de las instituciones... Estruendo de herraduras al ritmo del trote, ruidosos aplausos, vítores. Calor atroz. Aburrimiento.

En el Retiro, una muchedumbre inmensa. Ovaciones delirantes. Imponemos las insignias a los heridos y distinguidos en la noche del 10. Condecoro a Saravia, Tourné y Fernández Navarro. Después, un desfile de fuerzas de Seguridad, Asalto, etcétera. El retorno es penosísimo, porque hay que cortar una masa de cien mil personas. Nos estrujan, nos palmean, nos soban. ¡Qué paliza! Besteiro, que venía en nuestro coche, me dice: «Esta es una charlotada que no puede repetirse». El regreso a Palacio ha sido muy lento.

En Palacio, reunido el Gobierno con el Presidente y Besteiro, hemos comentado la jornada.

Hablamos también del suceso de la embajada en Lisboa. Domingo no sabe nada del asunto. Zulueta encargó a Gómez Ocerín que no enviase las armas de muestra sin consultarme, y no me consultó.

Al volver al ministerio, he hablado con Ramos. Me enseña un artículo de *Luz*, de esta noche, absolutamente estúpido. Su encono personal y mi exceso de celo le lleva a suponer que, por mis discursos de estos días yo he querido *fijar* la situación de Sanjurjo, anticipándome a los tribunales.

Ortega se separa de *Luz*, porque sabe que el periódico cambia de dueño. Desde el intento de suicidio de Urgoiti, Ortega tiene pensado volver al *Sol*, que le publica un trozo de un libro suyo, «a ruego secreto de Ortega a Aznar». Félix Lorenzo, director de *Luz*, no puede creer que Ortega les haga esa traición. Los redactores del *Sol* protestan contra la posible vuelta de Ortega. Ciges Aparicio asegura que le dará un puñetazo o un tiro.

He tenido invitados a cenar a Saravia, Tourné y Fernández Navarro, para celebrar su condecoración. Después, tertulia hasta la una.

14 de agosto

Hoy no he salido hasta última hora de la tarde. Me he ocupado en preparar la combinación de generales para los mandos. Le doy muchas vueltas y nunca me satisface. Es un rompecabezas.

Me dicen de la Dirección de Seguridad que casi todos los oficiales de la brigada de caballería de Alcalá estaban comprometidos y que no recatan su sentimiento por el fracaso.

El coronel Poderoso, que manda uno de aquellos regimientos, y que estaba para ascender, quiere hablar con Saravia, porque ha oído decir que va a ser relevado. Le digo a Saravia que llame a Poderoso y le interrogue. La policía asegura que Poderoso sabe quiénes eran los comprometidos.

El general Augustin se me queja de que no le he nombrado jefe del Campamento. Y sin duda, creyendo hacer méritos, me dice que me enviará una lista de oficiales monárquicos comprometidos. ¡El pobre, se conoce que no lo ha sabido hasta hoy!

15 de agosto

Despacho con el subsecretario. Acuerdo separar del servicio al general Loriga, que se ha negado a pedir el pase a la reserva.

Se me presentan el teniente coronel Puig, que está en la policía de Tánger, y el capitán retirado Lora, ex jefe de policía de la zona. Acusan al alto comisario de deslealtad a la República. Hablan de unos telegramas «misteriosos» cruzados entre López Ferrer y el cónsul de España en Gibraltar. «¿Y qué dicen los telegramas?», les pregunto. *No lo saben, pero me prometen traer una copia.*

También hablan de un telegrama del general Boloix a Gómez Morato, preguntándole si se adherían o no al movimiento de Sanjurjo. Me ofrecen suministrar una copia.

El general Cabanellas (M.) pregunta por teléfono a Saravia si puede verme, para ver de salir de un modo decoroso de la situación difícil en que se halla.

Poco después he recibido a Cabanellas. Estaba muy pálido y emocionado, y me ha hecho grandes protestas de adhesión al régimen y a mí, «que firmé su rehabilitación en el ejército». Cree notar «ciertas cosas», que pudieran significar desconfianza, y me incita a que decrete su cese.

Le digo que, en efecto, el ministro de la Gobernación está descontento, porque no cumplimentó la orden de desarme de la Guardia civil de Sevilla, habiendo tenido que realizarla el gobernador. Se disculpa con que la orden no se la comunicaron a él sino al gobernador mismo.

Le hago ver que su situación es delicada, y que yo no tengo más remedio que ponerle fin. Insiste en su cese. Quizá esperaba que yo dijese: «¡De ninguna manera!»; cuando se percata de que lo doy por hecho, se emociona. Me dice que yo seré siempre su mejor amigo; que, si se lo permito, me dará un abrazo; que servirá donde yo le diga, aunque sea de soldado; que la República necesita *gastar hombres*, y que con gusto lo declarará así, etcétera, etcétera. Se va, dándome un abrazo, en efecto, y con los ojos húmedos.

Después de esta conversación he llamado por teléfono al general Bedia, para que venga desde Logroño. Pienso hacerlo inspector de la Guardia civil, dependiente en todo de Gobernación, porque voy a suprimir la Dirección General de la Guardia civil, especie de castillo roquero independiente, con el que no se ha atrevido nadie hasta ahora.

Ha venido a verme Ciges Aparicio y me cuenta las tragedias que ocurren en *El Sol*. Ciges cree saber, por referencia de Mourlane Michelena, que Aznar estaba metido «hasta el cuello» en el complot, pero a primeros de junio se apartó, por consejo de unos amigos. Aznar —afirma Ciges— es fascista, católico, confiesa y comulga todas las semanas; su *azañismo* en *El Sol* es fruto del consejo maquiavélico de Lequerica, seguido por Aznar, persuadido de que acentuando la revolución, vendrá más pronto la reacción. Aznar le ha dicho a alguien, hace tiempo, que la salida de todo esto es la Restauración. Los jesuitas —siempre según Ciges— tienen parte en la empresa del *Sol*: las acciones de Aledo. Ahora han puesto en la comisión de gerencia a un señor Urrutia, o Urruti, hechura de Lequerica; un pariente de Urrutia está complicado en el levantamiento del otro día, en el cual ha muerto un primo de Viesca, copropietario del *Sol*.

Ortega quiere volver al *Sol*, pero él, Ciges, le dará de bofetadas. Ortega trató con los jesuitas de Bilbao para la fundación del *Sol*, y desde entonces tienen acciones.

Otros han señalado ya el jesuitismo de Ortega, y su malhumor contra la República data de la aprobación del artículo 26. El director del *Liberal* opina parecidamente.

He recibido también al general García Benítez, pariente mío, que manda la brigada de Alcalá. Está muy asustado. Me trae las informaciones hechas por los coroneles. La de Enrile no sirve para nada; la de Poderoso es más clara y útil. Allí casi todos estaban en el ajo, pero no los coroneles, al parecer, puesto que fueron otros dos a hacerse cargo de los regimientos para la sublevación. Esto no es prueba suficiente. De Enrile no tengo sospecha; pero la conducta de Poderoso (que estaba en Daganzo la noche del suceso), no es diáfana. Veremos lo que dan de sí las averiguaciones que se están haciendo.

Menéndez me trae la declaración prestada por Matres ante el jefe superior de Policía, en la Dirección de Seguridad. A este Matres lo conozco desde hace veinticinco años, de mis tiempos de señorito ocioso. Entonces, Matres era una especie de parásito de jóvenes *calaveras*, a quienes acompañaba en sus diversiones. No recuerdo si llegué a cruzar la palabra con él; pero sé perfectamente quién es. Desde entonces acá, y habiendo yo cambiado mi manera de vivir, no he vuelto a tropezarme con él. Le he visto alguna vez en los teatros y más frecuentemente en el Café Regina, donde tiene una tertulia no muy distante de la que yo solía frecuentar. (Contigua a nuestra *peña* del café había otra a la que asistía Federico Berenguer, a quien conozco también desde hace tanto tiempo como a Matres, y por iguales ocasiones; pero con Federico Berenguer sí me saludaba.) Matres era ¡cómo no! de los íntimos de Sanjurjo, y le acompañaba siempre. Sin embargo, la policía no se había fijado en él. En el Consejo de ministros del otro día, Prieto dijo: Quien debe estar enterado de todo es Matres.

La policía lo ha detenido después y lo que me ha traído Menéndez es un primer interrogatorio. Es muy interesante, y con ese documento a la vista, un juez sagaz y resuelto a todo, averiguaría muchas y muy resonantes cosas. Acusa a Barrera y González Carrasco; asoman posibles enjuagues de Cabanellas; se habla de Lerroux y sus conferencias con el mismo Cabanellas; del dinero, de la relación que suponían tener dentro del ministerio de la Guerra para que les abrieran la puerta, etcétera.

Cacho me ha traído una nota que el general Cabanellas piensa dar a la prensa y le he dicho que no la publique.

Los monárquicos siguen «farrucos». Ahora precisamente que han perdido una partida tan fuerte, quieren decir que tienen más fuerza; que lo hecho no es más que una simple muestra; pero que lo grande y decisivo vendrá pronto... ¡Bueno, bueno! En general, la opinión está al lado del Gobierno.

En Biarritz han tenido una reunión Cierva, el duque de Maura, Sainz Rodríguez, Calvo Sotelo y Pujol, director de *Informaciones*. Entre otras cosas Sainz Rodríguez dijo que Aznar recibe 5.000 pesetas mensuales del Gobierno. ¡Qué gente!

Me entregan una carta que me escribe el comandante de la Guardia civil, Albert, que se cree obligado a contarme los insultos que el general Benito Pardo, subdirector de la Guardia civil, me dirigía cada vez que dejaba su despacho para venir al mío. ¡Ya, ya! ¡Buenos están todos!

19 de agosto

En el Consejo del martes continuó el altercado entre Casares y Fernando de los Ríos por los asuntos de Granada. Casares tiene razón, y como es infinitamente más listo que Fernando, lo apabulla. Fernando tiene una política teorética al servicio de pasiones de militante. Nos asustaban mucho con la huelga general de Granada, pero yo me encogí de hombros, viendo tranquilo a Casares. En efecto no ha pasado nada.

En el mismo Consejo se aprobó la nueva redacción del proyecto de expropiaciones. Domingo nos había traído otro, hecho probablemente por algún ingeniero agrónomo, que no tenía pies ni cabeza. También se aprobó el decreto de supresión de la Dirección General de la Guardia civil. La noche antes hice venir de Logroño al general Bedia, para nombrarlo inspector general. No di noticias de nada en los periódicos, para que no se sepa hasta que esté hecho el cambio.

Por la tarde fui a La Granja a recoger la firma del Presidente para el proyecto de ley y varios decretos. Lo encontré merendando en el campo de polo con su familia y unos invitados. Nos fuimos a Palacio. Hablamos largamente. Aprobó el proyecto de ley. Le conté lo que sabía de la declaración de Matres y se preocupó por lo que pudiera resultarle a Lerroux.

Volví a las nueve y me marché a cenar con los antiguos amigos del Regina, que le daban a Saravia una comida. Ni por la tarde ni por la noche aparecí por las Cortes. Allí estuvieron congregados, esperándome en vano, los periodistas.

Al general Bedia, que había llegado por la mañana, pude recibirlo a las nueve y media de la noche. Es un tipo muy feo. A Saravia le ha dicho: «Con esta pinta que tengo, creerán que carezco de dotes de mando».

Buena falta van a hacerle. Los caciques y mangoneadores de la Guardia civil están espantados con la supresión de la Dirección General. Nunca lo hubieran creído.

El miércoles continuó en las Cortes la discusión de la reforma militar. Después leí el proyecto de expropiaciones, que fue recibido con grandes aplausos. En el acto, se reunió la comisión para dictaminar. Naturalmente, todo el mundo quería expropiar un poco más. La comisión reclamó mi presencia, informé durante un cuarto de hora y quedaron en dar dictamen de conformidad, menos Casanueva, el notario cavernícola, que hizo voto particular.

Cuando Lerroux llegó al Congreso y le enteraron del proyecto, dijo que no lo votaría en modo alguno, por impedírselo su conciencia. El necio de Salazar Alonso dijo que antes renunciaría al acta.

Pero otros radicales vinieron a decirme que ellos lo votaban, y que si su jefe se oponía armarían un escándalo. Los valencianos y los andaluces eran los más decididos. Por consecuencia de esto, ya en la sesión de la noche, leído el dictamen, los radicales cambiaron de actitud y dieron a entender que llegarían a un acuerdo. En efecto, a la mañana siguiente se reunieron y acordaron votar, después de una discusión borrascosa. Martínez Barrio, en la sesión del jueves, intervino para decir en nombre de su partido que dejaban al Gobierno «la responsabilidad de haber presentado el proyecto» (poca falta hacía que Martínez Barrio dijese una perogrullada, porque ¿quién va a responder de eso, más que el Gobierno?), y que lo votarían *para que hubiese quorum*. Total: querer y no querer; votan sin que parezca que lo aprueban... postura poco lucida. Han votado para que no surja la discordia entre los radicales. Cuatro de ellos no entraron a votar.

El proyecto se discutió en la sesión del jueves. Lleno completo. El voto particular de Casanueva fue desechado por enorme mayoría. Habló Eduardo Ortega, que aprovechó la ocasión para meterse con Zulueta, porque conserva en el ministerio a conocidos monárquicos. Ortega tiene razón en esto. La indecisión de Zulueta le ha colocado en mala postura. Allí siguen Danis, Casa Rojas y Bulnes, entre otros. Casa Rojas debía de ser de los creyentes en el triunfo de Sanjurjo. Porque el domingo antes me lo encontré en Gredos y afectó conmigo mucha frialdad. Zulueta cometió la inadvertencia de interrumpir a Ortega y lo echó a perder. Y aún quería levantarse a contestarle, tan fuera de ocasión. Se lo prohibí.

Habló Sánchez Román y pronunció un discurso en galimatías, con el que sólo quiso, al parecer, marcar un divertimiento personal en nombre del Derecho. Expresaba opiniones de Ossorio, que la tarde antes aplaudía el proyecto ante los periodistas, y después cambió de parecer, tanto que mientras se discutía el asunto en el salón envió una carta a Carner, diciéndole que a cada minuto que pasaba comprendía más la gravedad y el riesgo de lo que íbamos a hacer. Carner estaba impresionado, y me preguntó si no querría yo hablar con Ossorio. Le dije que no; que hablase él. Llamaron a Ossorio y tuvieron una conversación. Entonces vino Carner en busca mía y me acompañó al despacho, donde estaba Ossorio, que comenzó a hacerme reflexiones, llamándome la atención sobre lo que opinaban personas con autoridad en la Cámara.

—Con autoridad, pero sin votos —le repliqué.

Me habló de la alarma que se produciría entre los propietarios.

—¿Tienen más que no conspirar? —le repuse.

—Es usted imposible —contestó Ossorio, riendo.

Reconoció que el problema era político y que no podía desperdiciarse la coyuntura de descargar un golpe fuerte, pero que debía estudiarse más y ponerlo en armonía con la Constitución y con el espíritu jurídico.

Después me fui al salón, donde estaba hablando Sánchez Román. Besteiro, hábilmente, le invitó a que concretara su parecer en un artículo nuevo o en una enmienda, para lo cual estaba dispuesto a suspender la sesión. Entonces hablé yo. Había ido a la sesión sin pensar argumento ninguno para el discurso, y en espera de lo que allí ocurriese para articular la defensa del proyecto. Lo tomé por el lado político e improvisé una arenga que las Cortes recibieron con aclamaciones delirantes. El asunto estaba ganado.

Para asegurarlo más, le dije a Sánchez Román que estábamos dispuestos a recibir las modificaciones que él propusiera, si mejoraban el proyecto; no si lo desvirtuaban.

Sánchez Román rectificó, y no entendí nada de su rectificación. Había en sus palabras reticencias extrañas y una retirada imprevista. Después me dijeron que Sánchez Román había entendido que yo rechazaba su propuesta y me negaba a examinarla.

Me marché del salón al despacho, mientras se discutía el artículo 1.º. La discusión pública, y algunas observaciones hechas en conversación, nos movieron a variar la redacción del artículo 2.º. Hubo una hora de mucha confusión en mi despacho. Asúa, Funes, Ansó, Aldasoro, Fernando, Domingo, Carner... todos opinaban y no se entendían. Por fin, conseguí arreglar el artículo 2.º y que se lo llevasen a la comisión.

Vino Maura, que en la discusión pública había estado muy displicente, e increpaba a los radicales que se pusieron en pie para aplaudirme. Como siempre, anunciaba catástrofes. Se retirarían los capitales, etcétera. Añadió que le habían hecho impresión algunos de mis argumentos, y aunque había pensado votar en contra, lo votaría de todo corazón si se aceptaba lo que propusiera Sánchez Román, el cual estaba ya trabajando para redactar otra cosa.

A todas éstas, cuando iba a votarse el artículo 1.º, Besteiro suspendió la sesión hasta las diez y media. Me contrarió mucho, porque no contó con el Gobierno y el proyecto podía haber salido aquella misma tarde. No era seguro que por la noche hubiese *quorum*.

Por la noche volví a las Cortes. Me trajeron el texto redactado por Sánchez Román, que no servía para el caso. La comisión lo rechazó por unanimidad. Se abrió la sesión y el proyecto se votó artículo por artículo, sin discusión. Para la votación definitiva esperamos media hora, a fin de que llegasen más diputados. Hubo número sobrado y se aprobó.

La ley, que es muy rigurosa y atrevida, dadas las circunstancias, ha caído muy bien entre los republicanos. El Presidente de la República me ha dicho que esta ley «nos facilitará otras resoluciones en el asunto de Sanjurjo».

Maura no asistió a la votación, ni los diputados de su partido. Ortega tampoco estuvo en la sesión de la noche, pero dos o tres diputados de su grupo votaron en pro. Él no quiso comprometerse, sin duda. Tampoco asistió Lerroux, pero votaron en pro lo menos cincuenta radicales.

Picavea votó en pro y le jalearon mucho por ello. En los pasillos me dijo que él es hombre de orden, y vota conmigo porque yo soy el orden y el único que lo mantiene en la República.

Después de la sesión me fui con Ramos, Cipriano y otros amigos a tomar el fresco. Estuvimos en un restaurante de la carretera de La Coruña. Me contaron algunos de los líos que hay en los periódicos. La empresa del *Sol*, siguiendo el criterio de Lequerica, piensa orientar el periódico más a la derecha; se habla incluso de un intercambio de acciones con la empresa de *ABC*. Pero entonces, ¿dónde queda el *maquiavelismo* de Lequerica, de que me hablaba Ciges? No creo ni una cosa ni otra.

El señor Miquel, copropietario de *Ahora*, ha adquirido, o va a adquirir *Luz*. La noticia ha desorientado a los empresarios del *Sol*; creen que se trata de la empresa de *Ahora* y temen que *Luz* se lance a hacer la competencia a *La Voz*. Aznar ha llamado a Guzmán para rogarle que haga desistir a Miquel de sus propósitos.

Hoy he recibido los papeles que me manda el alto comisario sobre la conducta del general García Boloix. Aún no está esclarecido todo. Me falta el telegrama de consulta que envió (o dicen que envió) en consulta a Gómez Morato.

También he recibido hoy el telegrama y la carta enviados por el capitán Hinojosa a López Ferrer. El *Heraldo*, inspirado por Lora y Puig, supone que ese capitán estaba de acuerdo con Sanjurjo, y lo mismo dice de López Ferrer, apoyándose en esos documentos, cuya existencia conocían, pero no su texto. Los documentos prueban exactamente lo contrario.

José Pla, que desempeña no sé qué cargo en la Sociedad de Naciones, ha venido a visitarme «para llevarse una impresión». Me alaba mucho, me admira mucho, y entre unas y otras me dice si la ley votada ayer no será un precedente para el caso de que triunfen los monárquicos. Le contesto una aspereza seria, se pone pálido, y se va.

He tenido aquí a Luis Zulueta. Más de una hora de conversación. Hablamos del personal de su ministerio. Zulueta está impresionado y azorado por lo que le dijo ayer Eduardo Ortega. Sin mortificar a Zulueta, le hago ver la urgencia de renovar el alto personal de Estado, y queda en hacerlo así. La irresolución y la duda permanente de Zulueta son reformistas e institucionistas de pura cepa.

Después me habla de política general. Ensalzando mi discurso de ayer y reconociendo la necesidad de la medida, confiesa que el camino le parece peligroso y que vamos a enajenarnos muchos concursos y a sembrar odios. Reaparece el encogimiento reformista. Le oigo con paciencia. Llega a decirme que convendría cambiar de política y me pregunta si no convendría modificar el Gobierno en octubre, dando entrada a los radicales y a otros republicanos.

Le contesto que eso es imposible. Yo bien quisiera calmar la hostilidad de radicales y de socialistas, y siempre estaría dispuesto a reconstituir un Gobierno parecido al que presidí en octubre del 31. Pero socialistas y radicales son, hoy por hoy, irreconciliables, y mucho me temo que han de serlo cada día más. Los socialistas no pueden irse ahora del Gobierno; es pronto. Así lo reconoce Zulueta. Una modificación cualquiera, que no condujese a ampliar la coalición, sino a separar a los socialistas, les daría motivo, provocándolo nosotros mismos arbitrariamente, para afirmar que les jugábamos una mala partida. De los socialistas hay que separarse amistosamente y de común acuerdo, en virtud de haber ya realizado un programa común. De otra manera, tomarían una posición violenta, muy peligrosa. Y en su día, el Gobierno que nos suceda no deberá hacer una política de retroceso, porque eso sería lo peor. Retirarnos nosotros ahora sólo conduciría a dejar la República en manos del lerrouxismo, que es una infección. ¿Qué sería de la República, gobernada por Lerroux?, le pregunto.

Zulueta hace un aspaviento. No dejo de reconocer —le digo— la gravedad de la situación y que no es conveniente arrojarse a ciegas en brazos de la izquierda, pero así como sofocamos por la fuerza el movimiento anarcosindicalista, hay que sofocar el de la derecha a toda costa y pase lo que pase. Si las Cortes supieran trabajar más rápidamente, estos problemas quedarían resueltos muy pronto. De ahí viene mi resistencia a cerrar el Parlamento y el decidido empeño con que le hago trabajar todo el verano. Pero allí no comprenden nada, y los que más desean que esto se acabe pronto son los que más lo estorban.

La votación de anoche fue muy buena. Mejor hubiera sido si Besteiro no suspende la sesión, sin contar con nadie.

Nuevamente me ha visitado Pérez de Ayala.

20 de agosto

Consejo de ministros en el ministerio de la Guerra. Antes del Consejo he recibido en audiencia de despedida al general Rodríguez del Barrio, que sale de inspección. Me habla de los sucesos, que deplora, tachándolos de locura. Los generales sublevados no se dan cuenta del cambio operado en el país ni del tiempo en que viven. Refiere que muchas veces había aconsejado a Goded que se estuviera tranquilo y que no echara de menos los privilegios abolidos. ¿Es sincero?

El general ha sabido que Sanjurjo le dijo en Sevilla al coronel del 9.º de Infantería, Rodríguez Polanco, que tenía para él una carta de su primo Rodríguez del Barrio, pero *que casualmente se la había dejado en Madrid*: Rodríguez del Barrio está muy enojado por lo que él llama invención de Sanjurjo. Dice que a su primo apenas le trata.

Sanjurjo, en Sevilla, cuando se creyó triunfante exclamaba: «Lo que voy a reírme de Queipo de Llano».

El pobre de Queipo no sale de su asombro, ya que tenía mucha estimación por *Pepe*.

No sé qué habría sido de nosotros si en la noche del 9 hubiera estado todavía en funciones de director de Seguridad el señor Herraiz, antecesor de Menéndez, hombre escéptico, que no cree en la policía, ni en los confidentes, y enemigo de los guardias de asalto. Menéndez, por el contrario, es decidido, valeroso, fidelísimo y entusiasta. Pero tiene los defectos nacidos de esas cualidades, el mayor de los cuales es un exceso de confianza en su persona y el improvisar demasiado. Por otra parte, aún le sobra candor para ser policía.

Ejemplo: como unos quince días antes de la sublevación, el hijo de Sanjurjo le preguntó a Menéndez:

—¿Vigiláis a mi padre?

—¡Hombre, no! ¡En qué cabeza cabe!

—Yo te juro, por la vida de mi padre —añadió el hijo— que no se mete en nada.

Menéndez me repitió esta conversación, y no creía, impresionado por las palabras del hijo de Sanjurjo, que con tal juramento mintiese. Resultado: que la policía no tuvo *pista* de Sanjurjo y la noche del 9 al 10 no supimos dónde estaba hasta que llegó a Sevilla.

Ni el propio Menéndez podía sustraerse al recuerdo de la antigua amistad con Sanjurjo, ni a las garambainas de la «palabra de caballero», etcétera. No es imposible que Sanjurjo haya ocultado sus planes al hijo hasta última hora; hasta el momento de irse a Sevilla en su compañía. No es imposible, pero sí poco probable, porque Sanjurjo está ciego por su hijo, que tiene gran influjo sobre él, y según los informes le ha incitado a que hiciese una barbaridad; y esto, no de ahora.

En el Consejo de ministros hemos terminado de aceptar y rechazar las últimas enmiendas a la ley Agraria. La irresolución de Domingo, sumada a la terquedad de Martínez Gil, y a la escasa colaboración de Besteiro con el Gobierno, dilatan este asunto.

Le he encargado a Albornoz que haga con urgencia un proyecto para renovar el personal de la Magistratura. Con las líneas generales que le he dado, queda en traerlo al Consejo próximo.

No hemos hablado de los periódicos suspendidos. Ayer me visitó una comisión (el director de *La Época*, el de *La Libertad*, y Mourlane, que sustituye en *El Sol* al dimitido Aznar), para pedirme la reaparición.

En realidad, el *ABC* y otros periódicos tienen gravísima culpa en la preparación de los sucesos del día 10. Han dado alas y esperanzas al movimiento, han hecho creer a esos idiotas de generales que el país se iría tras ellos. También don Melquíades tiene su parte de culpa, según todos los indicios; de sus tesis políticas (Cortes *facciosas*, etcétera) se ha tejido, además, el manifiesto de Sanjurjo.

Lerroux ha hecho a los periódicos unas declaraciones asombrosas: dice que Sanjurjo le invitó a tomar parte en la conspiración, y que él se negó.

Por su lado, Matres, que fue secretario de Sanjurjo, ha declarado que Lerroux rogó a los conjurados que no hiciesen nada hasta que él pronunciara su discurso en Zaragoza.

Y uno se pregunta si Lerroux es un bruto, un loco o un malvado; o las tres cosas juntas. ¿Quería detener un pronunciamiento anticipándose a derribar al Gobierno para satisfacer así a los generales? A eso lo llamó Lerroux prestar un servicio a la República.

Desde las cuatro de la tarde hasta las ocho he tenido en mi despacho a Vergara, Franco y Rodríguez Mata estudiando la parte de Hacienda del Estatuto. El asunto es difícil, penoso de ordenar. Estos amigos han discutido mucho. He redactado unas líneas generales para el proyecto.

Por la noche he ido de paseo al puerto de Guadarrama, y hemos andado un rato por la carretera, a la luz de la luna.

Mi situación es dramática. Cada suceso de estos me clava más al Poder, donde no quiero estar, y a medida que me destacan sobre los demás, se agrava la carga que pesa sobre mí. Me aterra pensar que no tengo ahora sustituto posible que satisfaga a los republicanos y sea capaz de llevar el Gobierno. ¿A dónde va a conducirme todo esto?

Ortega se ha marchado de *Luz*. En este periódico queda la acritud orteguista contra mí. No desperdician ocasión de decirme algo desagradable, incluso por cosas nimias o imaginarias.

La otra noche, a las tres y media, se presentaron en *El Sol* los representantes del consejo de gerencia y le *admitieron* la dimisión a Aznar. Han nombrado un duunvirato director: Mourlane Michelena y Víctor de la Serna, dos reaccionarios. En todo ello se ve la mano de Lequerica y del grupo bilbaíno, y la influencia de Alba. Parece que la causa determinante de la sustitución de Aznar es el comentario que puso a la ley de Expropiación de Bienes de los complicados en la rebelión.

Son tan farsantes en aquella casa que Víctor de la Serna le ha dicho a Guzmán que el autor de los artículos elogiosos para mí, publicados en *El Sol* ¡es Lequerica! El pobre de la Serna ignoraba que Guzmán había visto a Aznar escribir algunos de esos artículos.

Me cuentan que la empresa del *Sol* no quiere vender acciones a Miquel. Quien se opone es Barbate, el mayor accionista, alegando que Miquel pretende comprar para la empresa de *Ahora*.

¿Periodismo y negocios, todo junto? Enredo seguro.

23 de agosto

Anoche me trajeron las galeradas de una interviú que Leopoldo Bejarano le ha hecho en prisiones al general Sanjurjo. Quiso Bejarano publicarla en la *Hoja del Lunes* y Casares no se lo consintió.

La interviú, que pretende defender a Sanjurjo, es un disparate. Irritaría aún más a los republicanos. Guzmán aconsejó a los de *Ahora* que no la publicasen, y no la publicaron. Pero una agencia la ha transmitido a Barcelona.

Me hablaron de los ofrecimientos del barón de Mora, actualmente preso, y que quiere *servir*. No sé si en la Dirección de Seguridad sabrán aprovecharlo.

Me acosté a la una, tardé en dormirme, y hoy me han despertado a las siete, porque el Presidente llegaba a las ocho. He bajado a la estación y, a consecuencia del poco dormir, tengo un jaquecazo espantoso.

Cuando volví de la estación, Saravia me entregó un telegrama cifrado que el telegrafista de Sevilla ha encontrado «sospechoso». Es del coronel Aranda, jefe de Estado Mayor del general Ruiz Trillo en Sevilla, al jefe superior de las fuerzas militares de Marruecos. Va en clave especial, sin otra indicación. El telegrafista pidió instrucciones, y se le dijo que lo remitiera aquí, suspendiendo el curso hasta nueva orden.

Descifrado el despacho, podría ser que Aranda resulte comprometido en algún manejo político. Se dio orden de que cursaran el telegrama, para saber quién lo recibía y qué contestaban. Aunque el general reside en Ceuta, el telegrama va puesto a Tetuán, sin duda para que en su Estado Mayor lo lean, y él no. En efecto, pocas horas después hemos recibido la respuesta, interceptada en Sevilla. Es de Martín Prats, hermano del jefe de la base de Tablada, cómplice de Sanjurjo. He llamado por telégrafo a los dos sujetos y mañana irán a prisiones y ante el juez.

He remitido al fiscal la declaración de Matres. Es asunto que puede dar mucho ruido.

He llamado al jefe superior de Policía y le he ordenado que vaya a Alcalá y haga él personalmente una investigación a fondo sobre el asunto de la brigada. Los informes que me han enviado los jefes militares de allí, sólo pretenden disimular lo ocurrido. Mis informaciones particulares son muy otras; y lo que menos interés tiene es el proceso que se instruye contra los que conocidamente se marcharon del cuartel en la madrugada del 10.

Antes del Consejo he ido a Palacio a despachar con el Presidente. Hemos hablado durante una hora de todos los asuntos, menos del de Sanjurjo, que se planteará en toda su magnitud pasado mañana.

En el Consejo de ministros se ha aprobado el texto de Hacienda del Estatuto, que ayer tarde acabé de elaborar después de otra reunión con los *técnicos* y Corominas. Se han aprobado también muchos decretos de Instrucción Pública, entre ellos, el relativo a la exploración del Amazonas, asunto que suscita las atroces burlas de Prieto. Fernando, que todo lo toma en serio, se me lamentaba esta tarde del poco interés del Consejo de ministros por las cuestiones de «cultura».

En las Cortes, con poca concurrencia, se ha discutido la ley militar. Tales simplezas estaba diciendo Fernández de la Poza, artillero, diputado radical, que le he interrumpido ásperamente y se ha sentado. Luego, el mismo Poza le ha soplado algunas cosas a Eduardo Ortega, que se encarga de hablar fuerte y bronco contra mí. He dejado plantada la discusión.

He vuelto al ministerio, recojo, ya puesto en limpio el texto de Hacienda del Estatuto y se lo llevo a Luis Bello. Les urgía leerlo en la sesión de hoy, porque ya no tienen materia de discusión. Lo de la reforma agraria sigue embarullado. Después del Consejo, Marcelino «se ha puesto enfermo» y no puede seguir la discusión porque nadie está conforme con nadie en la comisión. ¡Domingo es un carácter!

He tenido una larga conversación con Ossorio en un pasillo del Congreso. Me ha hablado con interés de un proyecto de milicia ciudadana para defender la República, que me envió articulado hace dos días. Le he opuesto algunos argumentos que siempre hay contra ese género de fuerzas, y mi poca inclinación a que ciertas funciones sean asumidas por aficionados. No faltan motivos para creer que un organismo así, en el supuesto de que llegase a ser realmente una fuerza, capaz de sostener un choque, podría ser causa u ocasión de desorden, de conflictos, y probablemente de opresión sobre el Gobierno. No creo ahora necesario, ni conveniente, disolver el ejército. Sólo en caso tal convendría crear otra cosa. Y lo mejor es ir transformando el ejército, con reducciones del servicio en filas, y otro modo de reclutar y preparar a la oficialidad.

Tratando de la cuestión de Sanjurjo, me dijo Ossorio que me escribirá una carta solicitando el indulto, como escribió a Berenguer pidiéndolo para Fermín Galán. Por haber hecho eso entonces, es el único que tiene autoridad para pedirlo hoy. También quería presentar en las Cortes una moción, pidiendo el indulto, pero esto me pareció mal, por muchas razones, y le he hecho desistir, advirtiéndole de que la opinión del Parlamento pudiera ser contraria al indulto, caso en el cual me pondría en una situación difícil.

Habló también mucho del estado general de los asuntos, y me dijo que el día 10 por la mañana, cuando vino a visitarme, se quedó aterrado, pensando que cualquiera de aquellos podía asesinarme. Examinando los peligros actuales, me dice Ossorio que yo pereceré asesinado: «A un hombre sereno como usted —añade— se le puede hablar así».

Romero Crisantos, magistrado de la sala 6.ª del Supremo, tuvo el otro día la ocurrencia, ya en curso el proceso de Sanjurjo, de ir a visitar al Presidente en La Granja. Don Niceto, espantado de la indiscreción de Romero, le tuvo siempre delante de gentes, mientras duró la visita.

Y hoy mismo, Mariano Gómez, presidente de la dicha Sala, que juzga a Sanjurjo, ha comunicado al Presidente de la República, que tiene un teléfono para hablar con él, sin ser oídos, porque quería consultarle ciertas dudas. Don Niceto ha contestado que las resuelva él solo, y no ha querido saber ni el número del teléfono.

Estoy en el ministerio desde las ocho. Recibo noticias de provincias. Hay inquietud en el Norte.

24 de agosto

Ya están camino de Madrid el coronel Aranda y el teniente coronel Martín Prats. Telegrafío al alto comisario para que se incaute de los papeles de Prats.

Otro telegrama de África me pone sobre la pista de un documento remitido por Hinojosa a López Ferrer. Ordeno que me lo envíen, para ver si consigo hacer plena luz en este asunto.

Conversación telefónica con Casares. Hay informes de que esta noche intentan repetir el golpe en Zaragoza, Valladolid y Madrid. Por absurdo que parezca el propósito, a mí no me sorprende. Encuentro normal que, en estos primeros días siguientes a su derrota, los que hayan quedado por ahí, sin desenmascarar, o a salvo de la policía, se encorajinen y lejos de darlo todo por perdido, crean que ahora es cuando va a ir de veras. La depresión y el desánimo vendrán después. Pero mientras tengan a Sanjurjo sin sentenciar, no les faltarán palabras para animarse a un desquite.

He hablado por teléfono con Rodríguez del Barrio, que está en Huesca y le he ordenado que se presente esta tarde en Zaragoza. También telegrafío a Alcalá, para que García Benítez no se duerma. Y he llamado a mi despacho a todos los generales con mando en Madrid. Recibirán instrucciones, que coordinadas con las medidas de Gobernación, no permitirán que pase nada.

He hecho venir a Remigio Cabello, y le he encargado que se vaya en el acto a Valladolid, para que estén prevenidos los socialistas, si ocurriese allí alguna cosa.

Me visita el ministro de España en Bolivia, de quien ahora no recuerdo sino que gasta monóculo. Me ha descrito sus triunfos diplomáticos, y los de la misión militar española en La Paz, y concluye impetrando mi protección para que le mande a la legación de Atenas, donde ya ha servido; es, además, hijo de una griega. (Este sí que es un motivo serio para nombrarlo.)

También he recibido a Prieto Villabrille, consejero de la Embajada en Lisboa. Le conozco hace muchos años. Gallego hinchado siempre, ahora lo está físicamente. Es una botarga. Habla vertiginosamente media hora seguida. Durante la cual yo sólo digo: «¡Ah, claro! Sí, sí».

Me cuenta, una vez más, todo el lío de las municiones enviadas en la valija, me refiere sus méritos y cómo se ha metido en el bolsillo al Gobierno portugués, y concluye asimismo pidiéndome un ascenso. Dice que el embajador Rocha le ha aconsejado que lo ponga en mis manos. Con eso cree hacerme una fuerza atroz.

Esta tarde he recibido vagas noticias de la vista del proceso Sanjurjo. Me dicen que la defensa de Bergamín ha sido muy mala. Este viejo señor ha dicho ayer a los periodistas una impertinencia: «Quizás algún día tenga que defender a Azaña».

Trabajo en diferentes asuntos. Llegan, con respecto a Valladolid, informes alarmantes.

Tomadas todas las disposiciones posibles para esta noche y muy aburrido, llamo a Cipriano y a otros amigos y nos vamos por la carretera de Las

Rozas. Nos detenemos, a eso de las ocho y media, en el bar de Mariano, a tomar un refresco. No había casi gente. Sentados al aire libre, disfrutamos de la noche, suave y templada. La radio empezó a contar la vista del proceso y allí me he enterado de lo que han dicho la acusación y las defensas.

Después de la cena, idas y venidas en el gabinete militar. Estoy en comunicación con muchas plazas. Desde Zaragoza, Rodríguez del Barrio, presente en el teléfono de la división, me da cuenta detallada de su visita; no hay novedad, ni los más leves indicios de que pueda suceder nada. Los mismos informes recibo de Burgos, Pamplona, San Sebastián, etcétera.

A las diez y media ha venido Ossorio para entregarme personalmente la carta pidiendo el indulto de Sanjurjo. Se extraña mucho de que aún no haya sentencia.

Charlamos un rato. Dice Ossorio que mi caso en la política española sólo se explica por la Providencia.

—Poco he hecho por tenerla favorable —le contesto.

—La Providencia obra en favor de España, mediante usted.

Por la lógica, no se explica mi caso, según Ossorio. Por la lógica, yo debería ser ahora subdirector de los Registros y haber escrito otros seis libros. De pronto, contra toda lógica y jerarquía política, pronuncié el discurso que debió haber pronunciado Lerroux y quedé consagrado Presidente. Siguiendo este hilo, se ha despachado a su gusto. Ossorio atribuye a la Providencia todo aquello que él no puede explicarse, porque ignora la causa y, en lo que a mí se refiere, por falta de información.

Casares me transmite noticias del gobernador de Valladolid, según el cual, en el cuartel de caballería hay una reunión de oficiales sospechosa. He telegrafiado al general Cruz, nombrado hoy para mandar la brigada de artillería de aquella división, ordenándole que esta misma noche se posesione del cargo. Cruz y Caminero comunican conmigo, y ambos se quejan de la inacción de La Cerda.

Llamo al teléfono al general La Cerda, le informo de lo que se cuenta, y le concedo veinte minutos de plazo para que vaya al cuartel de caballería y arreste a todos los que se encuentren en él, no debiendo estar por razones del servicio. Promete hacerlo así inmediatamente.

Desde Gobernación me hablan de autos cargados de oficiales que entran en Valladolid; de una camioneta procedente de Burgos.

El general La Cerda me llama desde el cuartel antes de que transcurran los veinte minutos. En el cuartel no había más que los de servicio, y ninguna novedad.

El gobernador civil asegura que la gente de la Casa del Pueblo rodea y vigila el cuartel, porque están alarmados con lo que creen saber. Estamos esperando hasta las cuatro. Todo está en calma en todas partes.

Pasadas las cuatro, aún no hay sentencia. Los señores siguen deliberando. Se conoce que han comenzado a estudiar de nuevo la carrera de derecho. Me voy a acostar.

25 de agosto

A las ocho y media me despierta el teléfono. Habla Mariano Gómez, Presidente de la sala 6.ª, y me comunica la sentencia que acaban de firmar. Me llama mucho la atención que absuelvan al hijo de Sanjurjo, pero no digo nada, y me reservo mi opinión para cuando conozca el texto de los considerandos, que serán sin duda muy buenos.

—¿Quiere usted que vaya a verle? —me pregunta Gómez.

—No, no es menester —le respondo—. Que ustedes descansen.

Pocos minutos después me llama Albornoz y me cuenta lo mismo. Entonces he llamado yo al Presidente de la República y le informo del suceso. Me dice que, para todo evento, debemos tener el informe del Supremo, que pide la Constitución. Le he hecho saber que antes de ir a Palacio, el Gobierno se reunirá en Consejo, para deliberar, solo. Como es natural, lo encuentra bien.

Traté de dormir otra vez, pero ya el sueño había volado. Un poco más tarde llamé a Mariano Gómez y le pedí que me enviase el consabido informe.

—¡Me quita usted un peso de encima! —respondió, muy emocionado—. Enseguida lo mando. ¡Que tenga usted un acierto!

He citado a los ministros para las diez y media. Examinaremos nosotros el caso y tomaremos un acuerdo, que llevaremos después al Presidente, como propuesta. No podríamos discutir delante de él.

Bergamín ha venido al ministerio, con propósito de verme para solicitar el indulto. Pero yo no me había levantado y quedó en volver. Le he hecho decir que haga la petición por escrito, en nombre de Sanjurjo, y no puede porque Sanjurjo se niega a que se solicite en su nombre. Bergamín ha hecho por cuenta propia un breve escrito.

Los ministros han acudido puntualmente. Leo al Consejo la carta de Ossorio, el escrito de Bergamín, y alguna otra petición. Se planteó una cuestión previa, muy ociosa, sobre el artículo 102 de la Constitución. Prieto, erróneamente, creía que debe preceder un acuerdo del Gobierno, y luego pedir el informe al Supremo. Logro convencerle de que no debe ser así. Un ministro hablaba del «expediente» de indulto, como si fuésemos a escribir muchas hojas.

Entramos en la cuestión de fondo, e invité a los ministros a que diesen su parecer. Prieto, por sí, y por los otros dos ministros socialistas, votó por el indulto. Domingo, por sí y por Albornoz, votó lo mismo. Casares, con gran firmeza, votó porque se cumpliese la sentencia. Los demás votaron por el indulto. Todos han razonado su opinión largamente. Casares funda la suya en que el indulto rompe la firmeza del Gobierno, alienta a los conspiradores, y nos impide ser rigurosos con los extremistas.

Voté yo el último, a favor del indulto. He considerado el asunto como un caso político, en el que debe hacerse lo más útil a la República. Fusilar a Sanjurjo nos obligaría a fusilar después a otros seis u ocho que están incursos en la misma pena, y a los de Castilblanco. Serían demasiados cadáveres en el camino de la República. Hay que desacreditar los pronunciamientos, por su propio fracaso y por el descrédito de sus fautores. Fusilando a Sanjurjo, haríamos de él un mártir, y fundaríamos, sin quererlo, la religión de su heroísmo y de su caballerosidad. Fusilando a Sanjurjo, iríamos hoy a favor de la corriente, pero se nos volvería contraria a los pocos días, a las pocas horas; los mismos que ahora piden su muerte, lo sentirían después. La monarquía cometió el disparate de fusilar a Galán y García Hernández, disparate que influyó no poco en la caída del trono; procuremos no incurrir en un yerro análogo. Se ha de acabar con la historia de los levantamientos y con los fusilamientos, haciendo ver que esas acciones no producen ni gloria. Más ejemplar escarmiento es Sanjurjo fracasado, vivo en presidio, que Sanjurjo glorificado, muerto.

Terminado el Consejo, cuando salía para Palacio, me dice Ramos que Casares, con lágrimas en los ojos, le ha confesado que se siente derrumbado. También me dan cuenta de los acuerdos del partido radical-socialista. Se ha reunido un grupo parlamentario y ha votado que se fusile a Sanjurjo, o en otro caso, que dimitan los dos ministros de ese partido. Los radicales-socialistas se empeñan en jugar a Danton y Robespierre, y hacen la fiera, bien tontamente. Al que me ha traído la noticia le he contestado que me tiene sin cuidado el acuerdo; el Gobierno hará lo que le parezca, con el voto de la mayoría de sus miembros, y si lo que hagamos no les gusta a los radicales-socialistas tendrán que aguantarse.

Reunido el Gobierno en Palacio, doy brevemente cuenta al Presidente de lo acordado y se mostró conforme. Insistió el Presidente en la necesidad de tomar duras medidas contra los monárquicos, y prometió una vez más que durante su mandato se opondrá siempre a todas las rehabilitaciones.

Después tratamos del lugar donde puede recluirse a Sanjurjo. Se habló de Mahón, pero ofrece poca garantía de seguridad. Ocaña está demasiado cerca de Madrid, y tendremos una peregrinación de monárquicos para ver al preso. Propuse el Dueso y se aceptó, para lo cual se dictará un decreto habilitándolo como prisión militar.

Hemos convenido asimismo callar el acuerdo adoptado hasta última hora de la tarde, para dar tiempo a que se produzca alguna reacción favorable al indulto.

Por la tarde, en el ministerio, he recibido algunas visitas tontas. Estoy fatigado desde anoche, y un poco angustiado por el suceso, como si todavía no fuese seguro que le vamos a indultar. Nunca había tenido en la mano la vida de un hombre. Es mucho. ¿Me equivoco al dar a este asunto la solución que le he dado? Espero que no.

A media tarde, voy al Congreso. Reúno a los ministros, menos Zulueta y Ríos que están en el banco azul, asistiendo a la sesión. Leo los decretos de indulto y de habilitación del Dueso; y conversamos sobre el asunto y probables consecuencias.

De pronto se presenta Fernando muy asustado, y me dice que Maura y Alba hablan contra el título de Hacienda del Estatuto, que la comisión lo hace muy mal y que la mayoría se inclina a dar la razón a Alba; lo que Alba pide es aplazar hasta octubre lo de Hacienda.

Le contesto, airado, a pesar mío, que si habiendo dos ministros en el banco azul no saben decir en nombre del Gobierno que no acepto eso, que, o se aprueba ahora el Estatuto o se va el Gobierno, y que no estoy dispuesto a que resuciten el problema en octubre. Le digo que contesten así. Fernando se va, azorado.

Prieto y los demás ministros se ríen mucho.

—¿Por qué se ríen ustedes? —pregunto.

—Del miedo que tienen los dos —responde Prieto.

También hablamos de la ley Agraria. Le digo a Domingo que ya no puede esperarse más, y que si él no vence las dificultades, mañana iré al banco azul para hacer cuestión de gabinete la aprobación del texto pendiente.

A las siete se levantó el Consejo. Me encargué de dar la referencia a los periodistas. Aglomeración enorme en la puerta del despacho. La gente no cabía en el pasillo. Discutían acaloradamente y esperaban *la noticia* con ansiedad. Incluso se habían cruzado apuestas. Di a los periodistas una escueta referencia del Consejo y no dije nada del indulto.

—¿Pero qué han acordado ustedes respecto de Sanjurjo? —preguntaban.

—Lo que hayamos acordado respecto de Sanjurjo tiene que conocerlo el Presidente de la República antes que ustedes.

Con esto, los dejé plantados y me fui. Como el Presidente me tenía citado para las ocho y media, tomé el coche con Ramos y Cipriano y nos fuimos a hacer tiempo por la carretera de Alcalá, dando un paseo. Llegamos cerca del pueblo. Los bárbaros volvían de la feria.

A las ocho y media estaba en casa de don Niceto. Entramos, y cuando desembocábamos en el recibimiento, el gorila que hace de portero en el domicilio del Presidente se abalanzó sobre Ramos, le puso las manos en los hombros y quiso volverlo atrás.

—¿Qué hace usted? —le dije—. ¡Es el señor subsecretario de la Presidencia!

—Tengo orden de que no pase nadie más que el señor Presidente.

—Aunque así sea…

Se amansó el gorila. Incidentes parecidos no son raros cuando se va de visita a casa del Presidente de la República.

Mi entrevista con don Niceto fue brevísima. Firmó los decretos y nos despedimos. En la puerta, golpe de periodistas.

—El señor Presidente —les dije— ha conmutado la pena al general Sanjurjo.

Y sin más palabras, nos metimos en el coche.

En el ministerio de la Guerra, ya solo, me ganan el descanso y la satisfacción. ¿También a mí se me ha quitado un peso de encima? Sanjurjo, que se ha portado conmigo como un felón, no lo agradecerá. Yo le había cobrado cierta simpatía, como a un animal viejo e inválido.

A las diez y media se me presenta el general de la división, a quien envié aviso de que viniera. Le doy instrucciones para las órdenes de entrega del preso, a fin de que lo lleven a Santoña.

—¡Ah! Me he llevado un mal rato —dice—. Creí que me llamaba usted para formar mañana «el cuadro».

—¿No sabía usted que le hemos indultado?

—No, señor Presidente.

Están llegando a centenares los telegramas pidiendo el indulto. Ramos, Funes, Cacho, Cipriano y mis ayudantes se entretienen en clasificarlos. También ha venido Casares. Quiere dimitir, así como su amigo Calviño. Procuro tranquilizarle, pero no lo he logrado enteramente.

A la una y media me comunican que han ocurrido desórdenes en San Sebastián, Granada, Zaragoza, y algún otro sitio.

Son chispazos de la cólera popular contra Sanjurjo, atizada por el indulto.

27 de agosto

Ayer viernes estuve gran parte de la tarde en el despacho del Congreso con Carner, Corominas, Bello y Vergara, retocando el título de Hacienda del Estatuto, que se leyó de nuevo al final de la sesión. Queda mejor. Corominas tenía otras pretensiones, como que se le asignaran a la Generalidad recursos especiales para enseñanza, que se otorgara a la Generalidad la recaudación permanente de los tributos del Estado, etcétera. No lo acepté. Corominas dijo: «Vengo a oír la sentencia. Tenemos el deber de aceptar lo que usted resuelva».

El público está ya convencido de que hemos hecho bien indultando a Sanjurjo. No ha ocurrido nada de lo que algunos temían. La tensión ha cedido. Sólo quedan los diputados radicales-socialistas que en su papel de hombres terribles y revolucionarios, siguen pidiendo que se fusile a Sanjurjo y que dimitan los dos ministros del partido. No es concebible mayor necedad. Me dicen que la capitanea Galarza, subsecretario; no se le ocurre comenzar dimitiendo él mismo.

A última hora de la tarde de ayer salí de paseo con Cipriano. Fuimos a Alcalá y merendamos en la lóbrega hostería del estudiante, falsificación costumbrista, ordenada según la estética de la «zarzuela grande». Cosas tales le gustan al público madrileño, y a favor de este marco, no le importa beber un vinillo que sabe a la pez.

Desde la hostería fuimos a visitar a mi amigo Vicario, «cavernícola de buena fe», com él dice, en su vieja casa: la Casa de Millana, o sea la casa de Budia en *Fresdeval*. Se ha muerto hace poco su tía nonagenaria, último resto de una sociedad y de un modo de vivir que parecen fabulosos. Vicario, con su hermana, más sobrinas, todas de negro, estaban sentados en el patio, casi a oscuras, y en silencio. Una vieja y una chiquilla, en la puerta de la habitación baja que sirve de portería, permanecían inmóviles.

Nos sentamos un rato, yo en el sillón donde murió el *Brihuego* (Fresdeval). Salimos con Vicario a la plaza. Era día de feria. Músicas, buñolerías, iluminaciones, humos. Atravesamos la plaza a lo largo. La gente me reconoció, y se agolpó en torno nuestro un millón de personas que se pusieron a gritar y aplaudir. Entre la muchedumbre se abrió paso mi pariente, el apocado general Benítez, que tan poco lucimiento ha tenido con su brigada. Hablamos un momento y tomamos el coche para volver a Madrid.

La presencia del jefe superior de Policía en Alcalá, enviado por mí a realizar una investigación, ha dado ya un resultado: la prisión del propio jefe de Caballería que instruyó las primeras diligencias por los sucesos del día 10.

Por la noche vino a visitarme alguna gente, y hubo aquí mucha conversación. Yo estaba de buen humor, creo que por la solución del asunto Sanjurjo y haberme librado de manchar de sangre a la República. Los que se afilan el colmillo en una presa que ellos no habrían sido capaces de hacer, se creen profundos políticos y auténticos revolucionarios. ¡A dónde iría a parar la República en sus manos!

Ya muy tarde salí a la calle a dar un paseo a pie con Ramos, Cipriano, Saravia, Amós y Orge. Tomamos chocolate en un café de la calle de Alcalá, frente a Correos. Yo no tenía ganas de acostarme y me gustaba andar suelto, y, al parecer, libre.

De regreso, en la plaza de la Cibeles, estuvimos considerando la estrategia de los atacantes del ministerio. Por cierto que la última puerta de la verja por el lado de Recoletos, contigua a las casas de Gandarias, que no se usa nunca (sólo sirve a una zona de servidumbre que pesa sobre el terreno del ministerio en favor de la casa n.º 3), ha aparecido el otro día, cuando se reconoció minuciosamente el recinto exterior, con todos sus goznes saltados y desatornillada la cerradura. Comentando este hecho hemos recordado que a principios del verano un sujeto presentó una instancia solicitando que se le permitiera poner un café en esa parte baja del jardín, para ser utilizado por la misma puerta de que hablo. La petición nos pareció una extravagancia y no hicimos caso. ¿Tendría relación con esto?

Hoy he despachado con el Presidente de la República. Le he llevado el nuevo texto de Hacienda del Estatuto y le ha parecido bien.

Recibo informes vagos de malestar en África, y una carta del alto comisario en que me habla de manejos contra el régimen. Tanto en el ejército como en el campo. Para informarme mejor he enviado hoy a la zona, con todo secreto, al comandante Zapico, artillero; a Buzón, comandante de la Guardia civil, y al teniente Santiago, de la Guardia civil también, para que recorran el territorio y me informen. Cada uno ignora que van los otros dos.

El ayudante de García Boloix ha traído copia de todos los despachos cruzados entre Melilla y Tetuán el día 10 de este mes. Gómez Morato me dice hoy que de la primera conferencia telefónica no queda constancia; pero él habla de una primera conferencia que no coincide exactamente con la hora que me da García Boloix, y al mismo tiempo este general me transmite la nota de su primera comunicación. Boloix recibió el radio de Sanjurjo a las dos y media de la tarde. Lo trasladó a Tetuán, pidiendo instrucciones. De Tetuán no le contestan hasta las siete. Boloix dice que respondió a Sanjurjo negándose a obedecerle; en la radio no hay rastro de esta respuesta; vamos a averiguar en Telégrafos. Si la respuesta existe, su valor depende de la hora en que se diera: o bien inmediatamente después de recibir el requerimiento de Sanjurjo, o después de recibir la respuesta de Tetuán.

Claro que hay un hecho indiscutible, y es que en África nadie se movió. Pero conviene hacer luz en estas interioridades para saber cuál era la disposición de aquellos jefes y si deben continuar allí o quitarlos.

He recibido al general Cruz, que manda la brigada de artillería de Valladolid. Me informa de lo ocurrido la otra noche, cuando la última alarma, y de la desatinada conducta del general de la división La Cerda. El telegrama que éste me envió en la mañana del 10 ya me puso contra él; pero los detalles de la reunión de generales, jefes y oficiales de la guarnición convocada por él en aquellos momentos son escandalosos. Le he destituido por telégrafo.

Ahora que ya está destituido es cuando se deciden a contarme que, con ocasión de la fiesta de aniversario de la República, La Cerda dijo que este era un Gobierno de zascandiles.

La Cerda es un incapaz, semiloco. Un desastrado, hasta en el vestir. Tiene una finca en la sierra de Ávila, creo que en Las Navas. El general practica el naturismo y se pasea desnudo por el pinar. A cierta distancia va el asistente, advirtiendo a los veraneantes:

—Apártense, que viene el general en cueros.

Ha venido a comer conmigo Casares. Ya está un poco repuesto de su quebranto del otro día. Hemos trabajado hasta las cinco en los asuntos de la Guardia civil. En Gobernación están hechos un lío con el traspaso de los servicios de la suprimida Dirección General, y lo que pretenden los jefes del Cuerpo es implantar en Gobernación el mismo organismo y el mismo sistema que han tenido hasta ahora en Guerra. Le haré el decreto orgánico de la Inspección General. Vamos a jubilar a muchos y a reformar las plantillas.

Casares me dice que no está contento de los servicios montados por Menéndez en la noche del 10, y que no puede suplirse todo con el valor personal. Tengo la misma impresión. Lo de menos, con ser mucho, es que no tuviesen pista de Sanjurjo. La distribución de fuerzas en Madrid aquella noche fue equivocada. Dejaron abandonada la Casa de Correos. Puso guardias de asalto en la calle de Xiquena, donde menos falta hacía, porque el ministerio estaba defendido, y no se le ocurrió situar ni un retén en las calles que por la otra vertiente bajan a Recoletos: calle de Olózaga, calle de Recoletos, o plaza de la Independencia, que hubieran cogido de revés a los asaltantes y les hubieran cortado la fuga. Tampoco han estado más felices en los trabajos posteriores al levantamiento. Claro que tienen muchísimo que hacer y que han de atender con poco personal a mil cosas. Pero los atestados son deficientes y las pruebas que no se obtengan ahora no se obtendrán después. Habían abandonado algunos hilos, como el de Alcalá, que yo he hecho recoger. Menéndez trabaja muchísimo, con entusiasmo y lealtad; pero los resultados no son tan felices como debieran ser.

Ido Casares hablo con Guzmán, que me refiere su entrevista con el director del *Debate*. Herrera ha visitado a Guzmán, para comunicarle sus puntos de vista, y que me los transmita.

Estarían dispuestos a unirse a la República si la política religiosa del Gobierno no fuese más allá y se les dejase la enseñanza. «Las formas de gobierno son accidentales», dice Herrera. El Santo Padre ha dicho a los prelados que no deben seguir predicando la consubstancialidad de religión y monarquía. Están asustados por la suspensión del *Debate*; advierten que ésta no es como las anteriores. No aprueba lo hecho por Sanjurjo, pero se le escapa que es muy dura la condena.

Dice Herrera que se han equivocado respecto de mí, y que me creían mucho menos importante. Ahora creen que soy lo único en la República; los demás no cuentan para nada; los radicales-socialistas se desharán y Lerroux está acabado. (Todo eso lo dirá por lisonjearme, a través del mensajero.)

Ya comprende que no es posible pensar ahora en un Concordato, pero podría hacerse un acuerdo secreto con el Vaticano, que decidiría a la Iglesia española a aceptar la República.

El Nuncio conocía el complot de Sanjurjo y pronosticó que fracasaría.

Después he tenido aquí a Álvarez-Buylla, director de Aeronáutica, y hemos tratado durante dos horas del proyecto de reorganización de Aviación que me ha traído el Estado Mayor Central.

Firmo muchos papeles. Me aburría, cuando ha llegado Menéndez. Le hablo de lo de Alcalá, del asunto Aranda-Martín Prats, del ofrecimiento de servicios por el barón de Mora. Me cuenta algunos detalles del viaje de Sanjurjo a Santoña. No esperaba que lo trasladasen tan pronto. Al pasar de Burgos, y preguntar a dónde le llevaban, el comisario le dijo que al Dueso. La noticia le aplastó. Le ha dicho al comisario que dentro de seis meses todo esto habrá pasado.

También le preguntó al comisario (Aparicio) si estaba preso el coronel del 27 Tercio de la Guardia civil.

—No sé —respondió el comisario.

—¡Valiente sinvergüenza! —replicó Sanjurjo—. ¡60.000 pesetas se ha llevado!

He firmado el pase a la reserva, por edad, del general Ruiz Fornells. Como es subsecretario, creía hasta última hora que iba a ascender.

También he dejado hoy disponible a otro general de Carabineros.

Después de cenar he ido de paseo al Escorial.

28 de agosto

Hoy, como domingo, no he salido del despacho en todo el día. Aprovecho la soledad y he dado fin a muchos asuntos que tenía por resolver.

Al caer la tarde, he estado asomado un rato al balcón de una de mis habitaciones, que dan sobre un costado del ministerio, el que mira a la calle del Barquillo. El jardín estaba desierto, y había en él y toda esta enorme casa, una gran paz, un gran silencio. Por ser domingo, y de agosto, en Madrid había poca gente por la calle. En el ministerio, nadie visible. El jardín estaba delicioso, parecía el de un convento. Es inefable la impresión de reposo, de olvido, de dulce descuido que me llegaba del jardín. Tantos enconos, desazones, contiendas, y afanes, se borran, se disuelven en esta dulzura, amorosa, suave, inocente. ¡Qué domingo! No se veía alma viviente. Las verjas de par en par. Un centinela en la calle de Prim y otro en la calle de Alcalá. Y yo me preguntaba por qué obsesión, nacida acaso de lo *tenebroso* de la conjura, los asaltantes del ministerio eligieron la hora de la madrugada para dar el golpe, cuando por lo menos están cerradas las verjas y puertas del edificio. Si hubiesen venido en una tarde como ésta, habrían entrado de seguro, y cuando la guardia hubiera querido reponerse de la sorpresa, ya estarían en los patios del edificio principal o en las escaleras. En cuanto reunir prontamente en tales circunstancias a la tropa, que habría estado casi toda de paseo, ni pensarlo.

Lo más audaz en apariencia puede ser a veces muy hacedero y llano. ¿No se les ocurrió? Habrá que creer en la suerte. Claro que tampoco habrían vencido definitivamente, pero un golpe grande y de efecto sí lo habrían dado, y quizás hubieran logrado acabar conmigo, que no hubiese sido poco. Lo desatinado es pretender asaltar el ministerio a las cuatro de la mañana, como no fuese que creyeran contar con inteligencias dentro de la casa (de lo que hay indicios), y además con la sorpresa. Pero es estúpido, fallado el primer ataque a la puerta, pretender dominar el ministerio tiroteándolo desde la acera de enfrente. Había que forzar la puerta o escalar a toda costa las verjas, aun dejándose prendida en ellas la mitad del efectivo. ¡Qué cosas no habrán hecho en África estos estrategas!

A las siete y media he salido a dar un paseo con Lola. Después de cenar han venido unos amigos, y hemos tenido conversación hasta la una.

29 de agosto

Hoy he trabajado mucho. El montón de expedientes que me ha traído el subsecretario ha quedado listo y firmado.

Después he ido a casa del Presidente, llevándole entre otros decretos los de separación de los generales Barrera y Ponte. Me ha dicho el Presidente que ayer le visitaron los cinco coroneles de la Guardia civil de Madrid para hacer protestas de lealtad y lamentar lo sucedido en Sevilla con el 4.º Tercio. Uno de los coroneles se alargó a hablar mal de Sanjurjo. Por las señas que da el Presidente, debe de ser el coronel del 27, que según ha dicho Sanjurjo tenía cobradas 60.000 pesetas por unirse al movimiento. De esta y otras complicidades nunca se averiguará nada, por lo menos en el proceso, porque Sanjurjo, como era de suponer, ha tomado el partido de callar. Lo que le ha dicho al comisario en un arranque de mal humor no lo ratificará ante el juez, de fijo.

Villanueva, director del *Liberal*, me escribe enviándome una carta que le ha dirigido el general de la reserva Luis Bermúdez de Castro, horrorizado porque a Sanjurjo le han vestido el uniforme de presidiario. Añade que habría sido más piadoso matarlo. Pretende Bermúdez que como Caballero de San Fernando, Sanjurjo tiene derecho al uniforme militar, y a llevarlo dentro del presidio. Estos militares son extraordinarios. ¡Les parecerá un honor que su sagrado uniforme se luzca en el penal!

Ha quedado hecho el decreto organizando la inspección de la Guardia civil en Gobernación, y se lo envío al ministro para que lo firme.

Viene el ministro de Marina, llamado por mí, y le explico el plan de reorganización de la Aeronáutica. Giral, influido por los marinos, se estremece ante la reforma, que contrariará mucho a los señores del ancla. Giral ha estado aquí hasta las seis, y bien impuesto del asunto, se lleva unos papeles para seguir estudiándolo en sus detalles.

A continuación, despacho con el jefe del Estado Mayor Central, que me trae un cargamento de asuntos. Y después, el fiscal, a quien tenía que dar unos encargos.

He dejado disponible a otro teniente coronel del Estado Mayor Central, Galarza, íntimo de Sanjurjo y de Goded, y que fue, hasta el advenimiento de la República, uno de los grandes mangoneadores del ministerio. Galarza es muy inteligente, capaz y servicial. Escurridizo y obediente. Pero decididamente está del otro lado. En la causa no aparecerá nada contra él. Sin embargo, es de los más peligrosos.

También he echado del ministerio al teniente coronel Tudela, que estaba al frente del Primer Negociado.

He dictado después muchas cartas, y he despachado todos los asuntos que tenía pendiente en mi secretaría de la Presidencia.

Y por si era poco, a última hora ha vuelto el subsecretario, con otras cosas, y al final, Saravia. Estoy mareado.

El astuto Bergamín ha hecho ayer al *Sol* unas declaraciones perversas y resonantes: dice que Lerroux «sabe perfectamente» que el movimiento no era monárquico. Esto puede dar juego, si se comprueba con la declaración de Matres.

La impresión que le ha causado a don José Ortega el fracaso de Sanjurjo es «que aquí no se sabe organizar nada».

Más anécdotas:

No he anotado que la otra noche, sería la una y media, al volver de paseo, me encontré en el despacho de Saravia a Gumersindo Rico, director de la Telefónica, y al comandante Vidal, aguardándome.

Creí que, a tales horas, vendrían a hablar de algo importante. Pero, no. No me habían visto desde hacía algunos días, vinieron a saludarme, y al saber que estaba de paseo, decidieron esperarme. Hablamos un poco de todo, y una vez más, de la noche del 10.

Rico nos prestó buenos servicios, contándonos todo lo que oía por teléfono y estableciendo vigilancia en algunos circuitos. Desde la Telefónica nos avisaban de la inminencia del golpe. Ejemplo:

En la noche del 9 al 10, a eso de las doce, oyeron en la Telefónica una llamada de Sevilla al Café Europeo, donde sabíamos que se reunían algunos conspiradores. El que llamaba preguntó por «Manolo». La conversación pareció sospechosa. Terminada, Rico llamó desde la Telefónica al mismo café, preguntando también por «Manolo». Acudió un sujeto, y le dijeron de la Central: «Al habla con Sevilla».

—¿Qué hay? —preguntó «Manolo».

Y el supuesto interlocutor de Sevilla le dijo:

—Aquí todo es nuestro. ¿Y ahí?

—Muy bien —repuso «Manolo»—. Dentro de unos momentos vamos a empezar.

La temeridad del director de Seguridad, saliendo él mismo a la calle a mandar los guardias de asalto, se debió a que no estaba seguro del efecto que les haría el encontrarse frente a fuerzas del ejército. Resultó bien, y dispararon. Pero pudo fallar.

En el edificio de la Telefónica habíamos puesto setenta guardias de asalto, con un capitán. Y éste, al pedir instrucciones a Vidal, que mandaba allí en nombre del Gobierno, como oyese que la consigna era hacer fuego sobre quien pretendiera entrar en la casa, preguntó:

—¿Y si es un general?

—Aunque sea un general.

—¿Y si son fuerzas del ejército?

—También. Sólo pueden entrar aquí el ministro de la Guerra y el director de Seguridad, pero haciéndoles antes retroceder diez pasos, hasta que se les identifique.

3 de septiembre

Anoche tardé mucho en dormirme, y cuando esta mañana me han despertado, estaba quebrantadísimo. Los días que estoy bajo de tono, y débil físicamente, me preocupo más y se me agigantan las dificultades, por lo menos en la aprensión. Hoy es uno de esos días.

A las once he ido al Senado para presidir la inauguración de la Conferencia Internacional de Telegrafía y Radiotelegrafía. Mucha gente. Lo pintoresco, a cargo de turcos y negros. Hago el discurso de rúbrica. Contesta un anciano francés, que trae unas barbas blancas hasta la cintura y una melena proporcionada a las barbas. Debe de ser Merlín, «aquel que tuvo por su padre al diablo». La sesión terminó pronto. Rápida visita a los locales de la Conferencia, instalados en lo que queda del antiguo ministerio de Marina.

Vuelvo al ministerio y, después de despachar con el subsecretario, recibo a Pastor, jefe de Aviación, que viene a hablarme de la depuración del personal.

Se ha reunido una junta para hacer listas de los que deben salir del servicio por desafectos al régimen y evitar situaciones como la de la mañana del 10 de agosto en la base de Sevilla. A los señores que componen esa junta se les ha ocurrido llamar, sin mi autorización, al comandante Franco, para que los asesore. La primera noticia de esto la tuve por el mismo Franco, que se me acercó al banco azul para decirme *que ya habían terminado el trabajo* y que deseaba hablarme. No disimulé mi disgusto ni se lo he ocultado a

Pastor. Lo que debiera haber sido un examen imparcial y justo se convierte en obra de la camarilla de Franco, que no se ha resignado aún a no mangonear la aviación. Franco es una mezcla de brutalidad y locura, y sus glorias de aviador han acabado de trastornarle la cabeza. Han querido hacer de él un político, y en realidad no sirve para nada, fuera del avión. Desde que en junio del 31 lo aparté del servicio ha ido perdiendo popularidad (la popularidad de cuarta plana del *Heraldo*), y este mozo, que representaba un peligro, no es ya nada; él solito se ha anulado.

La intervención de Franco en este asunto lo echa a perder, porque yo no podré sancionar lo que él y sus compinches hayan propuesto. Pastor me explica en líneas generales lo acordado por la Junta: separaciones, ceses, disponibilidades, etcétera. Más de la mitad del personal tendría que cesar. El propio Pastor quiere dimitir, porque se hace campaña contra él, fundada en que el día de los sucesos Pastor se hallaba viajando por Galicia con otros jefes de Aviación; para reconocer unas bases en las rías, y hay quien pretende que su ausencia era calculada.

Empiezo a recibir informes de Marruecos que me mandan Zapico, Buzón y Santiago. La situación parece confusa. Hay fuerte oposición al alto comisario y está muy extendida la creencia de que tanto en lo civil como en lo militar el mando es muy flojo. Algunos hablan de relajamiento y dejadez comparables a los del año 21. En el campo, la tranquilidad es absoluta, y no hay temor de que se altere. En las poblaciones cunde la propaganda nacionalista, y también se hace propaganda monárquica, con el pronóstico de que todo esto va a cambiar.

Algunos españoles quieren hacernos creer que los moros, como se trajo un puñado de regulares a Cádiz el 10 de agosto, juzgaban que ellos son ya capaces de intervenir en los asuntos de España, que está a punto de disolverse y que se la repartirán las potencias.

Tengo ya muchos documentos sobre la conducta de García Boloix; escrupulosamente, nada prueban contra él. Lo que no está claro es por qué Tetuán tardó tanto en contestarle. Ahora resulta que Boloix no puso ningún telegrama de respuesta al de Sanjurjo.

De los telegramas cruzados entre el coronel Aranda y el teniente coronel Martín Prats, ya relevados, no aparece ningún hecho delictivo, pero sí oficiosidad, abuso de su posición oficial, e intriguillas. En el registro hecho en la oficina de Martín Prats, se ha encontrado parte de la correspondencia de Aranda, que prueba su oposición al Gobierno y su mala voluntad al alto comisario y al ministro.

Uno de mis emisarios en Marruecos me dice que al recibirse la orden de registro y antes de practicarlo, el secretario de la Alta Comisaría, Villas, fue a casa de Martín Prats y sustrajo unos papeles, para que no cayeran en poder de la policía. Asegura que puede comprobarlo, y yo le encargo que lo compruebe. También me dice que hay armas de procedencia italiana escondidas en el Borch.

El general Gómez Morato y el alto comisario me escriben pidiéndome que reponga a Martín Prats, en vista de que no resulta nada contra él. Es un síntoma de cómo entienden la autoridad esos señores. La impresión dominante es que allí el que más y el que menos está a la expectativa. Se trabaja poco o nada.

Mi propósito es comenzar por sustituir a López Ferrer y al trío de la Alta Comisaría. Para alto comisario necesito un hombre que sepa gobernar. Voy a ver si lo encuentro.

He empleado parte de la tarde en revisar papeles. Ha venido Luis Bello y hablamos de cosas indiferentes, de los periódicos, de la *plancha* de Alba, que esperaba un triunfo en lo de la Hacienda, etcétera. La obcecación y la frivolidad de las gentes es imponderable, e incurable: al comenzar la discusión del título de Hacienda del Estatuto, Maura dijo que el problema no estaba bien estudiado y que no debía improvisarse nada; dicho esto (que en realidad era una confesión), no ha vuelto a aparecer por las Cortes durante toda la discusión. ¡Estará estudiándolo! Y así en todo.

Me han hecho subir al Estado Mayor Central a ver una película de material de guerra, que es una filfa. A las siete volví a mi despacho, muy cansado y con sueño. Saravia entró y conversamos, asomados al balcón, en busca de fresco. Noche caliginosa, irrespirable. A las ocho y media me retiré y despedí a todos. Me refugié en el saloncito de la esquina, a oscuras, y entre dos balcones, sepultado en una butaca, me estuve un rato largo, sin pensar en nada, como un fardo. Oía el fragor de Madrid, que me agrada, siendo este jardín un islote de silencio. Sobre la plaza de la Cibeles, blancuras gaseosas; humo o polvo. Ningún deseo, ni atención para nada. Y así me dejé ir, a una especie de aniquilamiento. ¿Es lo propio del «César Tragasables», como sé que me llama Ramón Franco, cuando no le hago caso, del «árbitro de la política», como quieren otros? Si las gentes que pasan por delante del ministerio se acuerdan de que estoy aquí, no se imaginarán esta disposición mía. En fin, me quedé dormido. La llegada de Cipriano, que volvía de la sierra, me despertó. Poco después llegó Lola y nos fuimos a cenar.

Son las doce. Estoy rendido. Voy a acostarme.

4 de septiembre

Hoy me he levantado fresco y descansado. Todos los periódicos que he leído, y algunos de anoche, comentan un suelto de *La Libertad* de ayer, sobre un supuesto *trust* de periódicos. Son deformaciones mal intencionadas, que ha puesto en circulación Alba.

Lo que yo sé, porque me lo han referido, es que el señor Miquel, de quien sólo sé que es rubio, por haberlo visto una vez, tiene una opción de compra sobre *Luz*, pero aún no tiene dinero. La aportación principal piensa sacarla de la venta de unas fincas que posee en Madrid. Parece ser que al señor Miquel, acaso deslumbrado por el buen éxito de *Estampa* y de *Ahora*, en los que tiene algo que ver, le ha entrado el afán de adquirir periódicos, y también quisiera comprar *El Sol* y *La Voz*. Aznar se ha restituido a sus funciones de director. La política de esos dos periódicos continúa siendo casi siempre favorable al Gobierno, y sobre todo, a mí; aunque con eclipses y alternativas dictadas por la astucia.

Sobre el traspaso de acciones a Miquel ha habido muchos cabildeos. Barbate no quería vender; Aledo, sí. Últimamente, parece que le habían hecho una propuesta al señor Miquel. Me ha contado Cacho, o no sé quién del *Sol*, que el señor Urrutia, representante del grupo de accionistas bilbaínos, dijo que no consentiría el traspaso, y se ha marchado a Bilbao resuelto a encontrar dinero para quedarse con todo; dícese que es dinero de los jesuitas, o muy cercano. Así están las cosas, al menos que yo sepa.

¿De dónde puede provenir el infundio que ha puesto en circulación Alba? Barbate, cuando se negó a vender, propuso una combinación para conservar gran parte de las acciones, pero no la mayoría, y apuntó que gracias a la combinación propuesta yo tendría en mi mano la orientación del periódico. Fue el primero, a lo que creo, que habló de mí.

Alguien, entre tanta gente como interviene en estas negociaciones, ha debido de hablar abusivamente de mi intervención, que es nula. Cuando Guzmán me dio a conocer los planes de Miquel, yo dije que me parecía deseable para la República que la empresa de unos periódicos importantes pasase de manos monárquicas (Barbate, Viesca, Aledo, Urrutia...) a manos republicanas; que la República tiene poca prensa todavía, y era conveniente asegurarla más. Eso ha sido todo. Guzmán es el que lleva estos asuntos como idea e interés personalísimos suyos, y hace tiempo que habla de ello con Aznar, Miquel y otros.

Cuando en los planes de Guzmán —de los que me he burlado amistosamente alguna vez, tachándolos de quiméricos— ha aparecido el señor Miquel, me he permitido decir que se aseguren bien de quién sea el tal señor y de sus propósitos, porque nadie le conoce más que como condueño de *Ahora* y marido de una señora aristócrata y adinerada. Guzmán me dijo: «A Miquel no le importa la política; es hombre de negocios y quiere adquirir periódicos para anunciar sus empresas».

Cuando Barbate ya se inclinaba a vender sus acciones a Miquel, ha hablado con Alba, y ha debido de contarle las cosas a su modo. Alba no ha cesado en todo este tiempo de hacer fuerza en *El Sol* para apartarlo de mi política. Las noticias que le diera Barbate deben de haber enojado a Alba; el caso es que llegó al Congreso el jueves por la tarde, después de hablar con Barbate, y dijo a los periodistas:

—¿No saben ustedes la noticia del día? Pues yo se la daré. Se constituye un *trust* con *El Sol*, *La Voz*, *Ahora* y *Luz*, que presidirá Azaña y del que será secretario Rivas Cherif.

Cacho me trajo la referencia y me eché a reír. Cacho rogó a sus compañeros que no recogiesen las palabras de Alba y así lo hicieron. Pero ayer *La Libertad* las reproduce con aviesa intención. *La Tierra* lo comenta anoche y dice que seguramente es falso, siendo yo quien soy. *Luz* y *Ahora* lo desmienten. *La Libertad* insiste. Carner me consultó anoche si lo rectificaba, por lo que a él se refiere. Le dije que bueno; pero en lo que a mí toca, no pienso decir ni una palabra.

Era opinión corriente que Alba «me esperaba» en la discusión del título de Hacienda del Estatuto. Pensaba que ahí iba a encontrar su día. El martes por la noche fui a la sesión de Cortes, en previsión de que Alba se «soltase el pelo», como había empezado a hacer la semana pasada, asustando a Fernando de los Ríos y a Zulueta. Alba estaba en su escaño y tenía delante un paquete de notas. Pero al poco tiempo de ocupar yo mi puesto, Alba se marchó. Dijeron que le había ahuyentado.

El miércoles por la tarde asistí a la sesión entera. Habló Alba contra la comisión y contra el dictamen; hizo un discurso malhumorado, peor intencionado, alarmista y antipático. Antes habían hablado otros. Cuando él y los demás pensaban que contestaría la comisión, pedí la palabra y pronuncié un discurso glosando el dictamen, que satisfizo a todos y dejó K.O. a don Santiago. Aplaudieron muchísimo, incluso bastantes diputados radicales. Eran las ocho y cuarto cuando acabé, y Besteiro, que, a su modo, también obstruye, en vez de dejar que Alba rectificara levantó la sesión. Procediendo de otro modo, además de ganar tiempo, se habría visto en el acto que Alba no tenía nada que oponerme.

Muchos diputados vinieron a decirme que, por fin, habían visto claro en el problema, y que votarían con gusto el dictamen. Alba se marchó, rojo.

En la sesión del jueves por la noche, Alba ni siquiera rectificó. No podía contestar nada. Se aprobó el artículo, gracias a que me estuve en las Cortes hasta las dos de la madrugada para impedir que se levantase la sesión. Al día siguiente se aprobó lo que restaba del título de Hacienda y se refundió la parte transitoria del Estatuto para discutirla el martes.

El viernes, al terminarse esa parte del Estatuto, Besteiro quiso levantar la sesión. ¡Eran las seis! Yo me opuse, y tuve que ponerme terco. Besteiro alegaba que no había materia para trabajar. Le dije que discutiéramos la ley Agraria. Todavía se resistió, y por fin, consultando a las Cortes, accedió. Pues bien: en lo que quedaba de sesión se aprobaron *tres bases* de la ley Agraria, con lo que nos ahorramos una o dos sesiones en la semana próxima. Con los ratos que Besteiro ha perdido levantando las sesiones sin agotar el tiempo, habríamos acortado la temporada parlamentaria lo menos en quince días. No sé qué le ocurre: fatiga física, porque está muy delicado, o desgana de complacer al Gobierno, del que no parece un amigo. Preside para las oposiciones. Largo y Prieto están muy incomodados con él.

Mi presencia personal en las sesiones del jueves y el viernes ha hecho también ganar tiempo en la reforma agraria, cortando las indecisiones de Domingo, que todavía en el consejo del viernes ha vuelto a plantear el tema de la capitalización para las expropiaciones.

En la sesión del jueves se aprobó la ley Militar, sin discusión alguna desde el artículo 7.° hasta el final. En este asunto, así que los defensores del Cuerpo de Estado Mayor perdieron la batalla, nadie ha vuelto a decir nada; y antes decían tonterías. Peyre, Castillejo y Fanjul, que lo combatían, pertenecen al Cuerpo de Estado Mayor. El bobo de Poza padece artilleritis crónica; desde que me enfadé con él en la sesión, no ha vuelto a resollar.

Esta ley es la última que había presentado, aunque es de las primeras que concebí. Solo falta aprobar la de supresión del Cuerpo de Inválidos, para que esté votada toda la primera parte de mi plan.

Ahora hay que emprender la segunda parte: instrucción y dotación del ejército. Los sucesos del 10 de agosto me han quitado no pocas ilusiones respecto del porvenir del ejército. Si el mal fuese incurable, no podremos tener ejército respetable, y sin un ejército moderno, a dónde va uno con España por el mundo, tal como están las cosas.

Algunos toman pie de los sucesos del día 10 de agosto para decir que mi política militar ha fracasado. Serán probablemente los mismos que hace meses aplaudían a rabiar, diciendo que *ya eran imposibles las militaradas*. Se imaginaban sin duda que sacar del ejército a 10.000 oficiales, separar del Estado Mayor General a más de cien generales, reducir las plantillas a la mitad, y dejar paralizadas muchas carreras brillantes, además de segar los privilegios de los «príncipes de la milicia», era una operación que no tenía riesgos ni peligros y que todos se iban a aguantar.

Este suceso hemos estado viéndolo venir desde el 14 de abril mismo. Si no se ha producido antes, es porque no creían tener ambiente en el mundo político; pero las propagandas de estos últimos meses, no solo las de *ABC* y *El Debate*, sino los discursos de Lerroux y algunos artículos de Ortega, así como los estímulos de don Melquíades, habían hecho creer a estas gentes que el país estaba contra nosotros y que España «se alejaba al galope de la República», como escribió Ortega.

La otra noche, la discusión en las Cortes se sostenía entre hombres barbados: Ayuso, Rojo, Alba, Aranda, y presidía Barnés. En el banco azul nos reíamos porque yo «desconfío de los hombres de barba» y se lo decía a Fernando.

8 de septiembre

Brisca de embajadores. Álvarez del Vayo, que vuelve de México muy devoto del general Calles, me cuenta sus triunfos en aquellas tierras. Se queja del ministerio de Estado, donde le ponen muchas trabas, y no les importa

—según dice— la política americana. Está muy entusiasmado con el proyecto de construir en España barcos para México, y asegura que Calles desea encargarlos aquí, prescindiendo de anunciar concursos. El otro día hablamos de esto en Consejo de ministros; se pedían resoluciones urgentes que no era posible tomar, por no haber en los ministerios antecedente alguno.

Pérez de Ayala me hace recomendaciones a favor de varias personas, y me cuenta impresiones de Londres. Con un acento que no permite la duda, me afirma que él tiene dotes de mando y que ha convencido al personal de la embajada para que se haga republicano.

Madariaga me ha traído asuntos de Francia. El de más monta es la visita de Herriot a España, que me preocupa, porque si no viene a pedirnos algo, no faltarán gentes para creerlo o aparentar que lo creen así, y para hacer creer a otros que nos hemos metido en alguna aventura. Según Madariaga el mismo Herriot tomó la iniciativa en el proyecto de su viaje, y no hay más remedio que creer al embajador. Hubiera sido preferible que no viniese, limítese o no a ser portador de las insignias de la Legión de Honor para don Niceto.

Le he dicho a Madariaga que no podemos contraer ningún compromiso con Francia ni con nadie, ni dar la impresión, por palabras de expresiva amistad cambiadas en un banquete, de que lo hemos contraído.

Francia, según Madariaga, desea tener la seguridad de que España no dejaría que las autocracias europeas asesinasen a la República Francesa.

Lo único que se les puede decir es que España no atacará a Francia, y que por tanto puede desentenderse de su frontera pirenaica. Respecto del Mediterráneo, quizás pida más, en relación con el transporte de tropas desde África. Nuestra situación en Baleares es mala, porque las obras de defensa van despacio y aún falta mucho para fortificar bien Mahón, y lo de Mallorca está por empezar. Todo ello cuesta enormes sumas, y no las hay. En tal situación, cualquier cosa que hagamos en favor de uno determinará la agresión, por hoy incontenible del otro. Toda prudencia, pues, será poca.

En relación con esto, ya le había dicho a Madariaga, en una conversación que tuvimos delante de Zulueta en mi despacho del Congreso, que yo no puedo cargar con la responsabilidad de comprometer a España en una oferta cualquiera, y que se necesita mantener intacta nuestra libertad de determinación.

Dice Madariaga que Herriot quisiera que en un cambio de brindis se afirmara que las dos repúblicas ven del mismo modo las cuestiones internacionales, y que deben resolverse por las vías de la paz dentro de la Sociedad de las Naciones. Esto no nos comprometería a más que no nos compromete ya el mismo pacto de la Sociedad.

Pero si los franceses dan a esa declaración tan gran valor, persiguiendo que las democracias occidentales y los Estados Unidos aparezcan en cierto modo conformes, yo estimo que Francia debería darnos un trato mejor que el actual, tanto en lo político como en lo económico. Por ejemplo: hemos pedido que interne a los emigrados en Biarritz y no lo hace; pide pruebas de que conspiran. A esto último (observación de Madariaga) replico que, si tuviéramos pruebas fehacientes, esos señores estarían procesados y declarados en rebeldía. De lo que se trata es de que Francia realice en ese asunto un acto amistoso, que hay derecho a pedir, como Portugal nos lo pide respecto de sus emigrados políticos.

Madariaga cree que Herriot está bien dispuesto para complacernos, pero no así los ministros, y sobre todo Chiappe, al que Herriot ha querido someter, y no lo ha conseguido. Léger se lo ha dicho así a Madariaga.

No deja de producirme admiración que el Presidente del Consejo de ministros de Francia no tenga fuerza o autoridad para imponerse al prefecto de Policía o para destituirlo, si no le sirve. No sé cómo puede ser eso.

Espero que el tirón que le he dado a Madariaga en nuestro coloquio le sirva de advertencia y de freno.

Entre mis conversaciones con Madariaga se ha cursado otra con Herbette, que vino a visitarme para decir cuánto se felicitaba por la buena conclusión del asunto Sanjurjo, e indicarme algo respecto del viaje de Herriot y sus fines. Francia —dice Herbette— no desea nada contrario a los intereses de España, sino un acuerdo en lo que nos sea común. Hace días, Herbette le dijo a Zulueta que sería de gran efecto moral que Francia y España desarmasen su frontera común. A Zulueta le parece bien esto, si al propio tiempo se hiciese con Portugal. Pero nosotros no tenemos *armada* ninguna frontera, y la operación se reduciría a internar unas guarniciones, que no hay donde acuartelar más al interior.

En la sesión del miércoles por la noche, a última hora, se leyeron las adiciones a la ley Agraria, relativas a la expropiación de fincas rústicas de los nobles y a la excepción que se establece en ciertas provincias para las fincas dadas en arrendamiento.

La expropiación de bienes de la nobleza responde al propósito del Gobierno, instado también en ese sentido por el Presidente de la República, de descargar un golpe duro sobre los nobles terratenientes, para hacerles sentir en el bolsillo las consecuencias del 10 de agosto y contribuir al quebranto de su posición en España. En mi grupo parlamentario hay algunos que tienen bienes incluidos en esa adición a la ley, y estaban muy asustados, sobre todo Sánchez Albornoz, que por su mujer disfruta de unas rentas territoriales de la casa de Montefrío. Con la terquedad que le caracteriza, Sánchez Albornoz estuvo hablándome de esto un rato largo en el salón, diciéndome que le reducía a la miseria. Seguramente estaba en aquel momento arrepentido de ser republicano.

La excepción relativa a los arrendamientos ha caído muy mal en la comisión, en los socialistas y en algún otro partido. Es el resultado de la endeblez de carácter de Domingo, que con tal de quitarse momentáneamente de delante una dificultad, no vacila en soltar palabras imprudentes que le producen después dificultades mayores.

Hace tiempo, los diputados gallegos pretendieron enmendar una base de la ley Agraria, para que no se aplicase a los arrendamientos en Galicia, donde su aplicación sería, política y socialmente, perniciosa. Eran los días más enredados de la discusión, cuando Domingo se dejaba aturdir entre Lucio Martínez y don Juan Díaz del Moral, y no acertaba a encarrilar el asunto.

Delante de mí, Domingo rogó a los diputados gallegos que no presentasen enmienda alguna ni provocasen discusión sobre ese punto, y que en su día se introduciría en la ley un precepto para satisfacer sus pretensiones. Diversas veces se ha tratado de ello en Consejo de ministros, y siempre estuvimos conformes *todos* en que para Galicia, Asturias y alguna otra comarca, habría que hacer una excepción.

Era de suponer que Domingo, que se reúne a diario con la comisión, les hubiera hablado de ello. El miércoles, a la una de la madrugada, me llevaron en consulta al banco azul el proyecto de adición. Estaban conmigo Fernando de los Ríos y Domingo.

—¿Conoce la comisión el proyecto de enmienda sobre los arrendamientos en Galicia? —le pregunté a Domingo.

—Sí.

—¿Está conforme?

—Sí, sí —me contestó.

Entonces se redactó la adición y se leyó desde la tribuna.

La comisión, y sobre todo los grupos, protestaron, y formando corrillos decían que no lo votaban, que nadie les había hablado de ello, etcétera. Por su parte, los gallegos, al ver este escándalo, decían que les habían engañado.

El caso me irritó, y por no echarle la escandalera a Domingo y abochornarlo delante de todos, me retraje al salón de conferencias, entre un corro de amigos, y hablamos de cosas indiferentes. Hasta allí me llegaban referencias de la protesta. Como es uso, de momento se decían cosas muy airadas y ya había quien veía al Gobierno en el suelo. De muy mal humor, opté por marcharme del Congreso antes de que se levantara la sesión.

En el Consejo matutino, en Palacio, planteé la cuestión. Domingo no supo qué decir. Discutimos el caso y pronto se halló la salida, que se ha llevado a la ley.

Hoy mismo, día 8, jueves, había regresado de Priego el Presidente. Para recibirlo tuve que levantarme muy temprano. Mal dormido, me esperaba un día de neuralgia y peor humor. De regreso de la estación, me eché en la cama, y dormí por fortuna. A las once fui a Palacio, para celebrar Consejo. Además del asunto de los arrendamientos, que ya he apuntado, hablé en este Consejo de la invitación de los catalanes para que vayamos a Barcelona después de aprobado el Estatuto. Dije al Presidente que pensaban invitarlo a él y al Gobierno, y que deseaba conocer sus planes y su opinión sobre este viaje. Al Presidente, según me han dicho después los ministros, le sentó muy mal la noticia, y puso malísimo gesto cuando se percató de que podía ir yo sin él a Barcelona.

Puse a deliberación del Consejo si el Presidente debía ir ahora a Barcelona, o más tarde, y los ministros opinaron que ahora no debía ir, porque su viaje podía sentar mal fuera de Cataluña y que era mejor aplazar su viaje, en espera de una ocasión que podría presentarse con un acto oficial solemne: por ejemplo, la apertura del Parlamento catalán.

En este Consejo el Presidente no dejó de tirarle algunas puntadas a Casares porque siempre «le dice que no a todo y no atiende a sus recomendaciones». El Presidente se excede un poco en estas pequeñeces: hasta le ha recomendado un cómico a Cipriano para que lo admita en la Compañía del Español.

Por la tarde, se ha discutido en las Cortes la adición a la ley Agraria relativa a los bienes de los nobles. La expropiación sin indemnización se había reducido a las tierras de la grandeza. La discusión ha sido muy acalorada. Los radicales no sabían qué hacer. Los más conservadores de ellos estaban furiosos, y un señor Mendizábal, nieto de don Juan y Medio, nos insultaban desde su escaño. Martínez Barrio le reprendió y le hizo callar, porque Martínez Barrio sabía que los radicales iban a votar la adición. Los diputados radicales que han hablado por su partido han dicho cosas confusas, vagas y contradictorias, para concluir que votarían la adición. Lo han hecho muy mal.

Combatió el proyecto Ossorio, y con más encono que fuerza, Alba. También pronunció un discurso castelarino el señor Botella, en el que habló de Grecia y Roma.

He contestado a todos y obtenido un éxito resonante. La mayoría, puesta en pie, vociferaba de entusiasmo. En aquel momento hubiera podido obtenerse de las Cortes cuanto se les pidiera. El espectáculo era imponente. Martínez Barrio y algunos pocos radicales más, me aplaudieron. Ossorio y Alba no tuvieron nada que añadir. Se aprobó la propuesta. Los diputados han quedado contentísimos de la jornada. El discurso ha producido fuerte impresión.

Al salir de la sesión me ha dicho Largo:

—Nos deja usted a la derecha. Si esas cosas las dijésemos nosotros, se alarmarían todos. Las dice usted, y nadie se asusta.

Después de cenar, he estado un rato escribiendo, y vuelta a las Cortes. Se acaba la ley Agraria, y el tema de los arrendamientos, con el que tanto ruido movieron anoche, pasa sin dificultad. Terminado eso, como no hacía yo falta en el salón, me fui al despacho y estuve de conversación con Carner y Ramos. A la una decidí marcharme, y al salir al pasillo me dijeron que ya se había aprobado el Estatuto de Cataluña, y que dos diputados catalanes habían hecho discursos de gracias.

Con Ramos y Cipriano me voy en busca de fresco. Hemos estado en la Cuesta de las Perdices. Y en este momento, al regresar de paseo, son las tres de la mañana. Hora, más que nada, de acostarse.

9 de septiembre

Comida en el Palace, con el grupo parlamentario catalán, que nos invita a Besteiro, a Bello y a mí. Terminamos con breves discursos, y nos vamos a las Cortes, para las votaciones definitivas.

Extraordinaria concurrencia. El salón parecía muy bien, con tanta gente. Se han hecho las dos votaciones, recibidas con grandes aplausos. Sánchez Román y Maura cometen el error de votar contra el Estatuto. Alba, más cuco, vota en pro.

La sesión ha sido corta, y solemne en su mudez. Todo el mundo está contento por el término de esta colosal tarea, sin semejante en el Parlamento español.

Me hablan de los efectos de mi discurso de ayer, que ha sido profundo y favorable al Gobierno.

10 de septiembre

Anoche, después de despedir al Presidente, que salía para San Sebastián, me fui al teatro con Lola y Cipriano. Estuvimos en Eslava, donde hay una compañía mexicana, que hace revistas y danzas. Hoy me he levantado a las once.

Muchas visitas. El general Núñez de Prado me habla de asuntos de la 6.ª división. Tratamos del traslado de algunos cuerpos a otras poblaciones. El general asegura que los regimientos de caballería de Vitoria y Burgos son leales y está seguro de contar con ellos.

Animado por la buena acogida que le he hecho, el general se decide a hablarme en favor de Ramón Franco, que pretende ser jefe de Aeronáutica. Le hago saber que es imposible, y le hago comprender que ha cometido una indiscreción.

Busquets y Sacristán, con otros empresarios de periódicos, vienen a interceder por los que están suspendidos.

Visita de despedida del embajador de la Argentina, que se marcha por una temporada a su país.

El general Virgilio Cabanellas, que manda la división de Madrid, ha venido a contarme una cosa rara, más rara aún por lo tardío de la referencia.

En la madrugada del 10 de agosto, al salir de su casa para ir a la división, y disponiéndose a tomar un taxi, le ofrecieron otro auto que pasaba por allí, en el que iba un hijo del Duque de Frías, y otro señorito pariente de la mujer del general, diciéndole que iría mejor en su coche. Lo dejaron en la plaza de Santa Bárbara. Después, el general ha *oído rumores* de que intentaron secuestrarlo aquella noche, y que el auto estuvo parado cerca de su casa, como esperándolo. En vista de eso, lo ha denunciado al juez, ante quien ya ha prestado declaración.

A la una y media he hablado por el micrófono a Cataluña.

También se me han presentado, juntos, el ex capitán Lora, que fue jefe de Policía en la Zona de Marruecos, el teniente coronel Puig, jefe de Policía en Tánger, y López Bravo, que manda un batallón en Ceuta. Son tres pies para un banco.

Puig es un intrigante y de mala reputación. Tengo pensado separarlo del destino que tiene, en la primera ocasión. Lora, no sé si de buena o de mala fe, ni si con intención recta o torcida, trae una campaña contra el alto comisario, que lo destituyó. Me tienen mareado a chismes, bajo un celo republicano muy impertinente. Por su parte, López Ferrer ha dado el triste espectáculo de descomponerse con Puig en un café de Tetuán. Tampoco López Ferrer está en su puesto.

Aseguran que el registro en casa de Martín Prats fue simulado y que hay pruebas de ello, pero no me las dan. Lo mismo dice el teniente Santiago, uno de los emisarios que envié a la Zona. De habladuría en habladuría, los tres sujetos llegan a insinuar cosas contra Ramos. Me he puesto por las nubes y les digo que en Marruecos las únicas personas decentes son los moros. Al oírme, Lora se ha puesto muy triste, y anuncia que se marchará de Marruecos.

En rigor, Puig venía a parar el golpe que teme del alto comisario, y que tiene bien merecido. La entrevista ha acabado secamente. Se van descontentos y lo celebro.

Entre las visitas de hoy, se cuenta la del doctor Benavent, de Lérida, autor (inspirado acaso por Pérez Salas) del artículo que motivó una información instruida por el general Batet para examinar la conducta del general Álvarez Arenas. A consecuencia del informe de Batet han quedado disponibles varios oficiales del regimiento que está en Lérida, algunos de ellos republicanos. Ahora, los partidos republicanos de Lérida se quejan. Hago entender al doctor Benavent que no es posible establecer en las guarniciones y regimientos una categoría de «distinguidos» que se permitan mangonear en los cuerpos a pretexto de republicanismo.

También he tenido aquí a Stuyk y al arquitecto para hablar de la obra que estoy haciendo en el ministerio.

Por último, recibo al comandante Fernández Mulero, de Aviación, que continúa la conversación que tuve hace días con Buruaga, de la misma arma. Han cometido la barbaridad de reunir una junta de 36 individuos para depurar el personal, y no sé quién tuvo la infeliz ocurrencia de convocar a Franco. Han hecho votaciones para excluir del servicio a 200 oficiales, guiándose por el criterio de la camarilla de Franco. Quisieran tener la Aviación en sus manos, peligro mayor que si fuesen monárquicos. El personal, con este motivo, está molestísimo. Abundan las rencillas y muchos ni se hablan.

De tantas visitas ha resultado que no he podido comer hasta las tres de la tarde.

Llueve. Es el primer día otoñal. ¡Qué delicia! Desde San Sebastián, Zulueta me cuenta el viaje del Presidente. Están muy satisfechos.

SEGUNDO CUADERNO

Del 28 de noviembre de 1932
al 28 de febrero de 1933

NOTA: Este segundo cuaderno tiene escritas las 400 páginas. En esta sección se han incluido también los meses de marzo a mayo de 1933, ya publicados en *Memorias políticas y de guerra*, para no interrumpir el hilo de los acontecimientos.

28 de noviembre

He dormido mal, cosa rara; y me levanto relativamente pronto. Despacho con el subsecretario. Por fin he conseguido acabar a tiempo los expedientes para las obras en el cuartel de artillería de Carabanchel (por falta de locales, el regimiento no puede organizarse) y para la construcción de los nuevos cuarteles de infantería de Madrid, que se harán en El Goloso, una finca que le he comprado a Santillana, así como la formación del gran campo militar en Córdoba. Para estos últimos asuntos he necesitado leyes especiales. Tales son las dificultades del expedienteo; hace cerca de un año que persigo estos propósitos. Con los métodos españoles, se necesita un ministro cinco o seis años seguidos, para que empiece a verse el resultado de una gestión.

Recibo al coronel Barbero, que es mi delegado en el Consejo de Administración del Consorcio de Industrias Militares. Me trae los estados y notas que le pedí sobre producción máxima de las fábricas y sobre el estado de fabricación de los encargos de este año. A fuerza de tenacidad acabo ya de ver claro en este asunto, embrolladísimo desde tiempo inmemorial. En el ministerio, los jefes *tienen rabia* a las fábricas, y han hecho lo posible por no facilitarme la solución; por su parte, las fábricas estaban habituadas a vivir a su antojo y fuera de la ley de contabilidad. No se sabía cómo se gastaba el dinero, ni qué se producía, ni nada. Ahora, ya lo sé, y puedo encauzar la producción de material, que se halla en situación desastrosa.

Viene a verme el coronel Bermúdez de Castro, a quien he dado el mando de uno de los regimientos de caballería de Alcalá, el que mandaba Pedro Poderoso.

Este regimiento, o parte de su oficialidad, estaba comprometido en lo del diez de agosto. Poderoso se hallaba desde algunas semanas antes con licencia en Daganzo, donde su mujer tiene hacienda. En la madrugada de la sublevación, unos oficiales fueron a buscar a Poderoso a Daganzo, para que se pusiese al frente del regimiento. Poderoso fue a Alcalá, y en lugar de dirigirse al cuartel, a cumplir con su deber, que era impedir la salida del regimiento, se dirigió a casa del general de la brigada, dando un rodeo. Dice que como no estaba encargado del mando, iba a pedir instrucciones. El regimiento, que llegó a tener las monturas puestas, no salió. Algunos de los oficiales procesados han dicho que Poderoso, al ser requerido por los que fueron a buscarle, contestó que se estaría con sus oficiales; por su parte, el coronel alega que dio la entretenida a su regimiento, para ganar tiempo, etcétera. No se le ha probado nada, y después de 72 días de prisión, le han puesto en libertad. Tenía mucho empeño en verme, y desde la prisión me envió una larga memoria justificativa de su conducta. Yo no tenía juicio formado sobre su participación personal en el complot; pero era evidente su poco celo, y que no conocía el estado de ánimo de su oficialidad, que en Alcalá era notorio. (La memoria justificativa y los informes reservados sobre lo de Alcalá están entre mis papeles.)

El otro día, después de muchos intentos vanos, Poderoso me vio. Le conozco hace muchos años, porque estudió la segunda enseñanza en los Escolapios de Alcalá, al mismo tiempo que yo en el «Colegio Complutense». Era un muchachito pequeño, y coloradito como una manzana, muy rubio. Conocido en Alcalá por ser de familia de militares que llevaban allí mucho tiempo. Creo que nos tratamos algo, de chicos; pero desde entonces no había vuelto a verle hasta que hace algunos meses se me presentó oficialmente, y poco después volvió a lamentarse de que no lo ascendiera; se imaginaba que yo tengo «odio» al arma de caballería. Ahora, de coronel, está igual que hace cuarenta años; coloradito y rubio, con rostro de chico sano.

Me contó su aflicción por lo que le ha sucedido, en lo que asegura no haber culpa suya. Está apenadísimo porque iba a ascender (el decreto estaba extendido, a falta de firma del Presidente de la República, y se retrasó por ausencia de don Niceto) cuando surgió la rebelión. Ya se comprende que, aun no siendo culpable, no lo voy a ascender, habiéndole ocurrido ese *desavío* en su regimiento. Después de repetirme lo que ya me había contado por escrito, añadió: «Le voy a decir a usted una cosa que no le he dicho al juez, *porque no me lo ha preguntado*». «¿Qué es ello?» «Estando con licencia en Daganzo, oí hablar del complot; las gentes de Daganzo me preguntaban si yo sabía algo, y añadían que estaba complicada gente de Alcalá. Yo no sabía nada. Pero un día, mi cuñado fue a la Dirección de Seguridad a sacar un pasaporte y le encargué que preguntase a Valdivia si había algo de cierto. Valdivia le respondió que sí, y le mostró un montón de papeles relativos al asunto. Mi cuñado me lo refirió. Bueno, al decir esto, hablo al caballero...» «¡Claro! ¡Claro! Siga usted, repuse.» «Pues en vista de eso —continuó Poderoso— fui un día a Alcalá y hablé con el coronel Eurile, comandante militar, por ausencia del general, y le puse en antecedentes de lo que se decía. También hablé con mi teniente coronel, y le encargué mucha vigilancia. Después me volví a Daganzo.» «¿Y no se le ocurrió a usted nada más, oyendo que había gente de Alcalá comprometida, y estando en Alcalá su regimiento?» «Se hablaba sólo de retirados y del general Fernández Pérez.» «Ya ha visto usted que no era así.» «Es cierto, es cierto.» «Pues mire usted, Poderoso: lo que yo hubiera hecho, vistiendo ese uniforme y teniendo el mando que usted tenía, habría sido volver a mi regimiento y tomar el mando, para evitar que ocurriese algo.» «Como yo estaba con licencia...» «Si usted hubiera renunciado a ella, y en vez de estar trillando en Daganzo se hubiese restituido a su mando, ni el general de la brigada ni yo le íbamos a obligar a que se marchase de nuevo; al contrario, nos habría parecido de perlas, conociendo el motivo, si usted nos lo hubiera dicho.»

Ya no supo más que decir, y se fue en seguida, diciendo que salía confortado con mis palabras; es decir, porque veía que yo no le creía culpable de haber participado en el complot. Saravia me ha dicho después que le vio salir muy alicaído.

Ha venido a verme una comisión de productores de hulla y a contarme su angustiosa situación. No hay consumo. El carbón se amontona en las plazas de las minas y no pueden extraer más. La huelga del otro día, abandonada por Domingo, que estaba de propaganda electoral en Cataluña, no ha servido sino para arrancar al Estado el sacrificio de comprar cien mil toneladas de carbón, que no podrá utilizar. Los obreros se niegan a reducir los días de trabajo; los patronos piden aumento de precio, o reducción del costo de producción. Lo primero es ruinoso para las industrias; lo segundo no lo aceptan los obreros. Sin salida.

Estos señores se quejan del ministerio de Agricultura, todo va allí despacio, según la flojedad de Domingo. Lo mangonea todo el subsecretario, don Santiago Valiente, que tiene metido al ministro en un puño. Valiente es hombre intemperante, mandón, que presume —dicen los hulleros— de arreglarlo todo personalmente, caiga el que caiga.

En Agricultura hay en perspectiva otro conflicto por la cuestión del papel. Domingo —según me cuenta un testigo presencial— ha prometido a los periódicos que no consentirá en la subida del arancel para el papel extranjero; y a los fabricantes españoles que habían comenzado a cerrar fábricas por no poder resistir la competencia extranjera, les ha dicho también que él lo arreglaría, y lo han tomado tan en serio que han vuelto a abrir la fábrica del Oarso[?], ya cerrada. Marcelino Domingo dice que sí a todo el mundo, se sonríe, da palmadas en la espalda, y luego...

El Instituto de Reforma Agraria, ampliado por Domingo hasta 32 individuos, se ha convertido en un pequeño parlamento a la española, con «ruegos y preguntas», «interpelaciones», y «orden del día». Amós Salvador, que pertenece al Instituto en calidad de arquitecto, ya me lo había contado así. Y hoy ha venido Vázquez Humasqué, el director de Reforma Agraria, a darme las gracias por haber asistido a una comida en su honor, y me ha ratificado los informes de Amós. Dice que para la reunión de mañana, tiene pendiente *una interpelación*. Es ridículo, y puede hacer fracasar la reforma desde su origen. No sé si Marcelino se decidirá a cortarlo.

He visitado esta tarde el edificio del Museo de Artillería, para comprobar si puedo instalar allí el Museo Histórico Militar, que agruparía todos los museos de Armas y Cuerpos que existen. El de Caballería, que está en lo que fue Academia del Arma en Valladolid, no tiene apenas nada (fotos y maniquíes) y ocupa buena parte del edificio. El de Ingenieros, en Madrid, no es mejor. Y el de Infantería, en Toledo, ocupa toda la planta baja del Alcázar, y mientras tanto, los alumnos tienen que dar clase en los sótanos. Al mismo tiempo que el Museo Histórico, voy a crear en Madrid la Biblioteca Militar Central, reuniendo varias que son pobres y están abandonadas, y las bibliotecas divisionarias, una en la cabecera de cada división, para que tengan los oficiales libros y locales donde estudiar.

De regreso del Museo, he visitado uno de los pabellones anejos al ministerio, donde está la sección cartográfica y otras oficinas. Como no me esperaban, lo he visto en *su salsa*. No hay ni lámparas en los pasillos. Todo sucio, destartalado. ¡Qué abandono! ¡Qué falta de interés por las cosas! Y eso, de siempre. También he visto la biblioteca del ministerio, en la que creo no se ha comprado un libro no sé desde hace cuántos años, salvo, naturalmente, la Enciclopedia Espasa, que veo en lugar preferente en todos los establecimientos militares.

Ya de noche, vuelvo a mi despacho, y después de preparar los decretos del Museo y Bibliotecas, trabajo con Saravia en lo de la revisión de ascensos. Este asunto se me ha enranciado, por diversos motivos, y ya es tiempo de resolverlo. Cuando lo haga, y dé término al lío de aviación, la *obra gruesa* que había que hacer aquí estará terminada. Y si dejo bien entablado lo del material, mi paso por el ministerio no habrá sido estéril.

Después ha venido Domenchina, y me ha traído mucha firma.

Los días que las visitas no me abruman, y no habiendo Cortes, aprovecho útilmente el tiempo, y hasta me queda un rato para jugar con mi sobrinito.

29 de noviembre

Consejo de ministros. Angustiosas peticiones de Fernando para que se aumente el personal en su ministerio. Se han creado muchos servicios en Instrucción Pública y no hay funcionarios bastantes. El cuadro es desolador, y nos convence.

Otra cuestión de funcionarios: si se da o no eficacia a las plantillas que para varios ministerios aprobaron las Cortes el año pasado, y que se dejaron sin efecto en el presupuesto actual. Esta es una herencia de los tiempos primeros de la República, en que cada ministro hacía en su departamento lo que se le antojaba, o lo que se les antojaba a los funcionarios, que, por haber venido la República creyeron que era el momento de cobrar más. Hago valer mi opinión contraria, y continuarán las cosas como estaban.

Por funcionarios también, ha habido una escena violenta entre Fernando y don Inda. Prieto aborrece a los ingenieros de caminos, y al pasar al ministerio de Instrucción Pública las escuelas de ingenieros, que yo decreté en diciembre pasado, aprovechando que no tenía ministros (única ocasión para hacer tan útil reforma) se ha producido una situación rara para los ingenieros que como tales dependen de Obras Públicas, y como profesores de la Escuela, de Instrucción Pública. Prieto, que encuentra mejor lo más violento y *rrrradical*, dictó un decreto concediendo un plazo a los ingenieros-profesores para volver al servicio de Obras Públicas o quedar separados del cuerpo. Los ingenieros buscaban una solución menos feroz y se la han propuesto a Fernando. La solución es buena, porque obtiene el resultado que busca Prieto, y no los expulsa del cuerpo, sino que los deja supernumerarios sin sueldo. Fernando ha traído el proyecto de decreto al Consejo, tal como se lo habían dado los ingenieros, que era un decreto de la Presidencia, rectificando el de Prieto. Don Inda se ha puesto furioso, y ha increpado a Fernando, diciéndole que escribía al dictado de Machimbarrena y que eso era darle un latigazo, etcétera, etcétera. Fernando, muy apurado, quería tranquilizarlo. Prieto se ha allanado a redactar él un nuevo decreto, y a publicarlo como cosa de su ministerio, satisfaciendo los deseos de los ingenieros. Poco antes, y cuando se discutía lo de las plantillas de funcionarios, Fernando le ha pasado a Prieto un papelito probando que en el ministerio de Obras Públicas, y a pesar de las rotundas aseveraciones del ministro, también se ha hecho «corrida de escobas». Prieto ha dicho que sin duda le habían sorprendido la firma, se ha precipitado sobre el teléfono, y al oficial mayor de su ministerio le ha soltado esto: «Dc mí no se burla usted ni su puñetera madre». (Así es el hombre.)

Prieto debe de estar enfermo. La violencia de su carácter es tal, que tiene aterrorizados a sus funcionarios. Si les manda hacer un proyecto, por disparatado que sea, lo hacen sin formular ninguna observación. Con lo cual, a fuerza de querer probar que él es quien manda, se halla prácticamente sin colaboradores. En los consejos de ministros se pasa el tiempo sin proferir palabra, echado atrás en su sillón, o de bruces sobre la mesa; no habla sino cuando directamente se le interpela.

Hoy, cuando estaba en uno de sus largos silencios, como se tratase del Tribunal de Garantías, le ha pasado a Casares un papel que decía: «Definición del Tribunal de Garantías un día de mala leche: El Tribunal de Garantías, en el sistema constitucional, es lo mismo que el apéndice en el sistema intestinal, y sólo sirve para producir cólicos». Tiene gracia.

Hemos acordado autorizar la reaparición del *ABC*. Hace dos o tres semanas, el ministro de la Gobernación propuso que se permitiese ya la publicación. Prieto dijo que al proponerlo el ministro, él votaba lo mismo. Pero otros ministros opinaron en contra: Domingo torció el gesto, y dijo que el *ABC* hacía mucho daño y no debía reaparecer aún; lo mismo Fernando («tengo muy en crisis el concepto político de libertad de imprenta», explicó un día); Albornoz, que sentaría mal a los republicanos; Largo también se mostró inclinado a negar la autorización, pero no insistió. Giral no estaba, y Zulueta no llegó a opinar, o por lo menos, yo no lo recuerdo. Al principio, sostuve la opinión de Casares, pero luego cambié, y propuse que se aplazara la resolución. Había muchas intrigas en torno de la suspensión del *ABC*. Los Luca de Tena están divididos, según cuentan, opinando los más que el periódico debería cambiar de tono con respecto al Gobierno y a la República, en contra del parecer de Juan Ignacio, director del periódico, que está muy furioso y dispuesto a arruinarse antes que ceder. Hace cosa de un mes, Juan Ignacio fue a ver a Guzmán, a quien no conocía, para hablarle de la situación del periódico, y a mostrarle su extrañeza por tan dilatada suspensión, cuyos motivos no adivinaba. Aseguró a Guzmán que había repasado la colección del periódico y no había hallado nada agresivo contra la República. Añadió que tenía entendido que a mí me molestaban algunos colaboradores del *ABC*, como Álvaro Alcalá Galiano (!!), y que estaba dispuesto a suprimirlos, *si yo quería*. Le contaba todo eso porque conociendo su amistad conmigo, esperaba que me lo hiciese saber. Guzmán le contestó que en su opinión personal, el *ABC* estaba suspendido porque había tenido mucha parte en la gestación del diez de agosto, haciendo creer a la gente que la opinión de España era adversa a la República, etcétera, etcétera. Agregó que seguramente a mí me tenían sin cuidado los colaboradores del *ABC*, y que no creía probable que yo quisiera entrar en negociaciones ni poner condiciones para la reaparición del periódico.

Los agustinos del Escorial, que son amigos de Luca de Tena, alumno suyo, y que siempre han tenido —ignoro por qué— mucha influencia en el periódico, han hecho gestiones en favor de la reaparición del periódico, y el padre Isidoro dijo que no se atrevía a gestionarlo directamente cerca de mí.

Los Luca de Tena, sin Juan Ignacio, fueron a ver a Casares, hace diez o quince días, para saber cuáles eran los propósitos del Gobierno sobre el caso. Casares se *embozó* y no dijo nada. Hablaron de la interpelación que tenía anunciada el Partido Radical sobre ello, y Casares repuso que acaso el procedimiento fuese malo, porque discutiéndose eso en el Congreso les echaría encima la mayoría, y la consecuencia pudiera ser una proposición de ley para expropiar el periódico o alguna otra cosa así. Se quedaron espantados, e inmediatamente hicieron que Lerroux desistiera de la interpelación proyectada y anunciada.

Luca de Tena ha ofrecido acciones del periódico a seis mil pesetas, y no ha encontrado comprador. Pero parece muy seguro que Maura tenía en proyecto adquirir mediante Ruiz Senén la mayoría de las acciones, poniendo así el periódico a disposición del partido conservador republicano, que es como se llama ahora el grupo de que es jefe. Tan adelantado debía estar ya eso, que Maura le ha ofrecido la dirección de *ABC* a Manuel Aznar, el cual lo rechazó. «Yo no soy tonto», le ha dicho Aznar a Guzmán. Quiere decir con ello, según Guzmán, que lo pone todo a la «carta Azaña».

En el Consejo de hoy, les he dicho que si bien yo estaba dispuesto a romperme la cabeza por la República, y a pasar todos los trances difíciles que se ofrecieran, en este asunto de la suspensión de periódicos yo creía que no era útil afrontar un debate más, en el que tendríamos que limitarnos a decir que el *ABC* no sale porque no queremos que salga. Que esta actitud no es para tomada en las Cortes todos los días, y que ya es bastante con haberlo hecho la semana pasada. Insistir desgasta al Gobierno y puede desgastarme a mí; creándome una reputación que está muy lejos de mis intenciones. Los ministros han estado conformes, y si el *ABC* ha de reaparecer un día, más vale que salga por acto espontáneo del Gobierno y no por presión parlamentaria u otra. Y mañana saldrá el *ABC*. Veremos lo que hace. En septiembre, cuando iniciaron las gestiones para la reaparición, dijo Luca de Tena, y se lo repitió a Guzmán, que si no lo hubieran suspendido el diez de agosto, habría publicado al día siguiente un artículo condenando lo hecho por Sanjurjo. También le dijo a Guzmán que tenía preparado un artículo elogioso para mi discurso de Santander, en la parte de política internacional, diciendo que nunca se habían tratado en España de esa manera tales cuestiones.

Finalmente, hace dos días, Juan Ignacio Luca de Tena fue a visitar al doctor Marañón y le pidió que le preparase una entrevista conmigo. El recado me lo trajo Zulueta. Contesté que no conociendo yo ni de vista a Luca de Tena, y no teniendo por qué recibirlo en secreto, en cuanto se supiera que me visitaba se daría a eso un valor político, y cuando, tarde o temprano reapareciese el periódico, a nadie se le podría hacer creer que no habíamos pactado algo. Y yo tenía el propósito de, cuando reapareciese el *ABC*, que fuera sin cláusula alguna. Otro, en mi caso, no se habría privado del gusto de hacer venir a Luca de Tena a «degollar la ternera». Pero a mí eso no me gusta.

El fin que perseguía Luca de Tena con visitarme era —según dijo a Marañón— sincerarse conmigo de las imputaciones que se le han hecho respecto de su participación en un complot para asesinarme. «Yo soy monárquico y enemigo de la República, pero soy persona decente», le ha dicho a Marañón (también una cosa y otra me tienen sin cuidado).

Lo más chistoso de toda esta historia es que Maura ha llevado muy a mal la reaparición del *ABC*. En los pasillos del Congreso les ha dicho a Domenchina, a Cacho y a Serrano Batanero, que esa medida es «una torpeza del Gobierno», porque el *ABC* estaba para claudicar, por sus muchas pérdidas, y habría cambiado de empresa y de política. Si me hubiera tropezado esta tarde con Maura, le habría preguntado por qué no presentaba una proposición de censura contra el Gobierno, si hemos cometido una torpeza. Este Maura es el mismo que vota contra el Gobierno cuando en el salón de sesiones se discuten estas medidas tomadas por nosotros.

A primera hora de la tarde ha venido Guzmán, que me cuenta cosas de los periódicos. Aznar quiere ser embajador, precisamente en Cuba, cosa que estimo imposible.

En las Cortes, llamo a Sánchez Covisa, presidente de la comisión que ha de dictaminar en lo de la Telefónica. Le entero de lo que pasa con los Estados Unidos y le doy algunas instrucciones para ver cómo está la comisión y si se puede esperar que proceda con tino y prudencia. Sánchez Covisa comprende la gravedad de la situación y se pone a disposición del Gobierno.

Recibo una comisión de canónigos que vienen a pedir piedad en lo de la supresión de haberes.

Hablo con el Presidente de la comisión de Guerra, que aún no ha dictaminado el proyecto fijando las fuerzas militares para el año próximo. El retraso se debe a manejos de Mariano Rojo, socialista, y cuñado de Saborit, que pretende no ser *militarista*; como si yo lo fuese. El otro día informé ante la comisión, y les expliqué el proyecto, que es el *statu quo*, y aun menos. Observé que no se habían enterado de nada. A este Rojo le parece que un socialista no puede votar el presupuesto de Guerra, y puede en cambio votar el presupuesto de Hacienda.

Después voy a Gobernación y tengo una conversación de más de una hora con Casares. Me entera de los nuevos datos recogidos sobre el nuevo complot. Se han captado en Bilbao unas conversaciones por radio, de las cuales se saca en limpio que hay alijos de armas, que viene mucho dinero de fuera, que los monárquicos piensan desencadenar un ataque de extrema izquierda. En las conversaciones ha sonado el nombre del diputado Lamamié de Clairac, y esto se relaciona con otros indicios. Casares teme que haya huelga ferroviaria, y los agitadores esperan aprovecharla. Trifón Gómez se ríe olímpicamente cuando le hablan de la posibilidad de la huelga.

Vuelvo a las Cortes, porque durante mi estancia en Gobernación Besteiro me ha llamado para decirme que la interpelación de la Telefónica, interrumpida hoy por indicación que el Gobierno le hizo esta mañana, no puede suspenderse indefinidamente, sin provocar grandes protestas, a menos que el Gobierno haga una declaración «de altura» (dice Besteiro), proponiendo a las Cortes que por ahora la interpelación no siga. En las Cortes no hay más ministro que Zulueta, y Prieto, que está en el banco azul presenciando la discusión de su presupuesto. Hablo con Zulueta, que no me saca de dudas. Mañana hablaré con los demás ministros, sin reunir el Consejo, para no alarmar.

A las ocho voy a casa del Presidente. Le entero de lo que se sabe del complot, y del estado actual del asunto de la Telefónica. Le parece bien que hable con los jefes de los partidos, principalmente con Lerroux, diciéndole cuál es la gravedad del caso, y de rechazo puede tratarse de la suspensión de la interpelación.

Vuelvo al ministerio. Después de cenar voy, invitado por el Ateneo, a ver una película estúpida, a pesar de ser pacifista, en el cine Astoria, que antes se llamó Rialto.

Ayer en el Ateneo pronunció Unamuno su anunciada conferencia. Gran golpe de gente, según cuentan. La conferencia ha sido lastimosa. Una estupidez, o una mala acción. Le gritaron. Mucha gente se indignó con Unamuno. Si todos le hubieran hecho el mismo caso que yo, desde que le hice el artículo del *leonero* que tanto le mortificó, se evitarían el indignarse.

La Tierra publica un artículo diciendo que yo tengo cada día más «ansia de mando»; que pretendo secuestrar la voluntad del Presidente de la República, y que por eso lancé el otro día en las Cortes lo de que «no hay poder moderador», y en Valladolid otras *amenazas* tremendas. ¡Qué gentuza! Dicen que están pagados por March.

30 de noviembre

Mañana de audiencia militar. El comandante Ponce, del Taller de Precisión de Artillería, viene a hablarme de aparatos de óptica militar. No se hace nada en España. Ponce ha trabajado en fábricas extranjeras y ahora en el Taller de Precisión quiere montar una producción para el ejército. Me propongo ayudarle. Una comisión del regimiento 32, con el coronel, que me trae un relieve del campo de maniobras. Departimos, les digo algunas cosas respecto del ejército nuevo; están muy contentos y con buen espíritu. Otras gentes.

También han venido el bruto de Busquets y Sacristán, para hablar contra la Papelera en el conflicto del papel.

Y Ruiz de Alda, sobre el Catastro fotográfico.

Zulueta viene a contarme las últimas impresiones sobre el asunto de la Telefónica. Ayer tarde, el ministro consejero de la embajada de los Estados Unidos fue llamado al ministerio de Estado. El subsecretario, por encargo del ministro, le dijo que la demora en la respuesta no era descortesía ni falta de interés, sino al contrario, resultaba de la propia importancia del caso y de la necesidad de estudiarlo a fondo. Pareció quedar satisfecho, y dijo que lo trasmitiría a su Gobierno. Pero hoy por la mañana ha vuelto al ministerio, y ha dicho que después de hablar con su embajador, había desistido de comunicar aquella conversación al Gobierno de los Estados Unidos; porque ellos ya han dicho todo lo que tenían que decir en su nota, y no les queda sino aguardar la respuesta. De modo que están lo peor posible. De su disposición es muestra lo que soltó ayer el ministro-consejero al subsecretario de Estado: que tenía el propósito de hacer un viaje por España, pero que ahora ya no podría, porque un encargado de negocios no puede moverse de Madrid. Quiso significar que el embajador está a punto de retirarse.

He llamado a Aurelio Lerroux, sobrino de don Alejandro, y delegado del Gobierno en la Telefónica, para que le diga a su tío que deseo hablar con él esta tarde. Le recibiré en mi despacho del Congreso, y aunque la entrevista originará comentarios y será difícil ocultar su objeto, prefiero eso a vernos en secreto, como la otra vez. Le digo que el pretexto aparente para los periodistas pudiera ser el de ir Lerroux a dar gracias como presidente de la Asociación de la Prensa, por la reaparición de los periódicos suspendidos.

También ha venido el comandante Vidal, delegado del ministerio de la Guerra en la Telefónica. Me cuenta una cosa que me deja maravillado, si es que puede uno maravillarse de algo. En el Consejo de ayer se habló de la posibilidad de un arbitraje, para resolver la cuestión con los Estados Unidos. Pues bien: ya lo saben en la Telefónica; y dicen los yankis que aceptarían un arbitraje para decidir sobre la legalidad del contrato, aunque no para decidir si el asunto es de orden interior de España.

Por la tarde, en las Cortes, ha venido Lerroux a mi despacho. Le cuento de pe a pa todo cuanto sucede. Se pone pálido. Le hago saber que el Gobierno y el Presidente de la República conocen el paso que doy. Lerroux, en el curso de mi relato, me ha interrumpido una vez, para decirme, a propósito de las represalias comerciales de Norteamérica: «Y entonces nos chillarán nuestros exportadores». En resumen, su disposición es de absoluta conformidad con lo que el Gobierno proponga. Necesitará hablar con algunos de sus amigos políticos (especialmente Martínez Barrio y Guerra del Río). Comentando las dificultades que ha creado la presentación del proyecto de ley por Martínez Barrio (presentación que hizo Martínez Barrio pocos días antes de dejar de ser ministro, porque le iba en ello su honor) Lerroux me revela que, para redactar el proyecto y presentarlo, don Diego no le consultó. Y añade que quien manejaba el ministerio de Comunicaciones era el Sindicato de Telégrafos. Quedamos en que mañana me dará una respuesta definitiva.

Voy al salón de sesiones, donde está Prieto pronunciando un discurso sobre la totalidad del presupuesto de Obras Públicas. Habla casi dos horas. Prieto es muy lento en el desarrollo del discurso, aunque dice muchas palabras por minuto, porque se preocupa de ser correcto, y de hablar por muy «rodeada manera», como dice Cervantes, y de acabar bien los párrafos, y su dominio del idioma es corto y no tiene vocabulario, ni, mucho menos, un vocabulario preciso. Emplea el vocabulario de los periódicos. Y cuando quiere ser elegante dice «al socaire», empleándolo casi siempre mal. Prieto está muy entusiasmado con las obras de riego, pero dice Ramos que el plan de obras que va en el presupuesto está sin estudiar. Le han aplaudido casi todos los diputados, sin exceptuar a los radicales.

He salido un momento al pasillo y al encontrarme con Maura, le cito para el ministerio de la Guerra a las ocho y media. Ha sido un recado brevísimo, el tiempo de decir las palabras precisas. Maura ha ido inmediatamente a hablar con Alba, Ossorio y Sánchez Román, supongo que a conocer su opinión y a contarles lo de la cita cuyo objeto conocía.

Todavía tengo que recibir varias comisiones y visitas, y vengo al ministerio con Ramos. A su hora ha llegado Maura. Le explico la tramitación del asunto, desde el día que recibí la carta del embajador. Maura sabe de esto —lo advierto en seguida— tanto como yo, si no más. Él es quien dio a la Telefónica un papel escrito con los términos de lo que a su juicio pudiera ser solución del asunto, solución que me comunicó a mí de palabra en el Congreso. Maura me dice que en este asunto no puede haber otra solución que la que proponga el Gobierno, y él la apoyará en el Congreso. Insiste en lo que me propuso: que el Gobierno se adelante a dictar un decreto denunciando el contrato con la Telefónica y sometiéndolo a revisión, para llevarlo después a las Cortes. Le arguyo que eso tiene muchos inconvenientes, entre otros el de prescindir de las Cortes, donde está pendiente un proyecto de ley; la publicación del decreto provocaría una discusión difícil para el Gobierno, y no menos peligrosa que la discusión misma de la ley que pudiera llevarse con el texto del decreto que él aconseja. Discutimos largamente, y se ofrece a explorar el ánimo de la Compañía, hablando con Rico y Rock. Le digo que hable, pero no como de parte del Gobierno, y sin dar seguridades de que se aceptaría por nosotros la fórmula que él propone. Hemos hablado mucho, y entre otras cosas me ha hecho una defensa de la Telefónica, y de la conveniencia de dejarnos «fecundar» por el capital extranjero. «Los yankis —dice— no iban a venir a trabajar en España para ganar un seis por ciento.» Poco le ha faltado para decirme que el contrato es bueno; no lo ha dicho, es verdad; le parecen mal las cláusulas más escandalosas.

También hemos hablado de política. Me ha rogado que no dé crédito a los chismes que andan por ahí, y según los cuales me maltrata en los mítines. «Yo siempre dejo a salvo lo que usted vale y lo que representa; pero si he de dirigir en política la derecha republicana, y he de ser lo contrario de lo que usted significa, fuerza es que combata su política con energía, primero por convencimiento, y segundo, porque he de dibujar una figura con aristas bien marcadas.» Le contesto que no se preocupe de habladurías, y que tengo sobrado mundo para no hacer caso de lo que digan de mí. Estima que debo permanecer en el Gobierno unos cuantos años, prescindiendo de los socialistas, y disolviendo cuanto antes las Constituyentes; en las próximas Cortes, su partido tendrá sesenta o setenta diputados. Que debo presidir unas elecciones puras, y si soy justo e imparcial, toda la nación me aceptará. Le sorprende, y a muchos adeptos del conservadurismo, que teniendo yo el concepto que tengo del mando y de la autoridad, deje que reine la licencia en Extremadura, etcétera; que el Gobierno no es tal, sino un comité revolucionario, que está pendiente de los grupos parlamentarios; la Federación de izquierdas le parece bien, como propósito, pero se indigna de que Galarza, Gordón y otros estén mangoneando la dirección de la Federación, para disputarse los cargos y la presidencia (aquí, Maura desata su aversión a las personas). Otras cosas me ha dicho, por este orden. En lo de la Telefónica, al mostrarse de acuerdo conmigo en que no debe ser cuestión de partido, y en que se debe procurar no envenenarla, me ha dicho que teme que alguien pretenda envenenarla soli viantando a la Telefónica, y cree que quien hace eso es Alba. «Esto se lo digo en reserva, y de usted para mí nada más, porque no tengo pruebas, y no quiero cargar con la responsabilidad de una acusación así.»

Después de cenar hemos ido al Calderón, a ver unos coros «cántabros». Deben de ser los que se sublevaron contra Augusto. Al palco han venido Miguel Salvador y Óscar Esplá, que está poniendo solfa a *La Corona*, en la versión que para eso ha hecho Cipriano.

1 de diciembre

Día de audiencia en la Presidencia. El diputado Artigas, con pleitos locales. Comisiones y más comisiones. Y una más importante: se ha reunido la Comisión de Traspaso de Servicios a la Generalidad, para constituirse. He presidido un rato, y luego los he dejado continuar solos.

Recibo a cuatro diputados nacionalistas vascos: Aguirre, Leizaola, Basterrechea y otro muy feo, que no sé cómo se llama, que me hablan de la política de su país. Estaban muy contentos de los gobernadores que les ha enviado la República; pero el que hay ahora en Bilbao los persigue en beneficio de los socialistas y de la UGT. Resurgen con eso los extremos separatistas. Están muy de acuerdo con mi criterio en lo de las autonomías. Lo que estos hombres me dicen coincide con lo que afirma Casares, y es que el gobernador de Bilbao sigue la táctica que le aconseja Prieto, cuya aversión a los nacionalistas es conocida.

Aguirre me cuenta que el año pasado el partido nacionalista fue requerido por los conspiradores monárquicos para ayudarles, entre otros por el general Orgaz (de ahí vino el que lo confinase yo en Comarcas); pero ellos se negaron, porque no les daban garantías para sus aspiraciones.

A las dos y media puedo salir, para comer con las Sociedades Económicas de Amigos del País (una cosa vieja, inservible y algo bufa), de que soy miembro honorario.

A las cuatro y media, Maura viene a verme al ministerio. Esta mañana, en su casa, conversación con Rico, Rock y el ministro consejero de la embajada de los Estados Unidos. Tres horas han estado discutiendo. El ministro consejero se oponía a que el Gobierno ni las Cortes tomen ninguna medida para la caducidad, denuncia y revisión. Me asegura Maura que el Gobierno de Washington ha prohibido a la Compañía Telefónica que trate sola con el Gobierno español. Que los ministros americanos están muy soliviantados y nerviosos. Que no está menos impertinente el embajador; que están irritados por la tardanza en contestar a la nota (Maura me dijo anoche que la tardanza le parecía un error) y por las cosas que se han dicho en las Cortes. Que Rock ha hablado directamente con el Gobierno de Washington (luego ha dicho que mediante Proctor) y que aceptan lo que Maura llamaba su solución, pero eliminando la palabra *denuncia*; etcétera. Quedamos en que más tarde me comunicará las últimas noticias que reciba, acerca de la disposición del Gobierno americano. Esta conversación, a medida que ha pasado tiempo, me ha hecho peor impresión: parece que Maura quiere envolverme y manejarme, y la defensa que anoche hizo de la *ocupación* de España por el capital extranjero vuelve a mi memoria.

En las Cortes, Lerroux viene al despacho a decirme su respuesta: ha hablado únicamente con Martínez Barrio (el partido radical es muy democrático), y no pondrá ninguna dificultad a cualquier solución que apunte el Gobierno, siempre que no sea ni se pida que parta de una iniciativa del partido radical. Poco más hemos hablado. Él se va a Barcelona mañana por la noche, y antes le diré yo lo que resulte del Consejo.

Esta respuesta que me iba a dar Lerroux la conocía ya Maura esta tarde, cuando me ha visitado, y el propio Maura me la ha dicho. ¿Por qué lo sabía? ¿Se han visto Lerroux y Maura? Estas gentes están en comunicación, ¿hasta qué punto? Hay aquí un abismo temeroso. ¿Todo lo guisan en común?

Maura es tan discreto, que anoche, al salir del ministerio, les contó a los periodistas para qué había venido.

(Por su parte Emilio Herrero, jefe del gabinete de prensa del Presidente de la República, anda diciendo por ahí que hay una nota de protesta de los Estados Unidos.)

De las Cortes, oídas unas cuantas estupideces, he salido con Casares, y ha estado conmigo en el ministerio de la Guerra hasta las nueve. Hemos llamado al director de Seguridad. Hablamos de lo que se sabe del complot. Se habla ya de fechas. Menéndez quiere meter en el ministerio una compañía de guardias de asalto.

Luego ha venido Ramos. Hemos bromeado un poco acerca de nuestro cansancio y de mi propio e incurable hastío.

Cuando estoy cenando, Maura me llama por teléfono y me comunica que las últimas noticias de Washington son que el Gobierno no aceptaría que se declarase *denunciado* el contrato.

Después, ya cerca de las once, voy a casa del Presidente de la República. Le informo del estado del asunto y de los varios caminos que se me ofrecen: acción del Gobierno mediante un decreto o llevar a la comisión parlamentaria la conclusión posible, para convertirla en ley. Le digo a don Niceto los inconvenientes de lo primero, y los escrúpulos que me produce. Lo aprueba. Convenimos en que lo mejor es negociar, y el resultado a que se llegue en la negociación para revisar el contrato, llevarlo al Parlamento.

Hoy estaba el Presidente deseoso de darme muestras de confianza. Cuando hablábamos del primer medio, o sea de dar el Gobierno un decreto zanjando la cuestión, me dijo: si usted me lo trae se lo firmo, pero creo que el mejor camino es el otro.

Después me ha dicho: creo que le critican a usted porque plantea la cuestión de confianza en las Cortes con alguna frecuencia... Plantee usted más. Ese es el régimen, y el único medio de encauzar a la mayoría, y que cada cual cargue con su responsabilidad.

Hablamos del orden público. Me cuenta que por un azar ha llegado a su noticia que la fecha señalada es el lunes, día cinco.

He vuelto pronto al ministerio. Estaba Cipriano, que se fue luego al Español. Nos hemos divertido mucho leyendo un artículo de Manolito Bueno en el *ABC* en el cual, no muy encubiertamente, se me compara con Robespierre, y a Cipriano con Saint-Just. (Claro que no me llama Robespierre, sino caricatura grotesca de él.) ¡Qué cosas! ¡Todo eso por cincuenta céntimos!

Ya tarde, ha venido Guzmán. Me trae noticia de los rumores que corren.

Esta tarde los pasillos del Congreso eran un hervidero de absurdidades.

Guzmán me dice que Manuel Aznar, director del *Sol*, querría ser gobernador general de Guinea. La noticia me produce extrañeza, y el nombramiento sería desatinado. Aznar quería una embajada. Indirectamente, Zulueta le ha ofrecido la legación en Río de Janeiro; pero Aznar no la ha aceptado.

2 de diciembre

Cuando salgo de mis habitaciones, ya estaban todos los ministros, menos Domingo, reunidos. Hemos dedicado el Consejo a la cuestión planteada por los Estados Unidos. He referido mis entrevistas con Lerroux y Maura. Se han recapitulado los hechos ocurridos estos días y he invitado a los ministros —después de leer la carta del embajador, el apunte que me dejó en su segunda visita y la nota— a que expusieran su opinión. El primero que ha hablado ha sido Prieto. Contra lo que pudiera creerse, Prieto se ha mostrado favorable a transigir, aceptando que se negocie la revisión del contrato con la Telefónica. Califica duramente la conducta del Gobierno norteamericano, pero no cree posible afrontar una ruptura. Fernando de los Ríos viene a decir lo mismo en substancia, insistiendo mucho en que tales son los métodos de la política de los yankis. Carner ha examinado la cuestión jurídicamente, probando con facilidad cuán fuerte sería nuestra posición, si hubiéramos de ventilar el caso como un pleito; acepta que se negocie, procurando sacar las mayores ventajas posibles en la revisión. Domingo se ha limitado a decir que estaba conforme con Prieto, porque no hay opción. Zulueta, partidario de negociar la revisión del contrato, ha hecho algunas salvedades respecto de lo que hoy es la extensión e invulnerabilidad de lo que se llama soberanía de los Estados, sometida a tantas limitaciones por el entrelazamiento de los intereses de unos pueblos a otros. Giral, conforme. Albornoz ha ofrecido alguna resistencia, estimando que la nota americana es brutal, y atropella la dignidad de España; parecía opinar que se rechazase la reclamación de los yankis. «Entonces —le he preguntado— ¿usted vota porque se vaya a la ruptura?» No ha contestado resueltamente, y no ha hecho sino balbucir palabras dudosas. Casares era el más opuesto a aceptar la negociación y el acuerdo para revisar el contrato. Cree que en la revisión nos estrellaremos, o tendremos que aceptar entonces las pretensiones de los yankis o ir al rompimiento, con todas sus consecuencias, que ahora pretendemos evitar.

A Fernando se le ocurrió decir que, pues se estaba consultando a los jefes de grupo de la oposición, debería hablarse a los comités de los grupos de la mayoría, para saber qué les parecía el asunto. Me opuse. La conversación con los jefes de grupo de oposición tiene un valor informativo. No puedo admitir que la decisión del Gobierno esté pendiente de la opinión de unos y otros. No somos un comité, sino Gobierno, y tenemos el derecho y el deber de resolver nosotros y aceptar la responsabilidad. Fernando recogió velas, y dijo que se trataba solamente de informarles de la situación. A eso no me opuse. Albornoz pareció también querer consultar a los grupos; lo estimaba indispensable. Después de mi respuesta a Fernando, no insistió.

Añadí que, en su función propia, el Gobierno debía esforzarse en llegar a un acuerdo sobre la respuesta a la nota del embajador; pero que si no llegábamos, no tenía otra cosa que hacer sino llevarle al Presidente de la República la dimisión.

También se discutió mucho qué convendría más, una vez aceptado el criterio de negociar para la revisión del contrato: si negociar con la Compañía o con el Gobierno americano. Prevaleció lo primero, pero a propuesta mía se convino en dejar ese punto sin tocar en la respuesta escrita.

En resumen, al final de la discusión, propuse que la respuesta a la nota se redactase, dejando a salvo el principio de la autoridad de las Cortes, con el propósito de aceptar que la revisión del contrato se haga por negociación, evitando ahora la repulsa que conduciría al rompimiento y a las represalias.

El plan que nos proponemos seguir es: suspender la discusión en las Cortes; discutir serenamente el contrato, quitar de él lo más que se pueda de cuanto parece malo, y con el resultado que se obtenga ir a las Cortes. Si lo aceptan, bien; si no lo aceptan, nos iremos.

El plan de Maura fue desechado por unanimidad.

Esta tarde he recibido en el ministerio a Ossorio, llamado por mí: le hago saber cuanto sucede, y las dificultades con que se tropieza para salir airosos de este trance. Ossorio, después de oírme, dice que no ve la situación tan grave ni tan difícil, y confía en que lo llevaré todo a buen término. Lo que hay que hacer —dice— es separar la parte de derecho público, en que el Gobierno yanki se apoya para proteger los intereses de sus nacionales, amenazados por una medida legislativa, y la parte comercial y de negocio, contenida en el contrato. Lo primero es cosa de los dos gobiernos. Es natural y admisible que un Gobierno extranjero se preocupe de que los derechos de sus súbditos, dimanentes de un Estado legal, no sean maltratados formalmente sin garantía alguna. Lo segundo es a tratar entre el Gobierno español y la Compañía. En esto último el Gobierno americano no tiene por qué inmiscuirse; no podrá quejarse porque sus nacionales hagan un contrato más o menos ventajoso.

Debo discutir con la Compañía, sacar el mejor partido posible; y si lo que ahora es malo, resulta, por la gestión del Gobierno, un poco menos malo, será aprobado por las Cortes, y todo acabará en *otra apoteosis*, como tantas que me han hecho ya. «A usted le sobran medios», me dice. (Maura, sobre lo mismo, me aseguraba el otro día que adormezco a las Cortes o, de vez en cuando, las mando a... paseo; en las Cortes no ha habido más que monólogo.)

La posición de Ossorio me parece demasiado ligera; todo lo encuentra siempre fácil don Ángel. La «separación» que él pretende establecer es precisamente uno de los nudos de la cuestión.

Un momento hemos hablado de política general. Me pregunta por las conspiraciones, y para prepararlo a lo que venga, le indico algo de lo que hay, y le digo que algunos diputados de la derecha conspiran. Todo lo que se le ocurre decir es que acaso fuese bueno que yo contase en las Cortes lo que sé, diciendo los nombres de los diputados conspiradores. ¿Y sin pruebas? Buena se armaría.

Hablándome de las jubilaciones de magistrados y jueces, afirma que han sido jubilados muchos granujas, pero otros eran buenos funcionarios. En cambio, dice, se han quedado algunos que ¡ya, ya! Nadie se explica satisfactoriamente que no los echen; se lo explican por influencias, que me achacan a mí.

—¿A mí? —pregunto, muy extrañado—. No he intervenido para nada en eso. Y en la lista publicada hay compañeros míos de colegio, por los que no he intercedido. Es de la responsabilidad del ministro.

—Pero hay uno que señalan como protegido por usted...

—¿Quiere usted ya decir de qué se trata?

—Pío Ballesteros, magistrado del Supremo.

—¿Y qué tengo yo que ver con él? Ni siquiera me he acordado de su existencia.

—Pues todo el mundo dice que no lo han jubilado porque fue testigo de su boda de usted.

Al verme tan sorprendido, Ossorio insiste:

—¿Pero de veras le cae a usted esto tan de nuevas?

—Si me quiere usted creer, lo cree; y si no lo deja.

—Pues la opinión se lo atribuye, y esto le perjudica a usted.

—¿Qué opinión? Supongo que España no estará enterada de que Ballesteros es magistrado del Supremo, ni, mucho menos, de que fue testigo de mi boda. Esa opinión será la de los corrillos de las Soleras.

—Lo bastante respetable para que usted no la desprecie, como suele.

—Lo que desprecio es la necedad.

Estos son los móviles que le atribuyen a uno los politicones de colmillo retorcido y la gente criada en la mezquindad. Este señor Ballesteros era oficial de la Subsecretaría de Gracia y Justicia al mismo tiempo que yo lo era de la Dirección de los Registros. No nos tratábamos apenas, y durante la guerra europea llegamos a no saludarnos cuando nos veíamos en el Ateneo, porque él era muy reaccionario y germanófilo, y yo andaba en la procesión de los aliadófilos. Cuando don Galo fue nombrado ministro de Gracia y Justicia, hizo director general de Registros a Ballesteros, sacándolo de la covachuela de la Subsecretaría. Fue mi jefe, y mantuvimos una relación cortés, pero reservada. Ya entonces andaba yo en las conspiraciones republicanas, y Ballesteros no lo ignoraba. Cuando me casé, le invité a la boda, por etiqueta, como fue también el subdirector, de quien nunca he sido amigo. Pocos meses más tarde, don Galo nombró a su amigo Ballesteros magistrado del Supremo. Recuerdo que en la Dirección General y en el ministerio hubo mucho «run-run» sobre el nombramiento porque decían los roedores del Alcubilla que Ballesteros no tenía «condiciones legales». Lo nombraron, y no le he vuelto a ver, hasta hace casi un año, que se me presentó en la Presidencia a recomendarme un asunto de un ayuntamiento. Ni de haber sido mi jefe, ni de haber «atestiguado» mi casamiento nos ha quedado amistad, ni podía quedar, porque el mozo no me fue nunca simpático («Desparrama la vista», decía yo de él cuando fue director general, para significar lo receloso que es) y porque era bien claro que la política nos pondría frente a frente.

Pues con todo esto: «la opinión» afirma que no se le jubilaba por influencia mía. Lo más chistoso del caso es que Albornoz dijo ayer a los periodistas que se proponía jubilar a los magistrados que ocuparon cargos políticos con la Dictadura, y hoy me ha traído una docena de decretos, uno de los cuales ¡jubila forzosamente a Ballesteros!

Si uno tiene que defenderse del vendaval de necedad que sopla de todos los cuadrantes, ¡divertido estoy!

En las Cortes me reúno con Pi y Suñer, Tarradellas y Xirau, consejeros de la Generalidad para tratar de puntos políticos de Cataluña. Quieren que a la Esquerra, gananciosa en las elecciones, y adicta al Gobierno en las Cortes, se la trate como a partido gubernamental, «como al señor Casares en Galicia», dice con humildad frailuna el señor Xirau, creyendo sin duda que a Casares se le ha nombrado procónsul de Galicia. En resumen, en casi todo lo que piden, tienen razón; les ofrezco apoyarles, y quedan satisfechos.

Hablo largamente con Besteiro de la cuestión con los Estados Unidos y del orden público. Aprueba lo hecho por el Gobierno. Después comentamos la situación parlamentaria. Al salir del despacho, los periodistas, en rebaño me acosan. Están empeñados en que les diga algo, me hacen preguntas idiotas, y tengo que apelar a los últimos gramos de paciencia para no contestarles malamente. Luego me ha dicho Ramos que por los pasillos del Congreso se decía que yo *he roto* con Besteiro.

Entre las estupideces que traen y llevan los concurrentes al Congreso figuraba esta: que en vista del *conflicto* con los Estados Unidos estaba yo decidido a movilizar diez reemplazos. ¡Serán brutos! ¿Y qué iba yo a hacer con esa gente? ¿Ir a conquistar la Florida?

En este ambiente respira el cogollo de la gente activa de la política, y de esos bodrios se nutre lo que en la jerga periodística se llama «información».

Vengo al ministerio y luego me marcho a casa del Presidente de la República. Llevo mucha firma, y le entero de la situación de los asuntos. Lo aprueba todo. Al firmar la jubilación de magistrados me dice: «Solamente conozco a tres de esa lista, y los tres están bien jubilados».

3 de diciembre

El Consejo de ministros se ha reunido para conocer el texto de la nota que se envía al embajador de los Estados Unidos. En general ha parecido bien, y con ligeros retoques ha sido aprobada. Al empezar el Consejo, y en corrillo aparte, Domingo y Zulueta me enteran de *una gracia* que ha hecho Albornoz. Ha reunido al comité directivo de su partido y les ha contado el asunto en forma tal que se han indignado. Les ha dicho que la nota del embajador es brutal y descortés y humillante. Gordón y otros se han puesto por las nubes, diciendo que eso es intolerable y que los ministros radicales-socialistas deben dimitir. (La cuestión es *facilitarlo* todo.)

He estado en casa toda la tarde. Llueve mucho. El día está tristón. Yo, cansado *por dentro*. Permanezco en el despacho desde el anochecer. Recibo unas visitas. Estoy muy ansioso de ser libre.

En el Consejo de hoy se ha leído un decreto de Marcelino Domingo sobre precios e importación de papel. Como en este asunto hay una gresca entre los fabricantes y los periódicos, y el otro día estuvieron aquí a protestar Busquets y Sacristán, le pregunto a Domingo si es seguro que unos y otros hayan llegado a un acuerdo. Contesta que no lo sabe, porque el decreto se lo han entregado cuando venía al Consejo. «Entonces, aplacémoslo, hasta que usted se entere.»

Por la tarde ha venido Guzmán y me cuenta que, en efecto, la Papelera y las empresarias de periódicos han llegado a un acuerdo, que se traduce en el decreto.

Carner ha traído al Consejo un proyecto para resolver la situación en que se encuentran los ayuntamientos de los pueblos que pertenecían al Real Patrimonio. Entre ellos está el pueblo del Pardo. Con este motivo, insisto en lo que ya tengo dicho al Consejo, en relación con Madrid. Y trazo un plan, que es ya viejo en mi imaginación, encargándole al ministro de Obras Públicas que lo estudie. Como el Ayuntamiento no funciona, y sólo hace tonterías, y va a malgastar los ochenta millones que se le han regalado, creo que el Estado puede y debe hacer algo en previsión del Madrid venidero. Le encargo a Prieto que su ministerio estudie y proyecte el ensanche de la carretera de La Coruña desde el puente de San Fernando, la sustitución de este puente por otro más ancho, la formación de una gran plaza en la confluencia del puente con la carretera del Pardo, y el trazado de una gran carretera, de ancho mayor que el normal, que parta de esa gran plaza, y en curva de gran radio, atraviese el sur del monte del Pardo, cruce por los campos del término de Fuencarral, al norte de este pueblo y vaya a buscar el enlace con la prolongación de la Castellana. Así quedará cerrado el circuito de Madrid por el norte, remediándose una de las mayores absurdidades de la situación de la Villa. Prieto ofrece seguir mis indicaciones.

También me he ocupado en Consejo de la necesidad de adquirir prontamente solares para levantar un nuevo ministerio de la Gobernación, y otros para Obras Públicas, Justicia, y servicios de Aeronáutica. Propongo que al Ayuntamiento se le pida, como correspondencia a la protección que acaba de darle el Estado, que reserve en la prolongación de la Castellana el área necesaria para esas construcciones. Yo he hablado de ello con el alcalde, y está conforme; pero de lo que dice Pedro Rico no se ha de fiar, y probablemente habrá que hacer una ley. El Consejo lo aprueba.

A última hora le pido a Zulueta una copia de nuestra nota a los Estados Unidos para llevársela al Presidente de la República. Recibo el papel ya cerca de las ocho, y voy a casa de don Niceto. Cuando llego, me dice el Presidente que acaba de telefonearle Zulueta preguntando si había yo llegado, y que hay cosas nuevas, el Presidente le respondió que aguardaría a que llegase yo para decidir si Zulueta debía ir o no a conferenciar con nosotros dos. Así lo decidimos, en cuanto llego, y mientras viene Zulueta le leo al Presidente nuestra respuesta, dejándole copia. El Presidente opina que está bien, y que no podía hacerse otra cosa.

Me cuenta el Presidente que Marcelino le ha visitado esta mañana para darle las gracias por el regalo que le hizo con motivo de su boda, y le ha referido lo hecho por Albornoz, convocando a su partido para hablarle de la nota de los Estados Unidos en los términos que ya he apuntado. El Presidente comenta el modo de ser de Albornoz, buena persona, pero desidioso. Recuerda el día que fue, siendo Presidente del Consejo, a visitar a Albornoz en Fomento, para enterarse por encargo del Consejo de ministros de lo que Albornoz había hecho en el asunto de los ferrocarriles.

Llega Zulueta. Ha tenido respuesta del embajador de los Estados Unidos. Es una carta bastante fría, acusando recibo de nuestra nota, la cual va a transmitir a su Gobierno, y mientras no reciba instrucciones, su actitud «sigue siendo la misma». Zulueta está mal impresionado. Y pregunta qué se hace. Ha pensado hablar con nuestro embajador en Washington, y lo tiene llamado al teléfono. Como son cerca de las nueve, todavía en Washington es hora de que el embajador vea al secretario de Estado. Se trata de darle instrucciones para que explique amistosamente el contenido de nuestra respuesta, porque el embajador yanki en Madrid, además de torpe, es *monárquico* (!), católico, y nos mira con antipatía y prevención; por lo cual es probable que no haga nada para facilitar la solución. Zulueta propone que por nuestro embajador se haga notar al gobierno de Washington que no se ha producido ningún hecho nuevo, desde la presentación del proyecto de ley, que justifique las alarmas de aquel gobierno; y que el de España está actuando para proceder a una revisión del contrato, sin propósitos de confiscación, que es en el fondo lo que piden; y que hemos de contar con el Parlamento y la opinión pública. Pensaba Zulueta que esto se telegrafiase en cifra al embajador, pero, además de exigir más tiempo y acarrear una tardanza (mañana es domingo), que pudiera sernos perjudicial, el telegrama es demasiado escueto y constituiría un documento innecesario; hacen preferible una conversación telefónica. La conversación telefónica la oirá la Compañía y la tomará taquigráficamente. Pero lo que vamos a decir al Gobierno americano, dice Zulueta, no hay inconveniente en que lo sepa también la Compañía. Hay un punto que Zulueta no sabe dónde poner, si en el telegrama o en la conferencia telefónica; es aquel en que se diga que con la revisión, aprobada después por las Cortes, la Compañía tendrá una situación legal que hoy no tiene, y por lo tanto le conviene facilitar la solución.

Zulueta está un poco apurado, y sobrecogido. Examinamos muchas veces lo que se puede decir en una u otra forma. Yo le digo que escriba primero lo que vaya a comunicar por teléfono al embajador de España. Por fin resolvemos que hable ahora mismo por teléfono con Washington y que el embajador haga la gestión amistosa que hemos dicho, y le anuncie el telegrama; después, que telegrafíe, con puntos numerados y separados; y después puede hablar de nuevo por teléfono, refiriéndose a los puntos del telegrama, y así le entenderá el embajador, sin necesidad de hablar tan claro, que se entere de todo la Compañía.

Zulueta me acompaña hasta el ministerio, y ya no salgo.

4 de diciembre

Me he despertado tarde. He estado por la mañana en el despacho. Por la tarde viene mi sobrino Gregorio, y con Cipriano y Lola, vamos a La Quinta del Pardo. ¡Aún no han terminado las obras, comenzadas en julio! Me paseo por el monte, hasta el anochecer. Después, en el ministerio, solo. Me entrego a estudiar expedientes: las fortificaciones y los cuarteles de Cádiz; una adjudicación de obras de Aviación; unas diligencias de Zaragoza... En estas llega el comandante Vidal, delegado del ministerio en la Telefónica. Está muy impresionado por lo que le ha dicho Rico (el cual Rico me manda a decir que *si yo quiero* dimitirá el cargo de director de la Compañía); parece ser que mañana el secretario de Estado de Washington dará una nota a la prensa en extremo brutal, diciendo que le tiene sin cuidado lo que las Cortes y el Gobierno español acuerden, etcétera. La respuesta del Gobierno ha sentado muy mal. ¿Qué esperarían? Se juntan aquí, además de la política del dólar, la torpeza de los representantes americanos. No entienden las palabras. En uno de los últimos consejos de la Telefónica se armó una gresca porque el comandante Vidal empleó la palabra *inminente*, y ellos la entendieron como *eminente*. A los periodistas que el otro día me hablaban de una nota italiana, de tres notas de los Estados Unidos, y de una movilización, les contesté: ésas son notas «artificiales». Pues también esto, leído en los periódicos lo han entendido mal.

El mister Rock, que ha reemplazado a Proctor, es más razonable y transigente; el otro día el ministro consejero de la embajada le soltó una rociada hablando despectivamente del Gobierno, etcétera. Rock le dijo: «Bueno, bueno; yo no soy el Gobierno. Eso no me lo diga usted a mí». (Cree Vidal que Proctor debía de estar en cierto modo comprometido en lo del diez de agosto.)

Pregunto a Zulueta por teléfono. No tiene noticia de nada. Me dice Vidal que a Zulueta le tienen los americanos por un pobre hombre. A mí me conceden mayor rango, pero dicen que, o por informarme mal el ministerio de Estado, o porque estoy rodeado de aduladores (¿quiénes serán?), no me he dado cuenta de la magnitud del conflicto. «No es la Telefónica: es el propio

Gobierno americano el que toma la ofensiva.» Tal dicen sus diplomáticos. El artículo de Sánchez Román en *El Sol* de ayer les ha sentado peor. «Todo es muy jurídico; valdrá para la academia de jurisprudencia; pero el Gobierno americano no lo toma en cuenta.»

Como en Estado no saben nada y se duermen, me decido a interponer mi acción personal. Le doy instrucciones a Vidal, que se las aprende de memoria.

También hablamos un momento del complot. Vidal cree que en la Dirección de Seguridad están desorientados. Llamo a Casares y me dice que no hay nada en ninguna parte. Sólo han aparecido dos huelgas *raras*, una en Castellón y otra en Valencia, sin justificación visibles. Pudiera ser un síntoma.

A las diez y media, me llama Vidal por teléfono. Ha hablado con Rico, el cual le ha dicho que haciendo lo que yo indico quedaría resuelta la dificultad. Rico pide autorización para transmitirlo a América, en la seguridad de que hará efecto; pero desea también saber si no le desmentirán los hechos venideros y le harán quedar mal. Le encargo a Vidal que diga a Rico que mientras yo sea Presidente, le respondo; pero que no transmita nada como cosa mía, ni oficial. Vidal se pone muy contento.

Hay en Madrid alguien empeñado en empeorar la situación. Aznar, director del *Sol*, conoció la nota del Gobierno español la misma tarde en que se entregó. Y le contaron, atribuyendo el relato al embajador, que la entrevista de éste con Zulueta había sido muy violenta, que el embajador descargó un puñetazo sobre la mesa, y que dijo que España es un país necesitado de tutela. Todo es falso. Pero dice Aznar que estos rumores los acoge y pone en circulación algún político de mucha cuenta. ¿Es Alba? Recuerdo la insinuación de Maura acerca de Alba. Aznar y Maura viven en la misma casa y se ven con frecuencia.

Vidal tiene la impresión de que la embajada y el Gobierno norteamericanos han ido más allá de lo que la propia Compañía Telefónica esperaba y deseaba. Yo creo que se equivoca.

5 de diciembre

No he salido en todo el día. Por la mañana recibí a Zulueta. Por teléfono me había dicho que sus impresiones eran malas y que llamaba al embajador. Vino a darme cuenta de su conversación. Zulueta, después de las vacilaciones del otro día sobre si había de hablar con nuestro embajador en Washington por telégrafo o por teléfono, se decidió por el telégrafo. Cree que esta gestión en Washington ha sentado mal en la embajada de Madrid. Tenía noticias de que la nota no satisfacía, según se ve ya en la carta de acuse de recibo enviada al ministerio el sábado. Esta impresión se había acentuado, confirmando así los informes que me trajo Vidal. Le doy cuenta a Zulueta del encargo que hice a Vidal anoche, y me contesta que sus efectos se han conocido, según deduce de su conversación de hoy con el embajador. Éste le ha dicho que acababa de recibir una nueva nota de su gobierno, y que por haber tenido que descifrarla, llegaba con algún retraso a la llamada de Zulueta. Que *la nota contenía errores o confusiones* de cifra, y que por eso se abstenía de presentarla. Esto es inverosímil, y tenemos motivos para creer que la nota recibida nos concedía un plazo para contestar; pero que las impresiones transmitidas anoche han decidido al embajador a no presentarla, o a demorarla. Zulueta le ha explicado que no se ha producido ningún hecho nuevo, desde la presentación del proyecto de ley, que justifique la inquietud del Gobierno americano ni sus protestas; que el Gobierno tomará en sus manos el asunto, etcétera. Parece que el embajador se ha ido más contento.

Por la tarde estoy trabajando solo en mi despacho, hasta que vienen ya de noche Casares y el director de Seguridad. Me informan de lo que se sabe del complot, que al parecer debe estallar mañana. Examinamos la situación detenidamente.

Después despacho con Masquelet, y cuando estamos en ello llega Zulueta. Trae la cara triste. Me exhibe la nota americana que ha recibido esta tarde. Es, por lo visto, la que sustituye a la que pensaban presentar esta mañana. Es muy breve, y se limita a decir que el Gobierno de Washington no ha encontrado en nuestra nota nada que altere su posición anterior. Zulueta hace muchos comentarios, le da muchas vueltas, está muy indeciso. Cuando termina le digo:

—Mire usted: la única respuesta que tiene esta nota, no es hablar, sino hacer. Puesto que el Gobierno, unánime, ha acordado conversar con la Telefónica para revisar el contrato, y así se lo dábamos a entender en la nota (aunque parece que no lo han entendido) vamos desde luego a conversar. Decíamos en la nota que el Gobierno encauzaría el asunto: pues encaucémoslo, en vez de andar tergiversando textos ambiguos. Mañana propondré al Consejo que se notifique oficialmente a la Telefónica que el Gobierno va a revisar el contrato, y que la Compañía designe las personas que han de representarla. Si el Consejo lo aprueba, se lo notificaré a la Compañía, y pasado mañana usted puede contestar al yanki que, según decíamos en nuestra primera nota, el Gobierno *ya está encauzando* el asunto hacía su solución.

—Ésa es la manera —responde Zulueta—. Me parece bien.

Aún hablamos un rato. Le anuncio lo del complot, le aconsejo que se desimpresione («¡es usted magnífico!», me replica), y se va.

Por la noche vienen Ramos y Guzmán, hasta la una y media. Me dicen que algunas gentes dicen por ahí que la reaparición de *ABC* se debe a una indicación del Presidente de la República. Nada más erróneo. El Presidente, en cuya presencia se adoptó el diez de agosto el acuerdo de suspender los periódicos, no ha vuelto a hablarme de ello ni una sola vez en los tres meses transcurridos, ni me ha dicho nada tampoco después de la reaparición de *ABC*.

6 de diciembre

Consejo de ministros. He citado más temprano, porque tenemos el mochuelo del proyecto de Tribunal de Garantías sin acabar. Examinamos hasta el artículo 50, despojándolo de todos los excesos que la comisión asesora había puesto en él; como lleva traza de no acabar nunca, convenimos en que mañana nos reuniremos en el Congreso Fernando, Albornoz, Carner y yo, para terminarlo. Después, la Telefónica. Informo de la situación, y leo los telegramas del embajador de España en Washington, transmitiendo las noticias allí recogidas, y la nota dada a la prensa por el secretario de Estado. Resulta que este tío no se ha enterado aún de que la presentación del proyecto de ley sobre la Telefónica es de fines de 1931, muy anterior a la ley de 20 de noviembre de 1932, sobre revisión de contratos de Telecomunicaciones, y discurre como si aquella ley pudiera aprobarse mañana. (Una de las cosas que ha habido necesidad de explicar al embajador es la diferencia entre un proyecto de ley del Gobierno y un dictamen de la comisión; el embajador no sabía que en las Cortes la discusión se hace sobre dictámenes, no sobre el proyecto mismo del Gobierno; con esta ignorancia se puede vivir muy bien, pero es inexcusable cuando afecta a un país con quien se discute.)

El Consejo de ministros ha aceptado sin discusión mi punto de vista, y allí mismo se ha acordado llamar al director de la Telefónica, para comunicarle el comienzo de la reunión.

Por la tarde ha venido Rico, director de la Telefónica. Es un asturiano hablador. En su difícil situación, hace muchas protestas de adhesión a la República y al Gobierno, etcétera. Sobre esto le doy poca conversación. Le comunico lo resuelto, y dice que así se arreglará todo.

—Se arreglará —le digo— si están ustedes dispuestos a ser razonables.

Me cuenta que las declaraciones de Sánchez Román en *El Sol* han irritado al embajador, aunque el propio Sánchez Román le haya dicho lo contrario a Maura.

—Esta es una cuestión de poder —le digo a Rico—, de poder económico y político. Si yo tuviera mil millones, o quince acorazados en El Ferrol, se resolvería de otro modo.

—Aun en tal caso, no podrían ustedes dar el servicio.

—Ese problema es otro. Ya veríamos lo que se hacía. Lo importante es lo primero.

Durante la conversación, y oyendo algunas observaciones mías, Rico se ha ruborizado más de una vez.

Después tratamos del complot. Rico cree que no es para esta noche, sino para la de mañana. Me refiere las precauciones adoptadas para defender las instalaciones. Hablamos de la repercusión en los cuarteles. Hay regimientos muy trabajados por los comunistas, Rico tiene buena información; uno de los conspiradores, un tal Ametlla, futuro comisario de comunicaciones si la revolución social triunfase, está desde hace meses a sueldo de la Telefónica, y por él se saben muchas cosas. También tienen comprado a un tal Becerra, de los grupos sindicalistas de Madrid.

Cuando se va Rico, llamo a Saravia y le doy instrucciones para esta noche.

En las Cortes, Besteiro me da cuenta de una proposición incidental firmada por Botella, Balbontín, etcétera (y por unos cuantos radicales, «para autorizar la lectura») pidiendo que se declare urgente la aprobación del proyecto sobre la Telefónica, y otras cosas más. No lo han pedido en un año, y lo piden hoy, cuando saben que más daño pueden hacer. Le digo a Besteiro que el Gobierno estaba resuelto a pedir a las Cortes que se aplazara toda discusión sobre el asunto; y en vista de esta proposición, hablaré para oponerme a ella. Viene Maura a verme y me propone que se haga una «de no ha lugar a deliberar», para que pueda votarse. Así lo convenimos. Luego llamo a Martínez de Velasco y a Iranzo, representantes de dos grupos parlamentarios, y les doy la misma información que a los demás. Ambos aprueban la conducta del Gobierno. En el salón discuten el presupuesto de Marina. Cuando yo llego, se suspende la discusión, se lee la proposición de Botella y después la otra. Botella, Balbontín y algún otro escandalizan. Pronuncio un breve discurso, y sin más trámites se aprueba la proposición de «no ha lugar». Durante el comienzo de la votación, los diputados disconformes gritan e insultan al Gobierno. Balbontín nos llama traidores, y Carner se indigna, quiere salir del banco para irse sobre Balbontín, y Casares y Ramos lo sujetan. Balbontín ha increpado a la minoría radical, que se encrespa contra él. Lerroux le llama mamarracho. Dos diputados radicales van a situarse en el escaño detrás de Balbontín, y el afectado furor de este idiota cesa como por encanto. La sesión ha terminado inmediatamente.

En general, todos aprueban lo hecho por el Gobierno, menos el lastimoso don Melquíades, que juzga el caso como la «mayor monstruosidad parlamentaria» que se ha visto. Este don Melquíades fue uno de los que contribuyeron a meter a España en la tenaza donde ahora se ve. Hay que tener mucha paciencia.

En el despacho de ministros hemos estado después conversando Zulueta, Carner, Casares, Ramos, Galarza y algún otro. Carner estaba furioso por el insulto de Balbontín. Paseaba su procerosa humanidad por el despacho, y con su ingenuidad de niño, exclamaba: «¡Bueno! ¡Que un mequetrefe me llame a mí traidor, porque se ve amparado en el salón, cuando no se atrevería a decírmelo cara a cara! ¡Bueno! De un bofetón le hago rodar. Cuando estaba yo en el colegio de escolapios, le di un bofetón al hermano del obispo de Ávila, ¡y durante treinta años se ha estado hablando del bofetón de Carner a Pla!». Nos reíamos mucho de la indignación de don Jaime.

Por la noche hemos velado hasta cerca de las tres. No ha ocurrido nada. Aquí vinieron a las diez el general de la división y el de la primera brigada, y les di las instrucciones pertinentes. Han estado Ramos, Guzmán y Cipriano;

el gabinete militar y los ayudantes. Desde la Telefónica cunde la alarma por toda España; la Compañía está asustada, y Casares les ha llamado severamente la atención. No ocurre nada. Me voy a acostar.

7 de diciembre

Visitas. Viene Zulueta a consultarme la respuesta que damos hoy al embajador de los Estados Unidos. Está bien.

Royo Gómez, diputado de Acción Republicana, me trae el proyecto de declaración de la Federación de Izquierdas; lo ha redactado Galarza, y es un mediano galimatías.

Por la tarde me reúno en el despacho del Congreso con Albornoz, Carner y Ríos y terminamos el examen y arreglo del proyecto de Tribunal de Garantías. La reunión ha durado cinco horas. Hemos rehecho el proyecto, quitándole todo lo que nos ha parecido disparatado y peligroso, obra de la comisión asesora. Con este motivo no he aparecido por el salón de sesiones. Me cuentan que dos diputados, uno de ellos el general Fanjul, se han pegado.

En la reunión me ha dicho Fernando que esta mañana el grupo socialista ha estado discutiendo el proyecto de presupuesto de Guerra.

—Ha sido una cosa difícil —dice Fernando, poniendo la cara triste—. Pero, en fin, se ha acordado votar el presupuesto.

—¿Y qué razones han tenido para tomar ese acuerdo? —le pregunto.

—Razones políticas.

(Ya supongo que no serán razones religiosas.)

Por lo que me ha dicho Fernando y lo que me han contado después, resulta que hay una parte del grupo que se oponía a votar el presupuesto, que trae quince millones de aumento. Lo más notable es que Besteiro, Presidente de las Cortes, ha combatido el presupuesto; y lo ha defendido con calor Prieto, y también Teodomiro Menéndez. Han votado por la aprobación, cuarenta y tantos, y en contra, siete. Besteiro se ha abstenido de votar. Menéndez le ha dicho algunas cosas duras a Besteiro.

A Fernando le digo que a mí lo mismo me da; que no se violenten y que voten en contra si quieren; ellos verán lo que hacen.

He vuelto al ministerio poco antes de las diez. Aquí estaban Ramos y Bolívar. Ramos me cuenta las intrigas que se forman con motivo de la Federación de Izquierdas. En los radicales-socialistas hay un grupo, dirigido por Gordón, que se opone a la Federación; es el grupo albornocista. Parece que pretenden hacer presidente de la Federación a Albornoz, que tiene sus miras para el porvenir.

También me dicen que los radicales-socialistas van a reunirse para examinar el alcance de la declaración que hice ayer en las Cortes. Pretenden algunos que lo dicho por mí significa que el Gobierno resolverá sin las Cortes la cuestión con los Estados Unidos, pero que la cuestión directa con la Telefónica irá íntegramente al Parlamento, el cual no podría limitarse a aprobar o a desaprobar lo ya resuelto por el Gobierno. En una reunión anterior, parece que el grupo dio a sus dos ministros el encargo de mantener en el Consejo un criterio más intransigente con los Estados Unidos, y que si no prevalecía ese criterio, dimitiesen. Pero ninguno de los dos ministros ha dado cuenta al Consejo de tal encargo. Y el diputado radical-socialista (Galarza) que hablaba hoy con Ramos de la próxima reunión del grupo se ha quedado muy anonadado al saber que sus dos correligionarios no han dicho nada del caso a los demás ministros. La razón de todo esto viene de la falta de carácter y de autoridad de Albornoz y Domingo, que son juguetes de su grupo, y en el Consejo de ministros no disienten, ni se atreven a representar el papel que les encomiendan. En uno de los últimos consejos, y antes de comenzar la sesión, Zulueta me dijo muy preocupado algo de lo que ocurría entre los radicales-socialistas. Yo le dije que no hiciese caso. Un momento después se me acercó Domingo, con Zulueta, y hablamos aparte los tres. Domingo me dijo que Albornoz les había pintado el asunto a sus amigos con mucha exageración y de ahí venían ciertas inclinaciones a la intransigencia; que él había hablado con los intransigentes y les había dicho que si tenían gana de crisis, la habría, pero que por el asunto de la Telefónica sería absurdo plantearla. Esto es todo lo que me han hablado sobre el particular.

A media noche han venido Gumersindo Rico y Antonio Vidal. Como resumen de las informaciones recogidas en la Telefónica, creen que hay un acuerdo entre monárquicos y extremistas de la izquierda. Que los grandes de España han dado tres millones. Que echarán por delante a los «rojos», haciendo huelgas y atentados, y cuando la fuerza pública esté fatigada por algunos días de desorden, lanzarán otros elementos a la lucha, principalmente militares.

También me dice Rico que la nota enviada hoy les ha parecido en la embajada muy seca y tajante. Me consulta si parecería bien al Gobierno que como delegado de la Telefónica para discutir la revisión figurase el coronel Bent. Quedo en contestarle.

Ha venido también Casares. Acaban de saber en la Dirección de Seguridad, por un confidente, que mañana se producirán alborotos en la Universidad, y al calor de ellos, unas hordas intentarán quemar los conventos. El confidente es el mismo que el año pasado avisó a Maura de la proyectada quema.

—¿Usted no sabía que a Maura le avisaron con cuarenta y ocho horas de anticipación, y que él no hizo caso?

—No lo sabía.

Se fue Casares y he estado con Ramos, Guzmán y Cipriano de conversación hasta las dos. No pasa nada, y me voy a acostar.

8 de diciembre

Consejo en Palacio. Cuando llego, un ayudante del Presidente me dice que don Niceto desea hablarme un minuto a solas, antes de entrar en Consejo. El Presidente me pregunta si hay algo relativo al orden público; y que no quiere preguntarle nada a Casares, en vista de que el ministro está reservado con él. Respondo que no ocurre nada, y que sólo había pronósticos de algaradas estudiantiles para hoy, que no se han confirmado.

En efecto, hasta media tarde, no ha sucedido nada. Casares empieza a creer que todos esos confidentes no hacen más que engañar, para tenernos en alarma.

En el Consejo hemos hablado principalmente de lo que ha hecho Madariaga en Ginebra. Ayer ha pronunciado un discurso, cuyo texto no conocía el ministro de Estado, acerca de la cuestión de la Manchuria. En él juzga duramente la conducta del Japón, y llega a decir que el Japón actual no corresponde con el Japón histórico, que todos amamos y respetamos. Ya antes de que Madariaga pronunciase este discurso, habíamos recibido un despacho del embajador de España en Tokio diciendo que en las «esferas oficiales» se hacen fuertes censuras a la conducta de Madariaga en Ginebra, que puede ser dañosa a la buena amistad de los dos países. Calculamos el efecto que habrá producido el discurso. El Japón no tenía ministro en España desde hace meses, y recientemente se había dado el *placet* a otro, que está en camino para España. Es de temer que no llegue.

Madariaga procede en Ginebra como si fuese el portavoz y el apóstol de la Sociedad de Naciones, y olvidándose demasiado de que cuanto él diga lo dice España. Pretende que la política seguida en Ginebra aumenta la autoridad y el prestigio de nuestro país, pero eso tiene un límite, y yo no he visto a ningún Estado que, por defender los principios del pacto, se indisponga con otro. A Madariaga le incitan y estimulan ciertos círculos de Ginebra, y elementos radicales de otros países, pero se observa que los representantes de esos países en Ginebra se abstienen de decir lo que dice Madariaga. Padece una especie de misticismo en el asunto de la Manchuria. Bien está sostener una política elevada y moral, pero llevarla a tales extremos solo puede producirnos conflictos por cuestiones que no afectan directamente a los intereses de España. En la misma Ginebra hay funcionarios españoles que desaprueban la conducta de Madariaga, por ejemplo, Pablo Azcárate. A la ligereza de Madariaga tuve ya que ponerle un freno en septiembre, con motivo del anunciado viaje de Herriot, en que él nos metió, y al que quería dar unos alcances inadmisibles. En una entrevista que celebramos en el Congreso, Zulueta, Madariaga y yo, le dije que la política internacional del Gobierno la dirige el Gobierno mismo, no sus agentes, y que yo no aceptaría en ningún caso la responsabilidad de adquirir algunos compromisos con Francia ni con nadie. Este serretazo surtió efecto en París, y el viaje estuvo a punto de suspenderse.

A lo de hoy tenemos que ponerle inmediato correctivo. Prieto quería que se relevase a Madariaga, y el Presidente no estaba lejos de pensar así. Lo mismo creía Domingo. Zulueta ha opinado que el relevo de Madariaga en estos momentos y por tal motivo hacía daño a España en Ginebra. Se ha convenido telegrafiar al ministro de España en Tokio, para que desvanezca la mala impresión que el discurso haya podido causar. Ya tendrá que ser hábil el redactor del despacho para que no sea una desautorización de Madariaga. También Zulueta le hablará por teléfono; y se apresurará el viaje del ministro a Ginebra.

El Presidente le ha tirado hoy algunas puntadas a Casares por si hay o no muchos gobernadores con apellido gallego. Casares tiene la serenidad suficiente para echar estas cosas a broma; al Presidente le cuesta trabajo todavía olvidarse de que ha sido político y hombre de partido; siempre está correcto; únicamente le preocupan demasiado los asuntos de Jaén, y recientemente ha debido de cometer alguna ligereza, que tenía ayer incomodado a Carner; pero no me ha dicho de qué se trata.

En el Congreso, hablo con Besteiro sobre la necesidad de acelerar la aprobación del presupuesto; a Besteiro le cuesta mucho trabajo acceder a estas instancias. Mañana celebraremos una reunión con Carner para decidir algo.

No he hecho nada útil en las Cortes. He estado un rato en la sesión, oyendo primero a Giral bracear honradamente en el mar de su presupuesto; y luego otro poco, mientras Largo Caballero contestaba a Royo, que ha pedido la supresión del ministerio de Trabajo. Vuelvo al ministerio y despacho con el subsecretario.

Zulueta viene a comunicarme la última respuesta de los Estados Unidos, que es ya de tono amistoso. Ha hablado por teléfono con Madariaga; y con Azcárate. Le han dicho que el discurso no ha producido en Ginebra la misma impresión que aquí; pero después del discurso, España, Irlanda, Suecia y Checoslovaquia han presentado una proposición que, si no es retirada, puede conducir a que el Japón se vaya de la Sociedad. Madariaga, quizás impresionado por tales consecuencias, parece dispuesto a retroceder, y a buscar una salida airosa... Sigo teniendo motivos para creer en su ligereza.

También se ha telegrafiado a Tokio.

Después de cenar, llamo a Díez-Canedo y le pregunto si quiere ir de ministro a Montevideo, o, tal vez a Lima.

—Me sería muy agradable, y se lo agradezco a usted.

Es cuanto me ha dicho sobre el caso. Después hemos hablado de cosas indiferentes.

9 de diciembre

Consejo de ministros, de poca importancia. Hemos hablado de los nombramientos para legaciones y embajadas. Aceptado el nombre de Díez-Canedo, y el de Jaén. Prieto se opone a los de Aznar y Pedroso. Alguien ha dado el de Lezama, y Albornoz ha dicho que aun siendo de su partido no podía recomendarlo. Se ha acordado, a propuesta mía, la convocatoria de elecciones parciales para el 29 de enero. Conviene saber cómo está el cuerpo electoral, y si se obtiene un triunfo, como es probable, se reforzaría la autoridad del Gobierno y la de las Cortes. Si hubiese una derrota sería una indicación para acelerar la disolución de las Cortes.

Por la tarde, en las Cortes, hablo con Besteiro, Carner y Vergara para establecer un plan en la aprobación del presupuesto. Besteiro se resiste, pero al fin acepta que haya sesiones nocturnas desde la semana que viene y sesión permanente el viernes.

He ido con el Presidente al Senado para clausurar las Conferencias Internacionales de Radiotelegrafía, que inauguré en septiembre. Poca gente. Discurso de un francés barbudo, que es nada menos que *doyen des doyens*, y discurso de don Niceto. Al principio le he seguido, pero me distraigo un momento y después ya no me ha sido posible seguir otra vez el hilo de su discurso.

Vuelvo al ministerio. Llamo a Amós. Le ofrezco la embajada de Cuba. No acepta. Ignoro si le habrá parecido mal la oferta. Viene Ramos, y después llamo al subsecretario, con quien tengo una escena un poco dura para él, porque creo que no han transcrito en la hoja del general Franco la corrección que le impuse el año pasado. Resulta que sí la han transcrito.

Por la noche, vienen Guzmán y Cipriano. Inmundo artículo en *La Tierra* a propósito de la compra del *Goloso*. Sospecho que el comandante Armas, del gabinete militar, ha cometido alguna ligereza. Después de un año de trabajos burocráticos y expedienteo, y con una ley especial, he conseguido comprar esa finca para comenzar la reforma del acuartelamiento en Madrid. Y ahora salen gritando porque la finca era del duque del Infantado. El expediente se aprobó en Consejo de ministros, antes de votarse la ley de Expropiaciones de la Grandeza, y yo advertí que el dueño era Infantado.

—Las fincas —dijo Largo Caballero— hay que comprárselas a quien las tiene.

Se aprobó la compra, luego ratificada por una ley. Ahora, en la comisión militar encargada de firmar la escritura, hay por lo visto algún republicano tan celoso, que pone dificultades. Ya me dijo algo Armas hace días, como si me revelase algún secreto y quisiera hacerme un favor. Le dije que me alegraba de saberlo, porque le volaría el destino a quien me estorbase. Y entonces, este señor Armas, que no brilla por su talento, fue a decirle a uno de los de la comisión, fraternal amigo suyo, que no hiciese nada, porque en el ministerio teníamos interés en el asunto.

Alguno de esos republicanos se fue con el cuento a *La Tierra*, que publicó un suelto injurioso para el subsecretario, a quien atribuía la compra.

Requerí al fiscal para que denunciase el artículo, y en vista de eso, *La Tierra* la emprende contra mí esta noche, por causa «de este escandaloso asunto».

Por otra parte, esta mañana, Marcelino Domingo me entregó un oficio del director de la Reforma Agraria, mi correligionario Vázquez Humasqué, «interesando», como dicen, que se emprenda la compra de la finca, por estar incluida en la expropiación de los grandes de España. Le dije a Domingo que eso no podía ser.

Y esta noche, que estaba Armas de servicio, se le ha escapado decir que hace dos días habían comido juntos su amigo el de la comisión militar de compra y Vázquez Humasqué. Es evidente la procedencia de la *denuncia* que motivó aquel oficio. Y es también clara la procedencia de la información de *La Tierra*, que entre muchos errores consigna el dato cierto de la existencia del oficio del director de Reforma Agraria.

El propio Armas, a quien he hablado severamente, se ha aturdido y me ha dicho que su amigo el de la comisión *le había prometido arreglarlo todo*, en vista de que en el ministerio teníamos interés. De suerte que procede como si aquí hubiera algo que arreglar y ha añadido que el médico militar también pone dificultades, buscando unos y otros que se acabe el año y el crédito se anule. Tales son algunos de los colaboradores que tengo. Rodeado de imbéciles, gobierne usted esta casa, señor ministro, si puede.

10 de diciembre

Por la mañana viene a presentarse el general Goded, que anoche salió de prisiones militares. Entrevista penosa. Él creía, por lo que me ha dicho Saravia, que me negaría a recibirlo. Está más flaco y de mal color. El uniforme le está ancho. Rompo el hielo, preguntándole por su salud, y de ahí sale una conversación en que me expone sus quejas. Está dolido, lastimado. Reconoce que es soberbio, y que la injusticia le irrita. No ha conspirado nunca, ni ha pensado en sublevarse. Tiene con Sanjurjo una amistad íntima «como de hijo a padre» (*sic*), pero nunca ha entrado en los planes de rebelión. Quien más motivos tenía para saberlo era la policía, puesto que había cuatro agentes de día y de noche a la puerta de su casa en El Escorial. El diez de agosto estaba tranquilamente en su casa, como siempre, y se enteró de los sucesos de Madrid porque un hijo suyo fue a contárselos. A las once y media de aquella mañana le detuvieron, cosa que no le extrañó ni le enojó, porque estimaba que el Gobierno, en aquellos primeros momentos, tendría que detener a todas las personas de quien pudiera sospecharse una complicidad, y de él podían sospechar por su amistad con Sanjurjo; pero estaba seguro de que a los dos días le pondrían en libertad. En efecto, el juez le dejó libre (según Goded, a los tres días), pero el ministro de la Gobernación le ha tenido preso cuatro meses, sin decirle por qué, y sin que nadie haya tratado de comprobar las denuncias que pudiera haber contra él; denuncias que no pueden ser más que la obra de un malvado envidioso. Me habla otra vez de Mangada, a quien cubre de improperios, y se refiere a sus cartas, «que algún día se publicarán».

No puede evitar que gentes ligeras o mal intencionadas traigan y lleven su nombre; pero él no se subleva; si hubiera hecho algo delictivo, no se quejaría: el que juega y pierde, paga, y hay que saber perder y pagar; pero él «no ha jugado». Que le hablen unos y otros es inevitable. También durante la monarquía, habló con los republicanos (Maura, Martínez Barrio), porque le requirieron para ello; opinaba entonces que la República vendría, porque un régimen no puede sostenerse en las bayonetas; pero se negó a conspirar y a sublevarse. Cuando Maura le invitó a conversar, Goded era subsecretario, y antes de ir a la entrevista cuenta Goded que se lo dijo al ministro, Berenguer. Don Dámaso le contestó que siendo subsecretario no podía hablar con Maura, y entonces Goded declaró que prefería dimitir en el acto: Maura le había requerido «como caballero», y como tal acudiría, diciéndole antes al ministro lo que se proponía contestar.

Repite lo que ya me dijo en otra ocasión: que de mí no tiene queja personalmente; me he conducido con él atentamente y le di un puesto eminente; parece, aunque no lo diga, que ahora está quejoso, porque no lo he amparado, tratándose de un general, y de un general tan importante. A pesar de todo, dice, «no pierdo la cabeza». Se le han causado perjuicios morales y materiales irreparables.

(Me abstengo de decirle que, gracias a mí, no lo han llevado a Villa Cisneros.)

La policía lo tiene por comprometido en el complot. Sus precauciones para no estar a mal con nadie no le favorecen.

Apenas se había marchado Goded vino el presidente del Tribunal Supremo a decirme que en el sumario que se sigue por falsedad, con motivo del pase a inválidos del aviador Ansaldo, decretado por Berenguer, cuando era subsecretario Goded, antedatando un expediente, van a procesar al mismo Goded y al general Balmes. Le digo que hagan lo que proceda, pero que si pueden atenuar la prisión, que lo hagan. Está conforme, y les exigirán una fianza pequeña, para que queden en libertad provisional. Balmes está ahora con mando en Baleares, y cuando Goded fue destituido por lo de Carabanchel le envió un telegrama de adhesión.

Por la tarde he ido a Alcalá con el Presidente de la República a inaugurar las obras del manicomio provincial. Lo hacen en Villamalea, el famoso prado donde surten las pocas y malas aguas potables de Alcalá, y acerca del cual tantos chistes hacía mi tío Félix. Mucha gente, músicas, gritos, actas firmadas, caja sepultada para que los arqueólogos del porvenir sepan a qué atenerse cuando exploren las ruinas de estas obras. Después vamos a la antigua Universidad, y en su Paraninfo, frío y mal alumbrado, hay una sesión en memoria de Sanchís Banús. Discursos de Solana, Marañón y Fernando. Luego, en el Ayuntamiento, merienda. Es la primera vez que voy a Alcalá oficialmente, desde que soy ministro. Se me han acercado personas que siempre me fueron hostiles, entre otros mi pariente el ex diputado monárquico por el distrito, que se ha dirigido al Presidente de la República en estos términos:

«¡Hola, Alcalá!»; y un señor de la localidad, que fue compañero mío en el colegio de segunda enseñanza, y que por disgustos de familia, económicos y políticos, hacía treinta y cuatro años que no me hablaba, se ha llegado a darme la mano y la enhorabuena, muy sonriente.

A las seis he vuelto a Madrid, y aprovecho el resto de la tarde en despachar y ordenar la barahúnda de papeles que tengo en la mesa. Dicto muchas cartas, despacho con Ramos. Después de cenar vienen Guzmán y Cipriano. No salgo. Tengo un enfriamiento desde anoche; esta mañana estaba tan afónico que no se me entendía. Ya voy mejor.

En el viaje de ida a Alcalá, el Presidente ha aprobado la combinación diplomática que acordamos Zulueta y yo. Todo le parece bien, pero cree —y no yerra— que Antonio Jaén, donde quiera que vaya nos promoverá un conflicto. Se me queja de que no hayan atendido su indicación a favor de Sales Musoles para un cargo diplomático, ni la que hizo de Díaz Berrio para el Supremo. De todo ello, no habla sino por incidencia, pero hoy ha pasado el día más amargo de su vida: Fernando de los Ríos ha jubilado a Fernández Jiménez, padre del diputado Fernández Castillejo, e íntimo de don Niceto. Fernández Jiménez le ha escrito una carta a una tercera persona, para que se la lea al Presidente, y qué tal sería la carta que don Niceto no ha tolerado que se la lean entera. Parece que Fernández Jiménez se encuentra con una merma de 5.000 pesetas anuales en su haber pasivo, y achaca su jubilación a manejos interesados, porque al retirarse él ascienden algunas señoras pedagogas, bien relacionadas.

11 de diciembre

Sigo fastidiado con el enfriamiento; de mañana, estoy peor. Salgo un momento al despacho y escribo al Presidente una carta felicitándole por el aniversario de su elección. También hablo un poco con el subsecretario, acerca de unos expedientes de expropiación en el campamento de Carabanchel, que se empezaron en ¡1902! y aún no se han terminado. Hace tiempo mandé buscar el expediente, por fin ha aparecido, y ahora se trata de ponerlo en marcha y acabarlo. Todo estaba abandonado en esta casa, la instrucción, el armamento, los cuarteles, la comida y la cama de la tropa; se vivía al día y trampeando, sin plan ni concierto. Hay que arreglarlo todo, desde la artillería pesada hasta el jardín del ministerio.

Poco a poco, voy arreglando el edificio de Buenavista, abandonado a las arbitrariedades de la Comandancia de Ingenieros, y estragado por muchos decenios de abandono y mal gusto. He restaurado en parte la antigua distribución del palacio en la fachada que mira al sur y su planta principal. Los salones que anteceden a mi despacho parecían cuerpos de guardia. Habían tapiado puertas y cortado salones para hacer cuartos de baño, calado muros para abrir cuchitriles, arrancado la decoración antigua para sustituirla con otra «modernista». Ya he conseguido algo en la tarea de restauración y consolidación; pero desarrollar todo mi plan, para hacer de esta casa lo que merece, exigiría dos años, o más. Otro vendrá, que echará a perder lo que yo arregle.

14 de diciembre

Desde ayer, dolor de muelas. No he dormido en toda la noche. Esta mañana temprano, mi primera visita ha sido para el dentista. Pero sigo fastidiado, y con el humor correspondiente.

La otra tarde me encontré a Ossorio en el teatro Calderón; estaba en el palco contiguo y hablamos. Me preguntó por el programa parlamentario; le dije que en febrero se discutirá la ley de Congregaciones, la del Tribunal de Garantías y la de Orden Público. Cree saber que el Nuncio no tiene intención de marcharse, porque ha estado a visitar un hotel de la hermana de Ossorio con intención de comprarlo; el hotel vale dos millones de pesetas. También cree saber Ossorio que en la discusión de la ley se limitarán los adversarios a salvar los principios en la discusión de la totalidad. Ossorio sigue muy apenado porque no somos bastante «jurídicos».

Ayer por la mañana fue el Gobierno a felicitar al Presidente. Nos recibió en su despacho amarillo de Palacio. Un rato de charla. Don Niceto, que habla por los codos, no tiene conversación. Ni artes, ni literatura, ni viajes, aparecen jamás. Anécdotas del Congreso o de los tribunales. Puntadas a este o al otro ministro, siempre las mismas. Por cierto que ayer, cuando ya nos despedíamos, Fernando me dijo aparte: «Ha visto usted la cursilada de esos grabados». «¿Cómo grabados?», le respondí. «¡Si es una colección de Tieppolos!» (No lo había conocido.)

Cuando salíamos, llegaba Besteiro, con los diputados.

Después hubo Consejo de ministros. Poco importante. Prieto ha traído un decreto constituyendo un organismo que se encargue de proyectar las cosas que yo le indiqué el otro día respecto de los alrededores de Madrid. Y un proyecto de ley que nos dará los recursos necesarios. Al leer el decreto dijo: «Esto es lo que se me ha ocurrido para dar forma a lo que propuso aquí *el señor Azaña*». Lo de señor Azaña me chocó mucho, porque nunca me llama así.

Mucho me contenta que Prieto me ayude a realizar una de mis más antiguas «imaginaciones» madrileñas, y a sacar de la chabacanería del Ayuntamiento y del *saboritismo* el porvenir de la Villa. Ahora tengo que hablar con Zuazo, para indicarle lo que quiero.

Por la tarde, larga reunión en el Congreso con Carner, Domingo, Esplá y Tarradellas, el consejero de Gobernación de la Generalidad. Están disgustados porque aún no se han nombrado los dos gobernadores de Gerona y Tarragona que ellos han propuesto. No se ha nombrado el de Tarragona porque

Domingo, que acaba de ser derrotado en aquella provincia, considera que el candidato a gobernador es un «trágala». No pide que sea de su partido; no se opone a que sea de la Esquerra; pero rechaza al propuesto. Hablamos mucho, barajaron muchos nombres; yo estuve callado. Se habló con este motivo de asuntos generales de política en relación con el Estatuto. Esplá demostró la buena voluntad con que procede la comisión mixta. Tarradellas insinuaba, después de intentar decirlo varias veces, que si la Esquerra no era bastantemente considerada, podría producirse algún movimiento político. Entonces le atajé, y le dije que no consentía que se me planteasen cuestiones de esa índole por un nombramiento de funcionarios; que el Estatuto lo habíamos hecho entre todos, y aun quedaba mucho por hacer; pero que la situación no era ya la misma que cuando estaban pendientes la ley Agraria y el Estatuto; ahora ya se puede dimitir; y que me bastan veinticinco segundos para resolver la cuestión, sino se hace caso de mis consejos.

Quedaron barajando combinaciones de gobernadores, y allí los deje; pero no han llegado a un acuerdo.

Anoche no salí. Había sesión en las Cortes. Los radicales hicieron una maniobra y estorbaron que la comisión de presupuestos diese dictamen en el de Agricultura y en el de Guerra. Lo consiguieron porque en la comisión de presupuestos no había más que diez diputados (y son treinta y cinco) de los cuales sólo tres eran de la mayoría. Nunca asisten arriba de diez o doce, cuando más. Así nos echaban abajo todo el plan de trabajo de esta semana.

Esta mañana vinieron a verme Carner y Vergara. Vergara iba a dimitir la presidencia de la comisión. La falta de diputados de la mayoría es intolerable. Llamo a Fernando y a Domingo, y les cuento lo que ocurre. Les aseguro que así no puedo continuar. Si la mayoría no asiste al Gobierno, me voy. Domingo cree que es pura desidia. Los diputados están en Madrid y no van a las Cortes. Hablamos largo de todo esto, y una vez más insisto en que estoy cansado y en que no recojo fruto bastante de mis esfuerzos. Nada tengo puesto en la política, y si los partidos son tan insensatos que no ayudan, me voy a mi casa, y para siempre. Carner dice que no tengo afición a la política, y que se asusta de pensar que un día pueda yo salir de estampía; sería el caos, no habría gobierno posible, y se hundiría la República. Yo le digo que exagera, y que mal o bien, no faltaría quien la llevase adelante. Domingo me dice: «Ha de armarse usted de paciencia».

Por la tarde, doliéndome la boca, de mal humor, y muerto de sueño, voy a las Cortes. Reúno a los jefes de grupo. Hablo con Besteiro. Se ha convenido que haya sesión el sábado, el domingo y el lunes si es preciso, para votar los dictámenes de Agricultura, Guerra, y el del impuesto sobre la renta.

Me vuelvo al ministerio. Tengo la cabeza perdida. ¡Uf! Si pudiese acabar.

16 de diciembre

Sigue la maniobra de los radicales con pretexto del presupuesto de Guerra. Como los socialistas han acordado votarlo, los radicales quieren ponerlos en mala postura, mostrándose mucho más «pacifistas». Y como el presupuesto no contiene sino lo preciso, han inventado la urgencia de reducir el servicio a seis meses. El que les sirve en todo esto para dar hechura militar al proyecto es el comandante Peyre, que fue ayudante mío, y es diputado radical. Peyre, en colaboración con el coronel de Estado Mayor, Aranda, lerrouxista, destituido hace unos meses, y con Tudela, otro jefe de Estado Mayor a quien he echado del ministerio, han urdido un plan militar nuevo, y pretenden pasarlo al discutir el presupuesto. Los radicales no entienden de nada de esto. Ayer tarde fui a la comisión de presupuestos a informar. Hablé dos horas y media. Le demostré a Guerra del Río que no sabe por dónde se anda. Hubo muchos diputados presentes, cosa nunca vista, porque de los 35 que componen la comisión, sólo asisten diez o doce.

En el Consejo de hoy, se aprueban tres decretos de Guerra, creando las bibliotecas, refundiendo los museos, y variando la provisión de destinos en el ministerio. Hemos tratado de la situación parlamentaria y de la proposición de los radicales sobre la cuestión ferroviaria. Haciéndose trabajos entre los ferroviarios para llevarlos a la huelga general, a los radicales no se les ocurre cosa mejor que alentar las injustificadas pretensiones de los obreros, con el sano propósito de ponerlos a mal con el ministro socialista. Los radicales se opusieron a la concesión del subsidio votado en julio, y ahora les parece poco. Prieto contestará en las Cortes manteniendo la imposibilidad de hacer más de lo que se ha hecho, y afirmando el propósito de impedir la huelga y el sabotaje.

Cuando iba a empezar el Consejo me anunciaron la visita del señor Lara, diputado radical por Canarias. Venía a decirme de parte de Lerroux que los radicales piensan extremar su oposición al Gobierno, y estima don Alejandro que es deber de cortesía hacérmelo saber. Fundan su resolución en que la oposición moderada que vienen haciendo los borra y los destruye. (Lo que dijo Prieto en un discurso de Jaén: que los socialistas estarían en el poder cuando se hicieran las elecciones municipales de abril próximo, los ha enloquecido). Afirma Lara que la gente *se les deshace*, y tienen que robustecer su posición política. Lara deplora el encono que van poniendo unos y otros en la contienda; pero «en nuestro partido —prosigue— hay muchos que no son radicales, y lo mismo le ocurrirá a usted en los partidos de la mayoría». Las personas más responsables del partido desearían que esto no ocurriera. Me hizo también una alusión a las elecciones parciales, en el sentido de saber si se contará o no con ellos. Contesté agradeciéndoles la cortesía, y que respetaba el derecho de guiar la conducta del partido como ellos lo tuviesen por conveniente; que siempre he pensado en la necesidad de hacer, cuando se deshaga este Gobierno, una política de concentración republicana, pero también he dicho siempre que unos y otros debían procurar que no se hiciese imposible esa concentración.

De la cuestión de los ferroviarios no le hablé, pero sí del presupuesto de Guerra; le aconsejé que no hicieran programa de su partido la reducción del servicio militar a seis meses, porque es imposible hacerlo; que esto no es pedirles facilidades para aprobar el presupuesto de Guerra, que pueden discutir y estorbar cuanto quieran, con aquel pretexto o con otro, sino decirles simplemente que no lo hagan lema de partido, porque esa sería una de las dificultades mayores para llegar a una inteligencia entre republicanos. Alguna cosa más hablamos. Mi impresión es que se agitan por motivos electorales, y temen que en las elecciones municipales sean barridos de los ayuntamientos. Con objeto de evitarlo tratarán de subir al poder de cualquier modo que sea.

Por la tarde, he ido a despachar con el Presidente. Tenía mucha firma: más de cien decretos. Después he ido al teatro Calderón. Oído el *Retablo* de Falla. A última hora, a las Cortes. Me entero de que por la noche se discutirá la proposición de los radicales sobre el asunto ferroviario, y otra de Gil Robles acerca de las elecciones parciales. A este propósito, resulta que el censo electoral, que debería estar terminado hoy, no lo está en algunas provincias. Se trataba de prolongar el plazo, pero la terminación de la prórroga caía el 31 de enero, y como pensábamos que fuesen las elecciones el 29, iba a parecer que prorrogábamos la confección del censo para que no votasen las mujeres. De esto he hablado con algunos ministros, y hemos convenido en que el Gobierno no puede hacer nada que parezca querer impedir el voto femenino.

Se ha hablado de la candidatura de la madre de Fermín Galán para Madrid.

Sesión nocturna. Mucha gente en la Cámara. Discurso lastimoso de Diego Hidalgo, radical. Este Hidalgo es un notario que estuvo en Rusia, y es ahora editor de la literatura comunista en España; lo cual no le impide pertenecer a un partido «de orden». La respuesta de Prieto ha sido aplastante. Gran efecto en las Cortes. Mucho ruido, muchos insultos, odio y antipatías. La jornada ha sido lastimosa para los radicales. Gil Robles ha aplazado su proposición, diciendo que después de la tontería hecha por los lerrouxistas, no quería proporcionar otro triunfo al Gobierno.

17 de diciembre

Guzmán se ha ido a Barcelona. Me dice que Aznar ha dimitido la dirección del *Sol*, porque no tiene entusiasmo. Roviralta tiene una opción de compra de la mayoría de las acciones de *ABC*, que le ha dado la viuda de don Torcuato.

He firmado cosas urgentes con don Niceto. De nuestra conversación de hoy, he sacado la sospecha de que piensa en la disolución de las Cortes para después del mes de abril.

24 de diciembre

Semana de gran fatiga, largas sesiones de Cortes, algunas hasta las seis de la mañana, horas trastornadas. No me acuerdo de casi nada de lo que he hecho en estos siete días. Las Cortes han funcionado sin interrupción desde el lunes de la semana pasada; la vacación del sábado, domingo y lunes se suprimió para avanzar en la discusión del presupuesto. Por haberse resistido Besteiro a secundar mis propósitos de marcar plazos para la aprobación de los presupuestos parciales (dos semanas estuvo el señor Ortega discutiendo el de Estado), nos encontramos ahora con falta de tiempo y mucha prisa. Había el propósito tardío de terminar anoche, día 23, pero aunque estuvimos en sesión hasta las tres de la madrugada, no se logró. Verdad es que si el tiempo que se perdió en discutir cuestiones de tramitación y «de orden» lo hubiéramos empleado en examinar el presupuesto, habríamos terminado.

De la corta ayuda que Besteiro nos da, hubo otro ejemplo anteanoche. A las dos de la madrugada, en vez de proseguir la discusión del presupuesto, se avino a que se discutiese una proposición «incidental» sobre la situación en Ciudad Real, y se estuvo en ello hasta el amanecer. Para nada útil. Sostuvo la proposición un señor Álvarez Mendizábal, diputado radical, nieto o bisnieto de don Juan y Medio, que realmente no hace honor al apellido.

Las sesiones del domingo y el lunes se dedicaron al presupuesto de Guerra. Se había anunciado una gran oposición, porque el presupuesto lleva quince millones de aumento, y lo tachaban de ¡imperialista! Los únicos que tienen una posición clara y lógica son los que piden la supresión del presupuesto militar. Esto reportaría muchas ventajas, aunque no tan importantes como algunos creen, en el orden económico. Pero se ha mostrado una vez más a qué punto llega la pasión de partido y el espíritu de intriga y la malquerencia personal, aun cuando se trate de una cuestión tan grave como ésta.

Los radicales, decididos a extremar la oposición, «para no borrarse», como me dijo el señor Lara, han adoptado los puntos de vista del ex comandante Peyre, antiguo ayudante mío, y colaborador en mis reformas del año pasado, que, ignoro el motivo, se conduce ahora conmigo de un modo indelicado e ingrato. Peyre, en colaboración con otros jefes del ejército, resentidos porque los he dejado sin destino (el coronel Aranda, el teniente coronel Galarza, sospechoso de complicidad en lo del diez de agosto, y Tudela, a quien eché del ministerio) han improvisado una organización para reducir militarmente el servicio a seis meses. Y aunque ellos conocen, por lo menos tan bien como yo, las dificultades casi invencibles con que esa reforma tropezaría ahora, y aunque conocen también cuáles son mis planes sobre el particular, han incurrido en la deslealtad y en la inmoralidad de aparentar que todo sería llano y fácil y que se ahorrarían muchísimos millones.

Los radicales han creído ver en eso «una bandera», y una ocasión de molestar a los socialistas, que tenían acordado votar el presupuesto; y se han lanzado a fondo contra mí y mi política. Los hemos derrotado, y en la gente, los argumentos de los radicales no han producido impresión; pero esto es lo de menos.

Lo de más es la inconsciencia y la desvergüenza de unas gentes que proponen una cosa que no podrían aplicar; y el cretinismo y la ignorancia de sus oradores, que no saben ni la primera línea de lo que dicen. Dos horas y media estuve informando ante la comisión de presupuestos, y no supieron hacerme ningún argumento.

Guerra del Río, que es el «estadista» de que disponen los radicales, sacó a relucir en el salón de sesiones el «programa republicano de 1894», y me acusó de que no lo cumplo. ¿Qué tenemos nosotros que ver con el programa de 1894? ¿Para qué nos sirven en materia militar las ideas circulantes en aquella fecha? Y, sin embargo, estos republicanos de barriada creen que lo elaborado por Pi y Margall hace cuarenta años es eterno e intangible.

Guerra del Río estuvo insolente y torpe. Discutiendo la concesión de un crédito para hospitales, llegó a decir, leyendo un dictamen del Consejo de Estado, que este cuerpo echaba de menos en un expediente del ministerio «*los recibos*» que justificaban un gasto. Lo que el Consejo de Estado pedía eran los justificantes de la necesidad de un crédito extraordinario; pero Guerra del Río, con su torpe perfidia, lo convirtió en *recibos*, dando a entender que había alguna inmoralidad.

Aquella noche, muchos diputados vinieron a decirme que les admiraba mi paciencia. ¿Qué iba a hacer yo? Dar razones, y probar la sinrazón de Guerra; pero con enfadarse y alterarse no se logra nada.

También Santa Cruz, del grupo de Ortega, echó un discurso para decir, no que la política militar del Gobierno le parezca buena o mala, sino que no sabe cuál sea. Esto, al cabo de tanto tiempo y de tantos discursos míos; y de tantos *actos*. Ya no se acuerdan de nada; como no sea que se acuerden demasiado. Sólo les falta decir que el diez de agosto yo estaba de acuerdo con Sanjurjo. Eduardo Ortega ha dicho ya en las Cortes que yo no estaba enterado de nada, y que si Sanjurjo no triunfó fue por casualidad. El mismo Ortega, hermano del filósofo, me dijo que mi «sonrisa fría» (de la que ya ha hablado muchas veces, como si le preocupase) es la sonrisa *de la inconsciencia*; vamos, de la estupidez.

Me dicen que Sánchez Román iba a pronunciar un discurso en contra; pero que llegó tarde. Lo siento. Me habría oído.

Todos estos señoritos no habrían servido para bajarle los humos a un sargento, y ahora que tienen al ejército desarmado políticamente e impotente para revolverse contra la República, aunque lo intentara, se afilan los colmillos en él, a mansalva. Aquí hubiera querido yo verlos.

En fin, se aprobó el presupuesto, tras un discurso mío, que hube de cortar, suprimiendo casi la mitad, porque se hizo tarde y yo no tenía gana de continuar en la sesión de la noche, por no alargar la discusión. La malquerencia de algunos llega a tanto, que en las Cortes han dicho que todo lo que yo he hecho en el ministerio me lo encontré redactado y preparado por el Estado Mayor Central; y otro diputado radical ha comentado mi discurso diciendo que es muy difícil «repetir ideas de segunda mano».

Es muy notable que pretendan hacerme pasar como impulsor de los armamentos militares. Yo he sido el primer político español que ha reducido los gastos del ejército, que ha reducido el ejército mismo, y que ha puesto las cosas en vías de una transformación mayor, profunda, con miras al mañana. Si la política del mundo llevase tal giro, y la situación general de España se modificase, hasta hacer necesarios y posibles nuevos armamentos, el esfuerzo debería ir a la marina y la aviación; en el ejército, con perfeccionar y desarrollar lo que tenemos planteado y proyectado, nos daríamos por contentos. Mi política en el ministerio de la Guerra tuvo un éxito bueno y fulminante; sus cuales dificultades y peligros, yo sólo lo sé. Ahora se puede gobernar y se gobierna sin consultar a los generales y sin hacer plebiscitos entre los oficiales de las armas; cosa nunca vista en España desde los tiempos de Fernando VII. El año pasado, el vulgo (político y periodístico) decía que ya teníamos un ejército eficaz, y que ya eran imposibles las militaradas. Son dos errores; desiguales, pero errores. Al primero le he salido al paso, repitiendo cien veces que preparar al ejército requiere varios años; respecto del segundo, nada he dicho en público, porque no iba el ministro de la Guerra a salir diciendo que aún podría haber sublevaciones militares; pero es obvio que puede haberlas, porque contra una deslealtad las prevenciones pueden fallar. Lo que importa es haber disminuido su probabilidad y haber anulado sus posibilidades de triunfo, como se vio en agosto, nada menos que mano a mano con Sanjurjo, que era una especie de semidiós para los militares.

Esta semana se ha presentado el nuevo ministro del Japón. Ausente Zulueta, yo ejercía de ministro de Estado, y asistí a la recepción en Palacio. El nuevo ministro, feo como un demonio, muy levantada la cúpula del cráneo, y revestido de una casaca cubierta de oro, se nos apareció en el despacho amarillo del Presidente, donde estaba todo su cuarto militar, con el general Queipo a la cabeza, que, siendo muy alto, parecía un gigante al lado del japonés. Lo menos humillante para este hijo del sol naciente es el general de marina Rebolledo, ayudante de don Niceto, que no levanta cinco palmos del suelo.

Hecha la entrega de las credenciales, el Presidente invitó al japonés a sentarse en un sofá; en una butaca se sentó don Niceto, y en otra, frontera, yo. Es la «escena diplomática del sofá», que ya hemos repetido muchas veces. Nos la sabemos muy bien, pero don Niceto, a veces, se equivoca. El japonés habla castellano. Pero pidió permiso para valerse de un intérprete. Don Niceto se empeñó en que el intérprete se sentara también en el sofá; pero el intérprete, con mejor sentido de las conveniencias, se negó.

Hablaba muy bajito el ministro, entre susurro y vagido; muy bajito; y el intérprete traducía en voz no más alta, y despacio. Se oía el vuelo de una mosca. Don Niceto soltaba un chorro sonoro para contestar; y otra vez el rezo de los japoneses. Don Niceto se fue poniendo a tono, y acabó por bajar la voz, como los otros. La larga fila del cuarto militar, en el otro testero del despacho, nos contemplaba, estupefacta. Yo estaba estallando de risa, miraba a la alfombra, y a la cara del ministro, que sonreía de través, o lanzaba un gruñidito de contento cuando el intérprete le traducía las frases del Presidente, como si le diesen mucho gusto.

Poco más tarde, el japonés, ya sin su casaca de oro, me visitó en la Presidencia del Consejo. Y en vez de limitarse a las frases de rúbrica, me habló de la Manchuria, de los intereses del Japón, de las garantías de la paz, etcétera. Me limité a contestarle cosas vagas.

El mismo día me visitó el Nuncio. Quejoso de la política que se sigue con la Iglesia. Enumeró sus agravios. No tiene gana de reñir.

Ayer ha regresado de Ginebra el ministro de Estado. Me habla de la gestión de Madariaga. Siempre impetuoso, Madariaga ha tomado la palabra, delante de Zulueta, en el comité restringido de nueve, en el cual Madariaga no era más que un asesor. Zulueta ha tenido que llamarle la atención, para que no siga por tal camino, que reproduciría la situación de Lerroux. En los últimos días de esta reunión, Madariaga se ha vuelto a París, por indicación de Zulueta.

En el ministerio de Estado hay gran discordia. Zulueta cometió la imprudencia, por debilidad de carácter, de adscribir al ministerio a dos Álvarez Buylla, Plácido y Vicente. Desde que lo supe le advertí los inconvenientes del caso: iba a caer en la dictadura de una familia. Los Buylla se han puesto a mangonear, y a preparar combinaciones de personal, conocidas antes por los interesados que por el ministro.

A Plácido Buylla, cónsul en Tánger, había que sacarlo de allí, entre otras razones, porque cuando el alto comisario fue a Tánger, y en un banquete le faltaron al respeto y se retiró, el cónsul de España prosiguió en el banquete y además puso un despacho casi burlesco dando cuenta del incidente, con poco disimulada satisfacción. Le dije a Zulueta, hace dos meses, que lo nombrase para otro sitio. Plácido Buylla se ha resistido, y Zulueta sólo se ha decidido a trasladarlo ante una última conminación mía. Como son republicanos de abolengo, los Buylla se creen autorizados para hacer lo que se les antoje en su ministerio. De esto he tenido yo algunos casos en el mío.

Firmado el traslado de Plácido, se ha enfadado mucho, y ha amenazado al subsecretario, que vino el otro día muy apurado a contarme el caso. Le tranquilicé, diciéndole que mantendría su autoridad. El subsecretario es inteligente y buena persona, pero también muy débil, lo cual no es para sacar de apuros a Zulueta; quien me ha dicho, además, que no está contento de su subordinado porque tarda mucho en resolver los asuntos.

A fuerza de dudas, conversaciones y tanteos, todos los asuntos se enredan en aquel ministerio.

En el Congreso se ha aprobado todo el presupuesto, y todo el articulado de la ley, menos el último artículo, que se refiere al traspaso de tributos a la Generalidad. Sobre esto quieren dar una batalla y volver a discutir el Estatuto: Maura, Sánchez Román y Alba están al acecho. Con este propósito se han negado a facilitar la conclusión antes de Pascua, y tendremos que reunirnos el martes. La esperanza de los radicales y de otros es que no haya *quorum* para aprobar la totalidad del presupuesto, y me dicen que están dispuestos a retirarse del salón para impedir que haya número. Me cuesta trabajo creer que lleguen a tanto. Si Lerroux supiera que de no haber *quorum* yo dejaría el Gobierno, y tendría que entrar él, no pondría tantos estorbos.

Se gastó mucho tiempo en discutir el artículo 44, por el que se pretendía reconocer derechos pasivos al clero. Me habían hablado de esto algunos diputados, entre ellos Maura y Marañón. También una comisión de canónigos, con los que venía Molina, también canónigo y diputado. Contaron lástimas de la situación de algunos curas, y me pidieron apoyo. Les dije que yo no podía hacer nada contra el texto de la Constitución, ni contra la política del Gobierno, en general; pero que si se hallaba una manera de socorrer a los necesitados, yo no me opondría; y que lo trabajasen en los partidos. No volví a saber nada de esto, hasta que leí en los periódicos el texto de un artículo de la ley de Presupuestos, aceptado por unanimidad en la comisión. Me sorprendió el acuerdo, pero no dije nada. En estas, Albornoz trajo a Consejo el proyecto de ley especial que pide la Constitución para extinguir el presupuesto del clero. Se aprobó en Consejo y fue leído en las Cortes. Apenas leído, varios radicales-socialistas cayeron en la cuenta de que el proyecto del Gobierno contradecía lo acordado por la comisión de presupuestos, y prepararon un voto particular, al que se sumaron diputados de Acción Republicana y socialistas, pidiendo la supresión del proyectado artículo 44.

La víspera de discutirse este artículo, vinieron a vernos a Albornoz, a Carner y a mí los firmantes del voto particular. También se presentó casualmente en la reunión Domingo, y poco después Casares. Examinamos el texto del artículo 44, que nadie nos había consultado, y convinimos en que era contrario al artículo 26 de la Constitución; se recordó que una transacción análoga fue propuesta al acabar de discutirse la Constitución, y las Cortes la rechazaron. En vista de esto, di por perdido el artículo 44, y no me ocupé más del asunto.

Por lo sucedido ayer tarde en la sesión, descubro que la comisión de presupuestos no ha procedido con claridad. No se ha reunido para examinar el voto particular, y cuando éste se ha leído en sesión pública, y la mayoría de la comisión lo ha aceptado (o sea la supresión del artículo 44), los diputados de oposición han puesto el grito en el cielo, diciendo que se les había engañado, y echando al Gobierno la culpa del engaño. Nada menos cierto. Aparentemente, la comisión, es decir, la parte ministerial de ella, no ha pecado de franca con sus compañeros; esto podría ser resultado de la precipitación con que han trabajado estos días, y del aturdimiento; pero aunque fuese maliciosa su conducta, el Gobierno no se ha metido en nada, a ese respecto.

Los diputados de la derecha estaban furiosos, porque esperando sacar el artículo 44, no han hecho obstrucción a los cuarenta y tres primeros, que se han aprobado de corrido; y a obtener esa facilidad achacan ellos la conducta de la comisión y la del Gobierno. Maura era de los más enojados. Y cuando, resuelta ya la cuestión, se trató de la prórroga de la sesión para acabar la ley y comenzar las vacaciones, Maura dijo que si se prorrogaba la sesión se retiraría de las Cortes. Es la majeza de siempre. A mí lo mismo me daba que hubiese sesión anoche y hoy, o que no la hubiese. En las idas y venidas que tuvimos mientras se consultaba la opinión de los grupos, me encontré con Maura en la plataforma presidencial, y detrás del sillón de Besteiro cambiamos unas palabras algo ásperas. También andaba por allí Guerra del Río, que quiso meter baza, y no le contesté.

En fin, hubo sesión anoche, y quedó para la semana próxima el último artículo, que es la cesión de tributos a la Generalidad.

Los radicales que me insultan en el salón de sesiones se me acercan en los pasillos a pedirme favores.

Lo que hace este partido es muy grave, porque dificulta la formación de un Gobierno de concentración republicana cuando se vayan los socialistas. Nos priva de toda un ala de la política constitucional. Lerroux baja mucho. Ya se entera la gente de que no tiene ideas ni dotes de gobernante. Y son noventa diputados los que le siguen.

La huelga ferroviaria, con la que contaban los conspiradores para desencadenar un movimiento contra la República, se aplaza. La actitud de Prieto ha sido decisiva. Ahora ven la razón que tuve yo el año pasado para ponerlo en Obras Públicas.

Recibo noticias de Algeciras que denotan los progresos del comunismo en el regimiento 15. Aunque no pueden hacer nada decisivo, un escándalo mayúsculo sí que pueden darlo.

También en Marruecos se ha descubierto un manejo turbio para promover una sedición. Presos los autores. Esto sería lo peor de todo.

Unos sicarios del partido radical han aporreado a un señor, confundiéndolo con Guzmán, gerente del *Sol* y *La Voz*. El enojo de los radicales proviene de un artículo publicado en *La Voz*. El día antes de la agresión Salazar Alonso y Rey Mora, diputados lerrouxistas, anunciaban en el Congreso la restauración de los «jóvenes bárbaros», especie de jaques que hace veintitantos años bullían en lo más bajo de la política republicana de Madrid. Guerra del Río, que no se había enterado de la confusión de persona cometida por los agresores, dijo en el Congreso: «Le han roto la cabeza al señor Guzmán». (Eso es lo que pensaban hacer, y al saber que había habido la agresión, Guerra lo dio por hecho.)

Largo Caballero está muy enfermo. Padece aortitis, pero él no lo sabe. Está muy decaído, y en inminente peligro. El otro día comieron con nosotros todos los ministros y sus señoras, por ser el aniversario de la formación de este Gobierno. La mujer de Largo estuvo llorando a solas con la mía, por el estado de su marido. Será una pérdida muy seria, si en efecto se muere o se inutiliza. Véase lo que es el odio, y el fondo de ordinariez que hay en Lerroux:

Dijo ayer Lerroux, por puro gusto de llamar la atención, que del Consejo de ministros saldría una noticia muy importante. No había tal. Preguntado Largo Caballero por los periodistas, repuso en broma:

—No sé... ¡Como no sea el nacimiento del niño Jesús!

Al saberlo, Lerroux pronunció estas palabras, que han reproducido todos los periódicos:

—Ese hombre es desagradable hasta con un pie en la sepultura.

Se ha resuelto velozmente en las Cortes el asunto del tratado con México para construir en España una pequeña flota por cuenta de aquel país. Las negociaciones han durado meses. Las ha llevado personalmente Álvarez del Vayo, de cuya popularidad en México nos cuentan maravillas. Últimamente se envió una comisión de peritos para ultimar el concierto, si era posible. Yo tenía pocas esperanzas, porque hace algunas semanas nos fracasó otro asunto igual en Portugal, por la presión inglesa. De la comisión formaba parte un gallego muy listo, el señor Suances, de la Constructora Naval, y amigo de Casares. Cuando fue a despedirse, Casares le dijo:

—A ver si afinan ustedes en los precios, porque ahora no hay que comprar a los ministros. Lo que otras veces se hayan gastado ustedes en eso, pueden reducirlo en los precios.

Suances se echó a reír.

La concesión a España de esta obra naval tiene importancia. Nos da trabajo en los astilleros para año y medio. Y es todo un síntoma de la política de España en América. En los Estados Unidos sentará muy mal, y quizás se desquiten en el asunto de la Telefónica. Competíamos con los yankis, con los ingleses y con los italianos. Parece ser que la influencia de Calles en favor de España ha sido decisiva y terminante, y que cerca de Calles nuestro embajador tiene mucha autoridad. Me cuentan que Pani, ministro de Hacienda y embajador en Madrid hasta hace poco, ha puesto obstáculos a la conclusión del convenio.

La única falla que esto tiene, o puede tener, es que México no pague; pero en tal caso, además de colocarnos en situación de acreedores, que nos daría derecho a pedir una compensación justa, la pérdida no sería mayor que otros gastos emprendidos para remediar el paro obrero, sin fruto alguno. Y siempre quedaría el efecto político de la reaparición de España en América con otros medios y otros métodos que los del conferenciante pedigüeño.

Si el asunto político de Portugal se me arreglara tan bien como éste, daría por buenas todas las pesadumbres que caen sobre mí, y podría presentarme ante mi país a manifestarle cuáles son los jalones de una gran política. Cabalmente, lo que me roe y desasosiega es la duda que tengo sobre si España está en condiciones de llevarla por tales derroteros.

España padece una crisis social profundísima, y las clases están en lucha abierta por sus intereses. Esto es inevitable, y podrá ser fecundo si se acierta a formar una clase campesina con intereses propios y sólidos. Esta situación, y los demás problemas agudos de la República, dificultan el punto de fusión nacional que es menester para una política de vastos horizontes. Hay, además, el obstáculo tradicional del apocamiento español; prefieren no tener quebraderos de cabeza. Yo no tengo inconveniente en perseverar, hasta que nos vayamos poniendo en franquía. Pero siempre, siempre no voy a vivir así, gastando las nueve décimas partes de mi tiempo y de mi energía en templar gaitas, contemporizar con los necios y los ignorantes, parar los golpes de los enemigos, y en defender una posición que por sí misma no me interesa, y sí sólo en cuanto puede servirme para realizar cosas substanciales.

Por fin se ha constituido la Federación parlamentaria de izquierdas republicanas. Esta idea lancé yo en mi discurso de Santander, después de haberla consultado con el Consejo de ministros. Todos la aprobaron. Los socialistas desean que se constituya un fuerte núcleo republicano para que ellos puedan retirarse del Gobierno. Albornoz y Domingo estuvieron también conformes. Apretar los aros de la mayoría republicana es indispensable, y si ha de haber un ministerio republicano entre la retirada de los socialistas y la disolución de las Constituyentes, esta solidificación de los grupos de izquierda es inexcusable, si no quieren caer bajo la preponderancia de las hordas lerrouxistas. Sin embargo, han tardado tres meses en hacer una cosa que podía haberse logrado con más gracia en cuarenta y ocho horas. Van a remolque de lo que yo propuse, y van algunos de mala gana, por lo menos en el grupo radical-socialista. Por parte de los amigos de Domingo no había dificultad, y llegarían a la fusión de los partidos. Pero los amigos de Albornoz, y el propio Albornoz, piensan de otra manera. Temen que la Federación de izquierdas se haga «a beneficio mío». Yo no he intervenido para nada en los trabajos para constituir la Federación; como si pasara en la luna. Los he dejado parlotear y hacer ponencias y nombrar comités, absolutamente seguro de que al fin vendrían a lo que yo propuse.

Cuando empezaron los trabajos, después de mi discurso de Santander, Gordón Ordás, diputado por León y amigo de Albornoz, que estaba en la Argentina, telegrafió diciendo que se suspendiese todo hasta su regreso. Así lo hicieron, aunque sin publicar el motivo. Gordón ha puesto todos los estorbos posibles a la Federación; y creo que Albornoz le ayudaba bajo cuerda. Albornoz quiere ser Presidente del Consejo, y serlo en seguida, y en un discurso de provincias dijo que a él le correspondía presidir el Gobierno cuando haya crisis, porque su partido es el más numeroso de la Federación. En el «seno» del comité organizador ha habido, según creo, muchas intrigas, por asegurarse puestos que sirvan de indicación para ser ministros. Por fin, todo se ha arreglado. Ayer se reunieron los grupos que se federan. Presidió Victoria Kent, que estuvo muy azorada. Aún habló Gordón, para no decir nada, pero lo suficiente para comprender que no está a gusto. Después la Kent me invitó a decir unas palabras (se hallaban presentes Domingo y Albornoz, que no hablaron, además de Casares y Giral). Hablé unos minutos. Estuve modestísimo, cosa que les agrada. Pero no se les puede ocultar que la primera palabra por la Federación la dije yo; que también he explicado en mis discursos, como el de Valladolid, los fines de la Federación; y que al constituirse, todavía le sirvo de padrino. Y estos detalles no les gustan a todos. Tan no les gustan, que no falta quien pretenda en convertir la Federación en un instrumento contra mí.

Después se reunió el comité de la Federación, y por no elegir presidente a Gordón, eligió a Galarza.

Toda esta historia de la Federación es uno de los motivos de la furia de los radicales.

Ayer ha salido de prisiones militares don Dámaso Berenguer, y se le deja detenido en su domicilio. Lo ha decretado así la comisión de responsabilidades, a cuya disposición está el general por el proceso de Jaca. Me habían hablado de la situación del general varias personas, entre otras el doctor Marañón. Berenguer está muy enfermo. Le dije a un miembro de la comisión que me parecía una crueldad inútil mantenerlo preso, cuando ya hasta el diez de agosto lo tenían en su domicilio particular; y no habiendo resultado nada contra él por lo de Sanjurjo, bien podían volverlo a como estaba, por acuerdo de la comisión, antes de aquel día. La comisión se ha reunido y ha decretado que pase a su casa, en vez de seguir en la cárcel. Marañón vino a darme las gracias, y a expresarme también la gratitud del general. Marañón dice que le quiere mucho, y está convencido de que el caso de Berenguer «es como el de don Álvaro o la fuerza del sino»; así me dijo.

Superficialmente, puede creerse que en el caso de Berenguer hay mucho de fatal; pero la inteligencia y la robustez del carácter sirven para sustraerse a las prisiones de lo que llaman fatalidad. Es claro: dada la *incondicional* adhesión de Berenguer al rey, y su ignorancia del estado del país, lo demás venía por sí solo; pero una y otra premisas no hubieran existido si se tratara de un hombre más agudo y más resuelto. Dentro de esos angostos límites, Berenguer podía tener «buena intención», esto es, que no buscaba su medro ni su prepotencia personal, y creía que *sirviendo al rey*, servía a España. Pero esta ignorancia es inexcusable en quien ocupaba su alta posición. Ningún juicio definitivo puede formarse sobre Berenguer hasta que no se aclare su disposición personal respecto de las ejecuciones de Jaca, y después de aclarada, mientras no se sepa por qué, si le parecían mal las ejecuciones, las consintió.

Yo juzgué duramente la gestión de Berenguer en África en unos artículos que publiqué en *España* durante los meses de agosto y septiembre de 1923. Me valí de la involuntaria confesión del general en su libro *Campañas del Rif y Yebala*, y creo haber probado que su ineptitud y sus rivalidades con Silvestre ocasionaron lo de Annual, de tan incalculables consecuencias. Aún no he coleccionado esos artículos.

Una vez sola he hablado con don Dámaso; en febrero de 1930, siendo él Presidente y ministro de la Guerra, fueron a visitarle unos delegados de la Alianza Republicana, entre los que nos contábamos Lerroux y yo, para pedirle que autorizase el mitin del once de febrero, preparado por los republicanos. El general nos recibió, ya de noche, en el antiguo y feo despacho de la Presidencia del Consejo. Nos dijo que permitiría el mitin, «porque los republicanos éramos unos españoles como los demás, y nuestra idea romántica era muy respetable y no iba contra la Patria. No así los comunistas, porque ésos están fuera de la humanidad». Tales fueron sus palabras, que no podían acrecentar a mis ojos la autoridad del general. En aquel mitin del once de febrero pronuncié yo un discurso, que fue el comienzo de mi propaganda pública. (Recuerdo muy bien las penumbras del despacho de Berenguer, mal alumbrado por una lámpara sobre la mesa, y el bulto recio, oscuro, del Presidente en pie, hablando con voz un poco bronca y sin facilidad.)

El jueves hubo Consejo en Palacio. El Presidente padecía uno de sus frecuentes ataques de locuacidad y buen humor, entreverados de malicias. En estos casos, suele deslizar alusiones a los ministros que le han rehusado algún favor. Habló por los codos y en ello gastó casi todo el tiempo, que fue perderlo. Me acordaba de los consejos de ministros que él presidía. Yo suelo permanecer como de piedra, y aunque me impacienta, lo disimulo.

Se aprobó la redacción definitiva del proyecto de Tribunal de Garantías, para el que don Niceto había dado algunas notas.

También se aprobó en este Consejo el proyecto de ley autorizando al Gobierno para formalizar el contrato con México y abriendo los créditos indispensables. El martes había yo hablado con Suances y Marchesi, de la comisión que regresaba de México, y en el Consejo de ministros del mismo día planteé la cuestión. Carner había visto bien el asunto; más tarde, en las Cortes, me dijo que tenía algunos temores respecto de la solvencia de México. Había otros ministros delante, y todos le dijimos que el asunto no podía tratarse como una simple operación de comercio. Allí le insté para que lo llevara resuelto al Consejo del jueves, y así lo hizo. Cuando empezamos a hablar de ello, don Niceto salió diciendo que habría que esperar el regreso de Zulueta; pero le dijimos que lo habíamos adelantado todo, y le leímos el proyecto de ley, que le pareció bien y lo firmó.

Por la tarde lo leí yo en las Cortes. En el acto reuní a la comisión, que dio dictamen por unanimidad, y dos horas después se aprobaba en el salón de sesiones, sin que nadie pidiese la palabra.

Escribiendo estas notas, me viene a la memoria el chistoso suceso de la sesión del martes, en que se discutió la proposición de Gil Robles sobre las elecciones parciales. Todos los enemigos del Gobierno se prometían derrotarnos. Los radicales habían reforzado sus huestes, llamando a los ausentes. El salón estaba lleno, y se aguardaban grandes cosas. Yo iba muy divertido, porque me figuraba lo que podía pasar; y pasó, en efecto. Todos me esperaban parapetados en unas posiciones que se les antojaban formidables, y en el momento preciso yo aparecí por otras, donde no me suponían, y se quedaron desconcertados. Fue una bonita lección de estrategia. Mientras iba yo hablando, me regocijaba el desconcierto de las oposiciones; la mayoría estaba muy alborozada y algunos diputados de oposición también parecían divertirse mucho. Cuando terminé de hablar, nadie pedía la palabra, y pasaron dos o tres minutos mirándose unos a otros los grandes caudillos de la oposición, sin saber hacia qué parte acudir con sus fuerzas. Si la pedante Campoamor no se hubiera creído en el caso de romper una caña en pro del voto femenino, aquello hubiese concluido en una rechifla. El discurso de la Campoamor les dio tiempo para consultarse; depusieron las armas, y la proposición de Gil Robles quedó retirada.

Unos y otros tienen miedo a las elecciones parciales: los radicales, porque temen que los socialistas los barran; las derechas, porque no quieren elecciones sin voto femenino, en el que ponen grandes esperanzas; pero como han estado mucho tiempo diciendo que el Gobierno no se atrevía a «consultar la opinión», el hecho de que fuésemos a «consultarla» los desconcertaba, sin que acertaran a decir otra cosa sino que la elección en siete provincias *no podía probar nada*.

En fin, fue un rato muy ameno.

25 de diciembre

Anoche cenaron con nosotros Cipriano y su mujer y el jefe de mi gabinete militar. Luego vinieron los Guzmán, y estuvimos de conversación hasta la una. Hoy me he levantado tarde y he salido al despacho cerca de la hora de comer. Saravia me entrega un radio de Vayo, dando las gracias, de parte del Presidente de México, por la rápida solución del asunto de los barcos.

Ha venido a comer toda la familia. Después he salido en coche con Cipriano, hasta Manzanares. Tarde espléndida. La sierra, maciza de nieve, refulgente sobre oquedades negruzcas. Maravilloso poniente por la carretera de Colmenar. Frío, y un poco de tristeza.

De vuelta en el ministerio, me entro en mi despacho. Papeles en desorden; asuntos pendientes; leo, rebusco, ordeno, escribo notas. Solo hasta las nueve y media. Ha entrado únicamente el comandante Moles, ceñido en su uniforme y solícito como un alumno aplicado; le doy unos telegramas, y se va.

Como estoy menos fatigado, todo me es más llevadero, ¿estaré dejándome captar por mi papel? Todos los días anhelo un cuarto de hora de lucidez, al fin del cual barrunto la ruptura voluntaria de estas prisiones. Y ese cuarto de hora nunca llega. Sería la contrición de un espíritu libre, que ha empeñado su libertad. Porque mi convicción íntima es que ahora no soy yo, ni mucho menos, el que los demás creen que soy. Pero ese cuarto de hora, ¿por qué no llega? ¿Lo retraso voluntariamente, sin decírmelo, o realmente tengo que resignarme a cumplir unos «deberes», a levantar una carga?

A veces estoy poseído de un gran aliento, y quiero creer que sobre todas las miserias cotidianas se levantará una gran obra. ¿Esto es un engaño de amor propio? Me extravía mi formación de artista y mi sensibilidad por lo histórico; y temo que he transportado la acción política al ángulo inmensurable de los valores estéticos. Entre mi pensamiento, y, más exactamente, mi actitud, mi disposición de ánimo, y la realidad de mi país, hay una distancia que no se llena con toda mi popularidad ni mi autoridad personal, comprobadas cotidianamente.

Otras veces, la repulsión es tanta, que siento náuseas, e impulsos de fuga. Resulta que procedo en mis movimientos interiores, como si me sorprendiera mucho que la política esté apestada de necedades y miserias, de vanidades, de torpes intenciones; y mi enojo parece pretender que se realizase una política sin tales bajezas.

Es en el carácter donde la política me hace padecer más; sin duda por el carácter es por donde más me aparto de lo corriente en ese mundillo. Tal vez ahí reside mi fuerza. He salido bruscamente al Gobierno sin pasar por ninguna de las etapas preparatorias ni pruebas eliminatorias en que un hombre, o se adapta, o sucumbe. No puede llegarse normalmente a la cumbre del poder político y conservar la integridad y entereza del propio ser, con la vitalidad de los veinte años, si ha ido uno sufriendo las mutilaciones de una larga *carrera*. Yo no he hecho carrera, y estoy interiormente tan recio y tan en mi ser como hace veinte años, cuando yo no era más que un señorito indomable. Ésta es una ventaja que raramente puede disfrutarse cuando no hay revolución.

A los menguados caracteres que pululan en la política, no me rendiré nunca. Y hasta ahora, lo más terco de mi resistencia viene del espanto y del escándalo que me produce el pensar que la República y el país recaigan en manos podridas. Tamaña ingenuidad puede perdonárseme.

A una inteligencia más poderosa sí me rendiría, y de grado; a condición de no verla al servicio de lo siniestro, o de lo abyecto, o de otras fealdades morales.

Todo esto me obliga a tomar en serio el Poder; sea para conservarlo, sea para tirarlo con definitiva resolución. Nunca tenerlo para mí.

Lo que más temo es perder mi libertad interior. Aferrarme en cosas que no me importan. El ejercicio de la inteligencia crítica me ha salvado siempre de mezquindades y ruindades; ni las he cometido yo, ni me he dejado prender en las ajenas. El tráfago cotidiano no me deja ahora la misma holgura de antes. Y yo mismo me sorprendo a veces contristado o irritado por cosas que en otro tiempo ni siquiera hubiesen merecido mi atención. Es el papel, el oficio, que se me impone. Salirme de él, y reflexionar sobre mi situación me es dado pocas veces; si alguna se me logra, me veo independiente de todo, fácil a la renuncia; pero es también en esos momentos cuando sopeso la gravedad de mi destino.

Una forma de la felicidad sería la certidumbre de que voy a usar del Poder en bien de mi país. Yo no tengo pasión nacional. Con todo, la única moral en este sitio es sujetarse al trabajo por el futuro de España. El futuro de España… ¡terrible secreto! Con el cual tengo yo que dialogar ahora, a ver si lo entiendo. Pero esa felicidad sería una felicidad pública, como quien dice, histórica; no íntima e invulnerable. La ruta de la felicidad personal no pasa por la cumbre del Gobierno, por más placer que cause el empleo y ejercicio de una capacidad. Inmoral e inteligente, el conde Mosca podía ser feliz por el solo gusto del oficio de mandar, y de ver colmada esa ambición. Ambición, yo no la tengo, como no sea pendiente de una cláusula casi imposible: la de acertar profunda y largamente.

Aun en los momentos más regalados para la vanidad personal, como mi último viaje a Barcelona, siento que todo aquello pasa por encima de mí y va mucho más allá de mi persona. Esto siempre es bueno; porque lo necesario es, análogamente a lo que dice la doctrina cristiana, «salvar el alma». Y sólo puedo salvarla despegándola. La libertad interior.

¿Aguinaldo? Me dice el director de Seguridad que el general Barrera está en Madrid, con otros dos compinches. Y que dentro de dos o tres días llega Martínez Anido. La noticia se me antoja inverosímil, pero Menéndez lo asegura, porque una de sus confidentes los ve todos los días, y le han hecho depositaria de algunas armas. Menéndez está seguro de detenerlos cuando quiera.

29 de diciembre

Al salir a mi despacho, me anuncian al alto comisario. Le veo un momento, y quedamos citados para la tarde. Voy a la Presidencia. Día de audiencia. El untuoso embajador de la Argentina, muy amable, viene a solicitar que se abran negociaciones comerciales. Supongo que es para que no pidamos que nos otorguen las mismas ventajas que acaban de dar a Chile. Después, muchas comisiones.

Matilde Pomés, a quien no veía desde hace años, viene a verme para hablar de la traducción de *Una política* y de *Plumas y palabras*.

Y Carmen Valera, con su hija Lola, que se casa la semana próxima con un comandante retirado. Un destino para el comandante, claro. Son tan raros en esta familia, que los novios no quieren decirle a Carmen qué día se casan. La niña dice que su madre desea hacer una boda de rumbo; pero ellos prefieren casarse sin boato; y por eso no le dirán la fecha sino el día antes…

La Pomés me ha dicho que en Francia están muy extrañados de que a Herriot se le haya recibido mal. ¿Mal? ¿Qué íbamos a hacer? Le digo algunas cosas un poco desagradables sobre el modo de entender las reacciones políticas de los españoles.

Mucha más gente ha venido, pero ya no me acuerdo.

Por la tarde, en el ministerio, el alto comisario, y después Amós y Ramos.

Desde hace dos meses andamos buscando sustituto a López Ferrer. Designado Sortoa, gobernador de Guinea, lo asesinaron la víspera de su regreso a España. Entonces la sustitución se habría hecho rápida e inopinadamente, con ventaja para todos. Después se pensó en el cónsul de España en La Habana, y cuando ya se sabía que aceptaba, desistimos, porque nos llegaron informes, suministrados por Madariaga, respecto de la francofobia que dicen padece aquel señor, lo cual podría ser una dificultad en la Zona. No hay funcionarios aptos, porque López Oliván y Aguirre de Cárcer, que conocen bien Marruecos y podían desempeñar el puesto, son por ahora imposibles, porque sirvieron a la Dictadura. Yo no tendría inconveniente en nombrar a Aguirre, a pesar de todo, porque sé que nos serviría bien; pero se desencadenaría contra él una campaña que le dejaría sin autoridad, como le ha ocurrido a López Ferrer. Últimamente se ha pensado en Moles, que es hábil político y lo ha hecho bien en Barcelona. Le llamé el otro día y le propuse el nombramiento, de que ya tenía noticia, porque Esplá se lo dijo por encargo mío. Estaba un poco maravillado, y puso algunos reparos. Quedamos en que aceptaría, si el Gobierno decidiese nombrarlo. El inconveniente mayor es el de su reemplazo en el gobierno de Barcelona. En la situación transitoria actual, será difícil hallar un sustituto que no se tire los trastos a la cabeza con Macià y la Esquerra. Moles domina mucho a Macià. Como es uso, Moles no ha sabido recatar el ofrecimiento hecho por el Gobierno y se lo ha dicho a los periodistas. Naturalmente, López Ferrer se ha enterado, y como ya rodaba algún rumor acerca de su sustitución, ha comprendido que le llegaba la hora. López Ferrer me escribió hace días una carta, haciéndose cargo de esos rumores, y diciéndome que estaba siempre a la disposición del Gobierno y de la República, a la que serviría donde se le mandase. Pero que si querían incluirlo en una combinación diplomática (como le habían dicho oficiosamente desde el ministerio de Estado) sólo podría aceptar una embajada. Antes de que le contestase a la carta, López Ferrer me envió otra con su secretario, narrándome lo sucedido en Bab-Tara; y el mismo día me pidió permiso para venir a Madrid. Esta mañana llegó.

En la conversación de esta tarde, López Ferrer me ha dicho que conviene sustituirlo cuanto antes, y él mismo me ha recomendado a Moles, «de quien se ha hablado estos días». Da por supuesto y probado el propósito de relevarlo, y afirma que se encuentra «gastado». Está agradecido al Gobierno, y especialmente a mí, que siempre lo he sostenido; aunque no ignora que en el Gobierno hay algunas personas que le miran con poca simpatía. Le ha combatido mucho la masonería, aunque él ha sido masón en Inglaterra; y no le ha parecido decoroso hacerse masón ahora para contrarrestar esa campaña. No lo ha entendido así el general Gómez Morato, que ha ingresado en la masonería para que no lo ataquen. Opina que Gómez Morato es un pobre hombre, que tiembla pensando que pueden destituirlo; tiene muchos hijos y le preocupa la despensa. También cree López Ferrer que debe ir de alto comisario una personalidad política, que pueda imponer respeto a los españoles residentes en la Zona, y que no pueda ser sospechoso. Se queja de que la dirección de Marruecos merma la autoridad del alto comisario, y da oídos a todos los que vienen de allá con quejas contra él.

Me explica lo de Bab-Tara como resultado de manejos monárquicos, urdidos en Tánger, de donde sale dinero para fomentar la agitación. El cherif de Darkana, refugiado en Tánger, parece ser el cabecilla del complot.

Está conforme con la reducción de gastos militares y con mi propósito de invertir en obras parte de lo que se ahorre por aquel motivo.

En suma, López Ferrer está muy deshecho, supongo que lastimado en el fondo, aunque no es hombre de carácter para dejarlo conocer. Insiste mucho en que lo sustituya cuanto antes; quedamos en que llevaré la cuestión al próximo Consejo.

Amós ha venido a traerme un extraño mensaje. Santiago Alba le ha llamado a su casa, y se le ha quejado, con palabras muy duras, de un artículo de *La Voz* en que se aludía a la campaña que *ABC* hizo antaño contra Alba, metiéndose en sus interioridades conyugales. Pero se aludía reprochándole al *ABC* sus excesos, y sin nombrar a Alba. Su queja no tenía fundamento, y Amós creyó comprender que la indignación de Alba era fingida y sólo un pretexto para hablarle de otras cosas.

En efecto: le habló de mí; dijo que me admiraba mucho; que yo era el único que tenía un concepto de España y capacidad para llevarlo a término; que había que ayudarme, incluso desde enfrente. Que nota en mí un desdén, una hostilidad inexplicables, como si yo me propusiera *laminarlo*, aniquilarlo en política; que eso sería injusto; aunque él no tiene ambición, ha aceptado lealmente la República. Que estoy rodeado de gente mediana, y en las oposiciones no hay nadie. A Miguel Maura puede aplicársele lo que su padre le dijo una vez a Romanones: que para ser político no basta el arrojo; Lerroux —sigue opinando Alba— ya no sirve para nada. Lerroux le llama algunas veces para consultarle, y siempre hace lo contrario de lo que le aconseja; está chocho. Y Alba desea saber —le ha encargado a Amós que me lo pregunte— «si yo tengo algo contra él, de orden personal o político».

Amós le ha dicho que me lo preguntaría; que ignora mi opinión sobre Alba, aunque supone que será como la de la mayoría de los españoles: a saber, que Alba no creyó en la República, estorbó su venida cuanto pudo, quiso estar en disposición de navegar con todos los vientos, y dejó pasar la ocasión de rehabilitarse. Añadió Amós que, sea cualquiera mi opinión, es seguro que en política no me guío por simpatías ni por rencores personales.

—Eso es cierto —repuso Alba—. Zulueta, en los tiempos del reformismo, fue el que más hizo por cortarle el camino a Azaña, y porque no fuese diputado ni nada en su partido; y ya ves cómo le ha pagado: haciéndolo ministro.

En fin, Amós me ha traído el recadito, y yo le he dicho que la respuesta sea brevísima: no tengo nada personal contra Alba, con quien nunca me he tropezado en mi camino (antes de la Dictadura, sólo le hablé una vez, cuatro palabras, en la embajada de Francia, después no le he visto hasta que apareció en las Cortes Constituyentes, y sólo hemos cambiado breves palabras en dos o tres ocasiones), y en el terreno político, no administro la carrera de los demás, ni gobierno la marcha de los partidos.

Con este motivo, hemos recordado la situación de Alba en San Sebastián, el 13 de septiembre de 1923. Querían asesinarlo, mediante los oficiales de la guarnición (resultas de la campaña que hicieron contra él por el rescate de los prisioneros) y el rey no lo ignoraba. Don José Sánchez Guerra ha contado que aquel mismo día se encontró en la calle al rey con Alba, y que a éste se esforzó en decirle con la mirada el peligro que corría.

Ya en la emigración, cuando se reunieron en París los jefes de los partidos dinásticos para acordar un plan contra la Dictadura, Alba tuvo que marcharse de la reunión, de tales cosas como le dijeron respecto de su conducta con el rey.

Intrigante, mal intencionado y rencoroso, Alba ni siquiera ha sabido situarse hábilmente en las Cortes Constituyentes. En lugar de estarse callado algún tiempo y de mostrar la reserva decente, y un poco contrita que convenía a su pasado, ha pretendido darnos lecciones desde el primer día. Cada vez que habla, es un frasquito de veneno que se derrama. Yo no sé qué le ofusca, porque dicen que es listo; pero en las polémicas de las Cortes siempre ha quedado vencido, y algunas veces ha dicho, guiado de su mala intención, verdaderas tonterías, como en la sesión del martes pasado, en que se le ocurrió preguntar «qué publicidad iban a tener los acuerdos de Gobierno sobre traspaso de tributos a la Generalidad». «La publicidad de la *Gaceta*», le contestamos. Los diputados se rieron, y él se quedó mohíno. ¡Partía del supuesto de que intentábamos hacer una cosa clandestina!

Lo que se saca en limpio de la llamada de Alba es que piensa en suceder a Lerroux en la jefatura del partido radical, intención o deseo que ya le habíamos conocido muchos. Quiere saber si yo estaría dispuesto a darle la alternativa.

La disposición de Alba en la penúltima sesión de las Cortes, al discutirse el artículo para el traspaso de tributos a la Generalidad, concuerda con la de Sánchez Román, Maura y otros, que han vuelto a la carga contra el Estatuto. Una de las cosas más feas es que la hayan tomado con Carner, groseramente, como si Carner fuese a aprovecharse de su cargo para hacer no sé qué cosas, pues ni siquiera dijeron cuáles. Los argumentos de estos señores carecen de contenido, como no se admita el supuesto de que Carner es un prevaricador, y con él, todo el Gobierno. La actitud de Maura fue energuménica: se agitó, gritó, se golpeó los muslos, se puso en jarras, se cruzó de brazos, hizo mil aspavientos, respiraba como un fuelle de fragua, exhalando cólera; lo de siempre. Pocas veces ha dado una muestra más fuerte de oclusión mental producida por el arrebato sanguíneo. En suma, pretendían que no se cumpliese el Estatuto.

Se ganó la votación fácilmente, y todo quedó en suspenso para la votación definitiva del miércoles. Las oposiciones esperaban que no hubiese *quorum*, y pusieron de su parte lo necesario para que en efecto no lo hubiera. La mayoría vino a votar casi en masa. Tuvimos doscientos treinta y seis votos, algunos de ellos de la oposición, como dos federales, dos conservadores y un radical. De modo que con solos los votos de la mayoría hubiéramos tenido *quorum*. Maura y sus amigos no entraron en el salón (menos dos); de los noventa radicales sólo asistieron ocho o diez; de los agrarios ninguno, y de los antiguos amigos de Ortega, otros dos. De todo ello salieron los veinte votos en contra. No sentía yo preocupación seria por el resultado de la votación; pero si las oposiciones republicanas (radicales y conservadores de Maura), por abstenerse, hubieran conseguido impedir el *quorum*, las consecuencias habrían sido enormes. Es increíble que esos partidos, previendo lo que podía ocurrir, se hayan atrevido a tanto. De no haber *quorum* y, por tanto, no aprobarse el presupuesto, el Gobierno habría dimitido en el acto. Haciéndonos caer de esa manera, y suponiendo que el Presidente hubiese dado el Poder a Lerroux, ninguno de los partidos de la actual mayoría hubiera querido participar en el nuevo Gobierno. ¿Qué podría pasar? Ni presupuesto, ni Gobierno capaz de hacerlo votar. O habría tenido que reconstituirse el mismo Gobierno, o habrían sido disueltas las Cortes; en este caso, antes de disolverlas, habría sido menester votar la prórroga del presupuesto: ¿por cuál mayoría?, ¿con qué *quorum*? Porque a la actual habría sido inútil pedirle que ayudase a hacer a otros lo que a ella le hubiesen impedido hacer.

Éste era el barullo a que nos llevaba la locura de los radicales y sus aliados. Todo se resolvió bien, gracias a la presencia casi total de la mayoría, presencia que desconfiaba de obtener el Presidente de las Cortes.

El mismo día, feroz ejecución de Eduardo Ortega por Indalecio Prieto. Ortega es muy torpe, muy terco, se atribuye el papel de repartidor de patentes de republicanismo, y aunque él hizo la carrera política bajo el cacicazgo de su tío Rafael Gasset, y fue diputado cunero por la provincia de Málaga y director general y subsecretario de Abastecimientos durante la guerra, ahora nadie le parece bastante puro ni bastante republicano. Recoge todos los chismes y cuentos que le llevan y con eso quiere hacer campaña parlamentaria. Ese día se metió con Prieto, sin darse cuenta del riesgo; creyó que todos eran como el bueno de Zulueta, que se acoquina. Prieto le soltó una andanada: que Ortega está a sueldo de los contratistas de obras públicas, y que en representación de ellos ha ido al ministerio a pretender cosas injustas. (Lo que Ortega fue a pretender es que se declarase obligatoria la colegiación de los contratistas, para que nadie pudiera serlo más que los actuales.)

Ortega se quedó como si le hubieran dado un mazazo en el cráneo. Se levantó a hablar, lívido, y se tambaleaba y tartamudeaba. Extrajo del bolsillo una lista de supuestos favorecidos por Prieto, y el ministro le apabulló nuevamente. Ortega se lo tiene merecido.

El mismo día, por la mañana, fuimos todos los ministros al Hipódromo, para ver los planos de la reforma concebida por Zuazo para prolongar la Castellana y construir grandes edificios públicos en las dos plazas que allí van a formarse. Los proyectos son bellos y están pensados en grande. Prieto había citado también al alcalde y algunos concejales y a los presidentes de las sociedades hípicas; allí estaba el general Kirkpatrick y el hijo de Romanones, Velayos. El general es presidente de la Gran Peña, donde se conspiraba para lo del diez de agosto, y tiene dos hijos comprometidos en los sucesos, o en su preparación. Oímos las explicaciones de los arquitectos, y desde allí nos trasladamos a Puerta de Hierro, y luego al Pardo, junto al camino de la Zarzuela, para examinar los planos trazados para realizar mi proyecto de ensanche y enlace de estos parajes con el norte de Madrid. Después almorzamos en Puentelarreyna, donde hacía un frío espantoso. El día estaba cubierto y la niebla muy espesa.

Estos proyectos caminan a su realización a gran velocidad. Estoy muy satisfecho de la suerte que corre mi iniciativa, tantas veces soñada por mí cuando yo no era nada. Si dejo el proyecto total en vías de realización irrevocable habré dado a Madrid un impulso enorme, que marque su porvenir para muchos años; y lo habré hecho con prontitud y en silencio, sin necesidad de aparecer para nada, cumpliendo la función que más me gusta, que es servir de motor y despertador de actividades dormidas, y encauzar —en este caso— con mayor gusto e inteligencia que hasta aquí la expansión de la Villa. Prieto me ha secundado con rapidez vertiginosa.

Ha fracasado la proyectada captura del general Barrera en Madrid. La policía se presentó, con la confidente, en el piso de la calle de Almagro donde ella decía que estaba escondido el general; pero no hallaron a nadie. Menéndez está furioso y quiere dimitir. Yo no sé qué pensar de la confidente. ¿Es una espía doble, y se la *han echado* al director de Seguridad para desorientarlo? Por otra parte, la policía de París asegura que Barrera continúa allí. Pero la confidente ha reconocido, entre varios retratos, el del general Barrera como el de la persona a quien ella ve en el piso de la calle de Almagro.

También se ha presentado a Casares un abogado de Madrid, sujeto bastante turbio, a decirle que Barrera está en Madrid, y que el sábado pasado estuvo en el Dueso a visitar a Sanjurjo. Asegura que hay un plan de evasión de todos los penados del Dueso, y que algunas autoridades de aquellos sitios hacen la vista gorda.

Casares cree que de un día para otro estallará un movimiento terrorista, organizado por la FAI. Hasta ahora, lo único que ha estallado ha sido una bomba en Barcelona, gracias a lo cual se ha descubierto un importante depósito de armas y explosivos. Es lo que yo digo: la policía en España, además de inútil, resulta innecesaria: cuando hay bombas, estallan solas, y cuando hay conspiración, los conspiradores se lo cuentan a todo el mundo. (Sin embargo, esta vez parece que lo llevan con más sigilo.)

31 de diciembre

Llevo dos o tres días en que apenas salgo de mi despacho. El tiempo es infernal. Llueve a cántaros, hace mucho frío, no se puede ir al campo; y como en Madrid no hay diversiones tolerables, me paso el tiempo en Buenavista, haciendo el cartujo. Esta relativa soledad y este silencio me van muy bien y me reposan. Además coinciden con mi inveterado gusto por las encerronas con papeles y libros.

Ayer por la mañana fui a Palacio a despachar con el Presidente. Le dije, como era natural, que, votado el presupuesto, y no habiendo ahora ningún asunto apremiante, estaba a su disposición por si creía llegado el momento de cambiar de política.

—No, no; de ninguna manera —me contestó—. ¿Quieren marcharse los socialistas?

—No.

—Pues entonces, adelante.

—Los socialistas acaso deploren las contiendas entre republicanos, que han llegado a una acritud y violencia que usted acaso no perciba. Por agredir a los socialistas, los radicales chocan con los demás republicanos de la mayoría; y esto no es para facilitar la salida de los socialistas.

—Lo que hay que evitar —dijo el Presidente— es que a favor de la estancia de los socialistas en el Poder se constituyan en los pueblos pequeñas tiranías locales, que ni siquiera figurarían en el socialismo el día que no tuvieran una protección desde el Gobierno. Lo que hay que hacer es un programa parlamentario, y eso lo examinaremos en Consejo.

También me habló el Presidente de que Albornoz, por quien siente debilidad, no le complace en nada. Le ha recomendado dos magistrados y no los coloca. (No podía yo decirle que, en su caso, me abstendría de recomendar a nadie.)

Toda la mañana estuve empleado en distribuir los créditos de armas y municiones para el año próximo. He hecho un plan de conjunto, y se obtendrá un buen rendimiento, dentro de los recursos de que dispongo.

Por la tarde vino Carner, a despedirse para Barcelona. Hablamos de quién podrá ser presidente de la Campsa. Carner piensa en Pedregal. Me parece bien, pero supongo que Albornoz lo tomará como una injuria.

Hoy por la mañana han venido todos los jefes de sección del ministerio, con el subsecretario, a felicitarme por el nuevo año. Muchas protestas de adhesión, etcétera.

También han venido el general Rodríguez del Barrio, y el de la división, y otros militares. Rodríguez del Barrio está muy contento porque he citado en las Cortes un informe suyo.

Luego, una comisión de hulleros y de la empresa de Mieres, que están en situación desesperada. En el ministerio de Agricultura no hacen nada.

Marcelino, en Alicante, descansando. Tendré que tomar también esto por cuenta mía.

La tarde entera en mi despacho. Ha venido Domenchina, con mucho correo. Y luego Casares, que me informa largamente de las cuestiones de orden público.

4 de enero 1933

He estado sin salir de casa desde el viernes al lunes. Hace mal tiempo y no hay dónde ir. Descanso mucho en la soledad del despacho, pero con tan largas encerronas el ministerio se me viene encima.

El día 1.º no hice más que recibir gente desde por la mañana. Comimos en familia. Para postre, Casares me telefoneó que se habían escapado de Villa Cisneros veintinueve deportados. El lunes me aventuré a salir por la tarde. Fui con Lola por la carretera de Guadarrama al Escorial. La sierra, cubierta. El Escorial estaba magnífico, sobre un fondo caótico de nubarrones negros y bajos. Por la noche, banquete en Palacio. Con este motivo, el embajador de los Estados Unidos se ha picado y no ha asistido, porque no puede consentir que el presidente del Consejo *pase antes* que los embajadores. Bravo señor Laughlin.

Los militares se han *esmerado* en ser corteses con ocasión del día 1.º y me han abrumado con montones de telegramas haciendo protestas de adhesión al régimen, y *a mí*. Esto no pueden remediarlo.

La comida de Palacio ha mejorado; pero sigue haciendo frío en aquella casa. Después de la comida hubo una especie de concierto en el antiguo salón del trono. Cantaron artistas del Teatro Lírico Nacional. Casi ninguno era bueno. Durante el concierto me correspondió estar al lado del Nuncio, y el lugar en que estábamos le trajo a la memoria las recepciones diplomáticas en tiempo del rey. Me dijo el Nuncio que tales recepciones eran un suplicio, porque les hacían estar cuatro horas de pie, y en la última a que asistió, el Nuncio se puso enfermo. El embajador de la Argentina también protestaba contra eso —según refiere el Nuncio— diciendo que el estar de pie tanto tiempo se usaba en su país como un castigo a los soldados. Yo asistí una vez, el año 23, a una recepción el día del cumpleaños del rey, formando en la comisión del ministerio de Gracia y Justicia, a la que nos correspondía incorporarnos por turno. En trece años que llevaba yo entonces en el ministerio, me había excusado siempre de asistir, y cambiaba el turno con algún compañero, que nunca faltaban voluntarios. Aquel año me entró gran curiosidad por ver el espectáculo, como si presintiese que no había de durar. Era imponente. Recuerdo la apariencia de maniquíes de toda la familia real. Con mis impresiones escribí un artículo que se publicó en *España*.

Recibí el lunes nuevas noticias de la fuga de deportados. Este suceso es desagradable, porque nos deja en mala postura, y prueba la negligencia con que nos sirven algunas personas. Yo estaba en la creencia de que en Villa Cisneros había estacionado un torpedero. Ahora resulta que el 8 de diciembre el torpedero se fue a Canarias a repintarse y aún no ha vuelto. Giral lo sabía y no le llamó la atención el caso. Me dice que en Las Palmas surgieron algunas dificultades para el aprovisionamiento del barco, porque no estaban despachados los créditos; pero a nadie se le ocurrió que la ausencia del barco era muy dilatada ni pareció sospechosa, ni pensaron en enviar otro. El bondadoso Giral no se malició nada. Y Casares tampoco. Este buen amigo, que es el mejor que tengo en el Gobierno, vive en una especie de vértigo por las cosas de orden público, y a veces parece ausente de lo más inmediato, o contemplando las probabilidades adversas con un fatalismo sonriente. Se ha destituido al comandante del torpedero y al gobernador de Villa Cisneros. En avión ha salido esta mañana el nuevo gobernador, capitán de Infantería del regimiento 1.

En la recepción de Palacio, el señor Pichardo, diplomático cubano, me preguntó si eran ciertos los rumores que circulaban acerca de Villa Cisneros; le contesté que sí; y quiso saber —porque se lo había preguntado la madre del interesado— si entre los huidos se contaba un señor Manella Duquerque. «En efecto, se cuenta entre ellos —le dije—. Y puede usted telefoneárselo a la madre, que por lo visto está esperándolo.»

Circulan muchos disparates sobre este suceso, y anoche mismo ya vinieron a decirme que tres de los fugados habían llegado a Madrid; ni en avión tenían tiempo de haber venido. Se cree que van a Francia, en la barca francesa que los recogió de la playa.

El Consejo de ayer, martes, fue por la tarde. Duró desde las seis hasta las once. Muy nutrido de asuntos. Hablé de la gestión del embajador de la Argentina, sobre restricciones a los pagos comerciales. Del conflicto hullero en Asturias, sobre el cual nada intentan en el ministerio de Agricultura, y de la situación de Mieres. Domingo quedó en arreglarlo todo.

Después, lo del censo. Nos encontramos con que una veintena de diputaciones no han acabado de imprimir el censo electoral, y con los plazos vigentes, no podríamos hacer las elecciones municipales en abril. Tengo mucho interés en que se hagan, para acabar de una vez. Resolvimos acortar los plazos de imprimir las listas que faltan por cuenta del Estado.

Pasamos después a los asuntos de Marruecos. Leí la carta que me ha escrito López Ferrer, haciendo el resumen de su situación. López Ferrer está derrumbado interiormente. Su falta de carácter es patente, y es el menor cargo que puede hacérsele. Ramos cree que también hay en la conducta del alto comisario negligencia o abandono. Resolvimos sustituirlo con Moles, y renovar todo el personal director del Protectorado. Convinieron los ministros en la necesidad de gastar dinero en obras públicas en la Zona, porque la reducción de los gastos militares ha producido allí una crisis peligrosa. Me está estudiando el Estado Mayor Central una organización nueva, para reducir aún más los servicios bélicos, pero estas economías habrá que invertirlas en colonizar. Esto de Marruecos es el talón vulnerable de la República. Trato de llevar allí un ingeniero jefe de toda mi confianza, con el que sea posible entenderse y ver claro. Con el actual, es imposible. Por casualidad es lerrouxista.

Después se habló del nuevo destino que puede darse a López Ferrer, para no dejarlo cesante y a los pies de los caballos. Dijeron que la embajada de Cuba, pero Zulueta cree que no sirve para el cargo, y que tendría allí las mismas dificultades que en Marruecos con la colonia española.

Se acordó admitirle la dimisión al joven señor Sacristán, director general de Obras Hidráulicas y consejero de la Campsa. El día de la votación del presupuesto, y no obstante lo apurado que parecía obtener el *quorum*, el señor Sacristán no fue al Congreso, y se estuvo en su despacho del ministerio. Los socialistas, a quienes se había hecho venir, como a toda la mayoría, observaron y criticaron la ausencia de Sacristán, que sin pertenecer a los partidos de la mayoría, ni a otro, ocupa, sin embargo, dos cargos de confianza. *El Socialista* publicó un artículo atacando duramente la conducta de Sacristán; también *La Voz* se ocupó del asunto. Y en su vista, Sacristán ha *reiterado* las dimisiones que tenía presentadas a los ministros de Hacienda y de Obras Públicas, y que no le habían admitido ni querían admitirle.

Prieto estaba muy incomodado por el artículo del *Socialista*, porque, en último término, la censura iba contra él. No quería tampoco ayer desprenderse de Sacristán, porque considera que es irreemplazable en su puesto; nada menos. Los ministros opinaron lo contrario, sobre todo después de oír la carta confidencial de Sacristán a Prieto, asaz impertinente, y que concuerda con toda la conducta anterior de este joven. Prieto es extremado en sus antipatías y en sus simpatías. Cuando se le atraganta una persona —por ejemplo, Luis Bello— ya puede hacer milagros. Y al contrario: si alguien le entra por el ojo derecho, ya no necesita más. Y éste es el caso de Sacristán, apoyado además por Sánchez Román, que tiene sobre Prieto un ascendiente extraordinario. Estos *tiquis miquis* de personal apasionan a la gente, y sacan a relucir las intimidades del carácter. Yo apenas conozco al señor Sacristán, y creo que he hablado dos veces con él. Salió diputado con los votos de los socialistas, sin serlo, pero inscribiéndose en una candidatura que se titulaba «al servicio del socialismo». El *truco* es pueril y revela una pedantería no exenta de astucia, que sólo en nuestra desbarajustada organización política, y en la improvisación que presidió en aquellas elecciones del 31, podía pasar.

Hubo entonces una docena y media de señoritos que se desdeñaban de inscribirse en los partidos, porque lo consideraban grosero, bajo, o torpe, dada la elevación espiritual de que aquellos presumían; pero eso no les impidió solicitar y disfrutar los votos de los partidos objeto de su desdén. Y en las Cortes no han dicho nada, como no sea alguna tontería que otra. Uno de los que más favorecieron esa operación fue De los Ríos. Ahora le tomamos el pelo, y él reconoce que se equivocó. No me atrevo a decirle, por no lastimarlo, que si hubiese tenido más conocimiento del mundo y de las personas, y menos preocupaciones *pedagógicas*, se habría evitado la equivocación.

Al Consejo vino otra vez la cuestión de las obras del Hipódromo, etcétera, que marchan a gran velocidad. El Ayuntamiento está disgustado, y sus arquitectos censuran los proyectos de Zuazo. Han tenido una disputa, y Prieto me ha traído el pleito al Consejo. Le he dicho que siga adelante y contenga a Zuazo, pues aunque sus proyectos, que son bellos, no fuesen perfectos, siempre tendrán la ventaja de que vamos a realizarlos, mientras que el Ayuntamiento no ha hecho nada hasta ahora, como no sea estorbar.

Zulueta se fue del Consejo para hablar con Herbette del asunto de los evadidos de Villa Cisneros.

Hubo después muchas idas y venidas del director de Estadística, y del subsecretario de la Presidencia. Y despachamos asuntos de Hacienda, de Marina, de Guerra y de Obras Públicas.

Al final estaba tan cansado, que no me era posible corregir, aunque lo intentaba, la redacción de un preámbulo.

Cuando se fueron, todavía tuve que hablar con Saravia y Ramos. No pude cenar, de puro cansancio. Con dos consejos así, dimito, o me suicido. Leí luego los periódicos, y los que más presumen de republicanos son los que más aire dan a lo de Villa Cisneros, atacando al Gobierno. La fatiga me envenenó, tenía muy mal humor. Hubiera querido salir al campo, como hacía en el verano cuando me encontraba en situaciones parecidas; pero estaba lloviendo a mares, y tuve que resignarme a dar paseos por mi jaula.

Hoy me he levantado casi normal. He dormido bastante, aunque me dura la resaca de ayer, que no tiene objeto contra el cual estrellarse.

Me entero de que en la formación del campo de maniobras de Córdoba se han equivocado y lo han hecho mal. Es para desesperarse. Todo tendría que hacerlo yo personalmente.

He comido con los agregados militares extranjeros. Fastidioso.

Después, voy con casi todos los ministros al Ayuntamiento, a ver los planos de la extensión de Madrid. El arquitecto nos da una pequeña conferencia, que se reduce a combatir los proyectos de Zuazo. Luego, en corro, y mientras el alcalde nos obsequia, los dos arquitectos se enzarzan en una discusión, en la que intervengo para dar la razón a Zuazo.

A última hora de la tarde trabajo en el ministerio. Viene Ramos, y ponemos en claro la liquidación del empréstito de Marruecos y averiguamos los recursos de que disponemos. No es brillante la situación.

También viene Masquelet. Firma. Otro informe del general de Marruecos, en que se queja de que el alto comisario no le cuenta nada de la situación de la Zona. ¡Es el colmo!

Habría que quitarlos a todos. ¿Pero a quién pongo?

Por la noche llamo a Cipriano, para que me dé conversación. Estamos de tertulia hasta la una. Le confieso que estoy muy aburrido.

5 de enero

Consejo en Palacio, desde las doce a la una y media. En todo este tiempo, el Presidente no ha cesado de hablar y de hacer chistes. Incluso cuando yo le iba poniendo los decretos a la firma, no cesaba de hablar con uno u otro ministro. Luego se ríen mucho conmigo, porque dicen que pongo cara de desesperación.

El Presidente tiene la manía de que se lleve cuanto antes a las Cortes la ley que fija el procedimiento para acusar al Presidente de la República. No se comprende tanta prisa, y tal vez se debe a algún pique de don Niceto. Lo suponemos así, porque la comisión asesora ha elaborado un anteproyecto, que yo no conozco aún, en el cual se dice que el Presidente acusado será «vigilado en su domicilio particular». Y el Presidente ha dicho que eso parece dirigido a él, y que sólo falta añadir: «de la calle de Francisco Giner, 30». Es increíble, pero es así.

Aunque no dice nada, trasluzco que quiere estar en franquía para disolver las Cortes relativamente pronto.

Por la tarde, que era de sol, he ido con Lola y mi sobrino Gregorio a Guadarrama y El Escorial. He estado un momento en el jardín de los frailes. A las cinco estaba de regreso en el ministerio. Papeles, expedientes, cartas, etcétera. Continúa el cansancio interior. Necesito campo y reposo, o doy un barquinazo. Se me quiebra la voluntad, y ¡ahí queda eso!

8 de enero

Esta mañana, a las once, me telefoneó Casares que, según todos los indicios, el movimiento anarquista que estamos esperando estallaría hoy, al caer la tarde. En el programa figuraba el asalto a los cuarteles de Barcelona, Zaragoza, Sevilla, Bilbao y otros puntos. También se esperaba algo en Madrid, aunque de menos importancia. Envié por teléfono instrucciones a los generales de las divisiones. Y como había tiempo de sobra y el día era espléndido me fui de paseo con Cipriano y Lola. Estuvimos en el puerto del León. Mucho frío. Viento duro, que me regenera los pulmones, después de tantos días de respirar aire viciado. Del otro lado de la sierra un mar de nubes sobre San Rafael. Volvimos por Manzanares, donde se nos puso el sol. El lugar, triste, estaba hermosísimo. La presa de Santillana, colmada de agua, duplicaba los montes vecinos, entre ráfagas de oro.

En el ministerio me aguardaba el comité local de Acción Republicana. Hablamos largamente de política y de elecciones.

Estando en esto, comenzaron a llegar las noticias de lo ocurrido en Lérida, y de lo que sucedía en Barcelona. Me avisaron de lo que podía ocurrir en Madrid. Llamé al jefe de Estado Mayor de la división y le di instrucciones. A poco, vino el general. Hablamos de lo que había de hacerse. En Madrid no ha sucedido nada importante. Un tiroteo en Carabanchel, entre la Guardia civil y unos maleantes. Unas detenciones en las proximidades del cuartel del Pacífico, etcétera.

Hasta las dos han estado aquí Guzmán y otros amigos. Como a esa hora no hay indicios de que la huelga ferroviaria vaya a producirse, decido acostarme, después de hablar por última vez con Casares.

9 de enero

Disgusto al despachar con el subsecretario. Lo del campo de maniobras de Córdoba lo han estropeado, con una estupidez increíble. Y estas gentes, que ni siquiera saben llevar un expediente de compra de fincas, creen valer para dirigir el ejército.

He visitado al Presidente, para hablar de los sucesos de ayer. Quiere medidas enérgicas, pero él cree que es energía promulgar una ley acelerando la instrucción de los sumarios por los delitos de esta clase.

Ha corrido mucho dinero en este movimiento. Muchas gentes acechan desde la sombra, a ver si nos hundimos. De aquí a que se celebren las elecciones municipales, nos saldrán al paso muchos estorbos. *El Imparcial*, que es ahora el órgano de los radicales, nos lo notificaba ayer en un artículo firmado por «Un diputado radical». Por eso anoche, cuando el diputado radical Rey Mora le preguntó a Casares si era verdad que en Barcelona había revolución, el ministro repuso:

—No se hagan ustedes ilusiones.

Al regresar de Palacio, recibo al fiscal, para darle instrucciones.

Tengo después una entrevista con Marcelino Domingo y los delegados, patrono y obrero de los hulleros de Asturias. El sábado último vinieron estos dos a verme, y a quejarse de que, no obstante lo difícil y apurado de la situación en las minas, no habían conseguido ser recibidos por el ministro de Agricultura, el cual, además, se había marchado por la mañana a Barcelona. Se quejan de que en el ministerio de Agricultura no se hace nada; se quejan del señor Valiente, del señor Gordón; quieren que yo lo arregle... Llamé por teléfono a Barcelona y hablé con Domingo. Convinimos en que estaría aquí el lunes por la mañana, para reunirse conmigo y con estos señores; y, en efecto, nos hemos reunido.

He procurado, en el curso de la entrevista, reducir las cosas a lo más concreto posible, y determinar al ministro a que las ejecute desde luego. Todo este conflicto proviene de que no sabemos qué hacer con doscientas mil toneladas de carbón menudo, que no se venden, y es todo lo que sobra. La verdad: la dificultad no me parece tremenda; y sin embargo, en torno a eso llevan dando vueltas hace muchos meses. La pretensión de los patronos es subir el precio, cosa imposible, si no se quiere hundir más a ferrocarriles y siderúrgicas.

He recibido al teniente coronel Beigbeder, agregado militar en Berlín, que ha llegado en compañía de los marinos rusos que vienen a ver los arsenales en son de compradores. Desconfío de que lleguemos a un acuerdo.

Toda la tarde en mi despacho, trabajando. Me hago el decreto de adaptación de la ley de reclutamiento de la oficialidad al Cuerpo de Intervención Militar. De las secciones me habían traído un proyecto que era un «embuchado», para arreglarse destinos y sueldos. Redacto yo otro, atándolos corto.

También he visto otro expediente con propuesta de decreto para adaptar a la nueva ley las condiciones de ascenso de los oficiales. Es un puro disparate. Diríase hecha la propuesta por mi peor enemigo; como que toda ella consiste en remover de sus destinos a todos los jefes y oficiales que lleven colocados más de cuatro años... Es decir, dar una campanada que produciría indignación general.

11 de enero

Ayer por la mañana me llamó por teléfono Casares y después de contarme cómo iban las cosas, se me quejó una vez más de que la fuerza pública no procede con bastante energía. Se dejan matar, pero no pegan duro. Ejemplo, en Sallent. No cumplen las instrucciones que el ministro les ha dado para destruir por la fuerza a los revoltosos. Contemporizan, tantean, aguantan los tiros, y detienen a los que pueden. Casares estaba muy enojado con esto, y lo atribuía a que él no tiene bastante autoridad. El Presidente de la República le ha llamado esta mañana y después de conocer el estado del asunto le ha dicho también que se notaba alguna flojedad en la represión callejera por parte de la fuerza, y que era preciso estimularla. Casares ha tomado esto a mal, y lo achaca —a mi juicio con error— a una falta de confianza del Presidente. Por todos estos motivos, Casares me anunció que no continuaría en el Gobierno. Yo lo eché a broma, y él insistió. Lo dejamos así, pero yo resuelto a no dejarlo salir, o a dimitir con todo el Gobierno.

Por la tarde hubo Consejo, desde las seis hasta las diez y cuarto. Casi todo empleado en hablar del movimiento anarquista. Casares informó largamente, y dijo lo de su dimisión. Todos se le echaron encima, y no se trató más de ello. Hablamos de las medidas que convenía tomar para dar ejemplo de severidad y firmeza. Largo, Prieto y Domingo deseaban resoluciones inmediatas y enérgicas. Se trató de la supresión de garantías, pero yo me opuse, lo mismo que Casares y Prieto. Se trató de dar un decreto presidencial, con informe de la Diputación Permanente de las Cortes, pero se desechó, por dilatorio y difícil, dada la composición de la Diputación. Se habló de declarar el estado de guerra, como pedía Prieto, que está alarmado por el peligro de que el movimiento se extienda a los ferroviarios; pero la intervención del ejército directamente tampoco es buena. En fin, acordamos reformar la ley de Explosivos, la del Jurado, articular una ley de Vagos, y anunciar lo del estado de guerra como una amenaza, si la calma no renace. Las noticias eran de que todo iba apaciguándose. Albornoz era el que más dificultades ponía para todo. Leímos la ley del Jurado, reformada en tiempo de Fernando de los Ríos, y resulta que no se puede suspender el jurado, como se hacía antes, por decreto, sino que hace falta que estén de antemano suspendidas las garantías constitucionales y consultar además al Consejo de Estado y al Tribunal Supremo. «Se ha lucido usted», le dije a Fernando, que ya no se acordaba de la reforma que había hecho.

—Estábamos entonces —respondió— en la embriaguez de liberalismo. Si hubiésemos tenido la experiencia que ahora tenemos...

—Han hecho ustedes una Constitución como si hubiera de seguir reinando Alfonso XIII, y para defenderse contra él. Digo ustedes, porque yo no intervine más que una vez en la discusión de la Constitución, y bien lo estoy pagando.

—Tuvo muchas consecuencias, en efecto —me respondió Largo.

En el curso de esta conversación, me dijo Albornoz que él no es un fanático del jurado, que es cosa del siglo XIX.

Los periódicos han dado a los sucesos del domingo un bulto desproporcionado. Quien juzgue por ellos creerá que hemos estado sobre un volcán. Por ejemplo, el domingo, a eso de las dos, me dijeron por teléfono que la Guardia civil había dispersado a unos maleantes en la dehesa de Carabanchel. Nadie se ocupó más de ello. Pues bien: *La Voz* trae plana y media relatando los sucesos de Carabanchel. No escribiría más por una gran batalla. Luego nos quejamos de lo que cuentan los periódicos extranjeros.

En el Consejo recibimos la noticia de que los campesinos del término de Jerez abandonaban los cortijos y marchaban sobre la ciudad. Habían salido ciento cincuenta guardias con ametralladoras para rechazarlos. Casares es muy impresionable, y se lo creyó, y ya veía el choque sangriento. Después ha resultado que no había tal masa en marcha sobre Jerez.

Respecto a la actitud de la fuerza pública le dije a Casares que no era para tan lamentada, porque después de todo esa era la buena doctrina; salvo que en circunstancias apuradas y críticas se haga un escarmiento. Casares lo reconoce así, y dice que no tendría queja, si después las autoridades judiciales no flaquearan. La disposición moderada y pasiva de la fuerza se debe a las campañas en el Parlamento y en la prensa contra los abusos de la Guardia civil; de suerte que no deja de ser un progreso lo que sucede. La cuestión está en que la moderación no pase a ser dejadez o abandono, cosa de que por ahora no hay síntomas.

Marcelino redactó la nota oficiosa, que después hubimos de corregir, porque estaba muy mal escrita.

Se trató después del asunto de los carbones, y Prieto habló de la visita de Ostrowski, que le sondea sobre el posible reconocimiento de los soviets. No llegamos a examinar despacio este asunto, porque era muy tarde.

Por la noche, a las once y media, vino Alfonso Costa, con el coronel Poppe y Guzmán. Trataba como presidente del futuro Gobierno portugués. Larga conversación, *en francés*, aunque ambos hablan y entienden el castellano. No quieren nada con «los hombres de negocios»; lo que se haga, que sea por orden mía y por hacerme a mí un servicio; esta cuestión es de política internacional, etcétera.

Retuve a Guzmán para darle instrucciones y que viese a don H. lo antes posible, a fin de poner en claro este importante asunto.

Antes de acostarme, me habló de nuevo Casares para comunicarme que las noticias eran cada vez mejores.

Esta mañana, audiencia militar. Y un poco también civil, porque ha venido el embajador en Lisboa, Rocha. Y otros *pekins* [?].

He recibido a mi colega el ministro de la Guerra de El Salvador. Este hombre feliz puede tomarse una licencia de varios meses, y venirse a Europa.

Muchas impertinencias he oído hoy en la audiencia; y eso que tengo reducido este oficio al mínimo.

Besteiro me habla por teléfono desde Alicante, para saber noticias.

Estaba muy cansado, y a las dos y cuarto me fui a mis habitaciones. Después de comer salí con Lola a tomar el sol. Cuando me dirigía a la escalera llegó Guzmán. Ha visto a don H. Está pronto a dar un tributo, sin condiciones, y sin recibo. Le parece bien que sea el Comité Supremo (al que representa Costa) quien lo acepte, y en mi presencia o con mi intervención, como ellos quieren. Guzmán me da una mala noticia: *Luz* va a suspender pagos. El mes pasado perdió sesenta y tantas mil pesetas. Ya me parecía a mí que Miquel se metía en un mal asunto.

He estado en La Quinta hasta las cinco. Sentado en un ribazo al sol, y quemando brozas para divertir a mi sobrino. Ya se han terminado las obras de restauración del palacete, y está habitable. Ahora me ocupo de los jardines, que estaban perdidos; el más bajo, lo habían descuajado para sembrar hortalizas. Lo estoy haciendo plantar de nuevo, con sujeción al plano antiguo. He repuesto las calles laterales, y se van a poner además algunos cientos de chopos. Todos los demás jardines se van limpiando y remozando. Ya está rehecha una de las calles laterales de cipreses, que la broza se había comido. Los he traído, ya grandes, de otro sitio; también mil y pico de plantas de boj, y árboles nobles, pinsapos, cedros, wellingtonias, etcétera. En la parte alta, se ha completado el cipresal, etcétera. Pero esto no es más que empezar. Restaurar el jardín enteramente requiere un par de años; y aguardar a que crezca...

Ahora planeo un gran estanque, de cien metros por veinte, con dos hileras de ciprés, en la vaguada donde el príncipe de Asturias había puesto muchos gallineros, que he mandado destruir. Será muy bello.

A las cinco y media en el ministerio. Papeles. Después voy a casa del Presidente, con la firma del Consejo de ayer. Está muy contento, y muy afectuoso conmigo. Me agradece, sin duda, que hayamos hecho ministro plenipotenciario a su amigo Sales Musoles, y que le anuncie que tal vez hagamos magistrado del Supremo a su no menos amigo Díaz Berrio. Que nos hubiésemos olvidado de estos señores, le tenía de mal humor, y ha llegado a decirle a algún ministro (a mí no) que esos dos tenían la desgracia de ser sus amigos. El otro día me escribió una carta recomendándome a Díaz Berrio, y una nota con los méritos del señor, que son incontables. Don Niceto no me había hecho ninguna recomendación desde que él era Presidente del Gobierno y yo ministro de la Guerra; tal maña me di en no hacerle caso.

Hoy, apenas entré en su despacho, y sin darme tiempo a contarle las cosas de orden público, me habló del discurso de Maura, en el banquete que ayer le dieron sus amigos políticos. Maura nos puso verdes, y como no tiene freno ni medida, dijo cosas que no se leen ni en *La Nación*. Maura es *maurista*; y todo el que ocupa el poder comete, a su juicio, una conspiración. Como no tiene más que osadía y arrebato, y no le circula por la cabeza ni la sombra de una idea, ha discurrido, para un partido conservador, un programa famoso, que se condensa en esta fórmula: «Hacer lo contrario de lo que hace este Gobierno». Que Maura se irá de la política o de la República, si continúa por donde va, lo prueba una vez más lo que dijo ayer: «que el pueblo dice ahora: esto no puede seguir así; hay que evitar que diga: todo antes que esto». Conociendo a Maura, no es difícil conocer que quien lo dice es él; y también él quien cualquier día puede decir lo otro.

El Presidente ha querido sin duda darme a entender que no le habían hecho mella los gritos de Maura; «cosas de Miguel», ha dicho. «Le ataca a usted, y también hay un poco para mí —añadió—. Eso ocurre siempre cuando la oposición dura demasiado. No hay más que tener anchas espaldas, y adelante.» Y luego, con brusca transición: «Bueno, hablemos de cosas más serias: ¿qué hay de los revoltosos?».

De vuelta en el ministerio, los periodistas vienen a pedirme noticias. Llega Ramos. Y el general Masquelet, con quien he estado firmando hasta las nueve y cuarto. A esa hora puedo salir del despacho, me visto, y nos vamos a cenar a la legación del Uruguay. Estaban los embajadores de la Argentina, el ministro de Polonia, el del Perú, el de Bolivia, con una extraña consorte, Gómez Ocerín y señora.

Había esta noche una fiesta en la embajada de Italia; como yo tenía esta cena, me excusé; pero todos los invitados del Uruguay iban a lo de Italia. La reunión se ha terminado pronto. He vuelto al ministerio. Saravia me da los telegramas de Algeciras y Tenerife. Nada grave. Llamo a Casares y me cuenta que casi toda la provincia de Cádiz está revuelta. Se han mandado muchos guardias, con órdenes muy recias. Espera acabarlo esta misma noche.

He visto en los periódicos que ayer se murió Corina Saavedra, la hija del duque de Rivas, a los noventa y nueve años. Esto me trae a la memoria mis tiempos de literato, y especialmente aquellos en que trabajaba en la biografía de Valera. Corina, como Malvina *la Culebrona* y Leonor, sus hermanas, fueron amigas de Valera, y una de ellas, por lo menos, muy amiga. Cuando el año 24 se celebró en la Academia el centenario de Valera, Corina y Leonor asistieron a una de aquellas sesiones en que ofició de pontifical don Antonio Maura, diciendo un discurso sobre Valera que hubiera hecho reír mucho a don Juan. ¿Qué pensaría Corina de su amigo don Juanito? Debía de ser la única superviviente de aquella sociedad del 50 al 60 del siglo pasado. Y el mismo día que se murió Corina, se representaba en el Español el *Don Álvaro*, no más joven que su hermana... espiritual. Estuve en la representación del sábado. La obra no me gusta, ni por su hechura teatral ni por su letra. ¡Qué idea de la fatalidad! En cualquier punto del drama, se puede tomar el hilo y hacer una cosa mucho mejor. Bastaría convertir a los muñecos en hombres.

13 de enero

Ayer fue día de mucho cansancio. Recibí en el ministerio la audiencia que tenía citada en la Presidencia, mucha gente; y una muchedumbre de manchegos, que se estacionó en el jardín, mientras las autoridades de Ciudad Real subían a pedirme un regimiento.

También vino Azorín, que me entregó un papelito con tres preguntas. Y Josefina Díaz, la actriz que tanto impresiona a Díez-Canedo: pide protección (vamos, dinero) para montar unas obras clásicas españolas y hacer una *tournée* por el extranjero.

A las dos y media se acabó la audiencia. Estaba fatigadísimo, mareado. Jaqueca. Había dormido poco la noche antes. Apenas pude comer, de puro cansancio, y me fui a la Quinta, a distraerme. Hacía mucho frío, viento duro. Nos estuvimos sentados al socaire de la casa. Y me volví pronto.

Por la mañana también, y antes de salir yo al despacho, había venido Casares, que me contó la conclusión de la rebeldía en Casas Viejas, de Cádiz. Han hecho una carnicería, con bajas en los dos bandos.

Estuve por la tarde en mi despacho preparando unos asuntos del ministerio. Vino el director de Seguridad, y como es tan charlatán (mala condición para un jefe de la policía) me hizo gastar mucho tiempo. Luego, el subsecretario de la Presidencia. Total: poco trabajo útil. ¡Con lo que tengo que hacer! Por la noche fuimos a cenar a la embajada de Bélgica. Estaban los Herbette, y el ministro de Holanda, y unas gentes de la embajada italiana, a quienes no conocía, porque desde que vino la República se negaban a aceptar invitaciones. El nuevo embajador les ha obligado a salir de su retraimiento monárquico.

Hoy, más tranquilidad. Como ahora los Consejos de ministros son por la tarde, las mañanas de los viernes son muy holgadas. He despachado con el subsecretario, y entre otras cosas he aprobado el proyecto para la construcción del edificio militar en la barriada del Pacífico, donde se instalarán todos los servicios de la división. En el negociado de obras, los ingenieros militares ponían dificultades a la terminación de este asunto, porque ha intervenido y ha sido premiado un arquitecto.

El loco de Mangada me ha traído un libro manuscrito, de su cosecha, que se titula *El tresillo en ripios*. Y esto es un teniente coronel. Si lo echase del ejército, dirían que soy un déspota y que persigo a los republicanos.

También ha venido hoy el señor Prat, nuevo ministro de España en Rumanía. Con pretexto de estudiar la posibilidad de vender armas a Rumanía, pretende que le subvencione la estancia de un primo suyo en Bucarest. Éste sería otro caso de destitución, si fuera posible que la gente comprendiese lo que es la delicadeza.

A primera hora de la tarde he ido a La Quinta. Paseo hasta las cinco. Desde que ha cesado de llover y puedo salir al campo, voy recobrando el equilibrio y estoy de mejor humor.

En el ministerio, antes del Consejo, recibo a Ruiz Funes, a quien he llamado para darle a estudiar un proyecto de decreto sobre adaptación del Código de Justicia Militar al nuevo Código Penal. El anteproyecto que me han enviado los jurídicos del ministerio me parece mal.

Después, Consejo de ministros. Asunto del aeropuerto en Sevilla para los zepelines. Propongo que se lleve adelante, y lo aprueban. Pero que sea del Estado el aeropuerto.

Visita próxima de la escuadra inglesa a la bahía de Tetuán. Extrañeza que me produce. Informaciones de la oficina de Tánger, aludiendo a manejos ingleses en Marruecos.

Acciones de la Unión Eléctrica Madrileña propiedad de los jesuitas. Diecinueve millones. Dificultades para su pesquisa. Carner queda encargado.

Escena entre Prieto, Ríos y Domingo: Marcelino trae un decreto permitiendo que los profesores de la Escuela de Ingenieros Industriales puedan optar entre permanecer en la Escuela o pasar al escalafón del cuerpo. Esto parece que es aplicar los decretos ya publicados para que todos los ingenieros se decidan por estar en sus escuelas o pasar a sus cuerpos, sin poder simultanear ambas situaciones. Pero en el curso de la conversación averiguamos que los profesores de la Escuela de Ingenieros Industriales no pertenecen al escalafón del cuerpo; de modo que no tenían por qué optar. Averiguamos también que Domingo ignora cuántos y cuáles profesores de las otras escuelas de ingenieros han optado por una cosa u otra. Con esto se mezcla una explicación de Fernando de los Ríos, sobre destitución de profesores de la Escuela por ineptitud, y su posible colocación en el ministerio. Prieto protesta, porque eso es en junto la anulación de los decretos anteriores que se publicaron por su iniciativa. Dice que no quiere discutir, y que se limita a votar en contra, siquiera para poner a salvo su propia formalidad. Aunque no quiere discutir, discute: y se arranca diciendo que el decreto de Marcelino es de muy vieja política, y digno de un Burell o un Natalio Rivas. Marcelino no dice nada, pero Fernando se pone rojo, y cambia algunas frases con Prieto, henchidas de cólera mal contenida. Con mucho trabajo, se va convenciendo Domingo; yo los dejo discutir y, a lo último, consigo que Domingo se embolse su decreto.

Domingo ha leído en el Teatro Español un drama, escrito en lenguaje radical-socialista, intitulado *Doña María de Castilla*. Pero el verdadero drama de Marcelino Domingo se llama *Santiago Valiente*, el subsecretario.

De un expediente voluminoso que trae Carner, en averiguación de los bienes que tenía la familia real, resulta que el joven Manolito García Miranda, cónsul de España en París en abril de 1931, legitimó la firma del rey en un poder otorgado en París, y gracias al cual pudo retirar de España fuertes sumas. Este García Miranda es el que daba informes a Eduardo Ortega contra su jefe inmediato, Madariaga, y contra su ministro, Zulueta. García Miranda ha sido trasladado a Dresde.

Leo al Consejo cartas poco tranquilizadoras sobre la situación de los campesinos en la provincia de Cáceres. Coinciden con lo que Casares ha dicho repetidas veces al Consejo. Domingo dice que ha enviado más ingenieros agrónomos a Cáceres para el laboreo forzoso de tierras y reparto de fincas. Tengo la impresión de que también por aquí va a fallar la actividad de su ministerio.

Albornoz nos ha dado un apunte de las reformas de la ley de Explosivos y Tenencia de Armas.

Casares nos habla del orden público. Todo está ya tranquilo. Algunos periódicos empiezan a decir que el Gobierno se excede (?) en la represión. *El Socialista* trae un artículo, en el galimatías que usa Zugazagoitia, *tomando posiciones* sobre el particular. No piensan lo mismo sus ministros, en particular Prieto.

Fernando de los Ríos me dice que lo ocurrido en Casas Viejas es muy necesario, dada la situación del campo andaluz y los antecedentes anarquistas de la provincia de Cádiz. Por su parte, Largo Caballero declara que mientras dura la refriega, el rigor es inexcusable.

Los tres ministros socialistas estaban hoy muy contentos porque han firmado en *El Socialista* el contrato para la adquisición de una nueva rotativa que les cuesta cerca de un millón, a pagar en dos años. No tienen dinero, pero confían en que el partido y la UGT lo darán.

El Consejo ha terminado cerca de las diez.

Casares me ha dado a leer un telegrama interceptado, procedente de Las Palmas, en que se afirma que los evadidos de Villa Cisneros han desembarcado en el Senegal.

Me dijo ayer Menéndez que el general Barrera está en París. Tengo la impresión de que la confidente les ha tomado el pelo.

15 de enero

Ayer por la tarde, cuando volví de La Quinta del Pardo, me avisó Casares de que había indicios de revuelta para por la noche. La misma noticia recibí de la Telefónica. Vino luego Casares a verme, y me contó más detalles. Se creía en un alboroto anarquista en Madrid, y el confidente de Irún anunciaba *sabotages* en las líneas férreas, y que para distraer fuerzas armarían un alboroto en Valladolid, etcétera.

También vino el comandante Vidal a contarme lo que sabían en la Telefónica. Se tomaron las consabidas precauciones en los cuarteles y en las calles. Por la noche vinieron Ramos y Guzmán, que con Saravia y los ayudantes se estuvieron aquí hasta las tres. A esa hora, como todo estaba tranquilo, cada cual se fue a acostar.

Resulta, según he sabido hoy, que al Consejo del otro día se le daba gran importancia política, porque los «enterados» suponían que iba a surgir la crisis. Decían que no todos los ministros estaban de acuerdo con el empleo de la fuerza para sofocar lo de Casas Viejas, y hasta apuntaban una discrepancia de los socialistas. La gente ve visiones.

Hoy me ha contado Luis Bello que un redactor de *Luz*, íntimo de don José Ortega, le ha acosado a preguntas, que partían también de aquel supuesto, y de otro: que Albornoz discrepaba de los demás ministros en ciertas medidas que tomar: como la disolución de la CNT. La verdad es que nadie ha propuesto tal cosa.

Esta mañana vino a buscarme Fernando de los Ríos para ir juntos a la inauguración de la Facultad de Letras en la Ciudad Universitaria. Antes, pasamos por el caserón de la calle Ancha, donde el ministro ha realizado algunas obras de remozamiento. No son gran cosa, y tan malo es aquello como cuando yo estudiaba. Desde la calle Ancha, fuimos a la Ciudad Universitaria. Asistía el Presidente, y algunos ministros; profesores, estudiantes, etcétera.

García Morente, decano, que fue subsecretario de Instrucción Pública durante el ministerio Berenguer, pronunció un discurso triste y bobo. No estuvo mucho más lucido el rector. Y Fernando habló después. Trató del *etos* universitario, del hispanismo imperial, y habló del caballo de Troya muy sin venir a cuento. Pero, en fin, discreto. Luego, el Presidente se levantó, y después de hacer notar mucho que se había encontrado sorprendido al ver su nombre entre los que habrían de hablar, dijo una breve alocución, bastante buena, y que junto a las anteriores tenía que resultar brillantísima. Le aplaudimos mucho.

Cuando dejábamos el estrado, Prieto me dijo por lo bajo:

—Ha estado a punto de quitarle las herraduras al caballo de Troya. ¡Qué cursilería!

Así están estos dos hombres. Cuando Fernando vino a buscarme esta mañana, lo primero que me dijo, aludiendo a su escena con Prieto en el último Consejo, fue:

—¡Discúlpeme usted si la otra tarde no supe contenerme! Ese hombre me hace parecer como no soy. Todo se le vuelven palabrotas, etcétera. Yo nunca he ido al café porque me repugna. Y ha de estar uno soportando su compañía. Tiene un gran talento, pero su fruición es rebajarlo y achabacanarlo todo. Etcétera, etcétera.

Pasada la ceremonia inaugural, hemos visitado el nuevo edificio, del que sólo está concluida la tercera parte. A la una, regreso.

Después de comer, he ido a Toledo. Me acompañaba el nuevo subsecretario de Comunicaciones, Palomo, íntimo de Domingo, y diputado por Toledo. El director de la fábrica de Armas, que es un buen señor, se empeñó en que fuera a presenciar el reparto de juguetes a los niños de los obreros. Y allá hemos ido. Mucho frío. El taller nuevo, lleno de gente. Músicas. Más de mil niños (mil doscientos) en edad de recibir juguetes, para una población obrera de ochocientos individuos, entre varones y hembras, que hay en la fábrica, no está mal. Se conoce que los fabrican en serie.

Parece que los obreros de esta fábrica son «buenos chicos». Dice el director que hace más de seis meses que no ha tenido que imponer ni un correctivo ni una amonestación.

A las seis y media estaba de regreso en Madrid. Pensaba trabajar, pero llegó Luis Bello, y a poco Guzmán. Se han estado aquí hasta las diez. Hemos hablado principalmente de la situación de los periódicos, que es muy crítica. *Luz* pierde más de cuarenta mil pesetas al mes. *El Sol* y *La Voz* perdieron el año pasado cuatrocientas mil pesetas; su presupuesto mensual (el de estos dos periódicos) asciende a quinientas cincuenta mil pesetas. Y no tienen publicidad. La política los ha dejado en seco. La gente que anuncia se va al *ABC*.

Miquel, comprador reciente de *Luz* y de la mayoría de las acciones de *El Sol* y *La Voz*, está asustado, y habla de suspender la publicación de *Luz*. Estas empresas, y todas, andan en conflicto con la Papelera, que no puede resistir la competencia del extranjero, y quieren que se suba el precio de los periódicos y que se restrinja la importación del papel. Asunto difícil, que está en manos de una comisión desde hace dos meses, y que debe traer a Consejo Domingo. ¿Cuándo? Vaya usted a saber. Supongo que habrá un choque con Prieto, que se opondrá a la subida de precios, en interés del *Socialista* y del *Liberal* de Bilbao; suponen que la subida de precio los hundiría.

Sentiré que ocurra una catástrofe, porque los republicanos nos quedaríamos sin periódicos. Y lo sentiré también por Guzmán, y un poco por Miquel.

Tres diputados, de diferentes partidos, me han hablado hoy de dictadura, como único remedio posible a los alzamientos anarquistas, si continúan. Ésta es la propensión nacional, el resabio que los años pasados dejan, y lo que viene de fuera. ¿Es que España no puede vivir en democracia y con ley? ¿Nadie quiere obedecer si no es por la fuerza? Amigos y enemigos de la República, y sus enemigos de ambos bandos extremos, están haciendo todo lo necesario para que se propague la idea de que «así no se puede seguir», y se inclinen los ánimos a una dictadura. La República está hoy en una tenaza: los monárquicos y los anarquistas. Los ataques de uno y otro bando son violentísimos, según el modo de cada cual. ¿Cómo se sale de la tenaza? Yo preferiría no tener que romperla; sino ir aflojando la presión, con pausa, con serenidad, adelantando cada día un poco en la reconstrucción política y social. Es muy de temer que en esto me ayuden pocos; y, desde luego, en los partidos no hallaré sino recelos y envidias, fuera de los muy afines. Ahí está lo ocurrido con la Federación de Izquierdas, estropeada y desvirtuada por los radicales-socialistas, y que tal como nace, a los tres meses, no es lo que yo propuse en Santander y en Valladolid, de acuerdo con los ministros todos, entre ellos Albornoz y Domingo. Como éste, hay muchos datos.

La situación es difícil. No tengo más remedio que hacer los imposibles porque acabe de constituirse la República y que estas Cortes voten las leyes que es preciso votar. Si dimitiese ahora, y enviase a paseo todo este barullo, no habría Gobierno posible, y habría que disolver el Parlamento. ¿Quién presidiría durante el período electoral? ¿Lerroux? Sería un escándalo para los republicanos de los otros partidos y para los socialistas; no lo aguantarían. Lo más prudente y menos expuesto a peligros para la República es acabar la obra de las Constituyentes y desembocar en unas Cortes ordinarias. ¡Ya tienen ustedes puesta la casa!, les diría entonces. Y que se las arreglasen como pudieran.

Temo que en lo porvenir, la República no encuentre hombres con autoridad; no con la autoridad del que manda porque ejerce una función, sino con la autoridad que nace de la conducta desinteresada y limpia y del afán de servir.

El predominio de Lerroux en el Gobierno de la República sería el de la inmoralidad y la vacuidad. Sin que pueda nadie prometerse una mayor energía de su mando. Lerroux, contra lo que cree el vulgo, es débil. Y como todos los débiles, arbitrario y tornadizo. Un día, por dar impresión de fuerza, haría una barrabasada, y al otro, se dejaría llevar por sus propios enemigos. Yo no creo, en conciencia, que deba favorecerse el advenimiento del lerrouxismo. El nivel que ha alcanzado la política en España descendería bruscamente, y la República se desprestigiaría por lo que más daño puede hacerle: falta de confianza en la probidad de sus hombres.

He hablado con Casares por teléfono, después de cenar. Calma absoluta. «¿Qué hay?», le pregunto. «Nada; que nieva.» «¿Nieva? ¿Dónde?» «En Madrid.» «¡Ah! Pues estoy en mi despacho y no me he enterado.» «No ocurre otra cosa.» «Todo quedará enterrado bajo una capa de nieve y supongo que lo aprovechará usted para dormir», le digo. «Es lo más sabio. Hasta mañana, *general*», me responde.

En efecto, está nevando. El jardín blanquea en la oscuridad. Hay una gran claridad en la calle de Alcalá, sobre los mármoles nuevos del Banco de España. Ésta no es noche de asonada. Dormir.

18 de enero

No se ha producido ningún incidente nuevo. Todo parece en calma. Ahora empiezan las disputas en torno de «la represión». Muchos republicanos querrían que nos arrojásemos sobre los anarquistas presos e hiciéramos en ellos un escarmiento atroz. Por el contrario, otros ya se alarman, suponiendo que el Gobierno va a ser severísimo. Castrovido me ha escrito una carta pidiéndome que no se apliquen penas de muerte. Los monárquicos, como *ABC* y *El Debate*, guardan una actitud ambigua. En otros tiempos pedían en casos como éste castigos gravísimos. He dicho a la prensa que no habrá lo que aquí se llama «represión». Obrarán los tribunales, y a sus resultados nos atendremos. Del celo de los jueces no se qué podemos esperar. El auditor de Barcelona ha designado para instruir los sumarios a un comandante que es abogado y trabaja en el bufete de Roure, un cacique lerrouxista de la capital. Le he dicho al general Batet que designen a otro. En Granada actúa de juez militar suplente un oficial que ha decretado la libertad provisional de muchos de los encartados en los sucesos de Motril. Y los procesados han hecho una petición para que instruya la causa ese juez militar, y no el juez civil ordinario.

Hoy ha estado aquí el general Batet, para hablarme de cuestiones relacionadas con el acuartelamiento de Barcelona. Y además me ha dicho, refiriéndose a los sucesos de Lérida, que la conducta de los oficiales disponibles, Ramiro y Vozmediano, es sospechosa, porque en lugar de presentarse en la Comandancia Militar, se les vio entre los grupos, y la policía ha dado parte de ello, agregando que parecía como si los capitaneasen. Instruye sumario.

En el Consejo de ayer quedó aprobado el proyecto de reforma de la ley sobre Tenencia de Armas. Y un proyecto de decreto para establecer una colonia penitenciaria en África.

También tratamos ayer extensamente de la situación de Cáceres. El gobernador general de Extremadura, Peña Novo, vino a verme por la mañana, y me explicó lo que allí sucede y lo que puede suceder. Afirma que no hay espíritu de rebeldía, sino «hambre de tierra», y que las gentes desconfían de que otro Gobierno distinto de éste les quiera y pueda satisfacer. Me indicó las medidas que pueden adoptarse, y resolví llevar el asunto a Consejo, para adoptar disposiciones de Gobierno, con independencia del curso que lleva la aplicación de la ley Agraria.

Domingo trajo al Consejo los resultados de dos largas entrevistas con Peña Novo, los diputados por la provincia y los alcaldes de las poblaciones más importantes. Comprenden una serie de medidas que según los reunidos resolverán la cuestión; han sido adoptadas no sólo por unanimidad, sino con entusiasmo. Y el gobernador general se ha vuelto a su destino, afirmando que todo se arreglará.

La misma comisión que estuvo ayer reunida con el ministro ha pretendido verme hoy para darme las gracias. No he podido recibirlos, y han dictado una nota a Saravia para que se publique en la prensa.

El otro día se dio una comida a Herbette. Fue iniciativa de Manuel Aznar, ex director del *Sol*, y de Marañón. Me pareció una ligereza, fruto de la especial camaradería madrileña; aquí todo el mundo acaba por confundirse en el café. Se habló en Consejo de si iríamos o no. Dije que yo no asistía de ninguna manera, no obstante mi amistad personal con Herbette, porque me parecía demasiado que asistiera el jefe del Gobierno. Albornoz y Giral dijeron que irían. Mucho me alegro de no haber estado. Hubo unas cien personas. Presidiendo Herbette, tenía a su derecha a Unamuno y a su izquierda a don José Ortega; a los dos ministros, los pusieron después. Como uno y otro son, por diversos motivos, algo tímidos, se aguantaron con una desconsideración que, estando de por medio Ortega, no podía ser impremeditada. Lo peor fue que Unamuno habló al final, y entre otras simplezas dijo que estábamos en guerra civil y que M. Herbette era el llamado a aplacar los bandos discordes. La gente se quedó helada. Nadie le fue a la mano. Herbette dijo un discurso muy espiritual, en el que algunos creyeron ver un leve correctivo a la impertinencia de Unamuno. Levantada la mesa, Azorín se mostraba indignado contra don Miguel.

Casi todos los periódicos han disimulado la pifia; otros atacan a Unamuno, echándole en cara, una vez más, que disfruta destinos de confianza del Gobierno; y no falta quien nos reproche que lo mantengamos en él. Pero eso quisiera Unamuno: que esbozáramos siquiera un ademán de agresión. ¡Qué papelón, el de perseguido!

Los embajadores se reunieron para deliberar si asistían o no al banquete de Herbette; decidieron que no, y algunos suponían que Herbette no aceptaría el obsequio.

Albornoz, que estuvo sentado entre Ortega y Alba, me ha contado que Ortega está furioso contra el Gobierno (el otro día no asistió a la inauguración de la Facultad), y que piensa atacarnos violentamente. Proyecta hacer una manifiesto al país, para «ponerlo en pie» contra el Gobierno. Le ha escrito una carta a Sánchez Román, diciéndole, entre otras cosas, que nunca en España se había llegado a una vergüenza igual, etcétera.

El embajador de Alemania me ha visitado para interesarse por la Sociedad Deffries, que tiene un lío de cuentas y dinero con Echevarrieta. Resulta que, después de haberse conseguido que el ministerio de Marina se dispusiese a pagar a Echevarrieta un millón, a cuenta de liquidaciones, con el cual pensaba cumplir sus compromisos en Portugal, aparece un poder irrevocable dado por don Horacio a los alemanes, sus acreedores, para que cobren en Marina todas las cantidades que haya de abonarle el ministerio. Los alemanes, ostentando el poder, se lanzan al cobro; Echevarrieta pide que se le pague a él. El libramiento expedido por Marina ha ido a la Dirección del Tesoro, que no paga, como es natural, hasta que dictamine la Dirección de lo Contencioso.

El embajador me dijo que Echevarrieta es un mal pagador y que con la Sociedad se ha portado muy mal, y que está explotando su propia y tantas veces anunciada suspensión de pagos. Añadió que Deffries está dispuesto a una transacción con Echevarrieta, y me pedía que se demorase el pago, para dar tiempo a que se formalice un convenio. En otro caso, se querellarían contra Echevarrieta por estafa.

Le contesté que me enteraría de los términos exactos del asunto, en cuanto concierne a la Administración, porque en las cuestiones pendientes entre Echevarrieta y Deffries, el Gobierno no tiene que mezclarse.

Un poco alarmado, por si cometían alguna ligereza, telefoneé a la Dirección del Tesoro. El director, enfermo, no estaba; pero su secretario me dijo que ya tenían una reclamación de los Deffries, y que había pedido un dictamen a la Dirección de lo Contencioso, sobre si se podía o no pagar a Echevarrieta; mientras no lo tengan, no harán nada.

—¿De modo que puedo estar completamente tranquilo, estando ustedes advertidos?

—Completamente —me contestó.

Esto es lo que me importaba. Aunque Giral me había dicho que los abogados del ministerio de Marina opinaban que se puede pagar a Echevarrieta, no me fío de los abogados-mantas, y quería saber lo que piensan en Hacienda. Si ponen reparos, don Horacio no cobrará, aunque quiebre mañana mismo.

Hablando después con Giral, me contó que le han visitado los Deffries, y entre otras cosas le han dicho que se pagaba a Echevarrieta porque el Presidente tenía mucho interés en ello, «por las cosas que quiere hacer en Portugal». ¿Cómo han relacionado una cosa con otra?

Por la tarde han estado aquí los Correa Luna y los Sanz Briones, de la embajada argentina, a tomar el té. Correa es de lo más simpático entre los diplomáticos.

Después de cenar, se ha reunido el Consejo Nacional de Acción Republicana. Muchas historias político-provincianas. Hasta las dos.

Esta reunión me ha venido muy bien para excusarme de asistir a la comida de la embajada de Cuba, «honrada con la presencia de S.E. el señor Presidente». La ocasión no podía ser peor, porque ayer se recibieron telegramas del encargado de negocios contando el asesinato de un estudiante español por la policía de Machado. Le han dado además horribles tormentos. Y cuando nuestro representante formulaba una reclamación muy justa y muy enérgica, no parecía lo más agradable ir a comer con el embajador (quien, por otra parte, habla pestes de Machado).

El Presidente de la República le dijo a Zulueta el otro día que en esto de las invitaciones en las embajadas y otros actos de etiqueta diplomática, el ministerio de Estado debía dejar en libertad a la Casa Presidencial, que para eso tiene un gabinete diplomático; el ministerio, según don Niceto, le crea dificultades y complicaciones. El punto de vista del Presidente no es admisible, y la realidad ha venido pronto a demostrárselo. Cuando yo estaba esta mañana despachando con el Presidente, Zulueta le telefoneó las noticias de Cuba, y se puso bastante mohíno. «Sólo falta —dijo— que asista también el embajador de los Estados Unidos.» Cuando supo que yo no asistía se amohinó más.

Por la tarde, cuando yo estaba con el general Batet, ha venido Zulueta a preguntarme si el Presidente debía excusarse o no de ir a la embajada de Cuba. Se lo preguntaba por teléfono don Niceto, pidiendo que el Gobierno le aconsejase. Convinimos en que desistir, o renunciar a la invitación, dos horas antes de la comida, era una campanada tremenda e innecesaria, puesto que nada nos impedía tramitar una reclamación enérgica en La Habana y apretar firmemente.

Un don Alfonso de Borbón, hijo del duque de Sevilla y primo del rey, que es de los fugados de Villa Cisneros, ha dicho al *Seculo*, de Lisboa, que el movimiento del diez de agosto no iba dirigido contra el régimen, sino *contra un hombre*.

—¿Quién?

—Azaña, el hombre más nefasto, etcétera, etcétera.

Hoy me ha regalado Arturo Menéndez un magnífico rifle Colt, quitado a uno de los militares que asaltaron la Casa de Correos el diez de agosto.

19 de enero

Comisión de Zaragoza, con todos sus diputados. Que se dé trabajo. Comisión de la Universidad, de Zaragoza también, para que les ceda un cuartel. Les explico el plan general de acuartelamiento en Zaragoza.

Consejo en Palacio. Indultamos de la pena de muerte a un legionario. El Supremo había informado en contra. Decreto dando de baja en el ejército a los generales sentenciados por el Tribunal de Responsabilidades.

Largo discurso de don Niceto: examen del dictamen de la comisión sobre el proyecto de ley de Congregaciones. Puntos inconstitucionales, que echan a perder el proyecto del Gobierno. Si el Gobierno tropieza con dificultades parlamentarias para hacer modificar el dictamen, él está a nuestra disposición para intervenir y cargar con la responsabilidad de afrontar el asunto. Lo dice como tema de meditación para el Gobierno, y que resuelva cuando él no esté presente. En resumen, lo que yo entiendo de su larga disertación es el anuncio de que pondría el veto a la ley de Congregaciones si resultase aprobado el dictamen de la comisión.

También se habló de las elecciones municipales. El Gobierno ha hecho todo lo necesario para que puedan celebrarse en abril, acelerando la confección del censo. Examinamos qué procedimiento podría emplearse para determinar qué parte de los ayuntamientos debe cesar en abril, y cuál debe continuar, porque la renovación de hace dos años fue total y ahora hay que elegir sólo la mitad. El Presidente propuso un sistema muy complicado, que yo no entendí bien, y así se lo dije; el propósito es que cesen proporcionalmente parte de las mayorías y parte de las minorías. Desechamos, por tanto, el procedimiento del sorteo. Estuvimos conformes todos, y el Presidente insistió mucho en ello, en una cosa: debe evitarse que por error en el procedimiento, y teniendo en cuenta que ha de darse siempre representación a las minorías, resulte que los monárquicos, derrotados el 31, y vueltos a derrotar seguramente el 33, se encuentren en mayoría dentro del Ayuntamiento de Madrid. Eso podría ocurrir porque ahora tienen quince concejales monárquicos, y, si de los veinticinco puestos que han de elegirse, obtienen los de las minorías, poco les faltaría para que preponderasen en el Ayuntamiento, y tendríamos el extraño caso de que perdieran dos elecciones y sin embargo conquistaran la mayoría. Para evitarlo, la determinación de los que han de cesar debe alcanzar a mayorías y minorías actuales, en proporción. También se convino en establecer el colegio electoral único para cada municipio. Prieto propuso que para la renovación de los ayuntamientos en abril se acordase que cesaran los concejales que tuvieron menos votación el 31; es decir, la eliminación de las minorías. Me opuse, por parecerme injusto, y porque siendo necesaria para ello una ley, se nos crearía en las Cortes una situación dificilísima.

También se habló de la renovación total de cada ayuntamiento, en vista de las dificultades que ofrece determinar el modo de renovación parcial. El Presidente lo consideraba aceptable como una última solución, y a Largo le pareció bien desde luego. Se fundaba en que habiendo censo nuevo, con voto femenino, podía someterse con más libertad a su decisión la constitución de los ayuntamientos. La postura sería muy lucida para el Gobierno, pero quizás peligrosa. A Prieto no le parecía bien, porque es abandonar, con riesgo, posiciones ya conquistadas.

También se habló de las posibles alianzas electorales. El Presidente creía que las candidaturas serían cinco o seis; y lo lamentaba. La opinión dominante fue que se haría una coalición de los partidos que están en el Gobierno, siendo poco probable que pudiera extenderse más.

El Presidente dijo que él podía hacer alguna indicación en el sentido de que los demás partidos republicanos entrasen en esa coalición, para asegurar el triunfo, pero que lo consideraba estéril.

—Una de las indicaciones que yo pudiera hacer, ni sería oída con cortesía, ni menos escuchada; la otra, oída cortésmente, no tendría mejor resultado.

(Se refería a Maura y Lerroux.)

En cuanto a Lerroux, se equivoca. Está deseando la coalición; pero los socialistas no la aceptarán.

En toda su conversación, el Presidente hizo muchas salvedades respecto de su consejo en tales asuntos. Lo daba como tema de meditación para el Gobierno, «el cual puede durar más que yo en la Presidencia de la República», dijo. Incidentalmente añadió que con este Gobierno, separado de sus opiniones políticas personales, como es notorio, se entiende perfectamente y no ha tenido ninguna dificultad, lo cual no le sucedería probablemente con otro Gobierno más afín, sobre todo si estaba en él Maura.

22 de enero

El viernes estuve en Toledo con el Presidente, a inaugurar el Hospital Provincial. Regresé a las seis y media para asistir al Consejo. Estaban ya reunidos, y hablaban de lo que el Presidente nos propuso el día anterior, y de sus opiniones sobre el dictamen de Congregaciones.

A este Consejo llevé el expediente general de revisión de ascensos por méritos de guerra, decretado en 1931. Son muchos cientos de expedientes personales. El Consejo aprobó sin discusión la propuesta.

En el asunto de los carbones asturianos, Domingo trajo un proyecto de decreto, que había de ser firmado por mí, como Presidente, haciendo el reparto de las cien mil toneladas que el Estado ha adquirido. Me entregó el decreto como cosa corriente y sin importancia; yo lo puse a un lado, y en un rato que trataban de cosas poco interesantes, lo repasé. Seguramente, Domingo no estaba enterado de lo que el decreto contenía. Aparte de lo absurdo de la distribución, se proponía la apertura de una cuenta *a justificar*, a nombre de un individuo de la comisión hullera, por más de cinco millones. Pegamos un brinco. Quedó desechado. Nadie, ni Domingo ni Giral, quería después encargarse de proseguir este asunto. Quedó encargado don Jaime.

Se aprobaron decretos de agricultura, sobre laboreo de tierras, que ojalá sirvan pronto para algo.

Continúan las invasiones de fincas en Cáceres; se hace propaganda diciendo que son atentados comunistas y sindicalistas. No es exacto. Los pequeños agricultores se mueren de hambre, y muchos propietarios se niegan a dar tierra y trabajo. ¿Pedirán que nos limitemos a rechazar las invasiones a tiros?

La otra tarde llamé a Echevarrieta, para que me explicara su enredo con los alemanes, y qué significa el poder irrevocable que ha dado a Deffries para cobrar en su nombre las cantidades que debe pagarle el ministerio de Marina, y por qué habiendo tratado conmigo de las cosas de Portugal ha adquirido un compromiso que las hace casi irrealizables. Me dio explicaciones confusas, habló de Wair, del almirantazgo alemán, y de no sé qué otras cosas. Embarullado, y a veces, ruborizado. Todo se redujo a decirme que no me preocupase, que le dejase a él, que los alemanes pedían un arreglo y él se negaba, que el informe de lo Contencioso era contrario, pero que lo arreglarían, etcétera. Y que no quería nada con Alfonso Costa, que está muy desacreditado. Me produjo muy mala impresión, y le dejé marcharse, porque comprendí que estaba acorralado y en un potro. En adelante, prescindiré de este señor, que me parece demasiado lioso. Cuanto menos se hable con los financieros, mejor. Y sobre todo, yo.

El otro financiero, March, todavía preso, nos hace el daño que puede, sobre todo en Marruecos. Y existe la impresión de que ha sobornado al representante de La Canariense, el cual trabaja por el hundimiento de su propia compañía.

Ayer estuve en la sierra, por la tarde. Luego, en el ministerio, puse en limpio un proyecto de decreto sobre la intervención militar. Llamé al general Romerales y le pedí informes sobre las condiciones de seguridad en que se hallan Cavalcanti y Fernández Pérez, ex generales procesados por lo de agosto. Se hallan en el Hospital Militar. En vista de los informes, ofició al juez instructor, para que, bajo su responsabilidad, tome las precauciones necesarias.

Por la noche, comida en la embajada inglesa. Allí estaban Mello Barreto y García Kohly, entre otros, con Estrada. García Kohly me dijo que había conocido a un mexicano, a quien había tenido por enemigo suyo, y que después de comer juntos y de una larga conversación quedaban muy amigos, pareciéndole el mexicano inteligentísimo. Resulta que es Guzmán. Lo de la *enemistad* venía de los artículos que publica en *La Voz* el hijo de Hernández Catá («ese miserable de Catá», dice García Kohly) insultando al dictador Machado. García Kohly ha pedido que cese esa campaña, motivada por el asesinato de un estudiante español en La Habana.

Hoy, domingo, ha venido por la mañana Zulueta, a traerme los despachos cambiados con nuestro encargado de negocios en La Habana y la copia de la nota presentada ante aquel Gobierno. Dice Zulueta que el encargado de negocios lo ha hecho muy mal, y nuestra posición, que era buena, pierde fuerza por las ligerezas cometidas por aquel funcionario. El cual se envanece en sus despachos de los «bombos» que a su persona dedica la prensa adversa a Machado. Las cosas están a punto de ruptura, porque el Gobierno cubano quiere devolver la nota. La lectura de los documentos que me trae Zulueta produce una impresión deplorable; el encargado de negocios debe de ser tonto. Convenimos en trasladar la negociación a Madrid. Y si el Gobierno cubano devuelve la nota, romper las relaciones.

Han comido aquí los Guzmán. Después, con Cipriano, hemos salido todos a la sierra. Hacía un tiempo hermoso, pero glacial. En lo alto del León, un viento duro. Hemos vuelto por Manzanares y Colmenar.

A las ocho he ido a casa del Presidente, informándole de los asuntos de Cuba. Aprueba lo hecho. La lectura de la nota redactada y presentada por el encargado de negocios le produce asombro; en la nota se citan refranes como éste: «el que da primero da dos veces».

Hoy, además del solaz del campo, he tenido el de enfrascarme en lecturas literarias. Esto me restituye a mi ser, me desliga de las mezquindades políticas, y me airea y sanea el alma. Es lo único que me gusta siempre, de lo que no me canso, y donde hallo la paz. Las letras me reponen en mi antigua y feliz soledad, a la que no veo la hora de volver.

25 de enero

Esta mañana, después de la audiencia militar, he ido a firmar con el Presidente en Palacio. Desde la una a las tres menos cuarto. Me he quedado yerto, porque aquello está muy frío. Llevaba muchos decretos, entre otros, los de la combinación de cargos judiciales, que eran más de doscientos.

He aprovechado la ocasión para hablar con el Presidente de cierta campaña que vienen haciendo algunos periódicos, encaminada *delicadamente* a indisponerme con don Niceto, o dando por hecho que ya estamos enfadados. También dicen que yo «menosprecio el Poder Presidencial», o niego que exista, y que sólo admito el Parlamento, etcétera, etcétera. (Es mucha la ignorancia de las gentes, que no han leído la Constitución, o no saben lo que dice, ni entienden sus vocablos, pero no es menor su malicia.)

El *ABC* del domingo mentaba al Presidente de la República, incitándole a resolver el que llaman conflicto político. Quieren que el Presidente nos despida, como hacía el rey. Los periodistas me asaltaron el lunes en el Ritz, y conversaron conmigo. Me limité a decirles que yo no opinaba nunca más que en las Cortes, y que respecto de unas *declaraciones* de Lerroux, que tanto les preocupaban, nada tenía que comentar. Un redactor del *Heraldo*, allí presente, atacado de lerrouxismo venenoso (el mismo sujeto que hace meses vino a pedirme que le diera *una comisión* para Marruecos), ha pergeñado para su papel una interviú en la que me hace decir tonterías, de las que saca la conclusión de que el Gobierno, aunque lo niegue, está en crisis. El *ABC* se apodera de estas supuestas palabras mías, y de otras referencias de prensa, y vuelve a la carga con lo de si el Parlamento es o no es, y si el Presidente puede esto, o lo otro. La misma cuerda suena en *El Debate*, y no digamos en los papeluchos de *las extremas*. Es verdaderamente desvergonzado tratar de meter así en su juego al Presidente. Por eso, esta mañana, después de llamarle la atención sobre esa campaña, le he dicho que no me atrevía a dar una nota llamando la atención sobre su impertinencia, por no empeorar la cuestión, pues, con pretexto y apariencia de contestarme a mí, descargarían también sobre él: «No hay que hacer nada. Déjelos usted que discutan. Lo que les gustaría es que usted les contestase. Harían ruido, y daño. Lo que sí se puede hacer es aprovechar cualquier oportunidad para dejar caer que los poderes del Presidente son los que son, y no dependen de interpretaciones ni prescriben por el no uso».

Tal ha sido la respuesta del Presidente, que me parece acertada.

Es cosa que espanta el estado de incultura del vulgo político español. No sé yo si llegarán a dos docenas las personas del mundo parlamentario y periodístico con las que se pueda razonar seriamente y sabiendo cada una lo que quiere decir la otra.

Esta tarde, a las cinco he ido a presidir el Consejo de Administración del Consorcio de Industrias Militares. Trabajo cuesta enderezar estos asuntos;

ya va mucho mejor que antes, pero se necesitará otro año, por lo menos, para que acabe de entrar en caja. Les he comunicado el plan de fabricaciones para este año, que es muy superior y mejor ordenado que todos los anteriores. Se va a fabricar como no se había hecho nunca en España; con un propósito y un plan.

Después he hecho dos visitas, una a casa de Aznar, ex director del *Sol*, cuya mujer ha muerto de la gripe en pocas horas; vuelto al ministerio, recibo al alcalde de Bilbao, que viene a pedir auxilios para los obreros parados; al jefe de Estado Mayor de Marruecos, que me cuenta con detalles lo de Bab-Tara, más grave de lo que parecía. El coronel (que según me dice Saravia no ha hecho en toda su vida más que comerciar en géneros ultramarinos, siendo el primer cargo militar que ha desempeñado el de jefe de Estado Mayor) está un poco asustado. El instigador visible de todo esto es el cherif de los Darkanas, protegido francés, que vive en Tánger. Hay que procesarlo, y convendría detenerlo, si los franceses no lo impiden. Llevarlo preso a Ceuta, no dejará también de ser peligroso, porque pueden soliviantarse sus parciales.

El coronel afirma que los marroquíes nos odian, y nos soportan, mientras nos tengan miedo. Está seguro de que con cien mil pesetas se pueden echar al campo contra nuestros mil moros con fusil. Un incidente así se cortaría pronto; pero un levantamiento general, sería imposible de sofocar.

Rasgo característico: el general subsecretario me dijo esta mañana que había hablado con este coronel y le había contado cosas interesantes sobre lo de Bab-Tara; pero que traía instrucciones de su general de no hablar de ello si no le preguntaban, y contar todo lo que supiera en caso de ser preguntado por mí.

El motivo de esto es la rivalidad con las autoridades civiles, y lo mal que soportan a un alto comisario civil. Como éste es el jefe, y el asunto *es político*, los jefes militares hacen como que se desentienden de ello.

Ha venido Bolívar, para hablar del destrozo que el Ayuntamiento ha hecho en el arbolado de la Casa de Campo. De ello informé al Consejo de ministros, por si era motivo para rescatar de las torpes manos municipales aquella finca, que en mal hora y contra mi voto, les entregó Prieto cuando era ministro de Hacienda.

Luego el comandante Vidal viene a contarme las últimas informaciones recogidas por la Telefónica. Han sido una conversación del rey de Calvo Sotelo con su primo Alfonso, el fugado de Villa Cisneros. Han averiguado otras cosas. Me propone, de parte de Rico, un viaje de éste a París, para explorar.

En el Consejo de ayer, se comentó de nuevo la indicación del Presidente de la República sobre el dictamen del proyecto de ley de Congregaciones, y convenían todos en que le pondrá el veto, si se aprueba tal como está. Albornoz decía que ha estudiado las observaciones hechas por el Presidente, y que a su juicio el texto del dictamen no es anticonstitucional. El Presidente ve el asunto con criterio político.

Yo les hice notar que, por las diferencias existentes entre el proyecto del Gobierno y el dictamen de la comisión, no valía la pena de arrostrar un conflicto entre el Presidente y las Cortes, que podría conducir a una disolución prematura, o a una crisis presidencial y seguramente a una crisis ministerial, que haría mucho daño, siendo por un motivo como ése. La República está demasiado tierna para sufrir un vendaval de esa fuerza. Todos estuvieron conformes, sin excepción alguna; e incluso Albornoz aprobó mi criterio. Añadió que hacía su observación para marcar cuál era la posición del Presidente, que parecía orientada hacia un mañana más o menos remoto; pero que se daba cuenta de los peligros notados por mí, y ya había comenzado algunos trabajos cerca de la comisión, hablando con su presidente, que, por cierto, es radical.

Domingo trajo al Consejo un proyecto de decreto francamente absurdo. Para favorecer a la industria corchera pretendía declarar *obligatorio* el empleo de planchas de corcho en las techumbres y en los muros de todos los edificios que se construyan por el Estado, las provincias y los municipios. Nada más. No fue aprobado. Cuando leyó el primer artículo, pegué un respingo y me acordé de los arbitristas. Sin embargo, lo han elaborado *los técnicos*.

Me dicen que Echevarrieta y los alemanes han llegado a un acuerdo. Echevarrieta cobrará la mitad de su crédito, y cederá la otra mitad a Deffries.

Hoy he recibido el plan inglés de ocupación de las rías bajas de Galicia. Es antiguo, porque data de antes de la guerra. Pero de interés. Veré si lo conoce nuestro Estado Mayor Central.

García Kohly le ha escrito a Zulueta una carta larguísima, de cuatro o seis hojas de máquina, que he leído. Se queja, en una literatura elocuente a su modo, de las cosas que dice *La Voz*. Abundancia de frases sonoras.

El lunes, 21, ceremonia militar: en el ministerio impuse una condecoración y entregué una espada al agregado militar de México, que regresa a su país. Discursos. Fajines. Caras serias. Después, banquete en el Ritz. Asistió el embajador, Estrada, que es gordo y simpático, y me entretuve. Sin embargo, el coronel del regimiento de artillería a caballo le ha dicho a Vidal que me encontró triste. (Más bien cansado.)

Ha venido a verme Madariaga, que está de paso en Madrid. Se ha disgustado mucho con Zulueta porque ha nombrado cónsul en Ginebra a Plácido Álvarez Buylla, «que no sirve para ese puesto», según Madariaga, y que además estaba entendido con García Miranda para proporcionar noticias a Eduardo Ortega en contra del embajador y del ministro.

Madariaga me habla de la ley de Incompatibilidades, que le concierne, y probablemente renunciará a la embajada, para quedarse de diputado, «a no ser que estuvieran próximas las elecciones generales».

26 de enero

Después de una corta audiencia, he ido a Carabanchel, invitado por el general Augustin, director de la Escuela de Equitación y comandante general del campamento. El motivo era la clausura del curso de coroneles en la escuela. Me hacen oír una conferencia de un teniente coronel, que ha consistido en describir un imaginario combate de caballería en Boadilla del Monte. Ninguna doctrina.

Hemos comido en la escuela, con todos los jefes y oficiales. Incidente: el general de la división, allí presente, no estaba invitado a comer por el general Augustin; Cabanellas le ha tratado duramente, porque él es la primera autoridad militar, y no puede celebrarse ningún acto oficial en estos establecimientos sin contar con él, etcétera. Augustin se ha *hecho un taco*. Tenía razón Cabanellas, y se la he dado. Las antipatías personales entre estos señores son grandes, e incurables.

27 de enero

Anoche estuvo aquí Guzmán. Hablamos del asunto de los portugueses, a ver si ahora le damos un impulso. Don H. está dispuesto. Pero me falta poner de acuerdo a Costa con De Pereire, que vendrá a Madrid dentro de unos días. Viguri, el director del Banco de Crédito Industrial, también se ha enterado de este asunto, no sé cómo; ve los favorables resultados que podría tener en el orden comercial y político, y le ha propuesto a Guzmán una combinación para favorecer los proyectos. Espera que yo la apruebe.

Esta mañana he tenido pocas visitas. Ha venido Pedregal con el director de la Real Compañía Asturiana. (Pedregal no ha querido aceptar la presidencia de la Campsa porque tiene asignado ese cargo demasiado sueldo.)

El Consejo de esta tarde ha sido, a ratos, tempestuoso. Antes de comenzar vino Corominas, una vez más con el asunto de los rabassaires. Soliviantados los rabassaires con una innecesaria revisión de rentas, decretada por De los Ríos cuando era ministro de Justicia, y por la propaganda de Companys y Aragay, agravada en la reciente campaña electoral para el Parlamento catalán, no quieren ahora consentir que se ejecuten las sentencias de desahucio. Ya pretendieron los comisionados catalanes, hace dos o tres meses, que el Gobierno dictase un decreto suspendiendo la ejecución de las sentencias. Nos negamos. Yo les dije entonces que originándose las dificultades de una cuesción de derecho civil, materia reservada a la Generalidad, podían y debían hacer una ley regulando el contrato de aparcería, etcétera. Corominas me ha dicho hoy que están en la idea de hacer esa ley, pero que, como es urgentísimo lo de los desahucios, antes habría que hacer otra suspendiéndolos; y quiere saber si la harían las Cortes o, en otro caso, el Parlamento catalán. Le repito las dificultades que hay para una cosa y otra; el Parlamento catalán no puede tocar a la materia procesal. Quedamos en que hablaría de ello en Consejo, para contestarle el lunes.

Le he llamado la atención a Corominas sobre ciertos artículos del proyecto de Constitución para Cataluña, que chocan con la Constitución de la República. Y le hago notar que además de impolítico, e ilegal, sería cómico que el primer recurso ante el Tribunal de Garantías tuviera que interponerlo el Gobierno contra una ley de la Generalidad.

Todavía estaba hablando con Corominas cuando llegó Largo Caballero, que esta mañana me pidió por teléfono que lo recibiera antes de empezar el Consejo. Viene a hablarme de la polémica que Luis Bello sigue en *Luz* con *El Socialista*, atacando al ministro de Instrucción Pública. Luis Bello ha estado poco oportuno planteando la cuestión en tales términos, y el ministro se ha enfadado. Fernando, según he podido leer en unas declaraciones suyas, que yo no conocía hasta después del Consejo de esta tarde, había incluso caído en la necia sospecha de que yo me valía de Luis Bello para hacerlo saltar del ministerio. Largo quería que se aclarase el asunto. Le digo la verdad: que la campaña de Bello no me ha sido consultada, ni tengo medios de impedirla; que anoche le envié un recado a Bello con Guzmán, llamándole la atención sobre los peligros de su polémica; y que no había más sino hacer una nota oficiosa amparando al ministro, etcétera. Así quedó convenido. Después me habló de la gestión de algunos gobernadores, que tratan con los sindicatos de la CNT, reconociéndolos aunque no estén legalmente constituidos.

En el Consejo, después de hablar de lo de Corominas, y confirmar nuestros acuerdos anteriores, y del plan para la primera sesión de Cortes (Besteiro me dijo esta mañana que no le parecía bien comenzar por la ley de Congregaciones, pero el Gobierno sí quiere), y de otros asuntos, se acordó a propuesta mía añadir al decreto de revisión de ascensos por méritos de guerra, aprobado el otro día, un artículo concediendo el retiro a los *revisados* que lo soliciten. Todos estuvieron conformes con la medida, a ver si pueden salir del ejército los más descontentos. (Luego se irán a conspirar, pero más vale que conspiren fuera que no dentro de las filas.)

Proyecto de Justicia estableciendo un procedimiento y unos tribunales *de urgencia*. El pintoresco ministro ha estado muy bueno.

Cosas de Giral sobre rescisión del contrato con Echevarrieta. Apenas acabó de leer Giral el proyecto dijo Prieto: «Salvo mi voto». Se examinó el proyecto con alguna detención y se le añadió algo. Cuando se le pidió a Prieto que dijera sus razones, se limitó a contestar: «Sólo quiero que recuerden ustedes que yo me opongo». Luego añadió que el proyecto le parecía innecesario y contradictorio.

Varias cosas de Hacienda. Se exhiben las fotos de los destrozos hechos en la Casa de Campo por la poda bárbara. Las envié anoche a *La Voz*, que hoy las publica. Quisiera intentar el rescate de la Casa de Campo.

Marcelino me trae la cuestión del carbón en Asturias. Las conclusiones de la conferencia hullera son fantásticas e inadmisibles. Todos lo reconocen. Y que el problema no tiene por ahora solución. Prieto insiste en que los mineros tienen que resignarse a trabajar un día menos a la semana, así como en otras industrias se trabaja tres o cuatro días. De los Ríos agrega que aunque los obreros se encargaran de la explotación de las minas, el problema seguiría siendo el mismo, porque el carbón no se vende.

La huelga está anunciada para el día 6. Domingo dice que la huelga es la única solución por el momento.

A este propósito se habla de la cuestión de orden público, y Casares cita los casos de tres militares retirados, detenidos con uniforme y con armas en el lugar de los sucesos del diez de agosto, y cuyos procesos van a ser sobreseídos por el juez. Está indignado Casares, y dice que así no puede trabajar. Los conspiradores se quedan riendo, y para otro complot que lo aguante el fiscal, no él. Casares se acalora. Albornoz cree que Casares le hace responsable de lo que ocurre, y se enfada también. He salido del salón de Consejos para hablar con Ramos, y cuando he vuelto estaban aún enzarzados. Albornoz ha dicho: «Si alguno sobra aquí soy yo». Los he calmado, sin hacer gran caso de su enfado. Quedamos en que Albornoz hablará con el fiscal, para que en lo posible evite los sobreseimientos, y espere al acto del juicio para retirar la acusación, si del sumario y del juicio no aparecen pruebas bastantes, por más que en los tres casos citados por Casares la participación en el delito es evidente y notoria.

Los dos se han disgustado mucho, sobre todo Casares, que se ha quedado solo conmigo cuando se han ido los ministros, y me ha dicho, muy emocionado, que, después de haber trabajado tanto por la República, está ya harto de República, que estos *juristas* se dejan quitar de las manos; y que si no fuera por el afecto que me tiene, ya se habría ido del Gobierno.

La reunión de hoy me ha dado mala impresión, y si todos están tan cansados como yo, no doy un pitoche por este Gobierno.

Tenemos ya la franca amenaza de los radicales de retirarse del Parlamento.

Escribiendo estaba estas notas cuando me llama desde Tetuán López Ferrer, para hablarme del asunto del cherif de los Darkanas. El cherif se halla en Tánger. Le han procesado como principal instigador del complot de Bab-Tara. El ministro de Francia en Tánger no opone ningún reparo a que el cherif sea detenido y llevado a Ceuta. Me dice López Ferrer que la prisión puede hacerse esta misma noche. Hay el peligro de que la detención del cherif soliviante a toda su secta, pero, si no se le detiene, creerán los moros que España no se atreve con él y será peor el efecto. Le contesto a López

Ferrer que no haga nada hasta mañana por la noche, para darme tiempo de consultar con el Gobierno y de poner el caso en conocimiento del Presidente.

Recuerdo que el coronel de Estado Mayor de la zona, cuando habló conmigo el otro día, me dijo que la prisión del cherif no podría realizarse «hasta abril», y que para entonces convendría hacer una demostración militar. Esa tardanza acaso la calculaba suponiendo que serían necesarias largas conversaciones con Francia para obtener la detención.

28 de enero

El fiscal de la República viene a decirme que la sala 6.ª del Supremo no ha aprobado el auto de conclusión del sumario por los sucesos del diez de agosto, y ha acordado nuevas diligencias sumariales que retrasarán la celebración del juicio dos o tres meses. El acuerdo se tomó por unanimidad de todos los magistrados menos uno, Antón Oneca. El fiscal asegura que la Sala se propone ir dando largas al asunto, en espera no se sabe de qué, para que los hechos queden impunes.

También he recibido esta mañana unas pocas visitas.

Quedó rehecho y terminado el expediente de revisión de ascensos y extendido el decreto. Ya se ha traslucido algo entre los militares, y hay gran revuelo. Dos de mis ayudantes están algo nerviosos.

Tenía citados para esta mañana al ministro de Agricultura y a Guzmán; queríamos hablar del asunto del papel. Pero el Presidente me citó para la una, y la conferencia se ha aplazado.

Despacho con el Presidente. Mucha firma. El decreto de revisión de ascensos le parece muy bien. «Nos creamos cuatrocientos enemigos», le he dicho, para que no le tome de sorpresa cualquier incidente. «¡Qué se le va a hacer!», contestó el Presidente.

Le di cuenta de lo del cherif de Darkana, y opinó que no había más remedio que llevar el asunto adelante y prender al moro.

También le anuncié lo de la proyectada retirada de los radicales. «¿Y por qué motivo?», me preguntó. «Buscarán cualquier pretexto para abrir —dicen ellos— unas consultas presidenciales.»

«Para tomar en serio una determinación como ésa y medir su importancia, habrá que conocer el motivo. No bastaría decir que ya no pueden aguantar más en la oposición. Otro día dirían lo mismo los radicales socialistas...», responde el Presidente.

«Yo haré todo lo posible por evitarlo.»

«Claro, claro.»

Hoy ha hablado más claramente que de costumbre. «Usted —me ha dicho— gobernaría con más comodidad si no tuviera que entenderse más que con Acción Republicana. Así tiene usted que contemporizar. Con una mayoría formada de retazos, todo resulta más difícil.»

—Una mayoría homogénea y un Gobierno homogéneo serían lo mejor. Pero con estas Cortes no puede formarse una mayoría de ese orden.

—Evidente. Hay un estado de inquietud social, que convendría disipar, aun manteniendo una política de izquierdas.

—Los golpes van contra la colaboración socialista; pero yo creo que la colaboración socialista ha sido y es provechosa.

—Yo también lo creo —repuso el Presidente— y la prueba es que cuando se resolvió la crisis y usted me dijo que iba a formar este Gobierno le dije que lo formase. Una colaboración de ese género tiene siempre un pasivo. Pero cuando se haga el balance, y sólo podrá hacerse después que los socialistas salgan del poder, se verá que el activo supera mucho al pasivo.

Después hablamos del proyecto de intervención obrera en las industrias, que está pendiente de aprobación en las Cortes hace más de un año, y por el que me ha preguntado Largo Caballero. Al ministro le he dicho que lo llevaremos a Consejo de ministros, para examinar las enmiendas presentadas, pero la discusión y la aprobación de este proyecto sería hoy inoportunísimo; «esperemos —le dije a Largo— por lo menos hasta el final de esta etapa parlamentaria». El ministro se conformó, pero añadiendo que a su parecer no debería dejarse ya para más tarde.

De este asunto hablé, pues, con el Presidente, haciéndole saber mis prevenciones sobre la oportunidad de esa ley. El Presidente me dijo que era partidario teóricamente de la intervención, que no le asustaba, como no le asusta casi nada en el orden de la reforma social. Pero que el proyecto había sido desnaturalizado, en relación con la idea que él tuvo, siendo Presidente del Gobierno, al animar a Largo para que lo presentase. Nunca pensó en una intervención *de taller*, sino en los consejos de administración. Como si tuviese un pensamiento ulterior, el Presidente me dijo:

—Usted lleve las enmiendas al Consejo de ministros. Un día hablaremos de esto.

(Todo me confirma en la suposición de que el Presidente espera el resultado de las elecciones municipales para decidir un cambio de política. Lo encuentro bien, y muy lógico. Mi antiguo propósito, si los radicales no lo hubieran dificultado, y si no acaban por hacerlo imposible, es apurar la vida de las Cortes con una situación exclusivamente republicana.)

Hablando de las dificultades internas del Gobierno, a causa de su composición, el Presidente me dice:

—Si en los ministros socialistas predominase el matiz de Prieto, tendría usted muchos menos obstáculos que vencer.

—Indudablemente.

—Prieto es un gobernante.

—El más difícil es Fernando.

—Sí. Tiene un fanatismo de intelectual, y un encono que procede de las luchas locales granadinas.

También me dijo que hemos de hablar de Jaén y Cáceres.

He recibido una carta curiosísima de nuestro agregado militar en Roma, antiguo amigo mío, contándome las desgraciadas andanzas del embajador Alomar. Resulta que, después de otras muchas ridiculeces, Alomar se ha amancebado con una criada de la embajada, y va a cenar con ella en los cafés, e invita a los agregados. «Esto es Grecia, la Grecia que yo soñé», parece que ha dicho Alomar, hechizado por su libertinaje. Se está poniendo y poniéndonos en ridículo. Si se aprueba pronto la ley de Incompatibilidades, tendrá que dejar el cargo, y ésa sería la mejor solución. Pero si opta por la Embajada, habrá que quitarlo. También me cuenta Lisardo que uno de los secretarios, de arraigo monárquico, le hace el amor a una hija de Alomar, para tener influencia. Y Alomar asegura ya que el secretario enamorado «sirve ahora con lealtad a la República».

A media tarde ha venido a verme el embajador de Francia. Deseaba saber las perspectivas de política interior, al abrirse el Parlamento, y nuestro estado de relaciones con Francia. Un poco extrañado de *la démarche*, que él me explica por la conveniencia de informar auténticamente a su Gobierno, le contesto algunas cosas vagas y generales, de las que puede ver en los periódicos.

He estado en el concierto de la Filarmónica, en el Español. Subieron al palco, en un descanso, Albornoz y su mujer. Albornoz me ha dicho que ha hablado con el fiscal, acerca de los procesos pendientes, y con el presidente de la sala 6.ª «a quien ha dado un disgusto, haciéndose el enfadado». Albornoz opina que en la Sala quieren retrasar el asunto, como en espera de un cambio político.

He vuelto después al ministerio y llamo por teléfono al alto comisario en Tetuán. López Ferrer me dice que no han hecho nada en lo del cherif, y que a un telegrama mío (sin duda expedido por la Dirección General) contesta con otro, diciéndome su opinión sobre el caso. López Ferrer se embarca mañana para España.

Por la noche voy a casa de Cipriano, que está enfermo. Cuando ya íbamos a volver a casa, llegó Guzmán, y se prolongó la tertulia. Guzmán me acompañó al regreso, y se estuvo en mi despacho hasta la una y media, hablando del asunto del papel y de los periódicos. Domingo ha elaborado una solución que no sirve para nada.

29 de enero

Hoy domingo me he levantado algo tarde. Recibí, apenas salí al despacho, la visita del comandante Vidal acompañado de Rico, director de la Telefónica. En esta Compañía hay dos Ricos de apellido, y muchos de condición. Este director es un asturiano recio y alto, redundante y facundo. Según Vidal, tiene Rico grandes deseos de servirme y de servir al Gobierno. Hoy me ha contado lo más importante de las conversaciones que han captado en el circuito París-Lisboa desde que desembarcaron los evadidos de Villa Cisneros. Han oído hablar al rey con su primo Alfonso Squilache. Deduce Rico que el rey lleva la dirección de los trabajos para una acción contra la República, y funcionan dos comités: uno presidido por Calvo Sotelo, que entiende en las cuestiones financieras de la conspiración, y otro, presidido por Guadalhorce, que está en relación con los elementos de acción, militares y civiles.

Rico viene a decirme —ya me lo había anticipado mediante Vidal— que le parece útil ir a París cuatro o seis días para hacer una información sobre el terreno, y averiguar lo que traman, averiguación posible, porque conoce a muchos de los que andan en el ajo. Durante su estancia en París podría él mismo hacer los trabajos necesarios, pero lo estima imprudente, porque si le vieran frecuentar a los monárquicos quizás en España lo acusaran de desleal. Se valdrá de una tercera persona. Me pide presentaciones para alguna persona de confianza en la embajada, y para algún político francés. Rico cree que la embajada de España en París no sabe contrarrestar la acción de Quiñones de León, que mantiene sus antiguas relaciones en la sociedad de París, especialmente entre industriales y financieros.

He pensado lo que podría haber en el fondo de las intenciones de Rico. Simple propósito de hacerse valer y contraer méritos, aunque el viaje no tenga a lo mejor otro objeto que el de llevar a su mujer unos días a París. O fantasía que abulta el hasta ahora flaco contenido de sus informes, y cree que en efecto puede hacer algo de útil. (Puede que vuelva contándome, como fruto de su viaje, lo que ya sepa.) ¿O un doble juego? Para ir a París no necesita decírmelo, e incluso puede ir y volver sin que yo me entere. Las precauciones que toma para hablar a los monárquicos, y el venir a decírmelo a mí primero, para que no se sospeche de él en España, ¿es un modo de probar la coartada? Y después de todo, ¿para qué? No tengo ningún motivo para dudar de la lealtad de Rico, aunque sea interesada o nazca del sistema de estar a bien con el poder. Como quiera que sea, no he tenido duda en aprobar su viaje. Ya veré lo que me cuenta, y eso me permitirá formar juicio más cabal.

No he podido salir de paseo, porque a primera hora de la tarde se ha puesto a llover a mares. He ido a casa de Cipriano, y allí me he estado, con otros amigos, hasta las nueve.

A las once y media viene Casares. Me cuenta que los mineros de Asturias han votado en favor de la huelga, casi por unanimidad. Mañana lunes presentarán el oficio, para comenzar el paro el otro lunes. Son los de la UGT. Situación difícil, con probables repercusiones políticas, porque difícilmente podrán afrontar el conflicto desde el Gobierno los socialistas. Es también probable que en otros puntos salte algún chispazo como los pasados. En Zaragoza, quizás en Barcelona, donde se sigue encontrando bombas. Anguera de Sojo, presidente de aquella Audiencia, que ha venido ayer a Madrid, cree que la CNT no ha sido más que la máscara en los alborotos pasados. Hay indicios de manejos italianos. El cónsul general de Italia en Barcelona, que llevaba muchos años allí y conoce admirablemente la ciudad, ha sido trasladado a Roma, para trabajar a las órdenes inmediatas de Mussolini. Y ha sido nombrado cónsul en Barcelona, descendiendo de categoría, el que estaba en Londres. El embajador de Italia ha ido a Barcelona y ha visitado los cuarteles. Ahora va a Mallorca.

Pocos días antes de comenzar los sucesos anarquistas, llegaron de Italia tres fascistas, y uno se quedó en Barcelona, otro fue a Zaragoza y otro a Valencia.

Anguera de Sojo afirma que en el movimiento pasado ha circulado mucho dinero.

Unos funcionarios de ferrocarriles, que visitaban a los políticos importantes para pedirles apoyo en el asunto de las incompatibilidades decretadas demasiado a la ligera por Prieto, fueron a ver a Lerroux. Los dejó explicarse largamente, y por toda respuesta les dijo:

—No se apuren ustedes. Ese asunto, como otros que han salido de *esa cloaca* (*es decir*, *del Gobierno*), los arreglaré yo dentro de ocho días cuando sea poder.

5 de febrero

Espléndido día el de hoy; de los que suele traer febrero en Madrid. He salido al despacho ya tarde, por ser domingo. He hablado unos momentos con Saravia, y he estado un buen rato en el balcón, al sol. Después de comer, he ido con parte de la familia al puerto de La Morcuera. No ha sido posible llegar, por la mucha nieve; en un ventisquero, cerca del puerto, alcanza hasta ocho metros. Hacía muchos años que no nevaba tanto. Hemos bajado a pie hasta cerca de Miraflores. Olor de los robledales húmedos, estruendo del arroyo engrosado por el deshielo, en el fondo del barranco. Bascas de agua viva, espumante. Serenidad de la luz. ¡Cómo sería la tarde que ni el valle de la Pedriza estaba triste! Regresamos por Cerceda y Villalba.

Ayer tarde también salí, a La Quinta. Paseé por los alrededores y por los jardines. El nuevo jardín de abajo, donde estuvo el antiguo, destruido por el rey para plantar verduras, ya está replantado, y arregladas dos avenidas de cipreses. También están puestos los chopos de la arroyada. La sierra, desde La Quinta, está deslumbradora de contrastes luminosos. Largas soledades blancas en las cumbres, de tal pureza indecible. Oros y rosa. Pendientes negruzcas, brillantes como acero. Todo el paisaje, tan llovido y nevado, chispea, destella, rebrilla. Robustez de los verdes. Nitidez de líneas. ¡Qué alegría serena! ¡Y cómo me enlaza el paisaje con el tiempo histórico de esta comarca: Manzanares, Buitrago, Torrelaguna...! Hasta hace una docena de años, todos estos lugares estaban como los dejó el siglo XV, cuando los castillos mendocinos estaban habitados. La resurrección de las carreteras, gracias al automóvil, los pone otra vez al alcance de todos. Ya Madrid se esparce hacia el norte; por todos estos sitios habría que restituir una civilización.

También ayer, de vuelta de La Quinta, fui al Ritz, invitado por los Sánchez Guerra. Daban «un té» a gentes de la política y de la diplomacia. Una semana han estado Sánchez Guerra y su mujer rogándonos que no faltáramos. No podía faltar. Bastante gente. El Nuncio, que se sentó en la misma mesa que yo, me dijo que aunque Lerroux ha afirmado en su discurso de las Cortes que el proyecto de ley sobre Congregaciones le gusta al propio Nuncio, no es cierto, y ya le ha escrito a Lerroux una carta haciéndoselo saber y enviándole copia de los reparos que a mí me propuso.

Allí estaban los Guariglia, que por fin no han hecho el viaje a Baleares.

Después fui al Español: concierto de la Orquesta Filarmónica. Desde allí, a casa de Casares. Él está con gripe desde hace ocho días, y su hija está gravísima, con pleuresía. Estoy asustado por este amigo.

Cenó con nosotros Saravia. Luego vino Guzmán, y no salí.

Ayer, pues, no hice más que despachar con el subsecretario y con el jefe del Estado Mayor Central. También recibí a Herbette, que vino con la oficiosidad de comunicarme una información de su cónsul en Barcelona, sobre supuestos manejos de los comunistas y de Martínez Anido. Fantasías. Nada de ello vale la pena. Pero así se las echa de muy amigo; y yo se lo agradezco. Me dijo muchos cumplidos por mis discursos de estos días, y me reiteró su interés por la República Española y por «le cabinet Azaña». Encuentra absurda la tesis de Lerroux-Maura-Alba, porque conduciría a destruir el régimen parlamentario. Observa Herbette que en España tienen mucha importancia los piques y las rencillas personales. Añadió que mi experiencia de gobernar con los socialistas tiene interés para todo el mundo, porque si saliera bien probaría que se puede hacer la inevitable transformación de la sociedad moderna sin necesidad de una revolución.

A última hora de la mañana de ayer fui a despachar con el Presidente. Tenía poca firma, pero quería contarle lo sucedido en las Cortes, conocer su opinión, y escuchar lo que tuviera que decirme, por si el debate hubiera quebrantado en su ánimo la situación del Gobierno. El Presidente estaba muy contento. Hablamos de lo sucedido. Me dijo entre otras cosas que a Prieto se le había ido un poco la rienda, seguramente sin darse cuenta, pero que todo había quedado bastante bien. No soltó ningún juicio sobre Lerroux y su discurso, ni yo se lo pedí, ni lo provoqué; pero afirmó que, a su parecer, la mejor cabeza de la oposición era Alba, que había sabido situarse en las Cortes, donde no tenía ambiente, en tanto que Melquíades Álvarez, por no saber situarse, se había anulado. Le oí estas palabras: «cuando a Alba le llegue su hora, si es que le llega alguna vez».

Lo de que Prieto se hubiese ido un poco del seguro, no sé bien si se refería a lo que dijo de la permanencia de los socialistas en el poder y su disposición a marcharse en cuanto se unan los republicanos, o a las afirmaciones, excesivamente reiteradas, en efecto, acerca de que el Presidente se sometería a la voluntad de las Cortes. Eso es lo que debe hacerse, pero no parece delicado andar diciéndolo a todas horas.

Estos dos días han sido para mí de verdadero descanso. Fatigado no estaba, en realidad. Pero ha sido como el asueto de un jovenzuelo que se examina, y sale bien. La papeleta era comprometida, porque de acertar o no dependía la vida del Gobierno; pero además Prieto, con su vehemencia y su falta de medida, lo empeoró, y nos puso en una situación muy rara.

Durante el mes de enero, toda la prensa monárquica y la lerrouxista ha venido diciendo que en cuanto se abrieran las Cortes caería el Gobierno. Los radicales lo anunciaban en todos sus discursos, y el propio Lerroux, en vísperas de la reapertura, dijo que pronunciaría tal requisitoria en las Cortes que en el acto tendría yo que presentar la dimisión. Ha habido una escena chusca. El día antes de la reapertura, recibió Lerroux a los periodistas, y estando con ellos llegó otro, que dijo: «La radio acaba de decir que hay crisis».

—Ésas son mis noticias —contestó Lerroux, que no quería ser menos que el *reporter* y estar peor informado.

E inmediatamente, en celebración del suceso, obsequió a los periodistas con cigarros y *champagne*. Éste es el hombre que *se prepara* a gobernar la República.

En resumidas cuentas: se ha estado fabricando lo que en el argot de la vieja política se llama «ambiente de crisis». Y afirmando *todo el mundo* que la crisis está planteada, la crisis se produciría. Algunos periódicos, incluso *La Tierra*, (*rrrrevolucionarísima*, pero lerrouxista, porque está sostenida por March), llegaron a decir que los artículos de Bello en *Luz* contra el ministro de Instrucción Pública, era una maniobra más para expulsar a los socialistas. (¡Lerroux ha llegado a recoger esto en sus discursos, y darlo por evidente!)

Merced al aislamiento en que vivo respecto de todos los corros, tertulias, camarillas, redacciones y comités subalternos, todos esos chismes y cuentos no sólo no me infectan pero ni siquiera me ponen nervioso. Me sirven para gastar alguna cuchufleta a los periodistas cuando vienen en busca de información.

El día de la reapertura, por la mañana, cuando Lerroux se enteró de que el pobre Casares estaba enfermo y no asistiría a la sesión en que él nos haría ceniza, soltó esta grosería:

—A mí, ventajillas no.

Suponía que Casares se fingía enfermo, para retrasar el debate.

Pues bien, por la tarde, él no asistió tampoco a la sesión, alegando que tenía fiebre.

Mucha gente no lo creyó, sino que se quedaba en su casa preparando el discurso para el siguiente día, y eludiendo el hallarse presente en la discusión de los sucesos de Casas Viejas, para que sus amigos pudieran barbarizar, sin comprometerlo personalmente.

Antes de empezar la sesión del miércoles hablé con Besteiro, sobre el orden del día. En la sesión, que debía haber comenzado con la «gran» polémica entre Eduardo Ortega y Prieto, nadie tenía ganas de ser el primero. Por fin, se habló de lo de Casas Viejas. Me alegré mucho de que Casares no estuviera presente, porque con lo vehemente que es, seguramente no se habría contenido, y la escena hubiera sido violentísima. Rivalizaron en desvergüenza varios señores. La palma de la brutalidad se la llevó Eduardo Ortega, y la de la inmoralidad política Guerra del Río, lugarteniente de Lerroux; ya en la prensa había tenido la avilantez de decir que en Casas Viejas se había fusilado contra una pared a ocho prisioneros, y que se lo había contado el alcalde de Medina Sidonia, *testigo presencial*. El mismo periódico que dio la interviú de Guerra del Río se creyó en el caso de añadir que el tal alcalde no había dicho que lo hubiera visto él.

Ese alcalde es muy amigo de Guerra del Río, y bajo su autoridad se han autorizado en aquellos lugares las propagandas más furibundas contra la República.

En la sesión de marras, Guerra, que como todos los radicales tiene interés electoral en atraerse a los sindicalistas, dijo que los revoltosos de Casas Viejas eran *idealistas* y que los guardias eran *chulones* y *jacarandosos*.

Por su parte, Barriobero dijo que en la Jefatura de Policía de Barcelona se habían dado tormentos; conversando después conmigo en los pasillos, me dijo que no tormentos, sino malos tratos, y quiso darse por enterado de lo que ocurrió, que fue tal y como yo lo relaté en las Cortes al día siguiente.

La discusión fue toda desbocada. Guerra pidió que a *su jefe*, don Alejandro, se le reservase un turno para intervenir al día siguiente en el debate. Habló el subsecretario de Gobernación, para hacer un relato de los hechos, y explicar las órdenes que había dado el Gobierno. Las cosas quedaron así.

Al siguiente día, jueves, correspondía celebrar Consejo en Palacio. Pero ya el miércoles don Niceto me llamó por teléfono y me dijo que estando enfermos tres ministros (Casares, Domingo y Carner) y ausente Zulueta, creía mejor aplazar el Consejo hasta el sábado. En eso quedamos. Don Niceto decía que debiendo tratarse en el Consejo asuntos en que Casares sería «testigo de mayor excepción», y que no se referían a él personalmente, ni a la ORGA ni a Galicia (esto lo dijo bromeando), consideraba inútil celebrar el Consejo, si no podía asistir el ministro de la Gobernación.

El jueves por la tarde al llegar al Congreso, me dijo Besteiro que Lerroux le había visitado para decirle que deseaba no hablar hasta que el Gobierno hubiese contestado en el asunto de Casas Viejas; y que una vez terminada esta discusión, iniciaría él con su discurso el debate político. Yo estaba dispuesto a avenirme, y a discutir en el orden que quisieran; pero a los ministros les pareció mal allanarse a un nuevo aplazamiento del discurso de Lerroux. Algunos, como Largo y Prieto, relacionaban el aplazamiento del discurso de Lerroux con la suspensión del Consejo en Palacio. De las observaciones hechas por el Presidente al dictamen sobre el proyecto de ley de Congregaciones, y de las dificultades que de ello podrían surgir, ha trascendido algo, según se prueba con un artículo del *Heraldo*; Lerroux sabe sin duda alguna la oposición del Presidente al dictamen. ¿Por quién lo sabe? ¿Por una indiscreción de la gente que rodea al Presidente? ¿Porque el Presidente, que recibió al de la comisión parlamentaria (radical), le haya hecho las mismas observaciones? No lo sé. El caso es que Lerroux, enterado de esto, tratará de aprovecharlo. Prieto suponía que Lerroux esperaba que del Consejo en Palacio saliese una desavenencia, y la crisis; y que al suspenderse el Consejo, suspendía él su interpelación, en espera de que las cosas estuvieran maduras. Tampoco faltó quien (creo que Largo) sospechó que el Presidente suspendía el Consejo hasta ver qué resultaba de la interpelación. Yo no compartía estas preocupaciones, pero me pareció bien no aceptar la dilación propuesta por Lerroux.

Habló Lerroux al comenzar la sesión, pidiendo que el Gobierno se explicase sobre lo de Casas Viejas, y que luego hablaría él. Por dos veces me negué a complacerle, diciéndole que hablase en el acto, y que al responderle recogería todos los puntos tocados en el debate. Se empeñó en su negativa. Los radicales presentaron una proposición, y cuando ya fue evidente e innegable que Lerroux no hablaba porque no quería, porque no le convenía, y cuando nuestra resistencia prolongada podía interpretarse mal, me levanté a combatir la proposición de los radicales y con esa ocasión hablé del orden público y de Casas Viejas. Les di un buen refregón, sobre todo a Guerra y a Barriobero. Mi discurso gustó mucho y despejó la situación.

Lerroux no pudo hablar ya hasta el día siguiente. En el resto de la sesión anterior, se comenzó lo de la ley de Congregaciones. Fue importante este pedazo de la sesión. Los radicales declararon que *hacían suyo* el proyecto del Gobierno, en contra del dictamen de la comisión. Maura dijo lo mismo. La jugada estaba clara. Aceptando el proyecto del Gobierno, buscan crearnos un conflicto con la comisión, con la mayoría, o con el Presidente. Lerroux, en su discurso lo dijo, aunque sólo le hayan entendido los enterados: que el proyecto de ley de Congregaciones —afirmó— puede originar o una crisis presidencial o una crisis ministerial. Por eso lo sostienen, y lo exceptúan de la obstrucción que se proponen hacer.

Albornoz estuvo muy discreto en la respuesta a Maura.

En su anunciado gran discurso, Lerroux recogió todo lo que el *ABC*, *El Debate*, *La Nación*, etcétera, han venido escribiendo contra el Gobierno. Mala intención, pero poco talento, y menos habilidad. Muy viejo juego. Y tesis absurdas, inadmisibles, propias de la política romanonista. Yo no sabía bien por dónde pensaría salir este viejo *condottiero*, pero en cuanto habló quince minutos, comprendí que no traía nada. Una vez más aludió a mi salud; esto, para hablar de mi futuro reblandecimiento. Duró su discurso más de dos horas.

Le contesté en hora y cuarto. Me fue fácil rebatirle, siguiendo el mismo orden de su discurso, y poniendo la cuestión en su verdadero quicio: ¿se quiere o no se quiere que haya Parlamento? Lerroux pretende que yo me entienda con él y hagamos un «pacto del Pardo». Él sabe que me niego, y se enfada; pero que haya otros parlamentarios que se enojen conmigo porque sostengo la primacía de las Cortes y el juego limpio, es increíble.

Antes de hablar yo, convine con Prieto en que le aludiría para que él rechazase los ataques más crudos dirigidos a los socialistas. Yo quería mantenerme en otro terreno. Es gracioso que cuando nos sentábamos en el banco, Prieto me dijo: «Es preferible que haga usted una cosa sobria». ¡Prieto aconsejando sobriedad!

En efecto, apenas empezó a hablar, aludido por mí, comprendí que descarrilaba. Le hice llegar un recado por la fila de ministros; inútil; cuando Prieto se lanza, ya no oye, ni ve, ni entiende. Se congestiona, se hincha, algo se estrangula en su organismo, y no hay manera de llamarlo a la prudencia. Se descompone de tal modo, que temo verle caerse muerto un día cualquiera. Perdido el dominio, y a pesar de su experiencia, afirmó demasiadas veces que los socialistas estaban dispuestos a marcharse en aquel mismo momento, *si se unían los republicanos*.

Maura aprovechó la ocasión, y creyendo que allí había una hendidura, quiso meter el hierro, con invocaciones a la concordia republicana, al patriotismo, etcétera.

Cuando se suspendió la sesión, se acordó continuarla después de cenar. Los radicales no querían, pero no era cosa de estar hasta el martes bajo aquella impresión. Me empeñé en que continuase por la noche. Lerroux dijo que no asistiría, por su mal estado de salud.

En el despacho de ministros, Largo y Fernando le hicieron ver a Prieto la ligereza que había cometido. Estaba desolado, y de muy mal humor. Decía, entre palabrotas, que estaba deseando dejar de ser ministro, para poder dar de puñetazos a algunas personas. Tracé allí lo que había de hacerse en la sesión de la noche, para remediar el mal.

Hablaron diversos señores. Maura me atacó violentamente, descubriéndome un rencor en el que me cuesta trabajo creer. Alba también quiso hacer de puntillero o de sepulturero... Bueno: les hice cara, y pronuncié un discurso que causó fuerte impresión. Fue un momento muy dramático, que no se refleja en el texto del discurso, porque falta la entonación y el marco. Gustó más que el de la tarde. Cuando les dije que habían padecido una alucinación, el furor de los radicales no tuvo límites. Parecía que iban a asaltarme; recordaba su furor de por la tarde, cuando les recordé su derrota en las elecciones de Cataluña. Todo se acabó a la una y media.

Albornoz me dio muchos abrazos. Nunca le he visto tan *entregado*.

Toda la prensa monárquica pone en las nubes el discurso de Lerroux. Maura hace comentarios grotescos con los periodistas. A mi discurso de aquella noche, contestó con payasadas.

6 de febrero

El Presidente me llama por teléfono para que vaya a verle con Domingo, a quien también ha citado, pidiéndole que lleve a la entrevista «un documento». Hablo con Domingo, y mientras buscan el documento, se hace tarde y la entrevista queda señalada para las cinco y media en casa del Presidente.

Después de comer he ido al Escorial. Paseo por el jardín de los frailes. En la galería de convalecientes hay un fraile gordo y viejísimo. Cuando yo me retiraba, se asomó al jardín y me llamó: «Manolito, Manolito... (!) ... ¿Cuándo vienes a verme?». Era el padre Serra que fue *profesor* (digámoslo así) mío allá por el año 96 o 97. Creo que está ya chiflado. Cambiamos unas palabras, que yo procuré hacer afectuosas, y me volví a Madrid. Fui derecho a casa del Presidente. Ya estaba Domingo.

Don Niceto apareció muy preocupado, y nos dijo que tenía un gravísimo disgusto. No había comido en todo el día, porque estaba seguro de que comiendo se habría puesto enfermo. Como no sabe, o no quiere, decir las cosas por derecho y brevemente, empezó a hacer historia de un decreto de Agricultura sobre bienes comunales, que en el despacho del día 28 se quedó sin firmar hasta que Domingo lo estudiase de nuevo, porque no habían al parecer previsto ciertas consecuencias en relación con la Hacienda pública.

—En efecto —dije yo—. El decreto lo tengo sobre mi mesa, esperando a que Domingo vuelva al Consejo de ministros, porque como usted sabe ha estado enfermo desde entonces y hoy es el primer día que sale.

—Me lo figuraba —repuso don Niceto—. Pero si alguien dijera que el Presidente del Consejo es un ingenuo, se reirían; y sin embargo, para que vea usted que tiene algo de ingenuo: ese decreto está publicado en la *Gaceta* desde el 21 de enero, o sea antes de que usted me lo llevase a la firma; y no sólo está publicado, sino rectificado por otro posterior, del día 26, también sin mi firma ni la del ministro.

Sentí un primer movimiento de cólera por las ligerezas que cometen en el ministerio de Agricultura; pero vi a Domingo tan sinceramente apurado que me callé. Resulta que Vázquez Humasqué, director de la Reforma Agraria, al leer en la nota oficiosa que el Consejo de ministros había aprobado el decreto sobre bienes comunales, lo mandó a la *Gaceta* sin esperar a recibir el original firmado. No es esto lo peor, sino la rectificación del decreto, de que tampoco le dieron cuenta al ministro, que se enteró de ella por un suelto del *Debate*. Vázquez es muy buena persona y muy competente, pero muy aturdido y era de temer que hiciera alguna diablura.

Puesto en claro lo ocurrido le dije al Presidente que Vázquez no podía continuar en su puesto, y que lo destituiría al día siguiente. He sabido después que esta disposición mía satisfizo al Presidente, que al parecer temía que yo sostuviese a Vázquez, que es de mi partido. Hubiera sido absurdo. Convinimos la manera de anular los decretos *apócrifos*, y nos separamos.

Domingo y yo vinimos al ministerio de la Guerra y hablamos de la cuestión del papel. La solución que ha preparado Domingo me parece que no sirve para nada. Opina que debe elevarse el precio de los periódicos, pero no se atreve a decretarlo, porque *El Liberal* y el *Heraldo* se oponen. En sustitución de la subida, ha ideado una caja de compensación, que parte de una elevación disimulada del arancel. Le dije que eso no podría prosperar. Se le ocurrió que hablásemos con Busquets, dueño de esos dos periódicos, pero quería que yo asistiese a la entrevista. Le dije que bueno, y quedó en citarlos para mañana.

7 de febrero

Antes del Consejo han venido Busquets y Sacristán. Hablaron con Domingo y conmigo. Ya conocían los propósitos de Domingo, porque se los han dicho Montiel y Guzmán. Se oponen a ello furiosamente. Opinan que la cuestión del precio de los periódicos debe separarse de la cuestión del papel; aquélla la estudiarán las empresas y verán si pueden llegar a un acuerdo. La elevación del precio de los periódicos les convenía hace meses, por el alza de la libra, pero con la libra a cuarenta pesetas ya no les interesa. Atacan mucho a la Papelera, pero no recuerdan que la situación actual, sumamente injusta, fue una *transacción* hecha sobre las costillas de los que consumen papel para otras cosas que publicar periódicos. El papel de periódicos se está vendiendo a cuarenta y tantas pesetas y el de edición a ciento veinte pesetas y aun más.

Busquets se atrevió a decirme que yo soy parte interesada en el asunto, porque supone que yo tengo intereses en *El Sol* y *La Voz*. Le repliqué que si me confundía con algún hombre de negocios, y no le hizo gracia. Sacristán, que odia a la Papelera, y tal vez tenga motivos para ello, yo no lo sé, me contó muchas historias, que se remontan a 30 años atrás. Todas las querellas de la prensa y de la política de redacción salieron a relucir en un momento. Añadió que de mi pureza no se podía dudar. Les advertí que yo no había dicho en esto mi opinión, pero que siempre me había inclinado a quitar trabas en el régimen de prensa, pareciéndome mejor que cada periódico se gane la vida como pueda; pero ¿y los sesenta millones que los periódicos deben al Tesoro público? De eso no hablan.

No quedamos en nada. Tendrán nuevas reuniones con Domingo. Mi impresión es que el proyecto de Domingo está muerto, y que él no tiene la resolución necesaria para proponer al Consejo de ministros lo que debe hacerse.

En el Consejo hemos hablado de lo de Vázquez Humasqué. Se acordó *dimitirlo*, y se redactó el decreto dejando sin efecto los que se publicaron indebidamente. Nada importante en el Consejo. De la huelga de Asturias se trató un poco. Domingo va a enviar a Gordón Ordás, con idea de producir una avenencia. Largo comenzó a decir que en este conflicto debería intervenir el ministerio del Trabajo; yo le dije que me parecía bien, pero ante el viaje de Gordón, enviado por Agricultura, Prieto le dijo a Largo:

—No insistas, no insistas.

Prieto, y los demás ministros socialistas, creen que es inadmisible la elevación del precio del carbón, y que hay que cerrar muchas minas.

Por la tarde, en las Cortes, Eduardo Ortega ha atacado con más violencia que acierto a Prieto. Ortega es decididamente muy bruto. Le cuentan cosas, cuya importancia él no sabe discernir, ni se toma el trabajo de comprobarlas, ni tiene capacidad para urdir con ellas una argumentación. Es de una pesadez plúmbea, y todo se reduce a voces y aspavientos, y a agitar la melena. Prieto ha dado cuenta de él fácilmente, y le ha leído las actas de la Asociación de Contratistas, en que se nombra a Ortega *gestor político*, con mil pesetas de sueldo. También tiene un sueldo de dos mil pesetas mensuales del Ayuntamiento de Irún. Éste es el hombre que se las echa de Catón y da patentes de moralidad y de republicanismo. Todo su discurso contra Prieto se reducía a dar a entender que Prieto se había vendido a la Nafta rusa.

El efecto en las Cortes ha sido tremendo para Ortega. Pero eso no le impedirá seguir haciendo el tonto.

Se venía diciendo que Palomo, subsecretario de Comunicaciones y ex gobernador de Madrid, poseía unos recibos probatorios de que Ortega había dispuesto de cantidades de dinero del Gobierno de la provincia, mientras lo desempeñó. En la discusión, ha intervenido Palomo, para contar lo de los recibos. Resulta que Ortega dispuso de unas tres mil pesetas, que pidió con su firma al Habilitado. La poca importancia de la suma y el hecho de pedirla bajo recibo, no han dejado la impresión de que se tratara de cosa grave. Ortega ha dicho que no recuerda en qué se lo gastó, pero que seguramente fue para cosas de acción política, en los primeros días de la revolución. Este asunto no ha hecho gran efecto, y más bien ha servido para menguar el resultado de la contestación de Prieto.

Los radicales han querido que se nombre una comisión parlamentaria, con el propósito de molestar al ministro. He tenido que intervenir, y se ha rechazado.

El diputado Castrillo, notario de Madrid, miembro del partido a que perteneció don Niceto, ha venido esta mañana del Escorial, donde lleva ocho meses curándose, ha visitado al Presidente, y al llegar al Congreso les ha entregado a los periodistas una nota durísima para el Gobierno, y singularmente para mí. Como en los pasillos del Congreso cunde la majadería, se armó un gran revuelo; dieron en decir o en creer que la nota era conocida por el Presidente. Muchos corros, muchos murmullos. Me trajeron la nota, la leí, y me limité a decir unas palabras de desprecio. El secretario de la Presidencia de la República, Sánchez Guerra, que va todos los días al Congreso, con *saudades* del acta de diputado que no pudo alcanzar, se creyó en el caso de telefonear al Presidente y pedirle autorización para desmentir los rumores que circulaban. Cuando yo me enteré, ya había hecho ambas cosas. Le dije que era innecesario, y que el Presidente no tenía por qué rectificar noticias ni apreciaciones falsas. Con este Sánchez Guerra tendremos un disgusto algún día. Convendrá que el Presidente haga saber a las gentes de su casa que no deben ir al Congreso para nada. Allí está casi siempre el general Queipo, jefe del Cuarto militar, *opinando* sobre todo lo que sucede y sobre lo que no sucede.

8 de febrero

Aunque no tenía apenas nada que firmar, he ido a Palacio. El Presidente me ha preguntado:

—¿Quién se ha vuelto loco hoy? —aludiendo a lo de Castrillo.

Le llevo un borrador con la combinación de mandos y ascensos militares. La aprueba. En la combinación entra la sustitución del subsecretario de Guerra. Ya no es posible continuar con él.

He recibido en el ministerio al general Vera, que manda la 8.ª división. Me dice que el general Franco está muy enojado por la revisión de ascensos. De hacer el número uno de los generales de brigada, ha pasado a ser el veinticuatro. Es lo menos que ha podido ocurrirle. Yo creí durante algún tiempo que aún descendería más. Se propone elevar una instancia *suplicando* que se revise su caso. Voy a enviarlo a mandar Baleares, donde estará más alejado de tentaciones.

He tenido hoy aquí al general Burguete («un general caro», me decía Goded), que pasó a la reserva cuando vino la República y se enfadó mucho porque no le hice capitán general. Burguete llevaba un año pidiéndome que le nombrase presidente de la Cruz Roja. Los médicos no querían, pero yo insistí para que este fantasmón me dejase en paz y tuviese donde hacer el pavo. El Gobierno, por otra parte, quería complacerle porque cuando Burguete presidió el consejo de guerra contra el comité revolucionario se portó bien. Por fin, le han nombrado para la Cruz Roja, y hoy ha venido a darme las gracias. Me ha entregado el discurso que pronunció al tomar posesión: es obra de loco.

Me está tan agradecido que el otro día se presentó en el Hospital Militar, acompañando a un hijo suyo, enfermo de una herida antigua; y después de mover un escándalo porque el médico de guardia no se había levantado a las ocho de la mañana, protestó también porque a su hijo querían darle una habitación donde había fallecido otro enfermo:

—Esa habitación —dijo— que se la reserven a Azaña...

Todo ello no le ha impedido hacerme hoy muchas cortesías y reverencias. Como yo estaba enterado de lo del Hospital, me divertía mucho.

La insolencia de toda esta casta de *príncipes de la milicia* es prodigiosa. Se comprende que su eliminación los tenga enfurecidos.

También ha venido el general Augustin, que es ahora comandante militar del campamento de Carabanchel. Se lleva mal con todos: con sus subordinados y con sus superiores. Él dice que no le quieren porque obliga a todos a cumplir con su deber; puede que acierte. Pero es hombre desagradable y sin ningún tacto. Hoy a venido a dar parte contra su jefe, el general de la división, que lo ha desautorizado en un asunto del servicio; y Augustin pretende que yo, a mi vez, desautorice al general de la división. Noblemente, Augustin ha aprovechado la ocasión para hablar mal de Cabanellas, y me cuenta que «según dicen por ahí», el diez de agosto el general se mantuvo indeciso y entre dos aguas, hasta saber quién triunfaba.

Le he pedido la dimisión al subsecretario. He aprovechado un incidente del despacho, al averiguar que han dejado perder el crédito consignado para obras en el cuartel de Murcia, y *me he incomodado* con cierta viveza, a ver si el hombre rompía. Se ha asustado y compungido mucho, y me ha dicho que comprendía que había perdido mi confianza, y que su cargo estaba a mi disposición.

No puedo continuar con él. Y me ha hecho una pequeña jugada, ¿para favorecer?, o de la que resulta favorecido un hijo suyo, intolerable.

Se ha ido a su despacho, me dicen que llorando, y ha llamado a Saravia para referirle su cuita. Saravia le ha dicho que deje el cargo. Por la noche, ha venido a mi despacho el subsecretario, todo lloroso, y me ha presentado formalmente la dimisión. Le he dicho que resolveré dentro de unos días.

9 de febrero

Consejo en Palacio, que se había suspendido dos veces porque no podían asistir todos los ministros. El Presidente adelantó la hora para éste de hoy, y me encargó que fuésemos puntuales. Todo hacía suponer que trataríamos, por iniciativa del Presidente, de asuntos muy graves... Asistimos todos, menos Casares, enfermo aún. El Presidente, después de hablar de unas cuantas cosas insignificantes, que suele llevar apuntadas en un volante, aprovechó el momento en que se trató de las dimisiones presentadas por los radicales, para hacer unas declaraciones acerca de su propia dimisión; mejor dicho, acerca de la inutilidad de esperarla por consecuencia de discrepancias políticas. Como han dimitido, entre otros, el Presidente del Consejo de Estado (del partido de Maura) y Armasa, radical, consejero de Estado, don Niceto dijo que le parecía indiscutible la conveniencia de que el Presidente del Consejo de Estado fuese hombre de la confianza del Gobierno, y puesto que don Carlos Blanco dimitía, era natural que se le admitiese la dimisión. No pensaba lo mismo del cargo de consejero, que es inamovible, y no parecía pendiente de las cuestiones políticas; apuntó, por eso, que quizás fuese mejor no admitir la dimisión de Armasa. Prieto se mostró contrario a la opinión del Presidente, y dijo que habiendo declarado los radicales su propósito de obstruir la obra del Gobierno, el deber político del señor Armasa era seguir la conducta trazada por su partido, y obstruir dondequiera que estuviese, y por tanto en el Consejo de Estado, lo cual podría ser grave. No se llegó a tomar un acuerdo, ni había para qué, porque estas cuestiones las resuelve el Gobierno solo.

Y habiendo sonado la palabra dimisión, el Presidente dijo que su función no es como la de cualquier cargo, político o no, de la República, y que no se podía esperar de él que desconociese sus obligaciones, sus derechos y su responsabilidad hasta el extremo de que se pudiese contar con su dimisión o se jugase con la probabilidad de su dimisión cuando les conviniera a otros, extremando las cosas.

Me parece que todos los ministros creyeron, y yo también, que el Presidente se refería a la atrocidad que dijo Lerroux en las Cortes la otra tarde, o sea que la ley de Congregaciones originaría una crisis ministerial o una crisis presidencial. Tal creencia puede robustecerse con lo que al final del Consejo habló el Presidente acerca de esa ley, y con el retroceso evidente, y asombroso, en su oposición al dictamen de la comisión. Pero también es posible que sus indicaciones respecto a la improbabilidad de su dimisión se refiriesen al penoso incidente que vino después, y como una respuesta anticipada a lo que el Presidente pudiera atribuir a las intenciones de algunos socialistas.

La cuestión es ésta: el Presidente estuvo hablando de ello más de una hora, con un lenguaje más parabólico que nunca, tomando los asuntos desde sus orígenes hasta nuestros días, y refiriendo los detalles más nimios.

Resumiendo lo que es posible resumir: hace meses, el Presidente recibió la visita de unos diputados socialistas por Córdoba, anunciándole que iban a emprender una campaña contra los antiguos amigos políticos de don Niceto en aquella provincia, que aún continuaban invocando su nombre; y *por cortesía*, los diputados socialistas (Azorín entre otros) le notificaban lo que iban a hacer; el supuesto era que don Niceto aprobaba y sostenía lo que sus amigos estaban haciendo en Córdoba, sobre todo en las cuestiones sociales. La visita era evidentemente incorrecta, y el tono que empleó Azorín debió de ser aún más impertinente. Las cosas quedaron así, y muy resentido don Niceto.

Ha pasado tiempo. Repetidamente hemos oído hablar de que en Priego y otros lugares, los amigos políticos de don Niceto caciqueaban en demasía, como lo solían hacer en otros tiempos. Pero ignoro el fundamento serio que estas murmuraciones puedan tener. Conociendo lo que son los pueblos, y lo que era antes la política de distrito, bien puede creerse que habrá algo de verdad; aunque no admito que don Niceto los apoye. Él ha seguido mostrando interés por las cosas y las personas de allá, y ha recomendado algunos asuntos y algunos nombramientos; pero yo no sé más.

En el Consejo, para comienzo de su larguísimo discurso, el Presidente ha recordado sus orígenes políticos y el comienzo de su influencia en las provincias de Córdoba y Jaén. Afirma que siempre estuvo solo, y en lucha contra el caciquismo, singularmente contra Romanones.

También, y como información previa, ha hecho saber al Consejo y especialmente al ministro de Agricultura, que a los efectos de la ley Agraria ha declarado todas las fincas que posee, aunque seguramente no están comprendidas en los preceptos de la ley; pero no quería exponerse a que le acusaran de ocultación. Con este motivo nos ha descrito sus fincas, con la historia de cada una y cómo las ha ido formando o adquiriendo.

Después ha recordado el incidente con el diputado Azorín. Y a continuación el susto que le dieron el año pasado con un telegrama anunciándole que había sido asaltada y arrasada la finca en que vive una anciana prima suya, que le sirvió de madre. El telegrama, que anunciaba un hecho no acaecido, por fortuna, y sólo para disgustarlo, fue falsificado, según don Niceto, en el Gobierno Civil de Jaén, por instigación de dos diputados socialistas, uno de los cuales se llama Esbry.

Me preguntó inmediatamente si me había pedido alguna vez un nombramiento de gobernador para Jaén o Córdoba, y le contesté que, en efecto, no me lo ha pedido nunca. (Así es la verdad; pero recuerdo el furor que le produjo, cuando todavía era Presidente del Gobierno Provisional, un nombramiento de gobernador de Jaén que hizo Maura sin consultárselo, y recuerdo también la escena que, producida por su enojo, hubo aquella tarde en el banco azul. La misma importancia que don Niceto atribuye a su abstención, prueba el sacrificio que le cuesta.)

Prosiguiendo en su discurso, el Presidente habló de que el término de Priego ha sido clasificado como *campiña* para los efectos del contrato de trabajo, clasificación que supone para los propietarios un desembolso superior al quíntuplo de la contribución. Achacó esa clasificación a manejos de los socialistas en el jurado mixto, y para probar que es disparatada, puso sobre la mesa los levantamientos hechos por el servicio catastral, y que había pedido y obtenido de la Dirección general para que los viésemos nosotros.

Otros agravios ha enumerado, como los sufridos por su anciana pariente, a consecuencia de repartimientos deliberadamente injustos, y que le han costado más de quince mil duros…

Por fin, llegó a lo principal (mientras yo estaba lamentando el tiempo que perdíamos, habiendo pendientes asuntos políticos de importancia, como el de la ley de Congregaciones): un diputado socialista ha ido a Priego y en un mitin ha acusado al Presidente de la República de negarse a pagar a un obrero los jornales convenidos, y ha anunciado que se daría el espectáculo de llevar al Presidente ante el jurado mixto por incumplimiento del contrato de trabajo.

Con este motivo, el Presidente nos ha contado cuántos obreros tiene, de qué clase, qué trabajan y dónde, cómo se llaman sus cortijeros, quiénes de ellos están enfermos, cuáles no, etcétera, etcétera, y las conversaciones telefónicas que ha tenido para averiguar si alguien tenía entablada una reclamación contra él.

Por último: nos habló de una carta tremenda que le ha escrito el mismo diputado socialista (siempre sin decirnos su nombre) en la que le repite la misma acusación, le hace saber que sus amigos de Priego se jactan de que mientras él sea Presidente de la República allí no harán caso ni del gobernador ni del Gobierno, y que le están haciendo mucho daño a él y a la República; ponderó mucho los términos ofensivos de la carta (pero no nos la leyó), y acabó diciendo: «firma Wenceslao primero, zar de todas las Rusias». Así vinimos a comprender que se trataba de Wenceslao Carrillo.

A su prolija explicación agregó el Presidente algunos comentarios: que la carta de Carrillo era punible y podía habérsela enviado al fiscal, pero que no quería dar la campanada de querellarse contra un diputado, y no pudiendo hacer eso, ni otra cosa alguna, no le quedaba más recurso que confesarse con el Gobierno; y que si ahora unos diputados de un partido que está en el Gobierno le trataban de ese modo, cuando pasaran a la oposición le llamarían ladrón, puesto que ya le acusaban de quedarse con los jornales de un bracero. Añadió otras muchas cosas, en verdad poco elegantes, como la de que si él fuera codicioso no devolvería a la Hacienda cantidades de sus gastos de representación, devolución a que no está obligado, y así cada uno de sus hijos tendría medio millón más cuando saliera de la Presidencia. Y otras minucias desagradables. La impresión en los ministros fue muy penosa, y todos estaban muy incomodados con lo que había hecho Carrillo. Largo estaba emocionado con la injusticia que se cometía contra el Presidente, pero como en el discurso salieron demasiadas alusiones al partido socialista, y también al jurado mixto, cuyos fallos son recurribles ante el ministerio del Trabajo, habló con firmeza para declarar que él y los demás ministros ignoraban lo hecho por Carrillo, y lo condenaban, pero que si el Presidente creía que ellos tenían alguna solidaridad con aquél, eso afectaba a la confianza, y la situación se hacía muy difícil.

El Presidente, al ver que Largo salía por ese registro, recogió velas apresuradamente, e hizo grandes protestas de amistad y confianza respecto de Largo y los socialistas; «¿es que no puedo contarles a ustedes mis amarguras?», etcétera, etcétera. Hubo varias contestaciones. Largo estaba impresionadísimo, pero como se domina admirablemente, se limitó a poner fin al incidente, diciendo que ya hablaríamos. Cuando íbamos a pasar a otro asunto, Prieto volvió sobre el tema, hablando de su situación difícil, después de las cosas que se habían dicho sobre el partido. Intervine yo de amigable componedor, con el propósito de que nada se desenlazara delante del Presidente, y así quedaron las cosas.

Después, ya cerca de las dos (habíamos empezado a las once), tocamos en lo de la ley de Congregaciones. Examinamos las observaciones del Presidente, y le dimos cuenta de lo que habíamos deliberado en Consejo de ministros, razonando por qué aceptaríamos unas cosas del dictamen y otras no, y le probamos que no habrá infracciones constitucionales. El Presidente lo aceptó todo con naturalidad, como si nunca hubiese hablado de ello en contra, y yo remaché muchas veces que aceptaríamos la expresión «ministro» en lugar de la de «miembro», que era una de las que más le habían alborotado, y expliqué el alcance que dábamos a la institución con respecto a la enseñanza, y a nada opuso el menor reparo.

Nos quedamos maravillados, y yo más que todos, porque conocía mejor la especie de saña que el Presidente había puesto en sus primeras conversaciones sobre ello, y cómo me había aconsejado que planteara la cuestión de confianza. ¿Por qué se le ha pasado todo? No lo sé. Quizás se ha dado cuenta, al ver el partido que Lerroux se proponía sacar del asunto, de las consecuencias irreparables que podría tener un veto presidencial. Quizás su oposición fue una de esas rabietas pasajeras que a veces toma don Niceto.

Que Lerroux sabía la oposición de don Niceto al dictamen de la comisión es indudable, y por saberla ha exceptuado de la obstrucción el proyecto de ley de Congregaciones, y ha hecho suyo el primitivo proyecto del Gobierno; pensaba que de ese modo nos metía mucho antes en la dificultad, y además tomaba partido por la opinión de don Niceto. La información de Lerroux debe de proceder, bien considerado todo, de una entrevista del Presidente con el de la comisión, que es radical, y a quien seguramente no le ocultaría que el dictamen no le gustaba. El Presidente recibió en audiencia al de la comisión, pocos días después del Consejo en que hablamos por vez primera del asunto, y don Niceto me dijo que, en efecto, había recibido su visita. Aunque el Presidente no le dijese toda la amplitud de su oposición, no son tan tontos que al menor atisbo de ella dejaran de percibir sus posibles consecuencias.

Salí del Consejo después de las dos, para ir a almorzar a la Legación del Perú.

En las Cortes, nuevas sacudidas a lo de Casas Viejas.

He ido a visitar a Casares, que está como un muerto. No sé cómo resiste. Se marcha de Madrid unos días, con esperanza de reponerse.

10 de febrero

Consejo de ministros en el ministerio de la Guerra. Antes de nada, Largo vuelve a tratar del incidente de ayer. Nos trae copia de la carta de Carrillo. La versión que nos dio don Niceto no era fiel. La carta de Carrillo es impertinente, por el solo hecho de ir dirigida al Presidente de la República. Carrillo, que es metalúrgico, no tiene grandes motivos para conocer el protocolo; pero la carta no tiene mala intención, y hace la salvedad terminante de que don Niceto no conoce lo que allí está pasando, ni el abuso que se hace de su nombre. También ha dicho Largo que en el mitin de Priego, Carrillo defendió al Presidente de la República. Con todo esto, Largo ha vuelto a expresar su disgusto, y se preguntaba si en la provincia de Jaén no podría aplicarse la política social del Gobierno por no disgustar al señor Alcalá-Zamora.

Hemos tratado largamente del aeropuerto de Sevilla. Se ha acordado hacer las obras por cuenta del Estado. También se ha examinado el procedimiento electoral para la renovación de los ayuntamientos en abril. Prieto quería que se declarasen vacantes los puestos de los que hubieran obtenido menor votación en 1931. Pero yo me opuse, porque eso sería arrojar de los ayuntamientos a las minorías, cosa injusta, y de malísimo efecto. De Gobernación me habían mandado un proyecto, que devuelvo, con indicaciones para que lo modifiquen.

Después del Consejo he ido a un banquete que le daban a Vergara, subsecretario de Hacienda. Había cerca de mil personas. Al final les he echado un discurso, que han aplaudido mucho.

11 de febrero

Inauguración de grupos escolares. Me reúno con el Presidente en el llamado grupo «Blasco Ibáñez»; nos hacen recorrerlo de punta a cabo. Luego al de «Pablo Iglesias». Coincidencia: visitando las clases de este grupo, entramos en una donde había escritas en el encerado estas palabras: «*Córdoba: campiña: Priego, sierra...*». Estupefacción de don Niceto al leerlo. Risas de Fernando y mías. «Creerá que lo ha puesto Carrillo.» Don Niceto habla con el maestro, y averiguamos que ha servido seis años en aquel país, que lo conoce muy bien, y que explicaba a los niños la geografía de la provincia. El Presidente ha estado un cuarto de hora haciendo comentarios a esta casualidad. Ha habido sus discursos y todos en el local de este grupo. Hablan el alcalde y Fernando.

La viuda de Pablo Iglesias, que estaba allí, me ha dicho: «Usted es un republicano como los soñaba mi marido...».

Por la tarde he ido al concierto de la Filarmónica, en el Español.

El anuncio de que me dan un banquete (propósito improvisado al finalizar el último debate político) ha producido furor en los adversarios y enemigos, y una curiosidad creciente en el público. Cuando accedí a que se celebrase el banquete, para lo cual, quien más instaba era Albornoz, creí que se trataría de cosa de amigos, solamente. Pero después, ha tomado unos vuelos que me desagradan. No me acostumbro a llamar de ese modo la atención sobre mi persona. Ahora resulta que van a ir al banquete cerca de tres mil personas, que se espera un discurso mío, y que se atribuye gran importancia a lo que allí se diga. Uno de los miembros de la *comisión organizadora* ha venido a preguntarme si tendría yo inconveniente en que el ofrecimiento del banquete lo haga Prieto. Contesto que ninguno. La designación de Prieto se debe a los propósitos políticos que se asignan al acto, porque Prieto fue quien estuvo a punto de producir la crisis, acentuando demasiado la prisa de los socialistas por marcharse del poder.

13 de febrero

Llevo dos días mal de salud. Enfriamiento.

El sábado vino a verme el embajador de Francia, acompañado de M. Saint, residente general francés en Rabat. Hablamos ligeramente de asuntos marroquíes. M. Saint me anunció el propósito de elevar los derechos de aduanas en Marruecos, para equilibrar el presupuesto de la zona. También tocamos el asunto de Bab-Tara. Refiriéndose a la campaña de prensa que atribuye a Francia el propósito de quedarse con Río de Oro, o de proponernos siquiera alguna cosa relacionada con esa colonia, lo desmintió terminantemente. Me dijo que para octubre los franceses harían operaciones en Mauritania.

Como Herbette me vio tan resfriado, se creyó en el caso de obsequiarme con un específico, que me remitió por la tarde, ensalzándome sus prodigiosos resultados. Era una caja de comprimidos de bromo-quinina, de marca francesa. A lo mejor cree Herbette que es un remedio desconocido en este país. Como el mismo día le enseñé yo un ejemplar de un libro mío, con buena encuadernación, me contestó el domingo dándome las gracias en un soneto... No podemos estar más finos. Y hoy, no obstante mi ligera gripe, he salido para cenar en la embajada francesa. Del Gobierno estaban Fernando, Giral y Zulueta. También Marañón y su mujer. Noche húmeda. Mañana estaré peor.

El director de Seguridad me trae el resumen de todos los datos recogidos acerca de la probable presencia de unos prisioneros españoles en el sur de Marruecos. Cuando se empezó a hablar de esto, nadie lo tomó en serio. Pero han ido acumulándose noticias y observaciones, y yo he hablado con un suboficial que me ha proporcionado datos impresionantes. Resulta que en tiempos de Berenguer ya se tuvo noticia de esto. Berenguer envió una misión, dirigida por el comandante Batalla (uno de los sublevados del diez de agosto), el cual hizo todo lo necesario para que no se descubriese nada. En vista de todos los indicios que hay, he convenido con Menéndez en que salga para el Draa un oficial, Martín Esteve, que habla el árabe y el francés, con otros dos individuos, simulando un viaje de turismo, para hacer averiguaciones.

Rico me envía el resultado de sus averiguaciones en París. Es un escrito verboso y ampuloso, con muchas reflexiones y pocas noticias. Trata mal al embajador de España, diciendo que, absorbido por lo de Ginebra se desentiende de París. No se ocupa de ganar adeptos para la República. En cambio, Quiñones de León trabaja activamente. Rico supone que a M. Chiappe lo han ganado para la causa monárquica ofreciéndole a su mujer que será embajadora en Madrid... Y pretende que contrarrestemos eso, dándole algo a Mme. Chiappe, condecoraciones o no sé qué. Total: cero.

Tengo malas noticias de lo de Casas Viejas. Me temo lo peor.

15 de febrero

Ayer presidí el Consejo de ministros, doliéndome la cabeza atrozmente. Enteré al Consejo de la combinación de mandos militares, que tiene por base el pasar anticipadamente a la reserva a los generales Losada, Saliquet, Berenguer (F.) y Loriga. A todos les había invitado particularmente a que pidieran ellos el pase, y se negaron. Loriga, que era comandante general del campamento de Carabanchel, estaba en el complot del diez de agosto, y no dio la cara sin duda por miedo. No ha sido posible probarle nada. Pero el juez que instruyó allí unas diligencias, está convencido de ello. Y su sobrino, el comandante Vidal, también. Lo destituí entonces, y cuando se ha cumplido el plazo que marca la ley, lo envío a su casa. Se habló en Consejo de la huelga de Asturias. No se ve solución.

Después del Consejo me acosté, y estuve en la cama hasta las nueve de la noche, hora de ir al banquete, en el Frontón Central. El Frontón, atestado. Hacía frío. Habló Prieto, deshaciendo el efecto que habían producido sus palabras en las Cortes cuando contestó a Lerroux. Su declaración fue que los socialistas estarán en el Gobierno hasta que yo crea que hemos terminado nuestra obra. Hablé yo después.

El discurso me salió bien, y con buen humor. Traté de desvanecer la impresión de que la vida del Gobierno está pendiente de un hilo, y reafirmé una vez más que no nos conformamos con ficciones urdidas por unos cuantos compadres, ni tampoco con que se deshaga nuestra obra, a menos que los electores envíen a las Cortes futuras una mayoría de derechas. Estas declaraciones fueron convenidas en el Consejo de ministros de ayer mañana, y aprobadas por todos. Lo restante del discurso es mi idea nacional de la República y corresponde al propósito de fundar un régimen *español* y *decente*.

El discurso fue transmitido por radio, y lo han oído en toda España y en América. En Madrid y en otras ciudades pusieron altavoces en algunos cafés. Me ha dicho el director de Seguridad que anoche fue al teatro mucha menos gente que de ordinario, que se estuvo en sus casas para oír el sermón. Y se han agotado en Madrid todos los aparatos de radio baratitos que había disponibles. La difusión del discurso ha sido extraordinaria, y pienso que beneficiosa. En la Presidencia se están recibiendo hoy telegramas a montones, sumamente expresivos.

La prensa enemiga se abstiene hoy de atacar. Se conoce que lo están pensando.

He recibido al general Martínez Monje. Era coronel cuando vino la República, y yo le he ascendido a general el año pasado. Como tenía el empleo de coronel sujeto a revisión, ahora queda *parado*, como otros, hasta que consolide su empleo por antigüedad. Me felicita por mi discurso y después me expresa sus quejas por la revisión. Tiene la pretensión de que su empleo sea convalidado por las Cortes. Cada uno de estos caudillos *africanos* se cree un

Hernán Cortés. Me asegura que mi continuación al frente del ministerio de la Guerra es indispensable, porque un cambio de política traería —como anuncian los interesados— la reintegración de todos los jefes y oficiales que se retiraron hace dos años, y entonces «tendríamos que echarnos a la calle…».

—No se eche usted a la calle nunca —le digo riendo— porque ya ha visto usted que quien se echa a la calle no vuelve a su casa.

Hace muchas protestas de lealtad y de ¡*republicanismo*!

16 de febrero

Ya se han desatado contra mi discurso los periódicos monárquicos, y los lerrouxistas. Dicen que es nulo, que no sirve para nada, y no hablan de otra cosa. Maura dice de mí palabras despectivas, y lo mismo otros, como Unamuno, etcétera. A los políticos les parece ridículo que mis discursos tengan algún tono literario. ¡Si llego a omitir la mención del Arcipreste, y me callo el nombre del autor del verso citado, menudo rompecabezas para las patuleas!

Ha sido un día de muchas visitas. ¡No sé cuantas comisiones he recibido en Guerra! Una de ellas venía presidida por ¡Gil Robles! Algunos de los componentes de la comisión son conocidos míos, y los he saludado, pero a Gil Robles no le he dado la mano, ni al llegar ni al salir. Este danzante no se contenta con combatir nuestra política, a lo que tiene derecho, sino que me cubre de injurias soeces por esas provincias, y lo menos que me llama es salvaje. Luego tiene el cinismo de venir a mi despacho a pedir estas o las otras cosas. Hoy se trataba de la situación en Extremadura. Gil Robles me ha disparado una larga arenga. Estaba muy azorado y nervioso. Yo le he escuchado sonriente. Por la tarde, en las Cortes, he seguido recibiendo comisiones, entre otras, una de *padres de familia* vascos, que venían a protestar contra la ley de Congregaciones. A última hora ya estaba rendido.

He hablado también con la comisión de Presidencia para que terminen rápidamente lo que falta del dictamen de la ley de Incompatibilidades. Quiero aprobarlo ya pronto, para que estas Cortes no se disuelvan dejando sin resolver este asunto.

Emilio Herrero, jefe del gabinete de prensa de la Presidencia de la República, ha ido esta tarde al Congreso y le ha dicho a Prieto que don Niceto está muy enojado con la obstrucción de los radicales. Y como *cosa suya*, de la que no tenía noticia don Niceto, le ha dicho que quizás sería conveniente que el Presidente llamase a Martínez Barrio y le aconsejase que desistieran de la obstrucción. Prieto se ha puesto por las nubes, y le ha contestado que eso es un desatino. Prieto no cree que sea una ocurrencia personal de Herrero, sino una exploración por encargo del Presidente. No lo creo yo así. Me lo habría dicho a mí el Presidente, como otras veces en que me ofreció su intervención personal para cosas de menos monta, y que yo no acepté.

17 de febrero

Consejo de ministros. Casi todo el Consejo dedicado a la cuestión de los periódicos, y luego a lo del carbón. Todos los periódicos de provincias, y los de Madrid, menos *El Socialista*, *La Tierra* y *El Imparcial*, quieren que el Gobierno obligue a subir el precio de los periódicos a quince céntimos. Busquets, dueño de *El Liberal* y el *Heraldo*, que se oponía al aumento, lo acepta ya, en vista del parecer de casi todas las empresas. Tengo la impresión de que Busquets también quería el aumento, pero aparentaba oponerse, para que se hiciera sin su voto. Esta cuestión lleva muchos meses pendiente en el ministerio de Agricultura; Domingo no sabe qué hacer; pretende que se lo den resuelto, para no indisponerse con nadie. Hoy ha traído al Consejo la propuesta de aumento de precio, que no ha sido aprobada. Se han opuesto los socialistas, y Albornoz. Prieto ha dicho que como partícipe en la empresa del *Liberal* de Bilbao, él pensaba no votar en este asunto; pero que la ejecutiva del partido le ha dado el encargo de votar en contra, por lo que tiene de perjudicial para *El Socialista* tal medida. Dice Prieto que al *Liberal* de Bilbao quizás le convendría la subida de precio. Fernando no ha dicho nada. Largo ha combatido el propósito diciendo que es una política económica absurda *obligar* a que aumente el precio de las cosas.

Carner ha defendido la propuesta, fundándose en que de no aprobarse, los periódicos más afectos al Gobierno desaparecerán. Marcelino no ha tenido razones que dar, salvo lo de la cuasi-unanimidad de la petición. Yo no he opinado, porque como han dado en decir que me he *apoderado* de *cuatro* (?) periódicos, «como podía haberme apoderado de una fábrica» (tal ha dicho un periodista, Corpus Barga, en una conferencia), mi opinión podía parecer parcial o interesada. Maldito el *interés* que tengo yo en ningún periódico, y lo único que hice fue aconsejar que se procurase el cambio de empresa del *Sol* y *La Voz*, que estaba formada por monárquicos (Barbate, Martínez Campos, Herrero), pasándola a gente republicana. Y mi sola gestión, que realizó Ramos, fue convencer a Herrero para que vendiese sus acciones a Roviralta. No obstante: *La Tierra* dice todos los días que yo soy dueño de cuatro periódicos, esos dos, y *Luz* y *Ahora*. ¡Qué se va a hacer! Busquets y Sacristán aparentaban creer esa patraña, cuando me visitaron el otro día. ¡Buen chasco se habrán llevado al saber que el Consejo no se conforma con el aumento de precio!

Por la tarde, en el Congreso, Bello, director de *Luz*, me ha preguntado, de parte de la empresa, qué había de ese asunto. Se lo he dicho. Me cuenta que Miquel, dueño de *Luz*, afirma que si yo quiero, se subiría el precio de los periódicos. «Es posible, pero yo no quiero ni debo imponer una medida así, que se explotaría en mi descrédito. Y aunque no tuvieran razón, como no la tienen, para achacarlo a interés personal, no dejarían de causar daño.»

De las enrevesadas propuestas que trae Domingo sobre la huelga de mineros asturianos, ninguna es aceptable. En rigor, patronos y obreros del carbón, tendrían remotamente un punto de interés común, y es que el Estado cargase, de un modo o de otro, con el déficit de las explotaciones. Aquí hay que dejar que se hunda lo que no pueda subsistir normalmente; se produce caro, mal carbón, y no se vende. Cerrar minas es el único camino. Las empresas están quebradas. Los propios obreros no quieren encargarse de la explotación, porque saben que es mal negocio. Le he dicho a Domingo que una cosa es el hecho de la huelga, declarada porque las empresas quieren despedir obreros, y otra el problema general hullero. La huelga podría resolverse sin despedir a nadie, pero reduciendo los días de trabajo a la semana, como pasa en otras industrias, incluso en la minería. Después podrá verse qué se hace con las minas y con las empresas. Probablemente, cerrar algunas, y liquidarlas.

Domingo, que pasaba por ser un *rojo* extremista en tiempo de la monarquía, es un moderado bastante conservador; y en el ministerio de Agricultura, está muy influido por gentes y grupos de la producción, naturalmente conservadores. No es el que menos influye el subsecretario, señor Valiente.

Tremendo disgusto: en las Cortes, Prieto me llama al despacho de ministros, y me dice que va a darme una noticia muy mala, por la que está impresionadísimo. El doctor Tapia le ha dicho, para que me lo cuente a mí, que Carner tiene un cáncer en el cuello, avanzado y muy extenso, absolutamente inoperable, y de pronta y fatal conclusión. Carner fue hace unos días a consultar con Tapia, porque sentía una ligera molestia en el cuello. A Tapia le hizo mala impresión el reconocimiento, y se quedó con un poco de tejido para analizarlo. Hecho el análisis, su dictamen es de muerte inevitable. Prieto estaba apabullado, y me contó que de igual manera se descubrió y supo la enfermedad de su mujer, que murió de cáncer en tres meses. Personalmente, me apena profundamente, porque a Carner todos le queremos mucho; políticamente, es la peor complicación que podía presentárseme.

Hemos convenido en avisar a la familia de Carner; esta noche se va don Jaime a Barcelona, a pasar dos o tres días, y no sabe nada.

Me ha contado esta tarde el diputado Muñoz, radical-socialista, que hoy por la mañana ha visitado al Presidente. También tenía audiencia Martínez Barrio. Al salir del despacho del Presidente, Martínez Barrio ha conversado con un grupo de visitantes, entre ellos Muñoz y Fernando Valera. Les ha dicho que yo trato con desprecio a Lerroux y a los radicales, y también a los radicales-socialistas, porque «me he echado en brazos de los socialistas», sin contar con los republicanos de la mayoría. He relacionado esta visita de Martínez Barrio con las *ocurrencias* de Emilio Herrero en las Cortes.

Ahora resulta que un grupo de radicales-socialistas están descontentos porque nos hemos apegado mucho a los socialistas. Se trata del grupo de Gordón Ordás, y de algunos otros sobre quien tiene influencia Sánchez

Román. Los radicales-socialistas ponían reparos a la Federación de izquierdas, y casi la han hecho fracasar, porque temían que la Federación fuese el instrumento para desalojar a los socialistas del poder. Y ahora que se ve claro que la coalición persistirá hasta que concluyamos nuestra tarea en las Cortes, o cuando menos hasta las elecciones de abril, se enfadan. Todo ello viene de choques locales. Es difícil gobernar en España, donde el número de personas inteligentes es muy reducido. Si alguna prueba hiciera falta, la dan los radicales, que son capaces de echarlo todo a perder y ponernos en situaciones apuradísimas, por su falta de perspicacia y sobra de malas pasiones.

Con todas estas cosas, yo estoy cada vez más inclinado a marcharme definitivamente. No me dejarán realizar el proyecto de llevar la República a la desembocadura de unas elecciones generales. Lo único que me inspira temor es lo que puede pasar con el ejército el día que yo me vaya de esta casa. ¡Volverán a las andadas unos y otros, políticos y generales! ¡Y adiós República!

18 de febrero

He ido a despachar con el Presidente. Me habla de la visita de Martínez Barrio. El Presidente le ha dicho que le parece mal la obstrucción, «pero como usted comprenderá —agrega— yo no podía pasar de un leve consejo, sin insistir, porque si insisto y no me hacen caso, la situación es penosa y podría influir en las relaciones personales y políticas, y si me hacen caso podría parecer un pacto, por el que me presentarían la cuenta. Por otra parte, yo no podía dejar de hablarle de ello, porque callando creería que aprobaba la obstrucción».

Los argumentos que el Presidente me da no me convencen, y le digo que lo mejor es excusar esos compromisos, y hasta los consejos que pueden ser mal interpretados. Martínez Barrio ha debido de decirle algo de intentos de entrevista mía con Lerroux, porque me ha preguntado si yo no había hablado con Lerroux. Le contesto que no. «Pues yo no sé, entonces...», me dice: «Será que Alcalá Espinosa le dijo a un amigo mío que si Lerroux y yo nos viésemos, la entrevista podría ser *histórica*; pero no nos hemos visto.»

Y añado:

—Lo que Lerroux quiere es que yo contraiga con él un compromiso para cederle el poder un día, o para combinar un Gobierno que le satisfaga. Yo no entro en esos pactos, que sería suplantar la función de usted. Para saber quién sustituye a este Gobierno, está usted, señor Presidente, cuando el caso llegue.

Después he hablado concretamente de la obstrucción. Le he recordado lo que le dije en enero, a saber: que los radicales venían a las Cortes con el propósito de retirarse de ellas con cualquier pretexto, y he recordado la respuesta del Presidente: que la importancia de la retirada dependería del motivo. Planteada la obstrucción, que tiene paralizadas a las Cortes, el Gobierno piensa emplear sus medios para reformar el reglamento y facilitar la aplicación de la «guillotina». (En el último Consejo de ministros hablamos de ello y se tomó ese acuerdo.) El intento de reformar el reglamento, y más aún el hecho de la reforma, podría ser el pretexto de los radicales para retirarse. Se lo anunciaba, por la situación que podría resultar. El Presidente me ha dicho: «Yo no coarto los medios reglamentarios del Gobierno para vencer una dificultad en el Parlamento; tampoco le azuzo para que los emplee, pero no se los coarto».

Después ha hablado de las elecciones municipales, y se muestra preocupado porque la división de los republicanos puede costarnos la derrota en algunas provincias. «Es posible —le respondo—. Pero entenderse con los radicales será imposible en casi todas partes, no sólo por el lado socialista, sino por el de los radicales-socialistas. Romper con los socialistas para las elecciones sería un error tremendo.»

Así han quedado las cosas.

Por la tarde, he trabajado en el ministerio hasta las seis. A esa hora voy a la legación de Rumanía, donde me espera la Bibesco, que desde su regreso a Madrid no me deja en paz con cartitas y recados telefónicos. Estaba sola, y hemos hablado más de dos horas. Casi todo se lo habla ella. Esta mujer no me divierte ni me interesa nada. Aún no se le ha olvidado que en nuestro segundo encuentro, en la legación de Suiza, estuve muy desagradable con ella. ¿Por qué? «Pues porque me fue usted a mí muy desagradable el día que nos presentaron. Noté en usted cierto propósito de *m'épater* con agudezas y descaros inconvenientes, que no me hacían gracia, y resolví que no seríamos amigos.» Se ríe. ¿Y ahora? Ahora, sí somos amigos. ¿Está usted seguro de mi afecto? Absolutamente. Etcétera, etcétera, etcétera.

Dice que le gustan los castellanos, porque no son *polis*, pero sí *courtois*. La *politesse* es un género francés desagradable. Los catalanes son cursis, etcétera. Habla del Gobierno: ha conocido (supongo que honestamente) cuarenta y ocho presidentes del Consejo, en diversos países, claro. Yo soy, naturalmente, el que más se parece a su padre, Asquith. De Casares le gusta la *flamme bleue*; pero es un hombre *nefasto*. (Yo me río a carcajadas.) Domingo no la interesa nada; ni Carner: *le milliardaire de gauche, c'est connu!* Fernandito es cursi, pretencioso. Cree que Prieto le agradaría. «*Il n'est ni poli ni courtois*», respondo. No importa: haré que me lo presenten en un café. También Largo, que es un castellano, despierta su curiosidad.

Si yo no supiera que esta señora, literata y política, y un poco *détraquée*, se conduce siempre lo mismo, podría creer que hace de espía *bénévole*. Se las da de muy liberal, y de izquierda, pero se queja de todas las cosas y con las mismas palabras que los monárquicos. «En fin, es usted una cavernícola», le he dicho. «¿Y eso qué es?» Se lo he explicado. Libros, política, costumbres, anécdotas, de todo ha habido. Me ha ponderado mucho a «Léon» (Léon Blum) por quien tiene gran admiración; y me ha contado que la última crisis francesa se resolvió en su alcoba de París, porque teniendo a cenar en su casa a *Léon*, Daladier fue a visitarle, y a falta de sitio más independiente, la princesa los metió en la alcoba... He cortado suavemente todas las desviaciones de la conversación que podían llevar a una situación ridícula o enojosa. Amigos, bueno; pero sin perder, como dice la gente *Elle n'est pas jolie, ni est plus dans la première jeunesse! Ridiculous!* Y además me desagrada íntimamente.

Hasta de los periódicos suspendidos me ha hablado, como un Gil Robles cualquiera. Y de Primo de Rivera; y de Marañón, y de Ortega. Se burla de la Yebes, la Dúrcal, y otras aristócratas con pretensiones a intelectuales. Y me habla de las *minorías* que se separan del Gobierno, con lo que el Gobierno pierde todo impulso y actividad... De los diplomáticos dice pestes, y de los militares. Le parece, en cambio, que la política del Gobierno ha *resucitado* a la Iglesia católica en España, y que el número de católicos aumenta por consecuencia de nuestra política.

En fin, es un muestrario de todas las preocupaciones de la oposición. Su habilidad es bastante burda; consiste en decirme: «Entre personas como nosotros se puede hablar... seamos francos y de buena fe... no me trate usted como si yo fuera la opinión pública», etcétera. Se ha quedado con las ganas de saber cómo pienso en el fondo. Sería chistoso que fuese una echadiza. Sus amistades en París y en Madrid, permitirían creerlo. Pero a lo mejor, todo se explica por su locura, y no es más que una pobre mujer, irritada porque va haciéndose vieja. En fin, como sea, que me deje en paz, porque no me divierte.

19 de febrero

Comida en casa de Margarita Xirgu. Después la llevo a La Quinta. En el camino se pone a nevar furiosamente. En La Quinta, despejada ya la tarde, hace un frío duro; con viento. Vuelvo al ministerio. Esplá me trae el informe reservado hecho por el teniente coronel Romeu sobre lo de Casas Viejas. Negras noticias. Esplá cree que en el informe hay animosidad del guardia civil contra los guardias de asalto. Acordamos enviar al juez los partes que tenemos, y los discursos pronunciados en el Congreso por los diputados de oposición, como base de nuevas investigaciones.

A las once de la noche me llama por teléfono desde Barcelona Carner:

—Oiga, Presidente: ¿Le ha dicho algo Prieto?

—¿Prieto? No... (respondo, haciéndome el desentendido).

—Bueno, mire. Yo nunca le he creado a usted dificultades, ni se las crearé. Mañana ingreso en una clínica, donde estaré lo menos un mes. De manera que con mi cargo puede usted hacer lo que más le convenga.

—Bien, don Jaime, muchas gracias. Pero comprenderá usted que si tiene usted alguna indisposición, no por eso vamos a echarlo todo a rodar. Se mejorará usted, y a otra cosa.

—No, no. Nada de echarlo a rodar. Pero no se trata de una indisposición, sino de algo más grave. Tengo conciencia de lo que me pasa. Van a empezar a aplicarme el radio. Quizás me vaya a París. Bueno, Presidente... adiós ¿eh?

—Adiós, don Jaime. Mejórese pronto...
Hablaba con la viveza y la alegría de siempre.

20 de febrero

Despacho con Masquelet. Muy contento, como es natural, por su ascenso. Visitas: la asociación de ganaderos; el general Núñez de Prado; un diplomático que viene a despedirse; un gobernador; una comisión de ingenieros; etcétera.

Doy posesión al nuevo subsecretario.

Al mediodía, banquete a Vicente Sol, director de prisiones. El agasajado no ha podido asistir, porque el temporal de nieve ha bloqueado el tren en que venía Sol, y se halla preso en las trincheras de La Cañada, sin poder avanzar ni retroceder.

Durante la comida, Albornoz me ha dicho muchas cosas buenas. Que se halla completamente identificado conmigo; que en mi discurso del Frontón acerté a expresar lo que él piensa y siente; que soy el más radical del Gabinete; que él está asqueado y fatigado, y que viene pensando en aprovechar la primera ocasión para retirarse del Gobierno y quedarse de simple diputado; que le llama mucho la atención y le preocupa que entre los radicales-socialistas haya descontento por mi discurso del Frontón, y sobre todo que ese descontento se manifieste entre los más inmediatos colaboradores de Marcelino Domingo; que algunos de ellos, como Feced, están influidos por Sánchez Román; otros, obedecen a motivos de política local, como los de Murcia, etcétera; y algunos se mueven porque creen que no tienen bastante representación en el Gobierno. (Albornoz está muy cambiado, no sólo respecto de mí, personalmente, sino respecto de la política en general.)

21 de febrero

Consejo de ministros. Examen de la situación parlamentaria creada por la obstrucción de los radicales. Al artículo segundo del proyecto de obras en Alicante, que está en discusión, han presentado cientos de enmiendas. Con el tiempo que el reglamento concede para discutir cada una, y con lo que se lleva cada votación nominal, sería necesario un centenar de sesiones para aprobar ese artículo. La aplicación de la guillotina, según el reglamento que se hizo para discutir la Constitución, no es remedio, porque se requiere el *quorum* de la mitad más uno de los diputados para votar cada artículo, y aunque tenemos mayoría grande en las Cortes, es prácticamente imposible retener permanentemente en sesión a doscientos treinta diputados adictos; y no hacen falta menos.

Les he dicho hoy a los ministros que la situación ha de considerarse en conjunto, y pensando en hacer posible la única salida normal del conflicto con los radicales, o sea, unas elecciones. La obstinación de los radicales paraliza totalmente las Cortes; así no se puede estar mucho tiempo. Disolver las Cortes (por este Gobierno o por otro) no es posible, razonablemente, mientras no estén votadas las tres leyes que según la Constitución deben aprobar las Constituyentes; y las elecciones municipales mismas, que podrían dar una indicación de cierto valor político, tampoco se celebrarán si los radicales no dejan pasar ninguna ley, entre ellas la que ha de presentarse fijando la fecha y el procedimiento para renovar los ayuntamientos. En tal situación, creo que lo más leal es procurar la aprobación de aquellas tres leyes (Congregaciones, Tribunal de Garantías y Responsabilidad del Presidente de la República), que una vez votadas, además de cumplirse en lo principal el programa parlamentario del Gobierno, dejarían al Presidente en libertad de disolver las Cortes, si lo estimaba conveniente; y una vez aprobadas sería también el momento de presentar la cuestión de confianza; como los radicales han dicho que no harán obstrucción al proyecto de Congregaciones, habría que buscar el modo de que tampoco se lo hicieran a los otros dos, puesto que no son leyes políticas de partido, sino apéndices de la Constitución. El Gobierno no debe intercalar ningún otro proyecto de ley, antes de esas votaciones; y una vez aprobadas las tres leyes, podría llevarse la del procedimiento para renovar los ayuntamientos, y sobre eso, dar la batalla. Si perdíamos, con retirarse, en paz; si ganásemos, aún sería bueno presentar la cuestión de confianza al Presidente, para saber si quiere o no que este Gobierno presida las elecciones.

Todos estuvieron conformes, y se adoptó ese plan general. Respecto de la cuestión del día, o sea el proyecto de ley de carreteras en Alicante, Prieto dijo que no tenía interés ninguno en mantenerlo, y que como por la tarde se votaría ya el artículo primero, que es lo que le interesaba, había discurrido que unos diputados de la mayoría presentasen una enmienda pidiendo la supresión de todos los demás artículos, que no le son necesarios para ejecutar las obras, y suprimidos esos artículos, los centenares de enmiendas de los radicales caerían también, con lo que podría pasarse a la discusión de la ley de Congregaciones.

Por la tarde, en las Cortes, se perdió mucho tiempo en votaciones y discusiones estúpidas, hasta que se votó el artículo primero. Antes se leyó la enmienda que suprimía los demás artículos, y la oyeron en silencio, sin darse clara cuenta de lo que significaba.

Mientras tanto, subí a informar ante la comisión de Presidencia, para establecer el artículo transitorio de la ley de Incompatibilidades, en el cual se resuelve la cuestión de si se aplica o no a estas Cortes. La nota que dejé el otro día a Carreras y a Salmerón, la han entendido mal, y habían hecho un buñuelo. Ayer llamé a Carreras y le expliqué que su redacción no servía. Delante de él, tomé una hoja de papel y redacté de mi puño el artículo. Se lo entregué a Carreras, para que lo utilizase ante la comisión. ¡Lo ha utilizado tanto, que la comisión estaba trabajando con mi hoja autógrafa delante! No saben hacer nada. Cordero me habló poco antes de subir yo a la comisión, para decirme que era conveniente modificar mi texto, para que no tuvieran que salir todos los socialistas del Ayuntamiento. Le expliqué que el caso no era de la ley de Incompatibilidades, sino de la ley que dicte normas para la renovación de los ayuntamientos. No pareció muy convencido, y me dijo: ¿Ha hablado usted con Largo? No. Pues hable con él. Bien está. Presente en esta breve conversación Carreras, de Acción Republicana, se fue a la comisión, y les dijo que el criterio mío y el del Gobierno, era el de Cordero. Inmediatamente, vinieron a buscarme los demás socialistas de la comisión, y me lo contaron, preguntándome si era cierto. «De ningún modo», les dije. Entonces subí con ellos a la comisión, y en cinco minutos aceptaron todos mi propuesta. Estaban presentes todos los partidos, sin excluir a los radicales, representados por Periquito Armasa. Luego dijeron algunos que aprobaban lo hecho, a reserva de lo que después resolvieran sus grupos. (Así van a las comisiones, sin saber lo que vale un voto ni lo que quieren.) Y, en efecto, los radicales han dicho después que presentarán una enmienda para que la ley se aplique desde luego a estas Cortes.

En el salón de sesiones, cuando volví, se leían enmiendas de los radicales al proyecto de ley de Carreteras. Sólo el cursi de Abad Conde ha presentado cerca de un ciento de ellas, pidiendo en cada una un ancho distinto para la carretera: en una pide que tenga ocho metros, en otra que ocho metros diez centímetros, en otra que ocho metros cuarenta centímetros, o cuarenta y dos centímetros, etcétera, etcétera, etcétera. Y mientras se leían tales simplezas, yo observaba el rostro de algunos lerrouxistas: tenían, oyendo la lectura, una expresión de deliquio, como si escucharan «una muy suave música». Ya percatados del alcance de la proposición de la mayoría, se dispusieron a burlarla, convirtiendo en «artículos adicionales» a la ley, buen número de enmiendas. Besteiro, con quien hablé del caso, requiriéndole a que reglamentariamente cortara este abuso, se hizo un lío. Besteiro no quiere choques con las oposiciones, y desampara al Gobierno. Perdimos la tarde en discusiones, se prorrogó la sesión, y en el punto mismo en que se aceptó la enmienda por la comisión, Besteiro dijo desde su sitial que no se atrevía a resolver de pronto si procedía admitir o no un número indefinido de artículos adicionales, y levantó la sesión. Todo lo que habíamos hecho para salir del atolladero quedaba inutilizado.

Me marché al despacho; Prieto y Largo estaban furiosos. Zulueta mismo desaprobaba la conducta de Besteiro, diciendo que había dejado en mala postura al Gobierno.

Hoy he sabido que existía un complot para poner bombas en el Frontón la noche de mi discurso. Nos lo ha descubierto el mismo hombre que nos proporcionó el «Simancas» lerrouxista; es dueño de una de las máquinas en que se tira *El Imparcial*, cuya imprenta es de la CNT. La máquina la tiene dada en alquiler al periódico, y para sus cuentas sostiene allí un dependiente que oyó hablar del complot a unos sujetos que trabajan en la imprenta.

Encontró la policía dos bombas. La confidencia la recibió Ramos, quien se lo dijo a Saravia, y gentes de su confianza estorbaron el hecho. Ésta fue, por lo visto, una de las razones por las que no se permitió que sirvieran el banquete los camareros del Hotel Nacional, que pertenecen a la CNT. Vivimos, como quien dice, sobre un volcán.

22 de febrero

Aunque no tenía cosas urgentes, he ido a despachar con el Presidente. Hemos hablado de la situación parlamentaria. Le cuento las informaciones recogidas sobre la actitud de las oposiciones, en caso de que el Gobierno se dispusiera a hacer uso del reglamento para dominar la obstrucción. Maura ha dicho que se retiraría, en tal caso, de las Cortes, con los radicales, y lo mismo harían los otros grupos. Como el Gobierno no quiere provocar una situación violentísima, ni puede tampoco renunciar a sus derechos, ni rendirse llanamente a las intimaciones de un grupo de oposición, ha trazado el plan acordado ayer, anteponiendo las leyes en las cuales es razonable esperar que no haya obstrucción. Aprobadas esas leyes, el Gobierno libraría la batalla, con los medios que tenga, y al resultado nos atendríamos. También entonces el Presidente estaría en mejores condiciones para tomar una determinación. El Presidente aprobó el plan, y me dijo que deberíamos añadir a esas tres leyes la de orden público, aunque fuese sin esperanza de aprobarla. Respecto de la ley para las elecciones municipales, como ésa será en todo caso la gran cuestión, le dije al Presidente que no pensaba llevarla a las Cortes hasta que estuviese despejado el camino para las otras tres. También encontró acertada mi determinación. Añadió que esa ley podría servir no sólo para las elecciones municipales, sino para resolver otras cosas. Saqué la impresión de que el Presidente contempla la posible disolución de las Cortes en fecha próxima, si el obstáculo no se puede vencer de otro modo. También le he dicho la mala impresión que tengo de Casas Viejas.

Por la tarde, en el Congreso, calma. Se discute la ley de Congregaciones. No he entrado en el salón. Muchos coloquios baldíos. Se ignoraba si hoy se plantearía un debate sobre lo de Casas Viejas. Cuando ya fue seguro que no se planteaba, me vine al ministerio. A última hora de la tarde me telefonea Besteiro diciéndome que se va a presentar una proposición pidiendo que mañana se acepte una interpelación sobre lo de Casas Viejas; le digo que es innecesaria la proposición, porque desde luego acepto el debate para mañana.

Jueves, 23 de febrero

Consejo en Palacio. Llego con retraso, porque antes he recibido a Mariano Granados, magistrado del Supremo, a quien enviamos el otro día a inspeccionar los sumarios por lo de Casas Viejas, en vista del informe confidencial que nos mandó el teniente coronel Romeu, delegado para ello por el ministerio de la Gobernación. Me dice Granados que en los sumarios hay testimonios (unos trece), acusando a los guardias de asalto de haber fusilado a unos prisioneros. Me informa además de que el fiscal de Cádiz, no obstante haber recibido del juez, el 17 de febrero, noticia oficial de los hechos graves que aparecían en el proceso, no hizo caso, y se fue a una vista en Algeciras. Hasta el 9 de febrero no aparece en la causa indicio alguno que permitiera suponer que se habían cometido excesos por la fuerza pública. Quedé enterado de los detalles más importantes, y me fui al Consejo.

El Presidente, como de costumbre, nos habló de varios asuntillos que suele llevar apuntados en un volante. A uno le dio una importancia desmedida: se ha dado el nombre de «Alcalá-Zamora» a uno de los grupos escolares que se inaugurarán el 14 de abril. El Presidente se dirigió a Fernando; con muchas y rodeadas frases, salpicadas de chistes de los que él hace, con no pocos «don Fernando de mi alma», etcétera, diciéndole que se revocase ese acuerdo y no se pusiera su nombre al edificio. Con este motivo habló casi media hora. Dirigiéndose a mí, dijo que si yo creía ser un hombre discutido, él lo era más; que no quería que apareciese ese acuerdo como una cosa personalista; que a las personas vivas no se les debe hacer esos honores; etcétera; volvió a nombrar a Wenceslao Carrillo; intercaló que había recibido arañazos de los socialistas; en fin, dijo no pocas cosas inoportunas y excesivas, para tan pequeño asunto, y se entretuvo en hacer piruetas verbosas. En vano se le dijo que no tenía razón, que era natural que la República diese a un edificio escolar el nombre de su primer Presidente; que el acuerdo no era del Gobierno, sino de una comisión del ministerio de Instrucción Pública y del Ayuntamiento, etcétera. Todo inútil. No quedamos en nada, y Fernando se reía con risa de conejo.

Cuando fue posible hablar de cosas más serias, traté yo de la situación parlamentaria. «Voy a ratificar, delante del Gobierno —le dije— lo que le informé a usted sobre nuestros propósitos, partiendo de que el Gobierno estima que no debe dimitir cada y cuando que se lo pida un grupo de la oposición, criterio que naturalmente está subordinado a otro que pudiera usted tener.» Reiteré lo ya dicho. Luego habló él.

En substancia: que si hubiera continuado en las Cortes, se habría impuesto la tarea de servir de nexo entre los partidos republicanos moderados; que para vivir, hay que convivir; que la colaboración socialista ha sido beneficiosa; que sobre el porvenir, él no podía discurrir acerca de cuestiones que no se le planteaban concretamente; aludió de nuevo a la colaboración socialista, y dijo que *ha sido* y *es*, beneficiosa.

Como yo tenía reciente nuestra última conversación, las palabras del Presidente me sonaban a lo mismo que me había dicho el día antes, y no hallaba en ellas motivo de preocupación; pero observé que Prieto se ponía torvo y que tomaba notas. Cuando terminó el Consejo y se fue el Presidente, nos quedamos haciendo comentarios, como suele suceder, a los incidentes del Consejo. Prieto dijo que en las palabras del Presidente advertía un latente deseo de crisis, porque sólo a última hora había dicho que la colaboración socialista *es* todavía beneficiosa, habiéndolo antes puesto en pretérito; y llamó la atención sobre el inciso de que no podía discurrir sobre cuestiones que no estaban planteadas concretamente. Los ministros no participaron de la opinión recelosa de Prieto, ni yo tampoco, y le expliqué lo que podía significar todo ello. No se convenció Prieto.

Por la tarde debate sobre lo de Casas Viejas. Arremetida del grupo extremista (?) que se ha entretenido en pasear cadáveres por el salón de sesiones. Alianza de Rodrigo Soriano y el general Fanjul; de republicanos que se llaman revolucionarios y de monárquicos.

Exhiben una larga serie de horrores, y a cada uno que cuentan, Maura hace grandes aspavientos de asombro y de indignación. La pretensión de estos buenos señores es que el Gobierno autorizó los excesos cometidos en Casas Viejas, y que en 1.º de febrero, cuando se habló de ello en las Cortes, *yo los conocía*, y engañé al Gobierno y a la mayoría.

La sesión ha sido un espectáculo repugnante. Vorazmente se han arrojado sobre la sangre, la han revuelto, nos han querido manchar con ella. Los radicales, sobre todo, han mostrado una saña terrible. A mí, ha concluido por levantárseme el estómago, descubriendo la podredumbre que hay bajo esta maniobra, y me he marchado del salón, porque no podía más. En los pasillos, en un corro de amigos, he desfogado mi indignación, y estaban muy sorprendidos de verme por primera vez enfadado. Yo no tengo obligación de aguantar, por ningún motivo, que se me acuse en las Cortes de engañar a mis compañeros y a los diputados. Esto no tengo obligación de aguantarlo. La conversación ha contribuido a calmarme. Es odioso tener que estar aguantando impasible en el banco azul los hipócritas clamores de unas gentes que sólo buscan la caza del Gobierno o hacer daño a la República. Si fuesen desinteresados y justos se contentarían con cooperar al restablecimiento de la verdad; y después, castigar al que haya faltado. Pero no es eso lo que les importa.

Mi primer discurso ha producido buena impresión, y parece que ha convencido a las gentes de la buena fe del Gobierno. Martínez Barrio ha cometido la perfidia de argumentar de este modo: «El Presidente del Consejo dijo en 1.º de febrero que en Casas Viejas había ocurrido lo que tenía que ocurrir; se demuestra que se ha fusilado a unos prisioneros; luego al Presidente le parece normal esta atrocidad». (Esta conclusión quedaba sobreentendida, aunque casi patente.) He replicado sobreponiéndome a mi asco y al dolor de vernos injuriados de tal modo. No desconozco que el relato de los sucesos nos deprime, y que la depresión nos perjudica.

A media tarde ha llegado al Congreso Emilio Herrero, correveidile de don Niceto. Le ha preguntado a Prieto, *de parte del Presidente*, qué efecto le había producido el Consejo de por la mañana; el Presidente había advertido la preocupación de Prieto.

—Ya que me lo preguntas, puedes decirle al Presidente que mi impresión es muy penosa. (Seguidamente le dio las razones que le habíamos oído por la mañana.)

Herrero se marchó, y a última hora de la sesión estaba de vuelta. Se llevó a Prieto, y le dijo que había dado su respuesta al Presidente, el cual le encargaba asegurar a Prieto que no tenía motivo para recelar, y que la verdadera interpretación de las palabras presidenciales era la que yo le daba. Herrero añadió que el Presidente le había dicho que el Consejo de ministros había sido «delicado pero no difícil».

Después de la sesión estuvimos un rato en el despacho de ministros. Todos de mal humor, y bastante descorazonados. Parece que entre los radicales-socialistas hay un movimiento de desafección al Gobierno, y quieren tirarnos. Albornoz está muy preocupado.

Después de cenar, me llama por teléfono Domingo, y me pregunta si puedo recibirle con otros amigos. Le contesto que venga. Yo estaba con Ramos, Guzmán, Cipriano y otros amigos, que pretendían aplacar mi enojo por todas estas contrariedades, y convencerme de que debo sobreponerme a la amargura de una injusticia. La cual consiste nada menos que en querer presentarme casi como un verdugo y un sanguinario, y hacerme caer del Gobierno con esa tacha para inutilizarme. Lo de la *envidia*, que dijo Prieto en el Frontón, los tiene locos.

Después del recado telefónico, llegan a mi despacho Domingo, Albornoz y Fernando, que han cenado juntos, y Prieto, a quien han sacado de su casa. Quieren que examinemos la situación. Opinan que el Gobierno está quebrantado, y no tienen el menor deseo de continuar en sus puestos, si hemos de ser víctimas de una campaña de descrédito. Prieto añade que, además del efecto producido en las Cortes por los relatos espeluznantes que se han hecho, el Gobierno no está bien asistido ni por el Presidente de la República ni por el de las Cortes. Con este motivo, Prieto cuenta sus conversaciones con Herrero, que yo conocía en parte, es decir, la primera. Reconoce que el recado de Herrero le desvanece sus preocupaciones de hoy, pero no se tranquiliza completamente respecto de la satisfacción con que el Presidente de la República nos ve en el Gobierno.

Yo les digo que no pierdo de vista el efecto que en nuestra propia sensibilidad ha producido la aparición de unos hechos que, si bien no probados todavía, va siendo verosímil que hayan existido; ni la repugnancia que en nuestra honradez despierta el vernos envueltos en una campaña tan baja; pero que encontrándolos tan desalentados, no me niego a plantear mañana mismo la cuestión de confianza, por monstruoso que sea el caer en virtud de tales imputaciones, a las que daríamos fuerza con el solo hecho de nuestra dimisión. Es claro que si nuestra dimisión fuese admitida, ninguno de nosotros podría formar parte del Gobierno que nos sucediera.

Hemos hablado mucho rato. Con mis discursos de esta tarde se hallan conformes, y estiman que no se podía decir otra cosa. También hemos examinado la posición que tomaría el partido socialista al salir del Gobierno.

Cuando se marchan, vuelvo a mi tertulia y les confirmo, riendo, la inminencia de un desenlace. Encuentran que mi fatiga está justificada, pero se preguntan qué puede ocurrir aquí, si este Gobierno se deshace. «Lo ignoro —respondo—. Eso tendrán que pensarlo los que se empeñan en deshacerlo. Por encima de todo, está mi intimidad personal, que a nadie le está permitido manosear.»

Al acabarse la sesión de esta tarde, Martínez Barrio ha salido al pasillo. Los radicales le aplauden y dan vivas ¡a la República honrada! *Où diable l'honneur va-t'il se nicher!*

24 de febrero

Consejo de ministros. Continúa la conversación de anoche. Doy cuenta de ella a los ministros que no estuvieron presentes. Albornoz se adelanta a decir que él ha reaccionado mucho y que le parece un error ceder sin más ni más, y someterse a una campaña deshonrosa. Cuando Largo Caballero se entera del asunto, replica con gran energía que él no participa del desánimo de los otros, que no está dispuesto a dejarse sobrecoger, que se atiene a lo que resulte del Parlamento, y que si alguien tiene deseos de echarnos que lo haga de cara y cargando con la responsabilidad. Y ya veremos si nos dejamos echar, así como así: porque yo no estoy para andar con tapujos ni guardarle secretos a nadie, y al día siguiente de salir del Gobierno diré la verdad de lo que haya sucedido. «Caiga el que caiga, como dijo ayer el señor Presidente», añade, recordando mi discurso. Nunca he visto a Largo tan fogoso. Al hablar, daba fuertes palmadas en la mesa.

La consideración de que retirarnos hoy del Gobierno sería desastroso, dado el motivo de la crisis, y sin haber sufrido ningún revés parlamentario, ha hecho reaccionar a los ministros, y resuelven resistir, hasta ver lo que pasa en las Cortes. Todo depende de la actitud de la mayoría. Hay dudas sobre la disposición de los radicales-socialistas. «Qué harán sus amigos», les pregunto a Albornoz y a Domingo.

Albornoz dice que la escisión es más profunda de lo que pensaba. Domingo cree que todo se arreglará.

Este grupo está muy trabajado. De una parte por Sánchez Román, que como en tiempos de la discusión del Estatuto, maneja a Feced, a Ruiz de Villa y otros diputados radicales-socialistas. También procede de Sánchez Román, a través de Figueroa, *ci-devant* duque de las Torres, el descontento de los diputados radicales-socialistas por Murcia. De la necesidad de contentar a sus electores sindicalistas, viene la rebeldía de algún otro. Y del imperioso carácter y ambición personal del señor Gordón, lo más vivo de la disidencia que aparece en el grupo.

Casi todos estos señores, cuando hice el discurso de Santander proponiendo la Federación de izquierdas, aparentaron disgustarse, alegando que la

Federación podía ser el camino de la ruptura con los socialistas, de los cuales se creen hermanos entrañables; e hicieron todo lo posible porque la Federación fracasara; y casi lo han conseguido. Pero ahora, estos que ponían el veto a los radicales y se apegaban a los socialistas, censuran mi discurso del Frontón, y entablan negociaciones con los propios radicales. Tal hace el señor Gordón, que pretende presidir un Gobierno. Le secundan Valera y Feced, directores generales, como Gordón, en el ministerio que rige (?) Domingo. Parece ser que el desgaste causado al Gobierno por los debates sobre lo de Casas Viejas, les brinda la ocasión de consumar sus planes.

Por la tarde, cuando llego al Congreso, me entero de que los radicales-socialistas están reunidos desde las tres y media, deliberando si han de votar o no con el Gobierno. Las oposiciones han presentado una proposición de censura al ministerio, que según la Constitución no puede discutirse ni votarse hasta pasados cinco días. Como no vamos a estar todo ese tiempo en el aire, y necesitamos hoy mismo una votación que despeje las cosas, dispongo que se redacte una moción de confianza en el Gobierno, que se presentará después de la de censura y se votará inmediatamente. La moción la ha redactado Prieto, y la firman los socialistas y otros.

En el despacho de ministros estaban Albornoz y Domingo, algo mohínos. Sus amigos los radicales-socialistas, discutían reunidos en una de las secciones del Congreso. Las voces se oían desde los pasillos, según me dijeron los periodistas.

Me encaré con Domingo y Albornoz y les dije que no estaba dispuesto a tolerar que el grupo radical-socialista acordase, como se decía, *retirar sus ministros del Gobierno*; que los ministros no son delegados de los grupos, y estando, como está, el Gobierno unánime en esta cuestión, es inadmisible que parezca partirse por ser los unos más delicados y exquisitos que los otros; que el grupo radical-socialista era muy dueño, como otro cualquiera de la mayoría, de retirar su confianza al ministerio cuando quisiese, pero tenía que hacerlo votando en contra en el salón de sesiones, y cargando con esa responsabilidad; y que en ningún caso me prestaría a echar remiendos al ministerio si se desmoronase por un motivo como ése. Les dije que fueran a la reunión de su partido, donde los esperaban, y llevasen la moción de confianza, y resolvieran si la votaban o no.

Domingo y Albornoz tenían la cara más fúnebre que he visto. Domingo, acoquinado en un sillón, no decía nada; Albornoz se paseaba con las manos en los bolsillos. Después de cuchichear con Berenguer, director de Aduanas, radical-socialista, que venía de la reunión, se fueron los tres. Yo salí a los pasillos y en el salón de conferencias estuve bromeando con los periodistas y algunos diputados. A las seis y media vinieron a decirme que los radicales-socialistas habían acordado votar con el Gobierno, por veintiún votos contra dieciocho, y *tres abstenciones*. En ese trío estuvo.

Parece ser que en la reunión se apuntó el propósito de derribar al Gobierno, para que se formase otro presidido por Domingo, en el que tuvieran preponderancia los radicales-socialistas. Domingo les dijo que antes de pasar por una cosa así se daría de baja en el partido y se retiraría de la política. Albornoz dijo que se iría del partido, pero no de la política. La discusión fue muy borrascosa.

En cuanto se supo la decisión de los radicales-socialistas, hablé con Besteiro y pasamos al salón de sesiones, a tratar del asunto. Gran gentío. Atestados los bancos y las tribunas. La operación fue breve. No sé a quién se le ocurrió encomendar la defensa de la proposición a Santaló, de la Esquerra catalana; estuvo desdichadísimo, grotesco. Hablé yo. También Maura. Tuvimos cuarenta y tantos votos de mayoría. Ossorio, que estaba enfermo, mandó a decir que se le avisase, si había votación, para dar su voto al Gobierno. Se le avisó, y votó con nosotros. También Marañón, que se me acercó en el pasillo y me dio muchos abrazos. Luego, aplausos, satisfacción en los amigos, encono en los enemigos. Yo no estoy contento. Siento por primera vez, desde que estoy en el Gobierno, tristeza.

28 de febrero

El otro día escribí una carta a Ossorio, dándole las gracias por su asistencia y su voto en la sesión del viernes. Me dejé llevar de mi pesadumbre, y le decía que he llegado al límite de mis obligaciones. Ossorio me contesta diciéndome que no he hecho más que empezar a cumplir las que tengo con España. No sé, no sé... ¿Sirve de algo todo lo que estoy haciendo? ¿He de permanecer aquí hasta hacerme pedazos y quedar inutilizado? Yo bien conozco que mi posición y la de los socialistas forman el único dique fuerte contra la corrupción de la República por el lerrouxismo y todo lo que el lerrouxismo encubre. Pero la confabulación es demasiado fuerte. Si el Presidente de la República no lo comprende así, y si a pesar de la opinión en que tiene a Lerroux trata de resolver este problema como una simple contienda de partidos, entonces no hay remedio. La eliminación de la política corrompida, operación vasta, que pasa ahora por su fase crítica, puede fracasar, y entonces tendríamos una República (y aun ni eso) tan baja y estéril como la monarquía de Alfonso XIII.

Yo me temo que este esfuerzo de dos años venga a ser uno de tantos intentos como se encuentran en la historia española, y que después vuelva todo a la torpe rutina. De ahí mi tristeza. Mi obligación más clara es no perder el ánimo.

El domingo por la noche estuvimos en la legación rumana. Cena íntima: los Bibesco, Sir George Graham, los Morla, Cipriano y su mujer y nosotros. Era el cumpleaños de la Bibesco: ¡confiesa treinta y cinco! Estuvo loca como nunca, con la estúpida pretensión de hacer creer a los otros que existe entre los dos una intimidad que no hay. Se propasó a hablar de política española y me puse algo serio, lo que permitía la ocasión, y se quedó muy contrariada.

Al día siguiente me encontré a los Morla en la embajada de Italia y se reían a carcajadas de las extravagancias de la princesa. Me contaron que el Bibesco, que es un príncipe para opereta, la regañó, después de marcharme yo. La Bibesco me ha escrito una carta absurda, en que me habla de Cocteau, de Herbette, y me pide la absolución. La he contestado con seis líneas, a ver si me deja en paz.

El lunes por la noche, o sea ayer, tuve aquí reunido al consejo nacional de Acción Republicana. Asuntos del partido. Cuestiones electorales. Se acordó aplazar la Asamblea hasta que se despeje la situación política. Todos parecían muy contentos por la votación del viernes; pero yo les previne que eso no resuelve nada.

En el Consejo de hoy hemos examinado otra vez la situación. Les digo que yo no puedo ir a una batalla sintiéndome vencido de antemano. Estoy pronto a resistir, si el Gobierno quiere, y no me marcharé ni por lo de Casas Viejas ni por la obstrucción. Tampoco puedo consentir que el Presidente de la República dirija la política, salvo en el acto propio de retirarme su confianza. Fernando cuenta que a una persona de su familia, otra del *entourage* de don Niceto le ha dicho que si le planteara la crisis, me ratificaría la confianza. Convenimos en que si la preocupación de don Niceto es con las elecciones municipales, es indispensable llevarle el proyecto de ley electoral, para darle ocasión de retirarnos su confianza, y si lo aprueba, para gobernar con más autoridad. Ratificamos el plan parlamentario.

La mayoría está firme, salvo lo que pasa en los radicales-socialistas. Albornoz asegura que están con el Gobierno. Pregunto a Domingo si han dimitido o no los tres directores generales de su departamento, Gordón, Valera y Feced, cabecillas de la oposición al Gobierno en el partido radical-socialista, y asegura que no. Le han visitado juntos esta mañana y le han dicho que se someterán a la resolución del comité nacional de su partido.

Doy cuenta al Consejo del expediente instruido en Marruecos por el abogado del Estado Camporredondo, en el cual se demuestra documentalmente la organización del contrabando de tabaco que hace March en Melilla y Ceuta. Acordamos pasarlo a la comisión de responsabilidades.

Tratamos después de la huelga de mineros en Asturias. Domingo, como ya ha hecho otras veces, me echa a mí el mochuelo, cuando él no puede más ni sabe por donde salir. Lleva semanas manoseando este asunto, y el sábado pasado, por la noche, se presentó en mi despacho con los delegados de los mineros, con dos o tres diputados socialistas asturianos y con Trifón Gómez, secretario del sindicato ferroviario. La verdad es que yo no tenía papel en este asunto, pero comprendí que Domingo estaba hecho un taco, y por eso venían a mí. Duró la reunión tres horas; examinamos el asunto por todos lados; muchas cosas se pusieron en claro; convencí a los delegados del sindicato de la necesidad de hacer un sacrificio, de la imposibilidad de subir el precio, etcétera, etcétera. Trifón me ayudó. Domingo, nada. Tras de mucho hablar, trazamos unas líneas generales para acabar con la huelga: reducir la producción en 450.000 toneladas; para ello, jubilar los obreros que fuese necesario; disminuir en un día la semana de trabajo; aportar los obreros el tres por ciento de sus jornales para la jubilación de los obreros sobrantes; el resto saldría de reducir la ganancia de los almacenistas; en tres meses se haría un estudio a fondo de la situación de la industria para reducir la producción a las minas en que sea reproductiva. Al marcharse, Domingo dijo: «No hemos perdido el tiempo». Todos los presentes estaban conformes. Pues bien: en el Consejo de hoy, Domingo lee un papel con la propuesta de solución de la huelga: en él se propone que se haga a las empresas mineras un anticipo de tres millones para que reanuden los trabajos, y que dentro de tres meses se decidirá en cuánto ha de elevarse el carbón. Había desaparecido todo lo convenido el sábado. Así es Domingo. Seguramente influido por Valiente y las empresas, adopta su criterio, por ser el último.

Me he opuesto terminantemente a la propuesta de Domingo. «De esa manera —le digo—, la huelga habrá servido para que se haga un préstamo a las empresas, que están quebradas, y para seguir todo como hasta aquí.» El Consejo se ha sumado a mi parecer. Marcelino se ha guardado su papel, y ha quedado en proponer como base la reducción de la producción, según se convino.

Se ha aprobado también la operación para fabricar carriles con destino a la Argentina.

Por la tarde voy al Congreso, y apenas llego, me entero de que los tres directores generales del ministerio de Agricultura han dado una nota a la prensa confirmando su dimisión. El ministro no sabía nada, y se ha enterado de ello ¡en el banco azul! Así le tratan sus más cercanos colaboradores. Viene Domingo con Galarza al despacho de ministros, y le digo que les admita en el acto las dimisiones y nombre hoy mismo a otros. Domingo se va con Galarza al ministerio para buscar tres nombres. Cuando he ido, a las ocho, a firmar con el Presidente, llegó Emilio Palomo, con los decretos de Marcelino. El Presidente hizo algunas chirigotas, y con motivo. Ya solos, se duele conmigo de la flaqueza de Domingo, que está además «mal rodeado». Opina don Niceto que Domingo fue mejor ministro de Instrucción que don Fernando.

Esta tarde, hallándome en el Congreso, vino Calviño, director de Administración, a decirme que los capitanes de los guardias de asalto de Madrid han suscrito un acta, en la que afirman que sus jefes les dieron orden de no hacer heridos ni prisioneros en la represión del movimiento del 8 de enero. Aunque él no ha visto el acta, está seguro de que existe.

Llamé a Menéndez, le pregunté qué sabía de eso, dijo que nada (¡buen policía!) y le di instrucciones para que lo averiguase.

También hablé con Barcia, sobre la operación de préstamo a la mina de Puertollano. Después con Vergara, sobre los asuntos del ministerio de Hacienda.

Vino Largo Caballero al despacho, y me dijo que el general Franco ha dicho que no irá a Baleares, a donde lo he destinado. La noticia me llama la atención, porque coincide con algunas cavilaciones mías, en vista de que Franco aún no se ha presentado en el ministerio, camino de Mallorca.

Hablando de la política, Largo me dice que él y los socialistas, que están muy enojados con los radicales-socialistas, *se hallan dispuestos a todo.*

A última hora, después de firmar con el Presidente, vuelvo a las Cortes y oigo parte de un discurso muy cursi de la señora Nelken; uno de esos discursos que se oían en el Ateneo, en que se habla de los Papas, de la prostitución, de los salarios, de la maternidad, etcétera, etcétera.

Convengo con Besteiro en que siga discutiéndose con preferencia la ley de Congregaciones. Hay una ridícula proposición de Royo, pidiendo explicaciones al ministro de Justicia porque ha dicho en unas declaraciones que prefiere el régimen presidencialista al parlamentario.

1 de marzo

Despacho con el general Castelló. Este nuevo subsecretario es muy trabajador y se entera y me entera de todo. Hoy me ha descubierto un pequeño buñuelo que me hizo el anterior, además del que motivó su salida.

Muchas visitas: el general Carbonell, García Morales, que pretende ser teniente general, cuando ya no los hay; el interventor general, a dar las gracias por el decreto que desmilitariza su cuerpo; Martín Echevarría con un proyecto sobre la Transatlántica; Barroso, que me habla de una bandera de la guerra de Cuba; una comisión de auxiliares, agradecidos por el último decreto; los obreros y patronos de la mina de Puertollano, con Viguri, director del Banco Industrial (dificultades para concertar el préstamo); el capitán aviador Jiménez, a pretender un destino; otros señores, parientes de los prisioneros que se supone que hay al sur de Marruecos; etcétera, etcétera. El general Franco viene a presentarse, de paso para Mallorca. Hace dos días que está en Madrid. Se ha enojado mucho por la anulación de ascensos, y eso que él no ha perdido más que unos cuantos puestos en el escalafón y sigue de general con todos sus derechos. No me ha hablado del asunto, ni yo le he dicho nada. Tratamos de la situación militar de Baleares y de lo que ha de hacerse allí con urgencia.

Continúan las averiguaciones sobre el acta suscrita por unos capitanes de guardias de asalto. Anoche, a las once, tuve aquí a los dos Menéndez. El director de Seguridad me confirma que el acta existía y que la suscriben cinco capitanes. Me dijo que se proponía hacerse con el original y quemarlo. Se lo prohibí. «No haga usted tal disparate. Esa acta comenzaría a ser temible en cuanto la hiciera usted desaparecer.» Le ordeno que llame a los firmantes y los interrogue, recogiendo sus declaraciones por escrito, y les pida el documento, para unirlo a las diligencias. Que llame también a declarar a todos los jefes y a los demás oficiales del cuerpo que estén en Madrid, y que de todo ello haga un expediente y me lo traiga.

También anoche, después de irse Menéndez, vino Saravia, ya tarde, y me contó que el capitán Rojas, cuñado suyo, que es quien mandaba en Casas Viejas, ha ido a decirle que unos capitanes le habían invitado a suscribir el acta y él se había negado. Saravia, discretamente, me insinuó que Rojas se quejaba de que habían querido sobornarle. Esto me produjo alarma, que recaía sobre otra anterior. Hace dos o tres días le dije yo a Saravia que esperaba que el capitán Rojas no perdería la cabeza y tendría serenidad bastante para exculparse, si no tiene culpa, o para sufrir las consecuencias, si la tiene. Saravia me dijo que encontraba a su cuñado absolutamente tranquilo, que negaba siempre lo que se viene diciendo respecto de los fusilamientos de prisioneros, y que estaba pronto (Rojas) a demostrarlo así, y a comparecer ante quien fuese necesario. En esta conversación le pregunté dónde estaba Rojas, y me respondió que en Sevilla, adonde había ido enviado por Menéndez para hablar con el teniente Artal, otro de los que estuvieron en Casas Viejas, *que se hallaba muy decaído.* Al ver a Menéndez le dije: «¿Dónde está Rojas?». «No sé; ha salido de Madrid para asuntos particulares.»

—¿Pero usted no sabe dónde puede estar? ¿No le encargué a usted que no le perdiera de vista?

—Creo que debe estar en Sevilla —repuso.

—Inmediatamente telefonea usted al gobernador para que busque a Rojas y tome el tren esta misma noche, y si el tren ha salido que le ponga en un automóvil.

Cuando Menéndez vino a darme cuenta de sus primeras averiguaciones sobre el acta de los capitanes, me dijo además que Rojas ya estaba camino de Madrid, y que la orden de regreso le había alcanzado en el tren. Esta aparente ignorancia de Menéndez respecto del viaje de Rojas a Sevilla me extrañó mucho, y la extrañeza creció hasta la sospecha cuando Saravia me dijo veladamente lo del intento de soborno de que se quejaba su cuñado.

Igualmente anoche llamé al gobernador de Cádiz insistiendo en que buscase el rastro de las órdenes que se hubieran circulado entre Madrid y Cádiz y entre Cádiz y Casas Viejas el 11 y el 12 de enero. El gobernador (que tuvo en Casas Viejas un emisario, no sé si delegado u observador, el 11 y el 12 de enero, y que no ha dicho esta boca es mía) me contestó que todas las órdenes se dieron por teléfono, y que acaso alguna haya ido por el telégrafo, de la cual buscará los antecedentes.

(Anoche tenía yo un humor negro, espantoso, efecto de una manera de desesperación al verme tan mal servido y que la República tropiece por errores o malignidades de unos capitancitos. No tenía con quien desahogarme. La conversación con Menéndez me tranquilizó los nervios, sólo por el hecho de haber encauzado un poco las cosas, y pude irme a dormir.)

Hoy, después de comer, he hablado con el gobernador de Cádiz. Me ha dictado el texto del *recado telegráfico* pasado de Cádiz (a Casas Viejas) digo a Medina. No tiene nada de reprensible.

Ha venido Menéndez. Me trae la información practicada, que ha de continuar. Los cinco capitanes firmantes del acta declaran que recibieron de sus superiores la orden de no hacer heridos ni prisioneros. Todos los demás dicen que eso es falso. En cuanto al acta, no pueden entregarla, porque se la han dado a Peyre, *diputado radical, a quien no conocían personalmente*. Uno de los firmantes dice que, antes de redactar el acta, consultaron con Lerroux, que les aconsejó que la hicieran.

La conexión con los lerrouxistas está probada, que pretenden aprovechar el documento suscrito por esos militares como arma mortífera contra el Gobierno. Lo demás, no les importa nada.

Menéndez se me ha echado a llorar. Resulta que el capitán Gándara, uno de los cinco, había sido ya dado de baja en el cuerpo de guardias de asalto por sospechas de monarquismo. Menéndez lo readmitió, vencido por los juramentos y protestas de fidelidad de Gándara, compañero suyo. Estos militares son siempre los mismos; a Menéndez, en cuanto un uniforme le da «palabra de honor», todo le parece indiscutible. Lo mismo le sucedió con el hijo de Sanjurjo, que, ocho días antes de la rebelión, le juraba que ni él ni su padre conspiraban. El capitán Gándara, el 11 de agosto, se dejó decir en el ministerio de la Gobernación que el Gobierno les había engañado haciéndoles creer que la rebelión de Sanjurjo iba contra la República, no siendo así, y que para otra vez, no se dejarían engañar. No le hicieron nada a Gándara. Y a mí no me han enterado de ello hasta hoy.

Cortes. Paz en el salón de sesiones. Hervor en los pasillos. Lo del acta ha trascendido. Dicen que el original lo tiene Guerra del Río, y que se lo ha dado a leer a varios diputados. Unos temen, otros esperan un gran escándalo. El caso tiene todos los requisitos para que esta politiquería gárrula se encrespe y aún se asuste: militares en danza, documentos secretos, amenazas... Les he leído a Largo y a Prieto lo que resulta de la información, que deja reducido a nada el valor del acta, como prueba contra el Gobierno, y descubre su verdadero valor de artería política.

En esto llegó Galarza. Se han reunido otra vez los radicales-socialistas. Dice Galarza que hay una fuerte reacción contra Gordón Ordás. Gordón quiere unirse a los radicales, y que se forme un Gobierno, ¡presidido por él!, con todos los grupos republicanos y los socialistas. Dice por ahí Gordón, y ha salido en algún periódico, que yo soy un político «frívolo y audaz». He cometido una falta en eso de Casas Viejas, y es preciso imponerme una sanción; pero no tan fuerte como para recluirme en mi casa, y se me *consentirá* seguir siendo el ministro de la Guerra. Por su parte, otro diputado radical-socialista, Ballester, que fue romanonista, afirma que su partido no está para engordar a ningún personaje.

Galarza quiere que venga Casares para tomar parte en el debate. Yo me niego. La presencia de Casares en el Congreso sólo serviría para atizar el encono, revolver más el asunto, dar un disgusto grave al ministro, que está muy mal de salud, y quizá provocar de su parte alguna intemperancia (porque está muy enojado con Maura) que nos pusiera en un apuro. Como está realmente enfermo, le obligo a que permanezca en Ronda, y como ya este debate ha caído sobre mí, quiero llevarlo yo hasta el final, amansando poco a poco a las Cortes.

Eduardo Ortega ha dado una nota a los periódicos, contando lo que cree saber acerca de los manejos que se hacen en la Dirección de Seguridad para «salvar» al director general. La gente que me rodea está muy asustada por eso. También por unas declaraciones de Lerroux. Muchas de las personas que colaboran conmigo tienen más de periodistas que de políticos, y miden la importancia de los hechos por su interés periodístico. Es preciso reconocer que el mundillo político de Madrid está en mucha parte manejado por el reporterismo, de igual modo que la parte política de los periódicos se nutre de cominerías y chismes porteriles. Dos o tres columnas dedican algunos papeles a referir lo que se dice en los pasillos del Congreso.

Esplá me traslada los rumores alarmantes que circulan para hoy. El general López Ochoa anda por ahí despotricando contra el Gobierno, y diciendo que él lo derribará todo. Está irritado desde que lo destituí de la Capitanía General de Cataluña, y más irritado porque no le doy destino. Pero en el ejército nadie le hace caso. También me hablan de no sé qué manejos del general Fermoso, hoy en la reserva, a quien yo quité del ministerio por su conducta rara en los asuntos de la cría caballar. Esplá ha recibido también informes de la agitación reinante entre los oficiales de uno de los regimientos de Alcalá, que yo conocía, y de ello le hablé al coronel Enrile.

En la preparación del golpe del 10 de agosto hay una parte que no se ha hecho pública todavía, procedente de los descontentos por la supresión de los servicios de cría caballar en el ministerio de la Guerra y su traspaso al de Agricultura, y por las medidas que después he ido tomando para impedir que se robe en los servicios de remonta. En tiempos de la monarquía se formó una especie de sindicato, que dirigía un tal Bueno, acaparador de caballos en toda España, para vendérselos al ejército a muy subido precio. Se recargaba el precio que pagaba el Estado con el importe de las participaciones fraudulentas que llegaban hasta el infante don Fernando, director un tiempo de ese servicio. Cuando yo empecé a meterme con esas gentes, hicieron campañas de prensa, a las que no era ajeno el general Fermoso. La campaña cesó en cuanto le hice preguntar a Fermoso si tenía mucho interés en permanecer en Madrid. Que ahora reaparezca su nombre, no me sorprende nada. Y es de notar que en lo del 10 de agosto estuvo complicado Bueno, el del Sindicato, y que en la oficina de uno de sus socios, cercana al ministerio, se tuvieron reuniones preparatorias del golpe.

El enojo de los oficiales de Caballería, que son los más desafectos del ejército, viene de la reducción de plantillas, que en su arma ha sido enorme (de 28 regimientos a 10); de la supresión de la cría caballar como servicio militar, etcétera. En el servicio de remonta los abusos han continuado, pero en descenso, hasta su desaparición total en la última compra. Del centro de remonta de Madrid salieron el 10 de agosto los más decididos de los rebeldes, y creo que aún quedan allí tipos sospechosos. Cuando se encargó de la remonta el jefe que lo tiene ahora, y que por haber pertenecido a mi Gabinete militar me parecía hombre de fiar, me contó horrores de los que antes dirigían el servicio. Se instruye un proceso, en el que está encartado un tal Vélez, de la Intendencia, a quien también eché del ministerio. Después comenzaron las quejas contra el jefe que yo había puesto, y hay ahora otro proceso. A fines del año pasado varié otra vez el sistema de compras, y suprimí la comisión permanente encargada de ellas, que salía del depósito de remontas de Madrid. Dispuse que para cada compra se nombre una comisión formada con jefes y oficiales procedentes de las distintas regiones, menos de aquella en que se haya de comprar, y que no pueden formar parte dos veces de la comisión los mismos individuos; sus nombres los proponen al ministerio los jefes de las divisiones, y el ministerio elige. Con este sistema, que debería abochornar a los que pretende contener en el camino de los abusos, se ha conseguido que el precio del ganado adquirido para el Estado en diciembre se reduzca en trescientas o cuatrocientas pesetas por cabeza.

El informador trae referencias de Sanjurjo en el Dueso. El director y el administrador del penal son partidarios suyos, y le dejan hacer lo que quiere. Sanjurjo lo espera todo de un cambio de Gobierno, y afirma que si entrase Lerroux en el poder, no consentiría en permanecer en el presidio ni un minuto más. Sanjurjo debe de tener con Lerroux una cuenta muy seria.

Dice también que el motivo de arrojarse a la rebelión fue el haberle quitado yo de la dirección de la Guardia civil.

Prieto viene a decirme que el Presidente de la República le llama para hablarle de un asunto particular, y Prieto le ha contestado que no irá, mientras el Presidente del Consejo no le autorice para ello. Yo le digo que vaya, y que si el «asunto particular» es un pretexto, que vea, oiga y calle.

En la última parte de la sesión, Royo Villanova ha interpelado al ministro de Justicia sobre sus preferencias presidencialistas. Ha hecho un discurso grotesco. Albornoz le ha contestado bien y le ha hecho callar. Los señores diputados se han reído mucho.

Después de la sesión, vengo al ministerio, y a poco llega Prieto a contarme su entrevista con el Presidente. Le ha hablado en efecto de un asunto de carreteras, sin interés político, pero don Inda cree que eso era el pretexto. En el curso de la conversación el Presidente ha deslizado que le parece mal el plan parlamentario, que no debe anteponerse la ley de Congregaciones, y que antes deberían aprobarse las otras dos que pide la Constitución, o sea la del Tribunal de Garantías y la de Responsabilidad del Presidente de la República. En esta parte de la conversación, dice Prieto que ha habido grandes pausas, como si el Presidente aguardase algo del ministro, que, fiel a la consigna, no ha dicho nada. En suma, la impresión de Prieto es que el Presidente querría ver votadas las otras dos leyes y luego disolver las Cortes, dejando para las siguientes la de Congregaciones.

Esta tarde ha habido un incidente entre Lerroux y sus edecanes Guerra del Río y Rey Mora. Guerra quería publicar en *El Imparcial* el acta ya famosa de los capitanes, y ya la había metido en un sobre para enviarla al periódico. Al enterarse Lerroux le hizo desistir, y Guerra, de muy mal humor, rompió el sobre con la copia del acta que llevaba dentro. Añadió Lerroux que no quería que se hablase más en las Cortes ni del acta ni de lo de Casas Viejas. Guerra y Rey Mora estaban furiosos.

En vista del giro que toma lo del acta y de las informaciones raras que me llegan, he resuelto llamar al capitán Rojas, que mandaba las fuerzas en Casas Viejas, e interrogarle personalmente. Este paso es peligroso, por el modo de ser de tales gentes y por la malicia general; cualquiera puede adivinar lo que son capaces de suponer acerca de esta entrevista si se divulgase. Rojas ha venido esta noche a las once. Le he recibido en mi despacho. No le había visto nunca. Su aspecto no predispone en favor suyo; la hechura de la cabeza no delata al hombre inteligente. Yo tengo la copia de la declaración, o más bien informe, dado por Rojas al director general sobre los hechos de Casas Viejas; en su escrito, Rojas niega que recibiese órdenes monstruosas y niega también que se fusilase a nadie. Tengo asimismo la información practicada por lo del acta, que me ha traído Menéndez, aunque no terminada, pero en la cual consta la declaración de Rojas, diciendo que supo lo del acta por referencias, y que estando acuartelado en Pontejos, no recibió ninguna orden especial. Si algo me llamaba la atención, dado el papel que había desempeñado este hombre, era la extrema concisión de su testimonio.

Basado en tales antecedentes, le pregunté primero el origen del acta y su participación en ella. Me dijo: que él había prometido hacerse responsable de todo lo ocurrido en Casas Viejas, y dado su palabra de honor, y que cuando le piden un favor y lo promete, sacrifica hasta la cabeza, si es preciso. Que fue a Sevilla hace unos días, por encargo de Menéndez, para hablar con el teniente Artal, que estaba muy decaído; que en el tren, de regreso, un agente de policía le preguntó quién era y se cercioró de su identidad (probablemente, esto se debió a mi orden de hacer regresar inmediatamente a Rojas); que en la estación de Madrid le esperaba el secretario del director general, que le llevó a un café, y allí le exhortó a *ser hombre* y le insinuó la conveniencia de que hiciese un viaje y hasta le habló de dinero; que esta gestión del secretario de Menéndez le indignó mucho, y le hizo cambiar de actitud; que no *sabe cómo* sus compañeros, los capitanes de Madrid, se enteraron de que él estaba dispuesto a hacerse responsable de todo, y fueron a decirle que no lo consentían, que no hiciese el tonto, y que por favorecer a otros no debía manchar el honor del cuerpo; que él se negó al punto a secundarlos; le dijeron también que habían consultado el caso con Lerroux, y les había aconsejado que pusieran sus manifestaciones por escrito; que por esta razón los cinco capitanes suscribieron el documento en que declaran haber recibido de sus jefes la orden de no hacer heridos ni prisioneros; que suscrita el acta, siguió negándose a firmarla; pero que lo intentado por el secretario del director, y el haber pretendido en la dirección que contradijese terminantemente en la información practicada los asertos de los cinco capitanes, le han decidido a cambiar de conducta; que ha resuelto «irse con los capitanes», es decir, declarar que, en efecto, hubo la orden de no hacer heridos ni prisioneros.

—¿Pero hubo esa orden?

—Sí, señor.

—Y usted, al prometer que se haría responsable de todo, ¿a qué se refería?

—A lo ocurrido en Casas Viejas, tomando para mí la culpa, si la hubo, y callándome esa orden.

—¿Y qué ocurrió en Casas Viejas?

—Ya lo he contado.

—Yo tengo una copia de la relación de usted. ¿Tiene usted que añadir algo a lo que allí se dice?

—No, señor. Si acaso, algún detalle.

—¿No hubo fusilamientos?

—No. Fuimos duros, crueles si se quiere. Al que corría y no alzaba los brazos a nuestra intimación le hicimos fuego; al que se asomaba a una ventana le hacíamos fuego; cuando nos tirotearon desde las chumberas respondimos con las ametralladoras. Pero eso fue todo.

—¿Usted recibió, estando en Casas Viejas, una orden telegráfica?

—Sí, señor.

—¿Qué decía?

—Que acabásemos rápidamente con lo de la casa de *Seisdedos*.

—¿Conserva usted el telegrama?

—Se lo devolví a quien me lo entregó.

—¿Y no es cierto que mandó usted *razziar* el pueblo?

—Es falso.

—Concretamente: ¿No registró usted las casas, no hizo prisioneros y los mandó fusilar en casa de *Seisdedos*?

—No, señor; es falso, es falso. Hicimos prisioneros, y los entregamos al juzgado.

—¿Y por qué está *decaído* el teniente Artal?

—Ya lo estaba aquel día. Me lo encontré en disposición de meterse en la cama, y tuve que reprenderle dos veces.

Le repetí varias veces, y en distinta forma, la pregunta de los fusilamientos, y siempre contestó negando.

Después le he hablado en otro tono, más suave y menos directo. Se ha mantenido firme y tranquilo. Sólo un momento se ha emocionado: cuando afirmaba que habían sido duros, crueles.

No sé a cuándo aguarda el juez para llamar a este oficial e interrogarle a fondo, si, como dice el inspector de Tribunales, hay en el sumario declaraciones que hablan de fusilamientos.

2 de marzo

Anoche, después de marcharse Rojas y de tomar los apuntes de su conversación, vino Saravia, ya muy tarde. Hablamos del asunto, y le conté mi impresión. Saravia, que es la discreción misma, se abstuvo de opinar; me confirmó los indicios de que a Rojas habían querido sobornarlo. Esto es lo que necesito poner en claro para formar juicio sobre la conducta de Menéndez; el cual me trae otra parte de la información, que sigue su curso. Me ofrece que estará completa antes de comenzar la sesión de esta tarde. Uno de los capitanes que declaran en la información alude a los pasos de Gaínza cerca de Rojas, a su regreso de Sevilla, y les da la misma significación que éste. «¿Qué quiere decir esto?», le preguntó a Menéndez. «Nada. Gaínza fue a la estación a esperar a Rojas, porque usted me había dado orden de que no le perdiese de vista y me asegurase de su persona.»

Se marcha Menéndez. Yo quedo preocupado con esto. Se me ocurre llamar a Gaínza, y si es preciso carearlo yo mismo con Rojas. No puedo fiarme de ninguno.

El resto de la mañana se me ha ido en recibir visitas. La audiencia ha terminado a las tres menos cuarto. He comido de prisa y corriendo, y ahora me voy a casa del Presidente, a recoger la firma para un proyecto de Marina, y después iré a las Cortes.

Cuando llego al Congreso, veo que el escándalo por lo del acta de los capitanes no puede ser mayor. Todos esperan una sesión tempestuosa, trágica. Se anuncia que leerán el acta, que los radicales se tirarán a fondo contra nosotros, que los militares harán y acontecerán, etcétera, etcétera. Al saberse que los capitanes están arrestados y destituidos, los propaladores de noticias arrecian en su faena. Yo me he desentendido de todo ese barullo y he ido al despacho de Besteiro, para convenir la hora en que habría de discutirse y votarse la proposición de censura que quedó pendiente el viernes.

El salón estaba repleto y las tribunas. Ha defendido la proposición de censura Botella. Lo ha hecho bastante mal, y ha pretendido estúpidamente probar que lo de Casas Viejas es el resultado de la política social y de la política parlamentaria del Gobierno. Cuando le vi en ese terreno lo juzgué vencido. Cuando acabó de hablar Botella, tardé un poquito en pedir la palabra, por si alguien quería hablar. Como todos callaban, hablé yo. No me fue difícil refutar a Botella. La mayoría aplaudió, y en las oposiciones se advertía decaimiento y desánimo. Rectificó Botella, y nadie quiso hablar. El silencio de las oposiciones ha producido sorpresa y decepción. Es evidente que no se han atrevido a utilizar lo del acta ni a remover el asunto de los capitanes; tan absurdo es el caso. La votación se ha hecho en seguida, y hemos tenido una mayoría más alta que la semana pasada.

Si los radicales se hubieran metido en ese mal paso, les hubiera demostrado su torcida conducta; el consejo de Lerroux para que redactasen el acta, la entrega del acta a Peyre, abogado de March; la declaración de uno de ellos: «ésta es una bomba que teníamos preparada y no queríamos que nadie le quitase la mecha».

Las oposiciones han quedado hoy muy mal, después de las fieras amenazas que venían dirigiéndonos en los pasillos y en los periódicos. El Gobierno ha obtenido un triunfo, pero esta victoria sirve de poco para despejar la situación parlamentaria.

Lerroux le ha dicho a un periódico que a él no le importa que por consecuencias de la obstrucción quede incumplida la Constitución, «porque él lleva una Constitución en su conciencia».

3 de marzo

Muy temprano me telefonea Esplá diciéndome que necesita hablarme. Cuando salgo al despacho ya me está esperando Esplá acompañado de Menéndez. «¿Con qué catástrofe empieza hoy el día?», les pregunto. «No es pequeña», responde Esplá.

Ocurría esto: Menéndez, sin contar con nadie, ha abierto ayer una información nueva sobre la conducta de sus subordinados en Casas Viejas. Determinación extraña, a estas alturas, cuando ya va muy avanzado el sumario que instruye el juez especial. ¿Qué se proponía sacar Menéndez de esta información? Misterio, por ahora. Ha encabezado la información con unos recortes de periódicos, con la declaración de un tal Estrella, periodista, y ha hecho venir de Sevilla, trasladándolo de destino, al teniente Artal. Artal llegó anoche, y parece que estuvo en el cuartel de Pontejos y en otros sitios, contando cosas tremendas. Dice Menéndez que, enterado de esto, llamó a Artal a la Dirección, y ante el asesor jurídico le hizo prestar declaración. Parece que Artal estaba muy nervioso, y pidió que se le dejara reflexionar, aplazando la declaración 24 horas; se negaron a ello, y a las cinco de la mañana declaró que en Casas Viejas, por orden de Rojas, se había fusilado a doce o catorce prisioneros, y que Rojas le dijo que tenía órdenes de Menéndez de aplicar la «ley de fugas». Por si esto fuera poco, añade Artal que Rojas le ha dicho que el ministro de la Gobernación y el Presidente del Consejo estaban decididos a salvarlos. Confirma también que Rojas fue a Sevilla para tranquilizarlo y que no dijese la verdad.

Todo esto es atroz. No se puede estar peor servido.

Esplá dice que ha hecho comprender a Menéndez que, habiendo acusaciones contra él, no puede continuar de director general. Menéndez lo reconoce, y me presenta la dimisión, que le acepto.

Hacen mil disparates. Tienen detenido en la Dirección a Artal, que está como loco, dando gritos.

En esto estábamos, cuando empezaron a llegar los ministros para celebrar Consejo. Menéndez y Esplá se fueron. Quedaron en que me mandarían la declaración de Rojas, que estaba prestándola en aquel momento.

El Consejo ha sido penoso, bajo la impresión de estas revelaciones; por mucho que nos fuéramos acostumbrando a la probabilidad de una catástrofe, la comprobación casi irrefutable nos aplana. Leemos en Consejo la declaración de Artal. Después llega la de Rojas, que sigue negando los fusilamientos, y atribuye la acusación de Artal a enemistad personal, porque su conducta en Casas Viejas fue mala, y él le reprendió. Acordamos enviar hoy mismo ante el juez a Rojas y Artal con el testimonio de sus declaraciones. Y sustituir inmediatamente a Menéndez. Prieto propone para director de Seguridad a Manuel Andrés, gobernador de Zaragoza.

Después se examina la situación política en general, y dado los barruntos que hay respecto de la intención del Presidente en cuanto a posponer la ley de Congregaciones, acordamos provocar una demostración de confianza llevando a la firma del Presidente el proyecto sobre elecciones municipales. Si lo firma, la situación del Gobierno se despeja; si no lo firma, dimitimos, y en paz.

Por la tarde hablo por teléfono con Casares y le digo que vuelva a Madrid. «Hay hechos nuevos —le digo—, y habrá que hacer una sustitución.» Por teléfono no le digo más.

Creía yo que la tarde sería tranquila, no habiendo nada anunciado para la sesión de hoy, y cuando me disponía a trabajar en mi despacho, telefonea Besteiro diciendo que hay una proposición de los radicales pidiendo a las Cortes que se me requiera para que lea los papeles que llevé a la sesión de ayer, y otra de Ortega sobre lo de los capitanes. En vano le hago observar a Besteiro lo improcedente de ambas proposiciones. Dice que no hay medio de cortarles el paso. «Bueno, pues allá voy.»

En el Congreso, después de convenir con Besteiro que pusiera a debate la proposición de los radicales a las seis, fui al despacho de ministros, y allí estuve largo rato de conversación con Largo, Ríos, Domingo, Prieto y Albornoz. Hablando, hablando, fui dando suelta a mis sentimientos de repugnancia por la campaña que se hace contra nosotros, y que por el deseo de derribarnos no se priva de suponer que hemos ordenado las atrocidades de Casas Viejas, o las hemos ocultado; les digo mi cansancio, el quebranto de mi voluntad, el horror que me produce el ambiente calumnioso en que nos movemos, la inutilidad de nuestros esfuerzos para librarnos de la coalición de tantos resentimientos, de tantos odios personales; declaro que ya no puedo más, y que estoy dispuestísimo a dar un escándalo desde el banco azul; que se trata de inutilizarnos por cualquier medio, para inutilizar una política, y que yo no consiento en prestarme a las bajas combinaciones que servirían para restablecer inmediatamente la paz y la «cordialidad» republicana. Que hay en mi aprecio cosas superiores a la misma República, y que yo no puedo sacrificar a la política lo que siempre ha estado lejos y por encima de ella. En fin, hablé mucho, y los otros no poco. Prieto, pesimista. Largo, enardecido. Fernando, aconsejándome tenacidad y serenidad. Albornoz, muy afectuoso, diciéndome que siente ternura por mi persona y por mi obra.

En este estado he ido al salón de sesiones, donde había un gran alboroto contra el vicepresidente a causa de una votación. Los radicales vociferaban. Algunos hacían intención de retirarse. Están buscando el pretexto, y si no vencen al Gobierno se irán aparatosamente de las Cortes. En cuanto me vieron sentado en mi sitio el alboroto empezó a calmarse y me decían: «¡El sobre, el sobre!»; «¡que traiga el sobre!». La explicación de esta tontería estaba en la misma proposición que iban a defender. Para la discusión de ayer tarde llevé yo al Congreso unos papeles dentro de un sobre, y al ocupar mi puesto metí el paquete en el pupitre, de donde no lo saqué porque no me hizo falta. Pero el *abultado sobre* no dejó de llamar la atención. Al salir de la sesión, unos periodistas me dijeron: «Se vuelve usted con el sobre, señor Presidente», y yo contesté, en broma:

—Nunca traigo papeles a las discusiones, y por una vez que los he traído, no me han hecho falta.

La futilidad de las gentes y los usos de portería que son corrientes en los pasillos del Congreso han enredado mil chismes en tan sencillas palabras, y alguien se permitió, por lo visto, decir que en cuanto las oposiciones vieron el sobre desistieron de atacar y que a eso se debió su silencio ayer tarde. Por otra parte, la prensa monárquica, que se prometía la caída del Gobierno a favor del barullo que habían de levantar los radicales en el asunto de los capitanes, está muy chasqueada, y se burla de las oposiciones y las azuza, haciéndoles ver que quedaron en ridículo. Todo esto les ha enardecido. En fin, los diputados radicales se han reunido hoy a comer con Lerroux, y se conoce que la mucha conversación y algo de exceso gastronómico les han puesto en pie de guerra. A los postres de la comida han redactado y firmado la proposición que iba a discutirse. Algunos estaban como borrachos, congestionados e insolentes. Recuerdo los ojillos con que me miraba Salazar Alonso, coronado de su rizosa cabellera de peluquero. Y lo más chistoso es que se imaginaban que me habían *cazado*. Habló Guerra del Río, y quieras que no se metió en el asunto del acta de los capitanes; yo me alegré mucho de que lo hiciera. Después habló el loquinario de Maura, tomándola por la tremenda, en defensa del *honor* de las oposiciones, etcétera, etcétera. ¡Muy absurdo! Contesté a los dos, y después de tranquilizar a Maura, me fui sobre los radicales. El tema era fácil. La mayoría se puso en pie dos veces, prorrumpiendo en clamores de entusiasmo. Le hice confesar a Maura que estaba de acuerdo con mi doctrina. El espectáculo fue tremendo. Las tribunas también aplaudían y, cuando terminé de hablar, toda la mayoría, en pie, gritaba y vitoreaba. Los radicales no sabían dónde meterse. Guerra del Río quiso rectificar y no pudo. Cada vez que intentaba hablar, la mayoría volvía a aplaudirme. Guerra estaba K.O. El efecto era tal que se levantó Lerroux, y también estuvo muy desafortunado; porque desautorizó a los suyos; salió por el registro de que no se hablara más de Casas Viejas, y que él no había querido hacer uso del acta de los capitanes; pero había estado presente toda la tarde, mientras sus amigos pretendían matarnos con esas armas, y ahora, al ver que no servían, las abandonaba. Guerra del Río decía más tarde que estuvo a punto de levantarse a hablar contra su jefe, y no recataba su mal humor, porque, proponiéndose derribarnos, sólo había conseguido dar ocasión a uno de los mayores triunfos parlamentarios del Gobierno. El discurso, en sí, nada tiene de particular; pero las circunstancias le han dado un gran valor, por el efecto que ha causado. La mayoría estaba en una tensión comprimida por las adversidades de estos días, y lo que yo les dije les valió para descargar la tensión y reconocerse otra vez juntos y resueltos.

En los pasillos han vuelto a aplaudirme, cuando vieron que Albornoz me abrazaba. Todos muy contentos, menos yo. Prieto me ha dicho que en el banco azul lloraba oyéndome. Largo, que nadie mejor que él puede apreciar el esfuerzo que he hecho, porque recordaba mi estado de ánimo cuando momentos antes del debate hablábamos en el despacho de ministros. No he querido aguarles el contento, pero la escena de esta tarde ni me envanece, ni me consuela de nada. Mi sentimiento, al escribir estos apuntes, es de profunda tristeza. No lo creerían, si se lo dijese; ¡además, para qué desanimarlos! La situación, vista por dentro, como yo la veo, no mejora. De todos modos, el efecto en el público es grande y será saludable.

4 de marzo

Esta mañana ha llegado Casares, y a las diez y media se ha presentado en mi despacho. Está de mejor color, pero muy estropeado aún; tiene fiebre todos los días. Hablamos hasta la una. Le cuento todo lo que ha pasado, para ponerlo *al día* y que no cometa anacronismos. Su resolución es dimitir, sacrificándose por todos. Le hago ver que es imposible, y que si él saliera saldríamos todos. Me cuenta Casares que don Niceto ha llamado por teléfono todos los días, algunos dos veces, para preguntar por la salud de María Victoria, y, aunque Casares se ponía al teléfono, nunca le preguntó por su salud personal; tanto que, un día, Casares le contestó: «Yo también estoy mejor».

Quedamos en sustituir a Menéndez con Manuel Andrés, gobernador de Zaragoza.

Aún estaba aquí Casares cuando ha llegado Gabriel Franco, que forma parte de la comisión parlamentaria que va hoy a Casas Viejas. Quiere saber nuestros puntos de vista. Le cuento lo que sabemos por la declaración de Artal y la negativa de Rojas; que no ponga límite a nada.

Recibo luego a una señorita alemana que, asistida de un taquígrafo, me hace una interviú. Se propone publicar un libro sobre España. Me pregunta una porción de simplezas; yo le contesto cualquier cosa, y se va muy contenta.

Al salir, el taquígrafo aprovecha la ocasión para pedirme una recomendación.

Después de comer ha venido Guzmán. Le confirmo lo que delante de él le dije ayer a Miquel, propietario de *Luz* (se me olvidó apuntar esto). En efecto, poco antes de salir para las Cortes, estuvo aquí Guzmán, trayéndome a Miquel, a quien yo no veía desde el verano. Parece que Miquel se había quejado de que le era difícil verme, y de que no se le hace caso. En vista de eso, le dije a Guzmán que lo trajera, aunque no me gustase la entrevista, porque suponía que iba a hablarme del asunto del papel. Así fue. Miquel se dejó decir que, «si yo quisiera», se decretaría la elevación de precios de los periódicos. Le hice ver que el ministro de Agricultura había traído una propuesta a Consejo, pero que no siendo aceptada la reforma por todas las empresas, era muy difícil imponerla; que en Consejo habían votado en contra los tres ministros socialistas, y alguno más, y que en un asunto de esa índole yo no quería ni debía forzar la opinión de los ministros; etcétera, etcétera. Miquel se quejó de la conducta de los socialistas, que en Consejo de ministros se oponen a la elevación de precios, en tanto que a través de las organizaciones de la UGT promueven a las empresas dificultades graves, con aumentos de salarios, etcétera. Conseguirán arruinar a los periódicos republicanos. También me dijo Miquel que la situación de sus periódicos es muy desventajosa para luchar con *ABC* y otros, que traen el papel del extranjero; él está dispuesto a hacer otro tanto, con lo que se agravará la situación de la Papelera. Me habló también de la orientación política de sus periódicos. Bello ha dimitido de *Luz*, porque se niega a hacer campaña contra los socialistas, como quiere Miquel. Por su parte, Miquel se queja de que Bello ha convertido el periódico en un órgano exclusivamente político, y su circulación disminuye. Aseguró que está dispuesto a que *Luz* continúe apoyando mi política. Corté la conversación, porque se hacía hora de ir a las Cortes, pero antes le dije a Miquel que podía dar a sus periódicos la orientación que quisiera, en la seguridad de que yo no me sentiría molesto, ni creería que él había faltado a ningún compromiso; que no teniendo yo puesto en los periódicos ni un céntimo, me guardaría muy bien de dar consejos que pudieran ser perjudiciales a los intereses de Miquel o de otros; que esta respuesta no estaba improvisándola, sino que había pensado siempre así, como Guzmán, allí presente, sabía; que al interesarse en las empresas de los periódicos, lo hizo por gusto o por conveniencia, o por creer que era útil inclinarlos a apoyar al Gobierno; pero que su gusto, su conveniencia o su creencia podían cambiar, cuando y como quisiera, en la seguridad de que yo no me daría por enterado.

Hoy, con Guzmán, he recordado la conversación de ayer, y la he ratificado. Guzmán me ha dicho que ya está convenido el cese de Bello en *Luz* y su pase al *Sol*, como colaborador.

A las nueve de la noche voy a casa de don Niceto. Le informo de todas las novedades, de la sustitución de Menéndez y de que han llegado a Cádiz el capitán Rojas y Artal.

Se cuenta por ahí que una hija de Alcalá-Zamora ha dicho que su padre pondría el veto a la ley de Congregaciones.

5 de marzo. Domingo

Anoche estuvo aquí Menéndez, sin despedirse particularmente porque aún no había cesado, ni se había firmado el decreto de dimisión. Aunque yo le dije a Casares que corría prisa, ayer no hicieron nada. Me dijo Casares por teléfono que había hablado largamente con Menéndez, el cual se limitó, en lo referente a su cargo, a decir de un modo general que estaba a disposición del Gobierno. Hoy he instado a Casares para que llame por teléfono al gobernador de Zaragoza y le haga venir sin pérdida de tiempo. Así lo ha hecho, y cree que Andrés llegará a las seis. Menéndez está muy tranquilo. Me habló de la declaración de Artal, y la tacha de falsedad. Cree que hay una conjura contra él, urdida por oficiales monárquicos, a quienes manejan el comandante Peyre y el teniente coronel V. Galarza.

Hoy, a mediodía, ha venido Vallés, fiscal general de la República interino, porque Martínez de Aragón ha sido nombrado presidente del Consejo de Estado. Poco después de marcharse Vallés han venido Granados, inspector de Tribunales, y un señor Navarro, abogado fiscal que interviene en el sumario por lo de Casas Viejas. Los tres me han dado la misma noticia, a saber: que el capitán Rojas declaró anoche ante el juzgado especial y confesó ser verdad lo que dice Artal, o sea que fusilaron a doce presos, y que Menéndez, en la estación de Madrid, les dio orden de aplicar la «ley de fugas». La cosa es tremenda. Tanto Navarro como Granados opinan que, aunque la afirmación fuese cierta y se dieran aquellas órdenes, es muy dudoso que a Menéndez le alcanzase responsabilidad criminal por ello. Como Menéndez, por su cargo, no puede ser examinado por el juez instructor, la causa pasará al Supremo en cuanto se reciban algunas declaraciones más, que puedan apoyar lo dicho por Rojas. El abogado fiscal se vuelve esta misma tarde a Cádiz, para lo que le hemos proporcionado un automóvil.

He llamado después a Saravia, para darle la mala noticia de la confesión de Rojas, su cuñado. Saravia se conduce en todo este asunto con un estoicismo ejemplar, y aunque tiene un disgusto terrible, no habla de ello ni lo deja parecer.

Saravia me entrega una copia de un documento escrito por Rojas, y que entregó a un notario, antes de salir de Madrid, con encargo de que se publicara, «si a él le ocurría algo». El documento, es decir, la copia, se la ha dado a Saravia una señorita que va al Ateneo, cuyo nombre no recuerdo en este momento, para que me lo entregue a mí, acompañado de una tarjeta suya. El documento es una confesión, e insiste en los intentos de soborno, complicando en ellos a la mujer del propio Menéndez. Como el papel es un escrito a máquina, sin firma ninguna, de poco me sirve, pero coincide en lo esencial con lo que me han contado Vallés y los otros magistrados. Afirma Rojas que el Gobierno no sabía nada de los fusilamientos y que cuando pudo contárselo al ministro, el director general le dijo que no lo hiciera.

¿Qué clase de hombre es el tal Rojas, que ha estado negando durante dos meses, y que todavía el viernes negaba, cuando ya tenía firmado ese nuevo papel?

A las ocho de la noche ha llegado de Zaragoza Manuel Andrés. A las diez y media le ha dado posesión Casares. Mañana se publicarán los decretos. A las once han venido a verme Casares y Prieto. Don Indalecio está muy aplanado.

Cree conveniente que el Consejo del martes se adelante a mañana lunes. Así lo decido, y llamo por teléfono a los gobernadores de Teruel, Valencia y Barcelona para que avisen a los tres ministros que están de viaje.

Zulueta me llama dos veces por teléfono para contarme el resultado de las elecciones alemanas. Cuando le digo que el Consejo, si llegan los ministros ausentes, se celebrará mañana, Zulueta se asusta, porque cree que eso producirá alarma. ¡Vea usted qué cosa!

6 de marzo

Ha venido esta tarde a presentarse el nuevo director general de Seguridad. Todo el mundo dice que es hombre despierto, activo y enérgico. En Zaragoza lo ha hecho muy bien. Hemos hablado un rato. Entre otras cosas me dice que se ha de acabar la exagerada independencia de que disfruta la Dirección General con respecto del ministro. (De esto se me había quejado Casares, y más de una vez le había llamado la atención a Menéndez sobre ello.) Cuando estaba hablando con Andrés empezaron a llegar los ministros, y se marchó.

Antes de hablar de política y de los asuntos del día, he hecho aprobar un decreto de Guerra transfiriendo al Estado Mayor Central los servicios de Instrucción, que por piques entre Goded y Ruiz Fornells se quedaron en la subsecretaría cuando resucité aquel organismo.

También me ha aprobado el Consejo una propuesta, y el consiguiente decreto, para destinar La Veguilla, que fue de los jesuitas, a jardín botánico, parque zoológico, etcétera. Tenía yo mucho interés en esto, y lo he apresurado todo lo posible. Ahora falta que sepan ejecutarlo.

Informo al Consejo de la confesión de Rojas. Examinamos detenidamente la situación. Si ahora resulta, por testimonios irrecusables, que es verdad lo de los fusilamientos, en los propios términos en que se venía afirmando, lo más claro es que el mismo Gobierno lo cuente mañana mismo en las Cortes, porque si aguardamos a que se enteren oficialmente por lo que diga la comisión parlamentaria, el efecto será peor. Fernando insiste mucho en que se haga notar que el descubrimiento de la verdad se ha realizado en el sumario, y en virtud de haber ido ante el juez, por orden del Gobierno, los dos oficiales. Quedo yo con el encargo de hablar mañana en las Cortes, para dar cuenta de todo. ¡Es un paso difícil! Prieto teme que la mayoría se nos revuelva. Largo asegura que los socialistas se mantendrán firmes. De los de Acción y de los catalanes, tampoco hay dudas. Sólo existe la incógnita de los radicales-socialistas, cada vez más divididos.

Después he invitado a los ministros a que examinen las eventualidades de una crisis, y las decisiones previas que convendría tomar para cuando se produzca. Nosotros no vamos a dimitir por lo de Casas Viejas, a no ser que algún grupo de la mayoría nos falle. Pasada esta grave dificultad, nos conviene despejar la situación general provocando la cuestión de confianza, que puede ser con ocasión del proyecto electoral. Pero yo creo que no debo ir a Palacio con ese asunto, sin pensar antes en las ocurrencias posibles. Sería una locura tantear la confianza del Presidente, y si nos la ratifica, bien; pero si se abre la crisis, quedamos con la boca abierta, sin saber qué hacer en cada caso. Domingo opina como yo, expresamente, y los demás asienten.

Largo dice que si se plantea la crisis y empiezan las consultas, los tres ministros socialistas tienen decidido retirarse definitivamente del poder, y quién sabe por cuántos años. «Vamos, que no nos reenganchamos», añade Prieto.

—¿Están ustedes seguros? —les pregunto.

En torno de esto gira la conversación. Les llamo la atención sobre la gravedad de la crisis, que puede conducir a un cambio de política prematuro, y quizás a la destrucción de cuanto llevamos hecho. Es evidente que, sin la conformidad y la colaboración de los partidos que están en el Gobierno, no puede constituirse otro ministerio que tenga mayoría en las Cortes, y por tanto se trata de saber si, no ocurriendo una derrota en las Cortes, estaríamos dispuestos a consentir que se variase de política. Añado que me produce temor la perspectiva de que el lerrouxismo gobierne o prepondere, porque, aparte de que eso sería la resurrección de un partido muerto, significaría la paralización de la reforma agraria, un retroceso en la política de conciliación con Cataluña, la rehabilitación de March y sus contrabandistas, el predominio de los generales y de otros militares hasta ahora sojuzgados por la República, la libertad de Sanjurjo y la amnistía de los conjurados del 10 de agosto, y una era de favoritismo y negocios, según las tradiciones del romanonismo. Me preocupa mucho lo que haría el ejército si viniese al ministerio un general, o un hombre que no supiera imponer respeto.

La situación no sería la misma si el Gobierno cayera con una derrota en las Cortes, porque la ocasión y los términos de la derrota ya darían una indicación para constituir un Gobierno, que nos parecería bueno o malo, pero que tendría un origen indiscutible en cuanto a su legitimidad. Pero, si no habiendo habido derrota en las Cortes, se plantea la cuestión de confianza y el Presidente decide cambiar de política, el hecho sería muy grave; porque la *indicación* primordial para el Presidente deben ser los votos del Parlamento. Conviene, pues, por si este caso llega, que todos los ministros consulten con sus partidos sobre lo que se debe hacer, y cuáles serían sus planes para el porvenir. Si nosotros decimos: *no*, la política no podrá cambiar mientras las Cortes nos sostengan.

Si no pudiera formarse un Gobierno con mayoría en las Cortes, habría que disolverlas. ¿Bajo qué Gobierno? ¿Podríamos permitir que se formase un

Gobierno anodino, «de funcionarios», como dijo don Niceto hace tiempo, excluyendo a los partidos, como si no merecieran gobernar un período electoral?

Yo estoy dispuesto a llevar nuestra política hasta el fin, si es que me ayudan; pero si no quieren ayudar, conviene saberlo a tiempo.

Largo dijo que estaba conforme, y que discretamente hablarían de ello en el Comité nacional de su partido. Los otros opinaron lo mismo. Domingo dijo que colaborar con los radicales, de ninguna manera, pero que los socialistas deben hacer posible ese propósito

A última hora ha venido Menéndez a despedirse. Le acompañaba su hermano. Está muy tranquilo. Recuerda sus servicios, su lealtad. Niega la connivencia con Rojas, así como que él prohibiera a Rojas que le contase la verdad al ministro. Le preocupa la situación militar en que se queda. No puede volver al servicio activo, porque seguramente tendría muchos disgustos, después de lo ocurrido con motivo del 10 de agosto. Lo que le importa es seguir contando con nuestra estimación.

Que las barbaridades de Rojas en Casas Viejas se hiciesen con autorización o por orden de Menéndez, no lo creo. Necesitaré que me convenzan de ello. Mi duda, o mi sospecha, es si Rojas se lo contó todo después y Menéndez se calló. ¿Cuándo se ha enterado Menéndez? ¿Por la declaración de Artal? Esto es lo que importa ahora descubrir.

7 de marzo

En las Cortes, sesión penosa. Con la mayor concisión, he dado cuenta de las averiguaciones practicadas y de la confesión de Rojas. Ya lo sabían oficiosamente los diputados, pero el efecto ha sido fuerte. No se ha producido ningún movimiento desagradable; la impresión es deprimente, y al propio tiempo se advierte que la Cámara está ya saturada de este asunto, y un poco embotada.

Naturalmente, las oposiciones no iban a desperdiciar la ocasión. Eduardo Ortega se ha lanzado al asalto, y ha leído el original del documento del capitán Rojas, que ha producido en las Cortes un efecto malo para su autor. Cuando llegó a leer las líneas en que dice que el Gobierno no supo nada, los diputados lo subrayaron con murmullos, y Ortega, al advertir que aquello favorecía al Gobierno, se aturulló un poco y se confundió. También Martínez Barrio hizo un discurso. Con las buenas intenciones de siempre. Contesté a todos, empresa desairada, no por dificultades dialécticas ni políticas, sino por la amargura que a todos nos produce el descubrimiento de que se han hecho atrocidades, y al discutir, parece que uno quiere disculpar o disimular lo sucedido. Según iba hablando, se me ocurrió echarlo todo a rodar; no es soportable la idea de que en un asunto así parezca que la mayoría nos defiende por mera disciplina de partido, y dije a todos que los desligaba de sus deberes de partido y que cada cual votase lo que le pareciera, con plena libertad.

No hubo votación, porque no había ninguna proposición presentada, ni se hizo otra cosa en toda la tarde que comentar la declaración del Gobierno. Todo el mundo se reserva para cuando vuelva la Comisión y dictamine.

Los ministros han estado después en el despacho comentando la sesión. Todos, menos Largo, están un poco deprimidos. Claro: acostumbrados al buen éxito, esta situación se les hace muy cuesta arriba.

El más desconcertado es Prieto, con su impresionabilidad de hombre de la calle. Otras muchas veces, en el curso de estos meses, si yo no le hubiera contenido, hubiera dado con el Gobierno en el suelo.

Fernando está muy asustado. Quería que mandase detener a Menéndez; le da mucho miedo pensar que se fugue. Yo me he negado. Seguramente no se fugará, y detenerlo por orden del Gobierno sería una campanada tremenda. Allá el juzgado.

Cuando estábamos en esa reunión vienen a decirme que el general Queipo, jefe del Cuarto militar del Presidente de la República, le ha dicho públicamente a Salazar Alonso, diputado radical, que él sabe quién tiene una carta de un oficial de la guardia, en la que se desmiente cuanto yo había dicho a las Cortes sobre la detención de los capitanes. Queipo y Salazar, ante la estupefacción de los presentes, han salido juntos a buscar la carta. Esta escena ha corrido de boca en boca por el Congreso, con regocijo de unos y cólera de otros. Que un general, y de la Casa presidencial, haga una cosa así, produce, naturalmente, escándalo. Cuando vinieron a contármelo, no dije nada. Añadieron que Emilio Herrero, jefe de prensa de la Casa presidencial, andaba gestionando con los reporteros que se abstuvieran de contar el suceso en sus periódicos.

También vienen a decirme que, mi ocurrencia de desligar a los diputados de la mayoría de su deber de disciplina de partido para la votación que recaiga en lo de Casas Viejas, les ha sentado mal a algunos radicales-socialistas. Dicen que eso no pertenece al Presidente del Consejo, sino a los partidos mismos. Estos pedantes todo lo confunden, y con nada están contentos: si se les habla de disciplina, votan y refunfuñan; si se les exime de ello, también.

Cuando estaba concluyendo de cenar, me llama al teléfono Miguel Maura. Dice que quiere verme con urgencia, y le invito a que venga en seguida al ministerio. «¿Qué traerá?», me preguntaba yo. «Alguna intriga.»

Llegó a las once.

—Aunque usted —me dijo en cuanto nos saludamos— ha dicho que no admite consejos, vengo como amigo a hacerle unas reflexiones, en bien de todos.

—No confunda usted una posición polémica con una relación amistosa. A un amigo que se presenta como usted, le oigo con gusto.

Ha estado aquí más de una hora. Hablando con su voz cálida y llena, y su facundia y volubilidad habituales, que me marean. Toma caprichosamente un punto de partida, y desde él se lanza, haciendo piruetas, sin cuidarse mucho de encadenar las razones.

Comenzó por decirme que el debate sobre Casas Viejas no podía continuar ni un día más. Como yo recordé, para mí, al oír eso, lo que Lerroux dijo en las Cortes el otro día (que no se hablase más de Casas Viejas hasta el regreso de la Comisión), creí que venía, de acuerdo con Lerroux, a proponerme algo. Me dio las razones que aconsejan la terminación de tal debate: que es escandaloso lo que sucede; que ya hoy se ha llegado a hablar de la mujer de Menéndez (documento de Rojas); que mañana saldrán a relucir los escándalos ocurridos en la Dirección General durante el mando de Menéndez: juergas, borracheras, etcétera, etcétera; que el Gobierno, con todo esto, se cubre de fango; que el Parlamento se desprestigia, y por tanto el régimen; que esto no puede continuar...

Respuesta mía: que en cualquier Parlamento del mundo todo ello se habría ventilado en una sesión, de una manera o de otra, mientras que aquí llevábamos un mes, sin adelantar un paso; que no es el Gobierno quien mantiene el debate, sino las oposiciones, y que se puede acabar cuando ellas quieran; pero que el Gobierno no puede atravesarse en el camino e imponer una conclusión, y que estaba pronto a escuchar lo que tuviera pensado para que no continuase una situación que, después de haberla provocado ellos, tanto les escandaliza.

Maura entonces me aconseja que presente yo mañana mismo la dimisión. Le parece muy mal mi doctrina de que el Gobierno sólo puede caer por una votación en el Congreso; de esa manera, dice, echa usted toda la responsabilidad sobre el Presidente de la República.

—¿La responsabilidad de qué?

—La de un cambio de política.

—Esa la tendrá siempre, cuando decida admitir o rechazar la dimisión de un Gobierno. El Presidente no puede proceder caprichosamente, y una indicación fundamental para sus decisiones es el voto de las Cortes.

—Pues esta tarde, la mayoría le ha dado a usted pretexto para dimitir, porque no ha asistido al Gobierno.

—Se equivoca usted, ya lo verá cuando haya una votación.

Entonces Maura se lanza a describirme la situación de la mayoría: según él, 94 diputados socialistas son enemigos de continuar en el Gobierno, y aunque Largo cree dominar en el partido, se engaña. Toda la UGT sigue a Besteiro. También los radicales-socialistas están alejados del Gobierno, y ya se verá en la reunión que van a tener; etcétera.

Le contesto que si, en efecto, los grupos de la mayoría se disgregan, o nos dejan en minoría, ya no tengo que pensar nada, ni que buscar pretexto para marcharme.

Añade Maura que, dado mi propósito de no caer sino en el Parlamento, y admitido que no conviene una crisis por lo de Casas Viejas, se puede provocar por un pretexto cualquiera, que se buscaría mañana mismo, y para que el Gobierno quede derrotado, *bastará que los ministros radicales-socialistas les digan una palabra a sus diputados para que voten contra el Ministerio, y derribarlo.* (*La bonhomie* de Maura es increíble. En vista de que él y sus amigos no pueden derrotarnos en las Cortes, viene a pedirme que nos derrotemos nosotros mismos.)

Apoya su propuesta con muchos ofrecimientos para intervenir mañana cerca de Lerroux y de otros personajes a fin de *combinar* la derrota del Gobierno, y añade que mañana estará todo el día a mi disposición; no tengo más que avisarle por teléfono. (Ya lo da por hecho, con su vehemencia habitual, y su facundia imperiosa.)

Todo ello es para salvar del fracaso y de la inutilización política a doce hombres, que son lo mejor de la República (repite muchas veces lo de los doce hombres, es decir, los ministros); pero se le ha olvidado que ahora no somos más que ocho. Insiste en que lo hace desinteresadamente; el poder no irá ahora a sus manos; no quiere entrar en el poder sino por la puerta grande, cuando los electores le den número de diputados bastante para gobernar, o para pesar decisivamente en las Cortes; precisamente lo que le preocupa es que en las próximas puede tener cien diputados, y eso es demasiado, para no gobernar, y demasiado poco para gobernar; si trajera ciento cincuenta ya sería otra cosa. Pero eso no espera alcanzarlo hasta después de dos elecciones generales. Con Lerroux no quiere nada, ni se prestaría a gobernar con él, ni tampoco Sánchez Román ni don José Ortega.

Probado así su desinterés, repite que hay que salvar de su inutilización política a los doce hombres, que llevan camino de perecer para la República por este asunto de Casas Viejas. El remedio es: la crisis, provocada del modo dicho, *la salida de los socialistas* del Gobierno, y la formación de otro de coalición republicana; en él podrían figurar los mismos ministros republicanos que en el actual.

—De modo —le digo— que, en marchándose del Gobierno los socialistas, *ya no se hablaría más de Casas Viejas* en las Cortes, y ya no quedaríamos inutilizados los demás ministros. ¡Vaya, vaya! Pues yo creo que en las Cortes, como no las disolvieran, se seguiría hablando de eso, queriéndolo un solo diputado, y si nosotros hemos quedado muy mal, cubiertos de fango, y descalificados por lo de Casas Viejas, seguiríamos estándolo en el nuevo Gobierno, o donde nos pusieran. Lo que usted me propone es que me fugue del Parlamento, como Sánchez Guerra el año 22 por la cuestión de las responsabilidades de África. Yo no me fugo de ninguna parte.

Como yo le preguntase si había pensado en la gravedad de una crisis prematura o de una disolución también prematura, me dijo que la crisis sería facilísima, y se resolvería en 48 horas, porque todos sentirían la presión de la oposición pública y no podrían negarse al requerimiento del jefe del Estado. A este propósito, y sin nombrarme, habló de que los caracteres más inflexibles se doblegan en tales circunstancias. Su padre, don Antonio, era tan inflexible, que los hijos se sorteaban para entrar en el despacho a darle algún recado. (A eso no lo llamaría nadie un carácter inflexible; pero este Miguel es así.) Pues con toda su inflexibilidad, don Antonio se avino a presidir el Gobierno nacional con Romanones, Dato, Alba y los que más le habían insultado. (Todo esto de la inflexibilidad debía de ir por mí, prediciéndome que yo también me avendría a presidir un Gobierno de coalición.)

Confesó que el Partido Radical es un conglomerado infecto. Con Lerroux no se puede ni hablar, pero tampoco aspira a nada. Del Partido Radical se podrían sacar dos o tres personas que estuvieran bien. Justificó la obstrucción de los radicales, porque Lerroux tenía en las Cortes 90 diputados «inactivos».

—¿Pero es que no saben hacer otra cosa más que la obstrucción?

Se dejó decir que el Gobierno había sido desleal con las Cortes, ocultándoles lo que sabía. Ya aquí me puse serio, diciéndole que no admitiría conversación sobre tal supuesto. Y hasta se atrevió a insinuar que creía en la existencia de órdenes crueles, dadas por Casares, a quien hace meses oyó decir, en un corro de diputados, algo muy parecido a lo de que *no se hagan heridos ni prisioneros.* Le repliqué de muy mal talante, y aquí la entrevista quedó concluida. Poco más habló, y al despedirse repitió que todo el día de mañana estará a mi disposición.

En el curso de la conversación me dijo también que las elecciones municipales se perderán, pero no las elecciones a diputados a Cortes; que en las elecciones de Cortes, interponiéndose él con su partido, dividirá a las derechas y asegurará el triunfo de los republicanos; que toda España va hacia la derecha; que en Almendralejo lo han llevado en hombros; que España es un pueblo admirable, con el que se hace lo que se quiere; que se incorporarán a su partido Royo, Martínez de Velasco y otros agro-monárquicos; etcétera, etcétera.

Le tiene como loco la reunión de los radicales-socialistas para esta noche, y que pueda decidir la votación un señor desconocido, que es médico alienista. En fin, ¡qué sé yo!

Cuando se ha marchado Maura estaban en otra habitación Ramos y Guzmán, y nos hemos entretenido comentando sus desvaríos.

8 de marzo

La prensa de la mañana ha publicado el incidente Queipo de Llano. Hay gente bastante necia para creer que esto pueda traer dificultades al Gobierno.

Cuando salí al despacho, llamé a Saravia y le encargué que extendiera el decreto relevando a Queipo y que pidiese hora a Palacio para ir a firmar. El Presidente me citó para la una, y debió de figurarse de qué se trataba, porque un cuarto de hora después se presentó aquí el secretario general de la presidencia a decirme, de parte de don Niceto, que le llevase el decreto de relevo del general, a quien esta mañana le había pedido la dimisión.

—El encargo del Presidente coincide con mis propósitos. Dígale usted que ya están poniendo el decreto y que para firmarlo le he pedido hora precisamente.

Más tarde vino el subsecretario de Gobernación. Me cuenta que Casares está *derrumbado.* Le falta la fuerza física y se halla además muy deprimido.

Comenzó a vestirse esta mañana a las ocho, y al mediodía no había terminado. Permanece sentado al borde de la cama, triste y febril. Quiere marcharse del Gobierno, y según Esplá no parece fácil convencerlo. Su resolución viene de que, habiendo tenido que pedirle la dimisión al gobernador de Cádiz, cree que también él debe dimitir.

Esta resolución de Casares no me sorprende. No es nueva. Quería marcharse, asumir él solo la responsabilidad de todo, y desembarazar así la situación del Gobierno. Se ha necesitado todo el ascendiente que ejerzo sobre él y la gran amistad que me tiene y su propósito de no crearme nunca dificultades para hacerle desistir. Hoy le he repetido a Esplá, para que se las diga a Casares, todas las razones que tengo en contra de su deseo de dimitir. Mi decisión está tomada. No sacrifico a un ministro para salvar al ministerio. Si ahora abandonase a Casares, no habría modo de convencer a nadie de que él no era culpable de la atrocidad que han hecho en Casas Viejas, y eso sería de mi parte una acción mala. Cualquiera que sea el descuido o la bobería con que en Gobernación se han atenido durante demasiado tiempo a los informes recibidos de Cádiz, y por desairada que sea la posición en que queda el Gobierno, me consta que Casares no ha sabido lo de Casas Viejas hasta que hemos ido sabiéndolo los demás, y un poco más tarde, porque yo le comuniqué a Ronda, por teléfono y con medias palabras, que habían aparecido hechos nuevos y graves. Estando yo convencido de esto, feísimo sería hacer nada que pudiera echar sobre Casares ni la sombra de una duda. He hablado largamente con Esplá, y se ha marchado con la esperanza de que las cosas que yo decía convencerían al ministro. Cuando se marchaba le he dicho por última vez:

—De todos modos, si Casares no se convence, que me avise, para no ir yo a las Cortes esta tarde y presentar la dimisión de todo el Gobierno.

Vinieron luego el subsecretario de Hacienda y Flores de Lemus. Hablamos largamente de asuntos de aquel ministerio, sobre todo, de cosas de petróleos. Acepto la propuesta de modificar los contratos de transportes de petróleos, que tiene hechos la Campsa, y en los que están escandalosamente interesados algunos consejeros de la compañía misma, entre ellos Maluquer.

A la una, voy a Palacio. Hablamos poco de lo de Queipo, salvo que el Presidente pone mucho empeño en hacerme saber que su primer acto, esta mañana, fue pedirle a Queipo la dimisión. También me dijo que si yo hablaba con los periodistas les hiciese saber que el secretario de la presidencia había ido a poner a mi disposición el cargo del general Queipo.

—Supongo —añadió— que no tendrá usted inconveniente en ello, porque de esa manera se sabrá que yo también me he dado cuenta de la impertinencia del general y su relevo no parecerá una decisión que el Gobierno me arranca.

—No tengo, en efecto, ningún inconveniente.

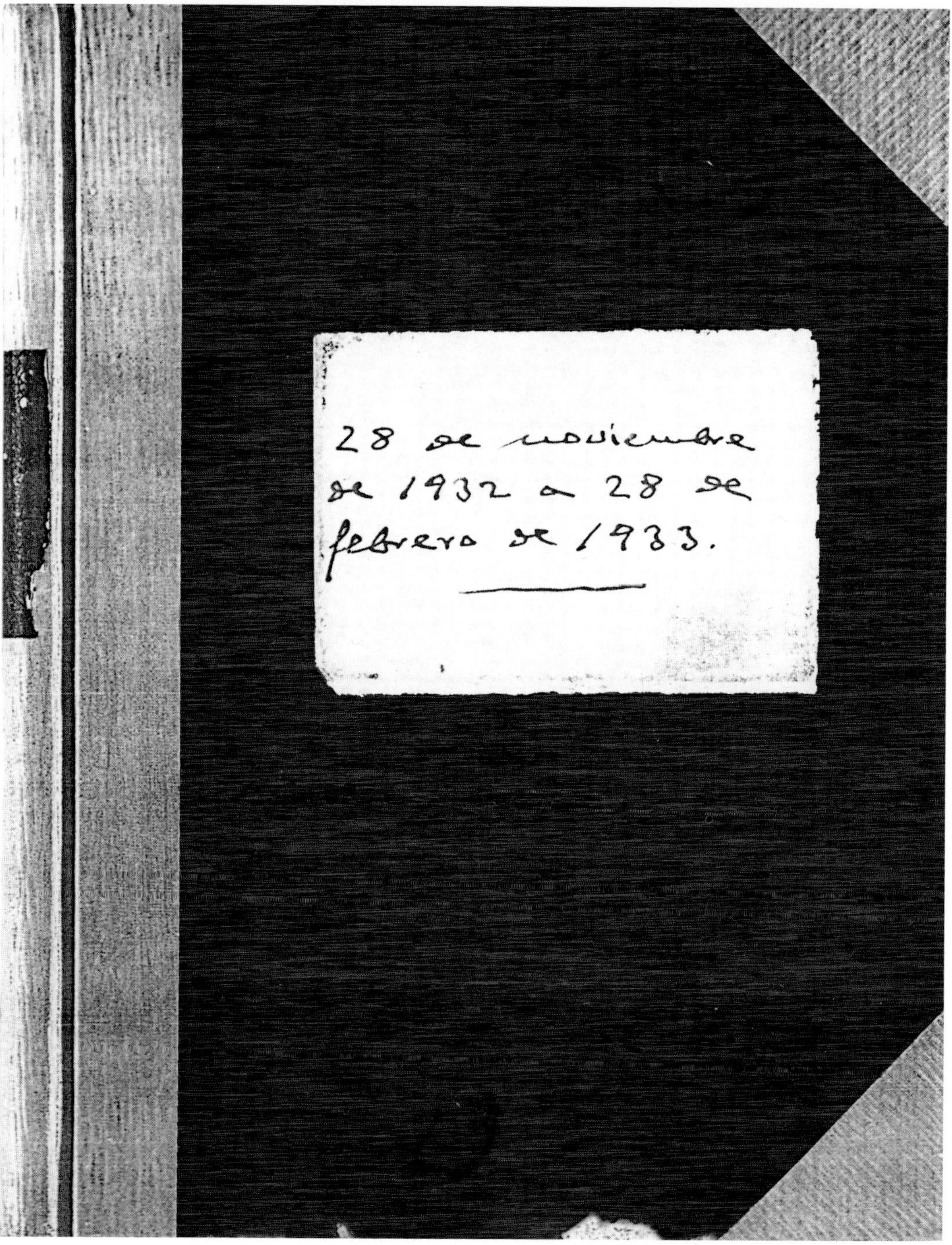

Reproducción de la cubierta del segundo cuaderno.

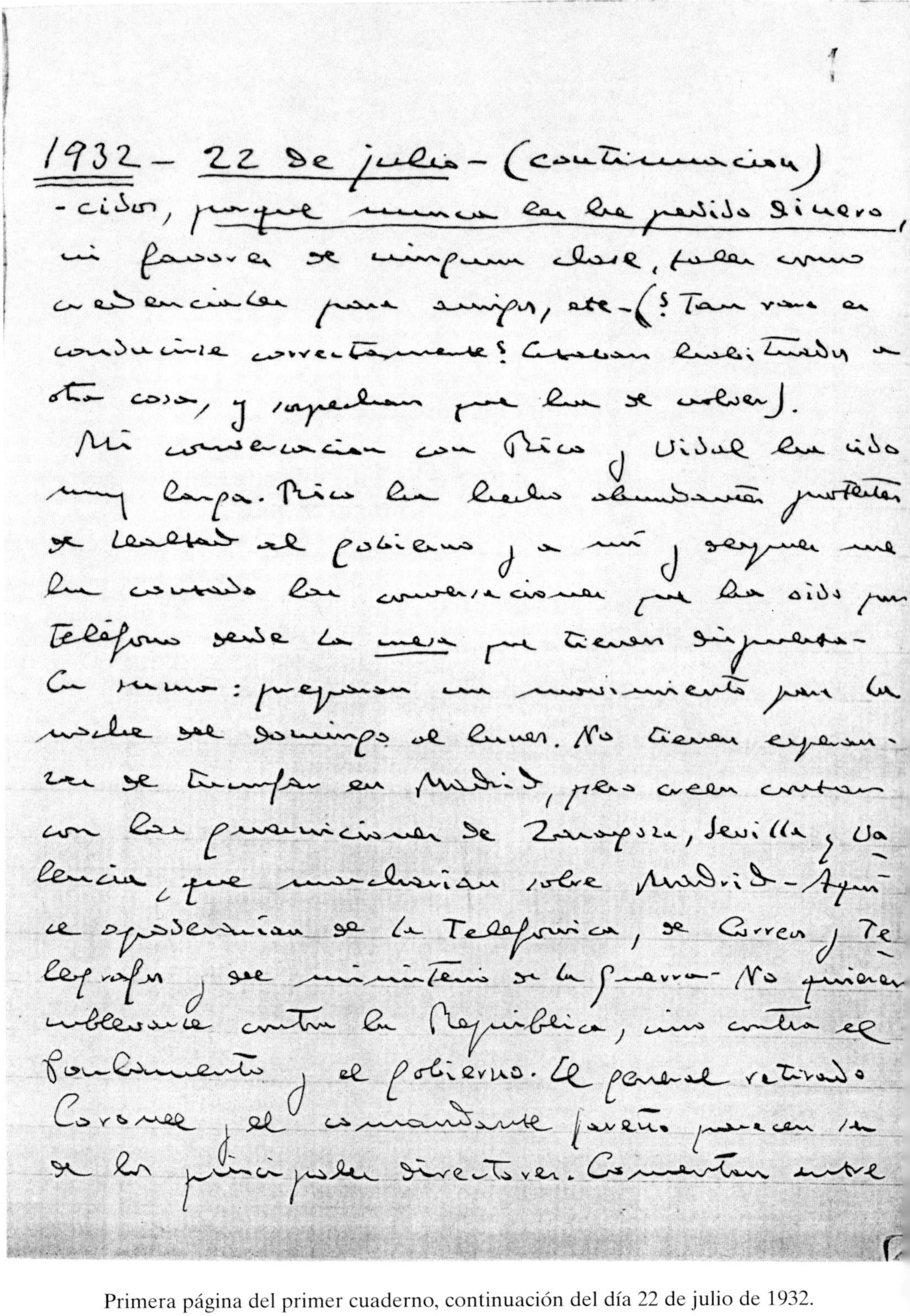

1

1932 – 22 de julio – (continuación)

-cidos, porque nunca les ha pedido dinero, ni favores de ninguna clase, tales como credenciales para amigos, etc. (¡Tan raro es conducirse correctamente! Estaban habituados a otra cosa, y esperaban que les volviera.)

Mi conversación con Rico y Vidal ha sido muy larga. Rico ha hecho abundantes protestas de lealtad al gobierno y a mí, y después me ha contado las conversaciones que ha oído por teléfono desde la mesa que tienen dispuesta. En resumen: preparan un movimiento para la noche del domingo al lunes. No tienen esperanza de triunfar en Madrid, pero creen contar con las guarniciones de Zaragoza, Sevilla y Valencia, que marcharían sobre Madrid. Aquí se apoderarían de la Telefónica, de Correos y Telégrafos y del ministerio de la Guerra. No quieren sublevarse contra la República, sino contra el Parlamento y el gobierno. El general retirado Coronel y el comandante Pareño parecen ser de los principales directores. Comentan entre

Primera página del primer cuaderno, continuación del día 22 de julio de 1932.

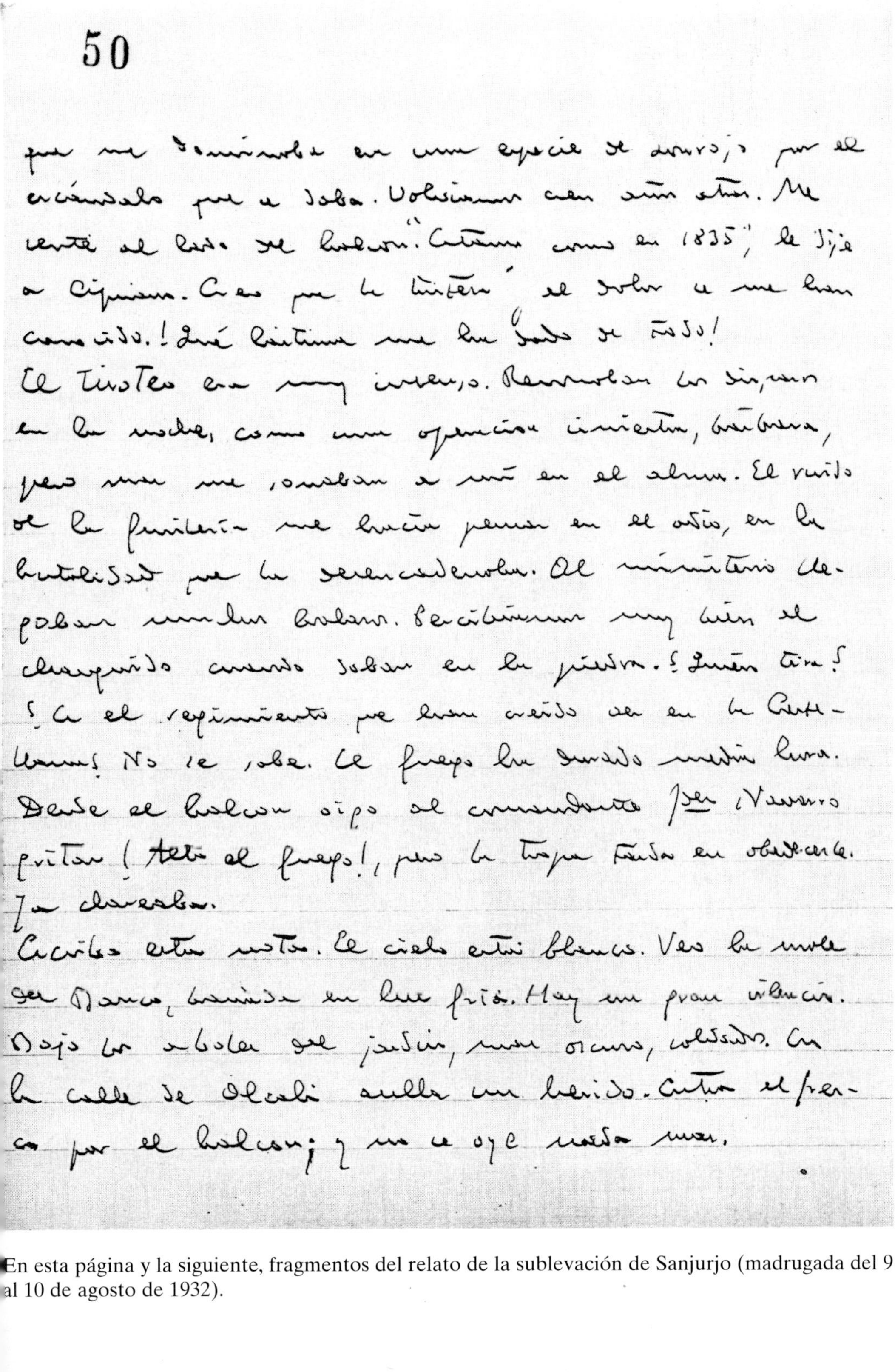

50

que me dominaba en una especie de arrobo, por el encándalo que a toda. Volvíamos con otros. Me senté al lado del balcón. «Estamos como en 1835», le dije a Cipriano. Creo que la historia el dolor a que me han conducido. ¡Qué lástima me ha dado de todo!

El tiroteo era muy intenso. Resonaban los disparos en la noche, como una operación siniestra, bárbara, pero que no me tocaban a mí en el alma. El ruido de la fusilería me hacía pensar en el odio, en la brutalidad que la desencadenaba. Al ministerio llegaban muchas balas. Percibíamos muy bien el chasquido cuando daban en la piedra. ¡Buen tiro! ¡Es el regimiento que han creído ver en la Castellana! No se sabe. El fuego ha durado media hora. Desde el balcón oigo al comandante Sr. Navarro gritar ¡Alto el fuego!, pero la tropa tarda en obedecerle. Ya clareaba.

Escribo esta nota. El cielo está blanco. Veo la mole del Banco, bañada en luz fría. Hay un gran silencio. Bajo los árboles del jardín, muy oscuro, los soldados. En la calle de Alcalá suena un herido. Entra el fresco por el balcón, y no se oye nada más.

En esta página y la siguiente, fragmentos del relato de la sublevación de Sanjurjo (madrugada del 9 al 10 de agosto de 1932).

Teléfono. Me interrumpen.

Avisan de Alcalá que los dos regimientos de caballería se han sublevado y vienen sobre Madrid. Lo ha comunicado el alcalde, que los ha visto salir. Trasladan el aviso desde Gobernación. — Bueno — le he dicho a Cipriano — esto se pone serio.

No nos dicen a qué hora han salido, pero como la carretera está desfondada, no podrán venir corriendo, y tendremos tiempo de hacer lo necesario. Saravia llama al cuartel de artillería de Vicálvaro.

—

El jefe de Vicálvaro recibe la orden de sacar dos baterías a la carretera e impedir el paso de la fuerza que venga de Alcalá.

Todavía unos tiros por la calle de Prim o la del Barquillo, no sé bien.

—

Casares me cuenta desde Gobernación detalles de la sublevación de Sevilla. Llamo al general González y el hombre habla por teléfono enteramente desmoralizado. No sabe nada, no puede hacer nada. Le cuento lo que sé de lo que ocurre en Sevilla, y

Manuel Azaña.

Retrato familiar.

Primavera de 1933
Gregorio Marañón
Manuel Azaña,
Édouard Herriot,
Fernando de los
Ríos, Luis de
Zulueta y, detrás,
Salvador de
Madariaga.

Mitin en la plaza
de toros de Bilbao
(9 de abril de 1933).

De izquierda a
derecha: Franchy
Roca, Viñuales,
Manuel Azaña,
Barnés y Lluís
Companys
(16 de junio de 19

niobras militares en el Pisuerga
tubre de 1932).

rros de asalto desfilan por las
es de Madrid en
memoración del segundo
versario de la República (abril
1933).

ita a la Academia de Artillería
io de 1933).

Primer gobierno provisional de la Segunda República (dibujo de Tínez).

Caricaturas de Manuel Azaña en publicaciones de la época. A la izquierda, Indalecio Prieto y Manuel Azaña; a la derecha, Manuel Azaña en una difícil situación por los sucesos de Casas Viejas.

Hablamos un momento de la situación. Apunté un poco de mi mal humor y de mi desgana y me lamenté del quebranto de la salud de Casares.

—¡Qué! —me interrumpió, con un poco de... codicia—, ¿Casares no puede continuar?

—Sí puede, sí puede —atajé yo—. Está muy cansado, pero en esta situación no sacrifico un ministro.

Chasco. Cambio de conversación. Sospecho que lo tiene montado en las narices, pero no me importa.

Por la tarde he ido al Escorial; he pasado un par de horas en el jardín de la Casita de Arriba, que estaba desierto. Maravillosa tarde, de sol primaveral. Recordé otra, de un mes de marzo en que estuve allí, completamente solo, hace muchos años, la primera vez que volví al Escorial después de salir del colegio.

El día ha sido de pausa y sosiego. Espero con paciencia.

9 de marzo

Antes de salir para el Consejo en Palacio recibo a Gabriel Franco, que forma parte de la comisión parlamentaria, llegado de Casas Viejas esta mañana. Me informa de todo lo que han hecho allí, y cree, como me adelantó por teléfono, que el informe será bueno para el Gobierno y lo firmarán todos.

El Consejo con el Presidente ha sido breve. Se le ha muerto una prima carnal en Alcaudete, y se proponía salir para allí a las dos de la tarde. Casi todo el Consejo se ha dedicado a la política exterior, y luego el Presidente se ha puesto a divagar sobre la República actual comparada con la del 73, y con la época constitucional del 20 al 23 del siglo pasado. «Entonces —dice—, éramos también el pueblo de Europa que tenía el régimen político más avanzado. Pero las Cortes eran de izquierda, el Gobierno moderado, y el rey absolutista.» «Creo que el Presidente del Consejo —añadía riéndose—, aunque literato, no se parece nada a los de entonces, y yo tampoco me parezco a Fernando VII.» Después ha comparado la reacción de la Santa Alianza con la reacción que se observa en algunas naciones europeas, etcétera, etcétera. Sobre todo esto ha divagado. Yo le he llevado la conversación, entre veras y bromas. En seguida, levantó el Consejo, para ir de viaje. Tanta conversación inútil, creo que iba dirigida a eludir que se hablase de política interior. Estamos en un compás de espera. Por noticias oficiosas averiguo que el Presidente está preocupado por si tendremos o no bastantes votos en las Cortes para salir con bien de este asunto. Yo estoy seguro de que los tendremos, si no me atraviesan los mismos amigos alguna tontería. Conforme lo he llevado hasta aquí, lo llevaré hasta el final, yo solo, puesto que me vi obligado desde el primer día a tomar esa carga, por la grave enfermedad de Casares.

Toda la tarde me he dedicado a trabajar en el ministerio.

10 de marzo

Consejo de ministros en el ministerio de la Guerra. Llevo muchos asuntos de Hacienda. También se aprueban proyectos de Instrucción Pública y se desestima una instancia del conde de Romanones, pidiendo que se le exceptúe de la expropiación de fincas decretada contra los grandes de España, en virtud, dice, de los eminentes servicios que ha prestado a España.

Ya tomado el acuerdo, Prieto le dijo a Domingo: «Si se le hace a usted muy cuesta arriba darle cumplimiento, aplácelo, porque a lo mejor nos vamos».

Largo protestó: «¿Cómo es eso de aplazar lo del conde de Romanones? De ninguna manera».

Domingo: «No me es agradable, pero lo cumpliré, como acuerda el Consejo».

Se habló del dictamen de la comisión parlamentaria, que conocemos en sus líneas generales, pero no literalmente, porque a la hora del Consejo aún no está terminado. La conclusión que contiene no nos basta. Promoveremos una declaración más explícita de las Cortes y un voto de confianza.

Los ministros radicales-socialistas aseguran que los diputados de su partido votarán con el Gobierno.

Por la tarde voy al Congreso creyendo que el informe de la comisión parlamentaria se leería pronto y terminaríamos hoy mismo esta cuestión. Pero no ha sido así. Ya ayer se dijo que el diputado Botella, de la comisión, pretendía que se tomase declaración a los capitanes de la guardia de asalto que firmaron aquella acta de marras, y que estaban dispuestos a decir *cosas graves*. La cosa no pasó adelante.

Esta tarde, cuando ya tenían hecho el informe y se reunían para firmarlo, Botella ha insistido para que se oiga a los capitanes. Algunos diputados, miembros de la comisión, creyendo favorecer al Gobierno, querían oponerse. Yo llamé a Franco, y le dije que no hicieran tal, que oyeran a todos, y que aplazaran el informe para otro día. Lo mismo pensaban los socialistas. Se reunió la comisión, y no faltó en ella quien dijese que no escuchaba nuestras indicaciones, «porque la comisión no está a las órdenes del Gobierno». (Es mucha la gente que *piensa* con frases hechas; una cosa tan clara como la que yo les aconsejaba, les parecía una orden.) Como fuese, la comisión podía resolver aplazar su informe y oír a los capitanes, o bien dar por concluido su trabajo, no oír a nadie más y presentar su papel a las Cortes. Pero no hizo ni una cosa ni otra. Firmaron todos el informe, y acordaron presentarlo a las Cortes, con una coletilla, en la que hablan de las demandas de nuevas declaraciones, pero dejando que las Cortes resuelvan si se prolonga la información o no. Es el miedo a tomar la responsabilidad de una decisión. Estando yo en el despacho de Besteiro, llegó el joven secretario de la comisión, con el informe firmado por todos, y me enteró de lo que habían hecho. Le dije que era una tontería, y no encontró razones para probarme lo contrario.

Todo el mundo sabía que el suplemento de información era innecesario, pues todo lo de Casas Viejas estaba averiguado, pero nadie se atrevía a oponerse. Ante las Cortes, el Gobierno no podía pedir que se renunciase al suplemento de información, pues, en tal caso, los más convencidos de su inutilidad habrían dicho que deseábamos *tapar* algo. Así es que me encogí de hombros y dije: «Hagan ustedes lo que gusten». (Todavía tengo esperanzas de que por muchas tonterías que amontonen, acabaremos por pasar a la otra orilla.)

Con Besteiro traté del orden de la discusión. Se mostraba conforme, al principio, con no leer el informe en sesión hasta que las Cortes decidieran si se ampliaba o no, y en caso de ampliarse, dejar la lectura para cuando estuviese todo hecho y completo. Pero entonces nos enteramos de que la comisión había hecho sesenta copias del informe, y las había repartido a los grupos y a los periódicos, sin esperar siquiera a que lo conociera el Presidente de las Cortes, a quien iba destinado. (Así se hacen las cosas; por donde se ve que la mala educación puede tener consecuencias políticas.) Entonces decidí también dejar a Besteiro que hiciese lo que más le gustase, y me fui al despacho de ministros.

Allí nos llegó un ejemplar del informe, que Prieto leyó en voz alta, para que se enterasen todos. A los más les pareció bien, pero Prieto y yo les hicimos notar que se equivocaban, porque el informe dice que no han encontrado pruebas que les permitan siquiera insinuar, etcétera, etcétera. No afirman su convicción total y definitiva.

El autor del texto es un joven maurista, García Bravo Ferrer, diputado por Sevilla, y por él siente Fernando de los Ríos una de sus debilidades de pedagogo. A Fernando le parece interesante, inteligente, etcétera, todo el que se ha sentado en los bancos de la universidad a escucharle. O le ha dicho que quiere «orientarse».

Vista la redacción de esta parte del informe, nos remachamos en el propósito de que las Cortes hagan una declaración formal sobre el caso. Se ve que los diputados de la mayoría que están en la comisión han cedido mucho en cuanto a rotundidad de las declaraciones, con tal de obtener la unanimidad.

Las Cortes han oído la lectura, sin alterarse. Después se ha hablado un poco a tontas y a locas, para acordar al fin que la comisión amplíe sus investigaciones hasta el martes próximo.

Después hemos estado en el despacho los ministros, comentando estas cosas. Quién más, quién menos, todos están molestos por las dilaciones que sufre este asunto. «Ahora van a ir contra mí —les digo—. Reparen ustedes que el general Fanjul es el que sostiene que yo estaba enterado de todo, porque me lo comunicaba por teléfono diariamente un periodista de Medina Sidonia. Y lo mismo opina Maura. El propósito de hacer declarar a los militares no es otro que el de buscarme complicaciones por este lado.»

Ramos, que entraba y salía en el despacho mientras hablábamos de estas cosas, se maravillaba luego del poco ánimo que me dan los ministros. Zulueta y Giral, como si nada de esto fuese con ellos. Prieto y Fernando, que son los más vanidosos, son también los que parecen más desasosegados. Domingo no dice nada. Albornoz tiene estos días desatada la vena del buen humor y todo lo toma por el lado cómico. Solamente Largo está enardecido y con ganas de pelea. Yo me callo, domino cuanto puedo mi mal humor, y espero.

Estaba cenando cuando me llama Casares y me dice que el juez, después de tomar declaración a Arturo Menéndez, lo ha enviado a Prisiones. Ingresa esta noche como *detenido en comunicación.* La noticia dará ruido. Puede pensarse que sea un exceso de celo, o una medida con segundas intenciones. Dicen que el juez es hechura de Elola, magistrado del Supremo y diputado lerrouxista. El abogado fiscal es pariente de la mujer de Giral y furioso antirrepublicano. Pero funcionario competente.

El hecho me contraría, y considero que es precipitado.

Más tarde, viene mi ayudante Menéndez, hermano de Arturo. Me trae la noticia de la detención. Está, claro, muy disgustado, y supongo que me oculta sus verdaderos pensamientos. Me ofrece la renuncia de su cargo, que no le dejo siquiera formular. La opinión de este Menéndez es que hay una conjura contra su hermano, urdida en venganza de sus actos como director general.

Cuenta que Arturo está furioso, y que ha resuelto no declarar más, negarse a toda diligencia, y no nombrar abogado defensor, etcétera, etcétera. Le digo que todo eso es un disparate y que aconseje calma a su hermano.

16 de marzo

El interés de todos estos días ha estado pendiente de lo que ocurriría en la sesión de hoy. Aun conocido el informe de la comisión, y siendo ya claro que el Gobierno no ha dado ocasión a que se cometa la atrocidad de Casas Viejas, y asimismo que el Gobierno no ha ocultado lo que sabía, no faltaba gente política que esperase la caída del Gobierno. No sabían bien por qué, pero la esperaban, y han hecho todo lo posible por provocarla.

Chasqueados porque la comisión no había encontrado ningún motivo de acusación contra el Gobierno, no perdían la esperanza de hallarlo al ampliarse la información. Los capitanes de la guardia de asalto que han declarado, no tenían nada que decir pertinente al caso, ni nada que no fuese ya conocido. Pero ha habido personas empeñadas en buscar algo que pudiera *comprometerme* personalmente. Querían probar que existían órdenes terribles y que las había dado yo. El general Fanjul fue a la división a husmear. Parece que un capitán de Estado Mayor, que estuvo aquí el 8 de enero a recibir instrucciones para el general (que no se encontraba en su despacho cuando yo le llamé), se había dejado decir que él sabía estas o las otras cosas. Fanjul fue con el cuento a Botella, éste lo llevó a la comisión, la cual citó a Barba. Por otra parte, un tal Ordiales, lerrouxista, capitán de Intendencia retirado, y que perteneció a mi Gabinete militar en 1931, fue a visitar el lunes por la mañana al comandante Burguete, jefe del aeródromo de los Alcázares, y que se halla hospitalizado en un sanatorio, para pedirle que firmase una declaración asegurando que se le ordenó, para el caso de una represión, que no hiciera heridos ni prisioneros. Burguete se negó. Teodomiro Menéndez vino a verme el lunes, y me contó lo de Ordiales, añadiendo que en su visita le acompañó Valdivia, otro militar, que era secretario de la Dirección de Seguridad con Menéndez y su hombre de confianza. Lo de Ordiales no me sorprendió, pero que anduviese en ello Valdivia me llenó de pasmo. Después han rectificado lo referente a Valdivia, pero no lo de Ordiales.

El martes, estando yo en el Congreso, me avisaron de que el capitán Barba y el general Cabanellas estaban en el ministerio, para saber si yo autorizaba o no al capitán para que declarase. Saravia fue a buscarme a las Cortes y me refirió la conversación que acababa de tener con los dos. En otras circunstancias habría destituido al general y enviado al capitán a un castillo. Pero una medida así habría provocado un escándalo y se hubiera interpretado como un propósito de ocultar la verdad. De suerte que la desatinada conducta de la Comisión, llamando a declarar a unos oficiales, me ponía en un trance muy difícil: o pasaba por querer impedir la investigación, o tenía que disimular una falta de disciplina, de respeto y de lealtad. Me limité a decir al capitán que hiciera lo que estimase su deber y bajo su responsabilidad, y al general le di permiso para que declarase. Todo lo he contado muy al detalle en mi discurso de hoy en las Cortes, y creo que les he convencido de la razón.

Los tiros se habían concentrado sobre mí últimamente. En la tarde de hoy, antes de empezar la sesión, el general Fanjul andaba por los pasillos del Congreso aconsejando a otros diputados de oposición que arremetieran personalmente al Presidente, a ver si le hacían perder la calma. Y así lo han cumplido, en efecto, aunque sin resultado. Fanjul no se ha atrevido a hablar. Este general es uno de los agraviados por la revisión de ascensos.

Ayer, miércoles, se leyó en las Cortes el nuevo informe de la comisión. La declaración del general Cabanellas fue acogida con rumores. Saravia opina que esa declaración es fruto de la tontería del general, y también de un poco de mala intención. Este general es un hombre oscuro, tapado, bizco como los dos diputados que han llevado hoy y ayer la batalla contra mí, que son Samper y Botella. El general dice que no recuerda las palabras literales de las órdenes, omite todo lo que dispuse para que no saliera la tropa de los cuarteles, pasara lo que pasara, y a continuación alude a unos comentarios sobre si *luego* los prisioneros resultan inocentes. En fin, yo no sé qué pensar de estas gentes. Me dicen que el capitán Barba fue delegado gubernativo con Primo de Rivera, que es monárquico, y que está manejado por Peyre, y el teniente coronel Galarza.

Los mismos firmantes del dictamen de la Comisión se han dedicado después a destruir el efecto de su informe. Así Lara, radical; Botella y el señor Casanueva, notario de Madrid, monárquico, el cual pretende que eso de «los prisioneros que luego resultan inocentes» es un pedazo de una orden, que se completa con otro pedazo de orden, que cayó o se ha recogido en los Alcázares, según el cual pedazo no debían hacerse heridos ni prisioneros. (Es lo que pretendían hacer declarar a Burguete.) La cosa me maravilla, porque yo no hablé con Valencia aquellos días, y ese señor Casanueva creerá sin duda que es muy agudo al discurrir de ese modo. Y luego tiene uno que alternar con esos señores.

Balbontín promovió un escándalo mayúsculo, porque en respuesta a una interrupción de Pérez Madrigal le llamó ladronzuelo. Besteiro tardó, como siempre, en darse cuenta de los excesos de Balbontín y en ponerles correctivos. Griterío enorme. Besteiro concluyó por expulsar del salón a Balbontín, que estaba muerto de miedo; creía que iban a darle una paliza.

Hoy jueves ha terminado la discusión. El bisojo Samper ha pronunciado un discurso muy bruto contra mí. Barriobero ha estado muy mal. He contestado a todos. Antes de ir a las Cortes, ordené unas notas en mi despacho para guión del discurso. Nunca lo hago, porque no me gusta atarme a un plan. Pero hoy sí, para no confiarlo todo a la improvisación, y he llevado además el original de los despachos expedidos desde este ministerio los días 8, 9 y 10 de enero, que bastan para deshacer lo que pudiera haber de oscuro en la declaración de Cabanellas. Además, aclarado ya todo, no tenía por qué continuar con la reserva y la actitud defensiva de todo este tiempo atrás. El discurso ha sido recibido con aclamaciones por la mayoría y ha producido el aplastamiento general de las oposiciones. Maura ya tiene la respuesta a sus pretensiones del otro día. Hemos tenido 210 votos, absteniéndonos los ministros y el subsecretario de Gobernación. Se han abstenido cinco radicales-socialistas. Las oposiciones se han abstenido en masa, para que no resaltara la mayoría numérica del Gobierno. Les dije que su abstención la tomábamos como voto en contra, y eso les dio mucha rabia. Ossorio ha votado con el Gobierno, y después ha hecho un breve discurso, lleno de buen sentido, con la misma doctrina sobre el Parlamento que yo sostengo siempre y que tanto enoja a los enemigos.

En los pasillos ha habido fuertes gritos y disputas entre los grupos adversos, pero no han llegado a pegarse. Menos mal.

Maura se ha ido del Congreso diciendo que ellos son los defensores del régimen parlamentario.

17 de marzo

Lerroux, en sus cotidianas declaraciones a los periódicos, habla de paz. Se lamenta de que no le pedimos nada.

Consejo de ministros. Estaban todos de buen humor. Delante de todos he repasado la situación y les he propuesto un nuevo plan político, para salir por donde menos nos esperan. Deseo aprobar inmediatamente la ley de Incompatibilidades y, una vez aprobada, convocar a elecciones parciales para diputados a Cortes, con el propósito de acabar las murmuraciones sobre si las Cortes representan o no la opinión del país. Esquivar la batalla en las Cortes por la ley Electoral y convocar elecciones para los tres mil Ayuntamientos que tenían concejales no elegidos por sufragio y que deben renovarse ahora, según la ley de 6 de enero. Les pareció bien, y quedé en someter el plan al Presidente, para firmar los decretos, que será una prueba de confianza.

Por la tarde, en las Cortes, he entrado un momento en el salón de sesiones para hablar con Besteiro y pedirle que desde el martes se discuta lo que falta de la ley de Incompatibilidades. Mientras hablaba yo con Besteiro en el estrado, Royo Villanova vociferaba a propósito de la ley de Congregaciones.

Después me he ido de paseo. Hemos llegado a Torija, y al regreso nos hemos quedado a merendar en el negro parador del Estudiante de Alcalá. No había nadie. Luego llegaron tres alcalaínos rancios a darme conversación.

Vuelvo al ministerio. Despacho con el subsecretario de Guerra. Viene luego el de Gobernación. Tratamos de asuntos de la Generalidad de Cataluña: traspaso de servicios, Universidad de Barcelona. Me cuenta la visita de Anguera de Sojo, que estaba dispuesto a encargarse de la defensa de Menéndez.

Recibo después al subsecretario de la presidencia, y últimamente a Bolívar y Valderrama, con quienes me entretengo sobre cuestiones relativas a la explotación de Balsaín y el monte del Pardo.

A las diez he concluido.

18 de marzo

Abundantísimo despacho, y no pocas visitas. Por la tarde llamo a Albornoz y hablamos del asunto de Menéndez. Opina el ministro que el desprocesamiento súbito de Menéndez sería hoy una campanada y nadie dejaría de atribuirlo a presión del Gobierno. Cree que la libertad provisional podría obtenerse dentro de unos días, la revocación del procesamiento le parece dudosa, pero la absolución, segura.

He ido a firmar con don Niceto. No alude a mi discurso ni a la sesión del otro día. Comentando la situación parlamentaria, le digo que, según veo en la prensa, los «agrarios» han decidido no hacer obstrucción a la ley de Congregaciones; con lo cual podremos aprobarla pronto. Me cuenta el Presidente que ayer le visitó Martínez de Velasco, jefe de los agrarios, y compañero de don Niceto en el Consejo de Estado. Se tutean. Parece ser que don Niceto le hizo conversación de la ley que se discute y Martínez de Velasco le anunció (¿le prometió?) que no harían obstrucción, limitándose a salvar su opinión en cuestiones de principio. «No creía yo —me dijo el Presidente— que el resultado se viese tan pronto.»

También me preguntó el Presidente si yo no tenía ninguna comunicación con Lerroux. Le dije que no, como es verdad, insistiendo en lo que ya otra vez le contesté sobre esto.

Después de firmar con el Presidente, he ido al concierto de la Filarmónica, en El Español. Ha subido mucha gente al palco, con renovado celo amistoso.

Después de cenar han estado aquí Cipriano, Saravia y Guzmán.

19 de marzo

He podido hoy visitar a mi hermana. No la veía, según ella me ha dicho, desde hace catorce meses. Tal vida llevo. Y a mi propia casa no he tenido tiempo de ir más que una vez, a buscar un papel. Mis paseos son una especie de fuga, y el mayor suplicio a que pueden someterme, cuando reingreso en la familia o en la intimidad de amigos, es hablarme de la política o de los asuntos públicos; es como si me arrancasen tiras de carne viva. Lo saben, y apenas si me llaman la atención hacia ese lado porque me es muy doloroso. Únicamente los días o los ratos que estoy de muy mal humor, despotrico un poco, o un mucho, y así me calmo. Pero cuando estoy seriamente preocupado, caigo en la mudez y prefiero que no me hablen de nada.

Por la tarde, hemos ido de paseo hasta El Espinar y hemos merendado en El Escorial.

Vuelvo al ministerio y trabajo hasta la hora de cenar. No salgo después, ni viene nadie.

He tenido carta de Gómez Morato sobre el enredo que pretenden armar algunos suboficiales en África. Le he dado instrucciones.

Dice el subsecretario que Gómez Morato no es hombre para poner aquello en orden, y que sólo piensa en conservar el puesto, porque tiene diez hijos. Lo mismo cree el alto comisario.

El vicio de la indiscreción es terrible. Esplá le ha contado a Menéndez que su situación depende de una conversación mía con el ministro de Justicia. Y Leopoldo Menéndez ha venido a pedirme que yo intervenga. Esto es tremendo. No puedo responder de las torpezas ajenas.

Todavía van a conseguir darme un disgusto gordo. En todo este asunto no he hecho más que padecer los resultados de la inatención y del mariposeo de otras personas.

Gobernación ha funcionado mal. Casares, casi moribundo en el mes de enero, no podía atender a nada. Su quebranto físico tiene que notarse; pero yo no debo abandonarlo a las fieras, para comodidad mía. Su lealtad de siempre no merece tal pago, aunque él estaría dispuesto a aceptarlo.

Menéndez, herido en su amor propio, comienza a quejarse de falta de apoyo del Gobierno, y a preguntarse si sus servicios merecen este trato.

Respecto de su conducta, sigo creyendo que él no dio órdenes atroces, como algunos suponen; bravatas, sí echaría tal vez; pero su indignación parece sincera contra las imputaciones de Rojas. Lo que no está claro aún es si Menéndez se enteró antes que nosotros de los fusilamientos, o se enteró al mismo tiempo. No tengo motivos para opinar seriamente sobre este punto.

22 de marzo

El lunes estuvimos a cenar en la embajada de Alemania. La loca de la Bibesco estuvo diciendo gansadas toda la noche.

Ayer vino Viguri, el gobernador del Banco de Crédito, a contarme cómo van los asuntos de la mina de Puertollano. Me habló además del asunto de los portugueses. Cree que hallaría una manera de hacerles el empréstito, puesto que lo de don Horacio ha fracasado. Le insté para que lo haga cuanto antes.

También hablamos del asunto García Kohly. Hay base para complacerle, puesto que unos propietarios cubanos ofrecen garantías. Quería saber Viguri si esto me parecía bien. Le expliqué las gestiones que yo llevaba con García Kohly, y la importancia que tendría para España contar con un buen amigo en la presidencia de la República de Cuba, para encaminar mejor que hasta ahora la política comercial y las relaciones generales con aquel país. Que un hecho así forma parte de mis propósitos respecto a América, de que ya hay una muestra en el contrato mexicano, y que le rogaba y le instaba a que, salvando los intereses del Banco, favoreciese en todo lo demás esa política. Viguri quedó en hacerlo así, y le hice ver la conexión de ese asunto con el de Portugal, que completaría mi política en lo que se refiere a la Península.

Pues hoy ha venido a verme García Kohly, y me ha rogado que hablase con Viguri, diciéndole si, a juicio del Gobierno, él era o no persona grata para una operación que le habían propuesto al Banco. Cuando acabó de hablar, contesto a García Kohly que lo que me pedía estaba hecho desde ayer, sin que él me lo recordase, y solamente por lo que teníamos hablado de este asunto. García Kohly se ha emocionado, se ha echado a llorar y me ha dado un abrazo. Me hace protestas de agradecimiento y firme amistad y se promete muchas ventajas para los dos países si sus planes salen bien.

También, entre la abundante audiencia de hoy, ha venido el general López Ochoa a quejarse porque no le doy destino. Ha querido murmurar del general Franco y le he parado los pies. Le he dicho que el Gobierno no tiene por qué darle razones de ningún género. Lo reconoce así. Acaba pidiéndome que le deje en situación de cobrar el sueldo entero.

Conversación con Vergara, continuación de la de ayer, sobre el hundimiento de las acciones de ferrocarril. Medidas de Gobierno que conviene adoptar.

Visita de Casares, sobre el asunto de Menéndez. Han confirmado el auto de procesamiento y prisión. Furor de Menéndez. Casares se queja de que el fiscal no nos haya dicho nada. Teme que Albornoz no siga exactamente las indicaciones que yo le he hecho. Pero lo que yo convine con Albornoz es que, dentro de unos días, se obtendría la libertad provisional.

23 de marzo

Consejo en Palacio. Hablamos de política exterior. El viaje de Mac Donald a Roma y los planes de acuerdo entre las cuatro potencias causan aquí cierta impresión. Miguel Maura, con su discreción habitual, ha dicho a unos periodistas en el Congreso: «Todo lo que se está discutiendo ahí no tiene importancia; mientras, en Roma se trata de ajustar la paz de Europa, probablemente a nuestra costa».

El Presidente y Zulueta estiman que el acuerdo de las cuatro potencias es malo, o sería malo, para nosotros. Yo no estoy aún convencido de ello.

Al Presidente no le gusta mucho la ley de Incompatibilidades; cree que es excesivo lo referente a los directores generales, y que la experiencia impondrá una rectificación. Yo creo posible, y aún probable, que algún día la rectifiquen, pero no porque sea excesiva, sino porque es *incómoda* para el mangoneo político. Preguntó don Niceto qué sabíamos de la obstrucción de los radicales; únicamente sabía yo lo que dicen los periódicos: que probablemente no harán obstrucción a los dos proyectos constitucionales que faltan: Tribunal de Garantías y ley de Responsabilidad del Presidente. Estos anuncios coinciden demasiado con las *esperanzas* que el Presidente tenía sobre este asunto.

Ha tirado muchas pullas contra Llopis, director general de Primera Enseñanza, quejándose de que en más de un año no ha querido complacerle en una recomendación que le hizo. Fernando se ha hecho de nuevas y lo ha tomado a risa. Después me ha dicho Fernando que se trata de una recomendación para que se coloque en la Escuela del Hogar a una corsetera.

El Consejo ha terminado pronto y he vuelto al ministerio de la Guerra hasta la hora de ir a almorzar con los diputados de Acción Republicana. Ya antes de ir al Consejo había firmado todo lo de presidencia y recibido a una comisión de alcaldes de los que fueron Sitios Reales, que vienen a pedir cosas.

La comida con los diputados ha concluido cerca de las cuatro. Hacía una hermosa tarde, y he intentado ir a pie hasta el Congreso. Imposible. No había andado cien pasos, cuando ya tenía al lado y detrás otro centenar de personas, dispuestas a acompañarme, y continuamente engrosaba el grupo. Esto me pone de muy mal humor, y he desistido de darme ese pequeño paseo, refugiándome en el coche de Giral. Nada me contraría tanto como haber perdido el incógnito.

En el Congreso, larga entrevista con el gobernador de Barcelona. Situación general de Cataluña, peligrosa en lo social. Hay además muchos obreros parados, cada vez más, porque acuden sin cesar campesinos y obreros de Murcia y Almería. La Esquerra domina por ahora. Ganarán las primeras elecciones, pero no las siguientes, porque la Lliga les va a los alcances. El nuevo jefe de Policía, comandante Pérez Salas, no sirve. Me da extrañas noticias del hijo de Macià, que parece algo *perdis*.

Después, dos horas de conversación con Barcia y Ridruejo, este último director del Banco de Crédito Exterior. Tratamos de la situación monetaria, que por ahora no es mala. La deuda con el Banco de Francia ha disminuido en la cuarta parte. Tengo mucho empeño, y así se lo recomendaba a Carner, en que no se dejase este asunto de la mano, y se vaya poco a poco a subir la peseta para liquidar. Habíamos llegado a deber más de mil millones de francos. Desde que Ridruejo ha salido del Centro de Contratación de moneda, el Banco de España pretende tomar en sus manos la dirección de la política monetaria. Llamaré al director actual del Centro para darle instrucciones.

Hablamos del empréstito, que habrá de hacerse en abril. Probablemente con un medio por ciento menos de interés que el anterior. Me decido por abaratar un poco el dinero, reduciendo el tipo de los descuentos, para entonar la Bolsa y facilitar la aportación de capitales a la industria. Los bancos están ahora mejor que nunca, desde que vino la República. Han recuperado el 80 por 100 de las existencias que les retiraron en 1931.

Para concertar la baja del interés de las imposiciones, tengo que poner de acuerdo a los bancos y a las cajas de ahorros. Como las cajas dependen del ministerio del Trabajo, he llamado a Largo Caballero y le he dicho que mañana mismo inicie las conversaciones para obtener su conformidad.

Han venido al despacho Zulueta y Fernando. Hemos hablado largamente de la situación internacional. Mientras tanto, en el salón de sesiones, se desarrollaba la interpelación de los radicales a Marcelino Domingo por lo despacio que anda la reforma agraria. El asunto excede de las fuerzas de Domingo. Me han dicho que los interpelantes le han tratado muy mal. También me ha atacado a mí un diputado radical, diciendo que yo soy hombre de Ateneo y Academia, hombre de gabinete y de libros, que nunca he salido de Madrid, que no conozco el campo, etcétera, etcétera. Está mal informado. De todo el Gobierno, el único que ha sido labrador soy yo. Diez años. Y en eso me dejé buena parte de mi dinero.

24 de marzo

Consejo de ministros. Domingo trae unos decretos sobre el corcho, reproducción de otros que ya le rechazó el Consejo, imponiendo como obligación que en todos los edificios costeados con fondos públicos se emplee planchas de corcho en las techumbres y en los muros. El decreto es una barbaridad. La otra vez le dijimos que pidiera informes a los entendidos en la construcción. Nos ha leído un informe del Colegio de Arquitectos, explicando las ventajas de un muro con relleno de corcho en relación con otro de ladrillo, de cierto espesor. Y con esta comparación el bueno de Marcelino creía haber demostrado que el empleo obligatorio del corcho es ventajosísimo. Las más simples observaciones, hechas por Prieto y Largo, le han dejado a Domingo mudo. No sabía qué decir, sino que los corcheros le agobian y le atosigan para que tome esa medida. Así es Domingo. «De manera —le dice Largo— que si los metalúrgicos le piden a usted que prohíba el empleo del hormigón armado, porque eso disminuye el empleo del hierro, usted lo concedería.»

No han parado aquí las lástimas. Ha leído después otro decreto sobre restricción de importaciones de aceites de semillas, y tampoco ha sabido qué decir cuando se le ha preguntado qué efectos iba a tener eso sobre la producción del jabón.

Los dos decretos han sido desechados. Domingo se ha quedado como un colegial suspenso en el examen. ¿Qué sería un Gobierno presidido por este hombre? ¿Y qué puede ser la reforma agraria dirigida por él?

Hemos vuelto a hablar de las elecciones. En principio, se acuerda convocar las elecciones en los tres mil ayuntamientos que tenían concejales no elegidos por sufragio. Se habló de convocar las elecciones para diputados a Cortes, de que hay nueve vacantes. Cuando Prieto ha entrevisto que los radicales podrían sacar dos o tres diputados en la elección parcial, ha torcido el gesto, y ha opinado que se aplazaran. No hemos decidido nada, aunque se trata sólo de un aplazamiento de fecha.

Por la tarde he ido con Negrín a la Ciudad Universitaria y a los terrenos lindantes con El Pardo que van hasta la finca de La Veguilla, la que ha pasado al ministerio de Instrucción Pública para hacer el jardín botánico, etcétera. Se trata de poner en comunicación la Ciudad Universitaria y los terrenos de La Veguilla, urbanizando una zona. Le ayudaré cuanto pueda, porque a eso iban mis planes, pero dudo que tenga yo tiempo de llevarlo a cabo. ¡Las cosas que han podido hacer aquí, en lugares espléndidos, si en Madrid hubiera habido alguna vez una cabeza directora!

Voy al Congreso. Conversaciones fútiles. Entro un momento en el salón. Allí está Albornoz. Ayer le hablé de la conveniencia de hacer algo en el asunto de Menéndez, sobre quien se extrema el rigor. Me dijo que le parecía bien; hoy me cuenta que ha encargado que se mire el resultado de las nuevas diligencias, por si el fiscal pudiera allanarse a la libertad provisional.

Me encuentro con Casares, que me lleva al despacho. El informador le ha dicho que los amigos de Sanjurjo están dispuestos a sacarlo del penal. Que él no quería, pero que al parecer ya está convencido, y que cuenta con la complicidad de los altos funcionarios de la prisión. Dice el informador que el lunes próximo se tomará en Madrid la decisión de la fuga. De esto ya le advertí a Albornoz en Consejo de ministros. No hizo nada. Hoy le hemos llamado para decirle la urgencia de tomar una determinación. Se ha aturullado un poco. Estos hombres no tienen decisión para nada. Albornoz se va a Asturias esta noche, y nos ha dicho que llamaba a su casa al director de Prisiones para que tome sus medidas. Nosotros le hemos dicho que destituya mañana a los dos funcionarios.

Al llegar al ministerio he telegrafiado al general de Burgos, ordenándole que extreme la vigilancia de la prisión, para prevenir una evasión. Mañana llamaré al director de Prisiones, para que me entere de lo que haya hecho.

Más tarde he despachado con el subsecretario y luego recibo al director de

Seguridad. Me da cuenta de la situación general. Por el lado monárquico no teme nada, ahora; pero sí espera un movimiento anarquista. Cree que de los guardias de asalto se puede fiar, después de los cambios que se han hecho en los mandos.

Conversación con Ramos, con Saravia. Cartas, papelotes. Orden para que el capitán Rojas sea sacado de las Prisiones militares, donde está tabique por medio de Menéndez.

Después de cenar no ha venido nadie.

Los papeles me sepultan. Empieza a faltarme el tiempo para tanto como tengo que hacer. Y cada vez me cuesta más trabajo «echar la compuerta» para descansar de las atenciones del día.

Muestras de la «rodeada manera» de hablar de Prieto, cuando quiere ser correcto:

«... que preconiza la conveniencia de la facilitación...»
«... tres hombres que no pertenecen a la órbita de mis amigos...»
«... evidenciaría un fervor que ya está plasmado...»

(Oído en las Cortes.)

27 de marzo

He pasado buena parte de la mañana en mi despacho, solo, como domingo. Ha venido el subsecretario a contarme algunas cosas del ministerio que le tienen muy indignado. Por ejemplo, ha averiguado que Ruiz Fornells, cuando era subsecretario, regalaba cuartillas y sellos de correo a su amigo y protegido el teniente coronel Matilla. Se había introducido la costumbre de que el personal de las secciones franquease su correspondencia con cargo a los fondos de material. Al enterarse de esto, el general Castelló lo ha prohibido. El gasto ha bajado de quinientas pesetas mensuales a ciento.

El secretario particular de Guerra del Río venía todos los domingos hablando con Canarias por el teléfono del ministerio, con permiso de Ruiz Fornells y a cargo de los fondos del material. Cada tres minutos de conferencia cuesta treinta pesetas. El general se ha enterado, y hoy ha expulsado al secretario de Guerra del Río, prohibiéndole que vuelva más por aquí.

En fin, y esto es lo más grave: resulta que me han hecho mal el presupuesto, consignando tres millones de menos en los haberes del personal a extinguir. Ya el año pasado hicieron una cosa igual en la consignación para hospitales, y eché del ministerio al coronel jefe de la sección de Presupuestos. No han escarmentado. ¿Incapacidad o mala fe? Voy a instruir unas diligencias para sentar la mano al culpable.

Por la tarde he ido a La Quinta. El tiempo se ha estropeado. Hacía viento frío y lloviznaba. Pero convine ayer con Besteiro que nos veríamos hoy, porque tenía que decirme algo de parte de Lerroux, y le he citado para La Quinta. Besteiro ha llegado a las cuatro. Me ha dicho que Lerroux fue a visitarle en su despacho, para comunicarle que no obstruirían la aprobación de un convenio internacional sobre estupefacientes, y Besteiro le preguntó si no estarían dispuestos a hacer lo mismo con otros siete proyectos de ley del ministerio de Estado, que contenían aprobación de sendos convenios internacionales. Lerroux contestó que tampoco se opondría a su aprobación; y, en efecto, en la sesión del viernes se aprobaron sin discusión. Preguntó también Besteiro si harían obstrucción al proyecto de Responsabilidad del Presidente de la República y al del Tribunal de Garantías. Lerroux dijo que deseaba, como sus amigos, que se discutiera primero el proyecto de Responsabilidad, y no lo obstruirían, porque saben el interés que, por motivos de delicadeza, tiene en esa aprobación el Presidente de la República; respecto del de Garantías, opinó Lerroux que no se le debía hacer obstrucción tampoco, pero que necesitaba consultar con sus amigos.

El viernes volvió Lerroux a hablar con Besteiro, para darle cuenta de la consulta. Opinó Lerroux que ellos, los radicales, ya han dado un paso de aproximación no poniendo dificultades a la aprobación de los otros proyectos, y que tampoco las pondrían a lo del Tribunal de Garantías pero que esperaban que el Gobierno, que es el más fuerte, correspondiese de algún modo a la disposición nueva de los radicales. Ellos esperaban que del Consejo del viernes hubiera salido el acuerdo de convocar tan sólo las elecciones de los Ayuntamientos elegidos por el artículo 29 de la antigua ley, y, sin embargo, no salió. Que se contentarían con que se hicieran ahora solamente esas elecciones, y que le encargaba que me lo dijese a mí, etcétera, etcétera.

Cabalmente, ése fue el acuerdo que tomamos el viernes, y por encargo mío se mantuvo secreto, para que los radicales se rindieran antes de conocerlo. No me ha costado, pues, trabajo darle a Besteiro como respuesta para Lerroux que aceptaba su propuesta, pero que no consideraba bastante que los radicales cesasen momentáneamente en la obstrucción, sino que debían abandonarla del todo y para todo. Hay otras leyes que aprobar, como la de Orden Público, para derogar la ley de Defensa, la Electoral de Municipios, las de Enseñanza, etcétera, que conviene aprobar en esta legislatura. Si la obstrucción se reanudase después de votar la ley del Tribunal de Garantías, cerraríamos las Cortes después del 30 de abril; pero no habiendo obstrucción, seguiríamos trabajando para sacar el mejor fruto posible antes del verano.

Besteiro ha encontrado buenos mis propósitos, y así hablará a Lerroux. Cree Besteiro que la eliminación del lerrouxismo es necesaria, pero no puede hacerse violentamente, y hay que dejar que poco a poco la hagan los electores. Opina que han perdido mucho, o casi todo, en el cuerpo electoral. Le he contado la visita de Lara, para que sepa el origen de la obstrucción radical.

La verdad es que los radicales han hecho todo lo posible para destruirnos, incluso cosas ilícitas y feas. Han perdido, y ahora se encuentran en un callejón del que no saben salir airosamente. «Si me sacas del pozo, te perdono la vida», vienen a decir. Casi todos ellos continúan barbarizando por esos mitines de provincias, y cubriéndonos de insultos atroces.

Pérez de Ayala me dice hoy, en una carta, que tengo una paciencia casi bíblica.

Averiguado lo del error en el presupuesto, resulta que no hay tal, y que la alarma procedía de que habían empezado a pagar al personal disponible con cargo al capítulo del personal a extinguir. Se ha deshecho la confusión; pero en el origen sigue habiendo tontería y ligereza.

14 de abril

Hace muchos días que no sigo estos apuntes. Han ocurrido algunas cosas de interés político, he hecho dos viajes, uno a Granada y Málaga y el otro a Vizcaya. He estado tan atareado que no me ha quedado tiempo ni voluntad para continuar mi borrador. En los primeros días de la última semana de marzo, todo parecía tranquilo en las Cortes. Se discutió sin obstrucción la ley de Congregaciones. Lerroux le dijo a Besteiro que comprendía la conveniencia de que se aprobasen otras leyes, pero que no se comprometía a nada, sin acuerdo de las demás oposiciones. Se votó sin discusión la ley de Responsabilidad del Presidente de la República. Pero, entre tanto, iban y venían las intrigas, al parecer capitaneadas por Maura. No habiendo podido derribar al Gobierno por lo de Casas Viejas, ni a consecuencia de los «consejos» que vino a darme en el ministerio, urdió otra cosa, a su parecer, incontrastable.

Entraron en bureo los jefes de los grupos de oposición, y el viernes 31 de marzo, al llegar a las Cortes, los periodistas me dijeron que iba a publicarse una nota, especie de manifiesto contra el Gobierno, suscrito por los grupos republicanos de oposición; que la nota, redactada por Maura, era violentísima contra mí, y que no la habían dado aún a los periódicos, porque estaban *limándola* un poco. El pretexto de la nota era éste:

Todos los diputados, sin excepción, deseaban que hubiera vacación parlamentaria durante dos semanas o tres, para descansar un poco y atender a la campaña electoral, puesto que están convocadas las elecciones municipales parciales. Mucha gente me hablaba de ello, y yo también consideraba útil la vacación, que además contribuiría a calmar los ánimos. Al Presidente de la República le parecía como a mí y a todo el Gobierno. En tales condiciones, hablé a Besteiro, que también aprobaba el propósito de cerrar, y le encargué que tratase con las oposiciones, como Presidente de las Cortes, para llegar, igual que se hizo el año pasado, a un acuerdo unánime. Besteiro sometió el caso a Lerroux, quien ofreció contestar, según lo que deliberasen juntos. Todo el mundo estaba en la idea de que se cerrarían las Cortes durante las fiestas de la República. La nota de las oposiciones es, formalmente, la respuesta a la consulta de Besteiro. En el fondo es un nuevo ataque para desmoronarnos y conseguir que se vayan los socialistas. La tesis de aquellos señores es: que *dejarán* aprobar la ley de Congregaciones y la ley del Tribunal de Garantías para que, votadas las leyes que la Constitución manda hacer por estas Cortes, el Presidente se halle en libertad de disolverlas, si fuese necesario. Y como ellos estiman que suspender las sesiones es una habilidad del Gobierno para prolongar su vida, etcétera, etcétera, se oponen a que haya vacaciones y si las hubiese lo estimarían como un atropello, etcétera, etcétera.

La nota me trata muy mal. Me llama caprichoso, desdeñoso, rencoroso, etcétera.

Se ve la pasión personal de Maura contra mí. Vuelven a decir la estupidez de que la República no puede confundirse con un Gobierno ni «menos con un hombre». Esta última expresión, que estaba en el ejemplar que a mí me dieron, ha desaparecido del texto que he visto impreso en algunos periódicos. Se conoce que en eso consistió la lima; creo que quitaron alguna otra cosa más.

Nos llevaron la nota al despacho de ministros. Estábamos cinco o seis. Prieto la leyó en alta voz. Se enfadaron mucho. Yo recuerdo que me indigné bastante, por el tono personal y agresivo contra mí. Que me traten de ese modo gentes que se llaman mis amigos, que han sido compañeros míos, y que no pueden desconocer mis servicios, es difícil de tolerar. Mi primer movimiento fue el de ir a entregar al Presidente la renuncia de mi cargo.

—Pero eso sería darles el triunfo —decían Largo y Fernando.

—No lo crean ustedes, porque a mí no me domestican. Si me voy, me iré tan de veras, que ya no tendrán que ofuscarse por mi presencia. Y a ver cómo se las arreglan. .

Hablamos largamente. Pregunté a los socialistas qué harían en caso de crisis, si el Presidente abría las consultas. Caballero dijo que no apoyarían a ningún Gobierno donde hubiese radicales, y que estarían dispuestos a seguir colaborando en otro Gobierno parecido al actual.

Se apuntó por alguien la sospecha de que el Presidente de la República pudiera haber dado esperanzas a los radicales de un cambio de Gobierno después de aprobadas las dos leyes. El más desconfiado era Prieto, que no veía clara la actitud de don Niceto. Otros se inclinaban a temer lo mismo, porque no comprendían que las oposiciones se lanzaran a tanto sin alguna seguridad de parte de la Presidencia de la República. Yo insistí en que no tenía motivos para dudar de la conducta del Presidente.

Añadí que siempre había estado dispuesto a aceptar alegremente las consecuencias de la contienda en las Cortes, ya nos derrotasen, ya se nos descompusiera la mayoría. Pero que si, como buscaban, el Gobierno caía por una intriga, que recordase las del antiguo régimen, los autores del hecho iban a llevarse un chasco si pensaban domesticarme haciéndome entrar en el nuevo Gobierno. Me iría de él y del Parlamento, o para retirarme a mi casa o para campar por mis respetos y a mis anchas en la plaza pública.

La conversación se interrumpió, porque yo tenía que tomar el tren aquella misma noche para Granada, y antes tenía que firmar con el Presidente de la República algunas cosas urgentes. Salí, y cuando estaba cerca de la puerta de la calle me llamó Besteiro. Estaba en su despacho con Fernando, que quizás alarmado por mi disposición, fue a decirle al Presidente que hiciese algo por tranquilizarme. Besteiro estaba muy sonriente. Calificó de burrada la nota y me dijo que, pues iba yo a pasar tres días fuera de Madrid, los aprovechase para pensar despacio lo que convenía hacer. Le contesté muy tranquilo. Y bromeando, nos despedimos.

Llegué a casa del Presidente a las ocho y media. Mientras firmaba le hablé de la nota, que ya conocía. Me vio airado, y como si fuese una réplica me habló a su vez de la nota que habían dado los radicales-socialistas, a propuesta de Galarza, enumerando un vasto programa legislativo para proponérselo al Gobierno. (Galarza me había dicho algo de esto por la tarde, pero yo no le hice gran caso, porque no tenía importancia.) El Presidente tuvo algunas expresiones duras para Galarza; creo que le llamó «niño estúpido». Repliqué lo conveniente: que tales reuniones y mociones de grupo, dentro de la mayoría, no tenían valor alguno; que los grupos apoyaban al Gobierno; que nadie podía estorbarles que trazaran planes para lo porvenir, siendo el Gobierno libre de aceptarlo o no; y, que como él bien sabía, esas iniciativas estaban sometidas a la disciplina común y no podían influir en la marcha de la política ni en la cohesión de la mayoría. Volví a llamarle la atención sobre lo insólito del tono y de las pretensiones de la nota. Respecto de lo personal, le anuncié terminantemente que, si mi presencia en el Gobierno era un estorbo para la paz entre los príncipes republicanos, estaba dispuesto a eliminarme, no sólo del Gobierno, sino de la política, en la que no tengo nada puesto y en la que me hallo un poco forzado. Respecto del fondo, opiné que coligarse las oposiciones y declarar, como declaran, que no permitirán que se apruebe ninguna ley para que se vaya el Gobierno (con el que renuncian a discutir en las Cortes, *para no proporcionarle* nuevos triunfos parlamentarios), era un modo de *echarse al monte*, acabar con el régimen de mayorías, y realizar una especie de pronunciamiento sin cometer delito. Lo que hacen ahora las oposiciones es la segunda parte del pronunciamiento de Sanjurjo, y, en el fondo, por las mismas preocupaciones. Sanjurjo declaraba *facciosas* las Cortes, tomando la expresión de don Melquíades, el cual ahora es también el inspirador de la coalición de los grupos y califica de *perfecta* la nota. Ellos pueden, sin cometer delito, y abusando del reglamento de la Cámara, inutilizar el Parlamento, expulsar al Gobierno y sobreponerse a la mayoría y al Presidente de la República, forzándole a disolver o a cambiar de ministerio. Si la coalición de los obstruccionistas triunfa, lo primero que deberán hacer, le dije al Presidente, es poner en libertad a Sanjurjo, y, en efecto, él así lo espera, anular la sentencia que lo condenó, darle excusas y ascenderlo, pues al fin Sanjurjo quiso hacer, jugándose la cabeza, lo que estos señores realizarían a mansalva.

El Presidente asintió a algunas de las cosas que le dije, sobre otras guardó silencio y se sonreía; me dijo también que Maura se equivocaba al suponer que la ley de Orden Público no es de las que deben votarse por estas Cortes para completar la Constitución.

Ya de pie (la conversación fue rápida y breve) le dije que el martes, a mi regreso, se reuniría el Consejo de ministros y tomaríamos acuerdos, de que le daría cuenta.

Me despedí, vine al ministerio a recoger a mi mujer, y a las nueve y media tomamos el tren para Granada. Nos acompañaban Ramos y Guzmán, con sus mujeres. Estaba yo un poco febril de ánimo aquella noche, y aunque hablaba poco, me bullían en la imaginación las réplicas más contundentes a la nota de las oposiciones. Si hubiese habido debate aquel día, o al día siguiente, creo que nos hubiésemos divertido.

Me contaron, durante el viaje y después, algunas cosas respecto de la confección de la nota de las oposiciones. La redactó Maura, en efecto, y Lerroux le felicitó por su acierto. En algunos grupos hubo discrepancias. Los federales la aprobaron por mayoría, derrotando a Franchy Roca y a Valle. Franchy, después de votar contra el texto de la nota, aparece firmándola. ¿En qué ocasión se habrá sentido este varón tratado por mí con desdén rencoroso? Nunca hemos cambiado más que palabras corteses. Le he felicitado alguna vez por sus discursos, que valen poco. Le hicimos fiscal de la República, cargo que desempeñó mal, por su aplatanamiento conocido, y siendo nuestro fiscal general votó contra el Gobierno en las Cortes. Hace pocas semanas le ofrecí la presidencia del Consejo de Estado, cargo que no aceptó por discrepancia política, pero indicó que aceptaría una plaza de magistrado del Tribunal Supremo. Estas plazas son inamovibles, y no lo es la presidencia del Consejo de Estado. No obstante, el señor Franchy firma un documento en que se declara tratado con *desdén rencoroso.*

El señor Franchy es un ídolo de los republicanos canarios. Conocida su firma en la nota, han comenzado a llover sobre los federales telegramas de protesta de sus grupos locales. De Canarias han venido muchos, y tan fuertes, que según me ha dicho a mí el propio diputado federal Valle, no se los han dado a leer a Franchy para que no se muera del disgusto.

Parece ser que Maura le enseñó la nota a Sánchez Román, pidiéndole su firma. Sánchez Román se la negó, y le dijo que ya tenía edad para darse cuenta de la gravedad de lo que iba a hacer.

También le consultaron a don José Ortega, que se negó a firmar. Corrieron rumores de que a Ortega le había parecido muy bien la nota, y él lo ha desmentido en un comunicado de prensa.

Entre los radicales, hay algunos que no están conformes con la obstrucción ni con la nota. Pero yo creo que son los menos. Se ha dicho que Maura impuso su voluntad a los diputados que le siguen. Sobre esto no tengo datos seguros; pero el mismo día que regresé de Granada vino a verme, en el despacho del Congreso, don Carlos Blanco (de cuyo paso por la Dirección General de Seguridad en los primeros días de la República nos quedan recuerdos tragicómicos), presidente del Consejo de Estado hasta hace pocos dias, y hombre importante en el grupo maurista. Don Carlos venía acompañado del marqués de Fontalba a recomendarme que se exceptuase de la reforma agraria una finca del marqués. Oí sus pretensiones, y le dije a Blanco que estudiaríamos el caso sin «desdén ni rencor». Se puso colorado, y me contestó que ésas eran «cosas de Miguel», que «ya sabe usted como es».

—¿Pero usted las aprueba?

—Es cuestión de disciplina del partido.

—Pues ponga usted en la cuenta de la disciplina las cosas graves que pueden ocurrir, si don Miguel se sale con la suya.

Aquella misma tarde me dijeron que don Carlos Blanco despotricaba contra Maura en los pasillos del Congreso.

Casi nunca duermo en el tren, y llegué a Granada después de una noche en blanco. El tiempo estaba cubierto. No se veía la sierra. En el Alhambra Palace hacía frío. Visitamos una vez más la Alhambra y el Generalife. Imposible recrearse en nada seguido de tanta gente. Aunque encargué que no avisasen a nadie de mi llegada, y que deseaba pasar inadvertido, las autoridades estaban ya en la estación. El gobernador había desplegado lo mejor de su celo. Encontré al general García Aldana más caduco que la otra vez. Los periodistas provincianos son aún más indiscretos y peor educados que los de Madrid. Han tomado la costumbre de introducirse en los corros donde está uno de conversación particular y tomar taquigráficamente todo lo que oyen. Tuve que llamarles la atención y hacerles retirarse. Alguno telegrafió al *ABC* unas fantásticas declaraciones mías, dando a entender que pronto dejaría de ser ministro. Con eso abundan en la campaña de tales periódicos monárquicos, que aplauden la táctica de las oposiciones republicanas, según las cuales el Gobierno caerá inmediatamente.

Después de comer salimos para Motril y Málaga. Cuando llegábamos a Málaga, poco después de anochecer, llovía. Toda aquella noche, y al día siguiente, llovió a torrentes, con pocos descansos. En la puerta del hotel de Málaga había una compañía de guardias de asalto, y muchos policías. Los hice retirar a todos. El gobernador, que es un gallego aparatoso, se lamentaba de no haber dado más esplendor a mi recibimiento, y el general de la brigada quería obsequiarme con honores militares. Se pusieron muy pesados. Al general tuve que decirle que los honores militares no eran una cortesía que él quisiera gastarme, sino un derecho de mi cargo, y lo renunciaba, y le ordenaba que no hiciese nada. Sólo así se estuvo quieto.

Al día siguiente por la mañana, aprovechando una clara, hicimos una excursión por la carretera de los montes. Por la tarde, seguimos la carretera de Algeciras, pero llovía de tal modo que tuve que regresar. También, al anochecer, nos paseamos un rato a pie por la carretera de Torre del Mar.

El lunes salimos para Ronda. Vinieron al hotel, entre otros, las autoridades militares, y con ellas el coronel del regimiento 17, Pareja, que es uno de los jóvenes *africanistas* a quienes ha alcanzado la revisión de ascensos. Le noté un poco tieso y como apartado. Después de hablar yo un rato con el general, llamé a Pareja, sacándole del corro, tratamos del acuartelamiento de su fuerza, le dije algunas cosas amables y se quedó muy contento y agradecido. Sé que ha telegrafiado después al subsecretario, hablándole de esta entrevista.

El camino normal para Ronda estaba cortado por las lluvias. Tomamos la vuelta de Antequera, con gran rodeo. La carretera es mala y dificultosa. El tiempo había mejorado. Al mediodía dábamos vista a la vega de Antequera, espléndida. Ya la había visto hace muchos años, pero en otra estación. Ahora estaba lucidísima. En Antequera nos obligaron a detenernos y nos llevaron al Círculo de Acción Republicana. Brindis, abrazos, vivas. Antequera está dominada por unas cuantas familias terratenientes monárquicas. El alcalde es radical. Cuando se propaló, con motivo de lo de Casas Viejas, que iba a caer el Gobierno, el alcalde mandó preparar cohetes y que la música estuviese dispuesta, para festejar la crisis. Enterados los republicanos y socialistas enemigos del alcalde, hicieron correr, en *secreto*, el rumor de que cuando sonase la música y se oyesen los cohetes sería la señal de que don Manuel Azaña había dado permiso para que durante veinticuatro horas cada cual hiciese en el pueblo lo que le diese la gana. El *rumor secreto* no tardó en llegar al alcalde, y aterrado, mandó echar los cohetes en un charco.

Por fortuna, no hubo crisis y no tuvo que salir la música.

También nos detuvieron en Campillos, pueblo enteramente socialista. Visita al Círculo, vino, salchichón, abrazos, vociferaciones. Mayor retraso. En Cuevas de Becerro, donde ya había gente de Ronda esperándonos, nos hicieron entrar en el pueblo. Total: llegamos a Ronda a las cuatro. Comimos a esa hora en el hotel. Admiramos casi todo lo que hay que admirar allí, y lamenté, para mis adentros, los destrozos que se han hecho en la parte vieja de la ciudad.

A las siete tomamos el tren para Madrid y llegamos el martes a las nueve. Aquella misma mañana tuvimos Consejo de ministros.

Examinamos la situación creada por la nota de las oposiciones. Del lado del Parlamento la situación es clara, porque la mayoría está más unida y más enardecida que nunca. Pero la tesis de las oposiciones, a saber: que permitirán aprobar dos leyes, la de Congregaciones y la del Tribunal de Garantías, y que acto seguido el Gobierno deberá dimitir, es inadmisible. Nosotros no podemos ser un Gobierno interino ni a fecha fija, tanto menos, cuanto que nos quedan muchas cosas por hacer. Y como hay en algunos ministros la sospecha de que el Presidente pudiera en parte ser de la opinión de las oposiciones y tener pensado que el Gobierno se vaya en cuanto se voten esas leyes (más la de Orden Público, según apuntó en su conversación conmigo) decidimos dar un paso cerca de don Niceto que le diese ocasión de retirarnos su confianza o de ratificarla. Escogimos proponerle la clausura de Cortes por decreto, durante quince días, como puede hacerlo según la Constitución. También le encargué a Casares que, para el Consejo del jueves siguiente en Palacio, tuviese concluido el proyecto de ley de Orden Público. Don Niceto cree que este proyecto no se ha redactado por *terquedad* de Casares. Y no es así. Hace tiempo que Casares trajo a Consejo el anteproyecto de la comisión jurídica asesora, que no nos gustó, y encargó a Anguera de Sojo que hiciese otro y un proyecto de ley de Vagos. Este último ya lo han terminado, y el de Orden Público estaba para concluirse. Quedamos en que para el Consejo del jueves lo llevaría.

Mucho hablamos en aquel Consejo. Los ánimos estaban un poco tirantes. Largo y los otros socialistas decían que los propios adversarios de la colaboración ministerial, dentro de su partido, han cambiado de parecer en vista de las circunstancias, y que están dispuestos a hacer todo lo necesario para que la maniobra de las oposiciones no prevalezca.

Por la tarde fui a ver a don Niceto y le expuse la situación. En suma, que necesitábamos poner en claro, ante el país y la Cámara y para nosotros mismos, si éramos o no un Gobierno interino, y si contábamos con su confianza. Don Niceto me dijo que en ningún caso se le ocurriría tener un Gobierno con funciones limitadas, ni en cuanto al tiempo ni en ninguna otra manera. Que estaba de acuerdo en que la obstrucción no puede ser causa para derribar un ministerio. Que la propuesta de cerrar las Cortes por decreto le sorprendía mucho, y no la esperaba; que le parecía una determinación peligrosa, porque podía parecer que él tomaba partido en la contienda; que podría hacerse lo que nosotros deseábamos en otra forma y con motivo de otros proyectos, y que convenía que lo pensáramos, dándole también a él tiempo para pensarlo. Que a su juicio, las Cortes tenían facultad para acordar la suspensión de sesiones, y que era demasiado extraordinario que las vacaciones se acordaran por decreto presidencial.

No le vi mal dispuesto para satisfacer los deseos del Gobierno de alguna manera, y quedamos en que consultaría con los compañeros. Me reuní con los ministros en el Congreso. Les expuse los puntos de vista del Presidente. En una cosa convinimos todos: en que, del Consejo del jueves en Palacio, tenía que salir o una ratificación de confianza o la crisis. En esta conversación, que duró mucho, Fernando de los Ríos me dijo que no recordaba él que el acuerdo del Partido Socialista, para seguir colaborando aunque se plantease la crisis, fuese tan explícito y terminante como había dicho Largo Caballero. Esta duda me sorprendió mucho, y le dije que era menester resolverla al momento, porque yo no podía ir a plantear una crisis sin saber las soluciones que podía proponer al Presidente, y que si los socialistas no estaban dispuestos a seguir en el Gobierno en caso de que se abriera la crisis, mi conducta tendría que ser muy diferente (en esta parte de la conversación no estuvo presente Largo Caballero). Marcelino Domingo dijo que la actitud de los radicales-socialistas dependía de la de los socialistas, pues si éstos continuaban formando parte de otro Gobierno como el actual, ellos secundarían, y se negarían a apoyar un Ministerio formado con los radicales y con exclusión de los socialistas; por el contrario, si se negaban a colaborar, pensarían lo que habían de hacer.

El miércoles vi de nuevo al Presidente. Le dije que, visto el carácter extraordinario que tiene en la Constitución la facultad de cerrar las Cortes durante el período obligatorio de sesiones, nosotros no teníamos empeño en emplear ese medio; pero que como él me había dicho que la firma otorgada a otros proyectos de ley podría tener una significación tan expresiva como nosotros la deseáramos, al Consejo del día siguiente, en que trataríamos de la cuestión ampliamente, le llevaría dos proyectos: el de Orden Público y el de Arrendamientos de Fincas Rústicas, y a la firma de estos proyectos le daríamos el carácter que el Gobierno entendía que debía dársele, si, después de oír nuestra exposición, el Presidente los firmaba. Don Niceto se mostró conforme. Me dijo, además, que pensando en la proyectada clausura de Cortes por decreto, le había encontrado un nuevo inconveniente: el de que, si se cerraban las Cortes el día 9 y se reanudaban las sesiones el 28, las oposiciones podían venir en tal disposición que hiciesen necesaria la clausura, y entonces ya no tendría el Presidente medio de hacerlo, por haber gastado su potestad en un primer decreto. Esto no me convencía mucho en cuanto al fondo, porque cerrando por quince días, aún podía cerrar por otros quince; pero aparte de que dos breves clausuras tan seguidas, hechas por decreto, se entenderían como impotencia de las Cortes, aprecié las palabras del Presidente como una insinuación de lo que se propondría hacer, en caso de que la obstrucción fuese invencible, una vez que las Cortes hayan funcionado los tres meses que manda la Constitución.

El Presidente ha vuelto a decirme que él debe permanecer apartado de las contiendas de partido, sin incurrir en la responsabilidad de inclinarse a un lado ni a otro, y que de eso viene su resistencia a suspender las Cortes por decreto; al día siguiente, los enemigos del Gobierno la emprenderían también con el Presidente de la República. Le contesté que me parecía bien y que nunca le pediríamos que se mostrase parte en nuestras contiendas, pero que había responsabilidades que no podía evitar, porque son las propias de su función; tales serían, por ejemplo, las que tendría que asumir al resolver una cuestión de confianza.

En esta conversación, el Presidente ha extremado sus demostraciones de lealtad y claridad para con el Gobierno; habló mal de Miguel Maura; y me dio a entender, con muchos arabescos, que se reservaba más de lo que me decía.

Nuevamente vi a los ministros aquella tarde en el Congreso. Fernando de los Ríos me dijo que, por la mañana, se había reunido la Comisión ejecutiva del partido, y que el acuerdo era, en efecto, tal como Largo me lo había dicho. Domingo ratificó la situación de los radicales-socialistas. En todas estas conversaciones, Prieto se sonreía con escepticismo. Su impresión seguía siendo de desconfianza en el Presidente. Yo les dije que se engañaban, y que en el Consejo del siguiente día, para el que ya había trazado mi plan, quedaría todo resuelto.

Era absolutamente inexcusable poner las cosas en claro, y cada día más; porque las oposiciones y su prensa, sobre todo la monárquica, no se hartaban de decir que no contábamos con la confianza del Presidente; que no nos atrevíamos a contarle oficialmente lo que pasaba ni a plantearle el caso; que lo teníamos poco menos que secuestrado; que cualquier Gobierno, en circunstancias tales, habría dimitido, etcétera, etcétera.

Se atrevían a suponer que el Presidente asiría la ocasión por los pelos para despedirnos.

Pensando en el Consejo del jueves, me propuse que la solución no fuese una evasiva ni un equívoco y, como el Presidente me había dicho que la firma de otros proyectos de ley podría ser una demostración tan *expresiva* como el Gobierno deseara, tracé los medios de que así resultase.

En la mañana del jueves, antes de ir al Consejo, hice en mi despacho el borrador de la nota oficiosa. No era admisible que la firma de los dos proyectos de ley quedase en una mera satisfacción para nosotros, sino que había de dar todo el efecto político apetecido. Para conseguirlo, habría que anteponer al hecho de la firma una exposición y el valor que el Gobierno le daba. Llevé el borrador al Consejo, para que, si las cosas salían como yo las pensaba, no fuese necesario improvisar un texto.

En el Consejo, después de las amenidades dilatorias que el Presidente saca de un volante, en que apunta los asuntos que le interesan, se habló de política internacional. El Presidente aprobó mi propósito de ir a Baleares y el de acelerar los trabajos de fortificación. Dijo cosas muy atinadas con respecto a Portugal y a la conveniencia de que España nunca favorezca los arreglos que tengan por base el reparto de las colonias portuguesas. Portugal, sin colonias, necesariamente se apretaría más con España, y es menester que esta política no se haga imposible amparando o consintiendo un despojo, o aprovechándose de él.

Después tratamos de la política interior y expuse la situación del Gobierno, que no podía continuar bajo el supuesto de ser interino, ni en su propia intención, ni en la del Parlamento, ni en la del Presidente de la República.

Afirmé que la obstrucción parlamentaria nunca podría determinar, salvo que el Presidente estimase otra cosa, la caída de un Gobierno, porque eso sería anular al Parlamento y al poder presidencial, mediante un golpe de Estado incruento.

Que el Gobierno se había constituido con un programa, cuya conclusión estaba lejos. Que no podíamos aceptar que sólo se discutiesen las leyes y por el orden que las oposiciones quisiesen y que necesitábamos saber si el Presidente aceptaba nuestros puntos de vista, para someterle dos proyectos de ley, que serían leídos en las Cortes inmediatamente, proyectos que son de los excluidos de su tolerancia por las oposiciones: Orden Público y Arrendamientos.

El Presidente, midiendo mucho las palabras, repitió lo que ya me había dicho en días anteriores, y que el hecho de firmar dos proyectos de ley, cuya aprobación en las Cortes requería varios meses, era una demostración más expresiva que no el haber dado el decreto de suspensión de sesiones por quince días. Habló un rato largo, y a satisfacción de todos.

Cuando el Presidente terminó, yo dije que, aun a riesgo de infringir el protocolo, pedía permiso al Presidente para invitar, como les invitaba a todos los ministros, a que dijesen su parecer sobre el caso, o hiciesen las observaciones que tuvieran por conveniente a lo que yo había dicho (si es que no había acertado a expresar la opinión común), o a lo que había dicho el Presidente (por si les quedaba algún resquemor).

El Presidente dijo que sí lo autorizaba, y los ministros no hicieran observación alguna.

Entonces añadí yo que había pensado dar una nota oficiosa de lo tratado en el Consejo. La indicación le hizo alguna mella, como notamos todos, pero se le pasó al instante. Quizá no esperaba que se diese una nota, o temía que me excediese en los términos, y este supuesto es el más probable, porque de guardarse en secreto el acuerdo era absurdo suponerlo.

—Bueno, redáctela usted —me dijo.

Puse en limpio la nota que llevaba yo en el bolsillo, y le añadí en el último párrafo, o sea el de la firma de los proyectos de ley, como consecuencia de la exposición hecha por mí, que daba valor al hecho de la firma.

Leí en alta voz la nota. El Presidente la encontró bien, y respiró. Deduje que temía alguna palabra o alguna declaración que fuese dura para las oposiciones. Los ministros la encontraron también muy acertada.

Luego se examinó la ley de Orden Público, en gran parte. Firmó el Presidente los decretos autorizando la presentación a las Cortes de ambos proyectos, y como se había hecho tarde se levantó el Consejo.

Cuando se fue el Presidente, todos los ministros se declararon satisfechos y alabaron la redacción de la nota. Prieto me dijo que, sin la nota, él no hubiera quedado contento. Domingo encontraba correcta y leal la conducta del Presidente.

Al salir de Palacio entregué la nota manuscrita a los periodistas, que la esperaban con ansiedad.

Hoy se celebra el segundo aniversario de la República. Hemos empleado la mañana en inaugurar grupos escolares. Algunos son muy buenos y todos alegres, cómodos y decentes. Mucho público, muchos aplausos y bastante calor. Por la tarde, ninguna ceremonia. He dado un paseo, y he aprovechado después el tiempo para escribir estos apuntes.

15 de abril

Prosiguen las ceremonias conmemorativas de la proclamación de la República. Hoy hemos inaugurado el nuevo trozo del paseo de la Castellana. Es muy hermoso. Se ha hecho todo en cuarenta días: obra que llevaba veinte años enredada en la pobreza proyectista y en la nulidad verbalista de ayuntamientos y gobiernos. Al mismo tiempo se ha inaugurado oficialmente la construcción de los dos ministerios (de Gobernación y Obras Públicas). Procuro que esta obra se lleve con celeridad, dándole alas a Prieto, y a fin de que las cosas queden en tal estado que no pueda detenerse ni rectificarse el plan de conjunto, que será muy bueno. Sacaremos a Madrid del *patio* de la Cibeles y del corredor de la calle de Alcalá. Falta ahora subastar el ministerio de Agricultura, que va más despacio porque han de hacerse algunas expropiaciones.

En el acto de la inauguración ha habido un gentío inmenso, que ha sumergido al Presidente de la República y al Gobierno. El pueblo estaba contento y aplaudía con frenesí.

Después fuimos a un concierto popular, también con el Presidente.

Por la tarde, fiesta de Aviación en Barajas. Las dificultades que, por falta de vías de comunicación, tuvimos el año pasado para llegar al aeropuerto y, sobre todo, para salir de él, se han repetido este año, multiplicadas. La afluencia de coches y de gente era enorme. Por casualidad pudimos tomar un camino de travesía y llegamos a las cuatro y media. Allí estaban otros ministros y algunos embajadores. Las acrobacias y volatines de los aviones divertían a la gente, pero todo ha acabado en desgracia. Un oficial ha cometido una imprudencia y se ha matado, junto con el sargento que le acompañaba. El aparato ha caído a pocos metros de distancia de donde nosotros estábamos, y en la mesa contigua se hallaban las hermanas del oficial que tripulaba el avión. He suspendido la fiesta, aunque el jefe de Aviación quería que continuase. A mi mujer le ha hecho una impresión terrible el suceso y se ha puesto enferma. En el mismo aeropuerto me enteré de que otro aparato se había caído en la calle de Claudio Coello y había causado víctimas.

Regresé rápidamente a Madrid, porque salí de los primeros. Pero Saravia no pudo llegar hasta las diez de la noche. Cuando retornábamos por la carretera de Barajas, a las seis, veíamos en la carretera de Alcalá cientos y cientos de coches embotellados, que aún no habían logrado llegar al aeropuerto. ¿A qué hora habrán vuelto?

Esta noche, función de gala en El Español. Como en otros espectáculos, las localidades se habían repartido mal y había muchos claros. El programa no era ameno. Un entremés de Quiñones, *dicho* por actores que no saben dar entonación debida a los giros que ya no se usan, y no los entienden. Otro entremés de Cervantes, representado por los estudiantes de La Barraca, que don Fernando protege y que no pasan de ser modestos aficionados. Lo único que hacen bien es caracterizarse.

El plato fuerte era *El gran teatro del mundo*. Esta obra gustó mucho, cuando la pusieron hace tres años. Pero los que la han visto una vez, difícilmente soportan una segunda representación. El público de las galerías, pasado el primer momento de curiosidad, se aburría, y hasta hubo un remusgo de impaciencia en la última parte, sin duda por la extrañeza de que la República festejase su nacimiento con la misma obra que, en tiempo de Felipe IV, servía para festejar el Corpus. Yo temí que se arrancasen cantando la Internacional, como réplica a los «apuntes» angélicos que se intercalan en el diálogo. El que hacía de *autor*, recita desde las alturas de una *mise en scène* bien lograda, tiradas de versos que no entiende, y los dice mal, como pertenece a sus escasas dotes. El recitante es masón, y supongo que eso podría influir algo en lo mal que hace un papel así. La verdad es que el teatro no puede estar peor. ¡Qué cómicos!, ni pronunciar saben.

El Presidente, en un entreacto, les ha entregado, a Borràs y a la Xirgu, las insignias de la encomienda de la Orden de la República. Borràs ya era *comendador* de Alfonso XII.

Me dicen que el personal de la embajada inglesa (el embajador no estaba) se ha marchado del teatro durante la representación. Si son protestantes, no les gustará Calderón.

16 de abril

Hoy, festejo de gran espectáculo. Parada y desfile en la Castellana. He ido a buscar al Presidente a Palacio; ya don Niceto había estado en la sesión inaugural de un congreso de Oftalmología y pronunciado un discurso.

El desfile ha salido mucho mejor que el año pasado. El público, inmenso, llenaba los andenes de Recoletos y la Castellana, la plaza de la Cibeles y la calle de Alcalá hasta la de Sevilla. Había gente hasta en los techos de los tranvías. A don Niceto le han aclamado con frenesí, sobre todo al retorno. El impulso popular no ha decaído.

En la tribuna del ministerio de la Guerra, frontera a la oficial, estaban las señoras y los invitados del Gobierno. Presente la viuda de Pablo Iglesias; signo de los tiempos: «Es el primer desfile militar que presencio», le ha dicho a mi mujer.

El espectáculo ha tonificado a la gente. Han aplaudido a la Guardia civil. Recuerdo el mal rato que pasamos el día de la apertura de Cortes, cuando la silbaron copiosamente. La mañana de hoy ha pasado toda en clamores.

Por la tarde, nada que hacer. He ido de paseo al Escorial. Aprovecho este rato ocioso para continuar y completar los apuntes sobre las cosas políticas de la semana pasada.

La declaración del Gobierno, al salir del Consejo en Palacio, cayó como una maza sobre las oposiciones. Se quedaron sin saber qué decir, después de haber cacareado tanto que el Presidente quería cambiar de Gobierno y que nosotros no le dábamos ocasión de hacerlo. En los diputados de la mayoría, el regocijo se manifestaba vivamente. Se acabaron por dos días los corrillos y murmuraciones del Congreso. Don Melquíades dijo a los periodistas que no se podía negar que el Gobierno tenía la confianza del Presidente. Lo mismo dijo Lerroux, pero después cambió de parecer. El taimado y malhumorado señor Alba (que escribe de su puño, en *La Libertad*, artículos contra mí) dijo que lo hecho por el Gobierno era *un atraco*. Poco a poco se recobraron, y comenzó una discusión pueril, a fuerza de declaraciones en los periódicos, sobre si el Gobierno tenía o no ratificada la confianza del Presidente, etcétera. Se distingue en estas discusiones el notario Castrillo, diputado *progresista*, es decir del grupo a que perteneció don Niceto.

Como quiera que fuese, los últimos días de la semana y los primeros de la siguiente, transcurrieron en calma aparente. Se votaba rápidamente la ley de Congregaciones, de la que sólo faltan tres artículos. En las Cortes seguía hablándose de vacaciones; todos los diputados las deseaban, pero yo dije a todos también que no estaba dispuesto a hacer de eso una cuestión política y que las Cortes resolvieran lo que tuvieran por conveniente.

El viernes, último día de sesión, fuimos temprano al Congreso, a la ceremonia de entregar a Besteiro un busto que le regalan los diputados. En la afluencia de diputados desde primera hora prendió de nuevo el tema de suspender las sesiones. Yo me encogí de hombros, y a los que me hablaron de ello les dije que se pusieran de acuerdo con los grupos de oposición.

Estando en el salón de sesiones, se formó un corro en torno mío y de Ossorio. Le preguntaron a Ossorio si él votaría porque hubiese vacación, y Ossorio dijo que lo mismo le daba, porque él, de todos modos, no pensaba asistir a las sesiones. Poco después, Ossorio se retiraba del salón con las oposiciones, para no votar la propuesta de suspensión.

Galarza y Baeza Medina agenciaron la proposición de clausura y recabaron firmas. Yo creí que no se opondría nadie, y me fui al despacho de ministros, disponiéndome a marcharme del Congreso. Entonces me avisaron que Lerroux hablaba contra la proposición. Me sorprendió un poco. Lerroux hizo un discurso malo, inspirado por el enojo, que no acertaba a disimular, y queriendo parecer fuerte y agresivo, pero sin comprometer demasiado el porvenir con un rompimiento. Amenazas. Quejas. Que se desconsidera a las oposiciones, etcétera. Le contesté con todos los miramientos del mundo, y le expliqué la posición indiferente del Gobierno. No se contentó. Pretendían que yo recomendase a la mayoría que retirase la proposición. Cosa imposible, por desairado, y que caía mal en los diputados adictos, que acababan de leer la nueva nota de las oposiciones, en que verdaderamente se pasan los límites de toda consideración debida al Gobierno y al Presidente de la República.

Llegan a decir que la nota oficiosa del Consejo en Palacio recuerda la política de las «viejas oligarquías monárquicas», y esto lo dice el señor Maura, criado a los pechos de aquellas oligarquías, y que si ahora se irrita es precisamente porque me niego a seguir los usos que él aprendió.

Besteiro también hubiese querido, al oír a Lerroux, que la proposición se retirase, pero ya era tarde.

Después Lerroux le ha dicho a Besteiro que si llegamos a hacerle caso y retiramos la proposición le hubiésemos reventado; pero es seguro que si le complacemos, se hubiera aprovechado para vanagloriarse como de una victoria contra el Gobierno.

En fin, se votó la suspensión de sesiones y nos fuimos.

El sábado 8, después de mediodía, salí en coche para Bilbao. Indalecio Prieto, al acabarse la sesión famosa con que se cerró el debate sobre Casas Viejas, improvisó el programa de un *meeting* en Bilbao, y me lo propuso en saliendo del salón. Acepté, por no decirle que no. Después he dudado mucho si hice bien o mal en aceptar, en vista de cómo estaban las cosas políticas. «A lo mejor —le decía yo a Prieto—, vamos a Bilbao ya en la oposición.» El *meeting* de Bilbao ha sido espléndido; 25.000 personas en la plaza, pagando la entrada, y muchos miles fuera de ella. Los discursos se radiaron. Prieto hizo un discurso algo pesado y difuso. Domingo estuvo bien. Yo me levanté sin saber por dónde empezar. No había tenido absolutamente tiempo de ponerme a pensar un guión o unos temas para el discurso. Estaba agotado, cansadísimo del viaje y mal dormido. «¿Iré a dar un resbalón?», me pregunté al adelantarme en la tribuna. El público me hizo frenéticas ovaciones. El discurso me salió muy seco y descarnado. Glosé la declaración del Gobierno. Me abstuve de tratar duramente a las oposiciones y hasta les tendí la mano. Pero, según me dicen, están muy enojados porque hablé del *pantano* en que se han metido. Como acto político, salió bien, y mis afirmaciones han sentado mejor en los republicanos.

El tiempo nos favoreció. El día antes se hicieron rogativas en Bilbao para que lloviese, pero no lo han obtenido. Mucho sol y, en la plaza, tremendo calor.

Comimos en el Ayuntamiento. Fuimos por la tarde al Sanatorio de Gorliz. De regreso, recepción oficial en la Diputación. Un capitán del batallón que hay en Bilbao me felicitó por mi discurso. Después estuve en el Casino Republicano y en el Centro de Acción Republicana. Me dieron una paliza, a fuerza de abrazos.

Por la noche, banquete en el Sitio. Se había convenido que no hubiese discursos; pero, a última hora, el presidente de la sociedad se empeñó en decir «cuatro palabras», que no fueron cuatro ni muy buenas. Se hizo un lío el pobre, queriendo decir lo que llevaba aprendido de memoria. Habló de los reptiles que se muerden la cola.

Tuve que contestar, e improvisé una conversación de sobremesa que gustó enormemente. Acerté sobre todo en el tono y en la media voz, más que en lo que decía.

El lunes hicimos una excursión por la provincia: Durango, Marquina, Ondarroa, Lequeitio, Pedernales, Bermeo. Colocamos varias primeras piedras. Muchas ovaciones en todas partes. Pero lo extraordinario fue el recibimiento en Bermeo. Estéticamente, no he visto nada comparable. Todas las calles que van al puerto, atestadas de gente. Banderas. Flores. Masas negras gesticulantes y gritando. Sobre todo, las hembras. Los vaporcitos del puerto nos atronaban con las sirenas. El estrépito llegó a ser tal, que no oíamos los *vivas* y gritos de la multitud, y sólo veíamos las bocas abiertas y las manos agitándose en el aire. La tarde, esplendorosa.

Los nacionalistas, retraídos. El diputado Basterrechea me envió una carta al Ayuntamiento, diciéndome que en el silencio que con dignidad vasca guardaba Bermeo, él levantaba su voz para protestar, etcétera, etcétera. Si a eso le llaman silencio, qué será ruido en Bermeo.

La misma tarde fuimos a Guernica. Visitamos el Árbol y la Casa de Juntas, donde hay una porción de cachivaches que pretenden ser antigüedades y reliquias de una tradición.

El alcalde de Guernica es nacionalista y se le conoce en el corte de cara.
Aquel día comimos en Pedernales. Hubo bailecitos típicos. Los banquetes en Vizcaya son pavorosos.
En Bermeo nos hicieron hablar desde el balcón del Ayuntamiento. Prieto se arrancó con un discurso de media hora. Domingo y yo despachamos con cuatro generalidades.
Salimos a las nueve y media para Madrid. Llegué bastante cansado.

Estos días pasados hablé con Anguera de Sojo sobre el asunto de Menéndez. Anguera vino a verme muy alarmado, por la impresión que le ha hecho su entrevista con Menéndez. Está desesperado. Anguera le cree capaz de cometer un disparate. Opina Anguera que el juez ha procedido con dureza y precipitación al procesar a Menéndez, sin investigar antes el hecho que se le imputaba. «Si al juez o a la Sala se les ha dicho que cumplan la ley, eso basta para que crean que es una recomendación en contra»; así opina Anguera de sus compañeros. Me dijo que ésta es la ocasión de resolver el caso de Menéndez, porque en el juicio oral no se puede producir ningún hecho nuevo ni se aportará ninguna prueba que no esté ya en el sumario, y que permitiera al fiscal modificar entonces la posición que adopte ahora.
Menéndez se cree víctima, sacrificada al Gobierno. Están organizándole una manifestación de simpatía para el 14 de abril, me dijo también Anguera.
Le encargué que hablase con el presidente del Supremo, para conocer su opinión sobre el aspecto procesal del caso.

21 de abril

Hoy ha habido Consejo en la presidencia, dejando ya de reunirlo en el ministerio de la Guerra como hasta aquí.
Ligera bronca entre Casares y Albornoz, y entre Largo y Albornoz, por la conducta del gobernador de Badajoz, que suscita las quejas de los diputados socialistas. Tiene razón Casares.
Hemos hablado de la cuestión naranjera, en la que nadie tiene razón. Habituados a ganar el oro a chorros, las primeras dificultades procedentes de la crisis universal, y que hasta ahora no sentían, les enfurecen. Una comisión de diputados y alcaldes valencianos, que recibí en el Congreso hace quince días, trajo la pretensión de que España *imponga* su criterio a Inglaterra para que suprima los derechos de importación sobre la naranja.
—Muy bien —le dije—, le daré a usted el mando de la armada invencible. Los valencianos hacen de esto cuestión política. Y algunos, argumento valencianista. Ayer recibí al alcalde de Valencia, que me pareció hombre sinuoso y encapotado, bajo una capa de cortesía y floridez. Su posición es que el Gobierno no debe echar sobre sí la responsabilidad de proponer soluciones para el conflicto, siendo preferible que aguarde a que las propongan

desde allá; cosa disparatada. Y estos mismos hombres alborotan la provincia diciendo que el Gobierno no se ocupa de ellos.

A propósito de este asunto, Prieto trajo el otro día al Consejo una ocurrencia genial y disparatada: proponía decretar el transporte gratuito de la naranja por ferrocarril, a cargo del Estado. No me costó trabajo convencerle de lo descabellado del propósito y no insistió. Prieto es así.

Después hemos examinado el artículo transitorio de la ley de Congregaciones. Me he opuesto a los planes de la Comisión y a las ilusiones de don Fernando, que echarían sobre el próximo Presupuesto de Instrucción Pública una sobrecarga de cien millones. Le he esbozado otra solución, que se tratará de sacar adelante; es decir, dos plazos para la sustitución de la enseñanza de las órdenes religiosas.

El otro día hablé con el presidente del Supremo; cree que en Justicia procede sobreseer la causa de Menéndez, pero que para ello puede ser un estorbo el recurso de apelación para reforma del auto de procesamiento interpuesto por Sánchez Román. Dice el presidente del Supremo que a Sánchez Román le falta experiencia en los asuntos penales, y que se ha creído en el caso de utilizar un recurso porque lo ha visto en la ley, pero que no es hábil emplearlo.

Lerroux me ha escrito una carta muy fina, diciéndome los motivos que tuvo para excusarse de asistir al banquete oficial de la presidencia del Consejo, el domingo pasado, y al que le invité, como a los demás ex ministros de la República. Cuando recibió la invitación, contestó muy emocionado, por teléfono, que asistiría. El domingo por la mañana envió a su secretario para excusarse, porque tenía enfermos en su casa. Lo mismo me dice en su carta y añade que me da esos pormenores para que su ausencia no se atribuya a razones políticas, porque él no convierte las divergencias políticas en antagonismo personal.

A la prensa le ha dicho que no asistió a la comida porque estaba fatigado.

Le he contestado muy cortésmente.

Menéndez me escribió el día 14 una carta, saludándome en el aniversario de la República, y haciendo protestas de amistad.

La prensa publica hoy unas cartas cursadas entre un redactor de *La Libertad*, que se separa del periódico, y el director. En la carta del redactor se ataca duramente a Alba, que dio instrucciones *raras* a su periódico en vísperas del 10 de agosto.

22 de abril

Ayer por la tarde, Casares me llamó por teléfono y me dijo que, en vista de los desaciertos del gobernador de Badajoz, había dado orden para que el gobernador general de Extremadura se encargase de todas las cuestiones electorales en aquella provincia. Lo aprobé.

Hoy, por la mañana, me llamó al teléfono el Presidente de la República para decirme que había hablado con Casares y le había recomendado que no tuviese reparo en voltear a cuantos gobernadores hiciese falta para impedir que se cometiesen abusos en las elecciones. Que aunque él no se metía en política, ni le importaba saber quiénes componen las comisiones gestoras, por ejemplo, en este asunto de las elecciones estaba dispuesto a echar el peso de su autoridad para reforzar la del Gobierno, en cuanto tendiese a asegurar la limpieza electoral. Que ya sabía cuál era mi opinión en este particular y conocía las instrucciones dadas por mí a Casares (se resumen en esto: que prefiero ser derrotado en toda España a que pueda decirse con fundamento que se ha coaccionado a un elector), y que me autorizaba para que usase de su nombre y de su autoridad de Presidente de la República, haciendo saber que él estaba detrás del ministro y del Gobierno para sostener esa política.

Poco después de hablar con el Presidente, llegó a mi despacho Vicente Sol, radical-socialista, director de Prisiones y muy amigo de Albornoz. Me cuenta que Albornoz se disgustó mucho al saber la orden dada al gobernador general de Extremadura; que los comités radicales-socialistas de Badajoz amenazan con dimitir, y que el gobernador también dimite. Como el gobernador es radical-socialista, Albornoz estima que es una desconsideración y una vejación a su partido, y que le pone en muy mala situación ante sus correligionarios, y sobre todo ante el próximo Congreso del partido, donde los disidentes, capitaneados por Gordón Ordás, enemigo de la colaboración socialista, se aprovecharán de este incidente para maltratarle a él y a Domingo. Añadió que Albornoz había pasado la noche sin dormir, y que esta mañana me había escrito una carta dimitiendo el cargo de ministro; que Albornoz me quiere y me admira mucho, y nunca ha pensado en crearme una dificultad, pero que lo sucedido no podía tolerarlo dentro del Gobierno, etcétera, etcétera.

Me cuenta Sol que él ha inducido a Albornoz a no enviarme la carta ofreciéndose a venir él a hablarme. Añade muchas historias demostrativas del feroz encono de los socialistas contra los republicanos en Badajoz. Me pide que lo arregle. Le contesto que yo no puedo desautorizar al ministro de la Gobernación. Sol cree que si se evitara la presencia del gobernador general en Badajoz el día de la elección, de modo que no apareciese *disminuido* el gobernador propio de la provincia, todo podría arreglarse. Terminamos la conversación, porque yo tenía que ir a otra parte.

La cual parte no era sino la Escuela Superior de Guerra, en la que un marino daba para el curso de coroneles una conferencia sobre el ataque y defensa de las Baleares. Me han hecho perder hora y media. El marino no ha dicho nada que valga la pena de ser oído, ni nada que no sea conocido. Ha intercalado observaciones y propuesto soluciones muy equivocadas. Pretende que toda la isla de Mallorca puede defenderse con ocho cañones de 30 procedentes del acorazado *España*, que se perdió. Propone que Ibiza se defienda con unas piezas de 30 montadas sobre una vía férrea, que empieza por no existir. Ha manejado, como ejemplos, el desembarco de los aliados en los Dardanelos y el de Primo de Rivera en Alhucemas. El tema mismo (envío, desde Tarragona, de 60.000 hombres a Mallorca) me parece caprichoso e inútil. Había que empezar por saber cómo y desde dónde se ponen en Tarragona los 60.000 hombres, con todo su material, y luego qué haríamos con ellos en Mallorca.

Cuando veo de cerca estas cosas, me espanto. ¡Qué será de nosotros, si ocurre algo, contando con gentes como éstas! ¿Y cuánto tiempo sería necesario para reformarles la cabeza?

Desde la Escuela de Guerra he ido a Palacio, a firmar unos decretos. Me había citado el Presidente desde nuestra conversación telefónica. Ha firmado el decreto creando la Junta de Seguridad en Cataluña, y algunas otras cosas de menos importancia.

Hemos continuado nuestra conversación anterior. «La República —dice el Presidente— vino con unas elecciones municipales en las que, no obstante hallarse en el Gobierno Romanones, no hubo atropellos. La mancha más fea que pudiéramos echar sobre el régimen sería que volvieran los antiguos manejos electorales, y que los gobernadores, o la Guardia civil, o quien fuera, hicieran presión sobre unos u otros.» «Sé —añade— cuál es la posición de usted en este asunto y la aplaudo, y repito que puede usted decir, donde quiera y a quien sea, que el Presidente de la República está decidido a que eso no pase. Si Casares necesita destituir a autoridades y gobernadores, que lo haga sin contemplaciones.» Le repito lo que ya sabe sobre las disposiciones del Gobierno, y le refiero el disgusto de Albornoz y su propósito de dimitir, y el motivo. Entonces el Presidente me dice: «Usted sabe lo que yo quiero a Albornoz, y la debilidad que siento por él. Sabe usted también, en cambio, que de todos los ministros, el más áspero en su trato conmigo es Casares, y el menos dispuesto a serme agradable. No sé por qué causa, pero es así. Claro que usted me ha dicho que acaso Casares tenga la misma preocupación respecto de mí... Pues con todo eso, le digo a usted que hay que sostener al ministro de la Gobernación, que tiene razón, y no Álvaro. No se puede admitir que los demás ministros atraviesen querellas de partido para estorbar la gestión del de la Gobernación, en cuestiones de orden público y de gestión electoral (aquí me repite todo lo que me ha dicho por la mañana sobre las elecciones de la República). Por tanto, lo que hay que hacer es convencer a Álvaro».

—De eso trato, y yo veré esta tarde cómo lo arreglo. Pero si se empeña habrá crisis.

—Pues si no puede usted convencerlo y dimite, lo tramita usted como una crisis parcial, y sin consultas ni nada me trae usted el decreto, nombrando a otro. Más prendas no puedo soltar. Supongo que Marcelino no seguirá a Albornoz; por tanto, crisis parcial, con otro, o encargarse usted de la cartera. Claro que si Marcelino siguiera a Albornoz y se retirasen los radicales-socialistas, se nos descomponía todo el tinglado.

Estas facilidades del Presidente me parecieron demasiadas, tratándose de un hombre tan parco. Varié la conversación, quedándome con un efecto interno de extrañeza. Hallé algo de excesivo en lo que me decía el Presidente, sobre todo por el calor con que lo dijo. Después, pensando en el asunto, siguieron pareciéndome demasiadas facilidades, e hice el propósito de no usar de ellas. ¿Iba yo a dar hoy la campanada de admitir la dimisión a Albornoz, sin darme cuenta de que le siguiese o no Domingo? Todo el grupo parlamentario lo llevaría muy a mal, y daría con el Gobierno en el suelo. Me propuse componer a los dos ministros, para evitar la ruptura, que sería ridícula, provocada por defender a un gobernadorcillo.

También me habló el Presidente de una pequeña cosa, que yo había barruntado. Hace días me preguntó:

—¿Con quién va usted a sustituir a Honorato Castro en la Dirección del Instituto Geográfico?

—No lo he pensado aún.

Pasados unos días más me dijo:

—Lo que va a ser difícil es encontrarle sustituto a Castro. ¡Es tan buena persona...!

Yo no contesté, pero me dije: hay gato encerrado. Recomendación tenemos. En efecto: hoy me ha preguntado si el señor Serameta había hablado conmigo.

—No, señor Presidente. No conozco al señor Serameta.

—Pues entonces habrá hablado con Saravia

—Saravia no me ha dicho nada.

—Sin duda habrá hablado con Saravia, creyendo que era lo mismo que hablar con usted.

—Bueno. ¿Pero de qué ha hablado con Saravia?

Entonces sacó un papel, con el nombre y apellido del señor Serameta, artillero, «que estuvo con nosotros desde el principio de la dictadura. No es un republicano del 14 de abril». Y me lo recomendó para la Dirección del Instituto Geográfico. «Usted resolverá lo que quiera —me decía un poco atropelladamente y azorado— según sus compromisos, pero yo creo que lo haría muy bien.»

—Bueno, señor Presidente, veremos.

Así es don Niceto.

Al regresar al ministerio, llamé a Casares, que estaba de mal humor, y le cité para las tres y media. Luego a Domingo, para las cuatro. En éstas, me llamó Albornoz, preguntándome si había hablado con el ministro de la Gobernación. Le contesté que le tenía citado para las tres y media. Me hizo muchas protestas de amistad y adhesión, pero que el caso para él era dificilísimo, etcétera. Corté en seguida la conversación.

A las tres y media vino Casares, alegre y cordial como siempre. Conversamos en la salita de la esquina, donde suelo recibir a los amigos. Hacía una tarde deliciosa, azul, brillante y fresca. Hablamos de cosas necias, mirando al jardín, que estaba lustroso y sombreado.

Casares me contó que los socialistas preponderan en Badajoz. Que el gobernador se ha empeñado en inventar un Partido Radical-Socialista. Que ha puesto muchas dificultades a la propaganda de los socialistas. Que él mismo ha dicho en un telegrama que no podía impedir las tonterías que hicieran algunos alcaldes, y que, por todo esto y por no fiarse de su prudencia para manejar la Guardia civil, había encargado al gobernador general de Extremadura que interviniese. Anoche, a última hora, el gobernador en entredicho habló por teléfono con Casares, y de su conversación no se deducía que tuviese gana de dimitir, y hoy por la mañana ha recibido Casares un telegrama en que el mismo gobernador le presenta la dimisión. Este telegrama no ha sido contestado aún. Le cuento a Casares lo que ocurre con Albornoz, y lo que me ha dicho el Presidente. Casares opina que la dimisión de Albornoz sería el principio del fin y le sorprende también la disposición del Presidente.

Poco después llegó Domingo. Ya sabía algo del caso. Albornoz le ha hablado por teléfono y le ha dicho que cómo iba a asistir al Congreso de su partido en tales condiciones.

—Pues, asistiendo —cuenta Domingo que le ha contestado.

Añade Domingo que las disidencias en el Partido Radical-Socialista han venido por el lado de los amigos de Albornoz. Primero fue el bizco Botella, por quien tuvo don Álvaro gran amistad (tenían el despacho a medias) y después riñeron malamente. Y ahora es Gordón Ordás, que ha tenido siempre gran ascendiente sobre Álvaro. «¡Quién sabe el drama íntimo que estará viviendo Álvaro!», dice Domingo.

Cree Domingo que en el Congreso de su partido no ocurrirá nada, que él y Albornoz arrastrarán a la gente y que Gordón será derrotado.

En el asunto de Badajoz opina que Albornoz no tiene razón, y que a él no le importaría un gobernador ni ciento.

Hablando de esto, y buscando una solución, decidí llamar a Albornoz. Vino en seguida. Un poco encapotado. Le dije que sentía mucho que me crease personalmente una dificultad de este tamaño.

—Ninguna dificultad.

—¡Cómo, Vicente Sol me ha dicho que iba usted a dimitir!

—No, no. Es que el miércoles se reúne el Comité nacional del partido, y yo no tengo influencia para impedir que tomase un acuerdo desagradable para los dos ministros, si consideran que no hemos defendido bien el partido contra los excesos de los socialistas y que hemos abandonado al gobernador.

(Por lo visto, lo había pensado mejor o le habían aconsejado. En su conversación telefónica conmigo, a las dos de la tarde, me dijo que *nada se conseguía con un aplazamiento,* pues seguramente el miércoles el comité de su partido le obligaría a dimitir.)

Hablamos largamente. Albornoz me repitió una vez más lo que me admira y me quiere y su entusiasmo por mi obra; comparte todos mis puntos de vista, desde la política militar hasta el ideal nacional. También ha defendido y defiende la colaboración socialista, pero esto, que es evidente en el orden nacional, produce en los pueblos una situación a veces difícil, porque los socialistas rivales hacen la política sobre una bárbara lucha de clases, que causa alarma y estragos, y es preciso, en ciertos momentos, tirarles de la cuerda. Tal ahora, con las injurias que han vertido sobre el gobernador, en telegramas al ministro y a la prensa, y en un artículo de *El Socialista* de hoy.

La posición en que, por complacer a los socialistas, se ha dejado al gobernador, es indecorosa, y *el propio Albornoz le ha aconsejado que dimita, estimando que, si permaneciese en el cargo, sería indigno de su amistad.*

Tales son estos ministros, que desde su despacho *colaboran* de ese modo en la obra del Gobierno. El origen de su conducta es el *miedo*; miedo a sus correligionarios, a los que no se atreven a contrariar, y miedo especialmente a lo que pueda decirles Gordón, que es imperioso y áspero.

Hemos hablado cerca de una hora. Los dos ministros se han avenido, gracias a Casares, que en punto a desinterés, amistad y abnegación por la República no tiene semejante. No se admitirá la dimisión del gobernador de Badajoz. El gobernador general vigilará todo, y el otro le consultará sobre cualquier disposición importante que haya de tomar; el gobernador general no estará ese día en la capital de la provincia, para evitar que el dimisionario aparezca como en tutela y disminuido a los ojos del público.

Al despedirse, Albornoz me ha dicho que está deseando una ocasión para marcharse del Gobierno, porque sería más útil fuera. El grupo parlamentario no se deja dirigir por Galarza, que no tiene autoridad. Ya antes me había dicho Domingo que ayer, después del Consejo, y como se había hablado de dividir el ministerio de Agricultura, Albornoz le dijo que ésa sería buena ocasión para retirarse él del Gobierno.

Hoy ha vuelto a reaparecer en Albornoz, que estaba muy corregido y mejorado, el antiguo partidista y el asturiano embozado, taimado, que conocíamos en los primeros meses del Gobierno. Lo que peor encuentro en Albornoz y en Domingo es su falta de franqueza, falta más acentuada en Albornoz. Parecía muy curado de ella, y muy *entregado*; pero lo de hoy no ha podido ser más desagradable. En rigor, ambos están en una posición falsa, porque el curso de los acontecimientos los ha hecho descender en el aprecio público, y su partido, compuesto de medianías, los respeta cada vez menos.

Esta escena de hoy es uno de los ejercicios de paciencia a que me obliga el deber de que esto no se descomponga antes de tiempo. Paciencia, gran virtud. Y esperanza en que el tiempo los vaya aleccionando a todos. Después de tantas vicisitudes, lo que se obtiene es que las gentes se enteren de lo que uno tenía previsto desde mucho antes, y lo reconozcan. Claro es que no va uno a pedirles que le crean por su palabra; lo malo está en que a veces se enteran y lo reconocen demasiado tarde.

Después de esto, despacho largo con el subsecretario de Guerra, que habla por los codos.

Más tarde, el subsecretario de Hacienda, que me trae un carro de asuntos.

En fin, el subsecretario de la presidencia, y por último el director general de Seguridad.

A las diez, termino. Cenamos con Saravia, inalterable como siempre.

Luego voy con Lola al Español, a ver a la Argentinita. Esta señorita es de una cursilería estomagante. Gusta mucho.

En un entreacto, Herbette me presenta al diputado socialista belga Pierard. Hablamos de la República, de la reforma agraria, etcétera.

Anoche, en la embajada de México, la Bibesco tuvo la ocurrencia de proponerme que me presentaría al hijo de Primo de Rivera.

23 de abril

Salgo al despacho muy tarde, porque es domingo. Hablo de cosas indiferentes con Saravia y Menéndez, hasta la hora de comer.

Casares me dice por teléfono que tiene noticias de que en un pueblo de Badajoz hay un tumulto y está herido un guardia civil. ¡Fastidioso!

Después de comer, voy con Lola y Cipriano a Navacerrada. Todavía hay mucha nieve. La carretera del Puerto de los Cotos está borrada. Mucha gente patina. Soldaditos en el Centro de Montaña. Frío.

Volvemos por Manzanares. Tenemos que ir a la embajada de Portugal, y, en efecto, vamos. La flor y nata de la diplomacia. Estoy poco tiempo. Regreso al ministerio. Casares me comunica que en Hormechos hay cuatro muertos. En el resto de España, sin novedad. Los primeros datos electorales, denotan avance de las derechas y de los socialistas.

Luego viene Enrique Ramos y se está aquí hasta las doce: se marcha a hacer compañía a Casares.

30 de abril

Hoy me he levantado un poco antes que de costumbre, para despedir al Presidente, que se ha ido a Bilbao. Le acompaña Prieto, que una hora antes había regresado de San Sebastián, junto con Casares, adonde habían ido para asistir al entierro de Amilivia, el gobernador de Vizcaya, muerto a consecuencia de un vuelco de su automóvil. Amilivia era un hombre joven y muy dispuesto. En Vizcaya hacía muy buena obra política. Acabó con el juego de balancín entre republicanos y monárquicos que hacía Calviño, y se puso a defender a los republicanos contra nacionalistas y monárquicos. Era la primera vez que se hacía eso en Vizcaya, donde la política parecía destinada a no salir de manos enemigas de la República. De Amilivia, enérgico, activo y con vocación, se hubiera podido sacar mucho provecho.

Esta mañana, en la estación, muchos militares, con todos los generales de Madrid, menos Miguel Cabanellas, que creo que está ausente. De este Cabanellas corren rumorcillos sospechosos. Él está muy *tapado,* pero hasta ahora, nada incorrecto. Supongo que aún no se habrá consolado de su destitución del cargo de director de la Guardia civil. Por lo visto, ese cargo, cuando existía, y la destitución consiguiente, llevaban en sí algo de fatídico.

Tampoco estaba Queipo de Llano, igualmente destituido del Cuarto militar del Presidente. Se ha marchado a la provincia de Salamanca, y cuando estuvo en el ministerio, a pedir permiso, habló con el subsecretario y con Saravia y les dijo que ahora «está en desgracia». Añadió que él no es hombre para ser despreciado.

De este general de dos metros comienzan a decir también que se propone hacer esto y lo otro; me lo dicen de la Dirección General de Seguridad. Pero yo no lo creo. Lo que hará sin duda será proferir necedades, que las produce naturalmente. En el ejército nadie le hace caso. Y a él se debe, por su torpeza, uno de los mayores disgustos que tuvimos al comienzo de la República, cuando se decretó el cambio de mandos de la guarnición de Madrid, y él lo realizó brutalmente.

En el corto trayecto de la puerta de la estación al estribo del tren, el Presidente me ha hecho una recomendación para que se nombre director de Propiedades a un amigo de los hermanos Quintero, que le han hablado del caso.

He regresado al ministerio en compañía de Casares. Hablamos de la situación. Me cuenta además que hay preparativos para un movimiento extremista. Y averiguo por qué ayer no querían dejarme ir a la feria de libros. Ayer, en efecto, fue un día típico de frivolidad oficial. Al mediodía fui a almorzar a la embajada francesa (mejor dicho, eran las dos de la tarde, que es cuando cae ahora el mediodía en Madrid); allí estaba, entre otros, el ex ministro francés Dalimier, que ha asistido a las últimas sesiones de las Cortes y está muy escandalizado por la conducta de las oposiciones.

A las cuatro fui a inaugurar el servicio municipal de autobuses, en lo que había puesto mucho empeño el alcalde. Me hicieron visitar toda la instalación del depósito y talleres de Vallehermoso, en el que, por casualidad, nada hay que ver. Desde allí, a Recoletos, donde está la feria de libros.

Algunos editores tenían grandes deseos de que yo fuese a clausurar la feria, inaugurada por Ríos. Les dije que iría ayer por la mañana, y los periódicos publicaron la noticia. El viernes por la noche, Saravia me dijo que haría bien en no ir, porque, habiéndose dado la noticia, se aglomeraría demasiado público. La observación y el consejo me extrañaron, pero no paré más la atención en ello. Ayer, sábado, por la mañana, volvieron a preguntarme si insistía en ir, y contesté que sí, pues lo había ofrecido. Nuevamente quisieron poner inconvenientes. Les dije que avisaran a Domenchina; entretanto, el Presidente me habló por teléfono, para decirme que él iría a la feria a las cinco. Entonces yo me ofrecí a acompañarle. Vino después Domenchina, y algo embarullado trató de disuadirme de ir, así como a la inauguración de los autobuses, con unos pretextos tan graciosos, que caí en la cuenta.

—¡Ah!, vamos: ¿Cree usted que van a matarme?

Dijo Domenchina que, desde Gobernación, recomendaban que yo no fuese a esos sitios. Lo eché a broma, como era natural. «Mire usted, Domenchina, si me disparan un tiro, lo que deseo es que no me dejen tuerto.» Y quedamos en que iría con el Presidente. Fuimos, en efecto. Y hoy Casares me ha contado que uno de varios individuos de la CNT, detenidos el otro día, dijo que si le dejaban suelto contaría cosas importantes. Entre otras cosas ha contado que hay unos sujetos encargados de asesinarme «antes del día 5» (?) y añade que están pagados por March. La policía ha detenido al principal de la cuadrilla, pero es de suponer que, aunque fuese verdad lo que declara aquel individuo, no se averiguaría nada.

Desde la feria de libros fui a un té en el Ritz. Y por la noche, comida solemne en la presidencia del Consejo. El lunes pasado ofrecí otra a otro grupo de amistades, diplomáticos, ministros, etcétera. Como dice la Bibesco: «para eso nos pagan». Anoche, entre la gente diplomática, les tocó el turno a los más desafectos a la República: los de Italia, Argentina, Alemania... sin contar a los suecos, que son insoportables. Ella, la ministra, raya en lo impertinente, de monárquica que es. Se atrevió a preguntarle a Ramos por qué nos habíamos empeñado en hacer la carretera de Alicante a la playa de San Juan (la carretera de la obstrucción), que no hace falta para nada. Y otras muchas tonterías. Le he encargado a Ramos que escriba a López Oliván, nuestro ministro en Suecia, a ver si se puede conseguir el relevo de esta señora Danielson. La grosería de la Danielson llega a esto: cuando López Oliván fue nombrado ministro en Suecia, estuvo en visita de cortesía en la legación sueca, y dijo a la señora que se alegraba mucho de ir destinado a Estocolmo. «Lo creo», contestó la Danielson.

Es muy chusco el fervor monárquico de algunos (de muchos) diplomáticos extranjeros, que representan países republicanos; por ejemplo, el embajador argentino, García Mansilla, y su mujer, hermana de Larreta. Snobs. El monarquismo de los Welzeck no me choca; pero son gente educada y no hacen *gaffes*.

En calidad de intelectuales tuve anoche a Castillejo y a Jiménez de Asúa; también estuvo Pedregal, que me habló de la obstrucción, y, en general, concuerda con mi modo de ver el asunto. Se me quejó de que no hayamos exceptuado de la reforma agraria, es decir, de la expropiación de bienes, al duque de Alba. Cree Pedregal que por poco valor que demos a lo que representa la aristocracia, habría convenido dividirla.

Ayer tarde, en el Ritz, se me acercó Montiel, propietario de *Ahora*, y muy alborozado me contó que acaba de hablar largamente con Unamuno, y que le había hecho grandes encomios de mí: que tengo una gran calidad literaria y que la he conservado en la política; que soy un gran escritor; que soy el único político, etcétera, etcétera.

—Bueno, muy bien —le respondí—; pero hace 15 días me llamaba tonto en el periódico de usted. —Montiel se quedó algo cortado.

También ayer vi a Besteiro en la embajada francesa. Me habló, cómo no, de la obstrucción. Me preguntó qué opinan sus compañeros socialistas. Besteiro se inclina a una solución que consistiría en rehacer la coalición de los primeros meses de la República, pero dejando en el Gobierno un ministro socialista nada más.

Cabalmente, los ministros socialistas son, de todo el Gobierno, los que están más descontentos de la conducta de Besteiro en la presidencia de las Cortes. No nos ayuda en nada. La lentitud con que camina el Parlamento y el retraso en la aprobación de algunas leyes, se debe en gran parte a Besteiro. No aprovecha los momentos con oportunidad, para que las discusiones avancen; admite todos los incidentes que suscitan las oposiciones; no corrige a tiempo los desmanes de los levantiscos, etcétera, etcétera. Muchas veces, cuando los escándalos producidos por excesos verbales eran mayores, le he mirado y le he encontrado sonriente y muy entretenido con el espectáculo.

Hoy, después de comer, hemos ido de paseo a Navacerrada. Ha venido mi sobrinito José Ramón, que tiene tres años y medio, y es muy gracioso. Como yo hablaba con su padre de la situación política, le he preguntado de pronto al niño:

—Dime, José Ramón, tú qué opinas: ¿que me marche del Gobierno o que me quede?

Y el chico en el acto respondió:

—Que te tienes que quedar.

Se rieron mucho todos. Y su padre le preguntó:

—¿Pero tú sabes lo que es eso? ¿De dónde se tiene que marchar tu tío, si se va del Gobierno?

—Del ministerio —contestó.

No podré darle a Lerroux esta respuesta del oráculo de la inocencia.

En Navacerrada había mucha gente; allí nos hemos encontrado a Largo Caballero y a su mujer. Hemos estado juntos un rato. Largo está muy firme en su opinión de resistir. La gente nos miraba con curiosidad. A lo mejor cunde la sospecha de que nos hemos citado allí para urdir alguna intriga. Entre los políticos, llama mucho la atención que no estemos yendo y viniendo en cabildeos, conversaciones misteriosas, etcétera, etcétera.

Estamos realmente en un momento crítico.

Las elecciones municipales complementarias han dado un resultado confuso, que unos y otros entienden como más les gusta. Lerroux y sus amigos, y muchos de los grupos de oposición, que aseguraban antes del domingo que estas elecciones no tenían importancia política, aseguran ahora que valen por una demostración de la opinión nacional. «¡España ha hablado!», dicen enfáticamente en el Congreso. ¿España? No.

Había que elegir unos 2.400 Ayuntamientos, que representan un millón trescientos mil electores, de los trece millones de electores que hay en España. No es posible afirmar que el resultado de la elección denote el sentir de la mayoría.

Como muestra *proporcional* de la opinión, en relación con el volumen del censo, tampoco se puede dar un valor decisivo al resultado de esa elección. En estos pueblecitos nunca ha habido verdaderos partidos políticos. Don Fulano y sus amigos eran conservadores, en tiempo de la monarquía, porque don Mengano y sus secuaces eran liberales. Y no se votaba. Incluso en el mes de abril del 31, no se votó en esos pueblos y casi todos sus Ayuntamientos eran monárquicos, elegidos sin contienda. Ahora ha habido elección, o apariencia de ella, pero lucha electoral, muy poca. Han resultado elegidos diez o doce mil concejales republicanos y socialistas. Muchos de estos republicanos acaso sean los mismos que anteriormente se llamaban monárquicos, liberales o conservadores y los que ahora se llaman *agrarios* son efectivamente los mismos monárquicos de antaño. De modo que ateniéndose a la clasificación electoral, no han ganado terreno las derechas, sino que lo han perdido. Sin embargo, Maura y Gil Robles aseguran que el país, visto el resultado de esta elección, está con ellos. Podrá ser cierto, pero habrán de demostrarlo el día de mañana con mejores pruebas.

Han dejado de votar en estas elecciones las cuatro provincias catalanas, porque los hombres de la Generalidad, no obstante mis consejos y advertencias, se empeñaron en aplazar la elección de sus Ayuntamientos hasta junio. Si hubieran tenido más perspicacia política, habrían salido dos mil concejales republicanos más, y no se hubieran hecho las cuentas que se vienen haciendo. En otras provincias, el número de Ayuntamientos que han votado es insignificante: por ejemplo, en Málaga, dos; dos en Sevilla y cosa análoga en La Coruña. Hemos ido a elegir los Ayuntamientos de las provincias más *reaccionarias*, como se dice; o sea, las Vascongadas y Castilla la Vieja, etcétera.

Por todas estas causas, no habíamos dado nadie gran valor a estas elecciones. Si se hubiera convocado la renovación de todos los Ayuntamientos de España, como se pensó, y no se hizo, porque habría sido menester reformar la ley Municipal, ya se hubiera podido tener una base seria para tomar determinaciones. Pero concluir, de una elección mínima, a un cambio en la política general, es una atrocidad.

Cuando me dieron cuenta del resultado de la elección, no me causó impresión alguna. Es lo que nos figurábamos. Los partidos de la coalición no tienen mayoría sobre todos los demás partidos, republicanos o no. Lo mismo les ocurre a todos los grupos contendientes. Y si ese fuera el resultado aproximado de unas elecciones generales a Cortes, la Cámara diferiría de la actual en que las extremas derechas, no republicanas, vendrían reforzadas. Pero, la orientación de la política general del Gobierno difícilmente podría cambiarse. Quizás ensanchar la coalición republicana, pero si, para hacer tal ensanche, había que perder la colaboración socialista, no es seguro que pudiera haber en las Cortes una mayoría gobernante de republicanos que no tuviese necesidad de contar con la benevolencia del grupo socialista. El tiempo lo dirá, y todos los cálculos son prematuros. Una cosa es evidente: que, en las elecciones que vayan celebrándose, el esfuerzo de las derechas será cada vez mayor, y en las de Cortes se marcará su punto más alto, por consecuencia del voto de la mujer, y por el desgaste que se produce siempre en los partidos que gobiernan.

Mi idea hubiera sido llevar las cosas normalmente a desembocar en las elecciones generales, cuando estas Cortes acabasen de hacer lo que falta. Ahora, el empuje de las oposiciones tiende a impedirlo. Para conseguir que se llegase normalmente a unas elecciones generales, era muy conveniente dar por terminada la obra del poder sin enojo ni despecho. Una etapa de gobierno republicano, sin socialistas, antes de las elecciones sería muy útil. Pero las oposiciones hacen todo lo necesario para que ninguna de las dos cosas se realice.

Naturalmente, al conocerse el resultado de las elecciones, Maura y compañía movieron gran estrépito. Interpelaron al Gobierno el martes. Su tesis era que el Gobierno, derrotado en las elecciones, debía dimitir. La prensa monárquica les acompañaba con sus clamores.

Antes de ir a las Cortes estuve en casa del Presidente de la República. Le llevé a la firma el proyecto de ley de Vagos, que leí aquella misma tarde. De paso, hablamos de la situación, y le dije que, si estimaba que las elecciones debían producir un cambio político, era la ocasión de decirlo. La opinión del Gobierno, comprobada en el Consejo de por la mañana, era que no procedía dimitir por el resultado de la elección; con todo, el Presidente tenía a su disposición mi cargo, si es que pensaba de otra manera.

Don Niceto dijo que no era caso de cambiar de política. Todo lo más, se podía tomar la elección como un indicio, como un síntoma, y se debía aprovechar para no extremar las cosas y no *pinchar* demasiado en sentido izquierdista, por ejemplo, no agravando los artículos de la ley de Congregaciones que resta por aprobar.

Añadió que no quiere que la ley de Congregaciones se quede pendiente, y sirva de plataforma electoral al disolverse las Cortes. Hay que aprobar además la de Garantías, las dos de Orden Público, la de Arrendamientos «y otras muchas leyes». Le hice observar que el ataque de las oposiciones vendría por el lado de decir que, habiendo sido derrotado el Gobierno, no sometíamos el caso al Presidente de la República presentando la dimisión, y yo mismo estimaba que una función esencial del Presidente era la de interpretar lo que el sufragio significa, y que por todo ello estimaba necesario saber si el Gobierno seguía contando con su confianza.

El Presidente me contestó que podía yo decir, dónde y cuándo quisiera, que el Gobierno tenía las seguridades más amplias respecto de ese particular.

Le indiqué, de pasada, ante los confusos resultados de las elecciones municipales y por la conveniencia de saber con fijeza cuál era la opinión del país, que pensaba en convocar las elecciones parciales de diputados a Cortes, para cubrir las vacantes que existen. El Presidente me contestó que si le llevaba el decreto convocando las elecciones parciales, lo firmaría en el acto, sin oponer ninguna dificultad. Pero que quizá la convocatoria no fuese ahora oportuna, porque las derechas estaban enardecidas, y si el resultado de la elección no era una victoria aplastante, lejos de favorecer la prolongación de la vida de las Cortes, la acortaríamos. Me rogó que lo pensásemos, y si después insistíamos en convocar la elección, se convocaría.

El «debate político» comenzó aquella tarde. Lo abrió el señor Botella, hombre bizco y malintencionado. Hizo un discurso mediano, al que me fue fácil contestar. Botella es hombre violento y corrosivo, pero estuvo muy mesurado en los términos.

Lo extraordinario de este debate ha sido el discurso de Maura. Frenético, descompuesto, jacarandoso. Pensar que este hombre pueda un día estar al frente de un Gobierno, causa pavor. Hubo un momento en que, recogiendo una interrupción tonta de un socialista, invitó a las oposiciones a irse a la calle. Gritó tanto que se quedó sin voz. Se retorcía como un poseído. A mí me parecía que de un momento a otro se subiría por las columnas de las tribunas, correría por las cornisas y se entregaría a otras acrobacias peligrosas e inútiles.

También ha hablado un señor Castrillo, notario, que pertenecía al grupo progresista, resto de lo que fue el partido de don Niceto. El actual Partido Progresista cabe en un taxi.

Ese señor Castrillo, que está casi moribundo, es hombre algo turbio. Hace dos años todavía echaba discursos monárquicos en el Ateneo. Cuando se eligieron las Cortes, se presentó diputado por León, en candidatura con otros republicanos, entre ellos el coronel don Segundo García, que pertenecía al grupo de militares republicanos que tanto nos han dado que hacer. Don Segundo falleció la víspera de la elección, y Castrillo, según cuenta, mantuvo en secreto el hecho del fallecimiento, porque, en virtud de las combinaciones electorales, eso le favorecía. Es muy pedante, el señor Castrillo, y muy indiscreto, y ha hecho y dicho cosas en tales ocasiones, que podían dar pretexto a la sospecha de que sus opiniones eran también las del Presidente de la República. Por esto le traté con rigor. Le contesté largamente y pocas veces me he divertido tanto en un discurso. El Congreso lo advirtió y se regocijó también mucho. El señor Castrillo quedó hecho trizas.

El jueves vinieron a decirme que se anunciaba una intervención de Sánchez Román en el debate. Parece ser que Maura le trabajaba mucho para que hablase, proponiendo una conciliación.

Se atribuye a Maura esta frase: «Cuando dos riñen, alguien tiene que convidar a unas copas; sólo usted puede hacerlo».

Al terminarse la sesión, y en vista de los propósitos que se atribuían a Sánchez Román, le dije a Prieto, que pues amigo suyo, procurase hablar con él y tratara de averiguar lo que iba a decir y a proponer advirtiéndole que lo pensara bien, pues yo no quería hacerle un desaire en el salón de sesiones, si proponía cosas que el Gobierno no pudiese aceptar. A este efecto le marqué a Prieto hasta dónde podía llegar la transigencia del Gobierno.

Según nos contó Prieto en el Consejo del viernes, él llamó a Sánchez Román en la noche anterior, aparentemente para tratar de unos asuntos que interesan a la viuda de Juan Echevarría. Hablaron de ello largamente, y después trataron de política. Confirmó Sánchez Román que Maura y otros pretendían que hablase, pero él no estaba decidido y más bien se inclinaba a seguir callando. Reconocía que el Gobierno no podía aceptar condiciones humillantes, y que las oposiciones no podían ya retroceder. Total, nada. Prieto no me dijo si él había hecho alguna observación más...

En la sesión del viernes por la tarde, después de otro discurso del señor Castrillo, aún más divertido que el anterior, habló un señor Díaz del Moral, notario, que pertenece al grupo republicano independiente, antes Agrupación al Servicio de la República, que dirigió Ortega. Casi todos los diputados de ese grupo salieron elegidos con votos que les regalaron los socialistas y los republicanos, y ahora, en vez de renunciar sus actas, atacan duramente a los mismos partidos que los eligieron. Díaz del Moral es un viejo andaluz, *especializado* en cuestiones agrarias. Farfulla unos discursos que nadie oye, y cuando formaba parte de la Comisión agraria causó no pocas dificultades y disgustos. Pertenece a la casta de notarios *ilustrados*, que, en ganando dinero y bienestar, emplean sus ocios en salirse de su oficio para campear en la economía, en la sociología, etcétera, etcétera. De éstos hay varios en las Cortes, como el propio Castrillo, y D. Hidalgo, editor de la literatura bolchevique, y alguno más.

Díaz del Moral habló para decir que su grupo, hasta entonces expectante, se adhería a la obstrucción. No quieren ser menos que los otros ni llegar tarde al reparto del botín. Para justificar su decisión, pintó un cuadro del estado del país, que parecía sacado del *ABC* o del *Debate*. Todo está muy mal, y lo hemos hecho muy mal, excepto en Instrucción Pública. Razón de la excepción: el cuñado de Fernando de los Ríos, que se llama Bernardo Giner, es miembro del grupo republicano independiente, y para aprobar las líneas generales del discurso de Díaz del Moral exigió que se tratara bien a su pariente.

Después habló por fin Sánchez Román. Dio, como pretexto de su intervención, el discurso de Del Moral, del que resultaba que ya todos los grupos de oposición se hacían obstruccionistas. No se ha visto intervención más anunciada y esperada. Sánchez Román se administra muy bien, y aunque hace toda la política que puede, y cuanta es compatible con su afán de no comprometerse, quiere siempre representar el papel de hombre imparcial, severo y desinteresado. Bien dice don Niceto, es la posición más cómoda.

El discurso, como tal, fue malo. ¡Qué vocabulario! ¡Qué sintaxis! Es de herencia, porque su padre ya escribía así.

Las intenciones del discurso no eran buenas para nosotros, y en suma no vi la conciliación por ninguna parte, porque pidió que se elaborase un programa legislativo y se constituyese un «instrumento», es decir, un Gobierno, para llevarlo a cabo. Es lo que piden los de la obstrucción. El discurso se oyó en silencio sepulcral, y al concluirse, nadie aplaudió.

Era muy tarde para contestarlo, pero quise aprovechar la ocasión para invitar a la concordia. Yo necesitaba dejar bien claro que el Gobierno está dispuesto a ella, siempre que no se le pidan cosas absurdas, por ejemplo, que fije la fecha de su dimisión. Y conociendo las divisiones internas de los grupos de oposición, quise que se tomaran tiempo para reflexionar sobre unas palabras mías que pudieran servirles de asidero para cambiar de posición. En tal sentido hablé, aplazándolo todo hasta el martes. Mientras yo hablaba, Lerroux, muy congestionado, me miraba sin pestañear.

Por la noche tuve aquí reunión de los diputados de Acción Republicana. Tratamos del proyecto de Congregaciones, al que ha presentado una enmienda el diputado de nuestro grupo, Fernández Clérigo, pidiendo que se incapacite a los frailes para enseñar individualmente. Conseguí que Fernández Clérigo retirase su propuesta, aunque de mala gana.

El proyecto ha tropezado con demasiadas dificultades, ya vencidas casi todas, para que a última hora provoquemos una más, agravando el texto. Se habló mucho de las elecciones pasadas. Casi todos se quejan de los socialistas, o porque se sienten maltratados por ellos en los pueblos, o porque nuestra alianza con los socialistas perjudica a los candidatos de Acción. Todos reconocen que la situación de la política nacional no permite ahora separarse de los socialistas, y menos en términos de ruptura. Pero se hace necesario prepararlo, de acuerdo, cuando nos dejen. Los radicales y Maura, caminan al revés de sus conveniencias.

De lo que se habló en esta reunión debió de traslucirse algo, porque entre los socialistas había cierta inquietud, temiendo que Acción Republicana variara de disposición.

Recibo de Gobernación informes de lo que se prepara. El día 9 estalla una huelga general de la CNT. Se relaciona este asunto con las revelaciones de un sujeto acerca del plan para asesinar al Presidente del Consejo y a Prieto. Y se acentúan los indicios acerca de los manejos de algunos militares, entre ellos Goded. Lo de Cabanellas (Miguel) no adquiere hasta ahora mayor importancia.

Esta mañana, en la estación, me habló el presidente del Supremo. Insiste en que el recurso de apelación puesto por Sánchez Román en el proceso de Menéndez es un error, fruto de la inexperiencia de Sánchez Román en materia criminal.

El comité de los grupos de oposición se ha reunido para examinar lo que yo dije el viernes. Sin esperar a la sesión del martes, como yo se los indicaba, se apresuran a dar una nota diciendo que no hay más salida que el planteamiento de la crisis. Esta precipitación debe de ser obra de Botella y Maura, que no quieren dejar tiempo para que el conglomerado de la obstrucción se cuartee.

En todo ello juega un papel muy doble el señor Lerroux. Se ha abstenido de intervenir en el debate. Hace como que va envuelto por los acuerdos anteriores de los grupos. Pero, en rigor, con que él dijese una palabra, la obstrucción se acababa, por lo menos temporalmente. A todo esto, Lerroux acoge y alienta a los militares descontentos, y les hace promesas desatinadas. Nunca verá la política con más elevación que un sargento.

1 de mayo

Paralización general, por ser la fiesta del trabajo. No he salido de casa en todo el día. Por la tarde han venido a despedirse la Xirgu y Borràs, y hemos tenido además otras personas de visita. La tarde era muy agradable. El jardín estaba maravilloso de contrastes. Después ha descargado una tormenta furiosa, con un vendaval que ha machacado y desgarrado las plantas. La lluvia ha disuelto en Madrid las muchedumbres que habían salido a la Casa de Campo. Me dicen que, solamente por la estación de Atocha, han salido esta mañana más de treinta mil personas para pasar el día al aire libre. Ningún incidente desagradable.

A las nueve hablo por teléfono con Prieto, que me cuenta las andanzas del Presidente por Vizcaya. Nada de particular. Están contentos.

2 de mayo

Anoche, a última hora, Prieto le dijo por teléfono a Casares que convenía que yo oyese el discurso que el Presidente de la República iba a pronunciar en el cementerio de Mollona, de Bilbao, con motivo de la conmemoración de «El Sitio». Han puesto unos altavoces en el salón de Consejos y allí hemos oído todo lo que se ha dicho en aquella ceremonia. El Presidente ha hecho una alusión bastante clara a la obstrucción, condenándola, como toda violencia, y saliendo al paso a los propósitos de abstención que se atribuyen a los socialistas.

Más tarde, Prieto volvió a hablar por teléfono con Casares, y le contó que el Presidente, después del discurso, le dijo a Prieto:

—Yo no podía ir más lejos.

Lo que ha dicho el Presidente en su discurso es la buena doctrina. Pero puede dudarse si hace bien en exponerla mediante discursos. La doctrina sólo tiene que aparecer en actos. Es muy peligroso que él se ponga a interpretar con palabras la Constitución.

En el Consejo no se ha hablado más que de la situación parlamentaria

Anoche me llamó por teléfono Zulueta para otras cosas, y luego aludió a la obstrucción. Zulueta creía que yo iba a dimitir, y sobre ese equívoco estuvo hablando un rato, hasta que le oí que «sólo faltaban escoger el día y el pretexto». Entonces le saqué de su error, diciéndole que tenía los talones hincados en tierra. Se sorprendió mucho, y me pidió instrucciones para el Consejo de hoy. Estos hombres mustios y tímidos no sirven para nada.

En el Consejo, todos los ministros han estado conformes en que el Gobierno no puede dimitir por la obstrucción. Prepararles ese triunfo, sería acabar con el Parlamento. Giral ha querido hacer algunas reservas sobre las medidas reglamentarias que habían de adoptarse, y no le gustan por lo que tienen de violentas; pero reconoce que no se puede dimitir así.

Les he expuesto las líneas generales de mi discurso, y las han aprobado.

Por la tarde, en las Cortes, expectación teatral. He ido un poco tarde, porque a las cuatro tenía en el ministerio la ceremonia de entregar al coronel Moreno Luque el premio Daoíz. Gran cónclave de artilleros. Les he dicho unas palabras que les han entusiasmado.

Para mi discurso en las Cortes, he leído en el *Diario* lo que dijo Sánchez Román y he tomado unas notas. Nunca, o casi nunca lo hago; pero hoy era muy conveniente. El discurso, oído con profundo silencio por parte de las oposiciones, y con aprobación de la mayoría, ha salido bastante bien. Tenía yo hoy la palabra fácil y ágil. Esperaban una rendición del Gobierno, o un desplante provocador. Como no he hecho ninguna de las dos cosas, se quedaron desconcertados. Cuando acabaron los aplausos de la mayoría, los jefes de las oposiciones se miraban sin saber qué hacer. A lo que yo propuse, no había objeciones razonables que oponer, y sólo podía contestarse aceptando, o proponiendo algo que estuviera mejor. Por fin, Martínez Barrio, se levantó a pedir que se suspendiera la sesión.

Dos horas ha estado deliberando el comité de los grupos de oposición. Mucha gente creyó que aceptarían la tregua propuesta por el Gobierno; yo no lo creí. Votaban por aceptar la tregua los radicales, los federales y la Agrupación al Servicio de la República. En contra, Maura, Botella y Castrillo. (Maura está ahora entusiasmado con Botella, y admira su clarividencia política.) Estaban empatados, y consultaron a los grupos. Los federales, que habían votado por suspender la obstrucción, dijeron que ante todo convenía no romper el bloque de las oposiciones, y que para eso mantendrían la obstrucción. Los del Servicio a la República aceptaban la tregua para dos leyes.

Al reanudarse la sesión, Martínez Barrio asumió el triste encargo de notificarnos la negativa. Bien se advertía lo contrariado que estaba. Seguramente le parecía un disparate lo que estaban haciendo, y así se lo indiqué yo al rectificarle. Como Martínez Barrio no tenía ninguna razón que dar, estuvo lamentable. Dijo tonterías. Y me levanté a replicarle, estando el Congreso más anhelante aún que al principio de la sesión. Este segundo discurso mío, fue de más efecto dramático que el primero, y los grupos de la mayoría aplaudieron frenéticamente. Se obtuvo el beneficio de soldar algunas resquebrajaduras.

Martínez Barrio habló de nuevo, y dijo otra abundidad: que sus parciales políticos en el país les pedían la obstrucción. En tres palabras le probé que eso es desatinado. Y así terminó el famoso «debate político». El efecto ha sido muy bueno para el Gobierno. Las oposiciones están algo mohínas, sobre todo los radicales. En virtud de la dirección, o de la falta de dirección de Lerroux, el grupo radical, que es el más numeroso, se encuentra a merced de lo que han resuelto Botella (que está solo), Castrillo (que pertenece a un grupo de cuatro) y Maura, que es el enemigo irreconciliable de los radicales. Entre éstos hay gente bárbara y apasionada que se entusiasma con lo que están haciendo; pero otros, y no de los menores, lo sienten, y se dan cuenta de que es un disparate enorme.

Los partidos gubernamentales están muy contentos. Los ministros, también. Largo Caballero me ha dicho que se alegra de que no hayan aceptado la tregua, y luego añade: «Ahora, a defender la República».

Besteiro cree que las dificultades podían resolverlas sus compañeros del Gobierno, retirándose. Para eso les ha dirigido «algunas indirectas». Y me pregunta qué opinan Largo y Prieto.

Mientras estaba suspendida la sesión, he andado de conferencias con los delegados de los grupos ministeriales para solventar las últimas cuestiones que surgen en el proyecto de Congregaciones. Los radicales-socialistas han tomado un acuerdo que no puedo aceptar, y que contradice el que tomó el Gobierno. Resulta, según me dicen Baeza Medina y Galarza, que Albornoz no les ha dicho nunca que el Gobierno hubiese tomado una decisión sobre el particular: plazo para la sustitución de la enseñanza e incapacidad de los clérigos.

Y en una reunión de la Comisión a la que asistieron Fernando de los Ríos y Albornoz, por encargo mío, para convencerles de las razones que tenía el Gobierno, lo que hicieron ambos ministros fue dejarse convencer por la Comisión. ¡Hombres!

Como no conseguía yo esta tarde convencer a los radicales-socialistas, se lo dije a Albornoz, después de terminada la sesión, para que él, como ministro del *ramo* y miembro del partido, interviniese. Albornoz estaba tan contento, y tiene tanto miedo a sus correligionarios, y le cuesta tanto trabajo proceder a cara descubierta, que me dijo: «Hoy estoy yo demasiado contento, después de esta magnífica sesión, para ocuparme de frailes y curas. Usted, con su autoridad de jefe del Gobierno, es el único que puede arreglar eso».

Muchas idas y venidas, para conseguir que todo quede bien antes de la sesión de mañana.

3 de mayo

Han venido Royo Gómez y Funes, de Acción Republicana, a preguntarme qué hacen en lo de las Congregaciones religiosas, que va a discutirse esta tarde en el Comité de la Federación de Izquierdas. Les doy instrucciones.

Después viene Vicente Sol, director de Prisiones saliente, a decirme que es necesario trasladar a otra prisión a March, porque en la de Madrid está en relación inmediata con anarquistas, comunistas, etcétera, a los que subvenciona y protege, y además dirige fácilmente algunos manejos políticos y peligrosos. Le contesto que haga lo que estime conveniente. Llevarán a March a Alcalá.

Luego ha venido Domingo, a enterarme del estado de las negociaciones comerciales con Francia. Apruebo lo hecho y le digo que lo comunique así a París.

A última hora de la mañana recibo a nuestro cónsul en Marraqués, que me informa de algunos asuntos de interés.

He ido temprano a las Cortes, para acabar el arreglo del dictamen de la ley de Congregaciones. Me dijeron esta mañana los radicales-socialistas, que la base de todo era que Fernández Clérigo retirase su voto sobre la incapacidad de los clérigos, porque retirándolo se evitaba una escisión, o el trance de tener que votar en contra de una propuesta que tenía apoyo en el grupo radical-socialista. Hablé con Fernández Clérigo. Conforme en retirar su propuesta, como ya me había dicho. No estaría en el salón al leerse el voto, y el Presidente lo daría por retirado. Mientras hablaba yo con Clérigo, se reunía el Comité de la Federación de Izquierdas. Se trataba de reducir a los representantes de los radicales-socialistas. Algunos temían que al retirar su voto Fernández Clérigo, otros lo reprodujeran.

Fui a decirle a Besteiro lo convenido con Clérigo, y Besteiro no accedió a lo que yo le indicaba. Tuvimos una escena desagradable, porque ya llovía sobre mojado, y una vez más se advertía la poca voluntad de Besteiro para allanar dificultades. Corté la conversación del modo más significativo que me fue posible, y no me ocupé más de este asunto.

Llamé a los del Comité de la Federación. Hablamos despacio. Me decían los radicales-socialistas que, si ellos hubiesen sabido que había un acuerdo de Gobierno, no habrían tomado ellos el suyo (se ve el doble juego que han hecho muchas veces los ministros radicales-socialistas).

Les dije terminantemente que lo de la incapacidad no lo aceptaba. Que respecto de la sustitución de la enseñanza el Gobierno había fijado la fecha del 1 de octubre para la segunda enseñanza, y que respecto de la primera no podíamos aceptar igual fecha, porque o incumplíamos la ley a sabiendas, o echábamos sobre el Presupuesto una carga enorme. Se conformaban con que se fijase una fecha, y yo les di la de 1 de enero, o sea posterior al Presupuesto, que es dejar la cuestión subordinada a la cuantía de los créditos que se voten. Aceptaron, y también que no se hablase de incapacidad individual en esta ley, dejando la cuestión para la de Instrucción Pública. Por fin, quedaron avenidos todos los representantes de los grupos, y se acordó modificar el dictamen en ese sentido.

Cuando salí a los pasillos me dijeron que el voto de Fernández Clérigo había sido retirado, sin que lo reprodujese nadie.

Espero que con todo esto, la última dificultad del texto de la ley se haya vencido. No han sido pocas. Casi siempre han venido del prurito de algunos que quieren ser más feroces que nadie, y de la poca consistencia del carácter de algunos ministros, que no quieren disgustarse con nadie.

Hoy hablaban mucho en el Congreso del discurso del Presidente en Bilbao. Los obstruccionistas estaban enfadados. Maura ha dicho: «Peor para el Presidente de la República». No es imposible que la emprendan con él. Confirmo mi opinión de que no conviene que el Presidente interprete con discursos la Constitución.

4 de mayo

Me levanto temprano para ir a esperar al Presidente, que ha llegado a las nueve. En la estación, Casares me dice que quiere hablarme. Venimos juntos al ministerio, y me entera de los preparativos del movimiento revolucionario. Después, despacho con el subsecretario y a las once y media voy al Consejo en Palacio. Ha sido un Consejo trivial. Me entero allí, por Prieto, de que cuando el martes estaba reunido en el Congreso el comité de las oposiciones deliberando sobre la tregua propuesta por el Gobierno, el señor Castrillo telefoneó a Bilbao pretendiendo hablar con el Presidente. No estaba en su residencia y recibió el recado Jiménez Orge, jefe de la Escolta. Cuando se lo transmitió a don Niceto, el Presidente se encolerizó contra Castrillo, cuyas impertinencias no tienen fin.

El Consejo ha terminado a la una. Al salir no tenía nada que decir a los periodistas, que se han puesto a hacer cábalas sobre lo que expresaba mi semblante; me encontraban muy malhumorado (debía de ser por haber dormido menos que de ordinario). Tal me han referido por la tarde en el Congreso.

Por la tarde se ha transigido en las Cortes el asunto de la protección a la naranja, según habíamos convenido estos días. Prieto, que es muy quisquilloso, no lo encontraba bien para el Gobierno; pero eso hubiera sido dar la razón a los que suponían que habíamos llevado a las Cortes el asunto como un ardid para romper la obstrucción. Lo malo es que los «naranjeros» no tienen razón, y que los remedios propuestos, a costa del Presupuesto, no resolverían casi nada.

Pérez Madrigal ha hablado de los sucesos de La Solana. Pedía que se fijase con urgencia la fecha de una interpelación, ya aceptada por el ministro, sobre ese asunto, y con el pretexto de defender su petición ha entrado a explanarla, hablando larga y disparatadamente del caso, con la benevolencia de Besteiro, que una vez más se ha mostrado poco amigo del Gobierno. La situación era tal, que desde mi asiento le he hecho a Besteiro unos gestos de extrañeza, que le han hecho caer en la cuenta de lo que sucedía, y por fin ha intervenido para cortar el discurso de Pérez Madrigal. Este mozo, bastante sospechoso, ha hecho un discurso digno de un cavernícola. Después, una escena grotesca sobre la interpretación de un artículo del Reglamento, en la que ha correspondido el peor papel a Guerra del Río. Votación. Mayoría del Gobierno. Maura ha dicho que lo de La Solana es «otro Casas Viejas». Así da gusto.

Siguen haciendo cábalas las oposiciones acerca de si tendremos o no mayoría para sacar la ley de Congregaciones. Maura dijo en su discurso energuménico que no tenemos mayoría en el Parlamento, y que vivimos de una ficción. Ahora se van percatando de que sí la tendremos y ya empiezan a decir que eso no tiene importancia, y que lo interesante es la mayoría que ellos tienen en el país. Así habla Lerroux.

5 de mayo

En el Consejo de hoy hemos acordado el plan para concluir la ley de Congregaciones aplicando la guillotina. He interrumpido el Consejo para recibir al vicepresidente de la Argentina, que ha llegado esta mañana. Venía con García Mansilla, que resplandecía como un ascua de oro.

También, durante el Consejo, ha venido Herbette a traerme las insignias de la Gran Cruz de la Legión de honor. Cortesías, y a otra cosa. En las Cortes se ha aprobado la ley que pone fin, por ahora, a la guerra de las naranjas.

Conversación con Besteiro, para el plan parlamentario de la semana próxima.

Larga conferencia con Domingo, Vergara y los diputados socialistas asturianos, sobre el préstamo a las empresas mineras. El Banco de Crédito Industrial se ha resistido mucho. Ayer, cuando vino Viguri a darme cuenta, me enojé. Es también una obstrucción. Vergara estaba hoy impasible, y me ha impacientado. Mucha conversación. Llamada a Viguri. Examen de textos. Promesas de arreglo.

Por la noche, gran banquete en Palacio. Brindis de don Niceto. Volutas y arabescos. Cuando se sentó, el doctor Roca tardó mucho en levantarse a contestar. Pasé un rato divertido, creyendo que este señor no iba a decir nada. Por fin, habló y respiramos.

Roca está alojado en Palacio, donde se supone que reside el Presidente, obstinado en vivir en su casa particular. La situación, cuando llegan casos como éste, es ridícula.

7 de mayo

Ayer, sábado por la mañana, vino Vergara a despachar los asuntos del ministerio de Hacienda. A las doce y media me fui a la presidencia, donde tenía citado al Comité de Arte y Letras de la Sociedad de Naciones. Fue con ellos Unamuno, como si tal cosa. Hablé con Paul Valéry, Jules Romains, *madame* Curie, la Vacaresco y algunos otros. Creo que han tenido agrias discusiones con los italianos.

Desde la presidencia, al Senado: allí daba una comida Besteiro en honor de Roca. Asistió el Presidente. Me aburrí mucho.

Vine al ministerio después y luego llegó Casares. Me trajo información sobre los trabajos de Goded, Aranda y otros militares, y sobre la presencia del ex general González Carrasco en la Zona francesa de Marruecos, de la que ha pasado alguna vez a la nuestra.

Con todas estas cosas, y las medidas que hay que adoptar, le pido una entrevista al Presidente. Le veo en su casa y le entero de todo.

Desde allí, a la legación de Polonia. Mucha gente, mucho calor. Música insignificante. Tengo prisa y me voy.

Por la noche, banquete en la embajada argentina. Está el Presidente de la República. Después, recepción, a la que el embajador había invitado a Romanones y a Santiago Alba; más discretos que el embajador, no fueron.

También habían discurrido invitar a Maeztu y a Gil Robles. Lo consultaron al ministerio de Estado, que les aconsejó que no los invitaran, pero en el ministerio no se atrevieron a poner el mismo veto a los otros dos señores.

Hoy por la mañana viene el general subsecretario y hablamos del general Goded y de González Carrasco. Acordamos fijar la residencia de Goded en Canarias y al punto se expiden las órdenes, para que salga esta misma noche. El general subsecretario encuentra grave que González Carrasco esté en Marruecos, donde ha mandado ocho años un grupo de regulares. Expido un telegrama a Moles sobre el caso, y por su parte el general envía una carta al general Benito, dándole instrucciones.

Por la tarde salgo de paseo hacia Navacerrada. En la subida del puerto comenzó a llover, y torcimos el viaje hacia El Escorial. La carretera de Guadarrama estaba hermosísima de frescura y verdor. He estado una hora en la Casita de Arriba. Al anochecer, en Madrid.

Esta noche, he dado una comida a Roca en la presidencia. Por variarle de público, le he rodeado de pintores, médicos, escritores, catedráticos. Ha sido necesario improvisar la mesa, porque hasta el viernes no se decidió que habría esta comida, y me ha costado algún trabajo encontrar a la gente. Desde la presidencia, al Español, donde había una función de gala organizada por la Casa Hispano Argentina. Detestable cosa. Hemos estado allí poco rato, y nos despedimos del señor Roca.

Vuelvo al ministerio. Antes de acostarme me dicen que ya se han cumplido las órdenes sobre Goded, es decir, que ya está de viaje para Cádiz.

Me ha costado alguna violencia tomar esta determinación con Goded, a quien hubiera querido atraer. Pero él no corresponde a las consideraciones que le guardé y a los miramientos que siempre tuve con él.

8 de mayo

Por la mañana, copioso despacho con Castelló y Masquelet. Me comunican que Goded ha llegado a Cádiz.

Cosa divertida: esta mañana, sin que nadie lo llamase, se ha presentado en el ministerio, donde no ponía los pies desde hace mucho tiempo, el coronel de Estado Mayor, Aranda, uno de los notados como colaboradores en los enredos de Goded. Ha visto al subsecretario y dice que él no se mete en nada, que sabe que está fichado, pero que no quiere perder la carrera, en la que ya le han hecho bastante daño. Que le digan dónde tiene que ir. Pide permiso para vivir en Ceuta, y allí estará a la vista de todo el mundo.

También ha venido Cabanellas (Miguel) con la pretensión de hablarme, pero no me ha visto. Se conoce que hemos puesto el dedo en la llaga. A primera hora de la tarde ha venido el fiscal, Vallés. Me dice que en el proceso de Menéndez se adhiere a la petición de la defensa para que se revoque el auto de procesamiento. A su juicio, no hay ni asomos de responsabilidad para Menéndez.

He pasado gran parte de la tarde escribiendo. El Presidente me llama por teléfono. Quiere saber lo que se prepara para mañana. Me cita en su casa, para las siete y media. Le pregunto a Casares, antes de ir a casa de don Niceto, las noticias más recientes sobre la huelga anunciada para mañana. Cree Casares que donde hay más peligro es en Zaragoza, Valencia y Asturias. Todas las disposiciones están tomadas. En Madrid no ocurrirá nada importate, y cree que tampoco en Barcelona.

A la hora convenida voy a casa de don Niceto. Le transmito los informes de Casares. Luego, me pregunta: «Bueno, y del Parlamento, ¿qué hay? ¿Van ustedes a *guillotinar* el proyecto de Congregaciones?». He comprendido entonces que lo de informarse acerca de la huelga no era más que un pretexto. Y no acierto a explicarme a qué ha venido ese inútil rodeo.

Le entero del plan adoptado: se aplicará la *guillotina* al artículo 31 inmediatamente, y se fundirán en un solo artículo el 32 y los accesorios, para votarlos de una vez cuando convenga.

Me sale diciendo que si no temo que se retiren de las Cortes todas las minorías de oposición, en el caso de aplicarse la guillotina. Le contesto que no he oído a nadie hablar de semejante cosa, ni se trasluce nada que lo haga temer. No disimulo la sorpresa que me produce su pregunta, y deseo saber en qué se funda. Resulta que el jefe de su gabinete de prensa, Emilio Herrero, al darle cuenta esta mañana de lo que dicen los periódicos, le ha referido lo que él oye decir a unos y otros diputados en los pasillos del Congreso, y entre tales decires se cuenta el de que algunos diputados prevén una retirada de las oposiciones (también es chocante que nadie lo haya oído más que Emilio Herrero...). Insisto con el Presidente en que no hay atisbo siquiera de semejante suceso. El Presidente me endilga una larga disertación sobre los males que sobrevendrían con la retirada de todas (repetía siempre esa palabra) las oposiciones. Un hecho así marcaría «el límite de la resistencia» del Presidente. Sería *matar* el Parlamento (es decir, que lo disolvería). No podría votarse con autoridad ninguna ley, y menos la de Congregaciones. Darían una bandera a las derechas y a todos los enemigos del régimen. Pasado algún tiempo, no faltaría un erudito historiador que viniese a probar que las oposiciones, marchándose del Parlamento, no tenían ninguna razón, él también ha condenado la obstrucción; pero cuando el erudito viniese a dar la razón a quien la tuviese, el daño irreparable estaría ya producido.

Me pregunta si no he sondeado los propósitos de las oposiciones; contesto que no tengo motivos para hacerlo y que, como no disfruto de la conversación de Emilio Herrero por las mañanas, no he sentido ninguna alarma; tampoco ahora la siento.

Me encarga mucho que tenga pulso y no tire demasiado de la cuerda. Está asustado, porque en el último Consejo advirtió que, a Largo Caballero, los ojos se le ponían casi blancos, que es señal de cólera en Largo, y aunque se enoja pocas veces, le teme; que no suelte yo el timón, etcétera, etcétera.

Después le llamo la atención sobre la otra cara del asunto: que por temor al retraimiento de las oposiciones no hagamos avanzar la ley, y nos paremos; o si ante la amenaza del retraimiento, o ante el hecho mismo, el Gobierno sucumbe, ¿qué haremos los demás? No habría Gobierno posible, si el actual cayese por el triunfo de la obstrucción.

—¿No habrá posibilidad de vivir aquí regularmente?

—Temo que no, si no se hace entrar en razón a los que se desmandan. La cuestión —añado—, no se acabará probablemente con la ley de Congregaciones, aunque la oposición a esta ley haya sido en gran parte el motivo de la obstrucción. La ley del Tribunal de Garantías no podrá votarse normalmente, y habrá que apelar a la guillotina.

—Reforme usted el Reglamento —me dice.

—Eso sí que puede darles pretexto para la retirada.

El Presidente repite que estas Cortes deben votar otras muchas leyes, incluso la Electoral.

—Hecho el balance de la colaboración socialista —agrega el Presidente—, el resultado es bueno. Es disparatado que las gentes que tienen dos pesetas no lo entiendan así.

El Presidente hace el balance de la colaboración socialista por «cuencas hidrográficas». (Esto es muy de don Niceto.) En las cuencas del Ebro, del Duero y del Miño, es francamente favorable. En la del Tajo, discutible, dudoso. En la del Guadalquivir, adverso. Achaca lo adverso a los alcaldes socialistas, y a las agrupaciones engrosadas repentinamente con gentes no disciplinadas. Recuerda que Largo, cuando vino la República, era de opinión contraria a la admisión de mucha gente; prefería pocos y buenos, etcétera.

De nuevo me habla del Reglamento. Si vuelve a ser diputado pedirá su reforma. Si la ley de Congregaciones se votase hallándose retiradas del Parlamento las oposiciones, nacería sin autoridad y sería una bandera para los enemigos de la República.

Otra vez tratamos de la situación que nacería de caer el Gobierno por un acto de violencia de las oposiciones, y de lo que harían los socialistas, si se sentían expulsados del poder, como quieren los de la obstrucción.

El Presidente dice que, cuando se vayan los socialistas, los tratará como partido gubernamental, movilizable en cualquier ocasión.

Hemos hablado una hora. Lo que antecede es lo principal.

El Presidente está asustadísimo. Menos mal que todo ha quedado en palabras; en muchas palabras, es cierto. Y todo, por lo que le ha contado esta mañana Emilio Herrero. Veremos lo que ocurre cuando le cuente otra cosa su barbero. ¿Y esto va a ser la política con don Niceto? ¡Medrados estamos!

Esta tarde he ordenado el acuartelamiento de tropas para mañana. El director general de Seguridad me trae largas listas de soldados, a quienes se tiene por comunistas. Son los datos de la oficina de Información que funciona en la Dirección General y que va a pasar al Estado Mayor Central. No creo que en los cuarteles ocurra nada.

10 de mayo

Ayer tarde, en el Congreso, se redactó el voto particular de Baeza Medina, que refunde en un solo artículo lo que resta por aprobar de la ley de Congregaciones. Se leyó en el salón, y la Comisión parlamentaria lo hará suyo. La prensa ha publicado el texto nuevo, en el cual se adoptan las reglas que convinimos para la sustitución de la enseñanza.

Cerca de las dos viene el ministro de Marina a presentarme una comisión de químicos que prepara el Congreso Internacional del año próximo. Despedida la comisión, Giral se queda, porque tiene que hablarme de parte de don Niceto. Ha visitado Giral al Presidente con la misma comisión, y, al acabarse la visita, el Presidente le ha llamado aparte y le ha preguntado: «¿Verá usted hoy a don Manuel Azaña?».

—Sí, señor. Desde aquí vamos a visitarle.

—Pues dígale que me vea antes de votarse definitivamente lo de Baeza Medina. Es muy grave. Que cada palo aguante su vela, yo ya tengo bastante. He de hablar con el Presidente del Consejo, y acaso, después, con el Gobierno.

Giral amplía estas palabras, con algunos detalles que pintan la preocupación del Presidente y la gravedad que concede al asunto. «¿Pero cuál es el asunto?», le pregunto a Giral, porque me extraña que el Presidente encuentre novedades en una solución que conocía de antemano. Giral no me saca de dudas y sólo advierto que está muy alarmado y preocupado. Como Giral es de los que ven la dirección de la política con el criterio de un buen padre de familia, no me atrevo a suponer nada. Llamo por teléfono al Presidente, en presencia de Giral.

—¿Usted quiere verme hoy? —le digo.

—No sé si Giral le habrá referido a usted bien nuestra conversación —ya empieza a retroceder, me digo; pero le oculto a Giral la duda del Presidente sobre la exactitud de su referencia—. En eso del voto de Baeza Medina —prosigue don Niceto— hay algo que me parece grave. Pero no venga usted esta misma tarde, porque dada la situación se prestaría a comentarios políticos. Hablaremos antes de que se vote.

Y en eso quedamos. «¿Ve usted? —le digo a Giral—, no será tan grave cuando no le corre prisa. No haga usted mucho caso.»

A primera hora de la tarde viene a verme el presidente del Supremo. Me informa de que esta mañana ha sido la vista del recurso de apelación contra el procesamiento, y la Sala, por 4 votos contra 3, ha acordado confirmar el procesamiento. «Siento mucho haber sido profeta», me dice el Presidente al entrar. Llama profecía a lo que me dijo hace unas semanas, a saber: que Sánchez Román, por inexperiencia en materia penal, se había equivocado al recurrir contra el auto de procesamiento de Menéndez, «porque en cuarenta años de ejercicio de la magistratura, no recuerda un solo caso en que se haya ganado un recurso de esa especie». Mejor hubiera sido dejar que la Sala llegase al sobreseimiento. Él, don Diego Medina, ha ido a presidir la Sala, para mayor autoridad; el fiscal se ha adherido a la petición de la defensa; pero la mayoría de la Sala ha votado en contra. Añade don Diego que la «buena doctrina procesal» es la que sustenta la Sala. Concluye diciéndome que lo siente mucho, que mañana procurará que se dicte auto de libertad provisional para Menéndez, y que, en pocos días, podrá llegarse al sobreseimiento, a no ser que se persone alguna acusación privada, lo cual complicaría mucho las cosas.

Aunque don Diego da a entender que él ha votado por el desprocesamiento, lo que ha hecho la Sala coincide puntualmente con lo que ese señor me dio como opinión personal suya, hace unas semanas, y no sé qué pensar. No le hago objeción alguna y le ruego que al menos obtenga la libertad provisional de Menéndez, puesto que si él ha votado por el desprocesamiento, y opina, como siempre, que se debe llegar al sobreseimiento, no parece justo retener en Prisiones a quien se halla en tales circunstancias. La razón para el desprocesamiento, según me dijo el fiscal, es que del sumario no aparece culpabilidad alguna para Menéndez, y, estando terminado ya el sumario y dada la índole del caso y las pruebas practicadas, no puede esperarse que en el juicio oral aparezca ningún dato nuevo que no conste ya en los autos. De nada de esto le hablo al Presidente, y nos separamos.

Esta mañana vino a verme Anguera de Sojo, a quien hemos nombrado fiscal general de la República. Anguera es hijo de una santa. También él es muy beato. Inteligente, sagaz, con dotes de mando, muy instruido en su profesión, atrozmente tartamudo y muy ardiente republicano. En Cataluña, como presidente de la Audiencia, cargo de que se apoderó revolucionariamente el 14 de abril de 1931, ha chocado con los de la Esquerra. De gobernador, se lució, metiendo en un puño a los sindicatos, sin salirse de la ley; solamente sabiendo hacerla funcionar.

Es muy amigo de Menéndez. En su visita de hoy me ha hablado del asunto. Dijo que quizás el presidente del Supremo agradecería que se le hiciese una indicación. Me he abstenido, limitándome a pedirle noticias después de la celebración de la vista. Como Anguera me había dicho que la Sala tiene tres días para dictar el auto, me ha sorprendido muchísimo que acto seguido a la vista hayan votado.

¡Qué se va a hacer! Me disgusta profundamente esta conducta de los Tribunales, que ponen en libertad a muchos militares que conocidamente intervinieron en lo del 10 de agosto, y sobreseen respecto de ellos (casos de Menéndez, Queipo, de Valera, etcétera) y se ensañan con Menéndez.

En las Cortes, un periodista catalán, amigo mío, me cuenta que Companys está furioso por el nombramiento de Anguera, y que despotrica en un corro amenazando con tomar el tren para Barcelona y no votar. Son los resquemores de una lucha contra Anguera en Barcelona. Me dicen que Companys va a reunir a su grupo parlamentario. Oídas estas noticias, casi me alegro: «¡Hombre! —le digo al informador—, eso sería una solución muy elegante; que nos faltasen treinta votos, y así nos marcharíamos correctamente». «No me asuste usted», dice el otro.

Después hablo con Companys. Le digo que no tiene razón para quejarse: primero, porque el Gobierno no tiene por qué consultar los nombramientos de los funcionarios de la República con los grupos parlamentarios (a lo que asiente), y segundo, porque si están reñidos con Anguera, el quitárselo de Barcelona más debe servirles de satisfacción que de enojo. Lo que les ha molestado es que, en Cataluña, se sepa que este enemigo de la Esquerra ha sido nombrado, no ya sin el consentimiento, pero sin consultar con ese partido.

Companys no se propone hacer nada desagradable para el Gobierno. Otra vez me dice que hace tiempo debí sacudirme los hombres mediocres que me rodean, y aprovecha la ocasión para atacar a Domingo.

Se ha guillotinado el artículo 31 de la ley de Congregaciones. Nos han sobrado ocho o nueve votos, y han dejado de asistir, por diversos motivos, 14 diputados de la mayoría. Ha votado con el Gobierno, además de Ossorio y su hijo, Giner de los Ríos, cuñado de don Fernando. (Afinidades votivas.) Este Giner pertenece al antiguo grupo de Ortega, el cual grupo se sumó a la obstrucción, después se apartó de ella para lo que se refiere a esta ley, y cuando llega la ocasión, no vota. Cualquiera lo entiende.

También se ha leído el voto particular de Baeza Medina, y la Comisión lo ha aceptado. Mañana veremos lo que conviene hacer, según el estado de los ánimos.

Al escribir el nombre de Ossorio he recordado que, esta tarde, poco después de marcharse el presidente del Supremo, ha venido a verme en el ministerio. Está muy preocupado con lo que sucede y quería, en descargo de su conciencia, brindarme una solución, ofreciéndose a proponerla ante las Cortes, previamente a la votación. Cree Ossorio que tenemos toda la razón, y que la conducta de las oposiciones es una atrocidad; pero como no se ofrece medio más airoso para salir del atolladero, me proponía esto: en la sesión de hoy, antes de votarse la guillotina, se levantaría para exhortar a unos y a otros a la concordia, y propondría que el Gobierno se aviniese a dar entrada en el Ministerio a los radicales, a los federales y a algún otro grupo, «volviendo a la situación del 14 de abril». Yo me levantaría a continuación, y aceptaría la propuesta de Ossorio.

Le he contestado que si se levantaba a proponer, como solución, que los radicales entren en el Gobierno, la mayoría, que está irritada, le daría una grita espantosa. Y que la solución propuesta era tanto como declararse en crisis el Gobierno en pleno Parlamento, con la indiscreción, por añadidura, de que yo me adelantase a aceptar una solución por anticipado; lo uno y lo otro me parecen cosas incorrectas, pues de dimitir, debo hacerlo ante el Presidente, y luego tendría también que ser el Presidente quien designase a mi sucesor, que le propondría esa u otra solución. Ossorio ha desistido. Votará con el Gobierno para guillotinar el artículo. Me ha hablado mal de Maura. Le escandalizan los radicales. Y como yo le haya dejado entrever el desánimo que me producen las bajezas políticas, y lo lejos que se van quedando mis proyectos respecto de la República y de España, Ossorio me ha dicho que me sucede lo mismo que a Silvela y don Antonio Maura, y que teme que me aburran y me vaya.

A Ossorio no le disgusta la idea de presidir él un Gobierno de coalición republicana. Pero cree que es prematuro. Ossorio tiene buen sentido, pero me parece algo ligero, y su Gobierno no dejaría de ser pintoresco.

Los ministros están muy corregidos de su antigua incontinencia verbal. Ya no hacen declaraciones de política general, ya no cuentan *confidencialmente* a los periodistas lo que sucede en los Consejos, etcétera. Mi trabajo me ha costado y, más aún que mis requerimientos, les ha enseñado la experiencia. Sin embargo, todavía Domingo habla a veces muy inoportunamente. El otro día, cuando el bloque de la obstrucción parecía resquebrajarse, y se iba a discutir la ley protectora de las naranjas, se le ocurrió decir a los periodistas: «La obstrucción está muerta, hoy por el proyecto ese, mañana por otro, tendrán que ir cediendo, hasta desaparecer».

En efecto: publicado eso en la prensa, el «comité de los cinco» se ha enojado más, y han remachado sus propósitos. Prieto se lo ha echado en cara a Domingo la otra noche, en el despacho de ministros.

11 de mayo

Día de visitas en la presidencia. No demasiadas, pero suficientes para cansarme. Una comisión de funcionarios me habla de lo que sucede en el ministerio de Agricultura. Acaba de ser detenido por la policía un alto funcionario, que era hombre de confianza del subsecretario, y que tomaba dinero como miembro de un tribunal de oposiciones. El sujeto ya mangoneaba en el ministerio durante la dictadura y, lejos de tenerlo a raya, lo han protegido. Como Domingo no se entera de lo que pasa en torno suyo, y el gran cacique del ministerio es Santiago Valiente, a éste le achacan las culpas mayores. Ahora vienen a decirme que hay otros dos funcionarios sospechosos. He llamado a Domingo para ponerle sobre aviso y que investigue la verdad.

Por la tarde, a primera hora, voy a ver a don Niceto. El texto de la enmienda, o mejor, voto de Baeza Medina, aceptado por la Comisión, le parece mal, y está muy inquieto el Presidente por lo que vaya a pasar. Como se hace un poco de nuevas respecto de ese voto, y me asegura que lo conoció ayer por la prensa (repitiendo con eso algo de lo que dijo ayer a Giral), le recuerdo nuestras conversaciones últimas, en las que le conté, primero, la transacción a que habíamos llegado en cuanto al plazo para sustituir la enseñanza primaria de las Congregaciones, y por qué le expuse el 1 de enero en lugar del 1 de octubre, o sea, para intercalar la discusión y votación del Presupuesto; segundo, los términos en que habíamos dispuesto la fusión de los últimos artículos del dictamen, para votarlos de una vez. Recordado eso, ya no insistió el Presidente en lo de la sorpresa.

Pero sí en su alarma (no me dice en qué se funda) y en la necesidad que tenía de hablar conmigo y, en su caso, con el Gobierno para hacer oír la voz de la realidad. Cree que el más apartado de ella será Fernando y que seguramente Albornoz transigirá. Elogia a Albornoz, que ha ganado mucho en capacidad gubernamental. El Consejo podría reunirse mañana, o el sábado, pretextando que el Presidente no estará en Madrid el jueves próximo. Toda esta conversación resultaría incomprensible para quien no supiera el origen de las preocupaciones del Presidente. Vienen de la especie que, con ligereza imperdonable, soltó Fernando en un Consejo de ministros en Palacio, respecto de la necesidad de incautarse de los edificios de las congregaciones donde tienen sus establecimientos de enseñanza, y aunque no se ha vuelto a hablar de ello, y yo le llamé la atención a Fernando sobre la inconveniencia y la bobería de suscitar en los Consejos con el Presidente cuestiones que no han sido examinadas por los ministros, don Niceto lleva desde entonces clavado el dardo. Otra cosa le preocupa: cree imposible que se pueda sustituir en enero toda la enseñanza primaria y teme el espectáculo de las escuelas de frailes cerradas sin que los niños tengan adónde ir. Para salir de esa imposibilidad, teme el Presidente que se apele a la incautación.

Como es hombre poco franco, no me habla en toda la conversación del fondo de sus temores, y todo se le vuelve repetir que la ley de Congregaciones, tal como queda, no da recursos ni medios para cumplir su precepto final. Como él se sitúa en ese terreno, le dejo que continúe, y le contesto que para obtener los medios estará el Presupuesto, a cuyos créditos habrá que subordinar la marcha de la sustitución de escuelas.

—Pues hay que decirlo en la ley —responde.

—Lo diremos, si a usted le tranquiliza, por más que sea una expresión redundante o, por mejor decir, innecesaria, pues un servicio nuevo exigirá naturalmente créditos nuevos.

—No importa; conviene hacer constar en el artículo de la ley algo que le ponga en relación con el Presupuesto; por ejemplo, que el Gobierno solicitará de las Cortes los recursos y los *medios* necesarios... los recursos y los medios... (repite con insistencia; en eso de los medios late el temor que le suscitó Fernando).

Entonces yo le digo que propondré a la Comisión parlamentaria una adición al artículo último que diga textualmente eso: que el Gobierno solicitará los recursos y medios, etcétera.

—Muy bien —dice el Presidente.

—Pues si no es más que eso, no hay dificultad. Yo no tengo inconveniente en proponérselo, ni el Gobierno, y seguramente la Comisión lo aceptará, porque ya va implícito en el proyecto, y como usted sabe el retrasar la fecha desde 1 de octubre a 1 de enero, retraso propuesto por mí, tiene por fin el que antes se apruebe el Presupuesto.

Acaso el Presidente, que se ofusca con demasiada facilidad, creerá que no he advertido su propósito de poner, mediante una adición, ciertas trabas a la acción del Gobierno respecto de la sustitución de escuelas; pero la adición es anodina y cualquier cosa que intentáramos habría de ser con el acuerdo de las Cortes.

Así es siempre este señor, que empieza con grandes aspavientos y luego se reduce, contentándose con lo que antes le disgustó.

—Como usted ve, no es necesario reunir un Consejo extraordinario. Estamos de acuerdo.

Me fui a las Cortes. Los ministros, que estaban casi todos con Giral oyendo el relato de su conversación con el Presidente, y tenían la cara larga, me preguntaron qué pasaba. «Nada», les contesté. Referí sucintamente mi entrevista y les di cuenta de la adición proyectada. La aprobaron. Llamé a la Comisión; aceptó también. Le redacté la propuesta y yo subí a la Mesa para hablar de ello con Besteiro. El Presidente me dijo que ya no se podía hacer, porque comenzada la discusión del artículo no podía admitir la presentación de nuevas enmiendas. Tuvimos un diálogo bastante vivo, concluí encogiéndome de hombros y me fui. Luego hablamos en su despacho. Ya más tranquilo, Besteiro dijo que, para introducir la adición, no había más procedimiento reglamentario que retirar el dictamen, para volver a presentarlo modificado; pero a eso me negué terminantemente.

Entonces llamé por teléfono a don Niceto, y le dije, en presencia de Besteiro, la imposibilidad reglamentaria de admitir la adición. «He pensado —añadí— que lo mismo se aclara el propósito del artículo haciendo el Gobierno una declaración en el sentido indicado, es decir, que solicitaremos de las Cortes los recursos y los medios.»

—Bueno —respondió el Presidente—, pues haga usted esa declaración.

¡Y para esto habíamos hablado tanto y se había asustado el ministro de Marina!

La preocupación del Presidente por este asunto de las Congregaciones puede ser grave, si en un momento de alarma comete una imprudencia. Es opinión general que al Presidente le *trabajan* mucho; por más que él no lo necesita. Se fue de la presidencia del Gobierno cuando se votó el artículo de la Constitución, y se fue persuadido de que era víctima de una conjura, ¡urdida por Maura y por mí! Después creo que se le ha pasado esa preocupación, pero es muy rencoroso y, como nos dijo en un Consejo de ministros, «el que se la hace se la paga».

El proyecto de Congregaciones presentado por el Gobierno le pareció muy bien, pero desde que la Comisión introdujo algunas variantes, comenzaron los tropiezos. El Presidente cometió ¿la ligereza? de decirle al de la Comisión (Salazar Alonso, radical) lo que pensaba del proyecto y del dictamen, y de eso se aprovecharon los radicales para *hacer suyo* el proyecto del Gobierno, pensando, no sin fundamento, que por ahí podían ponernos en conflicto con el Presidente de la República, y son tan imprudentes que lo han insinuado así en las Cortes.

A medida que la discusión del proyecto avanzaba se han reproducido las «alarmas» del Presidente. Todas las he desvanecido, y ahora que estamos en el último artículo (remate increíble hace tres meses), tengo que hacer todo lo necesario, en las Cortes y fuera de ellas, para que la ley llegue a puerto. El Presidente, ofuscado por sus prevenciones o por lo que él tal vez cree sus deberes, es impacientante; yo podría echarlo todo a rodar, y en un asunto como éste, poner al Presidente frente a la opinión de casi todos los republicanos, que sería perderlo, si los republicanos se convencían de que don Niceto estorba la aprobación de la ley. Pero no debo hacerlo, y no lo haré, aunque tenga que templar gaitas hasta última hora. El peligro que se corre es que el Presidente se exceda, o crea que puede excederse de los límites de su papel; pero ahí es donde debe estar el tino. Como ahora hay que hacerlo todo nuevo, hay que hacer también el tipo de Presidente que necesitamos. Lo malo es que muchos republicanos se refieren constantemente al Presidente, como si quisieran hacer de él un rey.

Esta tarde, cuando he llegado al banco azul, Albornoz me ha dicho: «Ya sabrá usted que el asunto de Menéndez se ha resuelto favorablemente».

—No lo sabía. Mis noticias eran otras.

—En efecto. Pero hoy se han reunido y han votado el desprocesamiento. Parece que uno de los magistrados ha cambiado de opinión.

Poco después me dicen que el presidente del Supremo pregunta por teléfono si puede ir a visitarme en las Cortes. Acudo yo al teléfono y don Diego me dice: «Tengo la satisfacción de comunicarle que acabo de firmar el auto revocando el procesamiento al capitán Menéndez, que esta misma tarde será puesto en libertad».

Le doy las gracias por su cortesía y le digo que no es menester que se moleste en ir a verme en las Cortes, pues ya quedo enterado. Era demasiada oficiosidad. En los pasillos de la Cámara ya cundía la noticia.

A última hora continuaba la discusión del último artículo de la ley de Congregaciones. Albornoz dice que está harto de curas y frailes y que ya no asistirá más al debate, dejando que el ministro de Instrucción conteste a las observaciones relativas a la enseñanza. En efecto, Fernando de los Ríos, contestando no sé a quién, ha hecho un discurso, muy superferolítico de tono, demostrando que la sustitución de la segunda enseñanza puede hacerse en octubre, y que de la primera enseñanza de los frailes podrá prescindirse en enero. Cuadro demasiado optimista, a mi ver, en el que ha faltado acentuar lo costoso de la operación. Han aplaudido a Fernando todos los grupos, menos los agrarios. Los radicales le han aplaudido mucho, y también Maura le ha dedicado unas palmaditas. (Fernando pronuncia la *ch* de Chamartín a la francesa, no sé por qué.)

Le replicó Royo Villanova, con un discurso disparatado, como suyo, y aproveché la ocasión para hacer la declaración de Gobierno sobre la necesidad de votar créditos y medios. Esta declaración habrá parecido a muchos innecesaria, y más que nada habrá sido entendida no como una reserva, sino como una corroboración. De tal modo es incomprensible que para ejecutar una ley se diga que pediremos créditos; incomprensible, porque se cae de su peso, como suele decirse.

Esta tarde se dudaba si guillotinaríamos o no el artículo 32. No me parecía prudente, para no dar pretexto a una ruptura. Había menos diputados que ayer, porque se habían marchado a los toros.

A las ocho y media he vuelto al ministerio. Aglomeración de gente ante la verja del lado de Recoletos. ¿Qué pasa? Se ha derrumbado un árbol y al caer ha hundido parte de la verja.

Un árbol magnífico, enorme, el más viejo y hermoso del jardín, se ha caído, dejando las raíces al aire. Pesaba mucho, y quizás el terreno, en declive, ha fallado. Lo siento mucho. Este árbol era un antiguo amigo. Desde hacía más de treinta años, siempre que pasaba por esa acera, y raro será el día que no haya pasado, le dirigía una mirada de contento. Era semejante a los cedros del Museo del Prado, y poco menos viejo. Me alegraba ver una obra tan hermosa. Derrumbarse, ¿será un presagio?

Después de cenar han venido Arturo Menéndez, ya libertado, y su mujer. Había además otros amigos. Menéndez me cuenta cosas de los conspiradores del 10 de agosto que están en Prisiones militares.

Don Cristóbal de Castro, grafómano de Iznájar, propala por ahí que yo he comprado una casa en la calle de Lista, en cuatrocientas mil pesetas, y que la he puesto a nombre de mi cuñado. Quede aquí la noticia, por si la maledicencia de don Cristóbal no le sobreviviese.

Este señor Castro es quizás el español que más me aborrece (no siendo don Melquíades), desde que en mis tiempos de secretario del Ateneo no le hacía ya ningún caso.

12 de mayo

Salgo a las once para el Consejo en la presidencia. Despachamos los muchos expedientes que llevo de Hacienda y Guerra. Después hablamos de la situación parlamentaria, y de la probabilidad de guillotinar el último artículo de la ley de Congregaciones. En la mayoría del Congreso, y en algunos ministros, hay impaciencia por acabar; singularmente, Prieto, que es impresionable y obcecado cuando se enoja, cree que es atentatorio a la dignidad esperar más tiempo. Pero yo tengo que ir con mucho tiento, no sea que a última hora se produzca un conflicto que lo eche a perder todo, y anule el paciente esfuerzo de tantos meses. En relación con esto, refiero a los ministros que anoche, a las nueve y media, me llamó por teléfono Besteiro y me dijo que Maura le había visitado para anunciarle que si se aplicaba hoy la guillotina para concluir la ley, las oposiciones harían «toda clase de protestas». No explicó qué protestas, pero Besteiro temía incluso que se arrojasen a una retirada del Parlamento. Esta probabilidad hay que evitarla a toda costa, porque eso sería la disolución de las Cortes, y no habría ley. Se ve que quieren ganar días, esperando que uno cualquiera surja la crisis; pero, advertidos de su intención, lo que conviene hacer es asegurar la aprobación tranquila del proyecto.

Después de oírme, los ministros han discutido mucho sobre si se debe o no ser transigente ante las amenazas de Maura, y dejar para otro día la guillotina. Prieto, en contra, profiere frases gruesas. Largo, calla y aprieta los labios con cólera. Domingo, se inclina a ser transigente: no debe afrontarse la eventualidad de una retirada. Los demás ministros están remisos en opinar; Casares, por el semblante, parece muy contrariado, como si estimase mi opinión un signo de debilidad. No se concreta un acuerdo. Resuelvo para mí proceder como me lo aconseje la situación del momento, y, por el pronto, sólo digo que encargaré a Besteiro que pregunte a las oposiciones si están dispuestas a que se discutan las tres o cuatro enmiendas que más les interesen, antes de apelar a la guillotina.

En esto estábamos cuando Largo, que se había ausentado un momento, nos dice que Araquistáin ha venido a contarle una conversación que ha tenido hoy con don Niceto. El Presidente se le ha quejado del Gobierno, atribuyéndonos el propósito de declarar urgente la votación definitiva de la ley, para privarle a él, como en tal caso prescribe la Constitución, del ejercicio del veto. Según la referencia de Araquistáin, el Presidente estaba agitadísimo y se cree víctima de una maquinación; le ha encargado que hablase del asunto con Prieto y con Largo, no con Fernando.

A continuación, Domingo, que también había salido un poco antes de la sala de Consejos, nos dijo que le había llamado Emilio Palomo, subsecretario de Comunicaciones, y le había contado que, al ser recibido hoy en audiencia por el Presidente, lo halló casi enloquecido, lloroso, agitado y se le quejó de que se había urdido un plan para que no pudiese poner el veto a la ley de Congregaciones. Si se votara la declaración de urgencia para aprobar definitivamente el proyecto, sería, «por parte de los diputados, un ultraje; por parte del Gobierno, una traición, y el mayor daño a la República». Estas palabras las traía anotadas Domingo en un volante, tal como acababa de oírselas a Palomo.

Estas noticias produjeron en todos estupor, porque nadie había pensado en la declaración de urgencia, y si el Presidente tenía esa aprensión, el procedimiento era incorrecto y grosero con respecto al Gobierno, además de ilegal.

Los ministros, maravillados, y Largo, con indignación contenida, dijo: «¿Quiere usted leer otra vez esas palabras? Voy a copiarlas». «¡Hombre, no!», repuso Domingo. «Bueno, me las sé de memoria. Cada palo aguantará su vela.» Y con la expresión de energía contenida, que le es propia, Largo se calló. Encargué a Ramos que pidiese hora al Presidente para visitarlo, y a poco volvió diciéndome que don Niceto me llamaría por la tarde.

La indignación de los ministros era muy viva, y harto justificada. Recordamos la conducta de don Niceto cuando era Presidente del Gobierno, y los disgustos que nos daba con sus recelos y desconfianzas, así como con sus pequeños manejos caciquiles. Recordamos sus intentos de dimisión y su dimisión efectiva el 14 de octubre, persuadido también entonces de que era víctima de una conjura. Recordé que, en su encuentro parlamentario con Alba, y con motivo de su réplica, algo desproporcionada, Alba le acusó de padecer manía persecutoria. Entonces no lo creímos, pero ya iba siendo evidente que Alba tenía un poco de razón. Consideramos que con esa conducta, don Niceto no podría durar mucho en la presidencia de la República, a menos que encontrase un Gobierno que se prestara a gobernar al dictado.

Con este inesperado suceso a la vista, fuimos atando los varios «cabos sueltos» que en la conducta del Presidente hemos ido hallando a lo largo de este enojoso asunto de la ley de Congregaciones, y nos pareció, sin pecar de maliciosos, que todo ello podía interpretarse como un propósito de hacer fracasar el proyecto de ley, sin que él tuviera que comprometerse. Y si todo ello no es un plan concertado, una maniobra pensada y desarrollada taimadamente, y lo de hoy no es más que una explosión imprevista, entonces será que el hombre está algo loco, y su ligereza, poniéndose a insultar al Gobierno delante de sus visitantes, denota una incapacidad manifiesta para el cargo que ocupa.

Mientras cada cual hacía su comentario, yo tomé una resolución:

—Ahora, lo más impremeditado, a impulsos del mal humor, sería que yo le enviase mi dimisión. Caería el Gobierno, y cualquier Ministerio que se formase, no podría impedir que en las Cortes se tratara de la causa de la crisis, y ninguno de nosotros querríamos faltar a la verdad, y tendríamos que decir que nos habíamos marchado porque el Presidente, sobre un supuesto falso, y que aun en caso de ser cierto no era ilegal, sino perfectamente constitucional, se había dedicado a difamar al Gobierno, a llamarnos traidores, etcétera. El escándalo por este remedo del «borboneo» sería tal, que le costaría la presidencia de la República, consecuencia que don Niceto no habría previsto, y que tenía muy merecida, por su proceder. El golpe es demasiado fuerte, estando el régimen tan tierno, y la oposición se envalentonaría más. Pero aun con todos sus riesgos, afrontaría esa operación quirúrgica, si no fuese evidente que, por lo menos, el proyecto de Congregaciones, causa de todo este barullo, quedaría frustrado. Y eso es lo que debemos evitar a todo trance. ¿El Presidente habla mal de nosotros, se sale de su papel, se ha vuelto loco, ha urdido una trama para hacernos caer? Pues no lo consigue. No caigo en la trampa. Y a todas sus palabras respondo sencillamente: «ley de Congregaciones». Si quiere que nos vayamos, que me destituya. Él sabrá por qué, y tendrá que decirme el motivo. ¿Cuál? Ninguno que pueda sostenerse públicamente dentro de la Constitución. Que se atreva a destituirme cara a cara. Mientras tanto, yo no me aturdo: ley de Congregaciones. Y haciéndola votar, le probaremos que es en vano que pretenda urdir una trama, si es que la hay. En resumen: no dimito, y cuando se vote la ley, ya veremos lo que se hace.

Todos los ministros aprobaron mis palabras, y convinieron en que políticamente no debía hacerse otra cosa.

Levantado el Consejo, volví a Buenavista, y cuando me disponía a comer llegó Ramos. Acababa de hablar con Bugeda, también recibido en audiencia por don Niceto esta mañana, y a quien había dicho las mismas cosas que a Palomo y a Araquistáin. A Bugeda le había dicho que, si él tenía «un *chauffeur* que le llevaba al abismo», qué podía hacer. Pero, así como a Palomo le encargó que transmitiese sus quejas a Domingo, a Zulueta y a Albornoz, y a Araquistáin que se las contase a Prieto y a Largo, a Bugeda le ha dicho que seguramente Prieto no sabía nada de la maquinación, porque no lo hubiera tolerado. (Bugeda es socialista, y a cada visitante le habla, por lo visto, según el partido a que pertenece.) Cuenta también Bugeda que el Presidente está furioso contra Casares, a quien aborrece de muerte. Don Niceto cree que Casares les ha dicho «a los libelistas» (?) que pueden atacar al jefe del Estado, pero no al Gobierno. «Después de todo —añade don Niceto—, ése es un modo de gobernar como otro cualquiera.»

Resulta de los informes de Bugeda que, según el Presidente, yo soy el autor de la maquinación, creo que en connivencia con Fernando y con algún grupo de la mayoría.

Bugeda, que es muy palabrero y extremoso, está espantado de lo que ha oído y del estado de exasperación de don Niceto. Añade que también ha recibido esta mañana a Martínez Barrio, lugarteniente de Lerroux, y han estado hablando tres cuartos de hora. Otros diputados le han visto. Suponemos con fundamento que a todos les ha dicho lo mismo. Creo que el mismo Ramos me trajo la noticia de que don Niceto iba a hablar con Besteiro.

A las tres y media, y como don Niceto no me ha llamado aún, llamo yo a Besteiro. No está ya en su casa, y suponen que ha ido al Congreso. Entonces, me voy también allí.

Cuando llegué al Congreso, Besteiro no había llegado, no obstante el tiempo transcurrido. En su secretaría estaban muy extrañados. «No se alarmen —les dije—, me figuro dónde está, y si es así, no puede tardar.»

En efecto, llegó poco después. Estaba asombrado, y aunque Besteiro es hombre cauteloso, que rara vez descubre lo que piensa, me dijo que el Presidente estaba loco. En suma, le ha contado la fantástica historia de la maquinación, para privarle del veto, y Besteiro le ha dado razones en contra. «Creo —dice Besteiro— que no le he persuadido.»

—Usted sabe —le respondo a Besteiro— que anoche me comunicó usted la protesta de Maura, y que yo le respondí que, si se ponían muy hostiles, ni siquiera guillotinaríamos hoy el articulo 32, y aprovecharíamos la presencia de la mayoría para votar otras leyes. ¿No fue así?

—Así fue, y se lo he contado; pero no sirve de nada.

—Pues usted sabe mejor que nadie cuál era mi disposición. Por otra parte, si se hubiera votado la declaración de urgencia, las Cortes tienen pleno derecho, en las condiciones que dice la Constitución, para hacerlo, y el Presidente no podría hablar de despojo ni de secuestro, como no podrá hablar si un día las Cortes hacemos uso de esa facultad.

—Eso no admite duda.

Poco más hemos hablado, porque Besteiro, embozado en su importante reserva, no estaba por aclararme más su entrevista con el Presidente. Cuando salí al pasillo, me encontré con Bugeda. Me repitió cuanto me había referido Ramos, y añadió que el Presidente le dijo:

—Aunque se rectifique el propósito, el agravio ya está inferido.

Y este otro:

—¡Si Prieto lo hubiese sabido! —Al decirlo, lloraba. También ha hablado con los diputados Centeno (íntimo del Presidente) y Roldán, los cuales, al llegar al Congreso, se lo han contado todo a sus amigos.

El Presidente me llamó a las cuatro y media. En el camino, hice ejercicios de frialdad y de firmeza. Llegué a su casa, y me entraron en un despacho pequeño, porque en el que suele recibirme estaban quitando las alfombras. En seguida apareció el Presidente. Tenía el semblante de color de pizarra, me tendió la mano y me dio las buenas tardes con voz sorda. Le seguía un perro.

Comencé yo la conversación, pidiéndole, con respetuosa firmeza, explicaciones de su conducta. Habíamos sabido por Palomo que tenía un gran disgusto y viva alarma por no sé qué propósitos atribuidos al Gobierno. Deseaba saber cómo se había formado esa sospecha, esa creencia, y cómo habiéndosela formado, no me había llamado inmediatamente para preguntarme lo que hubiese de cierto, o para averiguar los motivos de ese supuesto propósito; si en lugar de retrasar hasta las cuatro y media de la tarde su conversación conmigo, la hubiese provocado a primera hora de la mañana, se habría evitado un gran disgusto y otro no menor a nosotros; porque la comunicación normal del Presidente de la República con el Gobierno es a través del Presidente del Consejo.

—Si usted, esta mañana, me hubiese dicho por teléfono: «¿Qué piensan ustedes hacer?», habría sabido en el acto que no pensábamos hacer nada.

—Pues le diré a usted —respondió— cómo lo he sabido y por qué no le he llamado. Esta mañana me dijo Sánchez Guerra que el Gobierno pensaba proponer a las Cortes la declaración de urgencia para aprobar definitivamente la ley… Al darme esa noticia, Sánchez Guerra no conocía, no se hacía cargo de su importancia. Después lo leí en la prensa, y como no aparecía ninguna rectificación, creí que era cierto.

—Señor Presidente —repliqué yo—, tengo derecho a esperar que el estado de ánimo de usted sobre la marcha de la política, no se forme cada mañana por lo que digan las gentes de su casa. El otro día, por una indiscreción de Emilio Herrero, tuvimos también otra alarma, injustificada, como usted vio. Hoy, es por Sánchez Guerra. Que los periódicos, que no he leído, den esa información u otra, no es motivo para que usted se alborote. Yo no estoy obligado a enviarle a usted cada mañana un informe rectificando o corroborando los comentarios ni los pronósticos de la prensa. Cada periódico dice lo que le parece, y yo no hago caso. Entre la prensa y usted, está el Gobierno, y valía la pena que usted me hubiese preguntado, en caso de tener alguna duda. No tenía usted motivo para dudar, porque yo estuve aquí ayer por la tarde, y le informé de la marcha del asunto, y ni remotamente le dejé a usted entrever que se pensase en tal cosa; ni siquiera estaba ni está decidido que hoy se guillotine el artículo final; menos podíamos pensar en la aprobación definitiva urgente. Yo no he engañado nunca a nadie, y menos iba a engañar a usted; supongo que estará usted convencido de ello. Por tanto, lo que yo estoy diciéndole a usted ahora, no es que vamos a rectificar un propósito, sino que nunca ha existido. Si lo hubiésemos tenido se lo diría a usted, bien para rectificarlo, bien para sostenerlo, pasara lo que pasase.

—Dicho esto —proseguí yo—, que es una cuestión de hecho que no admite duda, y sobre lo que no aduzco testigos, aunque pudiera hacerlo, porque no sería digno de mí, le voy a llamar la atención sobre dos puntos: el primero es que nosotros no tenemos ningún interés político en que usted no *pueda* ejercer el veto respecto de esa ley; nuestro interés político es que usted pueda ejercerlo. Si con la declaración de urgencia le privásemos a usted del veto, daríamos un arma a las derechas, que se apresurarían a suponer que usted no había aprobado esa ley, y nosotros queremos que salga con toda normalidad y sin privarle de ninguno de los requisitos ordinarios, entre ellos la promulgación voluntaria por parte de usted. Así tendrá más autoridad.

—Nunca he pensado en poner el veto a esa ley.

—Yo no se lo he preguntado a usted nunca. Las Cortes le enviarán a usted la ley y usted hará lo que estime conveniente.

—Tengo cinco razones objetivas para no poner el veto a esa ley, y las diré en el preámbulo del decreto, o por lo menos las conocerá el Gobierno.

—No me parece muy propio razonar en un decreto la promulgación. Pero esto no es para hoy. El otro punto sobre el que quiero llamar la atención de usted es éste: para aprobar la declaración de urgencia de una ley, con las consecuencias de privarle a usted del veto, se requiere, según la Constitución, el voto favorable de los dos tercios del Congreso. Usted sabe de sobra que el Gobierno tiene una docena de votos sobre la mayoría absoluta, pero los dos tercios no los tiene en modo alguno, y nosotros lo sabemos. De manera que ni por interés político ni por número de votos podíamos lanzarnos a eso.

El Presidente me escuchaba tragando saliva, y no hallaba razones para destruir las mías. Pero volvía una vez y otra a su tema, y recordó «que hace tres meses» el diario *Luz* publicó una nota diciendo que, para sustraer al Presidente de los manejos de las derechas y ponerlo a cubierto de cualquier coacción, sería bueno votar la urgencia, para que no pudiese ejercer el veto. El Presidente relaciona aquel suelto de *Luz* con las confusas informaciones publicadas por los periódicos de hoy, y de ahí debe de proceder, creo yo, dada su malicia, la suposición de que he urdido esa trama.

En este punto de la prensa le he replicado con cierta aspereza.

—Yo no gobierno con los periódicos —le he dicho—, ni he necesitado de ellos para estar donde estoy. Puede que sea un error de táctica, pero los periódicos me interesan medianamente. No inspiro a ninguno. Si hay tres o cuatro que ven con simpatía al Gobierno, lo hacen así porque sus empresas quieren. Supongo —he añadido— que no participará usted de la opinión de los que dicen que yo me he apoderado de cinco periódicos. A ninguno le doy instrucciones, aunque sería lícito que se las diese, y conocidas son de todo el mundo mis escasísimas relaciones con los reporteros, a quienes nunca digo nada, ni hago declaraciones, etcétera. Para ser Presidente del Consejo, la suerte, llamémosle suerte, lo ha hecho todo; la prensa, nada. Para caer, tampoco necesito de la prensa; me basta con mis propios méritos.

Estas palabras le han hecho poner el gesto más torcido de toda la conversación.

Ha querido buscar después la razón de que se haya dicho con tanta insistencia lo de la declaración de urgencia.

—Ignoro el motivo, y no he pensado en ello —le he dicho—, porque este asunto ha comenzado a existir para mí cuando Palomo nos ha traído las alarmas de usted, y en realidad no he medido la importancia que usted le ha dado hasta que he visto que llamaba usted a Besteiro, y, sobre todo, hasta que le oigo a usted. Pero la explicación que ahora se me ocurre es bastante llana, y me choca que desde el primer momento no haya usted pensado en ella, siquiera como hipótesis, para ponerla cuando menos al lado de la otra suposición. Probablemente, todo ello ha nacido de una confusión, explicable en muchos diputados, que no se habían parado a comprobar el Reglamento de las Cortes y la Constitución, explicable más aún en los periodistas, que son aturdidos e ignorantes, pero que no tendría disculpa en usted ni en mí. Usted sabe muy bien, señor Presidente, que una cosa es la declaración de urgencia de que habla la Constitución, y que una vez votada por los dos tercios del Congreso le priva a usted del derecho de veto, y otra cosa lo que, dentro de lo que permite el Reglamento de las Cortes, la misma tarde en que se vota el último artículo de una ley, se vote definitivamente la ley misma, para lo cual no hace falta aquella declaración.

—En los trámites interiores del Parlamento yo no tengo por qué meterme —observó el Presidente.

—Así es, y lamento que esa distinción no se le haya a usted presentado ni ocurrido desde el primer momento. No ignora usted que votado el último artículo de una ley, la votación definitiva viene por costumbre dejándose para el siguiente día, pero no está prohibido hacerla en el mismo. Esta *tercera lectura*, en la cual ya no se puede modificar el texto aprobado, y sólo cabe aprobarlo o rechazarlo en bloque, no tiene más objeto que el de que la secretaría redacte el texto conforme a lo aprobado por la Cámara. ¿No es así?

—Así es.

—Pues lo que se tenía y se tiene pensado es que si la votación del último artículo de la ley recae a buena hora, en la misma sesión se lea el proyecto aprobado y se le vote definitivamente, con objeto de no retener más tiempo a todos los diputados para ese sencillo trámite. Como esto no es costumbre hacerlo, aunque en estas Cortes ya se ha hecho alguna vez, no es inverosímil que quienes no conozcan el Reglamento hayan creído que esa rapidez equivalía a la declaración de urgencia de que habla la Constitución, o la hacía necesaria. Así puede que lo haya entendido Sánchez Guerra, o la prensa; pero usted y yo lo entendemos de otro modo. De tal suerte que, si las circunstancias no lo impiden, el mismo día en que se vote el artículo 32, votaremos definitivamente la ley. Y eso debe de ser el origen de todo.

No tuvo el Presidente nada que oponer; su ligereza quedaba al descubierto. Me habló de Fernando, y de su discurso, que encuentra mal, por excesivamente confiado. Se quejó de Casares, a quien aborrece. La conversación no tenía ya utilidad, y la corté bruscamente.

—Si usted no tiene nada que ordenarme, señor Presidente, me voy a las Cortes —dije, poniéndome en pie.

—Nada; vaya usted a las Cortes.

Con esto nos despedimos.

En el Congreso me esperaban casi todos los ministros reunidos en su despacho. Les conté lo principal de mi entrevista, y no pude disimular que estaba satisfecho de ella. De lo que no estaba muy seguro era de haber convencido al Presidente de su sinrazón, pero sí de haberlo reducido al silencio. Comentamos largamente la situación, tan delicada. En el Congreso todo el mundo sabía ya lo ocurrido por la mañana, y el asombro y el disgusto eran generales. Algunos me dijeron que hasta los mismos radicales estaban asustados por lo que había hecho el Presidente.

Entre tanto, los jefes de los grupos obstruccionistas deliberaban sobre si transigían o no con la aplicación de la guillotina al artículo 32. Acordaron no transigir y comunicaron a Besteiro que formularían una protesta, cuyo alcance no se determinaba. Entreviendo la posibilidad de una retirada, yo dije que no aceptaba la responsabilidad de una ruptura, y que era preferible aplazar un par de días la conclusión de la ley, para que no tuviesen ni asomo de pretexto para hacer una atrocidad. Perseguía, como siempre, hartarme de razón. Hablé con algunos diputados radicales-socialistas y catalanes, y se mostraban de acuerdo conmigo. También algunos socialistas. «Me basta —les decía yo— que haya una probabilidad contra noventa y nueve, de que las oposiciones se vayan hoy del Parlamento, para que yo no arrostre hoy esa batalla, que puedo ganar con todas las probabilidades a mi favor, con todos los triunfos en mi mano, el miércoles próximo.»

Los ministros no pensaban así. Reunidos en el despacho, les pedí opinión. Largo se enojaba por el aplazamiento; a Fernando le parecía mal; Casares se callaba, por no contrariarme, seguramente, pero conocí en su semblante que tampoco estaba conforme. Domingo opinaba como yo, y Albornoz vacilaba. Me argüían que los diputados de la mayoría iban a enojarse si, después de hacer venir hasta a los enfermos, no se les utilizaba. Contesté que su obligación era estar en las Cortes, y que no hacían nada de más con asistir. Replicaban que, habiendo hoy *quorum*, sería más difícil reunirlo otra vez la semana próxima; contesté que no atinaba con el motivo, pero que si los diputados no querían venir cuantas veces fuese menester, con dimitir el día que quedásemos en minoría, asunto resuelto, y que no echasen a nadie la culpa de la caída.

Para utilizar a la mayoría, ya que estaba completa, aprobaríamos otra ley, que estaba pendiente de un *quorum*, la de Defensa del Tesoro Artístico.

En esto, los tímidos, como Marcelino, también disentían. Era preferible no hacer esa prueba. Largo no decía nada, pero bien se le notaba la contrariedad.

Pregunté directamente a Fernando su opinión, y se mostró contrario al aplazamiento, aunque su parecer lo subordinaba al mío; en fin, les dije que el caso era de mi exclusiva dirección y responsabilidad; que si por una ligereza dábamos pretexto para que las oposiciones se fuesen del Parlamento, todas las culpas vendrían sobre mí, y de nada me serviría decir que me lo habían aconsejado los ministros; que como el director de la política soy yo, decidía aplazar la guillotina del artículo 32 hasta el miércoles, y que si esta decisión salía mal, yo sería el único culpable. (Estaban hechos un taco, y nunca he tenido tan a la vista que la indecisión o la timidez les llevarían a cometer muchos errores.)

Mientras nosotros hablábamos, Maura maniobró en los pasillos. Después de visitar a Besteiro, por quien supo que yo no tenía empeño en aplicar la guillotina esta tarde, salió diciendo a los diputados que se podían marchar, porque esta tarde ya no había guillotina ni nada. Algunos diputados lo tomaron tan al pie de la letra que se fueron del Congreso. Cuando yo salí del despacho la gente andaba desorientada. Los secretarios de los grupos no sabían bien si teníamos o no número suficiente. Me fui al salón y le dije a Besteiro que pusiese a votación definitiva la ley del Tesoro Artístico, para la que se necesita *quorum*. Así se hizo. Mientras estábamos votando, Casares me dijo que Prieto (ausente de nuestra reunión) se había puesto furioso al saber que no se guillotinaba esta tarde el artículo 32, y que, juntando su enojo con el de Largo, habían convocado en el acto una reunión de la Junta Directiva del Partido Socialista.

En la votación, sólo tuvimos un voto en pro de mayoría, y contando con dos que dijeron que *no* nos sobraron *tres* votos.

Al levantarnos del banco azul, me dijo Casares, refiriéndose a la reunión de los socialistas.

—Temo que le estalle a usted el Gobierno entre las manos.

—Bueno —repuse—, yo tengo razón y autoridad para hacer lo que hago. ¡Si ellos lo hunden todo, qué le voy a hacer!

Albornoz me dijo que, conocida la actitud de los socialistas, quizá fuese conveniente variar mi resolución.

—Me niego en redondo. Yo soy quien dirige; si no están conformes, lo siento mucho.

Después estuvimos en el despacho, hablando de cosas indiferentes. Al cabo de un rato largo vino Vidarte, diputado socialista, a decirnos que la reunión de los socialistas había terminado sin novedad. Luego llegó Fernando, y le interrogué:

—¡Qué! ¿Han resuelto ustedes algo?

—Pues continuar, aunque sintamos que esta tarde no se haya concluido la ley.

También entró Prieto. Pero no dijo una palabra.

La razón de todo esto es que los socialistas, por lo que ha hecho hoy don Niceto, temen que de aquí al miércoles invente otra zancadilla para hacer zozobrar al Gobierno y que no se apruebe la ley.

Está anunciado un viaje de don Niceto a Priego para la semana que viene. Con este motivo, don Niceto me dijo que el Consejo que debe presidir el jueves, podía adelantarse al martes. En esta última reunión de la tarde con los ministros, se habló de ese Consejo.

—Difícil va a ser la situación, con todos los tacos dentro —dijo Fernando.

Entonces pensé yo si lo que han acordado los socialistas será esperar a que se apruebe la ley, y luego armarle un escándalo al Presidente.

A las ocho y media he venido al ministerio y me he puesto a escribir. Venía muy cansado, y con la más fuerte desilusión desde que estoy en el Gobierno. Hoy ha aparecido en la República el antiguo «borboneo». Don Niceto no está a la altura de su papel. ¿Qué hacer? ¿Echarlo? Consentir sus manejos no es posible; para eso, vale más que no haya República. Sujetarlo, sin promover una crisis presidencial, será difícil. Y se corre el gravísimo peligro de que venga un Gobierno que se deje manejar por el Presidente, que ya ha probado su afán de mangonear en muchas ocasiones. ¿Qué voy a hacer?

Esta noche han venido Saravia y Ramos. Saravia me cuenta que el coronel de Artillería, López Gómez, gerente del Consorcio de Industrias militares, anda convenciendo a otros artilleros para que frecuenten la casa de Lerroux y secunden su política. Con tal pretensión ha hablado al coronel del primero ligero, Martín González, quien se ha apresurado a contárselo a Saravia.

Don Niceto se empeña en que se nombre recaudador de contribuciones de Granada a un primo suyo, que también se llama Alcalá-Zamora.

También parece ser que defiende la compatibilidad de su íntimo amigo, el diputado Centeno, con el cargo de ministro del Tribunal de Cuentas. Por esto sin duda me ha dicho don Niceto que la ley de Incompatibilidades le parece mal.

16 de mayo

He aprovechado estos dos días (el Ayuntamiento de Madrid, más castizo que laico, hace fiesta del día de San Isidro) para salir al campo. También el sábado por la tarde estuve en Navacerrada. Ayer, en Riofrío, pasé la tarde, maravillosa, en el monte, entre sol y sombra. Hacía calor. Aún no han desalojado el palacio de los horrores de la salchichería regia. Después de anochecido, estuvimos en el Alto del León, un rato largo. El tiempo, hermosísimo. Gran silencio, paz. El domingo pasé la tarde en La Morcuera. Ya se acumulan las tertulias familiares en torno de la fuente, encienden hogueras, y cubren el suelo de papeles y latas de conservas.

El bueno de don Melquíades ha *echado* un discurso a sus parciales en el teatro de la Comedia. Don Melquíades no se asusta de presentarse aún ante el público rodeado de cuatro o cinco personas insignificantes, que le siguen desde hace veinte años. El discurso es nulo. No respira más que odios personales. Y echa de menos una República con arzobispos y obispos senadores, como lo soñaba don Niceto. Eso lo dice don Melquíades, que hace tantos años militaba por el laicismo y se declaraba (sin saber a punto fijo lo que decía) «heterodoxo». Lo más lamentable para don Melquíades es su sumisión a Lerroux, a quien nunca ha podido ver. Cuando se formó el Partido Reformista, una de las razones que don Melquíades daba de su separación del Partido Republicano, era que, con Lerroux, Soriano y otros, no se podía estar por inmorales. Y ahora adula tristemente a Lerroux. El discurso ha sido acogido con rechifla y desprecio.

Prieto se ha creído en el caso de embestir contra Melquíades en un discurso que hizo anteayer en Oviedo. Lo maltrató. Y como tienen la mosca en la oreja por lo ocurrido con don Niceto, declaró que los socialistas no están dispuestos a salir del Gobierno, y que quien quiera echarlos de él «que lo haga cara a cara». Don Niceto ha entendido la indirecta.

Como Prieto se puso algo enfermo al final de su discurso, don Niceto le llamó por teléfono a Oviedo para interesarse por su salud, y entre bromas y veras le dijo que «sólo a medias era amigo suyo». Prieto le contestó que él no es nada a medias y que o es franco amigo o franco enemigo. Parece que don Niceto le insinuó que deseaba hablar con él.

Esta tarde en las Cortes hemos tenido un número extraordinario. Hace días, la UGT publicó, con la firma de su presidente, Besteiro, una circular, invitando a sus organizaciones a que organizaran protestas contra la obstrucción. La circular salió en *El Socialista*, y nadie dijo nada. Pero hoy la ha reproducido *El Debate*, armando a las oposiciones contra el Presidente de las Cortes. Los obstruccionistas, por boca de Maura, han interpelado al Presidente, pretendiendo que sus funciones de tal no le permitían firmar documentos como el de la UGT.

Besteiro ha dejado el sillón presidencial y ha bajado a los escaños de los diputados para contestar. Cuando pasaba delante del banco azul, Largo le ha dicho, riendo: «Ya era hora».

Besteiro ha reconocido por suya la circular. Ha dicho que dentro de las Cortes era imparcial entre los partidos, pero que no había renunciado a ser socialista ni a militar al frente de la UGT. Si se estimaba que debía optar por una de las dos cosas, él optaba por su cargo en la UGT y que si algún grupo importante de la Cámara no tenía confianza en él, también dejaría inmediatamente de presidirla. Ha hablado bien Besteiro, y se ha emocionado, no sé por qué.

Los de la oposición iban, como siempre, sin plan trazado. Esperaban, o que Besteiro negase la autenticidad de su firma en la circular de la UGT, o que la retirase o que pretendiera quitar importancia al hecho. Como no ha ocurrido ninguna de estas cosas, se han quedado sin saber qué hacer, y han pedido que se suspendiera la sesión «para reflexionar». Así van a los debates, sin prever siquiera por dónde puede salir el adversario.

Suspendida la sesión, han «reflexionado» y recogido velas. Una dimisión del Presidente de la Cámara les ha parecido tal vez demasiado. Martínez Barrio ha hablado después por todos, en muy otro tono que Maura. Todos tienen confianza en el Presidente, todos lo quieren, etcétera, y aquí no ha pasado nada. Después, Besteiro ha explicado algunas palabras de la circular, que eran, en efecto, equívocas.

Como en su discurso Besteiro ha hablado de la obstrucción y de la necesidad de ponerle fin, algunos han creído que el momento era propicio para llegar a una transacción. En realidad, el supuesto no carece de fundamento, pero sería menester que Besteiro estuviese más resuelto a ayudar al Gobierno y que fuese menos opuesto a la participación socialista, a la que no le agradaría poner punto final con el motivo de la obstrucción. Y además sería menester que no temiese tanto comprometerse y pusiera en juego su autoridad de Presidente imparcial. No espero que se produzca nada de esto.

Prieto me ha dicho que el Presidente de la República le ha dado a entender, por conducto de Emilio Herrero, su deseo de hablarle. Prieto quería saber mi opinión, y si yo le autorizaba para acudir a la entrevista. Le he dicho que vaya.

17 de mayo

Hoy se ha terminado la ley de Congregaciones. La mayoría estaba casi completa. Los 110 diputados socialistas estaban todos presentes. De Acción Republicana, sólo ha faltado uno, que está enfermo desde hace meses. De los radicales-socialistas han faltado uno o dos. De los catalanes, tres o cuatro. En junto, han dejado de asistir, por motivos diversos, ocho o diez diputados de la mayoría. Hemos reunido para la guillotina del artículo 32, 240 votos. Las otras dos votaciones, la de aprobación del artículo, la votación definitiva de la ley, han sido muy copiosas. En la última han participado, en pro, los radicales, ¡después de haber obstruido el proyecto!

La ley se ha aprobado por 278 votos contra 50.

He tenido que bregar toda la tarde con Besteiro, que se negaba a hacer hoy la votación definitiva. Ha puesto muchos inconvenientes, y aun después de decirle Maura que no le importaba que se votase hoy, seguía resistiéndose. Poco a poco, y a fuerza de terquedad, le he vencido. Todo ha salido perfectamente y se ha probado que tenía yo razón el viernes al proceder como procedí. Pero no se lo he echado en cara a nadie, ¿para qué?

Los radicales han *explicado* su voto favorable a la totalidad de la ley por boca de Salazar Alonso. He atisbado un nuevo síntoma de connivencia entre el Presidente de la República y las oposiciones; por lo menos con los radicales. Salazar Alonso ha dicho que votaban el proyecto porque su partido lo había aceptado; porque el dictamen de la Comisión se había modificado en parte, restituyendo el proyecto primitivo (acerca del cual, el propio Salazar recibió hace meses del Presidente la noticia confidencial de que lo prefería al dictamen), *y porque yo había declarado en mi intervención de la otra tarde, que pediríamos a las Cortes los recursos y medios para cumplirlo.* Es decir, que los radicales conocen el valor pretendidamente restrictivo que en la intención del Presidente debía darse a aquella declaración del Gobierno. ¿Por quién la conocen? Porque los diputados no lo entendieron así, según pude comprobar yo mismo, y porque la declaración, si no se le da una interpretación sigilosa, es anodina e innecesaria. Sólo pueden conocerlo por el Presidente.

De este asuntillo quiso probablemente sacar partido Alba, que pidió la palabra apenas terminada la votación. Mal intencionado, como siempre, pero inoportuno, también como siempre, no se dio cuenta de la situación. Los socialistas no querían oírle y entonces Alba tuvo la ocurrencia de llamarlos *genízaros*. El escándalo fue tremendo. Se precipitaron sobre él para pegarle. Saltaban de banco en banco, rodaban por el suelo. Algunos agrarios y radicales hacían valla delante de Alba, que permanecía en pie, lívido, cruzado de brazos. Le gritaban *¡ladrón!* y otros insultos consonantes. La ex mujer de Alba, que no pierde sesión, coreaba desde la tribuna los insultos de la mayoría. Al Presidente le costó mucho trabajo restablecer la calma. Alba, impresionado por el suceso, desvió su discurso y no dijo lo que sin duda se proponía.

En el despacho de ministros nos ha contado Prieto su conversación con don Niceto, que duró tres horas. En resumen: don Niceto seguía creyendo en la maquinación para privarle del veto. Prieto se lo negó, y como don Niceto no se convencía, el ministro se puso muy serio: «Me está usted ofendiendo, señor Presidente, con dudar de mis palabras. Le juro a usted por mis hijos que no ha habido tal».

Se le ha quejado mucho de algunos ministros. Detesta a Fernando, y a Casares le dedica un odio de gitano. También la tiene ahora tomada con Giral, que es incapaz de malicias. Se atribuye la aversión al primero, a que don Niceto cree que su hijo no fue diputado por Granada por culpa de Fernando. De Casares tiene muchas quejas, porque dice que no se entera de los asuntos de Gobernación más que por los periódicos. Está persuadido de que es verdad lo de los libelistas, que ya he apuntado. Es imposible discernir la causa de su aversión a Giral. Le ha dicho también a Prieto que, cuando se formó este Gobierno, Carner y Zulueta le eran muy hostiles, pero que han cambiado mucho «porque se han convencido de que el Presidente de la República es una persona decente».

Estas pequeñeces preocupan a don Niceto, y pueden influir en el rumbo de la política. En el Palacio real deben de quedar gérmenes perniciosos para sus moradores.

También le preguntó a Prieto, con cierto anhelo (esto fue anoche), si creía que la ley iba a aprobarse. Prieto le contestó que eso no ofrecía la menor duda. Trataron mucho de si su amistad es firme o no, de lealtades y aprecios, etcétera, etcétera.

Refiriéndose a la reunión próxima del Consejo, que ya será posterior a la votación de la ley, el Presidente dijo: «Veremos, veremos...». Prieto tiene la impresión de que el Presidente quiere acabar con el Gobierno.

El Consejo, que debía haberse adelantado a causa del viaje del Presidente, ya no se celebrará hasta después de su regreso. No he vuelto a hablarle de ello, ni él a mí tampoco. Ha anunciado su marcha para mañana, con carácter puramente particular, y quiere que no vaya nadie a la estación. Como le da por hacerse el menospreciado y el humilde, ha pretendido dar excusas a Prieto por haber pedido para su viaje el *break* de Obras Públicas.

Esta tarde he hablado también con Besteiro sobre los términos en que podría darse por concluida la obstrucción. Maura le ha visitado para proponerle «una fórmula», mejor dicho, para que de su parte se la proponga al Gobierno. Pretende Maura que la situación se arregle así: discutir en una sesión, incluso declarándola permanente, la ley de Garantías, y que, una vez aprobada, el Gobierno se declare en crisis. Le digo a Besteiro que eso no puede ser, y que no admito conversación sobre el supuesto de que el Gobierno haya de señalarse plazo. Que cualquiera que sea el curso de los acontecimientos, y si las oposiciones se avienen por fin a deponer las armas, él me será testigo de que ni un solo momento he admitido tratos que dejen entender una promesa, ni siquiera sobreentendida, de plantear la crisis cuando se acabe la obstrucción o cuando se aprueben tales o cuales leyes. Añado que lo mejor para las oposiciones es aceptar la tregua que yo les propuse, que es el modo más airoso para ellas de salir del atranco, y quizá fuera útil que el propio Besteiro, como Presidente, les invitara a aceptarlas.

He estado después hablando largamente con los ministros. Todos estaban muy contentos por la aprobación de la ley. Desde allí, siendo cerca de las diez de la noche, he ido a casa del Presidente, a despedirle, y con un poco de firma. Hemos hablado poco. Ha ido firmando todo lo que le llevaba, sin preguntarme nada, y cuando hubimos acabado, le dije: «¡Ah!, también se ha votado el último artículo de la ley de Congregaciones y se ha aprobado el proyecto definitivamente». Claro está que ya lo sabía, y la *bronca* de Alba. Yo le he dicho:

—¿Usted cree que Alba tiene verdaderamente talento?

—¡Hombre...! El ambiente le es tan hostil...

Ya de pie, le pregunto:

—¿Se va usted mañana? ¿A qué hora?

—No sé... no sé... —masculló—, es un viaje particular...

(¿No sabía, por lo visto, la hora de salida del tren?)

—Pues que lleve muy buen viaje, y que le siente bien el descanso a su señora.

Desde su casa he venido al ministerio, a cenar.

18 de mayo

Salgo tarde al despacho. Empleo la mañana en contestar cartas y ordenar papeles. Estoy muy cansado.

Por la tarde, en las Cortes, hablo con Besteiro. Muy suavemente y como si no conociese mi opinión, Besteiro me desliza una propuesta: que si se llega a concertar un número de leyes, «él, desde la presidencia, hará una exhortación a las oposiciones para que cesen en la obstrucción, añadiendo que, después de votadas aquellas leyes, el Gobierno daría ocasión a que se supiera si contaba con la confianza del Presidente de la República». Opongo un *no* terminante, y es ésta una de aquellas ocasiones en que me quedo corto, porque debí llamar al orden a Besteiro. «Pues entonces no hay arreglo», me dijo.

—Qué voy a hacerle yo —respondí.

Le repetí una vez más todas las razones que tengo para proceder así.

—En su caso de usted —dijo Besteiro— probablemente yo haría lo mismo.

¿Entonces?

Cuando les he contado a los ministros mi conversación con Besteiro, y el papel que se atribuía, se han enojado mucho, particularmente los socialistas. «Se cree un virrey», ha dicho Largo.

A primera hora de la tarde, Fernando se ha encontrado con Martínez Barrio en los pasillos. Como Fernando no puede prescindir de untarlo todo de vaselina, ha felicitado a Martínez Barrio por las buenas palabras que dijo al Partido Socialista el día del incidente con Besteiro. «Lástima que, a las pocas horas, Lerroux dijese que el partido es una cloaca.»

—Sí; qué le hemos de hacer —respondió Martínez Barrio.

Martínez Barrio le ha dicho también que le parece mal la obstrucción, y que la negociación intentada a través de Besteiro se ha desfigurado por el temperamento de alguna persona (Maura). Ellos no eran partidarios de que se conminase al Gobierno a fijar una fecha para la crisis; pero Maura se empeñó en ser él quien llevase la gestión con Besteiro, y lo ha echado todo a perder.

También esta tarde Lerroux les ha dicho a los periodistas que él, en el caso del Gobierno, no aceptaría condiciones de esa especie. ¿Pues para qué las propone; o deja que las propongan en su nombre? Lerroux hace un juego desleal, que pretende ser taimado, y se cae de puro tonto.

Es opinión general que la obstrucción, después de las votaciones de ayer, está vencida y virtualmente destruida. Yo no lo veo tan claro, porque la lógica y el buen sentido faltan. Las mismas razones que para cesar en ella, había para no plantear la obstrucción, y el amor propio, el temor al ridículo los retienen. Además del terco fanatismo de Maura. Seguirá: son las malas pasiones de la política; pero no todo es mala pasión, sino falta de talento para guiarse. No se ha visto brutalidad mayor que la de estas gentes. Con decir *no*, se ahorran más prolijas cavilaciones.

Algunos partidos, como eso que llaman el Federal, retroceden, porque sus organizaciones de provincias protestan contra la obstrucción. Y los diputados federales andan yendo y viniendo para buscarse una salida decorosa.

19 de mayo

Consejo de ministros. Hablamos de la situación de Baleares, y leo los informes del general Franco y del gobernador Ciges Aparicio. Tratamos del armamento, del espionaje, etcétera. Quedo en tomar algunas disposiciones, y si pudiera vagar, haría yo el viaje a Mallorca y Menorca que tengo proyectado hace meses.

También se ha aprobado el decreto sobre la autonomía de la Universidad de Barcelona.

Domingo ha llevado unos nombramientos de directores generales para su ministerio. Como Domingo quiere (o le imponen) rodearse sólo de radicales-socialistas, no encuentra gente, y propone nombres absurdos.

He interrumpido el Consejo para recibir al ministro de Checoslovaquia, que es un señor muy pesado.

En las Cortes, tranquila soledad. He llegado a primera hora. En el salón éramos veinte. Ambiente de verano. En el banco frontero al mío, se ha sentado Romanones, que me miraba fijamente con su ojo rotatorio. Ha ido para sumar su voto a los que se opusieron a la ley de Congregaciones. Luego ha salido al pasillo y le ha dicho a Maura unas cuantas verdades sobre el disparatado sistema de la obstrucción.

Ha habido interpelación sobre los sucesos de La Solana. El turbio Pérez Madrigal ha dicho muchas burradas. Este tipo, sospechoso, es un epileptoide. Le ha contestado un socialista, más listo y hábil, que no se ha privado de barbarizar.

Mientras estaban en tales cosas, Zulueta, que se sienta a mi lado, me ha hablado de asuntos de su ministerio. Le he preguntado cuándo admite la dimisión a Rocha, que la presentó hace dos meses. «Pues, en seguida, en seguida...» «¿Y los demás cargos?» «Portugal y Holanda pueden proveerse ahora; pero lo difícil es encontrar un hombre para Berlín. ¿Usted lo ve?»

—No veo ninguno —le respondo—. ¿No iba usted a enviar a Holanda al subsecretario?

—Sí. Pero ya no quiere dejar el puesto.

—Yo tenía entendido lo contrario, y hasta me dijo usted que le diese nombres para ese cargo. Por cierto que tuvo usted la ocurrencia de consultar con Besteiro, cosa a que no estoy habituado. No hay que consultar tanto los propósitos.

—Pues ahora quiere seguir aquí. De modo que podemos nombrar a otro para Holanda. Yo no sé los planes que usted tiene —prosigue Zulueta—; usted dispone de mí en absoluto; me dice que me vaya, y me voy, me dice que me quede y me quedo —repite estas cosas de varias maneras y con un calor y una pegajosería que me molestan—; si me marcho, me voy contento, y siempre le estaré a usted agradecido por haberme traído a este puesto, en el que creo que no he perdido con estar. Pero yo quisiera que usted me dijese lo que piensa hacer, porque en el ministerio hay varias cuestiones, sobre todo de personal, en las que no quiero meterme a fondo, si no he de continuar en el cargo.

—Yo no tengo nada pensado, Zulueta. Todo depende de lo que ocurra aquí. Si esto se destapona y podemos seguir desembarazadamente, pensaría en reorganizar el ministerio, y ya veríamos. Pero eso es una cosa para resolver en su día.

—Usted habrá visto que algunos periódicos dicen que voy a ir de embajador a Berlín. Supongo que usted me creerá si le digo que soy completamente ajeno a esas indicaciones.

—¡Ah! Claro que lo creo —repuse yo, con toda ingenuidad—, porque no se me había pasado por la imaginación que pretendiera ese puesto. Ya sé que la ambición de usted es otra.

—¡Cuál!

—La embajada en el Vaticano.

—En efecto, es mi mayor ilusión.

—Pues mire usted, no es imposible. Votada la ley de Congregaciones, sin que hayamos roto con Roma, no es un despropósito nombrar allí un embajador.

—¿Y usted cree que me aceptarían?

—¿Por qué no? Desde que es usted ministro de Estado, ya habrán visto que no se come usted los curas crudos; el Nuncio le conoce a usted...

—Sí, el Nuncio no se oponía. Es el Papa, personalmente, quien se opone. Le enviaron artículos míos...

—¡Bah! —le digo, molesto por la conversación—. Ya se vería. Los tiempos han variado.

Entonces, cualquier otro que no fuese Zulueta, me habría dicho, llanamente: «Pues yo desearía y le agradecería a usted que me reservasen la embajada en Berlín». Pero, no. Zulueta me deslizó en los oídos unas palabras aéreas, sutiles, casi inaudibles, que por su ligereza y tenuidad no recuerdo en sus propios términos. Fue como un hálito, un susurro, un suspiro. Al final, yo estaba notificado de que Zulueta quiere ser embajador en Berlín, y que se dilate la provisión del cargo, hasta saber si continúa o no de ministro. Mientras hablábamos, yo miraba el techo. Oída la pretensión, sentí una manera de pavor por semejante manera de envidar, y un retozo de risa, difícilmente contenible. Todo aquello me pareció sumamente divertido, y el descubrírseme así un carácter uno de los placeres más vivos que mi posición me brinda. «Bueno —dije entre mí—, esto ya vale la pena.» Por lo demás, Zulueta puede ser muy bien embajador en Berlín y aun en el Catay o en Transjordania.

Galarcita, este hombre inquieto, por explorar el camino que conduce al ministerio, ha planeado un método para acabar con la obstrucción. Se ha reunido con el comité de la FIRPE y ha propuesto que se haga un manifiesto de los grupos gubernamentales, fijando el programa parlamentario que se proponga desarrollar el Gobierno (para lo cual *nos consultaron*) e invitando a los demás grupos republicanos a que colaboren en él, incluso desde el Gobierno. Dice que enviará una carta, para que yo dé cuenta de su plan al Gobierno. Le contesto que bueno, que me mande la carta.

He dejado el salón de sesiones para recibir a varios comisionados de provincias. Después, me escapo de las Cortes y voy al concierto de la Filarmónica en Price. Mucho calor. Poca gente. Las ventanas abiertas. Llegan a reforzar la orquesta los bocinazos de los autos y los gritos de los vendedores. Ya no se puede ir.

He regresado, antes de acabarse el concierto, al Congreso, porque se discutía un voto de censura contra Domingo. Cuando llego, ya se había levantado la sesión, y retirado el voto de censura. Domingo aún estaba emocionado por la alarma pasada.

Entonces, he venido al ministerio. Aquí me esperaban el subsecretario de la presidencia y el director de Colonias. Hemos estudiado y resuelto asuntos importantes de los territorios del Sahara, y he visto y aprobado los planes para organizar unas fuerzas militares en la colonia. También hemos redactado la nota de respuesta a una reclamación de Francia.

Luego recibo a Bolívar, y tratamos de asuntos del Patrimonio. Por teléfono he hablado con don Niceto, que me contesta a voces desde Priego.

A las diez y media he terminado mis trabajos. Ceno, y me voy al Escorial con Lola y Cipriano. Estamos en el Paseo de los Pinos, sentados frente a la Casita de Arriba. Oscuridad profunda. El cielo hirviente de estrellas. Silencio eterno, soledad. Me habría quedado allí hasta el alba.

20 de mayo

Despacho con el subsecretario, después con Masquelet. Hablamos mucho de los asuntos de Baleares.

Viene, llamado por mí, el director de Administración, y planeamos el proyecto de Reforma Electoral. Después, Valeriano Casanueva, para los asuntos de la Telefónica. Y más tarde, Viguri, con los de Puertollano.

Giral me llama por teléfono. Ayer, en un banquete, Lerroux ha pronunciado un discurso bárbaro y desatinado, lleno de insolencias mal encubiertas contra Ramos, Guzmán y otras personas. Estaba presente el contraalmirante Guitián, con otros treinta marinos. Giral me consulta si los arresta o no. «Arréstelos usted ahora mismo, porque no está permitido que los militares asistan en actos políticos.»

Saravia me cuenta que el coronel del primero ligero, que fue a casa de Lerroux llevado por otro coronel, le ha referido la visita. Sólo quiere establecer lazos de amistad y simpatía; por encargo de Saravia, el coronel preguntó a Lerroux qué les pedía, y se le contestó que nada. «¿Qué sabe usted de Sanjurjo?», preguntó Lerroux al del primero ligero, que fue ayudante del ex general. «Yo, nada.»

Me he estado trabajando toda la tarde en mi despacho. A las siete y media he salido con Cipriano hasta Villalba. Nos hemos sentado en un restaurante de la carretera. Soplaba un viento tempestuoso, húmedo y fresco. Por la noche no he salido. Ha venido gente.

22 de mayo

Ayer domingo, por la tarde, fuimos a La Quinta. Amenazaba una tempestad muy fuerte. Comenzó a tronar y lloviznar. Los jardines estaban deliciosos, floridos; muchos pájaros. Tomamos la vuelta, y al llegar al Puente de San Fernando llovía mucho. Entonces decidí ir a Alcalá a ver a mi hermana, que ha tenido la ocurrencia de ir a pasar allí unos días. En el camino de Alcalá descargó una tormenta furiosa; llovía a mares. Estuvimos en la casa de la calle de la Imagen, que está desbaratada e inhabitable. Tristeza. Al regreso, pasando por la Calle Mayor, vi la gente que volvía de San Justo. Ayer era allí la fiesta de las Santas Formas, que antes tenía mucho esplendor, eclesiástico-militar. He comprobado una vez más que vuelvo siempre de Alcalá con los humores revueltos, sobre todo si me asomo a la casa triste.

Hoy lunes he trabajado mucho y con fruto. Por la mañana he puesto al corriente todos los asuntos del ministerio. Intermedio bobo: almuerzo en la legación de Polonia. Después me he encerrado en el despacho. Viene Ramos, con muchos papeles de la presidencia. Luego Demófilo de Buen, con los asuntos del Patronato de Bienes de los Jesuitas. Y el subsecretario de Hacienda, que me vuelca un cartapacio enorme de aquel ministerio, y luego extrae un lista pavorosa de cuestiones pendientes. Todo ha quedado hecho y finiquitado. Este trabajo no me cansa, ni me enoja. Lo hago con gusto.

También he hablado largamente con unos comisionados de Bilbao, que me cuentan la situación de Vizcaya, asolada por el nacionalismo separatista. Estos comisionados, republicanos y socialistas, se quejan de Casares, porque, a su juicio, no los protege bastante. Y me dicen horrores de Calviño, que fue gobernador general de las provincias vascas.

24 de mayo

Barcia, presidente del Consejo Superior Bancario, me visitó el otro día para hablarme de la Conferencia Económica de Londres, y después de tratar diversas cuestiones, me encareció mucho la necesidad de que entre los delegados españoles se contasen personas muy enteradas de la situación e intereses de la Banca. No pronunció ningún nombre. Yo sospeché que Barcia deseaba ser delegado, y que no se atrevía a decírmelo claramente. Pero en una de mis últimas conversaciones con don Niceto, me dijo que Barcia le había visitado, para hablarle de lo mismo, y le había indicado que el presidente de la Delegación Española podría ser don Pablo Garnica, ex ministro de Alfonso XIII y gran potencia financiera. Añadía Barcia que habiéndose portado bien con la República el señor Garnica y sus bancos, ese nombramiento acabaría de incorporarlo al régimen.

Le dije al Presidente que no haría yo tal nombramiento, porque sería escandaloso que la primera gran comisión para una conferencia de esa importancia, que designa la República, fuese a estar presidida por un ex ministro de la monarquía. El Gobierno ha pensado y resuelto nombrar al gobernador del Banco de España, como jefe del establecimiento de crédito oficial, en representación de la banca española.

Lo que no le dije al Presidente, porque no era culpa suya, pero sí he de decirle a Barcia, es hasta qué extremo me parece incorrecto e inadmisible que él se vaya con esos cuentos al Presidente de la República, para que el Presidente hable de ello al Gobierno. Pensaría Barcia que con eso iba a hacerme más fuerza que si me lo hubiera propuesto directamente.

¡Buen chasco! Esos procedimientos se destierran de nuestras costumbres políticas con dificultad. Todos, en sus relaciones con el Gobierno, propenden a rodearlo acudiendo «a Palacio»; herencia monárquica, que no encuentra demasiada repulsa en el Presidente actual.

Valor cívico. Ossorio y Gallardo ha enviado a Guzmán un artículo para que lo publique en *El Sol*, sin firma, como editorial. El artículo es tendencioso; aprovechándose de que las órdenes religiosas se han dirigido (¡cómo no!) al Presidente de la República para que no apruebe la ley de Congregaciones, Ossorio dice que no debe perderse la ocasión de entablar diálogo con esos señores y de procurar que la ley se aplique con toda suavidad; claro que le parece mal la apelación de las órdenes al Presidente y afirma además que la ley no es de persecución y que debe ser acatada y respetada por todos.

Traía además el artículo una alusión, sumamente indiscreta, a las intervenciones del Presidente en la redacción de la ley.

Guzmán me ha dicho que no ha querido publicar, sin firma, el artículo de Ossorio, porque como la gente cree que todo lo que dice *El Sol* es inspiración mía, me achacarían los mismos propósitos del artículo, y las alusiones al Presidente podrían originar una situación enojosa.

—Ha hecho usted bien —le digo a Guzmán—, pero ¿por qué no se publica el artículo con la firma de su autor, como hace *Ahora*?

—Eso le he propuesto a Ossorio —responde Guzmán—, y Ossorio me ha dicho que el artículo contiene afirmaciones de un laicismo *¡que él no puede firmar!*

Estos son los recios varones, pienso yo. No puede firmar ciertas afirmaciones, pero puede deslizarlas en un periódico afecto al Gobierno, y, al amparo de ellas, tratar de que pasen otras sumamente comprometedoras.

Ayer, en las Cortes, el radical Rey Mora, que es un tipo matonesco, interpeló a Giral por el arresto de Guitián. Pocas veces se ha puesto tan a las claras el odio personal y la brutalidad de ese sujeto. A falta de argumentos, de habilidad, se gozó en denostar a Giral, llamándole *anodino* y gris, y afirmando que antes de venir la República adulaba a Lerroux, en tanto que ahora persigue a sus amigos. Giral tiene pocos medios de discusión, y no ha aplastado, como era menester, la insolencia de Rey Mora. Giral estaba luego muy contrariado, como buen padre de familia que es.

Poco antes de acabarse la sesión del Congreso, y cuando me lo consintieron diversas comisiones que recibí, vine al ministerio con Casares, que acababa de desembarcar del avión, procedente de Sevilla. En el ministerio tenía yo citado al alto comisario. Hablamos largamente de la situación de la Zona. Moles es hombre hábil y silencioso, y hasta ahora se desenvuelve bien. Ha puesto un poco de orden en la administración y ha restablecido las buenas relaciones del jalifa con la Alta Comisaría, perturbadas por la aspereza de don Luciano López Ferrer, que, como hombre débil, tenía explosiones de autoritarismo que iban a recaer sobre quien menos temor le causaba, o sea el jalifa.

Me informó Moles de la situación del ejército, que no es tan desagradable como la pintan otros informes. Del general dice que su único deseo es conservar el puesto, para mantener los veintidós hijos y yernos que tiene a su cargo. Resolvemos lo del crédito agrícola en la Zona que, durante el mando de López Ferrer, no fue posible poner en marcha.

Anoche, recepción en la embajada de Inglaterra. Mucha gente, con fuerte dosis de Institución Libre («¡la cosa inglesa!»): Palomares, Jiménez, etcétera.

Averigüé que Marañón y el embajador de Alemania no se saludan. La Bibesco me pidió que autorizase a don Dámaso Berenguer para salir con ella de paseo. Contesté que no depende de mí.

—Vous êtes ministre de la Guerre…!

Traté de hacerle comprender que el general no está a disposición mía, sino del Tribunal Supremo. La Bibesco me escribió hace días diciéndome que su marido va a ser relevado del cargo, porque está muy a mal con Titulesco (Titulesco debe ser hombre inteligente), y anoche caí en la cuenta de que no la he contestado.

Como Prieto pasó cerca de donde nosotros estábamos, le presenté a «Isabelita», que tenía ganas de conocerlo y no sé si de seducirlo.

La Bibesco se puso a hablarle en francés, y Prieto, por toda respuesta, le decía:

—Guapa... Guapa...

Nunca ha sido Prieto más galante.

Allí los dejé, librándome de un enojo.

Asistió el Presidente de la República. Dijo sus cosas raras.

Estando don Niceto con Prieto en el comedor, le oyó decir:

—Voy a ofrecer esto a la señora de Ramos.

—¡Ah! ¿Pero está aquí la señora de Ramos? —preguntó don Niceto.

—Aquí la tiene usted.

—Pero Ramos no está —insistió el Presidente.

—Sí, señor, también.

—Pues no le he visto, ni quiero. Ha pronunciado un discurso despellejándome.

Más tarde, cuando ya iba a retirarse, don Niceto preguntó otra vez por Prieto. Acudió don Inda.

—¿Le han comunicado a usted lo que he dicho para usted? —interrogó el Presidente.

—No, señor.

—Pues he dicho, para que se lo cuenten, que el primer turno de discusión que yo tenga en las Cortes pediré que sea con usted.

—¡Quién piensa en eso! Falta mucho tiempo —repuso Prieto.

—¡No, no, quién sabe! —repuso el otro—, el primer turno de discusión será con usted.

Prieto me buscó para contarme esas cosas. Creía que eso de la discusión anunciaba el propósito de renunciar a la presidencia.

—No haga usted caso —le contesté—. Lo dice por hacerse el interesante.

Respecto de lo de Ramos no supe, al pronto, qué pensar. No sé qué discurso sería ese.

Pero luego he relacionado esas palabras del Presidente con el ataque personal, poco encubierto, que Lerroux lanzó contra Ramos (llamándole entre otras cosas «ministril») en un discurso a los marinos. Si el Presidente está amoscado con Ramos, probablemente sin motivo, es cosa notable el celo del jefe de la oposición para salir haciendo armas contra el autor del agravio. Este celo sería más explicable si el agravio fuese conocido. Pero si todo el mundo lo ignora: ¿cómo sabe Lerroux que don Niceto está resentido con mi subsecretario?

Vayamos atando cabos.

Hoy por la mañana he presidido la sesión inaugural de la Asamblea de la Orden de San Hermenegildo. Discurso pesado del general Casademunt, que preside el Consejo Director, con algunas torpes indiscreciones, aludiendo a los «ausentes». Contesto, y le suelto cuatro verdades, bastante desabridas. Están presentes algunos generales momias, que parecen la figuración del siglo pasado.

He recibido a Mello Barreto con los oficiales portugueses que vienen al concurso hípico. Este año no asistiré a ningún acto de esta clase, ni al banquete a que fui en 1931 y 1932. El general Kirkpatrick es la flor y nata de la caverna, y, aunque correcto externamente, no puede olvidar que tiene dos hijos, oficiales de Caballería, castigados por mí.

Es presidente de la Gran Peña, donde se conspiró para lo del 10 de agosto y le tuve cerrado su círculo unos cuantos meses. Kirkpatrick está en la reserva, y gracias a eso no ha tenido que sentir.

Ha venido Casares. Conflicto de Valladolid. Anunciado un mitin «agrario» los republicanos y socialistas, sin esperar la decisión del ministro, declararon que harían la huelga general el mismo día del mitin y lo estorbarían a toda costa, aunque fuese a tiros. Casares ha autorizado el mitin; pero se le viene encima mañana un conflicto enorme, en el que puede haber víctimas, y en el que la fuerza pública, si no se desmoraliza, tendría que pegar a republicanos y socialistas. Yo le dije a Casares que lo mejor y más correcto era que se celebrase el mitin, protegido por la fuerza. Esa era la disposición de Casares. Tenía que mandar a Valladolid diez compañías de asalto. Se hicieron gestiones cerca de los partidos republicanos y de la UGT para que desistieran de su hostilidad; pero sin resultado.

Las noticias que tiene Casares son muy alarmantes en cuanto a lo que puede pasar mañana, por más que Casares cree que unos y otros tienen mucho miedo y que se alegrarían de que el mitin se suspendiera. Llamamos a Prieto, y después de mucha conversación se decide la suspensión del mitin. Casares está contrariadísimo, y me da a entender que no continúa de ministro, ya que los mismos partidos de Gobierno le crean estas dificultades en que su autoridad sale mal parada.

Tiene razón, sin duda. Pero ante la probabilidad de que mañana ocurra una desventura y de que maten o hieran a unas cuantas personas para asegurar que hable Gil Robles, no queda ahora otra medida que tomar, sino la suspensión del mitin. Los republicanos y los socialistas, furiosos por la campaña que hacen las derechas, no comprenderían que se procediera de otro modo. Lo que habrá de hacerse es impedir que los partidos se acostumbren a esa táctica, que a la larga, sobre no ser aceptable, les perjudica.

A las cinco he ido a firmar con el Presidente. Más de una hora despachando. No hemos hablado de casi nada. Me pregunta por el proyecto de Reforma Electoral, que le interesa mucho, y recomienda que se haga en un solo artículo. «Así pienso llevarlo —le respondo—, para que pueda votarse con más facilidad.»

Voy a las Cortes. No entro en el salón de sesiones. Nueva conferencia con Moles.

Después he estado dos horas con Ruiz Funes, trabajando en el proyecto de dictamen de la ley de Vagos. A las nueve y media vengo al ministerio y ya no salgo. Me entretengo en hacer estos apuntes de la jornada, que ha sido de las más descansadas.

25 de mayo

Consejo en Palacio. El Presidente entró muy locuaz, sonriendo, con los saludos de siempre:

«Hola, gran Marcelino»; «¡don Fernando de mi alma!»; «qué hay, Presidente», etcétera, etcétera. Lo primero que hizo fue pedir la firma y despachó todos los decretos, que suele ser siempre el final del Consejo. Deduje que traía algo que tratar, de muchas palabras.

Extrajo un volante con notas y empezó, como de costumbre, a hablar de cada asunto al ministro correspondiente. Hablaba a chorro continuo, con muchas bromas, chuscadas y alusiones. Esta mala costumbre (de la que había prometido a Prieto corregirse) tenía hoy un matiz nuevo. Hasta ahora, las bromas del Presidente podían oírse como ocurrencias nacidas de la camaradería con nosotros, que hemos sido sus compañeros de Gobierno, camaradería a que él alude algunas veces y en la que expresa y nominalmente ha incluido «al señor Giral», aunque no formó parte de aquel Ministerio provisional, y aunque el hacerlo así no dejaba de ser de muy mal gusto y denotaba una familiaridad peligrosa, a la que nosotros no podíamos corresponder ni devolvérsela, todavía era disculpable o perdonable. Pero hoy ha puesto en sus palabras un tono sarcástico, y se veía una punta de soberbia, y un cierto rencor, encubierto por el desdén. Había en su tono una falsa modestia, que acentuaba, en vez de disimularlo, el convencimiento de su superioridad. Hombre, en fin, ensoberbecido, que se cree tratado con injusticia o con poco respeto por sus ministros.

A mí me ha recomendado, por ejemplo, que se detenga el embargo incoado contra el convento de las Trinitarias. En la última sesión de la Academia Española a que asistió, los académicos se interesaron por la detención del embargo, porque en las Trinitarias está enterrado Cervantes. Y al hablar de este asunto en la Academia, y examinar los procedimientos que deberían ponerse en juego, refiere el Presidente que alguien preguntó: «¿Quién de ustedes conoce al señor Vergara?» (es el subsecretario de Hacienda). «No podía yo decir —añade el Presidente— que yo no lo conozco.»

Y otros dijeron: «¿Pero quién no conoce a Azaña?».

—Y yo —prosigue el Presidente—, salvando la ingenuidad de creer que hay quien conoce al Presidente del Consejo, dije que sí le conozco y que le daría esta nota.

Me dio la nota, en efecto, para que se la entregue a Vergara, «aunque el ministerio de Hacienda es el número dos en lo de no hacerle caso». Si Vergara no le complace «que el agente ejecutivo continúe acumulando pliegos en el expediente, y el propio Vergara amontonando fieltros hasta que hagan torre...» (alude a la costumbre de beber mucha cerveza que tiene Vergara). Lo de que el ministerio de Hacienda no le hace caso se debe, entre otras cosas, a lo siguiente: un sujeto, natural de Priego, estuvo cerca de un año pretendiendo una plaza de consejero en la Campsa. El pretendiente es muy amigo de don Niceto, y alegaba como título de gloria, ya que no como mérito para ocupar el cargo, el haber nacido *una hora después que Niceto y en la casa contigua* a la de los Alcalá-Zamora. Don Niceto apoyaba con mucho calor las pretensiones de su paisano, y al cabo de varios meses logró aburrir y convencer a don Jaime, que lo nombró. Pero en el Consejo de la Campsa hay dos clases de consejeros: unos que pertenecen al comité directivo y otros que no pertenecen. Ahora, todos los esfuerzos del Presidente se dirigen a que su amigo entre en el comité, y aún no lo ha conseguido.

La otra cosa era el nombramiento de un primo suyo para recaudador de contribuciones de la provincia de Granada.

Prosiguiendo el Consejo, pasó el Presidente a recomendar a Largo y a Domingo un caso de aplicación de la ley de Términos Municipales a un pueblecito de Jaén, «en el que, por fortuna —dijo don Niceto—, no tengo ni un terrón, de modo que ni Wenceslao Carrillo ni Azorín (el diputado por Córdoba) podrán decir que debo un jornal ni que soy tramposo, etcétera» (recordaba con esto el rencor contra Carrillo, por unos supuestos ataques, de que le habían hecho víctima en febrero, con ocasión de un mitin en Priego).

Dio muchas enhorabuenas a Albornoz por la aprobación de la ley de Congregaciones, y por su conducta moderada durante la discusión. «El voto de las oposiciones —dijo el Presidente— refuerza la autoridad de la ley, que de otro modo no podría contar con la mayoría del país.» En los elogios a Albornoz puso un calor inusitado, encaminándoles a hacer resaltar el sentido gubernamental del ministro. «Seguramente que Álvaro teme más a un plebiscito que a un veto mío.»

Pasó a hablar del orden público, y dijo que en esta materia no puede atacarse al Gobierno. La gente adinerada no quiere reconocerlo así, con raras excepciones, como don Juan Tomás Gandarias, que estima que el Gobierno ha hecho cuanto podía y debía. El tiempo hará justicia. Felicita a Casares, y le dice que su disgusto al suspender el *meeting* de Valladolid es un acierto más. «Estas alabanzas le dejarán a usted pasmado...», dice.

—No creo que Casares sea un pasmado —interrumpo yo riendo.

Revolviendo en el tema de los elogios inesperados a Casares, se las arregló para decir que «como dicen las *Partidas*, hay que separar a los padres de los hijos, porque María Victoria, la hija de Santiago, es una *pasión* del Presidente».

Repitió el balance de la participación socialista, con el extraño criterio de las cuencas geográficas, que ya me hizo días pasados. Hizo una alusión a la promesa de no gastar bromas a los ministros «y de estar más serio que en misa, y por si esto no lo comprende Prieto, más serio que el mismo Prieto en Cartagena».

(En la conversación que tuvo con Prieto hace días, y de la que creo haber dejado nota más arriba, el Presidente se le quejó de la poca amistad que le mostraban algunos ministros; a lo cual Prieto repuso que quizás el Presidente no se daba cuenta de que sus bromas y chuscadas podían alguna vez sentar mal a los interesados. El Presidente prometió entonces no hacerlo más y estar muy serio. Pero no lo cumple.)

Expuse yo después la situación parlamentaria, y cómo todo indica que va decayendo la obstrucción. Cuando Botella Asensi, empujado por la gente de su partido, se separó del grupo obstruccionista, un periódico dijo que «Botella se había encontrado a sí mismo».

Comentando esta frase, el Presidente nos ha dicho: «Pues si se ha encontrado solo y a medianoche, buen susto se habrá llevado».

Dijo el Presidente que convenía restablecer las buenas relaciones con las oposiciones. Ponderó la importancia de las leyes de Orden Público y de la ley Electoral, «verdadera ley de Defensa de la República».

Le di cuenta, y al Consejo, de las últimas informaciones recibidas de Baleares y de las de Marruecos. Le expliqué las medidas que el Gobierno piensa adoptar en uno y otro sitio, y el asunto de la futura sustitución del obispo de Gallípolli, franciscano español que actualmente tiene la jurisdicción eclesiástica de Marruecos, y para cuyo reemplazo trabajan ya los italianos.

Pasado todo esto, el Presidente dijo: «Ahora vamos a un incidente amargo, que desde hace una semana me ha hecho pasar los peores ratos».

El Presidente puso ante sí unos recortes de periódicos, y con ellos en la mano, nos dirigió una larga exposición de agravios, llegando en algunos momentos a acongojarse hasta el punto de no poder hablar. Se le formaron dos puntos de espuma en la comisura de los labios. No leyó los recortes de periódicos, ni los dio a leer. Se limitó a glosarlos.

Comenzó diciendo que a él no le importa verse atacado ni censurado. Por ejemplo, sabe que Maura le desuella vivo, pero se queda muy tranquilo pensando que también en la otra banda el camarada Cordero se atusa los bigotes contra él. No le importa, pues, porque quien le ataca, ataca a un hombre que no puede defenderse *ni tiene quién lo defienda*; porque es responsable como Presidente, y por tanto, discutible. Pero lo que no hará, por mucho que le digan, es dimitir. No puede dimitirse la presidencia de la República, como dimitió la del Gobierno; la presidencia de la República tiene un plazo legal de duración y es inamovible, salvo los casos de destitución. Se somete a la destitución por las Cortes, y a la acusación; pero no dimitirá. Esto lo acentuó mucho, con lo que las enigmáticas frases que le dijo a Prieto en la embajada inglesa no pasan de ser una coquetería, como yo sospeché.

—Lo que no esperaba —siguió diciendo el Presidente— era un ataque procedente de ciertas personas y en ciertas posiciones. «El señor Ramos, subsecretario de la presidencia del Consejo, ha pronunciado un discurso en Murcia en que no me deja un hueso sano.» (Recordando sus palabras de la embajada acerca de Ramos, no me fue difícil adivinar contra quién iba, en cuanto habló de agravios y de ataques; pero al mentar el discurso de Murcia, me maravillé, porque nadie había parado la atención en él.)

La primera noticia que tuvo del discurso «del subsecretario de la presidencia» fue una información de *La Voz*. Lo que allí se decía era sencillamente «escandaloso». Se conoce que intervino «alguien más frío, más sereno» y los periódicos de la mañana dieron una referencia atenuada. Se ha procurado un periódico de Murcia, con el discurso íntegro, y lo ha recibido hoy.

Se dedica a glosar el texto del discurso (sin leérnoslo), y va refutando los dislates que, a su juicio, hay en el discurso.

Afirma que Ramos ha dicho que el Presidente de la República es parte del Gobierno. Sobre este supuesto, el Presidente edifica una brillante refutación, con mucha doctrina constitucional, para probar que él no es parte del Ministerio.

Atribuye después a Ramos la afirmación de que hay dos Repúblicas: una, hasta el 14 de octubre de 1931; otra, desde ese día hasta hoy; es decir, antes y después de la dimisión de don Niceto. Esta afirmación le exaspera de un modo especial, porque la relaciona con la cuestión religiosa, etcétera. Y me dice: «Para alabarlo a usted no hay necesidad de atacarme a mí». Con este motivo reaparece el encono que guarda contra mí el Presidente desde aquella crisis, en la que se creyó víctima de una conjura.

Después nos dice que Ramos, en el discurso, condena la política de camarillas, de conjuras, de «zancadillas en la sombra», etcétera, como si el Presidente hiciera una política de ese jaez. Para «justificarse» enumera las veces que ha reiterado su confianza al Presidente del Consejo, desde el mismo día que los radicales se negaron a formar parte de mi Gobierno. Asegura que él no habla con nadie, ni tiene tertulia, y que hasta se priva de jugar al tresillo, para que no parezca que tiene favoritos; se entretiene en hacer solitarios.

(Eso de que no habla con nadie, dicho a los pocos días de haber armado aquel escándalo de la *urgencia* de la ley de Congregaciones, es una provocación, o un síntoma de enfermedad.)

También achaca a Ramos el dicho de que la obstrucción comenzó en octubre de 1931 y de que él, don Niceto, practicó la obstrucción. No obstante ser eso disparatado, se entretiene en refutarlo, y como tiene buena memoria, nos recuerda cada uno de los pasos que dio en las Cortes y cada uno de los discursos que pronunció después de dimitir, y, ¡claro!, no había en ello nada de obstrucción. Se alaba de haber dimitido entonces, y cree que con su dimisión prestó un gran servicio a la República. «El político y el actor —dice— necesitan saber caer y yo caí bien.»

De esta manera estuvo hablando una hora, acumulando cargos contra Ramos, por todos esos ataques, y otros más, que hallaba en el discurso, y acompañándolos de prolijas demostraciones y explicaciones «para defenderse». Tenía un acento lastimero de víctima indefensa, respiraba soberbia y despecho, y un rencor personal increíble, furioso.

Mientras hablaba, dominando yo mi impaciencia, observé las caras de algunos ministros. Prieto, sumido en su grasa, entornados los ojos miopes, no dejaba traslucir nada; Largo tenía un semblante glacial y severo; Fernando y Domingo apuntaban leves sonrisas cuando cruzaban su mirada con la mía, de triste deleite ante aquel espectáculo.

Cuando el Presidente, ya casi sin fuerza para dominar su emoción, dejó de hablar, comencé yo. Le di a conocer ante todo mi sorpresa. De todo el asunto, sólo conocía el hecho de que Ramos, hace dos domingos, fue a Murcia a hablar en un Círculo de Acción Republicana. Un sábado por la noche vino a decirme que se marchaba a Murcia, invitado por Ruiz Funes. El lunes o el martes siguiente, le pregunté: «¿Qué tal lo de Murcia?». «Muy bien. Mucha gente, muchos aplausos.» Y eso es cuanto supe. Ni he leído el discurso, ni los extractos de *La Voz* ni de otros periódicos, ni puedo saber ni creo que alguien haya intervenido en *suavizar* las referencias para la prensa de la mañana. «Lo que más me sorprende es que si usted, señor Presidente, cree tener un motivo de queja contra el subsecretario desde el lunes de la semana pasada, no me haya usted dicho ni preguntado nada hasta hoy, jueves, en pleno Consejo, diez días después.»

—No iba a hablarle a usted de ello por teléfono desde Priego.

—Perdone usted: antes y después del viaje a Priego nos hemos visto tres o cuatro veces.

—Hasta hoy mismo no he recibido el periódico de Murcia con el texto completo. Lo he traído a Consejo porque tenía que defenderme y sincerarme.

—¿Defenderse de qué? No le hemos atacado, y en cuanto a lo que haya dicho Ramos, vale la pena de examinarlo.

(A pesar de esto, no me dio a leer el discurso. Me dio mala espina esta reserva.)

Continué diciéndole que siempre he apartado al Presidente y he rogado a los demás que lo aparten de las contiendas de partido; no hemos sido nosotros los que han invocado la intervención del Presidente para resolver conflictos entre dos bandos. No creo que Ramos haya podido decir que el Presidente de la República «forma parte del Gobierno»; las explicaciones que yo he dado sobre lo que es el poder presidencial, tienden a fijar la doctrina de la Constitución, y a excluir del vocabulario político la dudosa expresión de «poder moderador», que no sirve para nada; pero las atribuciones del Presidente son lo que la Constitución quiere que sean, y nadie ha pretendido que deban ser de otro modo. «Como no conozco el texto, no puedo desvanecer los reproches del señor Presidente, pero hay uno en que ya desde ahora afirmo que se basa en un error de hecho: usted imputa a Ramos que habla de una obstrucción comenzada en octubre de 1931, cuando usted salió del Gobierno, y se ha demorado usted en demostrarnos que usted no hizo obstrucción. Permítame usted que le diga que esa interpretación de las palabras de Ramos es inadmisible. Él habla de la obstrucción que hay ahora, y seguramente afirma, como hemos afirmado otros, que esa obstrucción no ha empezado en febrero, sino que empezó al discutirse el Presupuesto, este otoño pasado, y nadie ignora que en la discusión del Presupuesto de Estado se emplearon quince días inútilmente. A esto se refiere Ramos, sin duda, y no a otra obstrucción anterior, pues no la ha habido, a no ser la que hizo Royo Villanova al Estatuto. Me basta hallar un error de hecho tan notable en las apreciaciones de usted, para que me sea lícito dudar de la solidez de las restantes.»

—No querrá usted que yo me ponga a discutir con Ramos —dijo el Presidente.

—Me guardo muy bien de cometer la impertinencia de ponerlo a usted a discutir con Ramos, ni siquiera con los ministros. Pero Ramos tiene derecho a que se le oiga y se le haga justicia. Además de mi amigo personal, Ramos es mi colaborador. La queja de usted sólo tendría fundamento, si se dirige a mí, en el caso de que usted creyera que yo he aconsejado ese discurso de Ramos, o que lo he aprobado, dado que contenga tales ataques.

—No, Presidente; no lo creo. Pero hay desaciertos en política.

—Falta que el Gobierno examine el discurso, y resuelva.

—En circunstancias difíciles no quiero suscitar dificultades al Gobierno —repuso don Niceto.

—Eso no, señor Presidente. Por difíciles que sean las circunstancias, el Gobierno deja de existir ahora mismo.

—No hablemos más del asunto. Ustedes habrán adivinado la gran amargura que me ha producido tratar esta cuestión; tanta, que a veces creí no poder seguir hablando. No quieran ustedes que además saboree el amargor. Es una cuestión de gobierno. Ustedes resolverán lo que quieran. Pero lo hecho por Ramos es intolerable.

La conversación acabó poco después con algunas palabras no más lisonjeras y se levantó el Consejo. Se fue del salón, con azoramiento y encono. Al andar, una pierna (otras veces le ocurre) se le desviaba un poco, como si cojease.

Ido el Presidente, los ministros formaron un corrillo. Había tela cortada, pero alguien dijo:

—No es prudente hablar aquí (en aquel momento entraba Sánchez Guerra).

Nos separamos. Los tres ministros socialistas se han ido a almorzar juntos con Casares. Yo he vuelto al ministerio.

He estado en el ministerio hasta las cuatro. Asomado al balcón de mi despacho, contemplando el jardín, recapitulaba el suceso de por la mañana, queriendo, a través de la marea del mal humor, de la repulsión y del asombro, sacarle punta al buen juicio. La cuestión es no dejarse contagiar por el carácter del Presidente, y no dejarse arrastrar a determinaciones improvisadas. A las cuatro fui al Congreso y me metí en el despacho de ministros. A poco, llegaron Largo, Prieto, Casares, Domingo, Zulueta y Giral. Todos se reían, al verme, recordando la escena del Consejo.

—Bueno, ¿qué hay? —les digo riendo también.

—Usted dirá, señor Presidente —responde Largo, con expresión de malicia.

Entonces les cuento lo que he madurado a solas. El Presidente tendrá que soportar a Ramos y su discurso (como no haya en él alguna atrocidad, que no lo creo); no estoy dispuesto a que el Presidente me vaya decapitando a los funcionarios que le sean antipáticos. No caigo en eso tampoco.

Lo que conviene es coartar todo intento de poder personal del Presidente y de toda caciquería, pero no dejarse derribar tontamente, para que haga gobiernos a su gusto.

—¿Lo ven ustedes? —dijo Largo—, estaba seguro de que reaccionaría usted así. Yo opino como usted.

(Por lo visto, los otros opinaban de distinto modo.)

Todos los ministros concuerdan en que el Presidente favorece mucho a Albornoz y lo ensalza. Creen que se propone hacerle Presidente del Consejo. Domingo lo oye con risa de conejo. (La preferencia albornocista de don Niceto es chistosa, si se piensa en el origen de su enojo conmigo; porque las mayores dificultades para *suavizar* el dictamen de la Comisión en la ley de Cultos, han venido de Albornoz, además de Fernando.)

Los ministros estuvieron también de acuerdo en que el Presidente sigue y favorece la política de las oposiciones, y en que no puede *tragarme*. Esto es manifiesto. Como todos recordaban que no nos había dado a leer el texto del discurso, sospechaban algunos si estaremos en un caso igual al de la carta de Carrillo.

Estando en estas conversaciones, Albornoz nos envió un recado diciendo que estaba enfermo y no iría a las Cortes.

Después hablo con Besteiro, continuando las negociaciones para dar término a la obstrucción. Nadie la quiere ya, a no ser Maura y algunos radicales. Los federales quieren romperla. La obstrucción ha sido un fracaso espantoso, y hay que facilitar el camino para que salgan de ella sin demasiado ridículo, porque no conviene que eso continúe, pero yo me abstengo de cantarles victoria, para que no se enfaden más. En una de mis entradas en el despacho de Besteiro encontré allí a Martínez Barrio.

—Bueno —dijo Besteiro—, ya están ustedes frente a frente.

—Eso no —repuse yo—, frente a frente no estamos. Mano a mano si usted quiere.

El camino, hoy por hoy, es que las oposiciones acepten en parte «la tregua» que propuse yo hace tiempo. Si la hubiesen aceptado entonces, ya estaríamos del otro lado. Pero es demasiada ambición la de que todos sean inteligentes. Martínez Barrio, muy retieso e importante, me dice que aceptarán la tregua para la ley del Tribunal de Garantías, y para no sé qué otra cosa. «Después —añade riendo—, ya veremos qué vientos soplan.» Comprendo que desean salvar las apariencias, y que confían en que, aprobada esa ley, se produzca la crisis. ¿Motivos? Los maliciosos aseguran que cuentan con el Presidente de la República, y que si ceden en la obstrucción es porque esperan así precipitar los sucesos. La connivencia expresa del Presidente con las oposiciones, en cuanto a la caída del Gobierno, se me resiste todavía; pero si en la decisión de los radicales influye para algo el consejo o el parecer del Presidente, que es contrario a la obstrucción, no me sorprendería que los radicales cuenten con recibir algo a cambio, o que lo esperen.

Martínez Barrio no me ha ocultado que siempre se opuso a la obstrucción.

—Cuando usted se levantó en las Cortes —le he dicho—, a rechazar la tregua propuesta por mí, le conocí a usted en los ojos que no le gustaba el papel que hacía, y se lo dije.

—No sea usted sibilino —me responde Martínez Barrio. (¿Qué será *sibilino* para don Diego?) En fin, convinimos en que Soriano (no hay otro para arreglar cuestiones) hiciese una pregunta al Gobierno sobre el «alcance» (?) de la tregua y que de mi respuesta dependería. Martínez Barrio reconoce que no se le puede pedir al Gobierno que se declare dispuesto a dimitir, después de aprobar esta o las otras leyes.

En el salón de sesiones todo ha pasado como habíamos convenido, salvo que Maura ha estado a punto de echarlo todo a perder, no sé si de bruto o de malintencionado. Aún venía con exigencias y bravatas. Gracias a que Martínez Barrio lo ha tomado por su cuenta, y tras unas cuantas palabras, todo acabó bien. La gente, en general, ha quedado contenta, excepto Prieto, que según me cuentan ha salido de la sesión con malísimo humor. La verdad es que no se podía hacer otra cosa, y que el único modo de volver a la situación normal de las Cortes es éste: que vayan cediendo poco a poco, y como si nos hicieran un favor. Los periódicos dan por acabada la obstrucción. Aunque no sea así todavía, bueno es que el público lo crea, porque le será más difícil volver a ella. No será poco haber dominado tal estorbo; la obstrucción dura desde febrero.

Después de cenar he ido de paseo al Escorial. Me he estado un rato andando por la Herrería. Noche admirable, oscura, ardiente, de cielo estrellado. Aromática y movida por el estremecimiento de las arboledas. Concierto de pájaros y sapos. Ansiedad. Noches como ésta me las bebía yo desde la ventana de mi celda, cuando era estudiante; noches encendidas por el deseo, magnificadas por la emoción de la vida eterna.

Al regreso nos detenemos en la Cuesta de las Perdices. Allí nos encontramos con Arturo Menéndez y su mujer y otro matrimonio amigo. Vuelvo al ministerio cerca ya de las tres de la madrugada.

26 de mayo

Consejo de ministros en la Presidencia. Casi todo lo hemos dedicado al asunto Ramos y sus consecuencias. Después de advertir a los ministros que aún no le he dicho nada a Ramos, en espera de que el Gobierno forme juicio definitivo, les llamo la atención sobre el estado de mis relaciones con el Presidente. Resulta que, desde el lunes de la semana pasada, el Presidente está persuadido de que el subsecretario de la presidencia le ha hecho víctima de una ofensa («maniobras en la sombra») y de ataques personales y políticos. Me ha ocultado el hecho y su resentimiento, en lugar de proceder llanamente a comunicármelo y a pedirme las determinaciones que fuesen justas; esa ocultación es un desaire que me hace y puedo y acaso debo entenderlo como una falta de confianza. Yo puedo tomarlo por ahí, darme por sentido, y dimitir. Pero el efecto político para nosotros, dado el combate empeñado con las oposiciones y con el Presidente, sería por lo menos nulo, cuando no perjudicial para nosotros. Se empeñarían probablemente en entenderlo como un medio indirecto empleado por el Presidente para retirar la confianza política al Gobierno, y el «caso Ramos» pasaría a segundo término, con todo lo que contiene de ofuscación personal del Presidente y de intromisión en funciones que no le competen. Convendría plantear la cuestión en otra forma, y si quiere acabar con nosotros, que lo haga de *cara* y con su responsabilidad; porque en otro caso él no dejaría de decir que yo dimitía por un pique de amor propio, por una cuestión de etiqueta, etcétera, etcétera, posiciones malas, dado el estado de la opinión.

Prieto acentuó la mala impresión que tiene desde la sesión de ayer en las Cortes. Nuestra situación de Gobierno interino se ha marcado con mucha fuerza, a su entender, en virtud del arreglo pactado. Prieto, en esta ocasión, como siempre que está desanimado, toma un acento plebeyo, como el de una criada que se conduele ante el sanguinoso cartel del crimen de feria.

Los ministros opinaron que presentar la dimisión por lo que dijo ayer en Consejo, nos lo reprocharían, como una coacción sobre el Presidente, porque aún no está votada la última ley complementaria y no tiene, según las oposiciones, plena libertad de movimientos.

Mientras estábamos en estas conversaciones, han ido a buscar el número de *El Liberal*, de Murcia, que trae por extenso el discurso de Ramos. Llegó el discurso. Lo leímos dos veces en voz alta, y luego pasó de mano en mano. Estupefacción general. No dice lo que el Presidente le atribuyó. Es el mismo caso de la carta de Wenceslao Carrillo, en cuanto a la fidelidad de la referencia. Nos asombra la maulería del Presidente no dándonos a leer el texto en su presencia. El discurso es anodino. El Consejo acordó decir al Presidente que, examinado el texto, no encontramos en él nada que le aluda, ni por tanto, que pueda molestarle. Como el Presidente habló de «cuestión de gobierno» y de que lo hecho por Ramos es «intolerable», el Gobierno, al tomar el acuerdo, se pone tal vez en conflicto con el Presidente, y le ofrecerá la dimisión. Allá él. Si echa por ese camino, bastará reproducir en la prensa de Madrid el discurso de Ramos, para que todo el mundo comprenda que se trata de un pretexto para echarnos, y lo menos que le ocurriría al Presidente sería quedar en ridículo. Sólo una susceptibilidad enferma podría ver ataques en ese dichoso discurso, y aunque Santiago Alba le dijo a don Niceto en las Cortes que padece manía persecutoria, no acabo de creerlo. Más me inclino a creer en una rabieta personal contra Ramos; ignoro el motivo.

Hemos convenido además que si este asunto se resuelve sin dimisión del Gobierno, hay de todos modos que presentar la cuestión de confianza, para robustecer al Gobierno, o que desaparezca. Las oposiciones hacen su juego contando con que no vamos a durar, y si en el Parlamento no podemos pasar por interinos, ni sometidos a plazo, menos aún podemos estar así en los designios del Presidente. Que nos diga de una vez su resolución y si podemos contar con que proseguiremos la marcha en el Gobierno.

He interrumpido el Consejo para recibir al embajador de Francia, que venía a gastarme la fineza de darme cuenta de su viaje a Barcelona y de sus relaciones con Macià. La verdad es que esta oficiosidad de Herbette no me ha gustado. Macià se enojó porque sólo le dieron la placa de la Legión de Honor, al mismo tiempo que me daban a mí la Gran Cruz. ¡Estos son los hombres revolucionarios! Macià no quería aceptar, pero al fin aceptó, y le ha hecho a Herbette la descortesía de no ponerse la condecoración francesa.

El Consejo se ha levantado pronto y me he vuelto al ministerio.

Por la tarde he ido a Aranjuez con Cipriano. Hemos visto la exposición de tapices y paseado por los jardines. Grupos de visitantes rondan en torno mío y se acercan cuanto pueden para salir de dudas: «¿Es él?». «¡Qué no! ¡Qué sí!» Se convencen de que no huelo a azufre. A las seis y media hemos tomado la vuelta de Madrid. Desde el ministerio llamo a casa del Presidente para pedirle hora. No ha regresado aún de paseo y me voy a las Cortes. No entro en el salón de sesiones. En virtud de la tregua, la discusión de la ley de Garantías ha comenzado a deslizarse en paz. Han aprobado un artículo o dos y la sesión se ha levantado pronto. Hablo con los ministros en el despacho. Nuevamente les hago recapitular la situación, antes de verme con don Niceto. Se ratifican los acuerdos de por la mañana. Algo ha trascendido de lo que ocurre porque se advierte mucha curiosidad, esta reunión de los ministros la ha avivado. La gente comienza a hablar del Consejo de ayer en Palacio como de un Consejo raro y de consecuencias.

Desde las Cortes vuelvo al ministerio. El Presidente me cita para las ocho en su casa. He ido allí acompañado de mi ayudante Riaño. El Presidente me recibe en un hórrido despacho, forrado de *Alcubillas* y memorias oficiales. Como vive en esta casita, no hay condiciones para hablar con él enteramente a solas. En la habitación inmediata, separada por una mampara de cristales, se queda mi ayudante, y aunque yo procuro hablar en voz sumisa, el Presidente, según costumbre, habla a gritos. Riaño se ha enterado de todo. Según he sabido esta noche, Riaño le ha contado a Saravia que, sin querer, ha oído la conversación de los dos Presidentes, porque no podía salir de la habitación. Saravia le ha dicho: «No te preocupes. Olvida lo que has oído, y en paz».

Mi conversación con el Presidente ha sido muy desagradable, según es ya uso. Lo primero que hice fue dar a la firma todos los decretos que llevaba. Generalmente los firma sin explicaciones, o con una mención general del contenido. Sólo le leo, sin que él me lo pida, los decretos importantes. Hoy llevaba yo tres o cuatro decretos relativos a los bienes de los jesuitas, y aunque me ha firmado ya docenas de ellos, a los de hoy les ha dado unas cuantas vueltas, y no le ha faltado más que olerlos. En fin, los ha firmado después de pedirme aclaraciones respecto de uno de ellos. Acabada la firma, le dije: «Ahora, señor Presidente, hemos de hablar del asunto de Ramos».

Se emocionó, tragó saliva, se le oscureció el semblante y bajó la cabeza. Extraje del bolsillo un ejemplar de *El Liberal* de Murcia y le dije:

—¿Era este periódico el mismo que tenía usted ayer en el Consejo?

—Sí; *El Liberal*, de Murcia.

—Pues el Gobierno ha leído y releído el discurso, lo ha examinado con lupa, y, después de muchas reflexiones, vengo a decirle a usted que nosotros, en conciencia, no encontramos aquí nada referente a usted.

—Bueno —repuso sordamente inclinando más la cabeza y abriendo las manos a la altura de las orejas—, no se hable más del discurso de Ramos. Yo tengo mi criterio. El Gobierno *aprueba* el discurso; acato su decisión.

—El Gobierno no *aprueba* ni d*esaprueba* el discurso de Ramos —repliqué yo, un poco enojado ya por la transmutación de las palabras—; no tiene que aprobarlo ni hacerlo suyo o dejar de hacerlo. Lo que dice el Gobierno es que, en su honrado juicio, en el texto que tenemos a la vista no se alude a usted, ni por tanto se le molesta.

—Está bien; asunto terminado y basta.

—No basta, señor Presidente. Usted, en este asunto, tiene una opinión contraria a la del Gobierno. Ayer nos habló usted de situaciones difíciles, de cuestiones de gobierno, de hechos intolerables y de conflictos. Si esta divergencia de opiniones es conflicto, se resuelve ahora mismo presentando yo la dimisión.

—¡A eso no voy yo! —replicó el Presidente—. El asunto está liquidado. No hablaré más del discurso de Ramos. *Que haga otro más claro, o que lo haga otro*. (Estas palabras eran un retroceso por su parte. Pedían una aclaración o una rectificación, que no es necesaria. También, cuando le he probado que lo de la obstrucción no podía referirse a él, me ha dicho: «Si eso es lo menos importante del discurso». Con ser lo menos importante, en su arenga de ayer le dedicó algunos de sus párrafos más enconados.)

Me ha dicho después que «habría preferido que el Gobierno no hubiera deliberado sobre esta cuestión».

—¿Cómo no habíamos de deliberar, señor Presidente, después de lo que nos dijo usted ayer?

—Y le parece a usted que puede ser, para mí, plato de gusto.

—Eso es otra cosa, y dependerá del resultado de nuestra deliberación. Pero no podíamos prescindir de examinar el caso.

(Es un arranque de despecho. Hubiese preferido que no nos ocupásemos del asunto y así tendría un motivo más de queja por la *indefensión* en que cree encontrarse.)

Tocamos también el flanco de la *indefensión*. Ayer se quejaba: «El pobre Presidente no tiene quién le defienda». Le pregunto los motivos que tiene para creerse indefenso. Don Niceto argumenta de este modo:

—Cuando fui elegido Presidente de la República quise dirigir un mensaje a las Cortes, y lo escribí. Era correcto y usted no pudo señalar en él ningún pasaje anticonstitucional; si lo hubiera usted señalado, lo habría suprimido. El Gobierno se opuso a que yo enviara ese mensaje alegando que podría provocar una discusión en las Cortes, en la cual se me atacaría y discutiría. *El Gobierno hizo eso, porque no quería defenderme*. Estoy indefenso.

—¿De modo, señor Presidente, que si yo sé que le amenaza a usted un peligro, lo que debo hacer no es apartarlo del peligro, sino lanzarle a usted a él, para lucirme yo en la defensa? Me parece absurdo.

Habla luego de los libelistas. No se castiga a los que le injurian. Le recuerdo las intervenciones del fiscal. No le gusta la ley de Defensa de la República, pero nunca se ha aplicado a los que escriben contra él. Le recuerdo que a *La Nación* se le impuso una multa de diez mil pesetas por haber gastado una broma de mal gusto al Presidente de la República. En suma, no puede probarme nada.

Concluida esta parte de la conversación, que ha sido la más larga, pasamos a la confianza. «El Gobierno —le digo— necesita saber a qué atenerse respecto de su porvenir en los designios del Presidente. No hemos sido derrotados en las Cortes, la obstrucción va de vencida, pero como se ha discutido tanto la estabilidad del Gobierno, por suponer que no tenía la confianza del Presidente, es preciso aclararlo todo. Nosotros no hemos querido aparecer ante las Cortes como un Gobierno interino o a plazo, pero tampoco podemos ser tal ante la presidencia de la República. Deseo saber si, a juicio del Presidente, este Gobierno se acaba con la votación de la ley de Garantías, última de las que la Constitución manda hacer por estas Cortes.»

El Presidente ha entrado con dificultad en la cuestión. Ha hablado mucho; entre otras cosas, de la obstrucción, para reprobarla. Me dice que siempre ha creído que este Gobierno debía aprobar otras muchas leyes, como la Electoral, las de Orden Público, etcétera, etcétera. «No se debe abusar del pobre Presidente ni de la pobre confianza del Presidente», exclama.

—Ni usted es un pobre Presidente, ni su confianza es pobre. La confianza es un valor político y yo necesito saber en qué grado lo poseo para jugarlo cuando sea oportuno.

Se escapaba diciendo que no podía hipotecar el porvenir.

—Yo no hablo del porvenir, sino de hoy. Le ruego a usted que me diga, claramente, si hoy este Gobierno va a continuar y si puede continuar después de aprobada esa ley.

La misión de este Gobierno —dice por fin, exactamente— no se acaba con la votación de la ley de Garantías. Tráigame usted otras, sobre todo la de Reforma Electoral, mejor mañana que pasado. Yo le firmaré a usted el decreto y lo lee usted en las Cortes, y adelante.

—Eso me basta. Siendo así, continuaremos.

—Lo que no haré —me advierte el Presidente— es cerrar el Parlamento.

—No he pensado tal cosa. Continuamente estoy diciendo a todos que las Cortes funcionarán durante el verano. Usted conoce mis prisas por sacar las leyes pendientes.

—Es que algunos periódicos hablan de cerrar las Cortes.

—Pero yo no hago lo que dicen los periódicos, ni los periódicos dicen lo que yo pienso.

—Deben ustedes procurar sacar esas leyes.

—Haremos algo más que procurarlo. Y yo puedo decir, cuando convenga, que cuento con la confianza del Presidente.

—Esas cosas no son para traídas y llevadas. Pero usted puede decir, cuando le parezca discreto, que tiene todas las asistencias necesarias para gobernar.

Poco más hemos hablado. Salgo con una impresión muy desagradable. Está visto que no nos entendemos. El Presidente no puede aguantar al Gobierno, ni a mí personalmente. Quiere hacer una política de «derechas» y anda buscando la ocasión de derribarnos, sin comprometerse demasiado. Esto se acaba, porque estando así el Presidente, rayano con el odio personal, aunque no nos dé un golpe político, difícilmente podremos marchar juntos. Cada día será un disgusto.

Cerca de las diez ha venido Largo al ministerio; después, Prieto y Domingo. Querían saber si «existíamos» o no. Les cuento lo ocurrido. «¿Qué otra cosa puedo hacer?», les pregunto. «Nada», responden. Insisto en que esto está perdido, y que cada vez parece más claro que el Presidente quiere contentar a las oposiciones. Domingo se va esta noche a París, y se ha quedado hasta el último tren, por si de mi entrevista con el Presidente salía la crisis.

Los periodistas han acudido también en gran número a mi secretaría. Olfatean algo, pero no saben qué.

Después de cenar, han venido Ramos, Guzmán, Cipriano y Luis Bello. Me he abstenido rigurosamente de hablar de política.

27 de mayo

Recibo por la mañana una comisión de diputados; al general Romerales, al general de Sanidad, Granda, que es un grotesco, a los generales Pardo y Carnicero, y al de la quinta división, Sánchez Ocaña. Me trae algunas tontunas militares de Zaragoza y se queja suavemente de que algunas autoridades civiles no se fían de él; se refiere a Manuel Andrés, actual director de Seguridad, que fue gobernador de Zaragoza. Parece ser que una noche, en que temían «un levantamiento» de la guarnición de Zaragoza, invitaron al general Sánchez Ocaña a una fiesta, y le retuvieron en ella con diversos pretextos hasta las tres de la madrugada. A esa hora, ¡el gobernador! le dijo: «Ya se puede usted marchar, general, porque la hora del complot ha pasado». Así lo refiere el general, y esta referencia no casa con la opinión que tengo hasta ahora formada de Manuel Andrés, hombre al parecer taciturno y precavido.

También ha venido una comisión de Las Palmas. Luego he estado una hora de conversación con Moles, Aguirre de Cárcer, Ramos y el encargado de la Dirección General de Marruecos. Hablamos largamente de las negociaciones que han de abrirse con Francia, y trazamos el plan que debe llevar el alto comisario.

Concluido esto, llega Casares, con quien ya anoche hablé por teléfono. Le cuento mi conversación con don Niceto. Casares me reitera su disgusto por la suspensión del mitin de Valladolid, a la que se vio obligado ante la amenaza de desórdenes provocados por los partidos del Gobierno. Dice que él no está así en el ministerio de la Gobernación y que se va. No presenta hoy mismo la dimisión por no armar más barullo, y aguardará unos pocos días, si, como yo creo, la situación tiene que desenlazarse pronto.

—A mi parecer —respondo—, dentro de una semana o algo más tendremos que promover la solución. Así no se puede estar. Espero a que se vote esa dichosa ley en las Cortes, y como el Presidente me ha dicho que hemos de continuar, tomaré una determinación.

A las tres de la tarde he concluido. Después de comer, voy a La Quinta. Allí me encuentro a Largo y Negrín. Regreso a las siete. Nueva conversación con Moles, para los asuntos de Marruecos; presente Ramos.

Cuando el alto comisario se va, le cuento a Ramos lo sucedido con su discurso. Ramos se queda de piedra. «No se lo he dicho a usted —le explico— durante la tramitación del caso, para que usted no me saliera con una dimisión que yo no podía admitir. La cuestión, leído el discurso de usted, era entre el Presidente y el Gobierno.»

Ramos me cuenta que la otra noche, en la embajada inglesa, la hija de don Niceto, que allí estaba, no le saludó. Por lo visto, convierten los asuntos políticos en cuestiones de familia.

Como en todo esto hay manifiestamente un enojo personal del Presidente contra Ramos y el propósito de «reventarlo», recuerdo, como antecedente probable de su enfado, lo siguiente:

Cuando Ramos fue nombrado subsecretario de la presidencia y comenzamos a reorganizar los servicios del turismo, se hizo una fuerte reducción de personal en estos servicios. Entre los que sobraban, figuraba un modesto funcionario colocado y protegido por don Niceto. Este sujeto quedó fuera de la plantilla y en disposición de cesar. Pero no cesó, por el pronto. Alegó una enfermedad y dejó de asistir a la oficina, cobrando el sueldo. Así ha pasado catorce meses. No pudiendo mantenerse una situación así, y temeroso Ramos de desagradar al Presidente, me preguntó qué hacía. Convinimos en que lo mejor era que Ramos visitase a don Niceto y le expusiera el caso de su protegido, llamándole la atención sobre la necesidad de resolver. Ramos fue a Palacio. Por cierto que era jueves, y como el día señalado para recibir a los parlamentarios es el viernes, el Presidente le dijo:

—¿Viene usted como funcionario, no como diputado?

Estas «sutilezas» son muy de don Niceto.

Hablaron, y don Niceto le dijo que esperase todavía un poco, para pensar lo que convenía hacer con su protegido. Esperamos, creyendo que don Niceto le daría un empleo en su Casa presidencial. No es inverosímil, dado su carácter, que el Presidente haya visto en la consulta de Ramos un acto de hostilidad y de persecución.

Cuando se marcha Ramos, recibo al general Masquelet. Hemos estado despachando hasta las diez de la noche.

Había muchos periodistas en la secretaría, alarmados ya por los rumores que circulan. *El Imparcial* ha publicado una información, contando a su modo lo ocurrido en el Consejo del jueves. Contiene muchos errores, mas no por eso deja de ser cierto que ese periódico sabe algo. ¿A través de quién? La gente se ha empeñado en decir que el indiscreto ha sido Sánchez Guerra, secretario de la presidencia de la República, muy amigo de un redactor de *El Imparcial*. Mas, para que Sánchez Guerra haya sido indiscreto, tiene que haberlo sido antes el propio Presidente, contándole a Sánchez Guerra estas cosas. De los ministros no puedo sospechar en este caso una indiscreción, porque el asunto no les es agradable. Cierta o no, la indiscreción no favorece nada a la Casa presidencial, de la que mucha gente empieza a creer que es un foco de hablillas. Creo que he conseguido tranquilizar a los periodistas y que se vayan convencidos de que no ocurre nada.

Después de cenar he estado largo rato de conversación con Saravia.

28 de mayo

Aunque domingo, he hecho venir al subsecretario para poner al corriente el despacho de los asuntos del ministerio. Hemos trabajado hasta las dos.

Después de almorzar he ido con Lola y el sobrinito a Riofrío. Hemos pasado la tarde apaciblemente solos, en las arcádicas praderas verdes, pobladas de gamos. En estos ratos me olvido de todo, y recobro el impulso natural de mi temperamento, que es más inclinado a construir que a combatir. Pensaba yo, en Riofrío, lo que podría hacerse con aquel palacio y aquel monte si los valores estéticos estuviesen más acreditados en la República. Por haber dejado asomar tal vez aquella inclinación, me he atraído el reproche de «dictador», de «déspota» y de hacer política *suntuaria*. Hoy por hoy, el Estado español quiere acomodarse, para no desentonar, a los gustos de un oficinista.

He regresado a las nueve y media. Por el camino me ha acometido una vaga melancolía, cosa rara, ante la frustración casi segura de buenos y grandes propósitos. Los espíritus corroídos por la politiquería segregan una especie de monarquismo romanonista, de cuya presencia tal vez no se percatan. Hace años, durante la dictadura, decía yo de burlas que, si en España triunfase el sindicalismo revolucionario, acabaría por hacerse romaninista. Mis esfuerzos tienden a que no suceda lo mismo con la República. Un motivo de las dificultades con que tropiezo en este empeño es que bastantes republicanos, «comenzando por el Presidente», y muchos de la oposición, se criaron en la antigua politiquería. Lo que hay de singular en mi caso es que yo no he hecho «carrera política», y he caído en el Parlamento y en el Gobierno sin haber pasado por la *domesticación* de una larga carrera previa. He llegado a Presidente y a «árbitro de la política republicana», como dicen los periódicos, sin doblar la cerviz, sin claudicar, sin renunciar a ninguno de los puntos de vista ni de los impulsos que me llevaron a participar en la revolución. Comprendo, pues, que yo sea un tipo exasperante para algunas personas, y aún para muchas. Ellas hacen, como la cosa más natural del mundo, lo que yo no haría jamás, y mi deber consiste en impedir que se salgan con la suya. Algunos partidos de oposición echan de menos al rey, es decir, las intervenciones clandestinas del jefe del Estado para cortar los nudos cuando a tales partidos les convenga. No habiendo podido vencernos en las Cortes, comenzaron las apelaciones públicas al poder presidencial, y ahora juegan las maquinaciones ocultas. Por su parte, el Presidente, entrometido como un cacique, no se contenta con hacer recomendaciones a los ministerios para que se den destinos a sus amigos, sino que pretende dirigir personalmente la política. A esta subversión del régimen republicano coadyuvan (acaso sin darse cuenta) los radicales, por aquel afán español de «imponerse», sea como sea, al enemigo, y por culpa personal de Lerroux, que tiene mucho menos talento de lo que cree el vulgo y un espíritu estrecho, mezquino, de arribista. Pasar del rango de agitador corrompido, que ocupó durante la monarquía, al de hombre de Estado de la República, es imposible. Necesitaría ser un genio, como los ha habido en otras partes, con ocasiones parecidas. Y la medianía de Lerroux no le sirve para tanto. Pero aún estas gentes son sensibles a los estímulos sentimentales de su propia posición falsa, o son prisioneros de ella, y cuando se les invoca, tienen que rendirse. Cada vez que Lerroux se ha detenido en el camino de una atrocidad o de un dislate, lo ha hecho alegando que se «sacrificaba» en bien de la República.

Otras gentes, sin las taras de Lerroux, pueden hacer mucho daño, porque la opinión pública, aunque condene y repruebe sus determinaciones, las achacará a brutalidad, a fanatismo, a conservadurismo, etcétera; pero no se atreve a dudar de la moralidad de los propósitos. Uno de los artículos de la filosofía moral del Presidente es que, en cada hombre, hay mayor poder de causar daño que de hacer el bien, y esto se aplica, desigualmente, a Maura y al propio Presidente. Maura es más escandaloso, pero más inofensivo que don Niceto. Maura redactó aquel documento de las oposiciones en que se hacía la afirmación inaudita de que renunciaban a discutir con el Gobierno en las Cortes «para no proporcionarle un triunfo parlamentario». Maura lo espera todo de una intervención personal del Presidente, ignoro con qué connivencias tácitas, a pesar del aborrecimiento que don Niceto le profesa, pagado con desprecio insolente. Y si el Presidente no interviene, Maura se «irá a la calle». Maura procede con su corto entendimiento, al modo de un señorito jaque, provocador y despótico, que por haber nacido donde nació se ha encontrado con un nombre y una posición que no puede sostener con la propia sustancia. Pero Maura, aborrecido por las derechas católicas y desdeñado por las izquierdas, no puede, desde donde está, causar grandes estragos. No así el Presidente, que además de aventajar a Maura en talento, saber y experiencia, ocupa una posición formidable, hoy por hoy. El Presidente entiende su función de un modo que no podemos aceptar. Lo conveniente es hacerle entrar en el buen camino, sin provocar un escándalo, que dañaría al régimen recién establecido. Pero esto es difícil de conseguir, porque el Presidente todo lo convierte en cuestión personal, todo lo mira por la amistad que se le profesa o no, y ya ha dicho alguna vez una expresión temerosa: «la lealtad con que se le sirve». Todo consiste en hacerle entender que no se le sirve a él, sino que él y los demás servimos juntos.

La dificultad de la operación y lo indeciso del éxito, provienen del carácter del Presidente. Es caviloso, desconfiado, concibe fácilmente un rencor y lo conserva siempre. A mí no me ha perdonado aún la crisis del 14 de octubre de 1931. Procede con oscuros rodeos, toma posiciones de leguleyo, retuerce los textos y las palabras para hacerles significar lo que sus aprensiones le dictan; no cree en la claridad y rectitud de los propósitos ajenos; en todos ve ingratos, enemigos o desleales. ¿Es posible perdurar? Sobre mí han caído tareas muy duras: he tenido que pelear con los militares, con los nobles, con el clero, etcétera. En el Parlamento, para defenderlo de sus propios extravíos, he tenido que adoptar la desagradable faz de «luchador» a fin de que los mismos parlamentarios no diesen en tierra con la fortaleza del régimen. Todas las oposiciones se alzaron contra mí, sin querer enterarse de que estaba defendiendo la institución misma a que pertenecen. La mayoría me siguió, pero yo no estoy seguro de que *toda* la mayoría haya visto que yo no sostenía los intereses políticos de la mayoría actual, sino el poder gobernante de todas las mayorías posibles. ¿Me tocará ahora hacer frente a un poder presidencial indiscreto y entrometido? Gran batalla, que preferiré no dar, si con paciencia y entereza logro que los agitados sentimientos del Presidente no pasen a mayores. En esto, ¿quién me ayudará? De la oposición, nadie, seguramente. Y si el problema se plantease o el conflicto surgiese entre el Presidente y el Gobierno con su mayoría, llevábamos las de perder, porque se tomaría a ansia de dominio por nuestra parte, o a soberbia general mía, lo que en rigor no pasara de ser una lección saludable. Y aún muchos que en conciencia lo sentirían así, en público y para combatirnos, adoptarían la posición contraria.

Mi situación es, pues, envidiable. Tengo un Presidente enfermo, enfermo de manía persecutoria. Sanchís Banús le hizo el diagnóstico, el año 31. Yo no lo tomé en serio; pero la experiencia del trato con don Niceto va escarmentándome. Y tenemos unas oposiciones que, por espíritu de partido, se aprovechan contra nosotros de cualquier intento para reducir al Presidente a su papel, en lugar de ayudarnos a resolver esta cuestión en bien de todos. Si no se resuelve, el Presidente logrará tener un Gobierno formado por secretarios que ejecuten su voluntad.

29 de mayo

Por la mañana, larga entrevista con el subsecretario de Gobernación. La Comisión mixta del Estatuto está atascada. Es necesario hacerla andar. Esplá me informa de lo que sucede. Han ido dejando para «mañana» los asuntos difíciles y ya es tiempo de acometerlos.

Después recibo a García Labella, director de Administración. Me trae el anteproyecto de Reforma Electoral que le encargué. Tiene poco de aprovechable y le sobran la mitad de las palabras.

Entrevista con Macià, Pi Suñer y Corominas. Tratamos de los asuntos de la Comisión mixta y traspaso de servicios. Las bases para valorar los servicios que se transfieran constituyen ahora la gran cuestión. Los funcionarios de la Comisión tienen un criterio muy mezquino. Dice Corominas, con exageración del lado contrario, que si se acepta aquel criterio, la dotación de la Hacienda de la Generalidad sería de ocho millones.

Macià dice que no ha querido venir antes a Madrid, porque no se atribuyese su viaje a un propósito político de segundo orden. De todos modos se lo atribuirán. Algunos periódicos, incluso adictos al Gobierno, anuncian la llegada de Macià con titulares a toda plana, como si fuese un acontecimiento ruidoso. Después de oír a estos señores, quedo en convocar a la Comisión mixta, para presidirla yo y marcarles una orientación.

Por la tarde, sesión inaugural en el teatro de la Comedia del Congreso Internacional de Sanidad Militar. Muchos uniformes. Discursos latos, y uno absolutamente grotesco del señor Granda.

Habla el Presidente de la República. A sus palabras pacifistas les conceden gran importancia los extranjeros.

Concluido esto, voy al Retiro, donde se inaugura una pobre exposición aneja al Congreso. Fastidio, cansancio y me hacen visitar la instalación de la Cruz Roja en otro lugar del Retiro. Me sorprende que la Cruz Roja tenga una banda de música y que desfile militarmente, como un batallón. La cuestión es jugar a los soldados.

A las siete, recepción de los congresistas en Palacio. No me he divertido nada en todo esto. Y he perdido el tiempo.

Concluida la recepción, vuelvo al ministerio y me sumerjo en papeles.

Se ha recibido en la presidencia del Consejo una instancia del funcionario del turismo, protegido del Presidente; en ella pide que se le dé de baja en el servicio y se le separe definitivamente. Esta súbita determinación de un sujeto que se ha pasado catorce meses suplicando un favor, tomada a raíz del disgusto del Presidente con Ramos, refrenda la sospecha de que ahí está el origen de todo, y que la instancia del funcionario debe de haberse presentado por decisión de su protector, don Niceto.

31 de mayo

Día de audiencia. He estado recibiendo comisiones hasta las tres de la tarde. Ningún tiempo más perdido que ése, y ningún ejercicio de paciencia y compostura más fuerte.

A las cuatro he ido a la presidencia. Primeramente he reunido a los representantes del Gobierno en la Comisión mixta y les he explicado cuál es el propósito del Gobierno en el traspaso de servicios. El delegado del ministerio de Obras Públicas, que sin duda sigue inspiraciones de Prieto, opone dificultades; los demás, no. Luego llegan los representantes de la Generalidad y se celebra una sesión bastante larga. Hay un poco de controversia y al fin parecen quedar todos de acuerdo. Se espera que trabajen con rapidez.

Desde la presidencia le pido hora a don Niceto para ir a firmar. Me contestan que está en el teatro Calderón, en la función de gala que ofrece a los congresistas de Sanidad Militar el Casino Militar de Madrid, que ahora (y desde hace tiempo) se llama «Centro Cultural...». Me creo en el caso de ir al teatro, puesto que está el Presidente, y soy nada menos que patrocinador del Congreso.

El teatro, lleno. Representaban *Don Gil de las calzas verdes*. Los actores de La Farándula, sociedad de *aficionados* que preside el general Romerales. ¡Qué horror! Espero que los congresistas no se hayan enterado de nada. Saludé al Presidente, que parecía estar en sus glorias, y a las ocho me fui a las Cortes.

En el despacho de ministros me encuentro a Largo y a otros. «¿No sabe usted lo que pasa?» «No sé nada.» «Pues que Diego Martínez Barrio ha ido a Palacio, ha hablado largamente con el Presidente de la República acerca de la situación parlamentaria, y que el Partido Radical se ha reunido esta tarde para darle cuenta (según ha dicho Lerroux a los periodistas) de lo que han hablado don Diego y don Niceto.»

En el Congreso, la agitación era muy viva, con motivo de esa visita. Unos y otros la estimaban como una prueba de la intervención personal del Presidente en la batalla política: los radicales y los amigos de Maura para celebrarlo; los ministeriales para censurarlo con indignación. Lerroux ha cometido la ligereza de reunir a su partido para deliberar sobre lo que haya podido decir el Presidente a Martínez Barrio, ligereza acentuada por algunos secuaces de don Alejandro, que se jactaban de la pronta solución del conflicto.

Este suceso ha venido a aumentar la irritación que existe por la tardanza del Presidente en devolver firmada la ley de Congregaciones. Todo el mundo ha notado el retraso. Las oposiciones, singularmente los católicos y los agrarios, esperan todavía que el Presidente ponga el veto y esta esperanza contribuye a azuzar el encono de la mayoría de las Cortes. Estiman que el Presidente, si no se atreve a poner el veto, dilata cuanto puede la firma de la ley, a ver si entre tanto se produce algún suceso político que le permita aplazar su cumplimiento. Una crisis, seguida de disolución, vendría muy bien a ese propósito, porque el disgusto del Presidente proviene, como nadie ignora, de los plazos marcados para la sustitución de la enseñanza. Largo Caballero estaba esta tarde muy enojado y ha dado instrucciones a sus amigos para que desbaraten otra maniobra que se atribuye al Presidente. Suponen que don Niceto está aguardando a que se vote la ley del Tribunal de Garantías, en cuyo artículo adicional se excluye del recurso de Inconstitucionalidad las leyes anteriores a la del propio Tribunal. La redacción de ese artículo es defectuosa, y yo les he dicho que basta reformar un poco el texto para que la supuesta maniobra del Presidente, aunque existiera, fracase. Un diputado socialista ha presentado hoy una enmienda con ese objeto, y otros diputados de la mayoría han presentado también enmiendas a varios artículos del proyecto, con objeto de retrasar su aprobación hasta la semana próxima, porque el plazo que tiene don Niceto para firmar termina el sábado.

Yo no creo que el Presidente se niegue a firmar la ley. De lo que le he oído deduzco que la aprobará; pero vaya usted a saber los extraños y enrevesados recovecos porque estará pasando su decisión, y los extraños motivos en que se funde. Me parece recordar, y no sé si lo he consignado ya en estos apuntes, que un día me dijo que tiene cinco o seis razones *objetivas* para aprobar la ley, y que esas razones las publicaría o, por lo menos, las conocería el Gobierno. Me temo un documento como los que hacía cuando era Presidente del Gobierno provisional. Pero cuando yo les digo a los ministros que espero ver aprobada la ley, me tachan de cándido.

Es innegable que con la tardanza en firmar la ley, el Presidente está debilitando la posición del Gobierno y haciendo ganar fuerzas a las gentes que nos combaten; creen contar con él. En esto último me parece que no se equivocan; pero falta saber si la astucia del Presidente encontrará modo de complacerles y de no comprometerse.

En fin, nadie está contento, aunque sí hay muchos esperanzados. Falta saber si todos sabrán guardar su puesto.

El sentido común está peor repartido que la riqueza, y no hay resolución capaz de socializarlo.

He vuelto al ministerio. Después de cenar leo los periódicos y me encuentro con una nota de la secretaría de la presidencia de la República, harto sorprendente. Con pretexto de decir que no recibirá ni cursará peticiones en favor o en contra de la promulgación de la ley, el Presidente, por su secretaría, hace saber que su función en estos casos es privativa y no subjetiva, etcétera, etcétera. La nota tiende a dar una especie de excusa a las derechas y a publicar que, a él personalmente, la ley le parece mala, que por razones que no van en la nota, la ha de aprobar. No lo dice así, pero ese es el propósito que yo he visto, y después de conocida la nota ya no me cabe duda acerca de la firma de la ley. La firmará.

Fuera de esto, en la publicación de una nota de esta especie, sin previo conocimiento del Gobierno, hay un propósito, más o menos claro, de desligarse de nuestro consejo, y no sé si de ponernos en evidencia. Ha buscado el rodeo de hacer hablar a su secretaría, refiriéndose a las peticiones, escritos, audiencias, etcétera, como si se tratara de asuntos de régimen interior de la Casa presidencial. Está muy en sus procedimientos.

Albornoz me ha llamado por teléfono:

—¿Ha visto usted qué atrocidad? —me dice, refiriéndose a la nota.

He contestado con evasivas y con «veremos», porque no quiero precipitarme a dar a este asunto un giro inconveniente.

También se había anunciado esta tarde en los pasillos del Congreso que los radicales (ellos mismos lo decían) iban a dar una nota referente a la visita de don Diego Martínez Barrio. Los términos en que concebían la nota eran muy desatinados, porque comprometían al Presidente, y, una vez más, ese partido empleaba, para su política, una indiscreta llamada a la función presidencial. La prensa trae, en efecto, una nota de ese grupo; no es muy acertada, pero tampoco es lo que se decía. Menos mal.

Siempre he temido yo mucho la falta de tino de muchos republicanos; parece increíble, pero todas las dificultades actuales provienen de los hombres del régimen. El feroz regocijo de la prensa monárquica no basta a abrirles los ojos. Y es tan disparatado lo que los radicales y los mauristas hacen en las Cortes, que los maliciosos sospechan que no se atreverían a hacerlo si no contasen, o no creyeran contar con la aprobación, por lo menos tácita, del Presidente. Cierto que el Presidente me ha dicho muchas veces que desaprueba la obstrucción, y yo he de creerlo. Pero al punto a que han llegado las cosas, y con el enojo que al Presidente le ha producido la ley, puede pensarse que sólo difiere de las oposiciones en el procedimiento. Como es tan variable, un día se alarmó por la posible retirada de las oposiciones, y otro día me aconsejó que reformase el Reglamento de la Cámara para vencer la obstrucción, sabiendo, porque yo se lo dije, que el solo intento de reforma del Reglamento en plena batalla determinaría la retirada de todos. Hasta Ossorio, que se complace en mostrarse amigo del Gobierno, me dijo un día que variar el Reglamento, una vez planteada la obstrucción, sería «un acto mussolinesco». El poder de la mayoría no es absoluto, como pretenden los que hablan de «dictadura parlamentaria», y mi propósito ha sido siempre resistir con paciencia y en silencio, hasta rendirlos. Callar es bueno. Todos han hablado a troche y moche, sobre todo Lerroux. Creo que soy el único político que no ha hecho «declaraciones» en estos tres meses.

TERCER CUADERNO

Del 1 de junio al 26 de agosto de 1933

NOTA: En este tercer cuaderno están escritas 324 páginas, y el resto está en blanco.

1 de junio

Por la mañana ha venido Barcia, a enterarme, porque sigo siendo ministro de Hacienda, de asuntos bancarios. Tratamos de la rebaja del descuento; es conveniente para animar el mercado. Barcia me pinta a la Banca en actitud sumisa.

Después, Zulueta, que me cuenta su viaje a Ginebra. Está muy contento, porque ha zanjado la disputa entre Colombia y el Perú. Allí mandamos a regir los territorios en litigio al aviador Iglesias, que prepara la expedición al Amazonas, de que tanto se burla Prieto. Zulueta hace mejor papel «en sociedad» que al frente de su departamento.

Desde el ministerio me voy a la Presidencia. Recibo al general Burguete, cuyo hijo Ricardo, aviador, acaba de morir de resultas de heridas que recibió en Marruecos. A Ricardo Burguete me lo encontré en la conspiración del año 30. Era muy arrojado y todo quería resolverlo a fuerza de audacia, pero sin medios. Después de proclamada la República, ha tenido el mando de Los Alcázares. Era de los militares republicanos exaltados, a quien ha sido necesario contener y hacer entrar en la fila. Burguete hizo algunas chiquilladas en Los Alcázares. Después me pidió el mando de las fuerzas del Sahara, y no se lo di. Últimamente había cambiado mucho, y estaba muy formal y muy disciplinado. Recuerdo que poco antes de reproducírsele la lesión que lo ha matado, me envió un plan de arreglo de la Aviación que tenía cosas buenas. Le vamos a votar en las Cortes una pensión para la viuda y los hijos. Su orondo padre ha venido a hablarme de la Cruz Roja, que preside.

También he recibido a Sánchez Díaz, a quien hemos nombrado director de Comercio, y a otros personajes y personajillos.

Concluido esto, he ido a Palacio, a firmar con el Presidente. Le llevo, entre otros decretos, el de autonomía de la Universidad de Barcelona y el proyecto de reforma electoral. Hemos hablado mucho de este proyecto. El Presidente parece preocupado por el propósito de arbitrar un procedimiento de votación que impida un avance arrollador de las huestes de los agrarios, merced a las divisiones de los partidos republicanos. «Que no se nos cuelen con una votación minoritaria, si los votos republicanos se dispersan en varias candidaturas.» Ese fue el caso de la elección parcial de Logroño. A evitarlo tiende el exigir un mínimo de votos y la necesidad de repetir la elección, cuando no se alcanza el *quorum*. El Presidente ha puesto mucho calor en sus propósitos; y me ha indicado varios procedimientos, uno de los cuales me ha llamado la atención y me da qué pensar. Decía el Presidente que en las provincias donde una lista obtenga la mayoría absoluta de votantes, la lista de la minoría quede elegida, sea cualquiera su votación. Esto me chocó, por absurdo. ¿De suerte que, en tales casos, el propio esfuerzo y el triunfo de las mayorías va a asegurar también la elección de la minoría, y, siendo el voto restringido, a mayor fuerza de un partido victorioso, mayor seguridad de la minoría, a la que se dispensa de obtener *quorum*? No me pareció muy atinado y le dije que el Gobierno difícilmente podría encontrar bueno ese procedimiento.

Hablamos después del artículo adicional de la ley del Tribunal de Garantías, que pretende excluir de la jurisdicción de ese tribunal las leyes y los actos de los poderes públicos anteriores a su promulgación. El Presidente me dice que desea quedar excluido de ese artículo, ya que la expresión «poderes públicos» parece comprenderle a él también. Lo desea así porque si prosperase ese artículo, haría irresponsable al Presidente de la República. Cito la resolución firme del Presidente y como «consejo» se permite indicarme la conveniencia de que ese artículo tampoco comprenda al Gobierno. Le contesto que estamos conformes y que el artículo no se aprobará en su forma actual. Lo que la mayoría pretende es que las leyes de estas Cortes no puedan ser anuladas o desvirtuadas tomando el rodeo del Tribunal de Garantías. El texto está mal concebido, porque habla de leyes promulgadas por las Cortes, y las Cortes no promulgan leyes. Lo de poderes públicos también es un error de expresión, aparte del error de fondo. Mi parecer es que se suprima enteramente cuanto pueda significar que el Gobierno busca la inmunidad para sus actos, y creo que se suprimirá.

El Presidente ha hablado luego del trabajo de las Cortes, y estima indispensable que se convenga un plan. Como él me ha dicho que este Gobierno no termina su misión con aprobar la ley de Garantías, yo tengo pensado acelerar la discusión de la reforma electoral y de las leyes de orden público, además de los complementos de la ley Agraria.

Él mismo ha llevado la conversación a la visita de Martínez Barrio, que la prensa, recogiendo la agitación de ayer en las Cortes, comenta con viveza. *El Socialista* trae un artículo muy duro, en que tomando por pretexto a Martínez Barrio, ataca al Presidente. Está muy enojado con ese periódico, y se lamenta de que, siendo el órgano del partido, ninguno de los tres ministros socialistas le haya dicho ni una palabra de consideración ni de desaprobación del artículo. «Conocía yo —dice— la soberbia eclesiástica y la soberbia militar; ahora conozco la soberbia marxista.» El Presidente atribuye el artículo a la parte «universitaria y más refinada» del socialismo, es decir, a Fernando de los Ríos. «Estoy seguro de que no —le respondo—. Basta leerlo para conocer al autor.» «Bueno, pero al menos la inspiración.»

Respecto de la visita de Diego, me dice que según el protocolo establecido los ex ministros pueden ir a verle cuando quieran, sin pedir audiencia.

Que él no llamó a Martínez Barrio (todo el mundo asegura lo contrario) y se limitó a decirle que esta «etapa» política no se acaba con la votación de la ley de Garantías. Que Lerroux y Martínez Barrio no han sido discretos y se lo hará saber. Maura había anunciado que vendría a verle hoy, y él le ha rogado que lo deje para otro día.

A una mención de la posible retirada de las oposiciones, responde con un «¡bueno!», inclinando la cabeza. No sé lo que significa.

Me asegura, por último, que el retraso en firmar la ley de Congregaciones no se debe al propósito de dejarla fuera de la excepción del artículo adicional de la ley de Garantías. Nunca ha tenido tal propósito.

Sería difícil hacer que este señor comprendiese el daño que ha hecho al Gobierno y el que se ha hecho a sí mismo con el retraso en aprobar la ley. Todo Madrid está pendiente de su resolución. Se cruzan apuestas y no se habla de otra cosa. El Presidente, sin hacerse más simpático a las derechas, ha perdido mucho en el otro bando; y como al fin la aprobará, las derechas le aborrecerán, sin que los otros se lo agradezcan, porque se han convencido de que si al fin no pone el veto será por evitar un conflicto mayor. Y aunque no parece que haya pensado en no firmar, la opinión general es que está dudándolo.

He estado en las Cortes. Nada nuevo. Vuelvo al ministerio para vestirme. Tengo que ir al banquete que el Gobierno ofrece a los congresistas de Sanidad militar. Cuando me disponía a salir, llaman por teléfono desde Gobernación. Me pregunta Casares si conozco la nota que García Hidalgo ha dado a los periodistas. (Aquí todo el mundo da notas.) No la conozco. La nota es insultante para el Presidente, y lo mejor que le llama es histérico. Casares ha hecho saber a los periódicos que recogerá la edición del que se lance a publicarla. Apruebo su determinación, y por si acaso, me ocupo en telefonear a varios periódicos amigos llamándoles la atención. En efecto, *Ahora* iba a publicar la nota, en cuya atrocidad «no se habían fijado». También hablo con un redactor del *Socialista* para lo mismo.

El banquete, en el Ritz, y la recepción consiguiente, han estado concurridísimos. No ha asistido ni se ha disculpado el embajador de Portugal. Sin duda, está enfadado porque no he ido al concurso hípico ni al banquete anual que se da con este motivo; no he ido porque me desagrada el ambiente de señoritismo monarquizante que impera en esas reuniones.

En el banquete de esta noche me han hecho hablar, y he pronunciado un discurso muy vivo, que ha gustado mucho.

Cosas de Palacio. En la recepción de los congresistas de Sanidad militar en Palacio me acompañaba Saravia. El Presidente ha estado siempre muy afectuoso con él, y acostumbraba llamarle, con cierto énfasis, don Juan. Pero, esa tarde, el Presidente se limitó a responder con una inclinación de cabeza al saludo de Saravia. Extrañado, Saravia preguntó al coronel Alejandro Rodríguez, del Cuarto Militar del Presidente:

—¿Qué le ocurrirá al Presidente, que apenas me saluda?

—Como no sea que es usted tan adicto a Azaña...

De suerte que el Presidente y, por ende, su séquito, estiman a las personas en razón inversa del grado de amistad que me tienen. Relaciono esta anécdota con un hecho que me pareció insignificante cuando ocurrió, y cuyo sentido verdadero no pudimos encontrar ni Saravia ni yo.

Hace cuatro o cinco meses, el Presidente le envió a decir a Saravia que no se preocupara, que *siempre tendría un puesto de confianza a su lado*. Esto me parece que ocurría por el mes de febrero, o así. Saravia contestó al mensajero oficioso que él no tenía más deseo que el de servir a mi lado en cuanto me fuese útil, y que al cesar yo no pediría ni querría nada. ¿Qué se propuso el Presidente con sus extraños manejos? ¿Minarme, desde entonces, el terreno con mis inmediatos colaboradores? ¿Era yo una persona *mal vista* en Palacio en aquella fecha? Hace meses, comenzaron a rodar por los periódicos de oposición, *El Debate*, el *ABC*, y *La Tierra* (el libelo de March), comentarios malignos, en los que se decía claramente o se insinuaba que el Presidente del Consejo no era ya persona grata en Palacio. No hice maldito caso, ni pensé que pudiera tener aquello fundamento alguno, pero ahora, visto el giro que llevan las cosas, y el «temperamento» que descubre don Niceto, y la deplorable facilidad con que se traslucen, a través de sus confidentes, los designios del Presidente, es permitido sospechar que tales informaciones periodísticas tenían alguna base, y que los enemigos y adversarios han sabido antes que nosotros algo de lo que se tramaba.

2 de junio

Consejo de ministros en la Presidencia. Durante la reunión nos llega la noticia de que el Presidente ha firmado la ley de Congregaciones; y al poco tiempo, nos envían desde el ministerio de Justicia el original de la ley. Vemos que el Presidente ha revisado la fórmula de promulgación, y en ésta habla del mandato que la Constitución dio a estas Cortes. Una vez más, pretende excusarse con las derechas.

Examinamos la intención política, y todos convienen en que, partiendo de la continuación de este Gobierno, aceptada por el Presidente, es necesario «un tónico» que repare los estragos causados por la obstrucción y por las indiscreciones del Presidente, por su demora en firmar la ley de Congregaciones y por la propia manera que las oposiciones han tenido de cesar en la obstrucción, o sea, el supuesto de que el Gobierno tiene que dimitir en seguida. El tónico no puede ser otro que la reorganización del ministerio, sobre la base de proveer la cartera de Hacienda y de dividir el ministerio de Agricultura. Esta reorganización, que yo pienso ha de ser más extensa, demostrará a la gente que vamos a seguir, o en todo caso, obligará al Presidente a desembozarse, si es que está embozado, o a corroborar con actos inequívocos lo que me tiene dicho de palabra. El momento oportuno es la votación final del proyecto del Tribunal de Garantías.

Fernando de los Ríos ha llevado al Consejo los primeros decretos para la aplicación de la ley de Congregaciones. Los han preparado desde que se votó la ley, y no se han examinado antes por la incertidumbre reinante acerca de la conclusión de este asunto.

Por la tarde, voy a casa de don Niceto a firmar. Ha oído por la radio la nota oficiosa del Consejo, y está muy enojado porque en ella figuran ya los decretos de Instrucción Pública para aplicar la ley de Congregaciones.

—¡Antes de saberse si firmaba o no la ley, ya estaban aprobando esos decretos!

—Al Consejo ha llegado la noticia de la firma, y poco después, la ley misma, firmada.

—Perdone usted —me replica—. No pueden concordarse las horas, porque yo sé muy bien cuándo he firmado.

—No lo dudo. Me parece que no es cosa de abrir un proceso para averiguar si cuando deliberábamos sobre esto había usted firmado o no. Todos sabíamos que firmaría usted...

—¡Pero si yo no se lo he dicho a nadie!

—Pues a pesar de eso. Leída la nota de usted, de hace dos días, ya no se podía dudar. Pero eso es lo de menos. Si no hubiese usted firmado, los decretos, preparados con antelación para ganar tiempo, se habrían quedado en un cajón, y nada más.

—Aprobar esos decretos el mismo día en que he firmado la ley es una especie de «trágala» a mí y a la opinión católica.

—No hay trágala alguno, sino el cumplimiento de una obligación, que es apremiante por la falta de tiempo.

—Si usted quiere dejarme los decretos, los estudiaré y los despacharé pronto. Lo mismo da que se publiquen mañana o el lunes.

—En efecto, lo mismo da.

Le he dejado los decretos, para que los vea despacio. Después me habla de la nota de García Hidalgo, y tiene el arrojo de decirme que hubiera preferido que el Gobierno se abstuviese de intervenir y que la nota se hubiera publicado.

—¿Cómo es posible? —exclamé—. El Gobierno no debía consentir que se publicara una nota ofensiva para usted. ¿Qué habría usted dicho del ministro de la Gobernación y del Gobierno si no llegamos a hacer lo que se ha hecho?

—¿Y yo qué puedo perder porque me ataque García Hidalgo? Nada. Repaso mi trato con ese señor y sólo encuentro el haberle ayudado, en otro tiempo, con aportaciones de dinero para publicar un periódico, y el haber hablado al pueblo de Córdoba, siendo yo Presidente del Gobierno, desde el balcón del círculo político de García Hidalgo. Esto es todo lo malo que yo he hecho en relación con él.

(El Presidente apela al sarcasmo, fruto de una soberbia maltratada.)

Insiste en que hubiera sido mejor que la nota se publicara.

—Es difícil acertar con usted, señor Presidente —le digo con enojo apenas disimulado.

—No es difícil; conocerme es muy fácil.

—Yo no digo conocerle; digo que es difícil acertar. Y si usted se inclina a entender así los actos del Gobierno, no acertaremos nunca.

Entonces se pone a divagar sobre lo que puede perder con los ataques de ciertas personas; «tampoco usted puede perder —me dice— porque le ataque un García Hidalgo»; etcétera, etcétera. Muchas palabras. La conversación acaba desabridamente.

He ido a las Cortes y he hablado con casi todos los ministros. Ante la proyectada reorganización del ministerio, Zulueta, Giral y Albornoz me reiteran su propósito de marcharse del Gobierno. Yo les digo que, en efecto, si se hace la reforma ministerial, quisiera que fuese amplia, pero que antes he de buscar un ministro de Hacienda. Ya una vez le ofrecí la cartera a Viñuales, que se negó redondamente. No puedo hacer ministro de Hacienda a cualquiera; se necesita una persona enterada y de autoridad. Y hay que encontrarla. No voy a arriesgar el paso ridículo de proponer al Presidente la provisión del cargo sin tener la seguridad, para el caso de que apruebe mi propuesta, de contar con alguien que sirva para desempeñarlo.

El deseo de Albornoz de retirarse del Gobierno no es nuevo, por lo menos en su boca. ¿Sincero? No lo sé. ¿Quiere quedarse fuera para ser candidato a la sucesión? ¿Aspira solamente a presidir el Tribunal de Garantías? No es posible saberlo. Albornoz ha cambiado mucho respecto de mí, pasando del recelo, y casi la hostilidad, a una adhesión que no pierde momento para manifestarse. Pero esto es de él para mí; dado su carácter y lo que es su partido, no puede esperarse más en el orden político.

A última hora de la tarde, se ha discutido el artículo adicional de la ley de Garantías, dejando para después otras partes de la ley. Hemos variado la redacción del artículo, dejándolo reducido a poner fuera de la jurisdicción del tribunal las leyes votadas hasta ahora por las Cortes. He tenido muchas conversaciones con unos y con otros, ya que nadie se entendía. La paciencia se pone a prueba, para concertar tantas voluntades dispares e incompetentes. Por fin, se convino la manera de incorporar a la ley el nuevo texto.

Como esta incorporación no se había hecho ni acordado aún al comenzar la discusión del artículo, los impugnadores se han despachado a su gusto. Sánchez Román ha hecho un discurso de cierta violencia.

El otro día tuvimos una larga reunión con la comisión, más Ossorio, Sánchez Román y Jiménez de Asúa, en que se logró un acuerdo sobre puntos importantes del proyecto, que lo mejoran. En casi todo estuvimos de acuerdo Sánchez Román y yo, y pudo convencerse de que nuestra disposición en este asunto no es interesada. Hoy ha atacado con viveza. Parece ser que esto obedece a su enemiga contra el Gobierno, que, a juicio de Sánchez Román, no hace más que disparates. Los amigos de Sánchez Román (el duque de las Torres, un señor Zugasti, ex grande de España, y varios radicales-socialistas descontentos, más algunos jóvenes que hasta ahora seguían a don José Ortega) han fundado una especie de club político en el que se entretienen hablando pestes de nosotros. Un día llevaron allí a Ansó, secretario del congreso, del partido de Acción Republicana, y le pusieron «la cabeza tonta», como suele decirse, a fuerza de diatribas contra el Gobierno. No se sabe bien lo que pretende Sánchez Román, que se niega a formar en los partidos, que tiene, por lo visto, planes políticos vastos y que no acaba de tomar una posición ni un camino, manteniéndose, como él dice, en la actitud de «un espectador», muy agradable, sin duda, y muy cómoda.

Después de la discusión, he leído en las Cortes el proyecto de reforma de la ley Electoral. No ha dejado de causar efecto, no el contenido del proyecto, sino su presentación, porque todos lo entienden como un síntoma de la continuación del Gobierno. Pero claro es que ello no basta.

Por la noche, después de cenar, he ido de paseo al Escorial. Noche clarísima, de luna fuerte, cielo raso. La fachada del jardín de los frailes, portentosa, con esa luz. Los amigos que me acompañaban me han dado informes curiosos.

Joaquín Montaner ha visto estos días a Manuel Aznar, ex director del *Sol*, que se decía muy amigo mío y me llenaba de incienso el año pasado. Cuando, en consejo de ministros, naufragó la candidatura de Aznar —tímidamente propuesta por Zulueta— para un cargo diplomático, los sentimientos de Aznar parece que cambiaron. Dicen que ha dado treinta mil pesetas para ayudar al podrido *Imparcial*. Aznar se titula ahora fascista. Vive en la misma casa que Miguel Maura, y se ven con frecuencia. Aznar le ha contado a Montaner algo de lo que ha oído en casa de Maura. Parece ser que el diputado por Sevilla José Centeno, que militó con Maura en la «derecha republicana», cuando la dirigía don Niceto, y amigo personal íntimo del propio Presidente, acude de vez en cuando a contarle *cosas* a Miguel; entre otras, las *cosas* que le oye a don Niceto, poco difícil en la elección de sus confidentes. Me cuentan, con referencia a Centeno, imitando el acento de don Niceto, las confesiones que le ha hecho respecto de sus planes contra el Gobierno.

«El modo de echarlos, ya lo tengo pensado, pero no te lo digo, Pepe Senteno... Para resolver la crisis tengo cuatro caminos: primero, llamar a Besteiro; segundo, a Sánchez Román. Ninguna de estas soluciones es viable. Tercero, encargar a Albornoz, y por último, lo que menos me gusta, los radicales.»

Se confirma que a mí no puede tragarme. «Ese hombre —dice de mí— no resiste tres meses en la oposición, porque no tiene amigos. Él mismo ha dicho en un discurso que no quiere tenerlos.» (Se refiere a mi discurso de Santander.)

Los acontecimientos, que ya no pueden tardar, confirmarán o desmentirán estos decires. Pero la intención está bien conocida.

3 de junio

Hoy, sin Cortes, he pasado el día más holgado de tiempo para atender a mis asuntos. He trabajado toda la mañana. Recibo a Macià, y después a Barberán y Collar, que emprenden dentro de pocos días el vuelo a Cuba y México.

Por la tarde he salido de paseo. Lluvia. Regreso pronto. Después de cenar, trabajo. Me voy a acostar pronto.

4 de junio

Domingo. Holganza. He pasado la tarde en La Quinta. Al regreso, viene Casares. Hablamos de lo que va a pasar. Casares está deseando marcharse del Gobierno, y no ve la hora de quedarse en libertad. Yo le dejo con su ilusión; pero si yo continúo, no pienso desprenderme de él, sea que conserve el ministerio de la Gobernación o que pase a otro si reorganizo el Gobierno.

Los obispos han publicado un documento condenando la ley de Congregaciones, y se habla de otro del Papa. Cuentan que estas cosas han sembrado la desolación y el espanto en la familia de don Niceto. Refieren una escena de lágrimas entre el obispo de Madrid y la mujer del Presidente. Los periodistas traen y llevan estas hablillas. Por todo Madrid corre el rumor de que el Presidente dimite. No es creíble. De todos modos, estos disgustos domésticos no dejan de influir en la política, cosa no prevista por la Constitución. Es innegable que la ofensiva del Presidente contra el Gobierno, además de la parte que tenga en ella su desagrado por mí, se funda en que no le gusta lo que se ha hecho con esa ley; y su propio enojo personal conmigo, viene un poco de que «no le he servido» como quería.

5 de junio

Despacho con el subsecretario, recibo algunas visitas, y a las doce voy a Palacio. El Presidente me habla de los decretos de Instrucción Pública. Nuevas quejas, fundadas en una distracción de un escribiente, que el Presidente atribuye al propósito de molestarle y menospreciarle. El que haya extendido los decretos en la secretaría del ministro ha cometido el error de emplear como fórmula de promulgación ésta: «El Gobierno de la República decreta», en vez de «Vengo en decretar lo siguiente». Como los decretos suelen darse en cuartillas, con el preámbulo, si lo tienen, y la parte dispositiva, para que las pongan en limpio, añadiéndoles el encabezamiento y el pie de ritual, cualquier persona menos preocupada que el Presidente habría comprendido que el emplear la fórmula de promulgación que usaba el Gobierno provisional no es más que una ligereza del mecanógrafo, y con advertirlo y hacerlo enmendar se acababa el asunto. Pero don Niceto ha sacado de ello otro pretexto para nuevos ayes y lamentaciones, y decir con sarcasmos y enojos que la fórmula es anticonstitucional, y que anula la función del Presidente, etcétera, etcétera. Todo ello como si el error fuese una mala idea del ministro. Por fortuna, uno de los decretos iba en buena forma, y he podido, creo yo, convencerle de la verdad del caso. Un niño mimado no da más que hacer.

Respecto del fondo de los decretos, me hace algunas observaciones, fundadas en que ciertos artículos son «sectarios»; como se toma muchas libertades para retorcer los textos, hace decir a los decretos lo que quiere. Por ejemplo, se escandaliza mucho de que las prácticas del personal docente que va a reclutarse se hagan en el verano. «¿Cómo en el verano —exclama—, si están cerradas las escuelas?» Sobre esto construye una disertación copiosísima. Luego resulta que según los mismos decretos las prácticas se harán desde septiembre, cuando se reanuden las clases... Y así todo.

Estaba yo tan aburrido y tan harto, que para no discutir con él le dije que le mandaría al ministro de Instrucción Pública, que le aclararía sus dudas.

Después me contó un incidente grotesco, de que solamente un hombre como él puede ser víctima.

«El domingo —exclama— he tenido que soportar la pregunta más impertinente, más indiscreta, más irrespetuosa que me han hecho en mi vida; y claro es que una pregunta así sólo podía hacérmela un inglés. Los ingleses son muy bien educados, pero cuando se atreven a romper las buenas maneras, nadie los aventaja.» Por ahí siguió, haciendo las ponderaciones usuales, llevado en el lomo de su ola oratoria. Por fin, me contó el caso:

«Pues estaba yo en mi despacho, cuando entró el segundo de mis chiquillos...» (Digresión sobre el segundo de sus chiquillos, de la cual saco en limpio que es muy estudioso, muy formal, y *que le da por ser socialista.*) El mozo le dijo así: «Papá: el corresponsal del *Times* pregunta si has ido hoy a misa, como de costumbre. Sabe que quizás esto no sea muy correcto, pero que no tiene otro modo más seguro de averiguarlo».

—¿Y usted qué contestó? —le dije yo a don Niceto, pensando en lo que yo habría hecho en un caso semejante.

—Mi primera intención fue contestarle que según el párrafo... tal, del artículo... cual (y me los citó, pero se me han olvidado) de la Constitución, no se puede hacer al Presidente esas preguntas, ni yo tengo que contestarlas. Luego pensé otra cosa, y dije: «Mira, hijo: contéstale al señor De Caux que he oído misa a la hora y en el lugar de costumbre».

Esto es lo que ha hecho el Presidente, y me sonroja que se conduzca así. Tan quisquilloso como es en todo, no sabe darse a respetar. El señor De Caux es católico fanático, y ha mandado al *Times* informaciones que podía haber firmado un jesuita. Su pregunta es un indicio del tolle tolle que hay en

Madrid con eso de la excomunión a los autores de la ley de Congregaciones. Mucha gente se imaginaba que a don Niceto ya no le dejarían entrar en la iglesia. Y De Caux, concienzudamente, ha querido cerciorarse.

Entre las barbaridades que han hecho estos días los beatos, se cuenta una especie de esquela de defunción, repartida con una hoja monárquica a la puerta de las iglesias, y que dice algo como esto: «Rogad a Dios, en caridad, por el alma de don Niceto Alcalá-Zamora y su desgraciada familia, etcétera». La hoja ha llegado a manos del Presidente, y creo que se la dieron en una iglesia a alguien de su propia familia. Como está en carne viva, estas cosas le mortifican atrozmente.

Desde Palacio, vuelvo al ministerio. Recibo a Flores de Lemus, Gabriel Franco y Carabias, gobernador del Banco, y hablamos largamente de la Conferencia de Londres. Los tres son delegados nuestros. La opinión de Flores es mala para nosotros. De la exposición que hace, no resultan más que peligros. Sin embargo, si la conferencia llegase a un resultado verdaderamente útil para el interés general y abriese caminos de salida a la crisis, ya podríamos dar por bueno cualquier sacrificio, si del mejoramiento general se deducía para España un arreglo en los negocios y en el trabajo. La República ha venido en la hora peor, en cuanto a lo económico. Si no tuviéramos delante más que las cuestiones estrictamente políticas, no habría motivos para preocupaciones demasiado serias.

Por la tarde, el Presidente me ha llamado a su casa. «¿Dónde está de guarnición el regimiento 9 de infantería?» «No lo recuerdo en este momento; quizá sea el de Alcoy.»

—Pues hay que hacer una investigación sobre lo que ocurre en la oficialidad de ese regimiento, porque he recibido un anónimo absolutamente intolerable, escrito en un pliego con el membrete de la sala de banderas del primer batallón. Es intolerable.

El Presidente estaba muy enojado y lastimado. No me ha leído el anónimo, aunque me ha parecido entender que lo llevará a Consejo. ¿Qué puede ser? Supongo que insultos por la promulgación de la ley de Congregaciones.

Me sorprende que al cabo de tantos años de andar en la política, don Niceto se lastime tanto por un anónimo. Y aunque ahora sea el Presidente y el anónimo pueda provenir de algún militar, la casi absoluta imposibilidad de descubrir al autor aconseja recibir tales papeles con indiferencia. Como síntoma, es de poco interés, porque ya sabemos que entre los oficiales hay muchos beatos. Lo chusco del caso es que quien así escribe al Presidente sea un correligionario suyo, de sus mismas creencias, chasqueado tal vez porque don Niceto no ha respondido a lo que esperaban de él. Claro que escribir anónimos es una bajeza. Razón de más para despreciarlo.

En punto a anónimos, creo que he sido favorecidísimo desde que entré en el Gobierno. Sobre todo en los primeros meses, cuando se hacían las reformas de Guerra, llegaban por docenas a la secretaría. Se supone que eran de militares casi todos, que, o por monarquismo o por sentirse lastimados en la nueva organización, se desahogaban insultándome; válvula de seguridad para la compresión de la disciplina. También me han mandado muchos anónimos con motivo de las conspiraciones; casi todos, según me decían, amenazadores, y algunos con advertencias piadosas. Mis ayudantes han conservado, por curiosidad, los más atroces. Este desfogarse en anónimos, y en habladurías de café, en especies calumniosas, estúpidas, me ha hecho pensar siempre mal de la entereza de nuestros enemigos. Es curioso observar cómo han ido gastándose los temas calumniosos; se desataban en fuertes oleadas, crecían, y luego iban menguando y retrocediendo, hasta desaparecer. Aparecían no sólo en cartas y en hojas clandestinas impresas, sino en ciertos periódicos, que más o menos veladamente, y hasta sin veladura, los explotaban. A veces, en reuniones y comidas «elegantes» han saltado conversaciones o preguntas absolutamente correctas y de seguro inocentes en la intención de quien las provocaba, pero que no se hubieran producido de no existir previamente la vaga preocupación causada por una hablilla calumniosa. Para no ser cruel y no dejar pegado, o pegada, a ningún señor ni señora, me he abstenido de decirles fríamente y riendo: Ya sé por qué dice usted eso: por esto, o lo otro, o lo de más allá.

El curso del tiempo ha bastado para deshacer las peores intenciones. Pero me ha costado algún trabajo habituar a los que me rodean, secretarios, ayudantes, jefes de gabinete, etcétera, a tomar indiferentemente las calumnias y los insultos. Domenchina, que es muy susceptible, y todo lo toma en serio, se irrita más ante un anónimo, por bueno que sea, que ante unos versos malos. Saravia es más filósofo. Un día recibimos una carta anónima diciendo que íbamos a ser asesinados aquella misma noche. Saravia hizo pegar la carta en la vidriera de la puerta de su despacho, y muchas docenas de personas leyeron el aviso. Probablemente lo leyó también su autor —que acaso pertenecía al ministerio— y abandonó su cruel propósito. En fin, sepamos quién del regimiento 9 se atreve a insultar a don Niceto, y medraremos.

He llamado a Viñuales para ofrecerle la cartera de Hacienda. Conversación de media hora. Viñuales se niega. Cuando ya lo tengo acorralado y casi convencido, me pide que le conceda dos horas para reflexionar. Se marcha Viñuales y antes de las dos horas me escribe rehusando.

Después de la entrevista con Viñuales, despacho con Masquelet, y estando con él llega Fernando de los Ríos. Hablamos de sus decretos. Fernando encuentra infundadas las observaciones del Presidente, y espera convencerle de ello.

Últimamente ha venido Ramos. Tratamos de su caso. Ramos no ignora mi propósito de haberle hecho ministro en la primera ocasión, pero me dice que ya comprende la imposibilidad de hacerlo ahora. Don Niceto pondría el grito en el cielo, y aun siendo nombrado, la situación personal de Ramos con el Presidente sería intolerable.

6 de junio

Está celebrándose el congreso del Partido Radical-Socialista, que fue convocado para Zaragoza, y trasladado por fin a Madrid, en vista de que la situación política de Zaragoza es poco propicia al desarrollo pacífico del congreso. Temían choques violentos con los sindicalistas.

El congreso se esperaba con curiosidad, y, de parte de algunos, con ansiedad. Todos conocen las disensiones internas del partido, que, reflejadas en el grupo parlamentario, nos han creado algunas dificultades, y le han valido a Domingo situaciones muy penosas. Hay dos corrientes secesionistas en el partido, que a veces se confunden. Los diputados por Murcia (Moreno Galvache, López de Goicoechea y algún otro), muy trabajados por Gonzalo Figueroa, «empresario» de las elecciones de aquellos señores, y agente de Sánchez Román. A este grupo pertenecen Feced, E. Valera y un diputado santanderino. Los motivos de estos señores son muy diversos. Unos son enemigos de los socialistas y quieren unirse a los radicales; otros están enojados con Domingo, o por cuestiones personales o porque lleva mal la reforma agraria; de éstos, Feced, hombre de confianza de Domingo en la reforma agraria, se le ha vuelto en contra, y está manejado por Sánchez Román; el Moreno Galvache es un murciano bárbaro y cacique, de cuyas mañas no se cuenta nada bueno.

Sin coincidir enteramente con éstos, levanta bandera de oposición el diputado por León, Gordón Ordás, que parece ambicioso y se cree postergado y desdeñado. Gordón era el hombre preferido por Albornoz, que admira la inteligencia, la preparación y la capacidad de trabajo de Gordón. Creo que Gordón, dominante e imperioso, ha tenido, si ya no lo tiene, en el bolsillo a Albornoz. Y Albornoz, como Domingo, sienten una especie de terror por Gordón y por los disidentes.

Mis relaciones personales con Gordón son insignificantes. Creo que he hablado con él una docena de veces. Cuando fue director de Ganadería le ayudé desde el ministerio de la Guerra. No he tenido con él sino una conversación extensa, cuando regresó de la Argentina y tuvo la cortesía de venir a visitarme. Se cree desdeñado por mí, ignoro el motivo. En realidad, sin que yo pueda opinar fundadamente sobre lo que Gordón vale o deja de valer, siempre me ha parecido que, entre los diputados radicales-socialistas, es casi el único que tiene carácter, y no es poco. Dicen que es inteligente y muy trabajador. Posee una carrera poco considerada, y él se esfuerza por darle valor científico; la gente le llamó por burla el Marañón de los veterinarios. Me produce hasta ahora la impresión de un hombre que en la edad madura se ha afanado por adquirir una ilustración vasta y general, sin que podamos estar ciertos de que la ha asimilado. Cuando se discutía la Constitución, Gordón Ordás tenía un contraproyecto y pronunció un discurso, encaramándose en los principios de la filosofía del derecho público. Parece ser que el contraproyecto y el discurso eran obra de un pedante fracasado a quien conocí hace treinta y dos años en clase de don Francisco Giner. Produjo estupefacción que Gordón Ordás supiera tantas cosas ajenas a su profesión y a la biología; pero se advirtió que no sabía pronunciar el nombre de Gierke.

Ya desde la Argentina, Gordón impidió, con un telegrama, que la federación de izquierdas propuesta por mí en Santander, de acuerdo con Albornoz y Domingo, prosperase y se consolidase rápidamente. De regreso, pugnó por presidir él la federación, y no lo consiguió. Habló contra mí en León, y después puso en circulación la especie de que soy un político «audaz y frívolo», repetida y ampliada por sus secuaces. Del mismo origen es la idea de eliminarme de la política forzosamente. Yo soy, a juicio de estos señores, una *personalidad* demasiado saliente; y en la democracia, las «personalidades» salientes son peligrosas. Les gustaría más una acumulación de nulidades.

Pongo estos antecedentes porque se ha producido el hecho desaforado e increíble de que Gordón, en el congreso de su partido, ha echado un discurso de siete horas, las más de las cuales ha invertido en atacarme rudamente, lo mismo en el orden personal que en el político. Justo es decir que los ataques de Gordón no eran desconsiderados ni molestos para mí, y que él ha procurado fundar su posición oponiendo una política a otra política. Combatía la de su partido y la del gobierno, y de paso, como representante, y no sé si como inspirador de ella, a mí. Gordón no cree que yo sea un dictador; pero sí afirma que «llevo dentro un dictador», que ya es penetración. Para probarlo, así como otros puntos no menos notables de su enorme discurso, se ha servido de un enorme papelorio, donde abundaban las citas y extractos de mis discursos y mis escritos. Recuerdo que hace unas semanas veía yo a Gordón deambular por los pasillos del Congreso llevando en el sobaco un ejemplar del libro *Una política*; se conoce que me estaba calando y escudriñando. Si Gordón me ataca, no me desdeña ni me rebaja; al contrario; dice que la República ha producido dos hombres: el uno, soy yo; el otro, él. Aseguran los testigos de la escena que el congreso recibió con protestas los ataques de Gordón contra mí; pero la verdad es que yo no estoy incomodado con él, ni tengo motivo para resentirme; en primer lugar, porque su derecho es indiscutible, y hasta ahora no sé que haya rebasado los límites de la buena educación en un vejamen; y en segundo, porque no hay modo de enfadarse con quien comienza proclamándose grande hombre y después nos eleva hasta su altura. Me dicen que los discursos de este congreso se imprimirán. He de procurármelos porque son raros los casos como éste, y además puede que leyendo a Gordón aprenda algo respecto de mí.

El discurso de Gordón ha sembrado el pánico en las huestes de Domingo y Albornoz. Muchos creen que los disidentes tendrán mayoría, y que el congreso acordará separarse del Gobierno, retirando de él a sus ministros. En esta esperanza están muchos, singularmente los radicales y Maura, y quieren decir que también el Presidente de la República. Albornoz y Domingo creen que no ocurrirá nada y que triunfarán los ministeriales.

Los comienzos del congreso no abonan la confianza de Marcelino y Albornoz. En la sesión inaugural se discutieron las actas de los delegados, y al llegar a las de Murcia, donde está el foco de la oposición, se produjo un escandalazo tremendo. Cada delegado tiene tantos votos como suman los afiliados que representa. Y se ha probado que los de Murcia traen representaciones falsas, que les confieren miles de votos inexistentes en los censos del partido. Se ha probado que una persona generosa ha dado miles de pesetas para abonar las cuotas no pagadas por afiliados morosos, que no tenían derecho a representación; etcétera.

El donante dicen que ha sido Gonzalo Figueroa; otros señalan a un señor de Murcia, de cuyo nombre no me acuerdo. De lo que nadie duda es del chanchullo, sea quien fuere el donante.

Gran parte del congreso se oponía a aceptar en esas condiciones las actas de la representación de Murcia; se votó, y fueron aprobadas. A esta votación se le viene dando un valor indicativo, como un triunfo de la oposición. Se me ha dicho muy calladamente que los de Murcia amenazaron con *destaparse* contra Domingo si no se aprobaban sus actas.

En esta disposición llevan tres días, mañana, tarde y noche, desgañitándose. Y es lo grave del caso que de allí puede salir una revolución que cambie la política de la República.

De todo esto hemos hablado en el Consejo de ministros, por la mañana. Los dos ministros radicales-socialistas siguen diciendo que el congreso dará un voto favorable y que los disidentes se someterán a lo que acuerde la mayoría.

Si fuese de otro modo, el Gobierno caería por faltarle el apoyo de uno de sus grupos parlamentarios. Nada habría que decir contra eso. El resultado sería, probablemente, eliminar a los socialistas del Gobierno que se formase. No podrían los socialistas quejarse de mí; pero ya se quejan de los radicales-socialistas, preguntando si se atreven a cargar con la responsabilidad de un cambio de esa importancia, realizado prematuramente. La oposición podría apuntarse un gran triunfo, y supongo que el Presidente se quedaría muy contento, porque, sin comprometerse nada, habría logrado lo que, al parecer, va buscando.

Partiendo del supuesto de que el congreso radical-socialista no determine la caída del Gobierno, he recapitulado la situación y he concretado lo que me propongo hacer mañana, si, como creemos, mañana se vota por fin la ley del Tribunal de Garantías.

El Presidente me ha dicho de un modo expreso que el Gobierno cuenta con su confianza para seguir gobernando después de votada esa ley, última de las que estas Cortes han de hacer por mandato de la Constitución. Por tanto, yo no tengo por qué presentarle de nuevo mañana la cuestión de confianza, ni, mucho menos, llevarle la dimisión del Gobierno. Lo que voy a hacer es proponerle nombrar nuevo ministro de Hacienda y dividir el ministerio de Agricultura. Ante esto, si accede, se producirá el efecto de la solidez del Gobierno y de su continuación; si no accede, dimitiré. Tomando al pie de la letra lo que el Presidente viene diciéndome, no hay motivo para sospechar que no acceda; tampoco hay motivo político de carácter general, puesto que el

Gobierno sigue teniendo mayoría en las Cortes. Pero si los indicios que hemos ido recogiendo significan, en efecto, que el Presidente quiere cambiar de Gobierno, mediante una iniciativa personal suya, será menester que lo haga a cara descubierta y cargando con las consecuencias. La negativa a que el Gobierno se complete, que necesariamente acarrearía mi dimisión, sería ese acto de iniciativa personal que el Presidente deberá realizar, si pretende salirse con la suya. Nosotros no debemos hacer nada que se lo facilite o que lo disimule, porque estamos obligados a estorbar cualquier veleidad de entrometerse personalmente a dirigir la política que pueda sentir el Presidente.

Por esta razón, limitaré mi propuesta de completar el ministerio a lo que es innegablemente razonable e inexcusable, si es verdad que contamos con su «confianza»; la limitaré a proveer un ministerio vacante, y a la división del de Agricultura, cosa necesaria, como él mismo sabe. Renuncio a una reorganización más amplia del Gobierno, porque si accedo a lo que algunos ministros me han pedido, tendría que llevarle la dimisión y sustitución de Zulueta, Giral, Casares, Albornoz y Carner, y el nombramiento para el nuevo ministerio de Industria y Comercio; es decir, seis ministros nuevos, lo que se diferenciaría poco de encargarme la formación de otro Gobierno; y ante esa amplitud, la opinión encontraría probablemente justificado que el Presidente se negase y abriera la crisis.

El fundamento de todo esto es que, cuanto suceda ahora marcará una doctrina y una práctica en el modo de entender la Constitución, y en la extensión de los poderes del Presidente. A mi juicio, la República es parlamentaria, y debemos hacer lo necesario para que lo sea de verdad, y no se dé paso a un presidencialismo bastardo. El Presidente nombra libremente al jefe del Gobierno; es decir, que puede cambiar de política —representada según la Constitución por el Presidente del Consejo— cuando quiera. Pero ¿qué querer y qué libertad son ésos?

El Presidente de la República, para su determinación, tiene dos indicaciones incontrovertibles que seguir: los resultados del sufragio y la situación de la Cámara. No ha habido elecciones parciales de diputados a Cortes; por ese lado, ninguna indicación. El pequeño tanteo electoral del mes de abril, tan discutido, no era, según me dijo textualmente el Presidente, motivo para cambiar de política, debiendo tenerle presente como un síntoma para no agravar la política de izquierda. De modo que el sufragio no ha dicho hasta ahora nada que baste a justificar un cambio de política provocado por el Presidente. ¿Lo ha dicho la Cámara? Menos aún. No sólo tenemos mayoría, sino que hemos machacado a la obstrucción y los obstruccionistas; hemos vencido lo que parecía invencible, y mientras los grupos parlamentarios no se escindan o no se articulen de otra manera, la indicación política de la Cámara sigue siendo la que era.

¿Qué hay más, fuera de eso? La «interpretación» de la opinión pública. Pero eso es lo arbitrario, lo personal, lo discutible. El Presidente forma también parte de la opinión pública; no está fuera de ella ni sobre ella. El Presidente —éste u otro— es hombre con opiniones políticas personales; don

Niceto las tiene muy arraigadas. Sin poner en duda su buena intención o su sinceridad, es inevitable que propenda a interpretar los datos informativos en el sentido más acorde con sus deseos e inclinaciones íntimas. El Presidente no posee fuentes de información que los demás políticos no tengan; si acaso, posee las mismas, y el hecho de que vayan a confesarse con él don Fulano o don Mengano, no da más fuerza a sus respectivos informes. Como gracia propia de un estado presidencial, el jefe o Presidente de la República no recibe una lucidez particular ni una serenidad de ánimo que él de por sí ya no tuviese. No podemos reincidir en el tópico monárquico de «la sabiduría de la Corona». Tal virtud no puede presumirse en ningún presidente; en el actual, menos que en ninguno, porque estamos viéndole impacientarse como hombre de partido cuando las cosas no van a gusto suyo, y no ha dejado de pensar en su futura acción política. Creo, pues, inadmisible que el Presidente derribe a un Gobierno porque estima que la opinión pública, en su sentir, ya no le acompaña. Lo mismo me da que se trate de este Gobierno o de otro de significación opuesta. Los radicales, y otros, han cometido la imprudencia de apelar a la intervención presidencial, cuando no podían vencernos en las Cortes. El hecho es disparatado, y nunca se me ocurriría imitarlo, desde la oposición, contra un Gobierno de derechas. Eso es apelar ante el Presidente contra el Parlamento, para que dirima personalmente una querella de partidos. Si hemos establecido el régimen parlamentario, debemos practicarlo tal como es, por muchos defectos que tenga. Desde ninguna parte se ven mejor que desde el Gobierno tales defectos; pero mientras el régimen no se cambie o se corrija, hay que garantizarlo; refórmenlo, si está mal, pero no lo corrompan. Más vale un régimen parlamentario auténtico, con todos sus inconvenientes, que un régimen parlamentario falsificado o corrompido.

La lógica pediría que si el Presidente estima modificada la opinión pública, o adversa al Gobierno, disolviera el Parlamento y el sufragio decidiría; pero no que, sin disolver las Cortes, pretenda poner en pie un Gobierno que no corresponda a lo que representa la actual mayoría. El instrumento de gobierno es la mayoría parlamentaria; mientras ella no se descomponga y se rehaga sobre otras combinaciones de partidos, el Presidente debe respetar los ministerios que la mayoría ponga en pie.

La disolución que el Presidente puede ya decretar desde mañana sin duda posible, una vez votada la ley de Garantías, no le gusta, porque sólo puede disolver dos veces. Disolver ahora el Parlamento sería un error, aun sin tomar en cuenta eso, ni los resultados de la contienda. Hay que hacer durar las instituciones, y las Cortes se hallan en condiciones de seguir gobernando; debemos habituarnos a que los parlamentos duren, y no a disolverlos a cada triquitraque, como hacía el rey. Tan en condiciones de gobernar están, que si a esta situación se le permite agotarse normalmente, podrá formarse otra, de coalición republicana, que trate de apurar los dos últimos años de vida de las Cortes.

Si el Presidente, por lo que fuere, no quiere disolver, tiene que respetar los gobiernos que las Cortes vayan produciendo. Y si no quiere respetarlos, empezando por éste, que se atreva a intentarlo de frente y se resolverá este problema. Lo que yo no haré será facilitarle su propósito que juzgo mortal para las Cortes y para la política republicana.

Los ministros han oído esta exposición y la han aprobado. Zulueta y Giral, que ya se veían dimisionarios y libres de sus cargos, han protestado amistosamente; pero admiten mis razones. Admitido mi criterio, hemos hablado de la combinación que puedo proponer al Presidente.

La negativa de Viñuales me contraría. Prieto dice que no es imposible convencerlo, si se apela a la influencia de Flores de Lemus. Si Viñuales no acepta definitivamente, tendría que hacer ministro de Hacienda a Gabriel Franco, que quizás sea demasiado joven para el cargo, pero que tiene preparación y autoridad. No puedo hacer ministro de Hacienda a un político cualquiera. También tengo que dar entrada en el Gobierno a un representante de la Esquerra, que hasta hoy no lo ha tenido.

El designado es Companys, pero al dividir el ministerio de Agricultura, no puedo ni quiero darle a Companys la nueva cartera de Industria y Comercio. Marcelino tuerce el gesto, porque se empeña en conservar la cartera de Agricultura. Es cuestión de amor propio. Pretende, como suele decirse, «sacarse la espina». Le imputan el fracaso de la implantación de la reforma agraria, y él debe de tener una gran confianza en el acierto, o una ceguedad absoluta, porque, en vez de aprovechar la primera ocasión para soltar el fardo, persiste en llevarlo.

Últimamente Domingo dice: «Uno prefiere quedarse en Agricultura, pero uno hará lo que usted resuelva, para no crearle dificultades».

Hemos hablado en el Consejo de la Conferencia de Londres. Les he leído el informe de la comisión, y otros papeles. También se ha aprobado un decreto sobre arquitectos y varios proyectos de ley. Al final del Consejo ha surgido una discusión bastante viva entre Largo Caballero y Casares, a cuenta de la suspensión de mítines pedida intemperantemente por los partidos de izquierda. Casares sostiene la buena doctrina. Largo se coloca en el punto de vista de la defensa revolucionaria. Cada vez que se enreda Casares en una discusión agria, paso yo mal rato.

Esta tarde he ido a firmar con el Presidente todo lo del Consejo. No hemos hablado de política, ni apenas de nada. La conversación será mañana. Me he encontrado con algunos ministros en las Cortes. Hemos bromeado sobre la decisión que tomará don Niceto.

—Yo creo que no se atreve —dice Zulueta.

—¡Hum! No sé... —responde Giral.

—Pues yo opino —les replico— que sí se atreverá y que mañana nos vamos.

Corre muy válida la impresión de que el jueves, al celebrarse el Consejo en Palacio, se producirá la crisis. Nadie sabe, fuera de los ministros, lo que me propongo hacer mañana. ¿De dónde viene esa impresión, bastante esparcida, de que «no pasamos del jueves»? Maura no se recata para decirlo, y asegura que la crisis «vendrá de las alturas donde se forja el rayo». Parece que están seguros de contar con el Presidente.

7 de junio

Hoy por la mañana, audiencia militar. Por la tarde he ido a las Cortes desde primera hora. Calma chicha. He entrado en el salón de sesiones y he subido a la Presidencia para hablar con Besteiro. Estaban discutiendo el proyecto de ley del Jurado, creo; y Royo Villanova decía cosas chabacanas. Yo le oía frases sueltas mientras hablaba con Besteiro. Los diputados estaban tranquilos y no había ni asomos de pelea. Algunos radicales nos observaban con curiosidad; habrían dado algo bueno por enterarse. Tratamos del plan de trabajo de las Cortes.

—Están muy mansos —le digo a Besteiro, echando una ojeada por los escaños.

—Es que esperan la crisis.

Tan seguros parecen estar, que un diputado agrario, al discutirse el proyecto de ley de Desahucios de Fincas Rústicas, ha conseguido, con no sé cuáles artificios reglamentarios, que se aplace veinticuatro horas una votación, la última, pensando que con ello echa a pique el proyecto, pues mañana no habrá Gobierno ni Cortes.

He estado después con casi todos los ministros de conversación, y a las siete voy a casa del Presidente. Allí me encuentro con Fernando de los Ríos. Ya estaban de pie los dos, para despedirse. Habían examinado los decretos y todos los recelos del Presidente estaban desvanecidos. Con leves correcciones en el texto se aclaraban algunas disposiciones que le alarmaban «por sectarias», y en otros puntos, las explicaciones del ministro le habían convencido. Pero el Presidente pretendía quizás dar largas al asunto, y no firmaba.

—Es urgente publicar eso si ya está acabado.

El Presidente iba y venía en torno de la mesa y no encontraba el momento de sentarse para firmar. Al fin, se sentó y firmó.

Fernando, que conocía el objeto de mi visita, se fue enseguida. Yo le puse a la firma unas cosas de poca importancia y luego hablé del asunto. Le dije sencillamente que, pues el Gobierno iba a continuar, como me había dicho, necesitaba completarlo, porque yo no podía atender a la cartera de Hacienda, y menos ahora, por la necesidad de hacer el presupuesto. Necesitaba además desvanecer la impresión de interinidad que daba el Gobierno, si no se completaba pronto.

Antes de que le hablase de la división del ministerio de Agricultura, me dijo que «no esperaba una propuesta así» y que necesitaba pensarlo; sin adelantar impresión ninguna sobre cuál sería su respuesta, me rogaba que la aplazase hasta el Consejo del día siguiente, agradeciéndome que le hubiese hablado de ello hoy, en vez de sorprenderle, en pleno Consejo, con una iniciativa de esa importancia. Le contesto que no hay inconveniente en aplazar la resolución unas cuantas horas, hasta el Consejo de mañana, y que, en efecto, nunca le he sorprendido ni pretendido sorprenderle con resoluciones de Gobierno. Poco más hemos hablado y desde su casa he vuelto a las Cortes.

—¿Qué hay? —me preguntan los ministros.

—Que no pasamos.

Les hago ver que el aplazamiento anuncia la negativa. Las razones que hay para acceder a mi propuesta son tan obvias, que el dilatarlo no es necesidad de reflexionar, sino propósito de provocar la crisis en el Consejo de mañana. Así acertarán los agoreros.

De mi opinión es Prieto y algún otro. Pero casi todos se inclinan a pensar que don Niceto no se atreverá, con ese pretexto, a producir la caída del Gobierno.

Uno de los motivos que don Niceto me ha dado para aplazar su resolución *es que no se sabe lo que va a ocurrir* en el congreso radical-socialista.

—Sí se sabe —le he dicho—. Después del discurso de Domingo, que todos han aplaudido, y en virtud del cual todos han llorado, el resultado es seguro. Votarán una resolución de concordia. Pero aunque así no fuese: como la propuesta que yo le hago a usted no es para firmarla esta noche, claro está que si del congreso radical-socialista saliese una votación adversa al Gobierno, de lo dicho no habría nada.

Los radicales-socialistas, después de tan feroces discusiones, se han echado a llorar oyendo el discurso de Domingo; se han abrazado y besado; han gritado... Gente impresionable, ligera, sentimental y de poca chaveta. Están redactando una propuesta que podrán votar todos, y hasta otra.

He salido de paseo y me retiro un poco tarde. Antes de acostarme, pido noticias del congreso radical-socialista. Todo va bien: se ha restablecido la «fraternidad». El Presidente no podrá apoyarse en la anunciada escisión de ese partido.

8 de junio

A las once he ido al Consejo en Palacio, figurándome lo que iba a suceder. Cuando llegué estaban todos los ministros. Domingo, muy satisfecho por su discurso en el congreso del Partido Radical-Socialista, sonreía recibiendo enhorabuenas.

El Presidente entró en seguida, al parecer en estado normal de humor. Saludó a todos, uno por uno, diciéndole a cada cual las palabras que les tiene asignadas: «Don Fernando de mi alma...», «Gran Marcelino», etcétera, etcétera.

El Consejo comenzó con palabras del Presidente, respecto de varios pequeños asuntos. Y cometió, con tal motivo, una puerilidad algo hipócrita.

Habló de su viaje a Priego, que tenía preparado para mañana o pasado. Repitió varias veces su plan de viaje y le rogó al ministro de la Gobernación que no tomase, ni a la ida ni a la vuelta, precauciones extraordinarias. Habló también de un proyecto de ley de Obras Públicas, que firmó, y se entretuvo en comentar su próxima discusión, etcétera. Se proponía con esto dar la impresión de que no ocurría nada y de que él estaba en la creencia de que nada iba a ocurrir; para hacerse luego el sorprendido. Tan cierto es ello, que a mí, al principio, me desorientó, y pudo creerse que traía pensado acceder a mi propuesta, sin lo cual se produciría la crisis y ya no podría irse de viaje. Pero al final del Consejo, cuando ya habíamos dimitido en vista de su negativa, mencionó tontamente su pequeña coartada del comienzo, y decía: Yo no esperaba esto; como que tenía pensado marcharme mañana a Priego, *según les he dicho a ustedes al empezar el Consejo.*

Ahora bien: ni él ignoraba mi propuesta, ni ha improvisado la contestación. ¿A qué venía, pues, esa ligera farsa del comienzo? Como no fuese para disimular el júbilo con que acogió la ocasión de desembarazarse de nosotros...

En fin, concluidos estos preliminares, hablé yo. Repetí mi propuesta de anoche, completándola con la división del ministerio de Agricultura. Lo razoné brevemente, y me callé. El Presidente tragó un poco de saliva antes de romper a hablar, y jugando con una plegadera me endilgó un largo discurso. Era, en el fondo, un memorial de agravios contra el Gobierno, y se decidió, por primera vez, a decir que no está conforme con el sistema de despachar únicamente con el Presidente del Consejo; sistema que se adoptó con su conformidad antes de ser elegido para Presidente de la República. Hubo en el discurso del Presidente alusiones rencorosas a Ramos (las «zancadillas en la sombra»), al *Socialista* (le llamó el *Osservatore marxista*, parangonándolo con el romano), y a otras personas y cosas: por ejemplo, al diputado socialista Álvarez Angulo, propietario de un cine. En sustancia dijo que hubiera preferido que no se le plantease esta cuestión, y que si no se le hubiese planteado habría seguido con este Gobierno; que resolver favorablemente sería un latigazo a las oposiciones; que no prejuzgaba la cuestión, ni la respuesta definitiva, que incluso podría ser favorable, pero que antes necesitaba consultar con los jefes de los grupos parlamentarios. Dijo que las Cortes, o más bien la mayoría, ha derivado hacia la izquierda, en tanto que en el país la reacción es hacia la derecha. Para explicar esto adoptó una imagen muy característica de su manera: comparó el Parlamento y la opinión a dos de los bordes paralelos de la propia mesa del Consejo; y mientras uno de los bordes «se ha corrido desde Álvaro hasta la pared, el de enfrente se ha corrido desde Domingo hacia la otra pared».

Cuando dijo que dejaba la solución en suspenso hasta consultar con los jefes de grupo, ¿se le había pasado por las mientes que yo iba a aceptar eso sin dimitir? Es increíble. Sin embargo, Prieto le dijo: Eso es negar la confianza al Gobierno. A lo que replicó don Niceto: No. Pero, en fin, cada cual lo entiende como quiere.

Cuando terminó, hablé yo, y le presenté la dimisión. Todos respiramos. Yo sentía una satisfacción íntima muy profunda, en lo que personalmente me toca. Políticamente, lo que acababa de hacer el Presidente me parecía una atrocidad, no por esperada, menos grave.

El Consejo terminó al momento. Redactamos una breve nota para la prensa, y el Presidente se fue, despidiéndose colectivamente y tomando el lado por donde había de tropezar con menos ministros, y, por supuesto, el lado opuesto a donde yo estaba.

Nos marchamos todos al momento, para no hacer comentarios en aquella sala. Había en el patio una legión de periodistas. Todos esperaban la crisis, aunque nadie sabía que iba a plantearse la cuestión.

He llegado al ministerio antes que de costumbre. La impresión de inmediato descanso y liberación crecían por momentos. Soltar una carga tan pesada, volver a la independencia y libertad que gocé hasta hace dos años, no responder sino de mis propias acciones..., todo esto, que sin duda será egoísmo, me cantaba jubilosamente en el ánimo. Y al entrar en mi despacho, y encontrarme con Saravia, que me esperaba, le he dicho:

—¡Bueno! ¡Ya no soy Presidente!

—¡Que sea enhorabuena! —responde Saravia—. Lo siento sólo —añade— por lo que pueda pasar en esta casa, según quién venga.

Hemos hablado unos minutos; tomo estos apuntes y me voy a almorzar.

Nada nuevo en lo restante del día. A primera hora de la tarde han venido algunos amigos. A las cinco vamos al Congreso; deseaba yo hablar con los ministros; allí habían estado algunos y se habían marchado. Nos reunimos los diputados de Acción Republicana y se habla de la crisis y sus causas. Estaban muy furiosos contra el Presidente. Les he contado en líneas generales lo que ha sucedido. Desde allí, nos hemos ido de paseo, hasta la hora de cenar. Al regreso me dan noticias de la marcha de la crisis, que es la normal. Esperemos que vayan descubriéndose los «cuatro caminos» de don Niceto, según Pepe Centeno.

9 de junio

He citado a los ministros en la Presidencia, y nos hemos reunido a las once. La reunión ha sido animada y jocunda. Cada cual ha puesto su comentario a lo de ayer. La acción del Presidente está bien clara; y la situación que se ha creado concuerda fielmente con lo que ya otras veces habíamos previsto, y para lo cual habíamos adoptado algunas resoluciones. Recapitulando lo sucedido, y aludiendo a las antiguas previsiones para un caso tal, Largo Caballero tira algunas puntadas a los ministros radicales-socialistas, que no las recogen. Albornoz se hace el desentendido y se «tapa», porque se dice que aspira a la sucesión. Cuando ya estábamos de pie, Largo insiste:

—¿Pero no nos hemos reunido más que para esto?

—Y para lo que ustedes quieran —le respondo.

—Yo creía que tomaríamos acuerdos de carácter político.

—Propónganlos ustedes —respondo.

—No, yo no digo más que eso... —añade Largo.

(Albornoz y Domingo hacen como que no oyen, y se van los primeros.)

Por la tarde, y para no verme envuelto en habladurías e intrigas, me he ido al campo. A las siete estábamos sentados en un merendero del Alto del León. Las gentes me miraban con curiosidad y con cierta sorpresa de ver a un presidente *caído* pasar apaciblemente el tiempo. Como yo había dejado aviso de mi ruta, tanto en Guerra como en Gobernación, por si ocurría algo, llega desde Gobernación un aviso telefónico diciéndome que el Presidente me espera en Palacio después de las ocho.

Los amigos que me acompañan dicen que es para encargarme nuevamente del poder. «De ninguna manera —les respondo—. Don Niceto haría cualquier cosa menos llamarme de nuevo.»

Emprendemos el regreso un poco fastidiado yo por esta llamada a mis todavía funciones oficiales. Volvía de mala gana, y a las ocho y media entré en Palacio. El Presidente estaba solo, con un ayudante, con ese aspecto de hallarse de prestado en la residencia oficial, que tan poco le favorece.

Me dice que quiere informarme «antes que a nadie» del resultado de las consultas. Entonces me entero, con estupor, de que ha llamado a consulta a Melquíades Álvarez y a Alba. Yo no lo sabía, pero él cree que sí; y él sabe, además, una cosa que yo, naturalmente, tampoco sabía: que la llamada de don Melquíades y de Alba ha sido recibida con aullidos de indignación por los republicanos y los socialistas. Tienen razón. El Presidente ha dado una extensión risible a la lista de personas consultadas. Los maliciosos lo atribuyen al propósito de reunir el mayor número de consejos adversos al Gobierno y a su política; el hecho es que ha llamado a personas que no representan nada en política, salvo su opinión personal; y a otras, como Melquíades, que es moralmente inductor del golpe del 10 de agosto, o como Alba, que aborrece a la República y a los republicanos. El Presidente, conocido el mal efecto causado por la llamada de esos dos, se cree en el caso de justificarla ante mí.

—Es innecesario —le digo—. Esas consultas ni las aconseja un Gobierno dimisionario ni tiene que aprobarlas el sucesor.

Como siempre, toma el asunto por el lado personal, y me dice que si él ha sabido hacerse violencia y acallar los enojos que pudiese tener con Alba y Melquíades, bien pueden los republicanos y socialistas acallar los suyos, y dejarle consultar a quien quiera; son muy dueños de no querer colaborar con esos señores, pero no pueden excluirlos de la República. Me hace grandes ponderaciones del *sacrificio* que representa para él recibir a Alba. En cambio, se ha privado de recibir a Martínez de Velasco, un íntimo y compañero en el Consejo de Estado, y *el mejor amigo que tiene en las Cortes*. Lo ha hecho así, porque sólo ha llamado a personas que han aceptado y votado la

Constitución, y su entrañable amigo Martínez de Velasco, aunque acabará por aceptar la República, no lo ha hecho todavía.

Después de esto, el Presidente pasa a contarme el resultado de las consultas. Lo resume por materias, *en seis puntos*:

Duración de las Cortes. La gran mayoría de los consultados se inclina a favor de que continúe este Parlamento. Le han aconsejado su inmediata disolución Maura, Melquíades, Alba, y con menor urgencia Lerroux.

Mayoría parlamentaria: opinan los más que debe ampliarse a otros grupos republicanos.

Obra legislativa, anterior y posterior: que debe respetarse todo lo hecho por estas Cortes, y que deben aprobarse las leyes pendientes, como Orden Público, etcétera.

Tregua pacificadora: debe inaugurarse una política de sedación, que calme la irritación causada en algunos grupos sociales.

Hombres de fuera del Gobierno: que, para esa pacificación, deben entrar hombres que no pertenezcan a este Gobierno, y, sobre todo, presidirlo uno que haya estado apartado de las luchas pasadas. (No me ha hecho el cómputo de los que le han aconsejado esto.)

Del último punto ya no me acuerdo. Mi memoria es nula, comparada con la de don Niceto.

Maura había dicho a los periodistas que cuando le llamasen a consulta se volcaría. Al entrar en el despacho, don Niceto le ha dicho:

—No se vuelque usted. Pero se ha volcado —agregó el Presidente.

Hecha la relación de las consultas, el Presidente me habla de mí. Dice que tengo cualidades formidables, reconocidas por todos; pero tengo también los defectos de mis cualidades. «Como usted no puede electrificar por trozos, a la manera de Indalecio Prieto con los ferrocarriles, para electrificar a la mayoría ha tenido usted que electrificar a las oposiciones»; así me ha juzgado. Mi temperamento es de lucha, en la cual me he formado, según el Presidente. No soy, pues, el hombre que hace falta en estos momentos. Las próximas Cortes serán de derechas; las ulteriores serán de izquierdas, y entonces me llegará otra vez la hora. (Esto es decirme que mientras él sea Presidente no contará conmigo para nada.)

A juicio del Presidente la situación no es de catástrofe, pero sí delicada. «No haré un llamamiento patético a los partidos ni al país, porque eso no se amolda a mi carácter ni al de usted; pero sí le voy a dar un encargo para sus compañeros, y es que ayuden y den facilidades para salir de ella.»

Le prometo hacerlo así. Después me dice que piensa llamar a un socialista para encargarle de formar Gobierno. (Es el primero de los *caminos* de Pepe Centeno.) Como no me dice a quién, yo no se lo pregunto, pero bien sabemos que será Besteiro. El Presidente no puede ignorar que Besteiro no acepta.

Por último, el Presidente me dice:

—No le digo a usted palabras de despedida, porque aún hemos de vernos mañana o pasado.

Nos despedimos. «Que tenga usted mucha suerte para salir de esto», le digo al darle la mano.

(Eso de la *suerte* no le ha hecho ninguna gracia. Se lo he devuelto, entre otros motivos, porque lleva ya una temporada diciéndome a cada paso que soy hombre de suerte. Todavía hace poco, con motivo del anónimo que recibió del regimiento 9, que yo creía de guarnición en Alcoy, y está en Sevilla, el Presidente me dijo delante de los ministros:

—El jefe del Gobierno es hombre de tanta suerte que hasta cuando se equivoca acierta. Me dijo que creía que el regimiento 9 está en Alcoy; y en realidad está en Sevilla; pero el sobre de la carta anónima tiene el sello de la estafeta de Alicante; de modo que si el regimiento no está allí, estaba por lo menos el autor.)

De las consultas mismas he sabido poco más que lo publicado por los periódicos. Ortega se ha creído en el caso de dar una nota en la que censura que esta crisis se haya retrasado tanto, y no por culpa de la Presidencia de la República. Ortega se lo sabe todo. Si se tomara el trabajo de informarse mejor, averiguaría que yo le he dado al Presidente varias ocasiones para abrir la crisis, si se le antojaba, y que esta ocasión de ahora le ha parecido mal; de modo que si de la Presidencia de la República hubiese dependido, la crisis se hubiera retardado más aún.

A dos de los consultados (Santaló y Cabello), que han aconsejado un Gobierno presidido por mí, el Presidente les ha dicho vivamente: «Eso no se lo digan ustedes a los periodistas».

Santaló se lo ha contado confidencialmente a varios. Y Cabello, en la reunión del grupo socialista, ha dicho: «Un secreto está mejor guardado entre cien personas que entre dos». Y les ha referido al caso.

El Presidente ha enviado un telegrama a Carner, pidiéndole opinión sobre la crisis. Y otro a Amadeo Hurtado, que es uno de los casos más sorprendentes de esta jornada. A Hurtado ¿por qué? Y sin embargo, se comprende dado lo enrevesado de las decisiones de don Niceto, que Hurtado, no menos enrevesado y *gaffeur* que él, le guste y quiera emplearlo en algo.

El nombre de Hurtado ha empezado a sonar por ahí, a consecuencia del telegrama y de unas palabras de Maura, como solución de la crisis.

Maura ha dicho a los periodistas que si Besteiro no forma Gobierno, el Presidente llamará «a una modesta personalidad parlamentaria, que no es Franchy Roca». Aquí aparece el segundo de los caminos de Pepe Centeno, si bien desviándose de la meta Sánchez Román anunciada. Maura debe de habérselo oído al propio don Niceto. Y el público está ya haciendo adivinanzas. Se fijan en Hurtado y en otros. Al volver esta noche al ministerio, después de la visita a Palacio, y enterarme de estas cosillas que me cuentan algunos periodistas en la secretaría, le digo bromeando a Saravia:

—Saravia, si viene mañana una modesta personalidad parlamentaria a pedirme concurso para el Gobierno, le dice usted que hable con el portero Martín, que es una modesta personalidad en el ministerio de la Guerra.

Aunque dicho en broma, esto corresponde al temor que tengo de que don Niceto se eche en brazos de hombres de tercera fila, a quienes pueda manejar a su antojo. Eso está en la pendiente que lleva, y cubriría de ridículo a la República.

En fin, mañana sabremos más, y cuando circule por ahí lo de la modesta personalidad, como posible Presidente de un Gobierno, los comentarios no serán gratos al bueno de don Niceto.

Aunque ya era hora de cenar, he llamado al ministerio a Casares y a los tres socialistas, para transmitirles el encargo de don Niceto. A los otros ministros se lo diré mañana. No he llamado a los dos radicales-socialistas, porque están como retraídos, esperando los acontecimientos, y en su ausencia podemos hablar con más libertad.

Después de conocer mi entrevista con el Presidente, la conversación se enredó mucho. Decidimos continuarla y nos fuimos a cenar en casa de Mariano, carretera de Las Rozas. La reunión ha durado hasta las dos. A última hora llegó Enrique Ramos. Largo Caballero estaba de muy buen humor, y desaparecidas la gravedad y la responsabilidad ministeriales, asomaban la despreocupación y el desgarro del obrero revolucionario. De tanto como hemos hablado y bromeado, una sola cosa se ha examinado seriamente: la de darle la batalla a don Niceto, para impedirle su propósito de política personal. Largo y Fernando eran partidarios de que la batalla se diese; Prieto se oponía, fundado en que llevábamos las de perder. La crisis ha causado daño a la popularidad del Presidente, pero en cuanto nos pusiéramos a luchar con él, se agruparían en torno suyo desde los monárquicos hasta los radicales, y apareceríamos movidos por un interés personal o por un despecho que no sentimos. Prieto ha defendido su punto de vista con mucho calor, y los otros han abandonado su tesis.

10 de junio

Por la mañana, llamo a los ministros radicales-socialistas, a Zulueta y a Giral. Vinieron los cuatro y les transmití el encargo del Presidente: que den facilidades para la solución de la crisis. Estando en esto, llamó Prieto por teléfono y me dijo que había citado a todos los ministros aquí en el ministerio, para hacerles una pregunta importante. Fueron llegando los demás, y el último, con gran retraso, Prieto.

Nos dijo que Besteiro había rehusado el encargo de formar Gobierno; que el Presidente se lo había conferido a él, Prieto, y que tenía autorización de su partido para aceptar: pero que antes de hacerlo, tenía que plantear una cuestión previa, a saber: si por mi parte, o por parte de los ministros, se tomaría a deslealtad que se encargara de formar ministerio. Le dije que de ninguna manera podría tomarlo a deslealtad. Le animé a que aceptase y le deseé mucho acierto. Añadí que, a mi parecer, debía comenzar aceptando y luego hablar con los grupos. Nadie opuso la menor objeción.

El ofrecimiento del poder a Prieto quiebra el plan del Presidente. Al encargar de formar Gobierno a Besteiro, como Presidente de las Cortes, no como representante del partido socialista, don Niceto creía tal vez que así cumplía con el partido, y que fracasada la gestión de Besteiro podría ya dirigirse a otros partidos y a otros hombres. Pero los socialistas no se daban por satisfechos con eso, porque Besteiro no tenía la representación del partido. Creo que así lo habían deliberado en la reunión de la comisión ejecutiva de esta mañana, y que la prevista reunión de Besteiro no ha quitado del camino el estorbo que don Niceto quería rodear. La designación de Prieto ha producido estupor en todos los que anhelaban la caída del Gobierno. En los corrillos adversos del Congreso ya empezaban a decir alabanzas mías, aunque con timidez.

Por la tarde han venido Ramos, Amós y Ruiz Funes. Hemos estado de conversación hasta las cinco. A esa hora voy al Congreso. Nada de interés, y me vuelvo al ministerio, para despachar con el general Masquelet y dejar los asuntos al día.

A última hora de la tarde se presenta aquí Prieto. Ha aceptado el encargo de formar Gobierno, y antes de hacer nada viene a requerirme para que le preste mi concurso personal en el ministerio. Le contesto que puede contar con Acción Republicana, que le dará un ministro, si lo necesita, o le dará sus votos en las Cortes, si no quiere ministros de ese partido; pero que yo, personalmente, prefiero retirarme del Gobierno, y le ayudaré desde fuera; que si no tiene ministro de la Guerra, podría serlo Casares, muy apto para el caso, y así además lo sacaría de Gobernación, como Casares desea. Prieto se niega, y como resumen de su propósito me dice que si yo no entro en el nuevo Gobierno, renunciará a formarlo; que él no se forma ilusiones sobre su aptitud para presidir, que mi presencia, «dada mi autoridad moral» sobre todos ellos, le es indispensable, y que le conteste con un sí o un no, para, en caso de negarme, volver a Palacio a resignar el encargo. (La resolución de Prieto me ha sorprendido un poco; no le creía tan respetuoso conmigo.) Para concluir le digo que me deje consultar con los diputados de Acción Republicana.

—Harán lo que usted quiera —me dice.

—Está usted en un error. Por diversos motivos, en Acción Republicana hay mucha gente que votaría en favor de mi salida del Gobierno, sobre todo, a causa del origen de la crisis.

Quedamos en que haría la consulta, y Prieto se fue. Inmediatamente me marché al Congreso, donde estaban reunidos los diputados de Acción Republicana y el Consejo nacional del partido. Les propuse la cuestión planteada por Prieto. Como yo suponía, las opiniones se manifestaron muy divergentes. La discusión ha durado dos horas. Unos, para que el partido recobre su libertad; otros, por soltarse de la alianza socialista; otros, por indignación contra don Niceto, fueron bastantes los partidarios de la abstención y de negar a Prieto mi concurso personal. Prevaleció por mayoría el criterio opuesto. Se fundaban en que no debíamos nosotros ser la causa de que fracasara Prieto en su encargo, dando con eso ocasión al enojo de los socialistas y a que se formase un Gobierno más a la derecha que el actual, dando así el triunfo al Presidente de la República. Yo me abstuve de votar, y opiné el último. Aunque, después de lo ocurrido a la vista de todos, mi posición política, saliendo ahora del Gobierno, sería muy fuerte, y a juicio de Marcelino Domingo, «envidiable», no quiero cargar con la culpa de hacer imposible la formación de otro Gobierno semejante al anterior, y abocar al Presidente a una disolución prematura de las Cortes. Negarme, después de lo que me ha dicho Prieto, parecería un acto de soberbia porque me despojan de la Presidencia del Consejo, y el mejor modo de desmentir toda apariencia engañosa, es prestarme a trabajar donde me pongan, siempre que sea al servicio de una política que nos parezca aceptable. Por este camino han ido mis reflexiones, un poco largas, durante las cuales he procurado vencer, sin que se conociera, mis propias dudas, y la angustia del trance en que las circunstancias me ponen. Difícil es recobrar la libertad, una vez metido en la red.

Había muchos periodistas aguardando a conocer nuestra resolución, porque Prieto había divulgado su entrevista conmigo. Volví al ministerio, ya cerca de las once. Casares me dijo por teléfono que en Gobernación estaba Prieto, impaciente por la tardanza. Le dije que Prieto podía venir. En efecto, vino; le comuniqué que estaba a su disposición para lo que quisiera. Se emocionó un poco y me agradeció vivamente la respuesta. No disimulaba su satisfacción al despedirse.

En todo el día de hoy, el Presidente me ha llamado una vez por teléfono, para comunicarme que había conferido a Prieto el encargo de formar Gobierno.

Después de cenar han venido Ramos, Cipriano y Guzmán. Se han ido pronto, porque estoy cayéndome de sueño.

11 de junio. Domingo

Desde el jueves estaba yo de muy buen humor. La alegría de la liberación me inundaba, y aunque la caída del Gobierno nada tuvo de imprevista, el hecho cierto de soltar este fardo, y soltarlo sin responsabilidad ni culpa mía, sin que se me pueda reprochar una *huida*, me proporcionó una emoción placentera muy profunda. He pasado dos días como un escolar en vacaciones. La perspectiva de recluirme en mi casa, y vivir apartado y en silencio, como en mis tiempos mejores, me rejuvenecía. En rigor, ¿tiene uno ya derecho a eso? No sé. Mucha gente cree que soy necesario; yo no comparto su opinión. No sólo no la comparto, sino que desearía probarles que se engañan.

Para gobernar a España en las circunstancias actuales, y dada la mediocridad de la clase social que pugna por preponderar en la República, quizás tuviera más ventajas un hombre con cualidades de zorro y que no descollase demasiado. Yo no soy zorro. Y no me avengo tampoco a ir tirando. En todos mis discursos y actos públicos he procurado elevar la política a una línea que la inteligencia cultivada pueda seguir, y a un desinterés personal que las personas decentes puedan amar. Y he puesto siempre como fondo de mis propósitos y de mis actos el ensueño de una resurrección del espíritu español, curado de su anemia, de su poquedad. ¿Lo han comprendido así muchos, o siquiera algunos? No estoy seguro. Habría que probarlo desde fuera del Gobierno, cuando todas las adhesiones que hasta ahora he tenido nada puedan esperar, y los apetitos desengañados vuelvan grupas y se alejen de mí galopando. Nada he hecho por animarlos, y sí mucho por ahuyentarlos; porque mi temor más fuerte no es que la República se hunda, sino que se envilezca. Hasta ahora, la gente está segura de que he sido necesario para que la República no se hundiese, porque ha visto los recios ataques contra ella que he sabido dominar; pero no de su acción para impedir un envilecimiento. Mi resistencia al lerrouxismo no tiene otro sentido, y las esperanzas que el lerrouxismo despierta en ciertas zonas de la sociedad española, tampoco. El régimen no se envilecería sólo ni principalmente por la corrupción de una o más personas eminentes, sino por la laxitud moral que, sin cometer delito, desvirtúa los motivos y tuerce la línea de conducta. Es la flojera que arranca del ánimo la necesidad imperiosa de que las cosas estén bien y de que las acciones respondan al fin público que se proclama. Para esto, si caben grados, soy quizá más necesario que para impedir el hundimiento de la República. Y no lo soy en modo alguno para gobernarla por la norma mediocre del partidismo, o de la indolencia grata al reposo provinciano.

Retirarme a mi abandonada intimidad sería indecible contento. Si lo hiciese bruscamente, y de un tirón, causaría probablemente daño; pero desasirme poco a poco, y que vayan habituándose a prescindir de mí, es más hacedero. Estarme apartado, reconstruyendo mi entidad moral, me es muy necesario, porque desde hace tres años voy siguiendo una línea en que no he hallado ni un minuto de libertad ni de gobierno propio. Me estaría apartado, bien para siempre, bien hasta rehacer un punto de arranque y cobrar impulso nuevo. Del cansancio físico me repongo con facilidad cada día. Del desbarajuste interior, también, pero menos fácilmente, y gracias a las soledades que me procuro siempre que puedo, sobre todo de sábado a lunes. Los sinsabores del Gobierno, la inepcia de unos, la injusticia de otros, la mezquindad o la tontería de otros, me mortifican más de la cuenta, aunque no lo dejo parecer; me mortifican, no personalmente, sino porque veo el estorbo que ponen a la marcha desembarazada de las cosas. Me curo de estas heridas habitualmente; pero no quiero dejar de recibirlas. Quiero que sigan mortificándome aquellas sinrazones, porque, como la condición humana no va a variar para darme a mí contento, si dejaran de mortificarme sería señal de que yo me habría echado al surco, de que me habría empedernido, convirtiéndome en un desalmado, que es el mayor peligro para la salud moral del que gobierna. Durante dos años largos, he aguantado, contra todas las previsiones, ese suplicio, pensando en un interés superior a mi comodidad; lo he aguantado con paciencia, con prudencia, con silencio; a veces con ironía sobre mí mismo, amaestrándome en un dominio del humor y de las inclinaciones que yo no me conocía. No creo que sea improvisado; a lo mejor, sin yo enterarme, he pasado lo más de mi vida dominándome y constriñéndome. La situación que ahora se me crea, después de mi conversación de anoche con Prieto, no me resuelve del todo la cuestión. Pasar a segundo término es ya mucho.

Si me dejan recluido en el ministerio de la Guerra, podré tener holgura para mis reflexiones, y quizá para un comienzo de reconstitución interior. No creo que el ministerio Prieto, si lo forma, dure mucho. Irritará a los que esperaban la salida de los socialistas, y enfadará a no pocos republicanos, que aceptaban su colaboración pero que no los quieren preponderantes en el Gobierno. Y el propio Prieto, por su vehemencia, irritable e impulsiva, no es hombre para aguantar muchas embestidas. Cuando caiga, si logra encaramarse, será para mí la liberación total, y nadie podrá acusarme de que he cortado a otros su camino. Este apartamiento suave, paulatino, no causará daño; y yo tendré que decidir, con plena libertad, lo que haré el día de mañana. ¿Estoy obligado a acomodarme con la zafiedad, con la politiquería, con las ruines intenciones, con las gentes que conciben el presente y el porvenir de España según se los dictan el interés personal y la preparación de caciques o la ambición de serlo? Obligado, no estoy. Gusto, tampoco lo tengo. Entonces ¿qué hago yo aquí? De cuanto he realizado, lo más beneficioso, sería la siembra por el ejemplo. Pero el ejemplo no se ve, acaso, oculto por la polvareda de la batalla cotidiana. Ni lo sabrán ver nunca.

Con estos pensamientos me he levantado hoy. Los anoto, para poder apreciar su fugacidad o su consistencia, andando el tiempo. Veo que mi alegría mengua, porque mi liberación no es completa.

A las once y media me llamaron desde el Congreso. Fui allá. Estaba reunido el grupo de Acción Republicana, discutiendo si se aceptaba o no la colaboración de los radicales en el ministerio que formase Prieto. Por su lado los socialistas celebraban junta, con Prieto, para tratar de lo mismo.

Acción Republicana votó por admitir la colaboración de los radicales; algunos opinaban en contra, pero yo les hice notar que no podíamos oponernos, porque yo en diciembre de 1931 traté de formar un Gobierno con los radicales y los socialistas, y no íbamos a impedirle a Prieto realizar o intentar siquiera lo mismo que yo me propuse; y además, porque si los radicales aceptasen ahora entrar en un Gobierno con los socialistas, toda su campaña de oposición durante año y medio quedaría desautorizada, y su sinrazón al descubierto. Eso nos convendría mucho; y por lo mismo opinaba yo que los radicales no aceptarían.

Estando en esto, entró Indalecio Prieto, como un bólido. Nos dijo que aguardásemos todavía y que tuviésemos un poco de paciencia mientras los socialistas llegaban a un acuerdo. «Estamos —dijo Prieto, con acento conmovido— en el cuarto de hora más dramático de la crisis.» Prieto era partidario de contar con la colaboración de los radicales, y así se lo había propuesto a los socialistas. «Pero se ha atravesado Largo», añadió Prieto. Creía que la opinión de Largo iba a prevalecer. «Es ir a un abismo», exclamaba Prieto. La razón de su alarma es que, si fracasa su combinación, se produciría una situación de derechas, o predominantemente lerrouxista, con disolución de Cortes. Le dije a Prieto que mi opinión era favorable a que se contara con los radicales, y que lo contrario sería un error político tremendo.

Se marchó Prieto, y no tardó en volver, trayéndonos el acuerdo de los socialistas, tomado por mayoría: que no colaboraban con los radicales.

Prieto se fue a Palacio a dar cuenta al Presidente. «Supongo —dijo— que está acabada mi gestión.»

Volví al ministerio. Prieto me llamó por teléfono citándome, como a todo el Gobierno, para las cuatro de la tarde en el Congreso.

Cuando nos reunimos en el despacho de ministros, hacía un calor angustioso. Prieto nos dijo que había estado con el Presidente hasta las tres de la tarde y que había renunciado al encargo de formar Gobierno. El Presidente iba a llamar nuevamente en consulta a Lerroux, Albornoz y Domingo; Prieto le ha dicho que debía encargarme a mí de formar ministerio.

Después, Prieto ha reunido a la mayoría para dar cuenta de su gestión. Nos hemos congregado en una de las secciones. Además de los diputados, había muchos periodistas, españoles y extranjeros. Cuando yo he llegado, en mi calidad de Presidente *caído*, me han aplaudido a rabiar; era una protesta contra don Niceto. Muchos diputados me han abrazado, y los más sentimentales, como Pepe Salmerón, Emilio Palomo y Teodomiro Menéndez, lloraban. Así son de buenos chicos.

Prieto ha pronunciado un discurso de tonos graves, midiendo mucho las palabras, en que ha contado sus conversaciones con el Presidente. Lo han tomado taquigráficamente y saldrá en los periódicos. Cuando Prieto ha revelado la oferta del Presidente, de mediar en personas cerca de los radicales para obtener su benevolencia, y la respuesta que él dio, el auditorio ha aplaudido con frenesí. La corriente contraria a don Niceto y a su personalismo era muy recia, y de una manera inesperada venía a ponerse de manifiesto una parte de la intriga. Algunos diputados, entre ellos Galarza, encontraban temerario lo que acababa de decir Prieto. Todos reconocían la importancia del hecho, completamente nuevo en las costumbres políticas, pero no se tenía una idea clara de lo que podía pasar. La reunión de la mayoría ha sido breve. Después se han congregado separadamente los grupos, pero yo los he dejado y me he vuelto al ministerio. No quiero estar en el centro de las habladurías y ya me contarán lo que pase.

Me he ido de paseo hasta Navacerrada. En el puerto soplaba un ventarrón frío y nos hemos refugiado en el figón de «Las dos Castillas». Allí hemos estado bastante tiempo. De Gobernación me llamaron por teléfono, para decirme, enigmáticamente, que «sería conveniente que estuviese en el ministerio de la Guerra». El recado me puso en guardia, porque desde anoche andan corriendo rumores alarmantes, de todas clases. Hay agitación en la Casa del Pueblo de Madrid, y algunos exaltados hablaban de «echarse a la calle». También se anunciaban desórdenes en algunos otros puntos, como protesta contra el posible advenimiento de un ministerio Lerroux; en Río Tinto amenazaban con la huelga general; y en Barcelona ha habido manifestaciones callejeras. Como la crisis se prolonga más de la cuenta (Maura decía que iba a resolverse en cuarenta y ocho horas), la gente se impacienta; algunos temían que los monárquicos diesen un golpe, pero yo no lo he temido. El recado de que «estuviese en el ministerio de la Guerra» me chocó; al parecer ocurría algo. Desde Navacerrada avisé a Saravia para que acudiese al ministerio y nos pusimos en viaje para Madrid. Al llegar aquí, encuentro todo sin novedad. Casares me dice por teléfono que Domingo está encargado de formar Gobierno, y que me esperan en el Congreso. Allá voy. ¿Domingo tiene que hacer de *hombre fuerte*? Habrá que verlo.

En el Congreso estaban reunidos los ministros dimisionarios, menos Albornoz, que sigue escatimando su presencia. Domingo, al entrar yo, me dice, con una sonrisa entre tímida y de contento:

—Bueno: ahora esta carga viene sobre mí.

Le doy la enhorabuena, y le deseo muy buen éxito. Nos cuenta que el Presidente le ha encargado de formar Gobierno, ensanchando la mayoría. Va a tratar con los federales. Y me pregunta si puede contar conmigo y con Acción Republicana. Sin vacilar le respondo que estoy a su disposición para lo que quiera de mí, y supongo que mi partido dirá lo mismo.

Giral, que estaba presente, dice:

—No sé. Habría que consultarlos.

—Los llamaré, es claro. Pero creo que no se opondrán.

A Zulueta le ha producido gran admiración la «naturalidad» con que me he puesto a las órdenes de Domingo. ¿Pero qué pensaban? No quiero ser un estorbo para nadie, ni ponerle a nadie obstáculos en su camino.

Marcelino se fue a seguir sus negociaciones y cuando yo me disponía a salir para hablar con los de Acción Republicana, el Presidente me llamó por teléfono. Empezó con el retintín de siempre:

—Aunque usted estará mejor enterado que yo... —y me dio cuenta del encargo dado a Domingo.

—No, señor Presidente; yo no estoy mejor enterado. Acaba de decírmelo el propio Domingo, cuando he regresado del campo.

Después, me soltó este aviso, que me llenó de alarma.

—Usted no se acostará muy tarde esta noche...

—¿Muy tarde...? Como de costumbre.

—Bueno, pero a las once u once y media no se habrá usted acostado.

—Seguramente no.

—Pues hacia esa hora quizás tenga que decirle algo.

Sus palabras eran un indicio desagradable. Comprendí que contaba ya con el fracaso de Domingo, o lo preveía, y que se disponía a llamarme otra vez. El sabor fue de rejalgar. Estaba yo hecho a la idea de desembarazarme de todo, o, cuando menos, a la de pasar a un segundo término, quedándome en el ministerio de la Guerra; la perspectiva de volver a empezar me puso de malísimo humor. En tal disposición fui a la junta de Acción Republicana. Insté vivamente para que se facilitase a Domingo la formación de su ministerio, ya que no debíamos ofrecerle menos que a Prieto. Lo comprendieron así, y lo aprobaron. Pero yo bien sabía que las dificultades no se allanaban con eso, porque estaban en otra parte.

En efecto, Domingo después de reunirse con su partido, habló con los federales. Creo que no ha hecho ninguna gestión con los radicales, al parecer, porque el grupo radical-socialista no ha querido. Pero de esto no tengo información directa todavía. Me he limitado a esperar, y a oír lo que han querido contarme. Cuando volví al despacho de ministros, aguardamos a que volviera Marcelino. Llegó, y nos dijo que los federales pedían la derogación de la ley de Defensa de la República y que se retirase el proyecto de ley reformando la del Jurado. No me explicó Domingo el trámite de sus negociaciones, pero creí entender que las daba por terminadas al no poder contar con la colaboración de radicales y federales, y que para formar un Gobierno como el anterior, sin más que sustituirme en la Presidencia, no se prestaba. Toda esta gestión de Domingo aparece ante mí borrosa, dudosa, con la imprecisión de rasgos propia de los hechos de este hombre. En fin, Domingo nos dijo que renunciaba a formar Gobierno y que iba a Palacio en el acto, porque estaba citado para las diez, a dar cuenta de su renuncia. Añadió Domingo que enseguida me llamaría el Presidente.

Eran ya más de las diez cuando se marchó Domingo. Nos quedamos comentando la situación. Paseándome por el despacho, hablé caudalosamente, dando suelta a mis sentimientos personales, como nunca lo había hecho ante los ministros. Expuse mi angustia; la repulsión que sentía ante la inminencia del retorno. Además de la fatiga, de cuya intensidad sólo me he dado cuenta merced a la *parada* de estos dos o tres días, experimento una manera de desesperación, al sentir que van a encerrarme otra vez en la trampa. Y una fuerte repugnancia, cabalmente por los motivos poco nobles y la tramitación poco elegante de la crisis. ¿Cómo voy a entendérmelas con don Niceto, ni cómo va a funcionar el Gobierno, si el Presidente, en su aversión personal poco disimulada, junta ahora el despecho de no haberse salido con la suya? Todos los ministros se han puesto en contra mía: que si yo me niego, ya no hay más solución que Lerroux, y disolver las Cortes; que mi vuelta a la Presidencia es la derrota de la intromisión personal del Presidente, y una lección ejemplar; me animan a sobreponerme a mi repugnancia, que comprenden y comparten. Largo insistió mucho en el enorme triunfo que significa sobre el Presidente de la República la continuación del Gobierno.

—No me importa ese triunfo —le digo.

—Personalmente, puede usted desdeñarlo; pero políticamente, no, porque es esencial para el régimen.

Alguien había dicho que quizás el Presidente encargase a Casares de formar Gobierno. Yo lo recordé y dije que podíamos correr ese albur, apoyándolo todos. Casares, con una risotada colérica, dijo que si el Presidente le llamaba contestaría por teléfono que no le daba la gana ir a verlo; y que si iba, le diría tales barbaridades que se echaría todo a perder; en ningún caso se avendría a suplantarme en la Presidencia, que era de lo que se trataba. En esta conversación estábamos, cuando sonó el teléfono. Era Sánchez Guerra, que con voz grave y acento respetuoso, llamándome «señor Presidente», me dijo que don Niceto me esperaba en Palacio a las once menos cuarto. «Está bien: iré», le respondí.

En el pasillo del Congreso me tropecé con Domingo, que regresaba de Palacio. Juntos volvimos al despacho de ministros; y oí durante un minuto la relación que hizo de su visita. Harto comprendí que no lo refería todo, y me marché.

Había un centenar de periodistas agolpados a la puerta de la «oficina» de don Niceto. Pasé entre ellos sin decir palabra. Encontré al Presidente muy sombrío, muy abatido. Sentado en una butaca me dijo:

—Seré breve. He encargado a Prieto, primeramente, en representación del grupo más numeroso de la mayoría; después a Domingo, porque los radicales-socialistas siguen en importancia numérica a los socialistas. Ahora le llamo a usted, porque Acción Republicana es el grupo que tiene más diputados, después de los otros dos. Prescindo, y prescindiría de la Esquerra catalana, porque no es partido nacional. Por tanto, como representante de Acción Republicana, le encargo a usted de formar un «Gobierno nuevo», ampliando si es posible la mayoría actual con otros grupos republicanos.

El Presidente no quiere tragarse el hecho de que vuelva el Gobierno anterior, ni, sobre todo, presidido por mí, y con una de esas habilidades verbales que le son propias ha inventado eso de «Gobierno nuevo» y de llamarme en representación y por el orden numérico de Acción Republicana. Ha repetido muchas veces lo de «Gobierno nuevo».

—Si no consigo la colaboración de radicales y federales...

—Pues forme usted el Gobierno que pueda, con los grupos de la antigua mayoría.

Le he dicho al Presidente que un Gobierno presidido por mí, con ampliación de la mayoría, o sin ella, no podía ser un Gobierno interino, ni dar la impresión de que veníamos a aprobar de cualquier modo unas leyes y a marcharnos. Que mi propósito, si lograba formarlo, sería apurar el trabajo de las Cortes en el verano, para recuperar el tiempo perdido con la obstrucción, y luego cerrar para presentarnos de nuevo en octubre con el presupuesto. Que faltan muchas cosas por hacer, además de lo pendiente en las Cortes, y que si no se admitía la hipótesis de que el Gobierno se formaba para durar, salvo lo que resultase de las contingencias parlamentarias, yo no intentaría formarlo. En suma: la situación que se crease mañana debería ser la misma que se hubiera producido el jueves si el Presidente, en lugar de rechazar mi propuesta, la hubiese aceptado.

—Nada de Gobierno interino —contestó el Presidente—. Ni interinidad ni eternidad.

—No saquemos las cosas de quicio, señor Presidente. Yo no propongo un Gobierno *eterno*. Lo contrario de interinidad no es eternidad. Dentro de lo temporal, hablo de un Gobierno que no sea ni parezca, ante la opinión pública, y en el ánimo de usted, un Gobierno de liquidación. Usted lo entiende de sobras.

El Presidente se mostró conforme. Cambiamos pocas palabras más y salí. A los periodistas, que se me comían, les di escuetamente la noticia del encargo. A las once estaba ya en el ministerio. Aquí se encontraban todos los ministros. Les conté lo ocurrido y les dije que mañana me ocuparía de formar el Gobierno. Casares y Giral se han quedado después un rato hablando conmigo. Muchos diputados de Acción Republicana estaban en el salón de la esquina, esperando verme. Pero me olvidé de su presencia, y cuando salí a saludarlos se habían marchado.

Ya tarde, me he puesto a hacer estos apuntes. Estoy completamente tranquilo, aunque no sin preocupaciones. Esta misma noche, en cuanto salí de la atmósfera del Congreso y de las conversaciones febriles con unos y otros, recobré la calma. En el coche, camino de Palacio, observé, mientras hablaba de cosas indiferentes con mi ayudante, que mi ánimo estaba ya frío y con gran firmeza. En la conversación con el Presidente no me he alterado nada; el espectáculo de su desconcierto interior, que no podía esconder, me ha producido, como de ordinario, un efecto sedante y me ha restituido en el pleno dominio de mí mismo. Como siempre también, la necesidad de hacer algo de importante, de urgente y de grave, me ha devuelto instantáneamente el equilibrio. Este fenómeno lo he observado en mí muchas veces. Mi primera intención es siempre retraerme, esquivarme, renunciar. ¿Timidez, indolencia, apatía? No lo sé. Pero una vez puesto ante las cosas, sin remedio, las acometo serenamente y con resolución. Personalmente, este «Gran Triunfo» (como dicen), que he obtenido sobre don Niceto, ni lo he deseado, ni lo he buscado, ni me divierte. Yo hubiese querido que don Niceto no incurriera en el error que cometió el jueves. Es justo y conveniente que un error no prospere, pero a mí me contraría servir ahora de estandarte al desquite de otros. Me he aplicado tanto desde hace muchos años a sofocar los impulsos de la vanidad que está completamente muerta; sólo por motivos impersonales, o, como diría Fernando, «objetivos», de conveniencia general, puedo aceptar lo que hoy me sucede. Aquella contrariedad prueba sin duda que yo no soy un político *de raza*; otro, en mis circunstancias, sería dichoso representando el papel que me ha cabido en suerte, y se precipitaría sobre el Poder, con altanería y vanagloria. A mí, el Gobierno sólo me es soportable en la medida que me consiente hacer cosas. Las cosas me embriagan. Realizarlas, mejorarlas, ponerlas en su ser, me multiplica la vida y da empleo a una de mis facultades dominantes. Esta parte de mi vocación, ¿es contraria, o más bien concluye y redondea aquella otra que me hace amar la soledad, la quietud, la lectura sin tregua, el ensueño y la quimera? De ambas partes conjugadas, ¿puede salir un gobernante, o un político? Reconozco que el puro juego de la política me revienta. Pero nadie está obligado a aceptarle a uno tal como es, y la política quiere y puede modelar a su antojo a los hombres. El choque con don Niceto viene de mi resistencia a dejarme modelar por los políticos de oficio, y entre unos y otros harán lo imposible por conseguir mi eliminación total. En el fondo, estoy pronto a darles facilidad para que obtengan su objeto. Ahora surgen ante mí algunas entidades, cuya existencia conocía, pero que no se me habían presentado nunca tan imperiosas. Se llaman: «Los-compromisos-contraídos-con-la-opinión-pública»; o «los-deberes-de-hombre-de-partido», etcétera, etcétera. Por esta vez han podido más que yo. Ni don Niceto, ni nadie (amigos y enemigos) creerían, si se les dijese, la razón de volver al Gobierno en condiciones tan desagradables. Preveo que las semanas próximas serán muy enojosas. Veremos cosas feas. ¿No habrá un hombre que me releve? En fin... Son las tres de la mañana; conviene dormir.

12 de junio

Me he levantado tarde. A las once y media he salido al despacho. A esa hora envié citaciones a Martínez Barrio, a Franchy Roca y a Santaló, llamándoles a la Presidencia para las doce y media. Estuve asomado al balcón, fumando un cigarrillo y recreándome en la mañana, que era deliciosa. Los periodistas pululaban en la puerta y en el jardín, al acecho de quién entraba y salía. Los días de crisis en Madrid son de una chabacanería como para vomitar, gracias al indigente reporterismo que disfrutamos; no hacen ni dicen más que estupideces de lugareños.

A las doce en la Presidencia. A su hora llegaron los citados. Recibí primero a Santaló, representante de la Esquerra. Estaba orgulloso de verse llamado a esta conversación, el contento le salía por los poros y menudeaba los «precisamente» más aún que de ordinario. Me dio la conformidad de la Esquerra para entrar en el nuevo Gobierno; desean que su ministro sea Companys, y aceptará la cartera que se le asigne, sea cual fuere. Estaban un poco alarmados porque Prieto se había dirigido a Macià diciéndole que quería hacer ministro a Pi y Suñer.

Después, Franchy Roca. Entra con una sonrisa fría y tímida. Le pregunto si los federales querrán colaborar en el Gobierno; no puede contestar hasta que hable con su grupo. «Pues hable usted, y déme una respuesta antes de las cinco.»

El último, Martínez Barrio, que era la única conversación de interés. Demasiado me figuraba yo que no querrían los radicales entrar en el Gobierno, pero intentaba desarmarlos y quitarles todo motivo de enojo haciéndoles esta invitación, para deshacer en lo posible el efecto del acuerdo de los socialistas y sobre todo de la desmaña de Domingo, que ni siquiera se puso al habla con aquéllos. Por aquí entramos en materia. Martínez Barrio me oyó en silencio, con aire grave, y me dijo que a su entender los radicales no aceptarían la participación. Me dio las gracias por hablarles de esto y se lamentó de la conducta de Domingo. Entonces me arrojé a una propuesta bastante atrevida, que por falta de agudeza ni Martínez Barrio ni Lerroux han sabido aprovechar:

—¿Qué harían ustedes si yo consiguiera que los socialistas revocasen el acuerdo de ayer y aceptasen el colaborar con ustedes en el Gobierno?

—Creo que no entraríamos tampoco en el Gobierno. De todos modos, consultaré con Lerroux.

Como yo insisto en que sería ventajoso reconstituir un Gobierno parecido al que presidí desde octubre de 1931 con socialistas y radicales, pero que si ellos se niegan no podré salir de los límites de la antigua mayoría, Martínez Barrio dice:

—Si usted se presenta en las Cortes con un Gobierno como el anterior, nuestra situación será de gran violencia, muy difícil, y ya veremos lo que se hace *si es que estamos allí.*

Le pido que me aclare sus palabras. ¿Van ustedes a repetir la obstrucción? ¿Se marcharán de las Cortes?

Martínez Barrio no se clarea más; pondera nuevamente la «violencia» y la «dificultad» de su situación, y se remite a lo que resuelva Lerroux.

La conversación se extendió a términos más generales. Lo que me propongo es acabar la obra legislativa comenzada, para resolver luego en paz el tema de la colaboración socialista. Que éste ha sido siempre mi punto de vista, ya anunciado en el discurso de Santander, de acuerdo con el Gobierno; pero todos lo han estorbado y retrasado, lo mismo quienes esterilizaron la Federación republicana que quienes se metieron en la aventura de la obstrucción. Los socialistas han de marcharse del Gobierno: todos lo reconocen, incluso ellos; pero no *expulsados* ni *engañados*. Es, pues, cuestión de oportunidad.

—Nosotros creemos —dice Martínez Barrio— que deben marcharse ahora, y usted es el llamado a hacerlo, porque tiene autoridad. Si los socialistas salen, los radicales estarán en la mayoría, aunque no tengan ministros. La mayor gloria de usted sería presidir a los republicanos reconciliados. Todos acatarían su presidencia. Yo he hecho comprender a don Alejandro la imposibilidad de *ciertas cosas* que había creído fáciles. Esta solución que propongo alejaría, quizás eternamente, otras.

Lo que Martínez Barrio desea es que yo realice ahora la operación quirúrgica que ya los radicales esperaban de mí en diciembre de 1931; y que cargue yo personalmente con la responsabilidad de apartar del Gobierno a los socialistas. Teniendo una mayoría en las Cortes, y habiendo recibido del Presidente el encargo de ampliarla, si es posible, o, en otro caso, reconstituir un Gobierno con la misma base, ¿podría yo presentarme ante el Presidente con una lista de ministros en la que, por un acto de mi voluntad, faltasen los socialistas? Esta observación no le hace mella. Me propone, en suma, que forme un Gobierno sin radicales y sin socialistas, es decir, un Gobierno que tendría en las Cortes ciento treinta votos.

—En una situación así —dice Martínez Barrio— los socialistas tendrían bastante seguridad con que usted fuese Presidente del Consejo, Besteiro de las Cortes y Fernando del Tribunal de Garantías.

(Hacer presidente del Tribunal de Garantías a un socialista es disparate.)

Ya de pie, he exhortado a Martínez Barrio a que se hagan cargo de la situación. «Yo no tengo ninguna ambición, y si hubiese tenido alguna con lo que llevo hecho, estaría más que colmada. Si entre unos y otros me crucifican ustedes y me destrozan, desapareceré voluntariamente, y que lo arregle el que pueda. No me pidan ustedes milagros. Es preciso resignarse a la verdad, y deben ustedes reconocer que se han equivocado de táctica. Han hecho exactamente lo contrario de lo que les convenía hacer. Nada de lo que está pasando tenía que haber pasado, y si ustedes no nos hubieran hecho perder tanto tiempo en las Cortes, la situación sería hoy más despejada, para satisfacción de todos. La obstrucción ha sido derrotada, pero ha causado inmenso daño. No vuelvan a los errores pasados y háganme caso. Si a fuerza de perder tiempo llegan ustedes a convencerse de que era yo quien tenía razón, lo mejor es que lo reconozcan desde luego y no me estorben el camino para llegar a una conclusión.»

Se marchó Martínez Barrio, prometiéndome consultar en seguida a Lerroux, que está en San Rafael, y darme la respuesta a las cinco y media. Martínez Barrio se llama a sí mismo «el brillante segundo» de Lerroux. Es el hábito de discurrir y de hablar con frases hechas de los periódicos.

Como en las palabras de Martínez Barrio había la amenaza de nueva obstrucción o de un retraimiento (el retraimiento que Maura desea y aconseja) se me ocurrió dar cuenta de ello al Presidente, porque a sabiendas de que los radicales van a retirarse, yo no voy a las Cortes con un nuevo Gobierno, o por lo menos, sin conocer lo que el Presidente haría en tal caso. En aquel momento, Sánchez Guerra me preguntó por teléfono, de parte de don Niceto, a qué hora de la mañana iría a Palacio.

—Ahora mismo —respondí.

A la una y media llegué a Palacio. Encontré al Presidente paseándose por el despacho, intranquilo, y como ausente de la realidad inmediata, a la que volvió con cierta ansiedad, al verme entrar.

—¿Qué tal, Presidente? ¿Bien y usted...? —me dijo, atropellando preguntas y respuestas.

Le conté cuanto llevaba realizado y la duda en que me ponía la insinuación de Martínez Barrio. Como era un hecho nuevo, que surgía en el desarrollo de la crisis, me creía obligado a darle parte.

—Es un hecho nuevo, en efecto. Si usted me expone sus dudas como información, no digo nada; si es en demanda de consejo le contestaré que no vaya usted así al Parlamento.

Me pareció advertir que el *hecho nuevo* no le disgustaba, y que acaso pretendiera deslizarse a una restricción del encargo de formar Gobierno, o a retirármelo. Lo puse en claro.

—En vista de esto, ¿me retira usted el encargo de formar Gobierno?

—No. Siga en los mismos términos, pero dado el hecho nuevo, antes de formar Gobierno despeje esa incógnita, y si no es favorable, meditaremos.

Al Presidente le maravillaba lo dicho por Martínez Barrio, porque ayer le aseguró Lerroux que no habría obstrucción ni retraimiento. El mismo don Niceto me ofreció su intervención para despejar él personalmente la incógnita.

—Esta intervención, si yo la hiciera sin contar con usted, sería incorrecta. Preguntándoselo a usted, o sometiéndolo a su resolución, deja de ser incorrecta y sólo es peligrosa. Pero yo arrostro todos los peligros, que recaerían sobre mí únicamente.

Le contesté que no lo hiciera. (Este señor es incurable. Reciente lo ocurrido en la reunión de la mayoría, convocada por Prieto, quiere volver a las andadas.)

Se quejó de las indiscreciones de Lerroux, de Prieto y de Ruiz Funes, que han contado parte de sus conversaciones con el Presidente. «Han sido indiscretos y se lo haré saber.»

Al despedirnos, me deseó *mucha suerte*.

Salí de Palacio sospechando si habría yo caído en un garlito, porque habiéndome llamado de muy mala gana a formar Gobierno, era probable que el Presidente deseara verme fracasar en el intento y poder prescindir de mí sin violencia, pasando el encargo a otro, para lo cual podía ser un buen pretexto la encubierta e *inesperada* disposición de los radicales. Formé el plan de constituir un Gobierno como el antiguo, si no lograba ensanchar la mayoría siquiera con los federales, y llevarle una lista ministerial, como me la encargó, después de despejar la incógnita de los radicales. Le llevaría un Gobierno, y si no quiere que lo haya, que lo decida él, por el motivo que sea, pero no porque yo no haya podido formarlo.

Después de almorzar han venido Ramos y Casares. Aprueba Casares que haya informado al Presidente de lo que ocurre. Como nada tengo que hacer hasta que reciba la respuesta de los federales y radicales, empleo el tiempo libre posando para una artista francesa que está haciéndome una medalla. Conversación con Casares y Ramos, que es contrario a mi continuación en el Gobierno.

A las cinco ha venido Franchy Roca. Me dice, emocionado, que «pues ha cambiado el procedimiento» (supongo que alude a la manera que tuvo Marcelino de tratar con ellos), y como no tienen nada que ver con los radicales, aceptan formar parte del Gobierno con la condición de que no se aplique ya la ley de Defensa de la República. Como *ruego*, no condición, me pide otras dos cosas: que no vaya a la cartera de Trabajo un socialista, y que se liberalice un poco la ley de Orden Público.

Respuesta mía: Que lo de la cartera de Trabajo no puede ser, por muchos inconvenientes; que tampoco pueden pedirme nada acerca de la ley de Orden Público, proyecto del Gobierno ya dictaminado por la comisión. En cuanto a la ley de Defensa de la República, que ya no se aplica sino raras veces, y teniendo la esperanza de que en breve plazo se aprueben las de Orden Público y de Vagos, no hay inconveniente en suspender su uso, pero sin derogarla.

Aceptado por Franchy, le digo que a última hora de la tarde le avisaré con mi decisión definitiva.

A las cinco y media Martínez Barrio me dice por teléfono que Lerroux agradece mi invitación, pero no acepta, porque no podría justificarse ante la opinión pública. Respecto de su actitud en las Cortes mañana se reunirá el grupo parlamentario para decidir.

Recibidas esas contestaciones, me puse al trabajo de formar el Gobierno. Aún tardé dos horas, porque la gente gasta muchas palabras. El caso es que el Gobierno, de no mediar estos coloquios, pudo constituirse por la mañana.

Para empezar llamé a Fernando. Le dije que pasaría a ocupar la cartera de Estado. Mostró algunos escrúpulos y empezó a poner inconvenientes, entre ellos, que le parecía mal salir de Instrucción Pública habiendo contraído el compromiso de la sustitución de la enseñanza. Es el personalismo de siempre. Le contesté que el compromiso no era suyo, ni de su partido, sino del Gobierno y que no había otra persona que pudiese tomar la cartera de Estado. Se la hubiese dado a Araquistáin, pero eso sería aumentar la participación socialista, cosa imposible.

Fernando me dijo entonces que consultaría con su partido.

—Consulte usted lo que quiera, me es indiferente, pero conste que no someto esta designación a referéndum. Cuénteles lo que quiera pero si por cualquier lado empiezan a ponerme dificultades, lo dejo en el acto.

Tenía Fernando la pretensión de contar en su partido mis conversaciones con el Presidente. Le dije que de ninguna manera lo hiciese.

En éstas, llegó Viñuales, llamado por mí. Nuevamente le dije que no podía ya excusarse de aceptar la cartera de Hacienda. Si no aceptaba, me sería imposible constituir el ministerio.

Se resistió tenazmente. Me puse muy serio con él. Fernando me ayudó a convencerle. Viñuales se aturdía, asustado, y no hacía más que negarse, con monosílabos tímidamente articulados. Me daba un poco de lástima, pero no podía prescindir de él. Casi a la fuerza le arrancamos la conformidad y se marchó tan aturullado que se dejó aquí el sombrero. Llamé a Domingo. Le comuniqué mi propósito, que ya le había insinuado antes de la crisis, de llevarlo otra vez a Instrucción Pública. Domingo se resistió. Me suplicó muchas veces que le dejase en Agricultura: por lo visto, quiere estrellarse. Y me sacó otra vez el tema de Gordón Ordás, que ya anoche Albornoz y él me plantearon. Quieren que haga ministro a Gordón, para callarlo y contentarlo. Me he negado. No voy a premiar la actitud de Gordón dentro de su partido y contra mí, dándole un ministerio, precisamente ahora, ni a introducir en el Gobierno a un señor que es opuestísimo a la participación socialista. ¿Para tener un conflicto al año siguiente? Gordón podría ser útil en Agricultura, si tiene tanta capacidad de trabajo como dicen, pero éste no es el momento, si queremos convencer a los socialistas.

Marcelino me hace notar que he omitido el dirigirme al Consejo nacional de su partido, pidiéndole colaboración para el Gobierno. Me reconocí culpable, y avisé a Salmerón, que es presidente. Vino al punto. ¡Grave problema! «Le llamo a usted para preguntarle si su partido acepta o no dar ministros al nuevo Gobierno.» Salmerón se sonreía. «Sin duda, lo hará. Pero voy a decírselo oficialmente al comité.» Salmerón y Domingo se marcharon juntos.

Seguidamente llamé a Zulueta y a Giral. A Zulueta para despedirnos como ministro, pues ya sabía que cesaba, como era su deseo; y a Giral para decirle que necesitaba disponer de su puesto, dando entrada a la Esquerra. Giral se alegró mucho. A las siete reuní a todos los ministros salientes. Les comuniqué el Gobierno que pensaba formar. Con tal motivo, resurgió el tema de Gordón. Tanto Domingo como Albornoz le tienen miedo, y el hecho de que yo no le haga ministro ahora los cubre de terror. Ambos pugnaban por convencerme, pero me cerré a la banda. Al decirles que prefería nombrar a Galarza, su desconcierto aumentó.

—Se dividirá el partido —decían— y a nosotros nos pone usted en un aprieto.

Los dos han abandonado a Galarza, que suspira por la cartera; pero ninguno de los dos, no obstante su empeño por Gordón, ha tenido el rasgo de renunciar el puesto en su favor. La escena era muy desagradable, y ha durado una hora. A Marcelino se le ha ocurrido lo siguiente:

—Podríamos reservar a Albornoz la presidencia del Tribunal de Garantías y dejando él la cartera de Justicia, nombrar a Gordón y a Galarza, y así no habría descontentos.

Albornoz no ha dicho que no. Prieto opuso que no podían los socialistas contraer un compromiso de ese género, no habiendo consultado al partido. «Está claro —respondí yo—. Y no podemos ahora convertir en materia de transacción la candidatura de Albornoz.»

Por fin, con deseo de acabar, les digo: No haré ministro a Gordón ni a Galarza. Nombraré a Barnés, que es vicepresidente de las Cortes, y tiene más categoría y representación que los otros dos. Pero como no voy a nombrarlo de Agricultura, sino de Instrucción Pública, para lo que es apropiado, Domingo podrá seguir donde está.

—Con eso se disgustarán los partidarios de Gordón y los de Galarza —dijo alguien.

—Es posible. Pero si se disgustan, que voten mañana contra el Gobierno y en paz.

Bastante cargado por esta escena, me fui a Palacio. Hallé al Presidente abatido y torturado. En tal estado le vi, que me dio lástima. Es el hombre que se atormenta a sí mismo. Tiene clavado un dardo y lo revuelve en la herida.

Pero esta noche había cambiado de táctica. Todo era indiferencia y desdén. Le dije que contaba con la *preciosa* colaboración de los federales, y que la resolución de los radicales en cuanto a su conducta en las Cortes, estaba en suspenso.

—Pues vaya usted aprisa, aprisa —contestó.

—Ya está hecho el Gobierno, y le traigo a usted la lista.

—Cualquier lista que usted me trajera, la aprobaría.

—¡Ah! Bueno. Si le interesa a usted conocerla, la leeré —repuse yo, en el mismo tono.

Leí la lista, y la examinó desde el punto de sus *relaciones personales* con los ministros. Tiene «respeto» para Viñuales, «estimación» por Barnés, piensa bien de Franchy. De Companys no dijo nada. Después, con encubiertas alusiones, empezó a quejarse de la mala educación de algún ministro, y de las ofensas que le han hecho. Yo hice como que no entendía, para que se declarase más. En efecto: se queja de Largo, que en el último Consejo, cuando ya estábamos de pie, le rebatió violentamente algunas apreciaciones que don Niceto hizo sobre *El Socialista*. Largo estuvo muy duro, y contra su costumbre, descompuesto. Pero el Presidente cree que puede permitírselo todo, y se olvida que él empezó por salirse de su papel y provocar una falta de respeto, entrando en recriminaciones a Largo porque de socialista le ha llamado «enemigo del proletariado». «Eso es falso», decía Largo.

Acordándose hoy de aquello, el Presidente se amargaba, en vista de que Largo continúa. «Si Largo se ha olvidado de ello, tendré otra vez que recordarle que soy el Presidente», decía.

Habló también de Casares, de quien cree haber recibido muchos agravios. «A pesar de todo, le habría encargado de formar Gobierno, si usted no lo hubiese formado.» En fin, no recuerdo cómo, halló maneras de mencionar una vez más mi «buena suerte».

Dejando estas tonterías, le expuse mi plan de trabajo en las Cortes.

—Está bien —contestó— pero todo eso supone año y medio de trabajo, y ni los más optimistas le dan tanta vida al Parlamento.

—¡Año y medio! No lo creo. De aquí a fin de año podría hacerse casi todo.

Volvió a su tema y me dijo que debía suprimirse la presentación oficial del Gobierno. El protocolo republicano debe ser muy sencillo, y omitir ceremonias inútiles. La otra vez —añade— tampoco hubo presentación del Gobierno. (¿Se engaña? ¿Miente? Porque sí la hubo, y es raro que no se acuerde.) Por fin, descubre sus motivos con estas palabras: «A la gente le sorprendería ver entrar al día siguiente en Palacio a ciertos ministros».

(¿Pretendería don Niceto que yo formase un Gobierno según sus amistades? No lo ha dicho, pero está quejoso. ¿Pretende hacerme un desaire isabelino, como el de la crisis del rigodón?) Le llamé la atención sobre la rareza del caso y sobre los comentarios a que daría origen. Insistió en su negativa, y dijo que adelantaría al jueves próximo el Consejo que corresponde celebrar la otra semana, y que ese día recibirá al Gobierno.

Estábamos ya de pie cuando decía estas cosas, y por conclusión añadió:

—Tengo dos principios políticos: que los ministros no necesitan ser amigos del Presidente; que el Presidente no necesita de la confianza de los ministros.

Lo dice con aire dolorido, acento ponzoñoso y de víctima; como si fuese una desgracia, y un gran descubrimiento.

—Eso es palmario —le respondo—. El Presidente no necesita de la confianza de *unos* ministros determinados, pero sí necesita de la confianza de algunos para formar el Gobierno; porque si usted no encontrase ministros que confiasen en usted no podría usted ser Presidente.

Al retirarme, volvió a decirme «buena suerte». Tiene clavadas estas palabras, que yo le dije el otro día.

He vuelto al ministerio. Antes de publicar oficialmente la constitución del ministerio, llamo a Barnés, que acaba de llegar de Barcelona en avión, y a poco se mata, y obtengo su aceptación. Después viene Franchy. Cuando le digo que le he nombrado ministro, palidece y se emociona. Adivino que un calambre le estremece las piernas. Espero que no se le hayan ido las aguas, como a Sanchica. En fin, el señor Santaló recibe de mí la designación de Companys. Le hemos telefoneado esta tarde a última hora para que venga de Barcelona.

Por teléfono hablo con Macià, y le comunico la solución de la crisis. Cuando se entera de que Companys es ministro de Marina, exclama:

—¡Qué se le va a hacer! ¡Enhorabuena!

Ellos esperaban una cartera más importante.

En fin: a una legión de periodistas que aguardan en la antesala, les paso la lista del Gobierno, y se van aullando…

Tal es un día de crisis, y así se alumbra un Gobierno.

Después de cenar he ido al Escorial. Me he paseado por Los Pinos, y no me ha servido de gran descanso. Preveo para pronto dificultades graves. Lo ocurrido no será lección para el Presidente, sino exacerbamiento. No podremos entendernos con un enfermo. ¿Hasta dónde pueden llegar los efectos de su carácter? Por de pronto, don Niceto padece, como resultado de la crisis, una «despopularización» instantánea entre los republicanos. El efecto quizás se desvanezca en poco tiempo, si todo vuelve a la normalidad; pero ya se encargará él de impedirlo. Hasta ahora, en año y medio de presidencia no había tenido que usar ninguna de las atribuciones importantes que le competen por su cargo. Todo ha consistido en recepciones, arengas, viajes, etcétera. Había que observarlo en la primera coyuntura grave; cuando se ha presentado (ley de Congregaciones y crisis del ministerio), le hemos visto ponerse nervioso, le hemos visto complicar las cosas sin necesidad, acentuar las dificultades. Se conduce como habla, por rodeos infinitos; y su conducta es a veces tan difícil de entender como su oratoria. Lo peor de este Gobierno es la incorporación de los federales, en que tanto interés ponía el Presidente. Creo que saldrá mal, y lo menos desagradable que puede ocurrirnos es que debiliten al Gobierno, lejos de reforzarlo.

Las señoras de los ministros (algunas, por lo menos) hablan demasiado y cometen imprudencias. Gloria Giner se alarmaba mucho estos días, delante de gente poco afecta, por *lo que podría pasar*, y trataba mal al Presidente de la República. También la de Domingo y la de Albornoz critican a tontas y a locas. Por lo visto, es difícil saber estar en su puesto.

13 de junio

Primer Consejo del nuevo Gobierno. Asisten todos los ministros, incluso Companys, que ha llegado esta mañana de Barcelona. Le rebosa el contento.

Camino de la Presidencia, el comandante Ayza, que me acompañaba, dijo: «¿Ha visto usted lo que trae *El Sol* contra Sánchez Guerra?». Me dio el periódico y leí un articulejo, en que tratan duramente al secretario de la Presidencia porque ha hecho, según parece, unas declaraciones a la *Hoja del Lunes* sobre la tramitación de la crisis. Sánchez Guerra es otro de los que no saben ser discretos en su función, y trae y lleva demasiadas cosas en la intriga política. Ya se lo dije una vez al Presidente. No conozco las declaraciones que ha hecho, y probablemente *El Sol* tendrá razón para maltratarlo; es seguro que Sánchez Guerra se incomodará mucho, creyendo que yo he dictado o aconsejado ese artículo, porque *El Sol* pasa por ser un periódico que yo *inspiro*. Este incidente no importa, porque para sacudirme a Sánchez Guerra me basta un encogimiento de hombros. Lo fastidioso es que *El Sol* trae otros dos artículos, en primera plana, acometiendo al Presidente de la República, y no faltará, por aquella misma razón, quien me los atribuya... Pueden crearme un conflicto con el Presidente, que, suspicaz y receloso, no necesita tanto para creerse atacado personalmente por mí.

Los del *Sol* están haciéndolo bastante mal. Cuando se formó la nueva empresa y entraron en *El Sol* algunos amigos del Gobierno y míos, les rogué que procurasen no estampar mi nombre sino lo estrictamente necesario para la información, y que no se ocupasen de mí personalmente. Su papel debía consistir *en abrir camino* a la obra del Gobierno, sobre todo en lo legislativo, defendiendo la orientación general de los proyectos; pero que no se privasen de criticar la gestión ministerial cuando les pareciese desacertada; basta con no dañar a la República a través de las censuras al Gobierno. No han sabido hacerlo así. Esperaban consejos directos míos, y me negué a darlos; me pedían orientaciones, y las rehusé. Tenían obligación de saber andar solos, y si no sabían, y habían de escribir al dictado cada día, los periódicos perderían todo interés y valor políticos. Guzmán y Amós se quejan —no delante de mí— de que no les digo nada. El caso es que por falta de tino, de habilidad, de conocimientos políticos, y, en fin, de talento, han llegado a una situación rara: aseguran que no se atreven a escribir lo que se les ocurre, para no *comprometerme a mí ni al Gobierno*, porque todo lo que aparece en *El Sol* me lo achacan; ¡y hasta hay quien cree que yo escribo los artículos!

Pero esa situación la han creado ellos mismos. Yo no tengo nada puesto en ningún periódico. Cuando se transformó la empresa del *Sol* me limité a dar un consejo, creyendo que era bueno hacer pasar el periódico a poder de republicanos, y mediante Ramos, conseguimos que Herrero vendiera sus acciones. Luego le dije a Guzmán que habiendo sido él agente mediador entre unos y otros y el que había zurcido el nuevo plan, podía y debía aspirar a que le diesen un puesto en la empresa, donde pudiese trabajar y ganarse la vida con cierta holgura. Guzmán obtuvo la gerencia por decisión de los accionistas, sin ninguna recomendación, indicación ni ruego de mi parte. Celebré su nombramiento, porque sacaba de apuros a un amigo, y no me ocupé de más.

Viéndose *privados* de aquella inspiración personal y directa que echan de menos, no han sabido tampoco situarse discretamente en la política republicana, ni tener iniciativas propias, ni asegurarse una posición clara y firme, con independencia del Gobierno. El talento político y la habilidad polémica de nuestros periodistas no pasan de lo mediano. La prensa de oposición —quizás con la única y no muy constante excepción del *Debate*— no sabe combatir al Gobierno sin llamarle tonto, bruto, cruel, canalla, y otras simplezas por el estilo; la prensa *adicta* ha seguido *—et pour cause—* los modos del *Imparcial* de Gasset, y no se harta de repetir que soy el hombre de la República, un hombre extraordinario, que equivalgo al régimen, etcétera; aunque fuese verdad, no deberían decirlo, y si ellos no se hartan, yo sí, y supongo que también otros.

El otro día dije ante unos amigos, entre los cuales estaba Amós, que *El Liberal*, con quien no tenemos ninguna relación, estaba mucho mejor que *El Sol* en el aspecto político. Se conoce que esta opinión mía ha llegado al periódico, y se han *atrevido* a escribir sin miedo a comprometerme. Para una vez que se atreven escogen mal la oportunidad. El mismo día que yo constituyo un nuevo Gobierno, disparan violentamente contra el Presidente, en condiciones tales, por la situación en que han puesto al periódico, que casi nadie creerá que yo no he conocido de antemano esos artículos. Vencido el Presidente, no había por qué cantarle el trágala, sobre todo en un papel ministerial. Ignoro quién ha escrito los artículos: deben de ser de Luis Bello y de Masip. Son excesivos de tono, y contienen expresiones que rayan en lo ridículo: refiriéndose a la reunión de la mayoría, convocada por Prieto, afirma el articulista que allí había un aire «de Convención...». Es disparatado. Estos periodistas no tienen en la cabeza más que barreduras de reducción.

En el Consejo de ministros no se habló de este asunto. Antes de empezar me dijo Prieto que había hablado con Sánchez Guerra por teléfono, para anunciarle el envío de unos decretos urgentes, y que Sánchez Guerra le contestó:

—Serán los últimos que le entregue al Presidente, porque si no me permite que conteste al *Sol*, dimitiré el cargo.

Los ministros estaban de buen ánimo. Hice un resumen de los acontecimientos y esbocé un proyecto de declaración ministerial. Todos lo aprobaron.

Viñuales habló de la situación de la economía, y de la necesidad de no perturbarla ni desalentarla por efecto de la política social. Con este motivo intervino Largo, y hubo una pequeña discusión entre ambos, muy amistosa y considerada. Quedaron de acuerdo, y yo indiqué que dedicaría unas palabras al asunto en mi discurso de mañana. El señor Franchy dijo unas palabras muy corteses y de mucha modestia, que no era fingida ni excesiva, a las que yo correspondí. Estaba yo pensando: quien añade federales añade barullo; pero no se lo dije. Es pronto.

En el ministerio, después de comer, sesión de *pose*. Me han comunicado lo principal de los acuerdos de los radicales en su reunión de esta mañana. Parece que pretendían prevalecer procedimientos de violencia: renunciar las actas, retirarse del Parlamento, etcétera. Al fin, un voto de confianza a Lerroux, para que hable en nombre del partido en la sesión de mañana. No espero cosas fuertes, si Lerroux no se pone al servicio de sus parciales. Los amagos de retraimiento, de obstrucción, de renuncia de actas, que son conocidos, pueden relacionarse con la demora del Presidente en recibir al Gobierno. ¿Espera que caigamos mañana, librándose así de la *humillación* de alternar con nosotros?

El Debate de hoy dice que «se ha cortado el hilo de la crisis». Había un hilo, en efecto; y *El Debate* lo sabe. ¿Cuál? ¿El que decía *Pepe Centeno*? ¿Por qué se ha cortado? Lo ignoro todavía. Puede atribuirse a dos causas: a la reunión de la mayoría, el domingo por la tarde; y a que el Presidente no quiere disolver las Cortes, y sin disolverlas no puede formarse un Gobierno republicano «moderado», digamos lerrouxista. Todo esto era bien fácil de prever. Lo peor de todo este barullo es el haberlo promovido sin necesidad, y para ningún resultado.

Anoche me contaron que en la exposición de obras de Sebastián Miranda, el Presidente dijo que conmigo mantenía buenas relaciones como jefe del Gobierno, pero ningunas como amigo. Nos consta que no quiso inaugurar la exposición, por no encontrarse con los ministros.

Gordón Ordás, camino de Baleares, le ha enviado un telegrama al Presidente, desde Barcelona, haciendo protestas de adhesión y hablándole de su «autoridad soberana».

He pedido a Zulueta que me haga un resumen del discurso que nos echó el Presidente en el Consejo del 8 de junio, para provocar la crisis. Transcribo a continuación lo que ha escrito Zulueta:

> Nota del Consejo celebrado el 8 de junio de 1933. Resumen de las manifestaciones del señor Presidente de la República: Aprovecho esta oportunidad para expresar en presencia de todos los ministros mi criterio acerca de la actual situación política. No he tenido facilidad para hacerlo anteriormente, ya que se da la paradoja de que el Presidente de la República no habla libremente con los ministros hasta que dejan de serlo; en virtud de este sistema, con el

que nunca he estado conforme, que establece la norma de que el Presidente de la República no despache más que con el jefe del Gobierno.

Lamento que éste me haya planteado el problema de la sustitución del ministro de Hacienda y de la división del ministerio de Agricultura, Industria y Comercio. Si no lo hubiera hecho, yo habría seguido como hasta aquí, manteniendo a este Gobierno sin dificultad alguna, hasta aprobar las leyes de que hemos hablado, según le dije al Presidente del Consejo. Yo no he dudado ni vacilado un instante en promulgar la ley de Congregaciones. Si he aguardado al final del plazo, ha sido sólo por un propósito de matización subjetiva, respondiendo a mi personal disconformidad con esa ley, o mejor dicho, con su artículo adicional. En la ley del Tribunal de Garantías, la espera ha de ser menor, porque también es menor mi discrepancia, reducida asimismo, principalmente, al artículo adicional.

Pero una vez planteado el problema de la modificación parcial del gabinete, no puedo asentir llanamente a la propuesta. Si lo hiciese, sin más trámites, tomaría partido en favor de uno de los dos grupos en lucha en las Cortes, lo que no me corresponde hacer, y daría un latigazo a las oposiciones, cuando no ha de haberlas para el Presidente de la República.

Examinemos la situación política; la composición del Parlamento no corresponde fielmente a la del país. Hubo ya una desviación inicial, porque las fuerzas de la derecha, cohibidas o asustadas en aquellos primeros momentos, no llevaron a las Cortes la representación correspondiente a su realidad numérica en la nación. Esta desviación inicial ha ido acentuándose, porque en la Cámara, la mayoría gobernante ha evolucionado hacia la izquierda, en tanto que el país evolucionaba hacia la derecha, por efecto de una política, en varios puntos equivocada, cuyos errores no he dejado de advertir lealmente al Gobierno. Lo grave es que, por esta causa, elementos considerables han salido del ámbito de la República.

Tiene hoy el Parlamento este fundamental defecto; está, además, muy gastado por una labor larga y casi ininterrumpida; ha tenido que herir muchos intereses y sentimientos; la obstrucción en fin dificulta su vida normal.

A pesar de todo ello, creo yo que debe prolongarse la vida de estas Cortes. Son mejores de lo que muchos piensan. Más aún: son las mejores que ha tenido España. No podría hacerse de ellas una antología comparable a la de otras (¿las de 1869?); pero son superiores a todas por la buena fe y voluntad entusiasta de sus diputados. Sobre todo, no conviene disolverlas sin que antes se interponga un período de conciliación y apaciguamiento, porque las elecciones, convocadas hoy, resultarían peligrosas por el crecimiento de las extremas derechas. No se cumplirían las leyes votadas por las Constituyentes.

Yo aspiro a no tener que disolver estas Cortes. Cuando hayan terminado su labor, los partidos deberán ponerse de acuerdo, para determinar su disolución. Si yo lo hiciera, ya no podría firmar constitucionalmente más que otro decreto de disolución de Cortes, y quedándome con un solo cartucho, me sería muy difícil hacer uso de esta facultad, lo que no conviene sobre todo a las izquierdas, a las que interesará probablemente, en su día, la disolución del futuro Parlamento, porque éste señalará quizás el máximo de reacción hacia la derecha en la evolución de la República.

Vean ustedes cómo este «reaccionario» se interesa por la duración de estas Cortes. Aunque algún periódico socialista me presente como enemigo del proletariado, yo no olvido que soy el hombre que defendió en la Cámara la fórmula de «República de Trabajadores» y que determinó con su intervención, arrastrando el voto de sus amigos, la aprobación del artículo 46 de la Constitución, que da carácter constitucional a la legislación del Trabajo; artículo contra el que votaron varios diputados de Acción Republicana.

(En éste o en otro lugar de su discurso, habló el señor Presidente de la República, como digresión humorística, de tres películas: 1.ª..., 2.ª *La zancadilla en la sombra*, y 3.ª *El enemigo del obrero*.)*

Debe seguir, pues, la vida de estas Cortes. Pero para ello es necesario que se busque la colaboración entre los grupos republicanos. Hay que hacer obra de conciliación. Teniendo en cuenta la desviación de la opinión española que en cierta medida sufren las Cortes, conviene que la labor que éstas realicen sea una labor nacional republicana. Conviene evitar la obstrucción y más aún la posible retirada de las oposiciones.

Repito que hubiera preferido que no me hubiese el Gobierno planteado este problema de la reconstitución parcial del Gobierno. Cuando su Presidente lo hizo ayer, le rogué que me dejara reflexionar, anunciándole que hoy en Consejo daría mi respuesta. No contestó ni sí, ni no; no prejuzgo mi resolución definitiva, ni excluyo la posibilidad de que ésta sea de acuerdo con lo propuesto: pero digo que, antes de resolver, necesito meditar sobre lo propuesto y consultar a los representantes de las diversas fuerzas republicanas del Parlamento.

15 de junio

Ayer comenzó en las Cortes el debate político y hoy hemos tenido Consejo con el Presidente. La discusión en las Cortes no trae gran fuerza. Maura ha hecho la alcaldada de retirarse del Parlamento, con todos los suyos. En su inconsciente anarquismo de señorito mandón, hubiera querido que los radicales le acompañaran también en eso, como le acompañaron en la atrocidad de la obstrucción; pero no le han seguido. El interés que despertaba el discurso de Lerroux se ha desvanecido en cuanto declaró que continuaban en las Cortes, y que, reconociendo que la obstrucción había sido vencida, harían una oposición *normal*. El discurso de Lerroux, como pieza oratoria, es muy flojo; y como polémica, peor. Ha caído en el nuevo modo de argumentar, puesto en uso por los jabalíes del tipo de Ortega o Balbontín. Dan por cierto un hecho, y en cuanto se les desmiente, tocan retirada. Lerroux ha levantado mucho la voz, acusando, como si lo supiera con certeza, al ministro de la Gobernación, de haber ordenado a los gobernadores que no obedeciesen al nuevo Gobierno, si nos sucedía un ministerio lerrouxista; y al protestar Casares, muy indignado, contra semejante patraña, Lerroux ha recogido velas, viniendo a decir: ¡Ah! Bueno, bueno; si usted lo niega, será así; pero quizás algún funcionario a sus órdenes..., etcétera, etcétera.

No parece que esta discusión vaya a durar, ni que le importe a nadie.

* La «digresión humorística» que refiere Zulueta era una alusión malévola al diputado socialista Álvarez Angulo, propietario del cine Pardiña.

El Consejo con el Presidente ha sido tan desagradable como era de esperar. Nunca ha estado más parabólico, más voluble, más verboso, ni más lleno de rencores. Ha vaciado el saco de cuantos había almacenado en una semana. Saludó a los ministros, matizando la acogida de cada uno. A mí sólo me dijo, poniéndose grave: «Muy buenas...». Y apenas nos sentamos, explicó cuáles serían sus relaciones con los ministros y con el Gobierno. A Barnés le dijo que sería «su favorito»; ni más ni menos. ¿Y por qué? Porque nunca olvidaría que siendo él Presidente del Gobierno, Barnés, en un debate difícil, le defendió. (No recuerdo a qué debate alude; sería en una de aquellas *fugas* de don Niceto, cuando se escapaba del banco azul.) Nos dijo que éste es un Gobierno «de Presidentes», porque además del efectivo, hay otros dos que han sido *consagrados* por el encargo de formar Gobierno, y que aún habría más, si la crisis no se hubiera resuelto en esta forma. Habló después de las profundas amarguras que ha devorado estos días, de las injusticias, de las indiscreciones que ha tenido que soportar.

Prieto le preguntó, muy serio:

—Quisiera saber, señor Presidente, si en todo lo que yo he hecho y dicho en esta semana de crisis, hay algo incorrecto o indiscreto, de que usted esté quejoso.

—Absolutamente nada —repuso el Presidente, que rehúye las cuestiones claras. A mí se me había lamentado de la indiscreción de Prieto.

Como si quisiera instruir a los nuevos ministros, volvió a lamentarse del aislamiento en que vive respecto de ellos. La puerta de su despacho está cerrada para los ministros, «y ciertamente en ese despacho no hay imágenes horripilantes, sino alegres escenas populares de Tiépolo»; no está conforme con no recibir a los ministros separadamente. En el régimen de la monarquía, a los ministros se les llamaba consejeros de la Corona, y en la práctica, la Corona vino a ser un consejero del Gobierno. Él también podría ser «consejero de los gobiernos» (ha llegado a decirlo así), para lo que tiene gran preparación, porque ha sido de todo en la administración: secretario de Gobierno Civil, director general, subsecretario, ministro, oficial del Consejo de Estado, asesor de no se qué corporaciones, e infinitas cosas más. Apuntó luego, para marcar sus relaciones con el Gobierno, que por ahora no asistiría a ningún acto oficial.

Volvió a recoger el hilo de su exposición, hablando de los sinsabores e insomnios que le ha costado la crisis y sus incidencias; y de eso del insomnio, partió para describir una de sus parábolas oratorias peor intencionadas. Nos describió cómo, en lo más angustioso de sus preocupaciones, llegó a sus manos una carta procedente de un periódico. (Al decir esto, extrajo del bolsillo interior de la chaqueta un sobre, que nos mostró, y volvió a guardar, sin leernos su contenido.) La carta es de un desventurado que de caída en caída ha parado en un penal; los antecedentes personales y de familia le hacen acreedor a la lástima de todos y al perdón; como no hay otro medio legal, ha pensado en la amnistía. El sujeto que le escribe está condenado *por injurias al Presidente de la República*, injurias que cometió por cuenta de otros, movido del hambre. El caso le hizo tanta impresión (porque conoce personalmente al culpable), que pasó la noche sin dormir. Aquella mañana, «*salió el sol, pronto y con vigor*, como sucede en verano», y sus amarguras se acentuaron.

—Ya estamos en los artículos del *Sol* —dije entre mí.

En efecto: eso de salir el sol, pronto y con vigor, era la alusión al periódico, traída con tan largo rodeo.

Sin nombrar a nadie, ni siquiera directamente al periódico, estuvo comparando las injurias del autor de la carta con las que tal vez escribió *El Sol*, y la diversa suerte de aquel desdichado y la de los autores de los artículos. Agradeció a Casares que hubiese denunciado el número del *Sol* (no fue Casares, sino yo, quien ordenó la denuncia), pero el proceso, a no ser que se llevase a fondo *un sumario de escándalo*, no dará otro resultado que el de aparecer como autor de los artículos algún diputado a Cortes, para quien la Cámara no concederá el suplicatorio. Por eso proponía que se llevase a las Cortes un proyecto de amnistía para todos los que estuviesen incursos en el artículo del Código Penal que castiga las injurias al jefe del Estado. Finalmente, habló de su resolución inquebrantable de no dimitir, pasara lo que pasara, y por muchas cosas que se hicieran contra él. Amplificó largamente el tema, justificando sin necesidad alguna esa «resolución», que por el vigor y la inoportunidad con que la enunciaba, parecía ser el resultado de un combate interior muy reciente. (Estos días pasados, cuando todo el mundo hablaba en Madrid de la dimisión del Presidente, algunos empleados de la secretaría de la Casa Presidencial dijeron en el café Regina que el Presidente había hecho ya tres borradores del mensaje de dimisión.)

Terminado el discurso del Presidente, hablé yo por todo el Gobierno. Nunca me he dominado tanto, ni le he dicho nunca al Presidente verdades más crudas. No se me alteró la voz ni levanté el tono, para mayor contraste con su patetismo *deplacé*. Comencé por hacerme cargo de la queja fundada en el supuesto aislamiento en que vive respecto de los ministros. Le recordé que, cuando se aceptó su candidatura para la Presidencia de la República, el Gobierno que yo presidía entonces deliberó sobre el modo de relacionarse con el jefe del Estado, y a consecuencia de aquella deliberación, llamé yo al despacho de ministros del Congreso a don Niceto, diciéndole, entre otras cosas, que a nuestro juicio, y según la Constitución, el Presidente de la República debía despachar únicamente, fuera de Consejo, con el jefe del Gobierno, y don Niceto no opuso reparo a esa resolución. Desde entonces acá, nunca le había oído quejarse del sistema, hasta estos últimos días, como si sólo ahora, en el trance de la crisis o en su preparación, ese sistema se hubiese revelado defectuoso: que siendo el Presidente del Consejo, nombrado libremente por el de la República, el director y representante de la política general del Gobierno, sólo a través del Presidente del Consejo podían sostenerse las relaciones diarias oficiales entre el Gobierno y el jefe del Estado. La Constitución ha realzado la posición del ministerio respecto del Jefe del Estado, si se compara con las Constituciones anteriores, y ha realzado singularmente la del Presidente del Consejo, que es quien nombra a los ministros. Durante la monarquía, los ministros eran «consejeros de la Corona»; pero hoy no son consejeros del Presidente, el cual no puede decir «mi Gobierno», como decía el Rey con perfecto derecho. A pesar de eso, ya durante la monarquía, algún político liberal (¿Moret?) quiso variar la práctica de que los ministros fuesen de dos en dos a despachar con el Rey; no lo alcanzó, y en realidad no tenía fundamento constitucional, porque el Consejo de ministros no existía en el texto de la Constitución; el Rey nombraba y separaba libremente a «sus ministros»; ahora sólo es así para el Presidente del Consejo, quien tiene una preponderancia nueva. Aparte de eso, que es lo fundamental, el Presidente no puede quejarse de aislamiento respecto de los ministros: primero, porque los reúne y preside en Consejo cada quince días, y no los reúne más, porque no quiere; si le parece útil, no tiene sino que convocar el Consejo todas las semanas; y segundo, porque como sabe muy bien, cada vez que ha sido conveniente, los ministros han ido a ver al Presidente, claro está que sabiéndolo y autorizándolo yo, como lo he sabido y autorizado siempre. Y así podrá seguir haciéndolo cuando guste.

Hablé después de sus relaciones personales con el Gobierno y de su propósito de no asistir por ahora a los actos oficiales (el Presidente había vuelto a su máxima de que los ministros no necesitan ser amigos suyos): le dije que un Gobierno elegido atendiendo a las preferencias amistosas del Presidente sería una monstruosidad en la República, y que por la misma razón no podía excluirse a nadie del Gobierno, ni había motivos políticos para que figurase en él, simplemente por enojos personales. Que él era muy dueño de regular sus relaciones particulares con los ministros como le fuese más cómodo, y nadie le iría a la mano, pero siempre podíamos excusarnos de la concurrencia a los actos oficiales, para los que no se consulta el agrado de cada cual.

Entré después en lo de la amnistía, para oponerme terminantemente al proyecto, advirtiendo, sin embargo, que ahora no íbamos a deliberar sobre ello en su presencia, pero me parecía conveniente adelantar mi opinión personal, la misma que daría ante el Consejo cuando examinara el caso. Por muy interesante y lastimoso que sea el del autor de la carta, podrá servir de fundamento a un expediente de indulto, pero no a una ley de amnistía para los delitos de injurias al Presidente. Eso, ante la opinión pública, sería dejarlo indefenso; y ante el Gobierno, un acto de misericordia, un poco sarcástica, de que nadie estaba necesitado. El Gobierno tenía interés en que los delitos cometidos contra el Presidente no queden impunes; y si él teme que, sólo a costa de un sumario de escándalo se descubra la verdad, nosotros no lo tememos, porque el escándalo, cuando se produce para que se proclame la justicia, no es dañoso, sino saludable al bien público. (Me guardé, es claro, de decirle que había sido yo quien ordenó la denuncia del *Sol*, así como que desconocía la existencia de los artículos hasta que me los dio a leer Ayza, porque me hubiera parecido disculpas o excusas que yo no tengo por qué dar.) Toda esta parte la traté con gran frialdad y a fondo. Los ministros asintieron. El Presidente dijo respecto de la amnistía:

—Si en la Sala sentenciadora, el Presidente se adelanta a dar su opinión, ya se sabe lo que va a pasar. Bueno: será una amargura más, sobre las muchas que llevo recibidas.

Poco después terminó el Consejo. Los ministros nuevos estaban maravillados. Yo me alegraba de que se ampliasen los testigos de estas escenas.

—Bueno —dijo Companys—. Ya me he hecho cargo de lo que ocurre aquí.

—¿Pero adónde me ha traído usted, don Manuel? —exclamó Barnés, riéndose.

—Ustedes me dirán ahora —pregunté yo— si están o no conformes con mis puntos de vista y con mi respuesta.

—No se podía hacer otra cosa —responden.

—Cuando discuten ustedes dos —observa Albornoz— usted parece el profesor y don Niceto el alumno.

—Lo siento mucho, porque no tengo propósito de dar lecciones a nadie, ni me gusta. Pero cuando este señor se sale de su papel, no hay más remedio que restablecer las cosas.

—Ha estado usted muy sereno, y era difícil —dijo Domingo.

—Si esto continúa así, un día resignaré aquí mismo mis funciones y les dejaré a ustedes con él, arreglando la testamentaría. Ahora pretende aburrirnos con frivolidades y desaires. Ustedes dirán cómo quieren tomarlo.

—¡Ah! Crisis isabelinas no —dijo Albornoz.

—Aquí no estamos por un capricho personal —añadió Largo—. Que no nos quiere, ya lo sabíamos.

Tales son los sentimientos dominantes en el Gobierno, sin excepción alguna.

Lo que ocurrió en la denuncia del *Sol* fue así: el martes, entrada la noche, Casares me habló por teléfono de varios asuntos, y entre otras cosas me dijo que el fiscal le había preguntado qué determinación tomaba con el periódico.

—Yo le he dicho que no haga nada, por lo menos hasta hablar con usted.

—¡Hombre, pues qué ha de hacer! Denunciarlo inmediatamente, ya que no lo hizo esta mañana. Ordénelo usted así. Es la única manera terminante que tengo de mostrar mi desagrado.

—Ya es un poco tarde, y no sé si encontraré a Anguera para que formule la denuncia con fecha de hoy.

—Pues hágalo usted buscar en su casa.

—Voy a llamarlo. Y a los periodistas que están aquí les daré la noticia de la denuncia como cosa ya hecha.

16 de junio

El debate político, que estaba virtualmente concluso, ha rebrotado por efecto de las tolerancias de Besteiro. Hubiera quedado el jueves completamente vacío, y se habría votado, apurando un poco el tiempo de la sesión. Besteiro no lo hizo así. Es mucho lo que Besteiro nos ha hecho perder con su flojedad; con otro Presidente, las Cortes llevarían dos o tres meses de adelanto sobre el estado actual de sus trabajos. No aprovechar bien un día, cuesta a veces perder toda una semana. Nadie ha gobernado con tanto desamparo como yo por esta parte.

Sánchez Román ha intercalado un discurso violento contra Domingo, y contra Largo Caballero. Sánchez Román está ahora muy en auge entre la gente de oposición. Como tiene más entendimiento y más habilidad que casi todos los diputados adversos al Gobierno, cada vez que habla lo escuchan con arrobamiento, porque les provee de lo que más falta les hace: ideas y argumentos. Me he divertido mucho observando, mientras hablaba Sánchez Román, las miradas que cambiaban algunos diputados radicales, incapaces de otra cosa que de berrear y patear. Sánchez Román ha atacado nuestra declaración ministerial por falta de «contenido programático». A mí me cuesta mucho trabajo seguir los razonamientos, de Felipe, por la impropiedad abstrusa de su vocabulario y por lo retorcido de los períodos. En eso se parece a Sánchez de Toca, y también recuerda la prosa de su padre. Ha descargado muy recios golpes sobre Domingo, y lo ha dejado maltrecho. Sánchez Román está muy enojado desde que no prevalecieron sus propuestas para la reforma agraria. Y uno de los que le ponen al corriente de las interioridades del ministerio de Agricultura, es Feced, colaborador y correligionario de Domingo. El discurso ha hecho impresión, porque hasta ahora, los resultados de la labor del ministro no se ven por parte alguna.

Quieren hacer a Sánchez Román editor responsable de la empresa política antiministerial, y mucha gente cree que asumirá ese papel; otros lo dudan, pero él autoriza esa creencia por su conducta enigmática y cautelosa. Como algunos radicales-socialistas no se cansan de mortificar a Domingo, ahora se les ocurre invitar a Sánchez Román a que ingrese en el partido, cuando acaba de dar al ministro una pateadura. Dudo yo que Sánchez Román se meta en esa grillera, pero sería de ver la cara de Domingo, ante semejante trágala.

En resumen: la semana próxima continuarán los discursos y emplearemos seis días en lo que cualquier Parlamento del mundo hubiera substanciado en una sesión. ¡Como si no hubiera nada que hacer!

19 de junio

Esta madrugada hemos regresado de Mérida. Salimos ayer domingo, a las once y media. Nos detuvimos a comer en el parador de Oropesa, instalado en el castillo y regido por una de las hijas de mi antiguo «enemigo» don Platón, caudillo local de las huestes mauristas, cuando yo hacía mis pinitos electorales en Puente del Arzobispo. A las cinco y media llegamos a Mérida. Mucha gente política e «intelectual» procedente de Madrid, y demás masas de extremeños auténticos, anhelantes por oír la *Medea*. Don Niceto no ha venido a esta fiesta «porque asiste el Gobierno»; así se lo ha dicho a Unamuno el propio don Niceto. En realidad, no hemos venido más que tres: Fernando, Barnés y yo, de modo que hubiera *podido con nosotros*, probablemente.

Fui al Ayuntamiento, y hubo recepción, bastante confusa y «desarreglada», como las comedias de Lope. Apareció allí el terne señor Guariglia, portador de un ramo de laurel, ofrecido por el alcalde de Roma a la ilustre Emérita Augusta. Guariglia soltó un discurso, manejando el *Impero*, la cultura romana y otras entidades, en el modo fascista. Le contesté sorteando la dificultad de no aceptar lo fascista y ser amable con la «fraterna» Italia. En fin, todos romanizados, todos latinos y muy contentos.

Visité algunas cosas de Mérida, entre ellas el museo. Desde allí, nos fuimos al teatro. En la bajada, unos griegos de faz repintada prorrumpieron en vivas: eran los cómicos del Español, dispuestos para la escena. El teatro estaba lleno. El viejo Mélida, que lo ha desenterrado, parecía lloroso y jadeante de emoción. Me instalaron con todo mi séquito en el primer rellano de la gradería, y allí, hecho un procónsul, me dispuse a entregarme al suceso. La majestad del lugar, reavivado después de tantos siglos con la presencia de la muchedumbre, era impresionante. Ayudaba la calidad de la tarde, suave y luminosa, transida por los rayos del poniente. Tan sólo discordaba el silbo de los trenes; pero de todo podía uno abstraerse, en cuanto empezó la función, y el público entero cayó en un silencio maravilloso apenas vio aparecer en la escena a la feroz Medea. La Xirgu ha sacado fuerzas de su flaqueza física: no creía yo que llegase a tanto. Además, el teatro está calculado con tal acierto, que se oye el vuelo de una mosca. La Filarmónica intercalaba trozos de Gluck, a falta de la música que Esplá ofreció componer y que no ha compuesto. La lengua en que Unamuno ha puesto la tragedia es buena, si juzgo por esta única audición, con reverberaciones calderonianas y sabores del terruño. Las figuras de los actores y el juego de la acción cobran tal prestigio en ese escenario, que la multitud parecía embobada, no obstante la rareza de las gentes capaces de seguir las alusiones del texto o de penetrarse de los sentimientos que expresa. Anochecido, y estando el cielo tenue y transparente, volaban sobre el teatro las cigüeñas. Fue el mejor momento. La escena final —ya cerrada la noche—: el incendio, las teas, las masas corriendo por entre la prestigiosa arquitectura, produjo un efecto fulminante. El público estalló en aplausos clamorosos. Todo estuvo muy bien. Unamuno apareció de la mano de Jasón y Medea a recibir las aclamaciones, como en un teatro de los de ahora. Cipriano, que lo ha organizado todo, en sus glorias.

A las nueve terminó la fiesta. Nos fuimos al parador que ha establecido la oficina de turismo en un antiguo convento. Tarde, comenzó un banquete con que nos obsequiaba el Ayuntamiento. Otro banquete. Nunca he comido peor. Y aun con eso, muchos se quedaron sin nada. Teníamos allí preparadas habitaciones, para Lola y para mí. Creo que también se habían acordado de mis acompañantes. Pero cantidad de invitados y de curiosos no tenían dónde dormir, y algunos fueron a buscar camas en los pueblos del contorno. Previendo una noche incómoda, y sin sueño, para tener que andar hoy por la carretera a pleno sol, decidí volverme al momento. A las doce y media tomamos los coches y hemos llegado a Madrid a las cinco de la mañana. He dormido hasta la una, y ya estoy fresco y descansado para aprovechar la tarde.

22 de junio

Ha terminado el debate político, con otro discurso mío. Sánchez Román no me ha hostilizado, reservando los golpes para Domingo y Largo. Les dije a los ministros que terciaran en el debate para defender su gestión personal. Yo llevo casi dos años afrontando solo los debates y a veces salvando dificultades que otros suscitan. Especialmente, Domingo se ha distinguido por su mutismo. Esta vez, no se ha defendido muy bien, y se advierte que su crédito mengua. Únicamente las realidades de la reforma agraria bien aplicada podrían rehabilitarlo. En mi discurso me he encerrado en la política general del Gobierno. Fuera de los ataques al ministro de Agricultura, la discusión no tenía interés, porque no se esperaba nada de ella.

Ayer tarde, tuve larga conferencia con Viñuales y convinimos en sostener la baja de la peseta. Estas cosas quedan siempre entre los dos, para evitar indiscreciones.

Por la noche, estuvimos a comer en la legación de Holanda. Allí encontré a Guariglia y a Estrada. Nos aburrimos juntos.

Hoy, por la mañana, en el ministerio, ceremonia de imposición de una cruz al agregado militar francés, Moulin, que cesa en su cargo. Después, en la Presidencia, recibo comisiones hasta las dos de la tarde. Una de ellas, muy copiosa, de propietarios afectados por el proyecto de ley de Arrendamientos. Otra, que me habla de las bases de trabajo en los gremios de «uso y vertido». Este asunto dará ruido. Y los representantes de las empresas de gas y electricidad de Cataluña, donde amenaza una huelga que alcanza al noventa y cinco por ciento de la producción; sería la parálisis de la industria catalana. Los obreros pertenecen en su mayoría a la CNT. El personal de oficinas a la UGT. Ambas organizaciones se hacen la competencia presentando bases a cuál más onerosas y exigentes. La UGT admite que la cuestión la dirima el jurado mixto; pero la CNT declara que si interviene el jurado mixto, plantea la huelga general. Así da gusto.

A las dos, comida en la Presidencia en honor del señor Santos, enviado extraordinario de Colombia. Asisten los ministros con sus señoras, y algunos de los intelectuales «de cuota» que tengo alistados para estas ocasiones.

Desde allí he ido a las Cortes. Después de varias semanas de atasco y remanso, se han puesto a votar leyes en serie. Yo he pasado la tarde recibiendo gente y asistiendo a varias comisiones parlamentarias para adelantar el trabajo en algunos dictámenes.

Representantes de Zaragoza, sobre asuntos locales; otros de Reinosa; los hulleros asturianos, que aún no tienen resuelto el asunto bancario de que me ocupé hace ya tiempo. A continuación he asistido al pleno de la comisión de reforma electoral, y discutimos largamente el proyecto. Nadie se entiende. Cada cual quiere una ley que vaya bien a la situación electoral de su provincia. Como eso no es posible, les he preguntado, en broma, si encontrarían bueno un proyecto que declarase obligatoria la reelección de todos los diputados actuales... He advertido en algunos individuos de la comisión influjos de las ideas de don Niceto, y hasta han propuesto que la ley no se aplique por ahora más que a las elecciones municipales, designio que ya me apuntó el Presidente. Me he negado y no lo aceptaré en modo alguno. Se trata de hacer una ley Electoral, y no de aplazarla; sería un fracaso. Y otras Cortes pudieran incluso restablecer la elección por distritos, que sería resucitar toda la antigua oligarquía.

Terminada esta reunión voy a la de la comisión de incompatibilidades. Besteiro ha armado en esto un mediano lío, por haber aceptado que el Parlamento emita un dictamen resolviendo los casos dudosos de aplicación de la ley. Es un disparate. Lo acordaron en ausencia mía, y cuando yo llegué a las Cortes aquella tarde, ya estaba firme el acuerdo y nombrada la comisión. Una vez más, por no chocar con Besteiro y no promover un conflicto, me limité a decirle particularmente que el procedimiento es irregular, y un exceso por parte de la Cámara. Quien tenía que aplicar la ley era el Gobierno, centro por centro, y ministerio por ministerio, y para los casos dudosos está el Consejo de Estado. Besteiro procede como si las Cortes que él preside fuesen el ombligo del mundo. Por otra parte, los casos dudosos no lo son en rigor. Proceden del egoísmo de algunos diputados —todos ellos de la oposición— que pretenden evadirse de la ley, y de las artimañas de los radicales, que después de haber estado muchos meses reclamando la votación del proyecto, se resisten ahora a que se les aplique a sus diputados, una vez que se ha aplicado a los de la mayoría.

Aún he tenido otra reunión, con Ruiz Funes y Jiménez Asúa para preparar el dictamen sobre la ley de Vagos. Lo haremos entre los tres, para mejorar la estructura del proyecto, y después se llevará a la comisión.

Por último, he recibido a Valeriano Casanueva, y hablamos de los asuntos de la Telefónica.

En los pasillos del Congreso me aborda Galarza y me habla de la situación de Domingo en el ministerio de Agricultura. Asegura Galarza que Domingo está entregado a gentes poco recomendables, que pueden originar un escándalo, con daño para el propio ministro. Me propongo llamar la atención de Domingo, pero será inútil, dado su carácter.

Se han recibido hoy informes de París, sobre los manejos de los monárquicos. Por su parte, Pedro Romero me cuenta cosas más o menos fantásticas, pero que en parte coinciden con las noticias de Francia. (De todo ello, la mitad de la mitad...) En relación con estos «secretos», se comentaba hoy en el Congreso la extraña e inexplicable visita que han hecho dos sargentos a los diputados socialistas Cañizares y Del Toro. Se presentaron en su casa a la una de la madrugada, y no supieron explicar el motivo de la visita.

Cuando pude desenredarme, me vine al ministerio con Casares, que me cuenta su viaje a Marruecos. Trae buena impresión, en general, y muy favorable para el alto comisario. Cree Casares que debo ir allí urgentemente, porque con mi presencia se encauzarían algunas cosas que ahora no van del todo bien en el mando del ejército. En efecto, Gómez Morato es un parlanchín y un comodón, que no tiene más preocupación que la de no perder su destino, sostén de su copiosísima familia.

Por Casares me entero de que el Presidente de la República ha regresado a Madrid esta mañana. Se marchó sin avisar y vuelve lo mismo. A las nueve de la noche —estando aquí Casares todavía— llamo por teléfono al Presidente y cambiamos cuatro palabras para darle la bienvenida.

Hemos hablado también de los escándalos que se están dando en el Tribunal Supremo, desde que ha comenzado el juicio oral por los sucesos de agosto. Algunos abogados defensores, y bastantes procesados, se presentan como jaques y matones, insolentándose con el fiscal y el Presidente. Es el tono de «señorito húsar», que prevalecía entre los niños aristócratas más afectos al Rey. Algunos de los abogados que defienden a estos tipos, deberían estar también en el banquillo, como partícipes en la conspiración; entre ellos, Sol. Su propósito es imponerse por la amenaza y el terror, mover escándalo, amedrentar al Tribunal, hacer propaganda, y por lo pronto, impresionar a todos, a ver si consiguen suspender el juicio, ganar tiempo, con la esperanza de que un cambio de Gobierno y de política mejore su situación o les traiga una amnistía. En el Congreso, algunos diputados me han hablado de esto, y el propio Ossorio me ha dicho que no cree posible la conclusión del juicio, dado el camino que lleva.

El Presidente del Tribunal ha estado hasta ahora débil y tolerante. Si se deja comer el terreno, aquello será un guirigay. Los militares presos en la cárcel militar han tomado la consigna de no dejarse conducir en los coches de la Dirección General de Seguridad, y se creen con derecho a que los transporten en camiones militares. Sobre esto mueven gran barullo, y han formulado una petición al Tribunal. Tampoco el coronel gobernador de las prisiones militares se distingue por su energía. Todo esto hay que acabarlo, pero no estoy dispuesto a que el juicio oral se suspenda ni se aplace; eso quisieran ellos, hacerlo durar.

Recibo malas noticias de México. Parece seguro que Barberán y Collar se han perdido. En opinión de Álvarez del Vayo, los aviadores españoles salieron de La Habana con indebido retraso, desoyendo las indicaciones que se les hacía desde México. Cree Vayo que no hay esperanza. En México hacen todas las diligencias imaginables para encontrarlos. Aquí, el público está muy contristado.

23 de junio

Consejo en la Presidencia. Hemos hablado, entre otras cosas, de lo que ocurre en la vista de la causa por los sucesos de agosto. Es pasmosa la facilidad con que la gente pierde los estribos, salta al trapecio y comienza a hacer volatines a impulsos de una impresionabilidad versátil. Hoy, en el Consejo, se lamentaba Casares de la conducta del presidente del Tribunal (Mariano Gómez) y de su benévola disposición respecto de las pretensiones de los militares presos. Albornoz se ha dado por aludido, como si Casares le echase a él la culpa de lo que sucede, y se ha puesto furioso. Con este motivo, Albornoz ha descubierto un fondo innoble, que le favorece poco. Ha dicho que no podía tolerar las repetidas censuras que el ministro de la Gobernación le hace, y que no continuaba en el Gobierno, ni un día más; que él, por solidaridad de Gobierno, ha soportado y tolerado cosas, en cuestiones de orden público, que le parecían mal, y sin embargo, callaba. Esta alusión a lo de Casas Viejas, en boca de Albornoz, es muy fea, moralmente, porque él sabe lo mismo que los demás, cómo ocurrieron las cosas. Casares ha estado muy discreto y prudente. Otro, le habría tirado un tintero a la cabeza. Albornoz ha procurado convencernos de que ha hecho todo lo posible para que en el Tribunal no ocurran aquellos incidentes, «y que está al habla» con el fiscal y con el presidente del Supremo. Apostaría yo a que no ha hecho nada, y su propio enfado le acusa. La escena ha sido desagradable. Naturalmente, yo no he hecho caso alguno de la resolución de Albornoz, en cuanto a marcharse del Gobierno. En efecto, por la tarde me ha visto en las Cortes, y me ha dicho que le perdonara la escena del Consejo, que no quería causarme enojos, y que de lo dicho no había nada. Creo que también ha tenido una explicación con Casares y han vuelto a quedar amigos.

26 de junio

Esta madrugada he regresado de Alicante. Nos fuimos el sábado, invitados por las corporaciones y autoridades, para asistir a la bárbara fiesta de las hogueras de San Juan. A mí me habían hecho *foguerer machor* de no sé cuál hoguera. Nos alojaron en la Diputación provincial. El sábado a primera hora de la noche, recorrimos la población, para ver las figuras que iban a ser quemadas. Mucha gente, y un calor atroz. Los tingladillos que abrasan tienen pretensiones de arte; todos estos levantinos se creen grandes artistas. Desde la azotea de la Diputación vimos los fuegos. No sé cómo no arde toda la ciudad.

El domingo, recepción de comités de Acción Republicana en la Diputación. Discursos. Apretones de manos. Fuimos luego, con Prieto, a inaugurar las obras de la «famosa» carretera de San Juan, que tanto nos dio que hacer. Visité la casa del doctor Tapia, que tiene el singular capricho de plantar jardines en un promontorio de piedras calcinadas, y comimos en la playa de San Juan, que está muy lejos de ser lo que ponderaba Prieto en un preámbulo que escribió para el proyecto de ley de la Carretera y de que estaba literariamente envanecido. Al anochecer salimos de Alicante, preguntándome yo todavía por qué habíamos hecho este viaje. Cerca de Elche, por poco me desnuco. ¡Qué información sensacional para los periódicos! Cenamos en Albacete, y a las doce continuamos el viaje a Madrid.

Desde Alicante hablé con Casares; me dijo que el director de Seguridad estaba decidido a dimitir. Se considera desautorizado por la Sala del Supremo, que a la petición formulada por Bergamín, sobre el modo de trasladar a los oficiales presos, ha contestado con un auto disponiendo que sea el general de la división quien se encargue de llevarlos y traerlos. Antes de salir para Alicante, llamé al general Romerales, inspector de las prisiones militares, y le dije que no hiciera nada sin ponerse de acuerdo con la Dirección General de Seguridad, que seguiría encargada de la custodia y del servicio de orden, recibiendo a los presos en la puerta de la cárcel. No sé qué lío habrá armado Romerales, pues todo el mundo se disgustó. El director general es muy terco. Le dije a Casares que no podía admitirle la dimisión, y que si insistía en marcharse tendría que ser abandonando el destino.

Hoy creo que está todo arreglado y que la Dirección General comenzó sus funciones propias. Los presos seguían siendo trasladados en los vehículos de la policía, y a los que la otra mañana se resistieron y se despojaron de las guerreras, yendo en mangas de camisa al Tribunal, se les ha formado nuevo proceso. Por mi parte, he destituido al coronel gobernador de las prisiones, y parece que aquellos señores están ya más tranquilos.

Habíamos pensado oponernos a que Sanjurjo viniese a declarar en este juicio. Lo han propuesto como testigo, sin duda con propósito de suscitar alguna manifestación política y mover a compasión, suponiendo que el general comparecería vestido de presidiario. Después lo hemos pensado mejor, y autorizaremos la venida de Sanjurjo, porque impedirla podría parecer temor o deseo de estorbar el esclarecimiento de la verdad. Sanjurjo quizás se equivoque respecto del estado de la opinión pública en este asunto, si no tiene más información que la de sus amigos.

27 de junio. Martes

Consejo de ministros. Anoto, como incidente notable, el *encuentro* de Barnés con don Fernando. Barnés, con la locuacidad que le es peculiar, ha pintado la situación del presupuesto de su departamento, en el que todos los créditos están ya agotados o comprometidos. «No me han dejado nada —le dice muy risueño a Fernando—, y ahora yo no puedo moverme. No tengo un céntimo.» Fernando se irritó mucho y se sofocó para contestar a Barnés. Yo, que conozco poco a Barnés, creí que se trataba de una «ingenuidad», sin propósito de herir a Fernando; pero Marcelino Domingo me ha sacado del error. Según Domingo, Barnés ha dicho eso para molestar a su antecesor, «de quien quiere vengarse»; palabras del propio Barnés, referidas por Domingo. Quiere vengarse, porque Barnés estima que Fernando nunca le ha hecho caso ni le ha tratado con la consideración a que cree tener derecho.

29 de junio. Jueves

Consejo en Palacio. He llevado todos los antecedentes del asunto de Ifni, y arguyo las razones que aconsejan un acto simbólico de ocupación. Los asuntos de Sahara son totalmente desconocidos en España, y hay que proceder con mucho pulso, no vayan a creer que emprendemos una guerra, y hay que evitar también que se lo crean los ejecutores del proyecto. El Presidente y el Gobierno aprueban el propósito de establecer una factoría en Ifni, según las instrucciones remitidas al gobernador general del Sahara.

Después de otros asuntos sin importancia, el Presidente toma la palabra y se produce una nueva escena desagradable, fundada tan sólo en el carácter suspicaz de don Niceto. Lo relato como ejemplo.

Hace días, el ministro de Hacienda propuso en consejo el nombramiento de un señor para director general de Aduanas, de quien yo tenía medianos antecedentes de orden político.

—Me parece —le dije a Viñuales— que ese señor ha sido monárquico y ciervista, y su designación sentaría mal, con razón.

—Ése a quien usted se refiere es un hermano del propuesto. El que yo designo se llama Luis y el de que usted habla, Fernando.

No nos ocupamos más del asunto.

En el último despacho con el Presidente, llevé un montón de decretos, con un índice, o minuta, según costumbre, para los de cada ministerio. Yo iba leyendo el índice, a medida que el Presidente firmaba, y al llegar a los de Hacienda, tropecé con esto: «Nombrando a *don Fernando* de tal director general de Aduanas». Al leerlo para mí, recordé la conversación con Viñuales, y temiendo que hubiera una confusión, dije al Presidente:

—Separo el decreto que viene aquí, porque me parece que hay una equivocación de nombre; ya lo firmaremos otro día, si se pone en claro la duda que tengo.

—Bueno —contestó el Presidente.

Y taché en el índice, con un lápiz azul, la mención del decreto.

Al volver al ministerio le dije a Saravia:

—Reparta usted los decretos a los ministerios, menos éste del director de Aduanas, que no se ha firmado y se queda aquí hasta que yo resuelva.

No presté más atención al caso.

Pero en el Consejo de hoy, el Presidente, muy emocionado, y con muchos trémolos en la voz, nos ha disparado un largo discurso para contarnos un caso amarguísimo, de *evidente persecución* contra él. Ha relatado al Consejo con pelos y señales la escena de la firma y la tachadura con el lápiz azul; en todo el relato, cada vez que se refería a mí, me llamaba «el señor jefe del Gobierno». Hecho el relato, añadió que en la Presidencia del Consejo o en Guerra, o en Hacienda, se había cometido una indiscreción molestísima para él, y era el haberle dicho al aspirante a la Dirección General que *no se le había nombrado por oponerse a ello el Presidente de la República*. Él no conocía el nombre del candidato, pero su disgusto era mayor después de averiguar que se trataba de un abogado que había sido pasante suyo; el propio interesado había ido a la Casa Presidencial, quejoso, y pretendiendo saber en qué podía fundarse el veto de su antiguo maestro.

Lo que el Presidente ha movido y removido con este pretexto es imponderable. Estaba hecho un escorpión, y sin levantar la voz, ni descomponerse, ha dicho una porción de quejas inaguantables.

Le contesté inmediatamente, con una energía dominada a duras penas, y al cabo llegué a enojarme y por primera vez descargué una palmada en la mesa, y aparté de ella bruscamente el sillón en que estaba sentado. La escena, de gran violencia, tenía petrificados a los ministros, que, por fortuna, conocían los antecedentes del caso. Le dije al Presidente que era cierto su relato de la escena conmigo; pero lo restante no pasaba de ser un cúmulo de aprensiones. Descarté de toda indiscreción posible a los funcionarios de la Presidencia del Consejo (don Niceto tiraba contra Ramos) porque el reparto de los decretos lo hace mi secretaría de Guerra, y no la de la Presidencia, por una comodidad mía. Y en Guerra pasó lo que dejo referido, y «encima de mi mesa estará todavía a estas horas el decreto, a donde puede usted enviar por él ahora mismo, señor Presidente, si así lo quiere». Que el candidato frustrado, haya inventado o creído la explicación de que no se le nombraba porque se oponía el Presidente de la República, es natural en cualquier vanidoso, pero que era absolutamente estúpido suponer que el Gobierno, libre para proponer a quien le plazca, iba a utilizar una disculpa de ese porte, para contentar a un pretendiente, a quien podía nombrar o no, según su arbitrio. De todas las explicaciones posibles, era lamentable que el Presidente diese oídos a la menos verosímil y más lastimosa. El decreto no había salido de mi poder, pero para averiguar que había sido incluido en la firma y no había sido firmado, no hacía falta que un ministro fuese indiscreto ni indelicado, puesto que los decretos mismos y los índices que los acompañan por triplicado los ponen en las secretarías, y al devolver a Hacienda todo el despacho, con sus índices, menos el decreto famoso, son varias las personas que han de advertir su falta, y varias también las que pueden observar si hay o no una tachadura en los índices.

Dije luego cuál era la razón de no haberse firmado el nombramiento, y al caer el Presidente en la cuenta de que no era caso perdido, de que aún podía ser nombrado su antiguo pasante, si se ponía en claro a quién se referían mis dudas, a don Fernando o a don Luis, abandonó su enojo, cejó en su protesta y procuró salirse de la cuestión lo antes posible. Todo ello no podía impedir ya la violentísima escena anterior, ni que una vez más se manifieste la voluntad que el Presidente tiene para el Gobierno.

Por la tarde, en el Congreso, me ha dicho Prieto que el Presidente le ha llamado por teléfono, y le ha declarado que, en efecto, cree ya que nadie ha sido indiscreto en el Gobierno respecto del nombramiento de su pasante. ¡Que se apunte ocho!

Se ha discutido en las Cortes la ley de Tenencia Ilícita de Armas. Después he venido al ministerio y he hablado largamente con Ramos y con el director de colonias sobre el asunto de Ifni.

Me ha visitado Guzmán. Hace tiempo que no viene por aquí. La última vez me habló de la situación apurada de Miquel, alarmado por los acontecimientos próximos, y de la decisión de acentuar en *Luz* la campaña contra los socialistas, pensando que con ello aumentarán sus lectores. Ya vienen atacando a Prieto, por lo del túnel de enlace. No seguí la conversación, y respecto de la «política» de los periódicos, me limité a recordarle lo que en presencia suya le dije a Miquel: que hiciese lo que se le antojara, en la seguridad de que yo no me resentiría si dejaban de ser ministeriales. En esta visita, Guzmán aparece preocupado, y advierto que le es penoso decirme lo que me ha dicho. Esto, nada menos: Miquel ha ido a ver al administrador de March y ha puesto los tres periódicos a su disposición, a cambio de un auxilio financiero. Miquel le ha dado a entender al administrador de March, que tiene influencia bastante para conseguir del Gobierno su excarcelación. Miquel —según Guzmán— pretende, o pretendía visitarme para ese objeto; Guzmán asegura que se lo ha quitado de la cabeza, y que le ha dicho que su gestión cerca del administrador, jugando con una influencia que no tiene, era una grave indelicadeza.

—En la situación mía —dice Guzmán que le contestó Miquel— no puedo pararme a mirar si una cosa es delicada o no...

Guzmán estaba muy turbado cuando me refería todo eso, y se le enrojecía la cara. Esperaba tal vez una explosión iracunda de mi parte. Le he escuchado *sans broncher*, y he tenido el dominio suficiente para no alterarme ni dejar traslucir mi enojo y mi indignación. Una vez dominada la primera impresión, y aunque sentía apretárseme el corazón, como si mi propia mano lo oprimiera, me ha sido ya fácil mantener la frialdad, y acentuarla deliberadamente al verme tan dueño de ella. Se me ha pasado por las mientes la sospecha de que, en realidad, Guzmán venía a explorarme y a conocer mi disposición respecto de las intrigas de Miquel; inverosímil parece la sospecha, tratándose de persona que me es tan adicta; que Guzmán me perdone si lo he calumniado con mi sospecha. Eso me ha puesto más en guardia y me ha ayudado a permanecer tranquilo. Sin embargo, la enormidad de lo que ha hecho Miquel y sus posibles resultados políticos, dada la relación en que se me supone con él, se me representaban cada vez con más fuerza. Parece que el administrador de March ha recibido la oferta muy alborozado, prometiendo hablar al instante con su principal. Creo recordar, pero no estoy seguro, que Miquel ha pedido tres millones. Es indudable que March y sus íntimos, creerán al comprar a Miquel, que compran a alguien del Gobierno. Esta previsión me producía un furor tremendo, pero lo sofoqué.

—Usted, Guzmán, no ha debido siquiera contarme eso. ¿Qué me importan las trampas de Miquel?

—Se lo cuento a usted, para que conozca a ese sujeto y esté advertido del peligro.

—Gracias. Lo que he de hacer, por el momento, es un medio resonante de demostrar que no tengo nada que ver con Miquel ni sus empresas. No se me ocurre ahora cómo. Ya lo pensaré.

—¿No se podría ayudar a Miquel para impedir que caiga en manos de March?

—No. Ni se puede ni se quiere.

—Yo le he dicho que me parece una atrocidad lo que ha hecho y que no venga a hablarle a usted de ello.

—Eso es, que no venga, ni para eso ni para nada. Si viene no le recibiré, y si se empeña en verme haré que lo tiren por la escalera.

He hablado muy poco, entre otras razones para no reprocharle nada a Guzmán, que en esta historia de los periódicos ha tenido mejor intención que suerte. Estábamos ya de pie, y seguía hablando Guzmán, que no parecía deseoso de terminar la entrevista. Me miraba con angustia, como queriendo penetrar mis pensamientos, y apenas pronunciaba yo unos monosílabos, la conversación se reanimaba y la despedida se dilataba.

—Mire usted, Guzmán —le dije para concluir—. Ya que los periódicos no nos han servido para nada, como no sea para hacerme daño, creo por lo menos tener derecho a que no sean causa de mi perdición.

Guzmán se fue, preocupado.

6 de julio

Consejo de ministros, especialmente dedicado a la reforma agraria. Domingo llega con un imponente legajo de documentos y nos hace relación de todos los trabajos en curso para implantar la reforma, y de lo que piensan hacer de aquí a octubre. Dejemos ya atrás todo el farragoso expedienteo, recursos, inventarios, etcétera, en que han gastado tantos meses. Ahora, concluido todo eso, ¿qué pueden hacer inmediatamente? Lo más inasequible del mundo es pedirle a Domingo precisión y detalles de ninguna cosa. Hasta el castellano que habla se compone de expresiones vagas, generales e inapropiadas. Con emplear a troche y moche el verbo «señalar» y el muy horrendo de «posibilitar», sale del paso. No es que Domingo sea tonto; pero su mente en oratoria y periodística, sin agudeza, ni profundidad; no es artista ni técnico; la plasticidad realística no le atosiga; es bondadoso y débil. Por todo esos motivos, acepta lo que otros le dicen, sin maduro examen y sin medios de criticarlo. Su desconocimiento de las cosas del campo es total. Póngase esto en contraste con la pedantería libresca de Fernando, que todo cuanto sabe del campo lo ha aprendido en unos libros, y se podrá formar idea de lo que ha sido el Consejo de hoy y de la impresión desastrosa que me ha causado. Lo fuerte del caso es que en torno a Domingo trabaja una legión de técnicos: juristas, agrónomos, arquitectos, sociólogos, etcétera, que hasta ahora no han hecho sino escribir y viajar.

Con el dinero disponible (50 millones) creía Domingo que sólo podía asentarse a cuatro mil campesinos, porque a cada uno iban a darle en metálico doce mil pesetas.

—¿Para qué tanto? —le pregunto.

Entonces extrajo Domingo una memoria de los agrónomos, describiendo el asentamiento de una familia en un predio de 18 hectáreas, en que todo se le costeaba, desde un par de mulas hasta *dos cántaros* para el agua... Era tan bonito que no pude contenerme.

—¡Eso es una acuarela! —exclamé.

Discutimos largamente, terciando Fernando, y ya puesto en el disparadero me harté de decirles atrocidades, en las que salía mi experiencia de antiguo labrador, y que irritaron mucho al ministro de Estado.

—Dígame usted —le pregunté—: se da a cada asentado 18 hectáreas de secano y un par de mulas, etcétera, ¿no es eso?

—Así es.

—Y las 18 hectáreas las siembra este otoño...

—Exactamente: seis de trigo, seis de cebada, seis de...

—Muy bien; y después que haya sembrado, ¿qué hace el cultivador con sus mulas hasta que levante las cosechas? ¿Un guisado de patatas? ¿Cecina? Porque si no tiene más tierra que labrar durante ocho o nueve meses, ¿para qué el par de mulas?

Domingo no había caído en esto y se disponía a comprar ¡cuatro mil pares de mulas! habiendo en España tantos yunteros que no saben qué hacer de sus yuntas.

Fui «poniéndole pegas», como dicen, a casi todos los puntos del programa. Mi desastrosa impresión no nacía de la fuerza de mis observaciones, que podían o no ser fundadas, sino de que el ministro no sabía contestarlas. Por ejemplo:

—Usted, con 50 millones, no puede asentar más que a cuatro mil campesinos, porque les da doce mil pesetas. Es absurdo. En primer lugar, usted no ha caído en la cuenta de que este año no tiene usted que pagar más que el último trimestre, y para el año próximo tendrá usted otro presupuesto, y no pensará usted en dar de una vez esas pesetas a cada cultivador. Pero es que la cantidad es excesiva. Doce mil pesetas es el sueldo de un jefe de administración, de un magistrado, de un coronel, etcétera. Los asentamientos se hacen para recoger obreros campesinos *parados*, es decir, gente en la miseria. ¿Adónde van a ir a parar las pesetas y el campesino si de pronto los pone usted en ese pie? Lo que debe asegurárseles es el importe del jornal medio en una comarca, jornal de campo en invierno, y los gastos de la sementera, etcétera. Ya verá usted cómo se arreglan, y podrá usted extender la reforma a muchos más.

Domingo convino en ello.

Hablamos también del éxito dudoso del cultivo en secano.

—Si llueve a tiempo —decía yo— podrán tener cosecha el primer año...

—En España —me interrumpe Fernando— cae aproximadamente la misma cantidad de agua cada año. Las estadísticas...

Le corté la palabra con cierta brusquedad, y se molestó.

—Usted debe considerar —le dije— que no basta que llueva, sino que ha de llover a tiempo, para cada cultivo. Aunque caiga en todo el año la misma cantidad de agua que el anterior, si no cae, cuando hace falta, malo; y hasta puede ocurrir que haga daño, como ha sucedido ahora en Andalucía. Por otra parte, si no se les dan tierras feracísimas en las vegas, al segundo año de sembrar todas sus 18 hectáreas, no cogerán casi nada.

Entonces Fernando me habló de la rotación de cultivos, de los fertilizantes, etcétera.

Prieto estaba muy regocijado. No cree en la reforma agraria más que en los terrenos de regadío, y todo lo demás le parece «literatura».

Hemos variado mucho las líneas generales del programa de Domingo, pero me temo que todo quede en palabras.

Por la tarde, discusión de la ley Electoral en las Cortes. Discurso mío, sobre las orientaciones del proyecto y discurso de Ossorio. La ley avanzaba y todas las dificultades parecían vencidas. Si la discusión hubiera comenzado más pronto, seguramente se habría votado esta tarde. No sé por qué pretexto, Besteiro suspendió la discusión y no se votó. Es incalculable el efecto nocivo de la lentitud de Besteiro.

En la puerta del Congreso, un diputado se encontró con Sánchez Guerra y le habló de la inminente aprobación de la ley.

—¡Ah! Pero, ¿se va a aprobar?

Dos horas después, estando yo aquí en mi despacho, Casares me llama por teléfono. El Presidente nos cita para mañana a las once en Palacio, a Casares y a mí, antes del Consejo. (No me cita a mí directamente.)

Después de cenar viene Cipriano, que me trae noticias del *Sol*. Allí se ha producido ya la *crisis* provocada por Miquel, y los tres periódicos se revuelven violentamente contra el Gobierno, y de un modo acentuado contra mí.

Muy pocos días después de nuestra entrevista de fines del mes pasado, Guzmán volvió a verme. «Siento mucho —me dijo— tener que hablarle a usted de los periódicos para contarle cosas desagradables.»

En resumen, Miquel está furioso conmigo, porque no he concedido el aumento obligatorio del precio de los periódicos y porque no le hemos comprado, con destino a servicios del Estado, unos solares de que quiere deshacerse. Con ambos recursos contaba para mejorar la situación de sus empresas y la suya personal.

Miquel tiene tomado dinero de la tesorería del *Sol*, para atender a sus apurados vencimientos. Los otros accionistas de la empresa (el grupo gallego, que representa Rodríguez Pastor, y el grupo catalán, que representa Roviralta) querían liquidar con Miquel, comprándole una parte de sus acciones, para que no tuviese la mayoría. (Miquel posee la mitad más dos de las acciones.) Tan apurado estaba, que en principio accedía a una operación de venta, o por lo menos a un préstamo, dando en garantía acciones. Pero de pronto, y cuando ya los otros tenían el dinero en Madrid, Miquel se ha vuelto atrás, probablemente a consecuencia de su conversación con el administrador de March. Ya no necesita de los otros. Además, Miquel ha pignorado en el Banco de España, para responder de un crédito, todas las acciones de la empresa del *Sol* que posee.

Cuando Guzmán le expresó su asombro por este hecho, Miquel le dijo:

—Yo le había anunciado a usted que les haría una *charranada*, y ya está.

Guzmán me ha contado otros detalles reveladores de la violencia a que han llegado en sus relaciones.

Después de esto, Miquel le dijo que siendo dueño de la mayoría absoluta de las acciones, estaba resuelto a hacer valer sus derechos, a ocupar la presidencia del consejo de administración y a modificar la redacción de los periódicos y su política, poniéndolos en contra del Gobierno y de los socialistas, que son, a su juicio, los culpables de que no se haya subido el precio de venta.

Al enterarse de esto, los accionistas gallegos trataron de oponerse, alegando que, pignoradas las acciones de Miquel, no podía usarlas para garantizar un puesto de consejero, y de presidente.

—Esto —decían— originará un pleito, que durará dos años, y mientras tanto, tendremos alejado a Miquel de la dirección del periódico.

Entonces Miquel llamó a Guzmán y le dijo que en *Luz*, ya dirigido por él desde que cesó Luis Bello, promovería una campaña de escándalo, afirmando que «los amigos del Presidente del Consejo le negaban su derecho y le secuestraban el periódico». Tenía ya compuesto un artículo para insertarlo en *Luz*, y le dio a Guzmán veinticuatro horas para que los accionistas del *Sol* se decidieran. Miquel, que hace quince días le dijo a Guzmán que *Luz* dejaría de publicarse a fin de junio, porque perdía dos mil pesetas diarias, ahora echaba roncas, ya no necesitaba dinero, y hasta parecía dispuesto a comprar acciones.

Además le dijo a Guzmán que iba a emprender una campaña personal contra mí, hablando de un negocio de terrenos que yo le había ofrecido hacer…

—Pero es una cosa que tiene un nombre feo…

—Sí. Un chantaje, ¿verdad?

—Eso es.

—Pues no me importa.

(El *negocio* de terrenos consiste en que hace cosa de un año, en una de las dos únicas conversaciones que yo he tenido con ese sujeto, me pidió que le favoreciera para vender al Estado o al Ayuntamiento unos solares, para construir edificios públicos. «Con el Ayuntamiento, nada tengo que ver —respondí—. En cuanto al Estado, si se resuelve la construcción de nuevos ministerios y hacen falta solares, ya sabe usted que eso se hace mediante concurso público, que se adjudicaría el que ofreciese el mejor terreno en las mejores condiciones.»

No volvimos a hablar más. Pero el muy granuja sabe que a un político se le hace daño con sólo hablar de negocios, de ventas de terrenos, etcétera, pues nunca falta gente para creer en una inmoralidad.)

En estos días, pues, han menudeado las conversaciones de Miquel y de Guzmán y las reuniones del consejo del *Sol*; han discutido acaloradamente, han imaginado soluciones fantásticas, y yo no he sabido nada ni han venido a contármelo. He estado expuesto a que cometieran cualquier disparate, y de la noche a la mañana me habría yo visto envuelto en una campaña escandalosa. Parece ser que Guzmán era contrario a informarme de lo que sucedía, y que en una reunión del consejo del *Sol*, Amós Salvador ha exigido que se me hablase del caso. A esto obedecía la visita de Guzmán.

No le he mostrado mi enojo ni mi indignación por la ligereza con que han procedido, sobre todo él, poniendo mi reputación al alcance de los juegos de un trapisondista. No le he dicho nada por no afligirlo más y no abochornarlo, pero harto habrá conocido en la parquedad y sequedad de mis respuestas la procesión que me andaba por dentro.

—Si se han dejado ustedes engañar por Miquel, ya es tarde para remediarlo. Podían ustedes haberse informado, antes de tratar con él. Lo han dejado todo pendiente de una formalidad. Ya era maravilloso que el dueño de la mayoría de las acciones se resignase a no dirigir la política de los periódicos. Le han engañado a usted, y le ha servido usted de instrumento para introducirse en la empresa y hacerse dueño de ella. Ahora, los periódicos quedan peor que cuando eran de Barbate y los dirigía Aznar. Pero nada de reproches. No tienen ustedes derecho a negarle a Miquel lo que le pertenece en la dirección de la empresa. Pleitear sobre eso, sería escandaloso y me echarían a mí la culpa. Como yo no dispongo de los caudales de los accionistas, me limitaré a hablar con mis amigos personales, que son Amós y Cos, y a decirles que mañana mismo dimitan sus puestos en el consejo de administración, y que lo publiquen, para que no se crea que se resisten a lo que pretende Miquel.

Éste ha sido el fondo de mi respuesta. Todavía Guzmán había ideado algunos arbitrios para defenderse de Miguel, y conducirle a que venda sus acciones.

—Mire usted, Guzmán; lo que yo quiero es que mañana mismo quede claro que yo no tengo directa ni indirectamente ninguna relación con el *Sol*.

Lamento que usted no haya venido a contarme esto desde el primer día. Después, hagan allí lo que les plazca, pero conservar relación con un tipo como Miquel no se lo aconsejo a nadie. Por mi parte, procuraré crear una zona de aislamiento. Y deseo que enseguida los periódicos la emprendan conmigo, para compensar los daños que me ha causado su poco discreto ministerialismo. Asunto terminado. No quiero oír hablar más de ello.

Por la noche llamé a Amós Salvador. Le dije mi pensamiento. «Me das la mayor satisfacción de mi vida. Ya me imaginaba yo que reaccionarías así, y lo he dicho en el consejo de administración. Lo de pleitear con Miquel me parecía un disparate. Pero Guzmán se resistía a que te habláramos de ello», me respondió.

—Me han puesto con eso al borde de mi descrédito. Alguien ha administrado mal mi confianza y mi descuido. Pero hemos llegado a tiempo. Tú dimites, puesto que no ves en ello inconveniente, y lo mismo Cos. Después, allá ellos. Cuanto más violentamente se revuelvan contra mí, mejor. ¡Que se atrevan a decir que es por no haberles concedido la elevación de precio! Ahora verán todos que yo no me había apoderado de *cinco periódicos*, como dijo Corpus Barga.

Después de estas conversaciones, vino de Barcelona Roviralta. Ignoro cuál es la verdadera disposición de este señor. A Montaner le dijo hace tiempo que le parecía mal la política de los periódicos, apoyando a la conjuración republicano-socialista. Pero Guzmán asegura que eso era valor entendido, y que Roviralta dice y hace lo que entre ellos han concertado. El caso es que vino Roviralta y que se prestó, de acuerdo con Guzmán, a representar el papel de mediador entre Miquel y los demás accionistas. Le dio la razón a Miquel en casi todo, y a cambio de eso, consiguió reservarse para sí la presidencia del consejo de administración. Todos de acuerdo, hicieron un acta de la sesión del consejo en la que unos impugnan la política de los periódicos y otros la defienden, y quedando éstos en minoría, dimiten: son Amós y Felipe Cos, que no sé a quién representaba. Miquel ha nombrado un nuevo consejo, en el que permanece, ¡cómo no!, Tenreiro, que viene figurando en él desde los tiempos de Barbate.

Me he excusado de recibir a Roviralta, con quien hablé por primera y hasta ahora única vez hace meses. Me pareció un catalán simpático y listo. Ahora no sé qué pensar. ¿A quién engaña? A mí no será, porque no me importa lo que haga. Con Guzmán me envía reverentísimos saludos.

Miquel ha renunciado a *dirigir* personalmente *Luz*, y ha nombrado director a Corpus Barga. Este señor se marchó de *Luz* cuando ya era de Miquel y lo dirigía Bello, porque no le publicaron un artículo. Se marchó diciendo que no podía estar con aquella empresa, que *desnaturalizaba* lo que debía ser un periódico republicano. Y ahora vuelve, de director, con la misma empresa, cuando ya se ha hecho patente que Miquel es dueño, como lo era antes, de tres periódicos y medio, y cuando nadie ignora ya en Madrid los arbitrios a que es capaz de recurrir para salvar sus compromisos.

Cipriano me cuenta el efecto que ha producido en la redacción del *Sol* la presencia de Miquel y la reaparición de un Urgoiti, que desde *Luz* se ha pasado dos años insultando a los que escribían en *El Sol*. Anuncian despidos de redactores y colaboradores. Y una nueva dirección.

7 de julio. Viernes

Hoy, Consejo de ministros que había despertado eso que llama «expectación» la papanatería periodística. Por tres motivos: la propuesta de amnistía que han presentado algunos diputados, y que se supone amparada por los federales, incluso por Franchy Roca; la ratificación del convenio comercial con el Uruguay, a la que se oponen los diputados gallegos y asturianos de la mayoría; y los movimientos de los radicales-socialistas disidentes, capitaneados por Gordón.

Antes del Consejo acudí a la cita del Presidente en Palacio. Ya estaba allí Casares. El Presidente firmó unos decretos y luego nos expuso las preocupaciones que le produce el proyecto de ley Electoral, tal como lo ha dejado la comisión, modificando el del Gobierno. No ha dormido en toda la noche. La ley, si se aprueba, dividirá en dos bandos a los electores: extrema derecha y extrema izquierda. Entre ambos quedarán los grupos republicanos reducidos al estado de mendiguez, teniendo que pedir apoyo a los socialistas o a los agrarios. Si a los electores se les obliga a optar entre el socialismo o el derechismo, se irán con éste. La futura Cámara estará compuesta de socialistas y de amigos de Gil Robles, a quien tendrá que pedir el favor de gobernar la República. Los grupos republicanos serán minúsculos. En su opinión debe subirse el *quorum* para ser electo (el Gobierno proponía el 40 por 100 y la comisión lo ha reducido al 30), y modificar la escala del voto restringido para la participación de las minorías. También propone el Presidente que la ley se aplique únicamente a las elecciones municipales, como ensayo.

El asunto le preocupa tanto, que si el dictamen se aprobase tal como está, pondría el veto.

Le dije al Presidente que algunas de sus indicaciones coinciden con los proyectos del Gobierno, por ejemplo, lo de exigir el 40 por 100 de los votos para ser electo, pero que los grupos republicanos creen que eso les perjudica.

—Pues están ofuscados —repuso el Presidente.

Añadí que lamentaba mucho que me hubiese hablado del veto, porque yo no podía poner al Gobierno ni a la comisión ni a las Cortes en estado de deliberar bajo esa amenaza. En cuanto a lo de aplicar la ley solamente a las elecciones municipales, como ensayo, me opuse terminantemente, porque no resolvíamos el problema y declarábamos una incapacidad para confeccionar un sistema.

No hablamos mucho más y nos fuimos al Consejo. Tratamos de este asunto, y Largo se incomodó mucho con el Presidente. Todos convinimos en que no podía aceptarse lo de hacer una ley solamente para las elecciones municipales. También estuvieron de acuerdo en que lo mejor era que mantuviésemos la propuesta del Gobierno en lo de la cifra mínima de votos. Lo más importante es la supresión de distritos en las elecciones municipales, como ya se hizo a propuesta mía y con la oposición de Maura, para las de diputados a Cortes, porque acaba con la influencia de los *electoreros* locales, o la restringe mucho, dificulta la compra de votos, y en las grandes capitales favorece a los partidos republicanos, permitiendo computar eficazmente todos los votos que tienen. En los detalles del sistema de la ley, cada ministro, como cada diputado, tiene su receta, y discurren un poco en el aire, por falta de experiencia. Acordó el Consejo que yo hable con la comisión, para tratar de ponerlas de acuerdo, y de convencer a los radicales, a fin de que la ley no sea una ley de partido, sino aceptada por todos los republicanos.

Después de esto, Fernando quiso hablar de la aprobación del tratado con el Uruguay. Esto trae aparejada una cuestión política, porque los republicanos del partido gallego le han escrito un papel a Casares diciéndole que si se aprueba el convenio, se apartarán de la mayoría y le retirarán su representación, lo que le obligaría a dimitir. Casares iba a leer el papel, pero Largo pidió que se aplazase el asunto, hasta que se resuelva la cuestión electoral, que es de capital importancia para el porvenir de la República, y no debemos permitir que quede pendiente.

Así se acordó, no sin enojo mal reprimido de Fernando. (Me había insinuado que dimitiría, si el tratado no se aprueba.) La vanidad de Fernando reaparece en este asunto. Una vez más la cuestión, que es de Gobierno, y de política general, se convierte para él en temas de amor propio y de lucimiento personal. Posesionado del ministerio, siente multiplicada su importancia por los asuntos internacionales. Hay que hacerle la justicia de que es mucho mejor ministro que Zulueta y, no hay que decirlo, que Lerroux. Tiene más entendimiento y más ideas que ninguno de los dos; y es gran trabajador. Va al ministerio a las nueve de la mañana, fenómeno allí desconocido. Zulueta, según he averiguado después de su cese, iba *algunos días*. Tampoco le falta preparación. Pero su vanidad le pica por todo. Ahora, instado por el ministro del Uruguay, ha tomado lo del convenio como cosa suya, y adopta todos los argumentos de aquel, y en el Consejo, cuando se trata del caso, parece representante del Uruguay más que ministro del Gobierno. A Prieto, este asunto le produce muchísima risa, ignoro el motivo; acaso porque le divierte la impaciencia de Fernando. A Largo le incomoda la posibilidad de que el Gobierno caiga por esto. En la reunión de hoy les he dicho que el tratado irá al Parlamento, pero que me reservo, como es natural, el derecho de elegir el momento para discutirlo. Naturalmente, si no logro poner en paz a los gallegos con su ministro, el conflicto que se plantea puede dar en tierra con el Gobierno.

Hoy le hemos hecho un desaire al apocado señor Franchy. Pero él ha tenido la culpa. Hace un par de semanas, Franchy me habló de la provisión de cargos de director general en su ministerio, y entre otros candidatos me dio el nombre de Gómez Hidalgo. Este sujeto es un periodista aventurero de malos antecedentes. En las elecciones de 1931, brujuleaba en la provincia de Toledo con apellido de lerrouxista y cometió cierto número de indelicadezas que no le sirvieron de nada; ahora es federal. Ha hecho en *La Tierra* y en otros periódicos, campañas soeces contra este Gobierno. Como tantos más, manda a la prensa americana artículos feroces, pensando que aquí nadie los lee. En el asunto de Casas Viejas es de los que más revolvieron en el fango sangriento, queriendo arrojárnoslo a la cara. El servicio de prensa me ha proporcionado algunas muestras de su estilo. No obstante, tiene la desvergüenza de pedir que este Gobierno le nombre director general.

Cuando Franchy me habló de ello le dije que yo nunca había limitado la iniciativa de los ministros para el nombramiento de su alto personal, pero en este caso me veía en el deber de aconsejarle que no llevara ese nombre a deliberación del Consejo de ministros, porque oiría cosas desagradables. Franchy se quedó un poco cortado, asegurándome que no conocía a Gómez Hidalgo, y que se lo habían propuesto unos amigos políticos.

Pasados unos días vinieron a visitarme Rodrigo Soriano y Valle, federales, a rogarme que no me opusiera al nombramiento de Gómez Hidalgo; que si había hecho campañas contra el Gobierno, era hora de olvidarlo, puesto que él buscaba la reconciliación personal (este mismo Soriano nos llamaba asesinos hace tres meses); pero que si yo sabía de alguna tacha moral del candidato, que se la dijese, para no insistir. Me excusé de hablar del asunto, repitiendo el consejo que había dado a Franchy, pero que si no quería seguirlo, que hiciera lo que tuviese por conveniente.

Obligado por sus amigos, Franchy ha llevado tímidamente al Consejo de hoy la propuesta de nombrar a Gómez Hidalgo, director general. En el acto, Prieto se ha desbocado, para concluir votando en contra. Casares se ha adherido. Yo me he limitado a decir que me abstenía de votar. En vista de eso, Franchy ha retirado su propuesta.

Desde que han entrado los federales en el Gobierno, los asuntos de personal adquieren un carácter desagradable que casi nunca habían tenido. Me dicen que Rodrigo Soriano quiere ser embajador en Rusia. ¡Está fresco!

Durante el Consejo han ido a la Presidencia los diputados por Murcia para pedirme la cesión del cuartel de Lorca. Entre ellos estaban López de Goicoechea y Galvache, que no cesan de ponernos verdes. Los he recibido un momento, con el ministro de Instrucción.

Cosas de los federales: como se va a elegir presidente del Tribunal Supremo, los federales han discurrido presentar para ese cargo al señor Franchy, no tanto por elevarlo a él como para hacer un hueco en el ministerio, que ocuparía el señor Marial. Con ese propósito me han visitado el grotesco señor Dolcet y Niembro, diputados de ese grupo. Pedían mi apoyo para la candidatura de Franchy, contra el que han disparado algunos dardos; y con intención de «animarme», sin duda, decían: «No tema usted que si Franchy sale del Gobierno le vayamos a proponer a usted para ministro a Barriobero; le propondríamos a Marial...». Me he echado a reír, por no enfadarme, y les he dicho que el Gobierno no intervenía para nada en la elección de Presidente del Supremo.

En el Congreso, después de esa visita, he ido a la comisión de reforma electoral. Reunión de dos horas. He procurado convencer a cada uno de su sinrazón y encaminarlos a que acepten la primera propuesta del Gobierno, que está discutiéndose en el salón de sesiones. Cada uno quiere lo que mejor va en su provincia. Me encuentro con que Galarza, miembro de la comisión, que ha visitado esta mañana al Presidente, insinúa que para salir de la dificultad, podría votarse la ley para aplicarla solamente a las elecciones municipales. ¡Ah! —me he dicho—. ¡El consejo de don Niceto! Y he contestado que de ninguna manera, y que si la comisión no sabe hacer una ley electoral, que lo diga.

En el salón de sesiones discutían el crédito para la sustitución de la enseñanza. Me cuentan la satisfacción personal de Ossorio, al saber que había yo vuelto a la comisión de reforma electoral con propósito de concordia, con ese motivo ha cantado mis alabanzas. En la mampara del salón de sesiones me he cruzado y casi tropezado con Romanones. Se detuvo, para que yo pasase, y se quedó mirándome, como si esperase que yo le saludara primero; me detuve, para que pasase, y me quedé mirándole, creyendo que debía él saludar primero al Presidente del Consejo. Tras una vacilación instantánea pasamos sin decirnos nada. El antiguo régimen y el nuevo no se tratan.

Viene al despacho de ministros Gordón Ordás y me entrega las conclusiones aprobadas por los radicales-socialistas, como base para un programa de colaboración entre republicanos. Las bases contienen cosas disparatadas, otras inocuas y algunas francamente ridículas. Me preguntó Gordón mi parecer sobre la candidatura de Albornoz para la presidencia del Tribunal de Garantías. Le dije que el Gobierno no tomaría ninguna iniciativa sobre el particular, y que yo votaría lo que acordasen los grupos republicanos. Este Gordón pretende sacar a Albornoz de la política activa y de la dirección del partido, como paso previo para acrecentar él su influencia entre los radicales-socialistas, y acaso se imaginaba que yo iba a prepararle la elección. Designar a Albornoz para la presidencia del Tribunal tiene muchos inconvenientes, no porque sea ministro de Justicia, sino por sus condiciones personales. Es lo más probable que, si lo eligen, lo haga mal, como le ha sucedido de ministro. Su posición, presentándose candidato, es poco lucida; pero sueña con el cargo y no hay manera de hacer que desista. Las ventajas son que presidiría el Tribunal un republicano y no un cavernícola disfrazado de «hombre serio e imparcial», y que eliminamos de la política un estorbo de los mayores, por su ambigua conducta y su doblez, baluartes de su cobardía.

Si el Gobierno se hubiese puesto a buscar un candidato para proponérselo a las Cortes, nos habrían insultado; si nos abstenemos, y dejamos que los grupos hagan lo que quieran, en cuanto cuaje la candidatura de Albornoz nos insultarán también. Sea como quiera, lo más correcto es abstenerse, y que las Cortes nombren por sí solas. Pero las Cortes, ¿saben andar solas?

Después he hablado con Casares, que me lee la comunicación que le ha puesto su grupo parlamentario. Es una atrocidad; o, como dice Casares, un atraco y un chantaje. Casares no es partidario del convenio con el Uruguay, pero el proceder de sus amigos le indigna. Mi resolución personal, de hallarme en un caso así, sería dimitir, y si Casares no lo hace ya es por no crearme una dificultad más; en cuanto yo le calentara un poco la sangre, lo echaría todo a rodar. Procuro calmarlo, y se queda el asunto aplazado.

En los pasillos me tropiezo con un corro de amigos, donde están algunos periodistas del *Sol*, que hablan entristecidos de la suerte de su periódico. Allí estaba también Galarza, que como otras veces, me decía que debo hacerme dictador y acabar con todo esto.

Desde el Congreso he ido a mi antigua casa de la calle de Hermosilla; estoy preparando la mudanza a otra parte, a fin de poner mis muebles y libros en orden y tener donde meterme cuando salga del ministerio. Allí he vivido desde 1914, y me entristece un poco la vista de los lugares que he animado con los gustos y pasiones de mi mejor edad. Han transcurrido en aquella casa años para mí muy dichosos, en una intimidad recatada y suave, deshecha por la borrasca política. Entonces estaba yo libre de preocupaciones, de pesadumbres, y mi espíritu vivía pletórico y fluente como nunca. ¿Es demasiado egoísmo volver los ojos con tristeza a lo que he perdido y ya no podré recobrar?

Desde que me casé vivíamos estrechos en aquella casa, y por pura indolencia y por apego a lo conocido no la dejábamos. Mis libros están amontonados, y ahora me doy cuenta de que los muebles lo están poco menos.

He vuelto al ministerio y ya no he salido. Siento que mi tristeza se recrudece, y algo así como un desengaño. ¿Por lo que no me dejan ni me han dejado hacer? No lo sé. Me entristezco casi hasta las lágrimas por mi país, por el corto entendimiento de sus directores y por la corrupción de los caracteres. Como ya no puedo caer en eso, el desdén me sostiene; pero no basta. ¿Por qué no decirles: vivan ustedes y gocen; yo me voy? Mañana tal vez estaré restaurado y me engancharé al carro alegremente.

10 de julio

Albornoz me comunica por teléfono que ha sido elegido presidente del Supremo don Diego Medina. Y como es urgente publicar el nombramiento, para que tome posesión antes de las vacaciones, llevará él mismo hoy el decreto a la firma del Presidente, si yo no tengo reparos que hacer.

—Ninguno. Llévelo usted.

Al poco rato, Albornoz vuelve a llamarme y dice que el Presidente le ha citado para mañana a las diez y media, y que vaya yo con él.

—¿Es etiqueta nueva? Si tiene usted gusto en llevarle el decreto, vaya usted; si no, lo llevaré yo. Pero juntos, no.

—Entonces —pregunta Albornoz—, ¿le digo que usted me ha reclamado el decreto?

—No, no. Yo no reclamo nada; pero juntos, no.

Al mediodía ha venido Domingo, y hemos hablado largamente de la situación política: programa de los radicales-socialistas, ley Electoral, proyecto de bienes comunales, tratado del Uruguay, etcétera. A todo le hemos pasado revista, y al parecer, estamos de acuerdo. Marcelino me dice que todo lo que ha pasado y lo que pasa es un plan del Presidente para echar a los socialistas y a mí. Asegura Domingo que el Presidente está muy enojado con él desde que renunció a formar Gobierno en junio: «Cuando le dije que declinaba el encargo, se puso en pie, cruzó los brazos y me miró de abajo arriba, con rencor, porque se le descomponía el plan. Desde entonces me odia». Marcelino repite —como un niño que relata un cuento de espantos— los ademanes y las palabras de don Niceto, ahuecando la voz. Opina también que lo de Gordón se acabaría si Albornoz se resolviera a dar la batalla. Yo me sonrío interiormente, y le dejo marcharse.

Por la tarde hablo con Casares. Le explico mi plan respecto del convenio con el Uruguay. Quiero aprobar las leyes pendientes, y dejo lo del tratado para cartucho final. Estima Casares que la situación es inaguantable. Flores, redactor del *Liberal*, tiene confidencias de la Casa Presidencial. El *hombre* allí es ahora Sánchez Román.

Montaner le ha dicho a Cipriano, por referencias de Aznar, que don Niceto le ha dicho a Pepe Centeno: «No se atreverán a hacer a Álvaro presidente; y si se atreven abriré las consultas otra vez. Lo pasado no ha sido más que un escarceo.» ¿Serán chismes? Es posible. Ya sería atrevimiento hacer otra crisis por ese motivo.

Gran parte de la tarde, hasta última hora, en mi despacho: dicto cartas, arreglo papeles, resuelvo expedientes. El subsecretario ha cometido una ligereza. Publica una orden a los generales de las divisiones «regañando» a los que piden mejoras y aumento de sueldo, y lo hace con términos tan poco elegantes, que seguramente suscitará queja y descontento, y puede crearnos un conflicto. Este general, habituado al «rudo lenguaje de los campamentos», no conoce la aguja de marear.

11 de julio

Consejo de ministros. Leo al Gobierno, que las aprueba, las nuevas instrucciones a la comisión que discute con la Telefónica la reforma del contrato. Después examino las cuestiones políticas pendientes, que traen soliviantada a la prensa de oposición, buscando en ellas el motivo de la caída del Gobierno. Una de ellas es la amnistía, que pretenden arrancarnos en las Cortes. Hay una proposición presentada por un diputado vesánico, llamado Algora, y quieren presentar otra los federales. Los periódicos sacan partido de esto, y afirman que hay crisis, porque el señor Franchy es partidario de que se conceda la amnistía. Para contestar en las Cortes, le digo al Gobierno que pienso atenerme a lo que acordamos en uno de los últimos consejos celebrados en Palacio: que no admitiremos la amnistía para los delitos políticos, y que cuando el Gobierno lo estime oportuno, podrá presentarse un proyecto para ciertos delitos de prensa. (Cuando se habló de esto en el Consejo de Palacio, el Presidente dijo que estas Cortes no pueden conceder la amnistía, dadas las circunstancias, y lo muy recientes que están los hechos, pero que probablemente otras Cortes la concederán, aunque él nunca admitiría que sea completa y que puedan volver al ejército los Barrera, Sanjurjo, etcétera.) Mi propuesta es aprobada por todos, incluso, naturalmente, por Franchy.

Tocamos ligeramente en el asunto del Uruguay. Prieto dice que por la imposición de un grupo parlamentario, no puede demorarse la aprobación ni desecharse. «Así no se puede gobernar.» Le recuerdo a Prieto lo acordado y que el proyecto no ha sido retirado de las Cortes, pero que alguna vez, como ha ocurrido con el dictamen de la ley de Orden Público, se ha demorado la aprobación de un proyecto porque lo pedía así un grupo de la mayoría. Los socialistas estaban reacios en votar la ley de Orden Público si no tenían seguridad de que se aprobaría la de Arrendamientos.

En la cuestión de la ley Electoral, el Gobierno quiere que vuelva yo a la comisión para seguir discutiendo y que procure un acuerdo con las oposiciones, a las que tal vez se pueda convencer para que acepten los puntos esenciales de nuestro proyecto.

Por la tarde, en las Cortes, breve discurso para rechazar la propuesta de amnistía. Y otra vez reunido con la comisión de reforma electoral. Derroche de paciencia, de palabras; me estrello en la tontería del señor Armasa y en la terquedad de Rojo, el uno radical y el otro socialista. Los dejo más avenidos, pero no convencidos aún, y todo queda pendiente de una última reunión. «Digan ustedes de una vez sí o no, y déjense de querer inventar sistemas nuevos.»

Recibo a un comisión de carboneros de Extremadura, y a Barcia, que me trae asuntos políticos de Almería, y a otra comisión de Valencia con sus discordias locales.

Galarza y Giral me comunican los acuerdos de los grupos republicanos de la mayoría para la elección de presidente del Tribunal de Garantías. Se deciden por Albornoz, claro: y llamo al presidente del grupo, socialista, para que delibere sobre el caso. Los socialistas no ven bien el nombramiento de Albornoz.

En el salón se discute el proyecto de ley de Orden Público; le hacen obstrucción el necio de Hilario Ayuso, y otros tipos como Eduardo Ortega, Balbontín, etcétera. Besteiro se resiste a que haya sesiones dobles. Me vuelvo al ministerio, y despacho con Ramos.

Después de cenar he ido de paseo a la sierra. Todos mis días se parecen.

12 de julio

Firma con el Presidente de la República. Hoy parecía de mejor humor y más conversable. Le llevo entre otras cosas el nombramiento de don Diego Medina para presidente del Tribunal Supremo.

Luego, en el ministerio, audiencia: una comisión de la Constructora naval, otra del Tiro Nacional, Rein Loring, varios generales, los pilotos civiles, Ramón Franco, etcétera, etcétera.

Pérez de Ayala me llama desde Londres y me amplía los informes que ya me dio por carta acerca de las confidencias de un sobrino del Raisuni, que conspira con Barrera y González Carrasco. El *señor Baeza*, que es el nombre que Ayala ha puesto al moro, va a venir aquí. Prepara un viaje a Orán, para desde allí dirigirse a la zona española con ánimo de provocar un levantamiento. Todo ello es un poco novelesco, y puede que se trate de un artificio para sacarnos dinero. El sobrino del Raisuni es un probado granuja, que ha cometido en Madrid y en París brillantes estafas.

13 de julio

Antes del Consejo en Palacio ha venido Domingo con los valencianos, para hablar de política local. Los «autonomistas» que capitanea Sigfrido Blasco se conducen como cabileños. En ninguna parte de España la política es tan bárbara ni inmoral como en Valencia, bajo el predominio de los blasquistas, que ahora están adheridos al partido radical. Esta comisión de hoy (socialistas, radicales-socialistas y Acción Republicana) se quejan del gobernador, que a su juicio se ha «entregado» a los blasquistas, no obstante pertenecer a Acción Republicana. Lo hace así, según ellos, para mayor comodidad y evitarse disgustos. Ahora, éstos pretenden que se constituya una comisión de los tres partidos gubernamentales para «asesorar» al gobernador.

El Consejo en Palacio ha sido breve. Con motivo del proyecto de ley sobre investigación de la paternidad, don Niceto se ha «examinado» de derecho civil ante nosotros y se ha lucido recitando un tema para un ejercicio de oposición a notarías.

Le he dado cuenta del plan parlamentario, que encuentra bueno, y de los resultados de la conferencia de Londres. No ha habido más. Una bandada de periodistas nos esperaba a la salida, y se han quedado boquiabiertos al saber que no había crisis.

Por la tarde he ido a los toros: corrida de la Prensa. Compromiso. Hacía mucho tiempo que no iba a la plaza. He comprobado que los toros no me gustan, ni siquiera me entretienen. Antes de acabarse la corrida, me marché al Congreso. Sesión un poco agitada. Habían promovido un debate con el propósito de echar a pique la candidatura de Albornoz para el Tribunal de Garantías. Como yo no estaba presente, Fernando se asustó y me hizo buscar por todas partes, para que yo hiciera una declaración en nombre del Gobierno o resolviese qué actitud adoptábamos. Cuando llegué al pasillo, dos o tres diputados me pintaron con vivos colores la inquietud y la impaciencia de Fernando. «¡Que entre usted, que entre usted en seguida!», me decían. Dentro sonaban campanillazos y se proferían palabras inútiles. «¿Ah, sí? —respondí—. No me importa nada lo que sucede. Ni tengo prisa.» Me puse a fumar y a charlar, hasta que salió Fernando, muy apurado. «Cálmese —le dije—. El Gobierno ha resuelto no comprometerse en esta cuestión.» En efecto: el debate no ha servido para nada. Las oposiciones no han querido votar a Albornoz; y ha resultado elegido con los votos de la mayoría. Las derechas estaban muy irritadas. Ossorio me ha dicho, con mucho calor, que la elección de Albornoz era «un caso de psiquiatría».

Más tarde, hablando entre amigos, me decía Rodríguez Pérez, diputado gallego, e íntimo de Sánchez Román, que tal como van las cosas, debo prepararme para presidir un Gobierno de concentración republicana. Rodríguez Pérez es un acérrimo enemigo de los socialistas.

14 de julio

Antes del Consejo de ministros he ido a ver al Presidente para darle cuenta de la dimisión del ministro de Justicia, por haber sido elegido para el Tribunal de Garantías. El Presidente lleva unos días más tratable, y en el Consejo de ayer estuvo hasta afectuoso; pero ha urdido el plan de trabajo durante el verano en condiciones tales que no necesita reunir al Gobierno en La Granja ni que yo vaya por allí.

Le informo de la dimisión de Albornoz y de mis propósitos. Aplazar la provisión de la cartera puede ser conveniente, mientras no zanjen sus diferencias los radicales-socialistas y no se despejen otras incógnitas, como las del grupo gallego; proveer la cartera tiene también ventajas. No he resuelto aún. El Presidente comparte mis dudas. «Haga usted lo que quiera», dice. Por el pronto, decido encargar del ministerio a Casares. «Está bien. Mejor sería Fernando, pero es socialista...», responde.

La elección de Álvaro «no le parece muy bien». (Si esto me dice a mí, qué dirá a otros.) Él le quiere mucho y «ya sabe usted que he pensado algunas veces que se le buscara una sinecura»; pero no este cargo. «Esperemos —añade— que borre el mal efecto de su elección.»

(El Presidente supo a tiempo, y lo aprobó, que el Gobierno no pensaba mezclarse para nada en esta elección.)

Después le apunto algo de lo que nos avisan sobre Marruecos, y hablo vagamente de mi propósito de ir allá.

Fui a la Presidencia, y antes de entrar en la sala del Consejo me abordó Barnés, para dispararme un chaparrón de palabras. En sustancia me dijo: que Marcelino Domingo es el mayor prestigio de la República; que Domingo y yo debemos ir de acuerdo; que nombre ministro a Gordón y se aplacará el Partido Radical-Socialista.

Al comenzar el Consejo, le comunico a Casares su nombramiento de ministro interino de Justicia. Lo recibe con asombro y sin chistar. Fernando nos da cuenta de las conversaciones oficiosas con Ostrovski para el reconocimiento de los soviets. Y observo con asombro que se ha deslizado con exceso y que está al borde de llegar al reconocimiento sin que haya habido acuerdo firme del Gobierno (se le autorizó para las conversaciones preliminares del reconocimiento) y sin que lo sepa el Presidente de la República. Me ha parecido percibir, a través de algunas palabras embarulladas, que ya está redactando, de acuerdo con Ostrovski, el texto del telegrama. Creo que he llegado a tiempo de impedir una ligereza enorme, y no porque se vaya a negar el reconocimiento, que lo aceptamos todos (y no se ha hecho aún por los *sustos* de Zulueta), sino porque Fernando ve en esto un *triunfo* personal y se precipitaba hasta el punto de no haber informado al Presidente de la República. Cuando le he llamado la atención, y le he dicho que no dé un paso más sin que el Gobierno conozca el detalle de la negociación, sin que aprobemos las condiciones en que los rusos van a situarse aquí en el orden comercial, etcétera, y sin que esté advertido el Presidente, ha dejado conocer su contrariedad, y poniéndose como siempre «de parte del otro», se ha lamentado del percance que significa para Ostrovski demorar su estancia en España, estando ya en vísperas de regresar a Berlín. Todo ello nace de la infantil vanidad de Fernando, que ya otras veces nos ha costado dificultades y disgustos.

Entre Barnés y Prieto ha surgido una discusión bastante agria por la sustitución de la segunda enseñanza. Las observaciones de Prieto eran de sentido común; pero no puedo juzgar de las réplicas de Barnés, porque su locuacidad diluye las razones y las hace inasibles. Movido de un sentimiento *de venganza* contra Fernando, de que me habló Domingo, Barnés ha aprovechado la ocasión para molestarlo con una descripción del estado del ministerio, insistiendo en que la prodigalidad de su antecesor ha dejado *en seco* al ministro actual, que no puede hacer nada.

Durante el Consejo, Pérez de Ayala me llama desde Londres para hablarme del asunto «Baeza».

En las Cortes, hemos elegido los suplentes de los vocales del Tribunal de Garantías que designa el Parlamento. Y luego me he reunido con Casares, Esplá, Corominas, Selvas y Pi y Suñer. Hemos hablado largamente del traspaso de los servicios de orden público, cuestión harto difícil, pero creo que va por buen camino. La habilidad y la paciencia de Esplá en todos los asuntos de la comisión mixta son notables y utilísimas.

Terminados estos asuntos, asisto a la boda del subsecretario de Hacienda, que se ha casado en el despacho del ministerio, y ha tenido la elegancia de convidarnos a merendar en el Ritz. El padre de la novia, viejo médico, secuaz de don Melquíades, me ha hecho ardientes declaraciones de simpatía política... Me he aburrido un poco. Desde el convite, he venido al ministerio. Después de cenar, paseo. Me dicen que Sánchez Román «no quiere meterse en nada». Lo relaciono con la opinión de Rodríguez Pérez. Y el caso es que yo estoy deseando que «se meta», y a fondo.

15 de julio

Despacho con el coronel Barbero que, en ausencia de Masquelet, me trae la firma del Estado Mayor Central. Me entero de que los regimientos de Artillería pesada están en mal estado, por falta de buenos tractores. Desde las maniobras últimas se han estado callando, y ahora salen por ese registro. Es «la capona», como dicen los militares. Tampoco adelanta lo del nuevo fusil ametrallador.

Recibo a Torroba y Laca, consejeros de Estado, que me hablan del «expedientón» de la Trasatlántica. Y al Tribunal Supremo, con su nuevo presidente, don Diego Medina.

Viene por fin el subsecretario, con un fardo de papeles. Está desesperado por el efecto de su circular, que ha sido desastroso. Casi se le saltan las lágrimas y me dice que le castigue pasándole a la reserva, para que yo no tenga dificultades por su culpa. Este hombre, trabajador y leal, adolece de escasez de talento, y más que nada, de precipitación y ligereza.

A última hora llegó Companys, para hablarme de «pulítica». Empezó por decirme que suponía que de la provisión de la cartera de Justicia se trataría en Consejo. Le dije que no; es asunto de mi incumbencia exclusiva. También le advertí que no pensaba establecer proporciones matemáticas entre el número de ministros de cada partido y el número de diputados que representan. Varió de tema, y me declaró que pretende entenderse, en las elecciones futuras, con los autonomistas de otras regiones, para defender la autonomía y hacer una «transfusión de sangre», llevando a Cataluña diputados de otros partidos nacionales y trayendo a otras regiones candidatos catalanes. (Aunque nada me ha dicho, ni me lo ha insinuado, adivino su intención de presentarme a mí por Barcelona, cosa que conviene a la Esquerra.)

Saravia me ha dicho que Baeza telefonea desde París que hoy se verá con Barrera, etcétera, y que preparan el viaje a Orán. No sé si he consignado que Baeza ha estado en Madrid veinticuatro horas. Pretendía verme y me negué. Lo dejé en poder de Saravia. Hemos encontrado su ficha en la Dirección de Seguridad. Se le han dado unas pesetas, y ya pide más. Ayala dice que no se le pague.

Los del *Sol* tienen tan poco talento para hacer oposición como para ser ministeriales. La idea de combatir al Gobierno por la colaboración socialista, es buena para la polémica, puesto que hay opinión de su parte. Pero el arte y el método periodístico con que lo llevan no pueden ser más fútiles, más anticuados ni más pobres. Nunca ha caído tan bajo el periodismo político. Todo lo reducen a inventar intrigas para decir a diario que hay crisis. Es el método de Lerroux desde 1931. Y el encono de algunos señores contra mí los ciega. Han vuelto del revés la campaña que venían haciendo esos periódicos; y en *Luz*, donde me aclamaban genio, me llaman ahora *estúpido*.

Miquel ha nombrado director del *Sol* a García Vela, hechura y secuaz fanático de don José Ortega. García Vela es crítico en *Luz* desde su fundación. Cuando Miquel nombró director de *Luz* a Luis Bello, debió de creer García Vela que yo iba a *mandar mucho* en el periódico; y este señor, que esquivaba el saludarme hasta entonces, se me acercó sin más ni más una tarde en el Congreso para felicitarme por un discurso. Después debió de caer en la cuenta de que yo no mandaba nada, ni me ocupaba de tales asuntos.

Cambiadas las tornas, y pasado a la dirección del *Sol*, García Vela desfoga su rencor personal contra mí, que no puedo adivinar de qué provenga, porque nunca me lo he tropezado en parte alguna, ni creo haber hablado con él más de dos veces en mi vida. Me da lástima pensar lo que habrá padecido, si son tales sus sentimientos. Habla de mi «mente» como de la de un loco o la de un bruto. Algunos redactores y colaboradores del *Sol* y la *Voz* han sido despedidos; otros se han marchado voluntariamente; entre éstos, Francisco Ayala, con quien no me une ninguna amistad particular. Se ha marchado porque le parece detestable lo que se ha hecho en esos periódicos, como dejó de asistir a las tertulias de Ortega en la *Revista de Occidente* porque no podía resistir lo que allí se decía de mí. Nada de esto me lo ha contado Ayala, que ha tenido la delicadeza de no participarme siquiera su separación del *Sol*.

Con lo que están haciendo, logran hasta ahora hundir los periódicos y desacreditarlos. La *Voz* desciende en tirada vertiginosamente; y la circulación del *Sol* en Madrid no pasa de cinco mil ejemplares. Gran parte del público se ha percatado de la fealdad e inmoralidad que hay entre bastidores. Lo de menos es la apariencia de la opinión política. Miquel le decía ayer a Guzmán: «*Necesito* que haya crisis antes de octubre».

La grandeza de los caracteres que juegan en esto se revela en un sucedido:

Hace ya bastantes semanas, creo que en mayo, pasé yo una tarde por el salón de conferencias del Congreso, y me encontré con Chaves Nogales, redactor jefe de *Ahora*, y con una señorita que escribe en el mismo periódico. Los saludé afectuosamente, porque soy antiguo amigo suyo. Con ellos estaba un señor, cuya cara me era conocida, pero no supe identificarlo. A su saludo contesté como al de un remoto conocido, con ceremonia cortés. Cuando me fui, aquel señor, lastimado al parecer por mi frialdad, dijo:

—¡Vaya! Son ustedes muy amigos del Presidente.

—Sí. Nos conocemos hace años.

—Mañana lo será menos.

El señor era Miquel. Se fue al periódico *Ahora*, de que es copropietario, y encargó a un redactor que escribiera un artículo contra mí, fundado en las razones que le pareció. El redactor se excusó de hacerlo, alegando su amistad conmigo y que pertenecía a Acción Republicana. Entonces Miquel dio el encargo a otro, que lo cumplió. Cuando el número del periódico estaba confeccionándose, llegó Chaves Nogales, vio el articulejo y se fue a contar el caso a Montiel, director, diciéndole que tal artículo no podía publicarse porque provenía de un pique personal de Miquel. Le refirió las palabras: «Mañana lo será menos». Montiel ordenó que el artículo no se publicase.

Este pequeño suceso, que me acredita de mal fisonomista, es una muestra de los móviles de estos señores que pretenden *guiar* la política nacional.

Gaziel, en *La Vanguardia* de Barcelona, también cambia de registro. Ha estado meses y meses poniéndome en los cuernos de la luna y pulverizando a Lerroux. Ahora cae en la cuenta de que desde el discurso del Frontón soy *prisionero* de los socialistas y que allí «empezó mi declive». Antes mandaba; ahora, no. A *Gaziel* no le parecieron tan detestables los socialistas cuando en apoyo de mi política votaban el Estatuto, que no les hacía gracia. *Gaziel* acierta sólo en el móvil de querer apartarnos de lo viejo; en lo demás, yerra.

¿Por qué cambia *Gaziel*? ¿Consigna patronal contra los socialistas? ¿Enojo de la empresa por lo de los *quince céntimos*, como Miquel?

20 de julio

He recibido por la mañana en la Presidencia al nuevo embajador de los Estados Unidos, a quien no conocía aún. Venía a hablarme de la detención de algunos compatriotas suyos en Palma de Mallorca, que, borrachos, agredieron a un guardia civil. Ha costado trabajo conseguir que el auditor los suelte de sus garras, después de una detención excesivamente prolongada, y mantenida en condiciones deplorables. En los Estados Unidos comenzaba ya una campaña muy desagradable. Ayer di órdenes terminantes a la Comandancia de Palma, y cuando ha ido a verme el embajador ya se había realizado la libertad provisional de los detenidos. Hemos hablado de cosas triviales.

Por la tarde, en las Cortes, los diputados brillan por su ausencia. Me puse de mal humor, acentuado por la estúpida obstrucción que Ayuso y otros de su jaez hacen a la ley de Orden Público. No saben qué decir, no saben argumentar, ni piensan, ni apenas hablan. No se ha visto más notable encarnación de la necedad. Enmienda tras enmienda, ahítos de pedantería y vacíos de sindéresis, se presentan como los auténticos defensores de la República. Todo es rancio en ellos, hasta la figura. Y lo que están haciendo me ha hecho pensar por vez primera, desde que hay República, en la del 73. Así debieron de acabar con ella. El espectáculo era estomagante. Si allí se hubiera levantado una voz con sentido común, habría sido para cubrirlos de improperios; diríase que estaban llamando a voces al general ignoto que emulando a Pavía restablezca el orden. Entre esto, y la ausencia de los diputados, otra muestra de frivolidad pareja a la de los obstruccionistas, sentí el ímpetu de levantarme a decir unas cuantas verdades a todos, singularmente a la mayoría, y plantearles la cuestión con toda crudeza; o vienen a cumplir con su deber, o me voy. Besteiro me contuvo; cedí.

Por la noche, he vuelto a las Cortes. Tengo una larga entrevista con Viñuales, para examinar el decreto de cesión de la contribución territorial a la Generalidad. Después he ido al salón. Hablaba Ossorio, en contra de algunos puntos de la ley, pero con razones. Era de ver el contento de Ayuso y consortes, al escuchar de otro lo que ellos no habían acertado a decir ni a pensar. Ayuso se atusaba los bigotes, con satisfacción, y hacía gestos muy expresivos, como diciendo: «¿Lo ven ustedes? Eso era lo que nosotros queríamos expresar». La intervención de Ossorio ha sido eficaz, y probablemente dará a los obstruccionistas un medio de salir del empeño en que se han metido.

Después de la sesión, he ido de paseo con unos amigos, entre ellos un redactor del *Sol*, Cacho, que me cuenta quisicosas del periódico. Cacho pretende que Ortega envía articulejos de polémica. ¿Será posible? Trabajo me cuesta creerlo. De casi todo lo que me dice, prefiero olvidarme.

21 de julio

Antes del Consejo, voy a despachar con el Presidente de la República. Quería informarle de las noticias que hay sobre el orden público, y lo que por confidencias se anuncia para dentro de muy pocos días. El Presidente me ha dicho que «no nos ata las manos», y que apliquemos si es menester la ley de Defensa de la República.

En el Consejo, el ministro de la Gobernación ha dado cuenta de los informes de la Dirección de Seguridad. Revelan la existencia de un movimiento revolucionario, anarquista y sindicalista, en el que cooperan, según la policía, algunas gentes de la derecha. Se anuncia como inminente el suceso. Los ministros preguntaron a Casares qué se proponía hacer y qué necesitaba para impedirlo. Contestó que su propósito era hacerlo abortar, para evitar el escándalo de nuevas algaradas, y que no estando aprobada la ley de Orden Público, solicitaba autorización para aplicar la de Defensa de la República.

Todos los ministros fueron opinando, y aceptaron (menos Franchy) que se emplease la ley de Defensa. Estaban decididos a que se procediese con rapidez y energía para ahogar en su origen el movimiento. Casares dijo que procurando detener esta misma noche a los más señalados como directores, se conseguiría el propósito.

Franchy opinó en contra. Recordó que para entrar en el Gobierno, él y sus amigos pusieron la condición de que no se aplicase la ley de Defensa, y si ahora se aplica, se le pone en una situación delicada, de la que no puede salir más que dimitiendo. Surgió por esto una larga controversia. Todos los ministros rebatieron la opinión de Franchy. El Gobierno había prometido no aplicar esa ley, y se proponía derogarla formalmente en cuanto estuviese aprobada la de Orden Público. Las dilaciones de las Cortes han retrasado la votación, que ya no se hará hasta la semana próxima. Entretanto el Gobierno no tiene medios legales para defender el orden y el régimen. Si surge un conflicto como el que se anuncia, ¿qué hacer? ¿Cruzarnos de brazos? ¿Dejar que se promueva el alboroto y reprimirlo en la calle? A esto repuso Franchy:

—Que se suspendan las garantías constitucionales.

Le quisimos demostrar lo desproporcionado de la medida, que, sin darnos más medios, alarmaría más.

Añadí yo que, entrar en un Gobierno, lleva consigo la eventualidad de cargar con responsabilidades imprevistas, que no pueden esquivarse huyendo de los cargos para conservar una virginidad sin tacha. Si ahora tuviéramos en la Castellana una muchedumbre amotinada, ¿esperaría usted a que se promulgase la ley de Orden Público para proceder? Hay que vencer la dificultad de hoy, y cargar con las consecuencias. Otra cosa sería faltar a nuestro deber de Gobierno. La dimisión de usted en este día, quebranta al Gobierno, y si yo la aceptase, nuestra situación sería insostenible: si usted insiste, dimitimos todos. Tiene usted derecho a salvar su opinión; consta que usted no está conforme con nuestro acuerdo y salva su voto; cuando pasen estos días de peligro, se va usted, si quiere, y yo diré que no le hemos dejado marcharse hoy.

Después de muchas palabras, Franchy accedió a continuar, aplazando su dimisión hasta que desaparezca la amenaza de desorden.

Cuando se levantó el Consejo, Casares me dijo:

—Este señor Franchy ni siquiera es tonto.

Esta mañana he recibido a Marañón con una comisión de valencianos, que venían a hablarme de la construcción del barco para la expedición al Amazonas. Fernando dejó esto en vías de ejecución y ahora Barnés no quiere hacerlo, «por piques de catedráticos», dice Marañón.

A primera hora de la tarde voy a ver al Presidente, en Palacio. (Ya no me cita nunca en su casa, como solía hacer antes.) Le entero de los acuerdos del Consejo y de la dimisión aplazada de Franchy. Lo aprueba todo, y dice que si Franchy insiste, le lleve la sustitución.

Desde allí he ido a las Cortes. Le digo a Casares que ya puede poner en ejecución las medidas planeadas por la Dirección de Seguridad; pero que en lo relativo a los militares sospechosos no hagan nada sin contar conmigo y sin informarme personalmente de lo que resulta contra cada uno. Hemos celebrado después Consejo de ministros, y se aprueba, tras de minucioso examen, el decreto traspasando la contribución territorial a la Generalidad.

En la sesión se discutía la ley de Orden Público, ya sin obstrucción. El discurso de Ossorio ha tenido la virtud de ofrecer a los obstruccionistas una oportunidad de rendirse.

Esta noche, a las doce y media, han venido Casares y el Director de Seguridad. Han estado aquí hasta las dos y media. El Director de Seguridad me ha expuesto todo el *panorama* del movimiento que se trata de impedir. Respecto de militares, no veo nada grave. Le recomiendo mucha cautela, para no dar palos de ciego.

Me cuentan que en La Granja, el Presidente distrae sus ocios jugando al tresillo con el comandante Jiménez Orge, jefe del escuadrón de escolta, y con el policía De Miguel, jefe de su ronda. Tal es su sociedad íntima. Al Presidente no le gusta perder. Un día, Orge cometió la imprudencia de darle codillo, y el Presidente no lo ha olvidado. Al empezar la partida le dice siempre:

—Vamos a ver si hoy también me da usted un codillo, amigo Orge.

Jiménez Orge asegura que no lo volverá a hacer.

27 de julio

Anoche, después de votarse las leyes para las que había pedido *quorum*, no hubo sesión. ¡Ya habían trabajado bastante! La ley de Vagos se ha aprobado con mucha rapidez, casi sin discusión, después de admitirle al señor Elola algunas modificaciones. Elola, magistrado del Supremo y diputado radical (una de las combinaciones monstruosas que ha venido a cortar la ley de Incompatibilidades), se ha separado del partido porque no le han hecho vocal del Tribunal de Garantías; los radicales han preferido a Abad Conde, el hombre de las ojeras y de las camisas malva.

Nos reunimos los de Acción Republicana para examinar las bases que han presentado los radicales-socialistas, como programa de un Gobierno de coalición. Lo que tienen de intencionado, va contra los socialistas; lo demás, o es francamente absurdo o no tiene valor ni interés alguno. En mi partido hay también algunos diputados que desean romper la colaboración socialista. Sobresalen en esto los de Albacete, y no está lejos de su posición el propio Giral. Como la presión antisocialista viene de los campos, donde la lucha entre braceros y propietarios es más violenta, el efecto se nota en los diputados por las provincias manchegas, andaluzas y extremeñas. En cambio, los diputados por las grandes ciudades, o por provincias industriales, o por regiones en que la contienda agraria no es tan feroz como en el Sur, ven el problema de otro modo. En el examen de las bases, esta disparidad de opiniones se ha dejado ver. Se ha dejado el asunto para nuevo estudio. Una comisión de tres, nos presentará un proyecto de respuesta, que yo tomaré en cuenta para cuando el Gobierno decida a su vez responder a los radicales-socialistas.

Después de la reunión me fui de paseo. A la una y media llegábamos a casa de Mariano, en Las Rozas, a tiempo de presenciar una bronca pintoresca, digna de Arniches.

Para el Consejo de hoy se hacían muchos pronósticos y cábalas, naturalmente partiendo de que la crisis era inevitable y, en cierto modo, deseada por el Presidente. La más firme esperanza la ponían en Franchy, que, en efecto, había ya dicho en Consejo su disconformidad con la aplicación de la ley de Defensa. Pero ayer tarde llamé yo a Franchy, y le dije, en primer término, que si persistía en dimitir, no debía hacerlo en el Consejo de hoy ante el Presidente de la República, sino en el Consejo que celebrará el viernes el Gobierno. Estuvo conforme. Después le hablé del fondo del asunto. Resulta que Casares se ha dado mucha prisa, y todos los detenidos en la última redada han sido puestos a disposición de los jueces antes de las 72 horas. El señor Franchy me dijo que en esas condiciones no puede decirse que se ha aplicado la ley de Defensa de la República, y él estima que no se ha aplicado; en consecuencia, retira la dimisión. También Rodrigo Soriano opina que no se ha aplicado la ley de Defensa, y así lo dice a los periodistas. Soriano nos llamaba asesinos hace cuatro meses; ahora todo le parece bien porque aspira a ser embajador en Moscú. (¡Para él estaba!)

Parecía tan segura la caída del Gobierno, que en la sesión de ayer, Corominas y Pi y Suñer se acercaron al banco azul para decirme que si en el Consejo de hoy en Palacio surgía la crisis procurase yo que el decreto de traspaso de la contribución estuviese firmado antes de plantearla.

El Consejo ha empezado a las diez y media, porque el Presidente quería volverse a La Granja. He ido un poco soñoliento. Don Niceto estaba normal. Ha firmado unos decretos, entre ellos, los referentes a las congregaciones religiosas y a la segunda enseñanza, que no le han gustado nada. No le ha faltado más que olerlos. Después se ha acordado en firme el reconocimiento de los soviets. Fernando se habrá quedado tranquilo.

No ha aludido siquiera el Presidente a las cuestiones de Orden Público, y al explicarle yo, por fórmula, los trabajos parlamentarios, que siguen su marcha normal después de la votación de las últimas leyes, dijo que las Cortes «han aprobado leyes que eran encargo tácito de la Constitución». No ha sucedido ni se ha dicho en el Consejo nada de particular. El Presidente, ¿esperaba algo? Su expectación ha quedado chasqueada.

Por su parte, la prensa de Miquel, sobre todo *El Sol*, escribe necedades que no por serlo dejarán de hacernos daño. Los más furibundos son García Vela y Corpus Barga, que ahora dirigen *El Sol* y *Luz*. El otro día, rodeado de esos dos acólitos, iba don José Ortega, que al encontrarse con un amigo, le dijo: «¿No aseguraba usted que yo no soy político? Pues aquí me tiene, dueño de la prensa». No sé qué envenenamiento del amor propio, le lleva a Ortega a estas cosas, ni a respaldar más o menos personalmente, una campaña entablada por los móviles más bajos; y detrás de la cual está March.

Entre los colaboradores del *Sol* que ahora cierran contra mí, se cuenta el desventurado Eugenio Noel. No le conozco personalmente. Parece que está en la miseria y muy enfermo. Desde hace más de un año, su mujer acudía al ministerio y a la Presidencia en demanda de socorro, me escribía cartas lastimosas, pintándome la desolación de su casa, y el mismo Noel también me ha escrito, pidiendo para pan y medicinas. Le he socorrido repetidas veces con dinero, y por asegurarle algo, le recomendé a Guzmán, para que le publicara sus artículos en *El Sol*. Así se hizo, y le contrataron una colaboración de cuatro a seis artículos al mes, para que no se muriese de hambre. Pues bien: lo primero que ha hecho Noel en cuanto ha cambiado *la política* del *Sol* es escribir contra mí, rencorosa y despectivamente, por ser grato a sus nuevos amos.

Como el Consejo de ministros terminó pronto, todavía tuve tiempo de recibir en el ministerio a Marcelino Domingo y a Lucio Martínez, que venían a hablar de la ley de Arrendamientos. Han tratado con Lara, representante de los radicales, para llegar a un acuerdo sobre el artículo séptimo, redactando un texto que puedan votar todos. Marcelino no sabe ya lo que quiere, si lo ha sabido alguna vez, y está siendo víctima (y con él, todos) de su poca autoridad, de su timidez y de las intrigas de Feced, presidente de la Comisión, que hace cuanto puede por prolongar la discusión y que no se llegue pronto a su término. Sospecho que Lerroux no es ajeno a los manejos de Feced.

Por la tarde en las Cortes recibo a una comisión de los huelguistas de la fábrica de Trubia, a otra de Vigo, a Tenreiro, que me habla del tratado con el Uruguay, y a Viguri.

Nogués y otros diputados de la mayoría querían presentar una proposición declarando urgente la discusión de lo del Uruguay; con ese propósito me visitan. Les digo que si presentan la proposición haré cuestión de confianza que se rechace, y ellos verán si quieren votar con el Gobierno o en contra. Desisten de presentarla, y les repito lo que ya saben: que el Gobierno se reserva la elección del momento para discutir el tratado, y que lo discutiremos antes de cerrar.

El señor López de Goicoechea, diputado murciano, del corro de Gordón, y *cliente* de Figueroa el Tuerto, no se conformó, y vinieron a decirme que presentaría por su cuenta una proposición para que yo dijese en el salón de sesiones lo que les había dicho particularmente. Dicen que lo hará mañana. No pienso hacerle caso.

También han venido a verme Martínez Barrio y el alcalde de Sevilla, el melodramático señor Lavandera. Pretenden que el Estado saque de apuros al Ayuntamiento de Sevilla, arruinado por la necia aventura de la Exposición. Después de cambiar buenas palabras, me quedé solo con Martínez Barrio, y le hablé de la política futura. Tomé pie de algunas cosas que me dijo en junio, y le apunté que sería conveniente contrastar nuestros puntos de vista, y que supiésemos unos y otros cómo entendíamos la coalición republicana para cuando este Gobierno hubiese terminado su cometido. Me dijo Martínez Barrio que él creía urgente la salida de los socialistas, pero que no podía pedírseme que yo hiciera un movimiento brusco para separarlos del poder y comprendía la conveniencia de que rematásemos una obra legislativa. En cuanto a la coalición republicana, él tenía su opinión sobre ello, pero no me la comunicaba en el momento porque no quería anticiparse al parecer de Lerroux; hablaría con él, y después conmigo. Ha estado muy amistoso y, en la forma, franco y expansivo.

Ido Martínez Barrio, recibí a Gordón Ordás y Moreno Galvache, que vuelven a pedirme respuesta a las bases de colaboración presentadas por el partido radical-socialista. De esta conversación he sacado el convencimiento de que estamos jugando sobre un equívoco. Cuando los radicales-socialistas presentaron sus bases al Gobierno, entendimos todos, y así lo declararon los ministros de aquel partido, que se trataba de una iniciativa para preparar una acción de Gobierno común y futura; las bases serían estudiadas y enmendadas por los otros partidos, y cuando se llegase a un acuerdo tendríamos un nuevo programa; pero en tanto, el Gobierno actual, se sostenía sobre lo declarado ante las Cortes con la confianza, votada sin reservas ni condiciones, por los grupos de la mayoría. De lo que me han dicho Gordón y Moreno Galvache he creído comprender que los ministros radicales-socialistas no han explicado bien ante el Gobierno las intenciones de su partido, o por lo menos, ellos las entienden de un modo y Gordón de otro. Me propongo aclararlo mañana mismo; en tanto, les he dicho a esos señores que el Gobierno contestará cuando pueda.

Últimamente he hablado de política con Companys. «El día que a usted le convenga acabar con esto, dígamelo, y yo me ofrezco para derribar el tinglado.»

Al repasar la prensa de esta noche, encuentro en la información política de *La Voz* un suelto que seguramente es de inspiración palatina, a través de Emilio Herrero. Dice el suelto, hablando del Consejo en Palacio, que el Presidente *no ha tenido ocasión de intervenir*, porque según el Gobierno la situación parlamentaria es normal.

Después de cenar he salido de paseo. Vamos hasta el puerto. Mucho frío.

28 de julio

Ya he pensado bastante en lo que sucede y he llegado a una resolución; o, mejor dicho, se me ha cuajado lo que en estos últimos tiempos venía fraguándoseme en el ánimo: la resolución es de acabar. Al vado o a la puente. Mi plan era resistir hasta aprobar la ley de Arrendamientos, y una vez aprobada, plantear lo del tratado con el Uruguay, que haría saltar en pedazos al Gobierno. Pero no aguardo tanto. De los dos caminos inmediatos que se me ofrecen para dar fin a la situación, uno es lo del Uruguay y el otro es la disidencia latente en el partido radical-socialista. Este camino es mejor, porque lo del Uruguay suscitaría una situación difícil en Galicia, y al amigo Casares le crearía un problema insoluble. Procuraré evitárselo.

Dos consideraciones pesan mucho en mi ánimo: la situación de la reforma agraria y la creciente oleada contra los socialistas.

Desde el Consejo en que Domingo nos informó de la marcha de la reforma, estoy desconsolado. No hará nada útil, y habiendo producido inquietud y perturbación, ni Domingo ni sus huestes son capaces de hallar para la República la compensación necesaria, atrayéndose masas de campesinos a quienes se dé tierra. La protesta contra los socialistas aumenta, y es aprovechada por toda la oposición antirrepublicana. La protesta no nace de la legislación social; viene de abajo arriba, y surge del conflicto cotidiano entre propietarios y braceros; la situación anterior era bárbara; el desquite de los obreros ha sido inevitable, y en los más de los casos, justo; pero se cometieron abusos, de una parte y otra, y además se disputan los huesos de una economía rural pobre. Este conflicto rompe los límites del marco político. Fundada o no, la opinión que protesta es muy fuerte, y unos de buena fe, otros pérfidamente, se lo achacan todo a la República. El peligro consiste en que, el día de las elecciones, muchos, por votar contra los socialistas, voten contra la República. Este albur es demasiado fuerte. Lo lógico y prudente sería mejorar las posiciones para afrontar la lucha electoral. Sólo temo que la ofuscación y las codicias de partido, en vez de mejorar las posiciones, las empeoren.

Con estos pensamientos he ido al Consejo. El despacho ordinario ha sido insignificante. Después, política. Primeramente hablé de la impertinencia de López Goicoechea, radical-socialista, y de mi respuesta, si presenta su proposición: que no me da la gana de ir a contestarle; y que haga lo que quiera. Después, entramos en lo importante. Les cuento mi entrevista con Gordón y la impresión que he sacado. Considero urgentísimo que los ministros radicales-socialistas despejen su situación con el partido: o les basta la declaración ministerial para apoyar sin condiciones al Gobierno, o no. Si no les basta, que lo digan al punto, con un monosílabo. Necesito saber qué significa la presencia de dos ministros radicales-socialistas en el Gobierno. Y para que no quede en palabras, y no se hagan interpretaciones erróneas, hoy mismo escribiré una carta a Barnés y Domingo, planteándoles el caso, para que consultado su grupo, me respondan en seguida por escrito.

Domingo estuvo conforme con mis propósitos. Barnés derramó un mar de palabras, para decir que preferiría aplazar el asunto, a ver si se calman. Me negué, anunciándoles que esta noche o mañana recibirán la carta.

Al levantarse el Consejo, Casares me ha dado las gracias.

Fernando nos ha dado nuevas noticias de la tacañería de Alomar, embajador en Roma, que llega a lo vergonzoso. Fernando piensa sustituirlo.

En la Presidencia se ha presentado Gregorio Marañón, a hacer una gestión de parte y en favor de March. Ha hablado con Domenchina. March ofrece *su prensa* al Gobierno, si le ponen en libertad. Tiene prisionero a Miquel por 500.000 pesetas; y puede «deshacer el mito de Miquel» en un momento.

Zulueta, que se marcha a Berlín, ha venido a despedirse. Me cuenta que ha estado en La Granja, a despedirse también del Presidente. No han hablado de política; don Niceto le ha dicho: «Yo no tengo que plantear ningún problema».

30 de julio

Marcelino Domingo pronuncia un discurso en un teatro de Madrid, replicando a lo que dijo Gordón la semana anterior. El discurso de Gordón fue muy malo, y los mismos que se empeñaban en hacer de este insigne albéitar una figura de primer orden están desengañados. Domingo, que más de una vez, en conversaciones particulares, me ha dicho que «ya era bastante socialismo», se lanza sin reservas en su discurso a la unión con los socialistas. Es ya inoportuno. Sólo sirve para agravar la dificultad. ¿Dónde se queda el proyecto de concentración republicana?

Agosto, del 1 al 8

Ha comenzado el mes con fúnebres escenas de familia. Se ha muerto mi suegro, y desde el día antes estuve en la casa, apartado de la vida oficial. Amargas horas; pesadumbres; sufrimiento de personas queridas. El martes tocaba celebrar Consejo, pero lo suspendí, porque mi suegro estaba ya expirando. La gente es tan necia que por los *círculos políticos* corrió la especie de que la enfermedad de mi suegro era una invención mía, un ardid para no celebrar un Consejo que se presentaba difícil. Del diario *Luz* telefonearon a casa de mi suegro, interesándose por su estado, quizás para comprobar si era o no cierto el suceso de la enfermedad.

En estos días, me ha hecho largas visitas Ramón Pérez de Ayala, que está de paso en Madrid. De creerle, Ayala es el eje de la vida diplomática en Londres; pasma su intimidad con el rey y con los primeros personajes de la política inglesa. Se atribuye además la inspiración de la prensa en cuanto escribe de favorable para España y de lisonjero para mí. Me dice redondamente que «es mi *manager*, como lo fue de Belmonte en la prensa de Madrid». Y como hablábamos de la violenta campaña que los periódicos de Miquel y otros llevan contra mí, exclama: «También a mí me combatirían si estuviese aquí». Ayala me envuelve en su protección y, como si dijéramos, se llama a la parte en mi nombradía. Ayala siempre está arrimado a alguien o a algo donde suene influencia, reputación o dinero. Y precisamente ahora se le ha ocurrido publicar un artículo ¡en *El Sol*!, para ensalzar la producción de su amigote y paisano, S. Miranda, autor del *Retablo del Mar*, que pretende vendérselo al Estado y ha reclutado para eso votos en las Cortes. ¡Como si se tratara de una obra maestra y excepcional!

También he hablado con Álvarez del Vayo, que regresa de México con licencia. Me visitó una mañana en el ministerio y me hizo relación de cuanto se sabe respecto de la pérdida del *Cuatro Vientos*. Después tratamos de su gestión como embajador. Vayo me dijo, entre dientes, según costumbre, que en México «se ha hecho ya todo lo posible»; y que, por tanto, continuar allí, sólo le conduciría al fracaso. (Extraña teoría, fundada en que los cargos sirven para el lucimiento personal.)

—¡Ya sé! —pensaba yo—. Quieres la embajada de Moscú.

Y en efecto: la quiere.

El día 4, reunión importante con la comisión de Agricultura. El barullo de las opiniones contradictorias y la indecisión del ministro habían llegado a tal punto, que resolví intervenir personalmente, para introducir un poco de orden y llegar a una conclusión en los artículos principales de la ley de Arrendamientos. Citamos a la comisión para las cuatro de la tarde; y le dije al ministro que asistiera. A la hora convenida, los diputados de la comisión no se reunían y el ministro remoloneaba, con visibles ganas de esquivarse. Tuve que tomarle por un brazo y me lo llevé a la sala donde habíamos de reunirnos. La sesión duró dos horas, lo menos; asistían unos doce a catorce miembros. Durante todo el tiempo, el ministro permaneció en silencio absoluto; no despegó los labios, no opinó sobre nada.

Yo tenía a cada lado un diputado socialista y enfrente a Feced, con los agrarios y los radicales. (Feced se ha hecho elegir presidente de la comisión conquistando los votos de los vocales agrarios; les dijo que siendo él presidente, habría modo de ponerle chinitas al Gobierno.) Los dos socialistas contiguos a mí, me dijeron, cuando más empeñadamente se discutía, que el asunto no les interesaba, y que el único punto importante para ellos era el arrendamiento colectivo. Pero allí estaba también un camarada, Lucio Martínez, que nunca está conforme con nada, y discute hasta las comas.

Les dije a todos que mi presencia tenía por objeto marcar el interés del Gobierno en llegar pronto a una conclusión; que para encontrarla estaba dispuesto a permanecer reunido con ellos cuanto tiempo fuese menester, y que les exhortaba a no suspender ya el trabajo hasta darle fin. Recapitulé los puntos litigiosos: evaluación de las fincas, transferencia de la propiedad a los arrendatarios, tasa de las rentas, retroactividad de la ley, etcétera; que un punto era intocable: el efecto retroactivo de la ley; y que mi opinión personal era contraria a evaluar las fincas capitalizando las rentas actuales, cualquiera que fuese su antigüedad; resultarían favorecidos los que han subido las rentas en estos últimos años, y perjudicados los que no las han modificado. Otros muchos puntos tratamos. Casanueva el agrario dijo que en vista de todo, desistían de la obstrucción: ¡tenían presentadas doscientas enmiendas a un solo artículo! Feced tomó nota de mis indicaciones y de lo principal que allí se habló, y quedó en redactar para la reunión siguiente un nuevo texto del artículo séptimo. Y nos fuimos. A Feced no le gustó mi presencia en la comisión.

Los ministros radicales-socialistas, por efecto de mi carta, se han reunido con los diputados de su grupo y han examinado, según me han dicho, la cuestión que yo les propuse. Ha prevalecido el criterio de Domingo y han ratificado su confianza en los ministros. Publican una nota oficiosa, pero no pienso darme por enterado mientras no me respondan directamente. Le he preguntado a Galarza si los ministros habían leído mi carta; responde que sí pero que no toda... No lo entiendo. ¿Se recompondrá esta gente y perderemos la ocasión?

Me enviaron de Gobernación el proyecto de decreto convocando las elecciones para vocales del Tribunal de Garantías. Estaba muy mal, y lo he rehecho todo.

He recibido los informes que me mandan los emisarios que envié al Sahara para poner en claro el enigma de los prisioneros. Martín Esteve no ha vuelto, pero sí Maestre, hermano de uno de los supuestos prisioneros. He ayudado con fondos y material a estos exploradores. No han averiguado nada. Maestre sigue creyendo que hay prisioneros, y también Estévez; aseguran que están en el Draa. Pero ninguno aporta prueba digna de crédito. Si se lee con detenimiento la información de Maestre, se advierte que todo lo afirma *de oídas*. He pedido un informe especial a Tienda, que parece más sensato. No resulta nada.

Lo que sí está claro es que Estévez ha sido indiscreto e impertinente con el gobernador del Sahara, comandante Cañizares; el cual, a su vez, se descubre como un monárquico, y enemigo personal mío, por las reformas de Guerra. Se le dio el destino porque su suegro, el diputado Valle, que es republicano y buena persona, respondía de él. Maestre ha formulado parte por escrito contra Cañizares, y le echa la culpa de que su exploración no haya dado fruto. Sigue pareciéndome inverosímil la existencia de cientos de prisioneros, sin que en diez años hayan dado señal alguna de su presencia en la zona sur; pero no se debe negar los medios de investigación.

Abundante comunicación telegráfica con el gobernador del Sahara para preparar la ocupación de Ifni, como se resolvió en Consejo. Todos mis esfuerzos se han encaminado a convencer a Cañizares de que allí se desembarca para abrir una factoría, y que los medios de acción son los regalos y las buenas amistades adquiridas entre los naturales. Cañizares informa que lo tiene todo arreglado y que cuenta con la conformidad de los cabecillas. Este asunto me interesa, y he puesto en él mucha atención, para salir al paso de los proyectos de Francia, que pudieran contrariarnos. Tengo en organización, además, dos unidades de refuerzo para el Sahara, y en preparación un mejoramiento de la aviación colonial para que nuestra presencia en el desierto sea más efectiva. A los franceses no les vendría mal salir al mar por nuestra costa del Sahara, y lo harán por las buenas si no estamos allí de veras. Los telegramas de Cabo Juby denotan todavía alguna confusión. Se mandan nuevas instrucciones y órdenes. Aquí ya están diciendo tonterías: que vamos a *encender otra guerra.* ¡Verdaderamente, son demasiado canallas o demasiado idiotas! Con estos servidores, ¿qué podrá hacer España?

Moles me escribe cosas de interés sobre Marruecos y las futuras negociaciones con Francia. El momento nos es propicio, porque necesitan de nuestra conformidad para ciertas medidas fiscales indispensables, dada la situación del presupuesto de la zona francesa. Le digo a Moles que deben plantearse todas las cuestiones pendientes en el Protectorado, entre ellas la de límites.

Estando en el Congreso, Besteiro me envió recado con un diputado-secretario para que fuese al salón, porque López Goicoechea quería tratar del Uruguay, y otros pretendían abrir un debate político. Contesté que no iba, porque tenía otras cosas que hacer, y que podía decírselo así a los interesados, para que tomasen la determinación más conveniente. No chistaron.

Hablé también con Martínez Barrio, reanudando el tema que tocamos el otro día. Pero hoy, don Diego, después de tratarlo con Lerroux, se tapa y se reserva; Lerroux cree que *él debe ser el aglutinante*; y no insistimos más. Se advierte que se considera ya seguro, tal vez con promesas explícitas.

He ido al campamento de Carabanchel, para ver el funcionamiento del fusil ametrallador Trapote. Sobre la adopción de este fusil o el Astra, hay ya un expediente formidable, y desde que estoy en el ministerio persigo la pronta solución de este asunto, sin conseguirlo: los técnicos se embarullan y se contradicen, y los burócratas escriben sin cesar. En el fondo, los artilleros de las comisiones quieren amparar a su compañero Trapote, pero no se atreven a decir rotundamente que el fusil es perfecto. Yo he encargado al Consorcio que fabrique un centenar, para repartírselos a los cuerpos y que los usen en la instrucción, a ver qué resultado dan. El manejo diario no admitirá disimulos ni palabras ambiguas. Como la Guardia de Asalto ya tiene Trapotes, dispuse que fuese una escuadra al campamento, provista de ellos, y otra escuadra con fusiles ordinarios. Allí estuvimos haciendo ejercicios comparativos, hasta que fue de noche. Mi opinión personal ya está formada: el Trapote, en su estado actual, no sirve. No seré yo quien cargue con la responsabilidad de adoptarlo para el ejército.

Se ha derogado la ley de Defensa de la República. Algunos periódicos aseguran que *me lo han exigido* los federales: no han hablado siquiera del asunto. Se anunció que la derogaríamos en cuanto se aprobase la de Orden Público. Es notable que ciertos órganos, muy propicios a pedir otras veces la aplicación rigurosa y constante de la ley de Defensa, ahora encuentran mal que esa ley se votase, y aseguran que no ha servido para nada.

Se ha visto y fallado la causa por los sucesos de Castilblanco. Había temores de que se alterara de nuevo el orden con motivo de este juicio, y por eso ha ido demorándose su celebración. Dos o tres veces me lo ha pedido Jiménez Asúa. Al fin, no podía esperarse más y se ha aprovechado una época en que los ánimos estaban tranquilos. No ha ocurrido nada. La sentencia es muy dura. Vendrá al Supremo. Jiménez Asúa y Vidarte, defensores, se me quejan del auditor, Antolín, que según ellos ha hecho todo el daño posible a los procesados.

Otra causa fallada es la del teniente coronel Mangada, procesado desde el suceso de Carabanchel, en junio del 32. Mangada se extralimitó e incurrió en delito militar, seguramente; pero la manifiesta provocación del general Goded, que lo odia, los hechos sobrevenidos en agosto, etcétera, y el tiempo transcurrido, han obrado en favor de Mangada: a los mismos militares que andan en esto les parecía excesivo, extemporáneo e impolítico condenarlo. Hace días estuvo a verme Mangada para suplicarme que se ventilase cuanto antes su causa, y se me echó a llorar, y llorando se fue. Mis noticias anteriores al juicio es que algunos de los vocales del Consejo de guerra estaban dispuestos a absolverle. Mangada ha hecho todo lo posible para que no fuese así. Al terminarse la vista, pidió la palabra y soltó un discurso contra su propio defensor y contra una porción de cosas. Tuvieron que mandarlo callar. No obstante, lo han absuelto. Mangada está loco. Es vegetariano, esperantista y espiritista. Pertenece al tipo de militar no conformista por desequilibrio mental, como había algunos durante la monarquía.

Me ha enviado un folleto escrito en verso, digámoslo así, explicando las reglas del tresillo, con alusiones políticas. Debería ser motivo suficiente para expulsarlo del ejército. Sin embargo, *como es natural*, Mangada tiene popularidad entre los mentecatos del Ateneo, y algunos periódicos le jalean.

El general Rodríguez del Barrio es el único que hasta ahora se ha permitido recomendarme a amigos suyos para ocupar destinos militares. Todas sus recomendaciones recaen sobre sujetos sospechosos. Últimamente, me ha recomendado un comandante para jefe del grupo de Infantería que guarnece al ministerio. El puesto es delicado. Llamé al comandante y me bastó hablar con él cinco minutos para comprender que es un solapado, seguramente enemigo nuestro. He nombrado a Sánchez Paredes, del regimiento número 1 (en el cual sirve Mangada), buen militar y buen republicano. *Rara avis*. Rodríguez del Barrio inspira sospechas a la policía, que ha querido someterlo a vigilancia. Me he opuesto terminantemente, por innecesario y por inútil, acaso por perjudicial. Los modos de la policía son tan burdos que dan pretexto para que se sientan agraviados los que se percatan de ellos. Algo así ocurrió con el general Goded, y no quiero que se repita el caso.

Hoy, 7, he entregado al general Masquelet unas notas para preparar la reforma del reclutamiento, sobre la base de reducir el tiempo de servicio. Se puede hacer más intensa y rápida la instrucción y ahorrar algún dinero. Quisiera llevar esto al próximo presupuesto, para acabar la reforma del personal, completando lo que se ha hecho con los suboficiales, mejorando los haberes y preparando el nuevo sistema de retribución de la oficialidad, que ha de consistir en separar el sueldo del empleo.

Como no he provisto la cartera de Justicia, cada día circula una patraña nueva. Ahora dicen que la Esquerra *me exige* dos carteras. Nadie me ha pedido nada, ni siquiera Galarza, que aspira al cargo.

8 de agosto

En el Consejo de ministros de hoy, hemos recibido y examinado el nuevo proyecto de la comisión para el artículo séptimo de la ley de Arrendamientos. Se aparta tanto del proyecto del Gobierno que no hemos podido aceptarlo. Tengo la impresión de que Domingo había transigido, con tal de quitarse dificultades. «No pierdan ustedes de vista —ha dicho— que si no aceptamos renacerá la obstrucción.»

Hemos hablado largamente de la situación parlamentaria. La mayoría se ha tomado vacaciones y no viene a las sesiones. Casi ningún día llegan a cien los diputados presentes. Como es natural, esto debilita al Gobierno y la prensa enemiga se aprovecha de ello. Si continuamos así la crisis es inevitable, porque no puedo tener paralizado el Parlamento. Se pierde un tiempo precioso, y estos gansos de la mayoría, dejando cada cual para el prójimo el cumplimiento de su deber, trabajan por su propia perdición. El cansancio es grande, y el calor terrible. Pero no pueden ser motivo suficiente para originar una perturbación política grave. Algunos me dicen (entre ellos Araquistáin y Negrín, socialistas), que la falta de asistencia de los diputados se debe en gran parte a la ley de Incompatibilidades, porque muchos saben que no podrán ser reelegidos y ya no les importa el cargo de diputado.

Las dilaciones del Parlamento van a trabajar por su descrédito y en favor de la disolución, que sería desastrosa, o por lo menos, muy peligrosa. A mí no me importa tanto salvar al Gobierno como salvar a las Cortes. Si mi propósito de retirada inmediata no pudiera realizarse ahora con decoro político, y el Gobierno hubiera de subsistir hasta el otoño o al fin de año, hasta votar el presupuesto (más allá de ninguna manera), quisiera cerrar las Cortes antes de septiembre y convocar las elecciones parciales para primeros de octubre. Hay cerca de treinta vacantes. De ellas, *yendo juntos los partidos que están en el Gobierno*, podríamos ganar doce o catorce puestos, los demás serían para los radicales y las derechas. Mientras estemos en el Gobierno, la coalición electoral puede realizarse sin dificultad, y en muchas provincias, en las que hay una sola vacante, ganaríamos las mayorías; pero en cuanto el Gobierno se deshaga y los socialistas salgan del poder, será dificilísimo que se pongan de acuerdo con los republicanos para las elecciones. En tales condiciones, si se ganaba casi la mitad de los puestos vacantes, reforzábamos la mayoría del Parlamento, y podríamos en todo caso, aunque el Gobierno desapareciera después, acallar la campaña contra las Cortes. Lo que puede esperarse en unas elecciones parciales, mientras subsista este Gobierno, que puede imponer cohesión y disciplina a los partidos que lo forman, no sería probable en unas elecciones generales, presididas por otro ministerio, porque en cuanto éste se descomponga, cada partido querrá ir por su lado y serán incapaces de hacer frente a la reacción católica y monárquica que se advierte en el país.

Pero todo esto requiere la clausura de las Cortes durante un mes, para preparar la elección y hacer la campaña electoral. Si no puede conseguirse, porque de las Cortes hemos de sacar la ley de Arrendamientos, y eso tarda, todo se viene abajo.

Viernes, 11 de agosto

Antes del Consejo, ha venido Viñuales al ministerio de la Guerra. Hemos hablado del decreto de valoración de los servicios que se traspasan a la Generalidad de Cataluña, de la marcha del presupuesto y de planes fiscales. El déficit, según Viñuales, sería de 750 millones; pero puede reducirse a 600, que se cubrirán con las emisiones autorizadas. Para el presupuesto de ingresos, examinamos nuevos tributos: recargo del azúcar (que Carner no tocó), sobre el lujo, transporte por carretera y los sueldos. Del decreto de valoraciones, Viñuales me da cuenta ligeramente, diciéndome que se ha atenido estrictamente a lo que yo dije en mi discurso sobre la Hacienda al discutirse el Estatuto. En el Consejo, se ha aprobado el decreto de valoraciones, después de leerlo repetidamente. Observo que se aparta del proyecto que adelantó la comisión mixta, suprimiendo la aplicación de coeficientes complementarios en ciertos casos. Prieto dijo que no entendía el decreto, pero que aceptaba la propuesta del ministro de Hacienda. Me sorprendió mucho, porque yo esperaba su oposición, como a todo lo del Estatuto. Me pasó por las mientes la sospecha de si conocería el decreto antes de que haya ido a Consejo. El ministro catalán, Companys, prestó su conformidad, y pasamos a otro asunto. Casi todo el tiempo restante lo ha invertido Viñuales en hablar del presupuesto.

Esta tarde he ido a las Cortes. Me han mareado de lo lindo. Estaba fatigadísimo, y para descansar dos días se me ocurrió irme de viaje. He venido al ministerio a las siete, y le he propuesto a Lola que nos marchemos al norte hasta el martes. Y ahora mismo nos vamos.

15 de agosto

Salimos el once a las nueve y media. Cenamos en Valladolid. Vino a saludarme el general Cruz, que me reconoció al pasar por la calle. Fuimos a dormir a León. El doce por la mañana visitamos la catedral y San Isidoro; nos invitaron a comer en el puerto de Pajares, y llegamos a Oviedo a las siete. Apenas instalados, salimos para Gijón, y estuvimos paseándonos en el Cervigón, a orilla del mar, hasta después de ponerse el sol. El trece por la mañana, a Covadonga; allí, comimos, y luego fuimos por el Fito, que es muy pintoresco, hasta Avilés y Salinas. Quise ver a Pedregal en Avilés, pero estaba de viaje. Nos paseamos un rato por la playa y regresé a Oviedo. Ya de noche, lloviendo a torrentes, visité a Barcia en su casa de Abuli, donde yo había estado en 1915, cuando vivía en ella Labra.

Al día siguiente salimos para Santander. Comimos en Ribadesella. Hermoso tiempo. Ya cerca de Santander se acabó el incógnito y la independencia. Salieron a nuestro encuentro muchos amigos. Visité la Universidad Internacional de la Magdalena, instalada en lo que fue palacio del rey, lugar más adecuado para la holganza contemplativa que para el trabajo. Allí gastamos buena parte de la tarde. Llovió un poco. Después fuimos al faro, y allí estuvimos hasta la puesta del sol. De Santander salimos al cerrar la noche. En el Escudo, niebla muy espesa; por poco no nos estampamos contra un carromato. Cenamos en Burgos, y a las tres y media de la madrugada de hoy estaba en Madrid.

Me he encontrado el cotarro algo revuelto. La causa, el decreto de valoraciones, que al ser conocido oficiosamente por la Generalidad de Cataluña, no ha gustado. Dicen que les deja en la indigencia los servicios traspasados. Ya en Oviedo recibí noticia telefónica, por Esplá, del jollín que se había armado. Le encargué a Esplá que hablase con Barcelona y que les recomendase que se estuvieran callados y no se alborotasen sin motivo; y que procurase calmar la voracidad de la prensa, que ya olfateaba una presa segura. Son lobos fieros. Como era día de Consejo, antes de reunirnos he conferenciado con Viñuales. Dice, con el texto del decreto en la mano, que no hay razón para que los catalanes se alboroten, y que los convencerá. El sistema adoptado en el decreto, conduce prácticamente a los mismos resultados que el propuesto por la comisión mixta, y es más conforme al texto del Estatuto. La cuestión ha quedado pendiente para otras conversaciones.

En el Consejo hemos tratado largamente de presupuestos. Se ha aprobado una lista de gobernadores. Después, tratamos de política general. La máquina no funciona bien: hay dos ruedas que rechinan: la presidencial y la parlamentaria. Es inexcusable un esfuerzo, del Gobierno y de los partidos, para vigorizar las Cortes y restablecer la disciplina de la mayoría, o dejarlo todo. (¿Quién nos sucederá? ¡El lerrouxismo! O algo peor. ¡Adiós República, si cae en tales manos!)

He destituido a Cañizares, gobernador del Sahara. Lo de Ifni no ha podido salir peor. La expedición no ha desembarcado. Echó a tierra unos emisarios, que tuvieron que reembarcar. Algunos de los agentes que teníamos en el país lo han pasado muy mal; han muerto dos indígenas, y al hermano del «Sultán Azul», emisario nuestro, que había ido desde Cabo Juby, lo han despojado y maltratado. Los primeros informes dicen que el interventor francés de la zona limítrofe ha estorbado nuestra acción, y ha concitado a los moros contra nuestra proyectada factoría. Necesitamos comprobarlo.

Por la tarde, en las Cortes, larga reunión con Domingo y Feced para redactar un nuevo artículo séptimo. Asisten otros ministros: Companys, Largo y Fernando, que prestan su conformidad al proyecto. Quedamos por fin en que la comisión se reúna mañana y dictamine.

16 de agosto

Copioso despacho con Castelló. Después, audiencia breve. Y luego, larga conversación con Masquelet. Ha hecho un nuevo viaje a Baleares, por encargo mío, y me informa del estado de las obras de artillado y del plan general de defensa de Mahón. La impresión de Masquelet es pésima. En resumen, Masquelet me dice que las fortificaciones han sido «mal pensadas por gente inepta».

Además del aumento de una batería que decreté (desechando soluciones tímidas) cuando Goded era jefe del Estado Mayor Central, habrá que variar algunas baterías; ¡y aun así...!

(En todas partes y en todos los asuntos tropiezo con lo mismo: ¿dónde está la gente capaz de hacer bien las cosas?)

Me da cuenta Masquelet de que ha terminado el curso de coroneles, innovación que yo introduje en la ley del año pasado, para comenzar una selección del personal harto necesaria. Costará mucho trabajo aclimatarla, porque aquí todo el mundo lo quiere todo, pero sin esfuerzo personal y de ganga.

Después hemos convenido las líneas generales de los nuevos proyectos que me propongo desarrollar: nueva planta del Estado Mayor Central; reforma total de la instrucción militar, desde las escuelas regimentales hasta el centro de estudios militares superiores; supresión de las juntas facultativas; reorganización de las Escuelas de Tiro. Todo ello muy necesario, y de importancia.

A última hora de la mañana me telefonea Domingo que la comisión ha hecho un dictamen sobre el artículo séptimo, pero que los socialistas, miembros de la comisión, no lo aceptan, aunque sus ministros lo habían aprobado. Serán cosas de Lucio Martínez.

18 de agosto

Ayer recibí la visita del nuevo ministro de China. ¿A quién representa este personaje? No lo sé, a punto fijo. En China ¿hay radicales-socialistas? Me inclino a creer que sí.

También vino el Nuncio. (Fue una mañana para la arqueología.) El Nuncio traía unas peticiones relativas a las Hermanas de la Caridad, en relación con la ley de Congregaciones.

La tarde, en las Cortes, fue importante. Las oposiciones habían pedido *quorum* (la mitad más uno de los diputados en funciones) para la aprobación de cuatro leyes. Vista la dispersión de la mayoría, esperaban que no reuniésemos número suficiente. Se citó a los diputados con apremio; escribí yo una carta a la mayoría, para que se enterase de lo que iba jugado. Acudieron, pero muy perezosamente. A las seis, aún no era seguro que hubiese bastantes. Prieto proponía que intentásemos la votación, y si no resultaba con número, dimitir. Largo se opuso. ¿Por qué la dimisión? Si no hay *quorum*, se prepara otro día; la falta de *quorum* no es como una votación perdida, etcétera.

Vidarte, que nos traía nota de los diputados presentes, dudaba si convendría o no aplazar la prueba. Me opuse. Por fin, hecho un recuento, se vio que había 240 diputados adictos. Sobraban votos.

Martínez Barrio pronunció un discurso para explicar la abstención de los radicales, que es todo lo bueno que saben hacer. Hizo apelación a «mi deber». (Mi deber, para Martínez Barrio, es expulsar a los socialistas del Gobierno.) Dijo algunas cosas raras respecto de mi persona: que si soy un enigma, que si una esperanza... Le contesté fácilmente, y se votó. Se aprobaron las tres leyes que nos importaban, y la cuarta, que era la adquisición del «retablo» de Sebastián Miranda, no se puso a votación, porque nadie quería conceder el crédito para esa compra; y tienen razón.

La mayoría, viéndose junta y fuerte, estaba muy contenta.

Por la noche, recibí la nota de Pi y Suñer con sus observaciones sobre el decreto de valoración de servicios. Está mucho más cerca de lo que yo pienso que del proyecto de Viñuales. Después de cenar, me fui de paseo hasta la sierra.

Hoy, en el Consejo de ministros, he dado cuenta de la petición del Nuncio, mejor dicho, de las Hermanas de la Caridad. Desean saber si pueden acogerse a la ley de Congregaciones, cuyo texto literal, según ellas, no les alcanza. Hemos mandado el papel al Consejo de Estado. Fernando nos ha hablado de una gran fantasía que ha concebido, ignoro por sugestión de quién. Pretende tomar la iniciativa de unas conversaciones diplomáticas, para llegar a un «pacto mediterráneo». Le hemos autorizado para que haga sondeos oficiosos en Londres; del embajador francés sabemos —por Fernando— que lo encuentra bien. ¿Y los italianos? Punto difícil... Fernando se forja muchas ilusiones sobre tan *glorioso* empeño. Pero se me antoja que antes de poner en pie tan bonito juguete, ya se nos habrá llevado la corriente.

Ha propuesto Fernando para embajador en Moscú al doctor Pascua, diputado socialista. Es muy curioso oírle a Fernando la apología de las personas que le parecen excelentes. (No niego yo que lo sea el doctor Pascua.) A cada *descubrimiento* personal que hace Fernando, diríase que el mundo ha estado en tinieblas hasta ese momento. Y la verdad es que su ingenuidad pedante y su falta de mundo, le han valido a Fernando chascos terribles. Por ejemplo, los siete jóvenes aspirantes a la celebridad, a quienes regaló actas de diputado con votos socialistas y que luego no han hecho, desde las filas de distintos partidos republicanos, más que combatirlo y votar en contra. Cuando fue ministro de Justicia, Fernando, llevado de la proclividad del profesor hacia el «primero de la clase», se rodeó de jóvenes primerizos. Recuerdo haberle oído entonces hablar de la necesidad de una *efebocracia.* ¡Buenos han quedado sus efebos!

Prieto y Largo se han opuesto terminantemente a la designación de Pascua, porque su partido tiene acordado, para no perder puestos en las Cortes, que no se nombre a ningún diputado socialista para cargo incompatible. Ha habido una pequeña disputa entre Largo y Fernando, que ha retirado al fin su propuesta.

En vista de la situación de Sevilla, se ha acordado declarar el estado de prevención en aquella provincia.

Nuevamente nos hemos ocupado del puerto de Mahón y de las obras del dragado, que como todo lo de Baleares, me preocupa. Después de convocar la subasta para el dragado hubo que anularla, porque supimos que concurrían casas extranjeras. Se tomó otro camino, y ahora resulta también el hecho raro de que una de las empresas ofrece realizar los trabajos por un precio irrisorio, que hace pensar en una subvención de país extranjero. Se ha encontrado el medio de salvar la dificultad. ¡Qué de tiempo y de trabajo cuesta todo! Lo de Baleares, que he impulsado enérgicamente, no adelanta como yo quisiera. La gente funciona despacio; y no está en curso más que una parte: Menorca, y falta organizar Mallorca.

También ha dado Prieto minuciosas explicaciones sobre los enlaces ferroviarios.

En las Cortes se ha votado el artículo séptimo de la ley de Arrendamientos. Todo llega.

He estado hablando mucho rato con Fernando sobre la cuestión de Ifni y todo el problema del Sahara. Fernando se va esta noche a San Sebastián y tratará de esclarecer con el embajador de Francia la disposición de aquel país. Le he explicado al ministro todos los antecedentes del caso y cuáles son nuestros intereses y propósitos en la zona del Sahara, dándole instrucciones.

En esta misma conversación hemos tratado del Patronato de la Universidad de Barcelona y del Estatuto por el que ha de regirse. Barnés me dio ayer el proyecto para que lo examinase. Se lo he devuelto, con mis observaciones. Hasta ahora, este asunto marcha bien.

A continuación, entrevista con Pi y Suñer sobre la valoración de servicios. Hemos esperado en vano a Viñuales, para examinar juntos la cuestión. Viñuales anda huido.

He entrado un momento en el salón de sesiones y mientras discutían un artículo, he charlado largamente con Araquistáin sobre las facultades del Presidente de la República en relación con la Cámara y con el Gobierno. Después he venido al ministerio. Viñuales no aparece. Ni en el ministerio, ni en su hospedaje, ni en casa de su novia (sabemos que va a casarse), saben dónde está; probablemente, en algún restaurante de las afueras. He dicho a la Dirección de Seguridad que lo busquen.

19 de agosto

Al salir al despacho, me encuentro a Barnés, esperándome. Venía a explicarme su plan de sustitución de la enseñanza de las congregaciones. Volubilidad, facundia, palabras húmedas, magníficos ojos, barba moruna. Yéndose por las ramas (apoyado en su muletilla: «¿Usted se da cuenta, don Manuel?»), pasa del asunto que le trae, a la política general, a la política *de izquierdas*, y no se cómo, me habla del gobernador de Ávila, de Sánchez Albornoz, de Acción Republicana, etcétera. Después afirma que hemos de formar una «izquierda republicana», cuando en el congreso radical-socialista se ventile el pleito con Gordón. Se creará un directorio, en el que yo, «si no de momento», acabaré por presidir. Me declara su entusiasmo por Marcelino Domingo y por mí: «Marcelino es el *pensamiento* de la República, y usted, don Manuel, la *voluntad* de la República». Resulta que, según Barnés, Domingo es todo pensamiento, y yo, todo acción.

Quería hablar con el Presidente de la República de la incautación de los edificios pertenecientes a las Congregaciones, y en caso de oponerse el Presidente, dimitir. Le contengo: ni habla usted de eso con el Presidente, ni dimite ante él. Luego me elogia la conducta de Galarza, que aspira a la cartera de Justicia, vacante, pero no pide nada, ni se queja, y es muy leal y disciplinado. Por fin me explica su plan. Es diferente del que habían formado Fernando y el otro Barnés. Le digo que ha de llevarlo a Consejo de ministros.

Después he recibido a García Morente, decano de la facultad de Letras, antiguo conocido mío, íntimo de Ortega, subsecretario de Instrucción Pública en tiempo de Berenguer, y preceptor un tiempo de la duquesa de Alba, cuando a unos cuantos *filósofos* les dio por rozarse con la aristocracia y cuando a algunos aristócratas (Alba, la Villavieja, la Dúrcal, etcétera), les dio por exhibir en sus tertulias a tal o cual fenómeno de la sapiencia. Morente ha ido en el crucero por el Mediterráneo con los estudiantes embarcados en el *Ciudad de Cádiz*; y ahora regresa como un nuevo Simónides, con su pequeño naufragio y todo, porque en aguas del Pireo por poco no se le ahogan dos o tres de sus pupilos. Me ha entregado una voluminosa memoria, de la que, quieras o no, me ha leído unas páginas. Pasa a otros asuntos, y critica la selección del personal para los nuevos centros de enseñanza. Morente es muy locuaz y muy redicho. La conversación se hizo pesada. En estas llegó Viñuales, y la entrevista se prolongó.

Ya solos, estuvimos discutiendo el asunto de las valoraciones. Viñuales es un hombre extraño: tímido, sonriente, huidizo, escucha mis observaciones, se angustia, retrocede, concede, vuelve a negar, y por debajo de su timidez hay una terquedad aragonesa inconmovible. Hace ahora, con esta discusión, lo mismo que cuando procuré convencerle para que fuese ministro. Estrechándolo, acaba por decir que sí; y en cuanto se marcha, dice que no. Hoy ha salido por un registro nuevo: que aceptar los coeficientes de población, extensión territorial, etcétera, como supletorios para la valoración de servicios, cuando el presupuesto esté indotado, es contrario a la Constitución. La tesis es absurda, y hasta ahora no me había dicho nada de eso.

Cuando estábamos en la conversación, llegó Pi y Suñer, llamado por mí. Por fin conseguía que hablasen en mi presencia. Discutieron mucho. Los argumentos de hecho, que exponía Pi, en relación con ciertos servicios (Obras Públicas, por ejemplo, y otros), son incontestables. En último resultado convinimos en que yo redactase un nuevo artículo, en que se salvasen los escrúpulos de Viñuales y se atendiese como es justo a los servicios indotados. Con esto, se fueron.

Gran parte de la culpa de este conflicto la tiene Prieto, que en su prevención contra la autonomía catalana (en cambio, le parece muy bien el monstruoso concierto económico con Vizcaya), ha distribuido el presupuesto de Obras Públicas sin hacer asignaciones para Cataluña.

Vino luego Cruz Marín, a preguntarme si podía concederse el *placet* al nuevo embajador de Cuba. Le dije que sí. García Kohly se ha marchado sin realizar sus planes de sustituir a Machado en la Presidencia. Los sucesos de Cuba demuestran cuánto había de fantástico en las ambiciones de García Kohly.

Zulueta me ha hablado por teléfono desde Berlín, contándome sus primeras impresiones.

21 de agosto

Esta tarde he recibido una carta de Viñuales insistiendo en sus puntos de vista sobre las valoraciones y declarándose fracasado en el empeño de redactar un texto conciliatorio. La carta es casi una dimisión. Antes de nuestra entrevista del otro día, Viñuales le había dicho a Pi, sin duda por quitárselo de encima y siguiendo su táctica de la huida, que dejaba el asunto en mis manos; pero a mí no me había dicho otro tanto. Como resultado de nuestra entrevista, yo creía en su propósito de conciliación, y escribí una cuartilla que, con toda prudencia, resolvía el caso. Recibida la carta de Viñuales, le he hecho venir. Hemos tenido una entrevista penosa. En la discusión, se escurre de entre mis razones. No comprende el aspecto político de la cuestión, y quiere dimitir. Le he dicho que eso es absolutamente imposible. Yo no hago, por tal cuestión, una crisis de ministro de Hacienda. Se diría que Viñuales abandonaba el ministerio por defender los «sagrados intereses de la Hacienda nacional», y que yo quiero dilapidarlos, etcétera, etcétera. «Si usted dimitiera —le digo— nos iríamos todos, y se acabó la política que representamos. Piense usted en la gravedad del caso.» Le he leído la cuartilla hecha por mí. «Usted verá lo que hace mañana en Consejo de ministros.» Viñuales estaba muy emocionado y confuso.

Me llegan noticias de Cabo Juby. Cañizares no nos había informado bien, o porque él no estaba enterado a fondo de la situación en Ifni, o porque aun estándolo ha querido correr una aventura, tentando la suerte.

22 de agosto

Visto el giro que toma el asunto de las valoraciones, y el argumento «constitucional» de Viñuales, pedí hora a La Granja y fui a hablar con el Presidente. «Cualquiera que sea la solución que arbitre el Gobierno, yo parto de que la admisión de los coeficientes no es anticonstitucional», le he dicho al Presidente.

—En efecto, no lo es —me contestó—. Obtenga usted la conformidad de Viñuales, porque la dimisión del ministro de Hacienda sería grave.

—No pienso en tal cosa.

Ha firmado unos decretos de agricultura, sobre comunidades de campesinos. «Bueno —dice—, todo esto será literatura de nuestro buen amigo...»

(De esta visita han querido sacar partido los mentideros políticos. Y la gente es tan tonta, que en los pasillos del Congreso se decía que al salir yo del Palacio de La Granja había dado un fuerte portazo cuando cerré mi automóvil, y era signo de malísimo humor y descontento. «Hombre —dije al que me lo contaba—, la portezuela la cierra un soldado.»)

En el Consejo de hoy, prolija discusión sobre los asuntos de Andorra. Aquí nos tropezamos también con Francia, que realiza en Andorra una política de absorción, desconociendo la igualdad de derechos de España. El obispo de Urgell sigue una conducta poco atenta al interés nacional. La situación es muy enojosa, y por el momento, lo mejor sería prolongar el estado actual de cosas, sin suscitar discusiones, en las que no conseguiríamos por ahora hacer triunfar nuestro punto de vista. En este asunto, la tesis que sustenta Fernando de los Ríos es justa. Conoce bien este asunto, que estudió hace años y sobre el que publicó un libro. Los franceses afirman que la mitra de Urgell sólo tiene en Andorra potestad espiritual. Nosotros sostenemos que el obispo de Urgell tiene sobre Andorra el mismo señorío que tuvo la casa de Foix, y que fue incorporado al Estado francés. El sucesor de los derechos del copríncipe eclesiástico debería ser el Estado español. Pero en este camino, no se ha dado ningún paso. Los franceses no quieren ni oír hablar de ello.

Acerca de este asunto, Barnés ha hecho unas propuestas que denotan un aturdimiento maravilloso. Por lo menos, producirían la ruptura con Francia.

Se ha convenido en nombrar a Álvarez del Vayo embajador en Moscú. La candidatura de Pascua, que fracasó por la oposición de Largo y Prieto, tampoco le gustaba al Presidente de la República. Fernando ha estado ayer en La Granja y don Niceto le habló mal de Pascua, a quien odia, porque Pascua y otros diputados socialistas, médicos, se opusieron a la elección de don Niceto alegando que está loco. Y don Niceto lo sabe.

También don Niceto le habló mal de Domingo, «como de persona ya muerta políticamente y apartada», me dice Fernando. Le habló mal de su casamiento, y de su mujer. Fernando, un poco azorado, le dijo: «Quizás la mujer de Domingo no ha aportado aquella dosis de ecuanimidad y recogimiento que son necesarios en el matrimonio...».

Don Niceto le interrumpió:

—¿Ecuanimidad? ¡Qué cosas tiene usted, don Fernando! Pregúntele sobre ello a Prieto.

Fernando está escandalizado.

Después de lo de Andorra, hemos vuelto en Consejo al asunto de las valoraciones. He hecho una exposición total y a fondo del asunto, refutando los argumentos que me ha dado Viñuales. Después, Viñuales expuso su criterio, impugnando el mío. Más que un Consejo, parecía aquello un Parlamento. Viñuales ha descubierto que no tenía ningún deseo de ayudarme; y ha empleado argumentos excesivos, que, en el fondo, me tranquilizan, porque me hacen ver que no puede apoyar su tesis en bases razonables. Prieto, que declaró el otro día no entender el decreto, se ha sumado hoy al dictamen de Viñuales. ¿Lo habrá entendido mejor?

El asunto no llegó a votarse, porque se hizo tarde y algunos ministros querían hablar aún. Resulta de todo esto, que Viñuales sorprendió al Consejo el otro día, quizás sin darse cuenta, no marcando bien la discrepancia entre su texto y lo que el Gobierno, según mis declaraciones en las Cortes, se proponía hacer. No dudo de la buena intención de Viñuales. Pero ha abusado también de la ilimitada confianza que puse en él. La culpa es mía, por no ser bastante receloso. Si le hubiera pedido, cuando vino a verme antes del Consejo, un cotejo de los textos, las cosas habrían pasado de otro modo.

Por la tarde, en el Congreso, Domingo me cuenta que el viernes, antes del Consejo en que se presentó el decreto de valoraciones, Prieto sabía que «Viñuales llevaba una bomba». Es decir, que Prieto estaba advertido, y yo no. Recuerdo que en aquel Consejo se me pasó por las mientes la sospecha de que Prieto estaba enterado, y la deseché, como una fea malicia. Ahora resulta que mi instinto acertaba. No recrimino a nadie, más que a mí mismo, por haber dejado este asunto en manos de otro. Pero el ministro me dijo: «Todo va conforme a lo dicho por usted en las Cortes». Y no es así. Grande es mi disgusto. No consigo dominar moralmente el caso; estoy intranquilo y enojado. En otra cuestión, la salida sería fácil: con dimitir al ministro, en paz. Pero no puedo dejar que el de Hacienda se vaya por esta causa. Se interpretaría muy mal, con mayor daño para el Gobierno. Podremos irnos todos. El incidente con Viñuales, ¿logrará lo que no consiguió Sanjurjo? En el fondo, y detrás de Viñuales, sospecho que hay una influencia silenciosa e intrigante, harto conocida. Todos los recelos son ya permitidos.

Por la tarde, he ido a las Cortes, que trabajan *en ralentí*, desgastándose estúpidamente y desgastando al Gobierno. Esto es un aburrimiento. En el régimen que nos hemos dado, y en el estado actual de las pasiones, los nueve décimos de la atención, de la energía y del tiempo se gastan en defender el instrumento de Gobierno, y para gobernar queda muy poco de todo. Es increíble la locura con que las gentes se lanzan a destruir lo que no podrán reemplazar, y que una vez destruido echarán de menos.

En la inacción general, he gozado de un asueto de dos horas, rodeado de amigos y curiosos, que me hacían tertulia en un pasillo del Congreso, esperando quizás noticias o «declaraciones» políticas. He hablado por los codos, presa de una locuacidad extraña, inusitada, que a mí me sorprendía más que a nadie. Habrá sido un modo de descanso, una escapatoria. Todos celebraban mi buen humor. La verdad es que uno de los castigos que impone el Gobierno es la falta de conversación. Se pasa uno lo más del día hablando con gentes tristes, preocupadas, ávidas, estériles, y no se puede nunca conversar libremente, dejando correr las palabras a gusto de la fantasía. Todos estos políticos tienen un rictus profesional, como los jugadores de oficio.

A última hora, he vuelto al ministerio. Viene Ramos, y nos ocupamos del asunto de Ifni.

He visto que *El Liberal* de hoy hace un «suceso» de que yo me pasease a pie, anteanoche, con dos amigos, por Recoletos. ¡Oh, provincia!

Después de cenar hemos salido al campo. Más allá de Guadarrama nos paseamos por la carretera que va al Escorial, lugar muy de mi gusto. He bebido agua fresca en la fuente de Fernando VII. Un hombre, liado en su manta, dormía junto a la pila. Un borriquillo pastaba. Sentados en un pretil, gozamos de la noche, oscura, profunda, estrellada. Un fragor de viento suave en los grandes árboles de la fuente, que ya eran viejos cuando yo estudiaba en El Escorial. Olor de pasto seco. Al pie del pretil, se pone en pie de pronto una piara de toros, y trotan alejándose de la carretera. Sobre la amarillez del suelo, resaltan los largos espinazos negros en fuga.

Hemos vuelto a Madrid tarde, después de detenernos, como muchas noches, en un «establecimiento» solitario de la carretera. Nadie. Silencio. Atisbos de Madrid, distante. Chicharras en los rastrojos. ¡Qué bien, lejos de todo! Durmamos.

23 de agosto

Recibo a una gran comisión de «fuerzas vivas» de Sevilla, capitaneada por Martínez Barrio. No falta, claro es, el melodramático alcalde. Vienen a pedir dinero. La manía de grandezas y un errado cálculo de provechos que engendraron la exposición de Sevilla, y la desaforada granujería que presidió en su administración, han sumido a Sevilla en la bancarrota, más el acrecimiento de criminalidad que la azota. Quieren ahora estos señores que el Estado vierta más millones para salvar al Ayuntamiento sevillano. Así están incontables ayuntamientos de España, a causa de los despilfarros a que se arrojaron en tiempos de Primo de Rivera. Hemos cambiado buenas palabras.

Después me han visitado algunos coroneles, de los que hacían el curso, y he despachado con el subsecretario.

También ha venido Fernando. Tocamos el asunto de las valoraciones. Fernando me dice que estuve muy duro con Viñuales. Le hago ver cuál es mi posición de jefe del Gobierno y de jefe del partido a que pertenece Viñuales, que se ha olvidado de ambas cosas, y en vez de colaborar en mis propósitos, los estorba. Recomiendo a Fernando que lea toda la documentación que les he proporcionado, y me diga después su juicio.

Por la tarde se ha reunido el Consejo de ministros en el despacho del Congreso. Hemos aprobado el decreto de Traspaso del Orden Público a la Generalidad y otro transfiriendo el servicio de Aviación civil.

Después, hemos hablado de las valoraciones. Largo Caballero y Fernando han dicho que, después de examinar los textos, opinan en el asunto exactamente igual que yo. Ante esta inesperada salida de los socialistas, que son poco «estatutistas», Viñuales ha hecho algunos equilibrios dialécticos. Acepta los coeficientes para la revisión periódica de la Hacienda de la Generalidad, pero no para su primer establecimiento. ¿Por qué?

Últimamente, y como en retirada, asegura que se llega a los mismos resultados prácticos por unos procedimientos que por otros, y que lo demostrará así con los datos que piensa traer al Consejo. La cuestión se aplaza de nuevo.

Se ha discutido, despacio, la ley de Arrendamientos, y luego otra ley relativa al profesorado. Barnés ha hablado en esta discusión, como ministro, y ha dicho tales ligerezas que los diputados las comentaban en los pasillos con asombro y regocijo. Este hombre se hará célebre, si dura.

A las ocho, después de recibir en el Congreso muchas visitas, vuelvo al ministerio, y escribo.

26 de agosto

En el Consejo de anteayer, jueves, con el Presidente, hubo pocas cosas. Habló don Niceto de sus planes de viaje, etcétera. Y dijo que convendría hacer en cada provincia un tanteo de la situación electoral. Supongo que se refiere a las elecciones municipales, que han de celebrarse en noviembre, y que me preocupan, si los partidos republicanos y el socialista van a ir a ellas dispersos, o peor, en riña. El sondeo ya está hecho y la situación puede ser grave si no hay bastante sentido político e instinto de conservación para luchar juntos contra el enemigo común. Los radicales están cada vez más confundidos con las derechas, y creyendo que así se robustecen, se entregan a ellas: el pretexto es: ensanchar la República. Los socialistas acaban de votar una ley electoral que hemos planeado juntos partiendo del supuesto de la coalición, que nos aseguraría grandes mayorías. Que ahora, vigente esa ley, quieran como piden ya algunos, romper la coalición, será un suicidio. En caso tal, yo no afronto las elecciones municipales, porque no quiero presidir desastres. Todo es de temer de las cabezas duras.

Al final del Consejo, me dijo el Presidente:

—Usted no irá esta tarde a La Granja, ¿verdad? Como tiene luto reciente, no asistirá a fiestas…

Yo no recordaba que por la tarde había concurso hípico en La Granja, en el que tomaban parte los oficiales de la Escolta y los de Artillería de Segovia. El ministerio de la Guerra había dado una copa para un premio. La pregunta del Presidente me hizo recordar esto, y creí advertir en su tono el deseo de que yo no fuese.

Le dije que iría, por tratarse de una fiesta militar…

Al levantarse el Consejo todos los ministros dijeron que habían entendido como yo la pregunta del Presidente, y se reían.

En esto, cruzó por la sala del Consejo Sánchez Guerra, y con gran afán me preguntó:

—¿Va usted a La Granja esta tarde?

—Sí.

—¡Cuánto, cuánto me alegro, querido Azaña! —repuso con acento melodramático.

ÍNDICE ALFABÉTICO

ÍNDICE

Esta obra,
publicada por CRÍTICA,
se acabó de imprimir en los talleres
de Hurope, S.L., de Barcelona,
el día 28 de noviembre de 1997